Die Bildungs-Hochstapler

Thomas Städtler

Die Bildungs-Hochstapler

Warum unsere Lehrpläne um 90 % gekürzt werden müssen

Wichtiger Hinweis für den Benutzer
Der Verlag und der Autor haben alle Sorgfalt walten lassen, um vollständige und akkurate Informationen in diesem Buch zu publizieren. Der Verlag übernimmt weder Garantie noch die juristische Verantwortung oder irgendeine Haftung für die Nutzung dieser Informationen, für deren Wirtschaftlichkeit oder fehlerfreie Funktion für einen bestimmten Zweck. Der Verlag übernimmt keine Gewähr dafür, dass die beschriebenen Verfahren, Programme usw. frei von Schutzrechten Dritter sind. Die Wiedergabe von Gebrauchsnamen, Handelsnamen, Warenbezeichnungen usw. in diesem Buch berechtigt auch ohne besondere Kennzeichnung nicht zu der Annahme, dass solche Namen im Sinne der Warenzeichen- und Markenschutz-Gesetzgebung als frei zu betrachten wären und daher von jedermann benutzt werden dürften. Der Verlag hat sich bemüht, sämtliche Rechteinhaber von Abbildungen zu ermitteln. Sollte dem Verlag gegenüber dennoch der Nachweis der Rechtsinhaberschaft geführt werden, wird das branchenübliche Honorar gezahlt.

Bibliografische Information der Deutschen Nationaloibliothek
Die Deutsche Nationalbibliothek verzeichnet diese Publikation in der Deutschen Nationalbibliografie; detaillierte bibliografische Daten sind im Internet über http://dnb.d-nb.de abrufbar.

Springer ist ein Unternehmen von Springer Science+Business Media
springer.de

© Spektrum Akademischer Verlag Heidelberg 2010
Spektrum Akademischer Verlag ist ein Imprint von Springer

10 11 12 13 14   5 4 3 2 1

Das Werk einschließlich aller seiner Teile ist urheberrechtlich geschützt. Jede Verwertung außerhalb der engen Grenzen des Urheberrechtsgesetzes ist ohne Zustimmung des Verlages unzulässig und strafbar. Das gilt insbesondere für Vervielfältigungen, Übersetzungen, Mikroverfilmungen und die Einspeicherung und Verarbeitung in elektronischen Systemen.

Planung und Lektorat: Katharina Neuser-von Oettingen, Anja Groth
Satz: klartext, Heidelberg
Umschlaggestaltung: wsp design Werbeagentur GmbH, Heidelberg
Titelfotografie: © Getty Images

ISBN 978-3-8274-2150-0

Vorwort

Nachfolgendes Buch hatte ich nie vor zu schreiben. Bis mich das Leben dazu gezwungen hat. Denn es hat mich in meinem Beruf als Psychologe über viele Jahre hinweg von einer Station zur anderen geführt, wo ich überall mit den Themen *Lernen, Lehren, Erziehen* konfrontiert worden bin, jeweils auf ganz andere Weise: In der Heimerziehung, wo ich großen Wert auf die Ausgestaltung der schulischen, speziell der *Hausaufgaben-Betreuung* der Kinder und Jugendlichen gelegt habe (darunter Schüler aller Schultypen, vom Lernbehindertenbereich bis zum Gymnasium); als Supervisor von Lehramtstudierenden, Referendaren und Lehrern, das war eine der wichtigsten Anregungs- und Informationsquellen; als Verfasser eines Buchs zur Rechtschreibdidaktik, dessen Besonderheit darin besteht, dass es (fast 300) Diktate enthält, die an den Inhalten der jeweiligen Sachfächer-Lehrpläne orientiert sind; in der psychologischen Schulung von Erwachsenen im Handel und in der Industrie; als Trainer und Lehrender im Sport (bietet einen ganz anderen Zugang zu Lehr- und Lernprozessen!), weil es dabei um ganz konkrete und praktische Fertigkeiten geht; bei der schulischen Betreuung von Kindern meiner Freunde und im engen langjährigen Gedankenaustausch mit zwei Nachhilfelehrern; als Partner zweier Lehrerinnen (was sehr erfahrungsreich war, ich konnte so tief in die Atmosphäre des Lehrerberufs, seine Dramen und Triumphe, eindringen); als Verfasser eines enzyklopädischen Lexikons meines Faches, der Psychologie, dabei selbst konfrontiert mit der

Frage, wie man einen riesigen Wissensstoff strukturieren kann; als Psychotherapeut von Kindern, Jugendlichen und Erwachsenen, speziell auch Studenten (dabei immer wieder auch mit Problemen konfrontiert, die mit Schule, Universität, Lern- und Arbeitsverhalten zusammenhängen); als Unternehmens- und Managementberater, dabei mit organisatorischen Grundproblemen konfrontiert, von denen auch das Bildungsthema wimmelt, ohne dass diese bisher ausreichend thematisiert worden sind; bei ersten Interaktionen mit der Politik, da ich seit einiger Zeit versuche, eine von mir begründete *psychogische Politikberatung* in die Praxis umzusetzen, mit interessanten – und seltsamen – Erfahrungen; als Berater an einem Forschungszentrum; als Betreuer von Diplomarbeiten und Promotionen; als ehemaliger Schüler und Student (nicht unwichtig!) ...

Immer mehr Notizen haben sich dabei angesammelt, weit über tausend Seiten bisher, weil ich immer mehr der Faszination des Themas erlegen bin, mehr als zehn Jahre lang. Das vorliegende Buch setzt vielleicht ein Viertel dieser Ideen um; man wird sehen, was aus den restlichen wird.

Auch oszilliert das Buch permanent zwischen Theorie und Praxis, auf ein Weise, die jedem einseitig Orientierten viel abverlangt. Ich selbst würde mich generell eher der praktisch-pragmatischen und empirischen Seite zuordnen, wobei es ja seltsamerweise so ist, dass es zunehmend mehr Theoretiker und Forscher gibt, die in einem ganz positiven Sinne sehr praktisch orientiert sind, während andererseits auch für nicht wenige Bildungs-Praktiker das gilt, was John Maynard Keynes für die Ökonomie konstatiert hat: „Praktiker, die sich ganz frei von intellektuellen Einflüssen glauben, sind gewöhnlich die Sklaven irgendeines verblichenen Ökonomen, Verrückte in hoher Stellung, die Stimmen in der Luft hören, zapfen ihren wilden Irrsinn aus dem, was irgendein akademischer Schreiber ein paar Jahre zuvor verfaßte." Generell ist der Gegensatz von Theorie und Praxis auf dem Gebiet der Bildung – wie auf vielen – bisher unversöhnt.

Speziell für die Lehrer unter den Lesern sage ich: Wenn ich bei der Aufzählung meiner Tätigkeiten von „Supervision" gesprochen habe, meine ich damit kein „Psycho-Gelabere", sondern: konkrete Auseinandersetzung mit (a) Unterrichtsvorbereitung, (b) Unterrichtsdurchführung, (c) Umgang mit Problemsituationen, (d) Selbstmanagement der Arbeit außerhalb des Unterrichts. Die konkrete Unterrichtsgestaltung ist für mich besonders deswegen wichtig, weil ich meine, dass hierbei nicht nur im Studium, sondern auch im Referendariat Absurditäten vermittelt werden, von denen sich jeder Lehrer über Jahre hinweg emanzipieren muss, um letztlich einen nicht nur individuellen, sondern vor allem *realistischen* Stil zu finden. Dieses Betätigungsfeld hat übrigens seinen Anfang dadurch genommen, dass ich Mitte der neunziger Jahre einige Lehramtsstudierende kennengelernt habe, die ich von da an durch ihr Studium und ihr Referendariat bis weit hinein in die normale berufliche Tätigkeit begleitet habe.

Ich bin im Laufe der Jahre gewissermaßen auf vielen „Gegenseiten" gestanden, scheinbaren Gegenseiten, die sich häufig fast feindlich gegenüberstehen. Und es gehört zu meinem Anliegen, solche falschen Frontbildungen aufzulösen, obgleich ich andererseits recht deutlich bis provokativ schreibe. Nietzsche hat über einen älteren Kollegen gesagt: „Kant wollte auf eine ‚alle Welt' vor den Kopf stoßende Weise beweisen, dass ‚alle Welt' recht habe – das war der heimliche Witz dieser Seele." Das ist auch ein Leitmotiv dieses Buches!

Insbesondere eignet sich das vorliegende Buch in keiner Weise für eine Einordnung in die grobe Dichotomie „links/progressiv" versus „konservativ". Aber auch andere kognitive Schubladen sind meist nicht geeignet; der Leser wird dies schon beim ersten Kapitel merken.

Mein Schreiben zum Thema hat ursprünglich einmal als kleiner *Essay* begonnen, sich dann einem *Fachbuch* und schließlich einem *Sachbuch* zugeneigt. Denn das Thema *Bildung* ist gewissermaßen per definitonem fachübergreifend, ja sprengt immer auch den Rahmen der Wissenschaft, Bildung ist kein Thema nur für Spezialisten. Mit Jean Paul: „Alle, die nur für Leute *eines* Fachs schreiben, z. B. Theologen, schreiben deswegen elend." Ich habe deswegen auch fast völlig darauf verzichtet, auf Fachliteratur mit der gewohnten wissenschaftlichen Zitationsform Bezug zu nehmen, sondern nur „legere" Verweise gegeben. Die Experten können leicht dem Fachliteraturverzeichnis meine Referenzquellen entnehmen und für den interessierten Laien habe ich außerdem zu jedem der analysierten Schulfächer Literaturempfehlungen gegeben: interessante Sachbücher, die eine Auseinandersetzung mit dem jeweiligen Gebiet – Mathematik, Biologie, Deutsch etc. – ermöglichen.

Jedes Teilkapitel endet mit einem aphoristischen Zitat eines Denkers oder Literaten; ich hoffe, es ermöglicht dem Leser eine Art Atemholen. (Die Zitate entstammen einem anderen Projekt, an dem ich ebenfalls schon lange arbeite, einem aphoristischen *Lexikon der Lebenskunst*, mit mittlerweile circa 7 000 Zitaten zu circa 2 500 Begriffen.)

Eine Anmerkung noch zu meinem Arbeitsstil: Ich sitze meistens nicht daheim in einem Zimmer, sondern in Cafés oder Kneipen und im Sommer natürlich davor. Denn ich liebe es, unter Menschen zu arbeiten; ich bin generell kein „Elfenbeinturm-Gelehrter". Und das sind alles Lokalitäten, die von Schülern besucht werden, und da ergeben sich permanent Gespräche, Bekanntschaften und kleine Hilfsaktionen meinerseits. Ich schreibe also nicht nur vor einem großen Erfahrungshintergrund, sondern gewissermaßen *aus dem Leben heraus*.

Ich habe zu danken (neben vielen, bei denen ich das gar nicht aussprechen muss): Katharina Neuser-von Oettingen, meiner Lektorin, dafür, dass sie schon bei unserem ersten Treffen, 2003, die Sprengkraft dieses Buch erkannte. Sie hätte sich wahrscheinlich nicht gedacht, dass ihre wenigen kritischen Anregungen mit dazu beigetragen haben, dass ich erst fünf Jahre später wieder erscheinen würde – um der Kritik gerecht zu werden, aber vor allem, weil ich der Faszination des Gedankens erlegen bin, der seinerzeit in unserem Gespräch aufblitzte: aus einer der damaligen Kernideen nicht nur ein großes Kapitel, sondern ein ganzes Buch zu machen.

Auch fühle ich mich beim *Spektrum*-Verlag – als einem prototypischen Wissensverlag – gut aufgehoben, stellt mein Buch doch grundsätzliche Aspekte dessen, was wir als Wissen bezeichnen, in Frage. Mehr noch, es problematisiert die vielbeschworene WISSENSGESELLSCHAFT. Und es versucht, unserem Bildungssystem einen ganz anderen Ansatzpunkt zu weisen, einen, der wieder die Idee des wirklich soliden Wissens hochhält.

Oberwerrn, im Herbst 2009

Inhalt

Vorwort.................................... V

1 Einleitung: Von Pseudokatastrophen und Pseudolösungen............................. 1

2 Die Wahre Bildungskatastrophe................... 33

3 Mathematik: Warum ein Hassfach zu Recht eines ist (aber nicht länger bleiben darf).................. 53

4 Geschichte: Auf dem Weg zur erinnerungslosen Gesellschaft................................... 113

5 Biologie: Totes Wissen in der Wissenschaft vom Lebendigen............................... 153

6 Sozialkunde: Verdrossen sind die Ahnungslosen...... 205

7 Wirtschaft: Manipulierbar sind die Ahnungslosen..... 229

8 Deutsch: Ich bin sprachlos....................... 245

9 Englisch: Mir fehlen die Worte................... 297

10 Physik: Das Elend eines scheinbaren Spezialfaches ... 331

11 Musik, Sport und Kunst: Wo bleibt das Können?..... 387

12 Und wie steht's mit den Schlüsselfertigkeiten? 399

13 Fazit: Die Schule versagt vor ihrer Kernaufgabe, weil sie Unmögliches versucht 421

14 Eine Lösungsperspektive: Das garantierte Bildungsminimum 457

Nachwort 477

Anhang: Überblick über die wichtigsten – meist neu geprägten – Konzepte 486

Fachliteraturverzeichnis 489

Literatur zu den einzelnen Schulfächern 507

1
Einleitung: Von Pseudokatastrophen und Pseudolösungen

Seit PISA begreift diese Gesellschaft und sogar die Politik langsam den Stellenwert der Bildung für die Zukunft des Landes. Ein großes *Zeit*-Dossier (2006) lautet: „Lust auf Bildung". Die Bundeskanzlerin proklamiert gerade (2008) Deutschland zur *Bildungsrepublik* und ruft einen *Bildungsgipfel* aus. Heike Schmoll prognostiziert in der *Frankfurter Allgemeinen Zeitung*, dass die Schul- und Hochschulpolitik für den nächsten Bundeswahlkampf ein zentrales Thema werden wird – was wahrscheinlich wegen der Finanzkrise nicht wahr geworden ist. Schüler streiken für mehr Bildung, speziell für mehr und bessere Lehrer. Und Studenten streiken für Studierbarkeit ihrer Hochschulausbildung. Alle großen Tageszeitungen haben ihren Wissensteil ausgebaut, *Die Zeit* und die *Süddeutsche Zeitung* haben eigene Magazine mit dem Titel „Wissen" herausgebracht. Der *Spiegel* hat gerade (Sommer/Herbst 2009) zwei große Bildungsumfragen mit erheblicher Resonanz durchgeführt. Guido Westerwelle proklamiert auf dem Parteitag nach dem Koalitionsvertrag Bildung als zentrales Thema der FDP. Bildung/Wissen ist, neben Umwelt/Klima und sozialer Gerechtigkeit, das dritte Megathema der Zukunft. Wobei sich im Übrigen bei genauer Analyse fast immer herausstellt: Bildung ist auch der beste Zugang zu den anderen beiden Herausforderungen und zu deren Bewältigung. Die Forschung zeigt sogar: Menschen mit einem höheren Bildungsstandard leben deutlich länger und sind während ihres Lebens gesünder. Ein gleichzeitig faszinierendes wie erschreckendes Phänomen …

Wir brauchen eine neue Phase der Bildungsdebatte!

Wenn es auch gut ist, dass nun seit einigen Jahren die Bildungsdebatte derart intensiv geführt wird, so besitzt diese doch bisher einige chaotische, überschießende und auch hysterische Momente. Ich zitiere der Reihe nach drei renommierte Journalistinnen, Sabine Etzold, Susanne Gaschke und Heike Schmoll, die drei Sätze geschrieben haben, die diese erste Phase kritisch charakterisieren:

- „Diffuser Reform- und Erneuerungswille wird transportiert mit all den schon etwas abgestandenen Ideen, Hoffnungen, Modellen, die sich in den vergangenen 20–30 Jahren angesammelt haben."
- „Wenn die Bildungsdebatte weiter geführt wird wie bisher, wird uns das noch mehr von demselben einbringen: hechelnde Reformrhetorik."
- „Die Schlagworte nehmen überhand und die Differenzierungen sind nicht erwünscht. Am Ende wird es wiederum nur um Strukturen und Zuständigkeiten gehen. Das freilich sind die Debatten von gestern."

Solche ersten Phasen der Reformdebatten sind unumgänglich, da werden sozusagen fröhlich und aufgeregt die Argumente hin und her geworfen, aber es ist jetzt Zeit, dass die Bildungsdebatte nun in eine *zweite Phase* eintritt, gewissermaßen in eine aufgeklärte (wie sie in der Fachredaktion der großen Tageszeitungen, so muss man sagen, seit etlichen Jahren erreicht ist, aber im Buchbereich, bei öffentlichen Diskussionen und vor allem bei Fernseh-Talkshows noch nicht).

Dazu ist es aber vor allem nötig, endlich einmal eine klare *Problemstellung* herauszuarbeiten. Im Moment ist es so, dass so gut wie jeder die Schule auf jede beliebige Weise kritisieren kann und beliebige Katastrophen ausrufen darf, er wird immer Beifall finden. Das vorliegende Buch versucht, einen anderen Weg zu gehen, gemäß einem Leitmotiv, das aus einem Gedanken des Germanisten Karl Eibl (zitiert nach einem *Spiegel*-Artikel) hervorgeht: „Man soll Probleme nicht mästen wie Gänse, sondern abmagern lassen, bis man ihr Skelett sieht." – Genau eine solche auf das Wesentliche reduzierte Problemstellung wird in diesem und dem nächsten Kapitel herausgearbeitet. Und von dieser aus werden dann neue Lösungswege sichtbar, beziehungsweise die alten Lösungswege in einem anderen Lichte erscheinen.

Der neugierig gewordene Leser kann an dieser Stelle eigentlich schon zum zweiten Kapitel übergehen. Für diejenigen Leser, die gleichzeitig neugierig, aber dennoch skeptisch sind, will ich nachfolgend in aller Kürze etwas schreiben, worüber man eigentlich ein eigenes Buch verfassen müsste, nämlich: einen extrem kondensierten Überblick über die Struktur und Problematik der Bildungsdebatte und ihre wichtigsten Argumentationsfiguren. Die Darstellung ist zwar pointiert, beansprucht aber, eine große Affinität zur mehrheitlichen Sicht der seriösen Forscher aufzuweisen.

»Der Mensch ist ein Geschöpf, dem es bestimmt ist, in Katastrophen zu leben.« (Graham Greene)

1. Mythos

Ich beginne der Aktualität wegen mit einem Ausschnitt aus dem PISA-Gesamtmythos, gewissermaßen Teil A: Nach PISA haben viele Autoren versucht, all die Ideen, die sie schon immer vertreten haben, mit Bezug auf PISA neu aufzulegen und zu begründen. Und PISA hat, so muss man den Eindruck haben, allen

Recht gegeben. Jedoch: Es ist so gut wie immer Unsinn, wenn Autoren sich zur Begründung ihrer Lösungsmodelle auf PISA berufen. Denn die PISA-Studie ergibt von ihrer ganzen Anlage her kaum etwas im Hinblick auf Lösungen. Sie testet und misst Schülerleistungen, nicht den Unterricht. Zwar wurden dazu im Rahmen der Studie einige ergänzende Untersuchungen durchgeführt, aber diese sind noch nicht aussagekräftig genug, um daraus konkrete Reformmaßnahmen abzuleiten. Speziell ist PISA kaum geeignet zur Begründung der vielbeschworenen Eliteförderung. Gegen diese ist natürlich nichts einzuwenden, aber der schnellste und direkteste Weg aus der sogenannten PISA-Katastrophe führt eher „von unten nach oben" als umgekehrt (vgl. hierzu auch den 8. und 12. Mythos). Ich halte es mit dem Koordinator der ersten PISA-Studie für Deutschland, Jürgen Baumert, der gemeint hat, ihm graue nun vor all denjenigen, die nach PISA genau zu wissen beanspruchen, was zu tun sei. Und Jürgen Baumert, Manfred Prenzel und Eckhard Klieme (alles PISA-Koordinatoren) schreiben in einem *Zeit*-Artikel (im Jahre 2008): „Um eine evidenzgesteuerte Bildungspolitik unterstützen zu können, brauchen wir eine Gemeinschaft empirischer Bildungsforscher, die sich überall deutlich gegen einen politisch selektiven und vereinfachenden Umgang mit PISA-Daten wendet. Die öffentliche Diskussion kann da nur nützlich sein."

»Politik machen bedeutet, einen simplen Tatbestand so zu komplizieren, dass alle nach einer neuen Vereinfachung rufen.«
(Giovanni Guareschi)

2. Mythos

Ja, aber, so wird der Leser fragen, weist denn PISA nicht zumindest darauf hin, dass die Gesamt- bzw. Einheitsschule ein sinnvolles Lösungsmodell ist? So wird das vor allem vom obersten Koordinator der PISA-Studien, Andreas Schleicher, oft dargestellt, aber das ist ganz sicher nicht korrekt. Als jemand, der an anderer Stelle das Modell für eine neue Art von Einheitsschule darlegen wird, der ihr also ganz sicher positiv gegenübersteht, will ich hier nur konstatieren: Aus PISA geht nur hervor, dass, im Unterschied zur Meinung vieler Konservativer, Gesamtschulen durchaus zu hervorragenden, ja zu Spitzenleistungen führen können. Viele der Spitzenländer haben Gesamtschulsysteme, manche nicht. Aber in Deutschland haben die konservativ regierten Länder und hat vor allem Bayern mit dem dreigliedrigen Schulsystem deutlich bessere Leistungen als die Länder mit Gesamtschulen erreicht. Und es hat schon in den letzten zwei Jahrzehnten zahlreiche empirische Untersuchungen der Leistungen von Gesamtschulen gegeben, alle hatten ein desaströses Ergebnis. Also: Es kann niemals die deutsche Art der Gesamtschule sein, die die Lösung darstellt. Es lohnt sich sicher nicht, jedenfalls nicht gegenwärtig, nicht am Anfang, in diesen Lösungsweg die ungeheuren Energien zu investieren, die dazu notwendig wären.

»Politik bedeutet ein Minimum von Sachlichkeit.« (Thomas Mann)

3. Mythos

Und von da aus kommen wir auf den grundlegenden Mythos, den es an dieser Stelle zu überwinden gilt: den SYSTEM-MYTHOS: Die Forschung zeigt, wobei insbesondere in Deutschland hervorragende Arbeit geleistet worden ist, vor allem von Professor Helmut Fend, dass die Unterschiede zwischen den einzelnen Schulen (desselben Typs beziehungsweise Systems) viel größer sind als die zwischen den unterschiedlichen Schultypen. Irgendetwas an der „Individualpersönlichkeit" der jeweiligen Schule muss also viel wichtiger als alle systemspezifischen Attribute sein. Auch PISA hatte das Ergebnis, das zu rezipieren, was man allen Ideologen nahelegen möchte: *Die Unterschiede zwischen den einzelnen Schulen waren in fast allen Ländern deutlich größer als die zwischen den Ländern.* Das ist fast ein wenig so wie mit den Lehrern: Es gibt an jeder Schule sehr gute und sehr schlechte Lehrer, und deren Klassenergebnisse unterscheiden sich sehr von dem durchschnittlichen Niveau an ihren Schulen. Laut BIJU-Studie ist die Einzelschule mit 15 % Varianzaufklärung die wichtigste Komponente, dann die Schulform mit 10 % und schließlich die einzelne Schulklasse mit 5 %.

Der Bildungsforscher Manfred Prenzel hat einmal vom „Frieden an der Schulstrukturfront" gesprochen – genau der ist zu wünschen.

Übrigens: Eine ungute Art von Systemfetischismus hat meines Erachtens stattgefunden, als man nach der Wende versucht hat, einfach das ostdeutsche durch das westdeutsche Schulsystem zu ersetzen (obgleich der PISA-Sieger Finnland sich stark am DDR-Schulsystem orientiert hat). Gott sei Dank haben da einige Ostländer nicht mitgemacht und liegen nun in der Spitzengruppe; Sachsen gleich ganz vorn bei PISA 2006. Wegweisend waren sie mit dem Abitur nach zwölf Schuljahren und einem zweigliedrigen Schulsystem, Gymnasien und Mittelschulen.

> »In jeder Kunst ist es ratsam, sich an die Meister zu halten und vor den Systemen zu hüten.« (Otto Gildemeister)

4. Mythos

Dem System-mythos korrespondiert der Methoden-mythos: Es gebe bestimmte Unterrichtsmethoden, die besonders gut seien, und es sei eine eigene Bildungskatastrophe, dass sie in Deutschland so wenig zum Einsatz kämen. Gemeint sind natürlich die „progressiven", im weitesten Sinne reformpädagogischen Methoden. Doch auch hier zeigt die Forschung und eben nicht nur die Forschung, sondern schlicht und einfach die

Praxis und der gesunde Menschenverstand: Solche generell überlegenen Methoden – „Patentmethoden" – gibt es nicht. Ein Lehrer muss viele Methoden beherrschen, und er muss sie je nach Situation, also je nach Unterricht, inhaltlichem Thema und Schülern differenziell einsetzen, ansonsten ist er kein Profi, sondern ein Ideologe. Und leider greifen vor allem die Ideologen in Talkshows ein oder zur Feder, um ihre weder wissenschaftlich noch praktisch fundierten Ideen zu verbreiten. Ein Gedanke von Klaus Westphalen spricht mir aus der Seele und weist auf die Tiefe dieser Perspektive hin: „Ich wage sogar die Behauptung, dass das mögliche Spektrum pädagogischer Ideen in der pluralistischen Diskussion unseres Jahrhunderts im Wesentlichen ausgeschöpft wurde. Die großen Themen der Pädagogik waren vor dem 20. Jahrhundert längst angeschlagen worden, unser Jahrhundert hat sie gründlich durchdekliniert und vermutlich weitgehend zu Ende gedacht. Was bleibt unseren Epigonen? Wenn überhaupt aus der Geschichte gelernt wird, werden sie sich hüten vor allumfassenden, einheitsstiftenden, totalitären Ideen. (…) So bleibt den Nachfahren nur eine entmythisierte Betrachtung von Erziehungsmöglichkeiten und Lerngestaltung übrig" (aus dem Buch *Lerngesellschaft ohne Grenzen?*).

> Ein zudringlicher Mönch fragte den Meister nach seiner Lehrmethode. Dieser entgegnete: »Bitte sprich lauter, ich bin schwerhörig.« Der Mönch wiederholte seine Frage. Noch einmal sagte der Meister: »Könntest du etwas lauter sprechen, ich verstehe dich nicht.« Da brüllte der Mönch, so laut er konnte: »Was ist deine Lehrmethode?« Da lächelte der Meister. »Du kennst meine Lehrmethode nicht, aber die deine hast du mir soeben verraten.« (Dschau-Dschou)

5. Mythos

Einen Teilmythos des vorherigen sollte man nochmals hervorheben: Es sind keineswegs die „progressiven", also die „freien", „spielerischen", „kindorientierten", meinetwegen auch „fächerübergreifenden" oder „handlungsorientierten" Methoden, die besonders geeignet sind, um Schwache zu fördern und letztlich zu einem Bildungsausgleich innerhalb der unterschiedlichen sozialen Schichtungen zu führen. Im Gegenteil: Zumindest in den Anfängen müssen Schüler aus bildungsfernen Schichten mit sehr einfachen, gewissermaßen bodenständigen und wirkungssicheren Methoden „behandelt" werden. Wie auf vielen anderen Gebieten verwechseln noch zu viele angebliche Reformer Ziel und Methode. In diesem Zusammenhang muss man folgende Tatsache wahrnehmen und akzeptieren: Vor allem in den sozialdemokratisch regierten Ländern Deutschlands ist der Zusammenhang zwischen Bildungsstand der Eltern und dem der Schüler hoch. Neben anderen Ursachen hat dies, so glaube ich, vor allem folgenden Grund: Durch die „progressiven" Methoden (typischerweise durch den Tick jeder Schule, unbedingt Theaterspielen anbieten zu müssen) werden all diejenigen Fertigkeiten bevorzugt, die Schüler „aus besserem Hause" in stärkerem Maße besitzen, nämlich generelle „Showfertigkeiten", insbesondere sprachlicher und sozialer Natur. Ein stärker an der *Vermittlung von Sachwissen* orientierter Unterricht gibt dagegen all denjenigen eine Chance, die sich fleißig in das jeweilige Fach einarbeiten, vor allem wenn man sie dann auch auf entsprechend klare Weise prüft, ohne dass dabei in zu starkem Maße „Impression-Management-Fähigkeiten" ins Spiel kommen. Ich weiß, das ist ein Sachverhalt, über den man ein ganzes Buch schreiben müsste: diese Paradoxie von reformorientiertem Vorgehen und reformorientierter Wirkung – noch einmal sei für die Methodenvielfalt plädiert. Die Forschung zeigt beispielsweise auch, dass die simple Logik, schwächere Schüler müssten mathematische Aufgaben anhand von *konkreten* Beispielen erwerben, nicht stimmt, sondern dass es bisweilen besser umgekehrt ist, dass also abstrakte Beispiele schwächere Schüler besser fördern als konkrete. So wundert es auch nicht, dass bekannte deutsche Reformschulen, zum Beispiel die Laborschule Bielefeld, nur scheinbar bei PISA besonders gut abschnitten; denn wenn man herausrechnet, dass an diesen Schulen viele Schüler aus bildungsnahen und motivierten Schichten stammen, dann ergibt sich ein durchschnittliches Ergebnis, in Mathematik sogar etwas unterdurchschnittlich (was allerdings etwas ist, das die konservativen Kritiker dieser Schulen dennoch verblüffen müsste).

Aber immer noch fallen typischerweise Fernsehmoderatoren in Talkshows auf die wohlklingenden Reformangebote mancher modischer Schulkonzepte – mit meist auserlesener Schülerklientel von gebildeten und finanziell gut ausgestatteten Eltern – herein, so die sympathische und normalerweise kritische Anne Will in einer Sendung zu diesem Thema, wo der knorrige Josef Kraus (Präsident des Deutschen Lehrerverbands) nicht ein einziges Mal dazu gekommen ist, diesen seinen Gedanken zu artikulieren: *Progressiver Unterricht kann keine zusätzlichen Lehrer ersetzen.* Und das identische Argument gilt für die gegenwärtigen Bemühungen, Ganztagsschulen einzuführen: Überall dort, wo dies, wie meistens der Fall, mit nur unwesentlich erweiterten Ressourcen geschehen muss, folgt daraus unweigerlich eine Verringerung der Qualität an anderen Stellen; man kann nicht einfach mit demselben Personal eine Ganztagsschule betreiben, ohne dass dabei Verluste an anderen Stellen entstehen. Martin Spiewak bringt es in der *Zeit* auf den Punkt: „So kostet Pädagogenlob aus Politikermund kein Steuergeld. Teurer, aber ebenso notwendig ist der Beistand des Lehrers durch andere Professionen. In Holland stehen Tausende von Helfern – Psychologen, Sozialarbeiter, Methodentrainer – bereit, um schwachen Schulen auf die Beine zu helfen. Jeder Direktor verfügt über ein üppiges Weiterbildungsbudget. Diese Architektur der Unterstützung fehlt hierzulande. Deutsche Lehrer absolvieren im internationalen Vergleich die längste Ausbildung, investieren jedoch die geringste Zeit in Fortbildung."

> »Bei den regierenden Klassen Englands kann man jede politische Reform durchsetzen, wenn sie so ausgeführt wird, dass alles beim Alten bleibt.« (George Bernard Shaw)

6. Mythos

Der Gedanke lässt sich wie folgt weiterführen, und man gelangt dann zu dem generellen REFORM-MYTHOS: Seit einigen Jahren glaubt diese Gesellschaft, dass es schon etwas Tolles sei, wenn man ununterbrochen reformiere und dabei alles möglichst „modernisiere" (Modernitäts-Mythos), und sie vergisst dabei die Abwägung von Kosten und Nutzen, wobei ich mit „Kosten" vor allem die dabei entstehende Verunsicherung, den Umstellungsaufwand und auch Akzeptanzprobleme meine. Wir sollten gerade im Bildungsbereich diesen Reform-Mythos nicht repetieren, der ohnehin schon einmal in den siebziger Jahren im Bildungsbereich gewütet hat. Die Forschung hat mittlerweile sehr gut verstanden, warum all diese Reformen nicht wirklich funktioniert haben. Und auch die anderen Sozialreformen der rotgrünen Regierung haben ja nicht die Ziele erreicht, die sie vorgegeben haben: Diese Gesellschaft ist weiter auseinandergedriftet, Arm und Reich unterscheiden sich mehr denn je. Doch gegenwärtig läuft eine Welle von Reformen durch unsere Bildungsinstitutionen, die vielleicht von größerer Bedeutung als die Hartz-Reformen und die Wirtschaftsreformen der letzten Jahre sind; sie wird nur nicht ganz so deutlich, weil sie sich nicht auf der Bundesebene, sondern eher auf der Länderebene und dort auch nicht unbedingt auf der Ebene der Gesetzgebung, sondern der Ebene der Verordnungen etc. abspielt. Die Bundesministerin für Wissenschaft und Bildung hat vom „größten Reformprojekt seit Jahrzehnten" gesprochen, und sie hat Recht. Die Öffentlichkeit und auch die Eltern bekommen das aber nur bruchstückhaft mit, meist nur dadurch, dass sie merken, wie die Lehrer immer nervöser oder permanent irgendwelche Regeln und Anforderungen geändert werden. Spiewak fordert deshalb in der *Zeit* zu Recht: „Macht mal Pause!" Und er schreibt: „Kein Stopp der Reformen, aber eine Art Moratorium. Bevor die Bildungspolitik weitere Neuerungen ausprobiert, sollte sie prüfen, welche der bisherigen sich als sinnvoll erweisen. (…) So umfassend und durchgreifend wie in der Bildung renoviert die Politik jedoch auf keiner anderen deutschen Reformbaustelle." Er meint sogar, dass man den Schulen die 10 bis 15 Jahre geben solle, die der PISA-Koordinator Jürgen Baumert einmal als den Zeitraum befristet hat, der verstreichen müsse, bis normalerweise Schulreformen Früchte tragen. Konsequenz: „Kaum jemand in der Schulverwaltung scheint alle Reformen zusammen in den Blick zu nehmen. So muss es misslingen, die Schulzeit zu verkürzen, den Unterricht zu verdichten und gleichzeitig lernschwache Schüler zu fördern."

»Alles Politisieren, auch bei den größten Staatsmännern, ist Improvisieren auf gut Glück.« (Friedrich Nietzsche)

7. Mythos

Zwischenfazit: Bisher liegen noch keine „Katastrophen" und Reformansätze vor, anhand derer man eine gute Reformperspektive gewinnen könnte oder schon gewonnen hat. Aber gilt das nicht auch für diejenige Bildungskatastrophe, die gewissermaßen die klassische Version darstellt, weil schon in den sechziger Jahren von Georg Picht artikuliert: Deutschland habe eine viel zu geringe Abiturienten- und Studierquote? In anderen Ländern entscheiden sich zwei Drittel und mehr eines Schülerjahrgangs für ein Studium, in Deutschland haben wir uns sogar von dem Minimalziel von 40 % entfernt. So haben sich 2007 36,6 % für ein Studium an einer Hochschule eingeschrieben, wobei die Quote zurückging, laut einer aktuellen Meldung aber 2008 wieder gestiegen ist. Seit 1995 hat sich die Anzahl der Studierenden in den OECD-Ländern im Durchschnitt um 41 % erhöht, sie stieg von 18 auf 36 %, in Deutschland nur um 5 %; 2007 schlossen in Deutschland 23 % eines Jahrgangs ein Studium erfolgreich ab, das ist innerhalb der OECD der viertniedrigste Wert. (Dabei beträgt allerdings die durchschnittliche

Abbrecherquote in Deutschland circa 23 %, im OECD-Mittel 31 %.)

Doch zu Recht sagen die Kritiker dieser „Katastrophe": In Deutschland gibt es hochqualifizierte, nichtuniversitäre Ausbildungen, die dem Studium in anderen Ländern gleichkommen – hier werden Äpfel mit Birnen verglichen. (Generell täte, was im Rahmen dieses Buches nicht näher erläutert werden kann, eine Nichtakademisierung einem Großteil der heutigen Studiengänge gut, zum Beispiel auch den Lehrern, deren Ausbildung durch die Verlegung an die Universität in meiner Sichtweise keinesfalls besser, nur praxisfremder geworden ist.) Man kann des Weiteren darauf verweisen: In Deutschland erreicht ein großer Prozentsatz mit der Zeit einen Abschluss, der wie Abitur und Fachabitur zum Besuch einer (Fach-)Hochschule berechtigt (beispielsweise Mittlere Reife plus Meisterprüfung oder auch nur mehrjährige Berufstätigkeit als Geselle mit einem bestimmten Notenminimum in der Prüfung, der Abschluss an einer Fachakademie, beispielsweise als Erzieher, der Abschluss einer Berufsoberschule; es gibt eine ganz große Anzahl solcher alternativer Wege zu einem Studium; bedrückend ist dennoch, dass nur circa 1 % der Studenten sich aus dieser Gruppe rekrutiert). Außerdem: Wieso ist die Arbeitslosenquote in so vielen akademischen Berufen so hoch, wenn wir ein Akademikerdefizit haben? Wieso sind mittlerweile die Durchschnittseinkommen der Facharbeiter und die der Akademiker fast identisch? Das heißt: Wir haben kein generelles Akademikerdefizit, wir haben nicht zu wenige Juristen, Architekten, Betriebswirte, Sozialpädagogen, Soziologen usw.; Defizite existieren nur in bestimmten Fächern, insbesondere in den technisch-naturwissenschaftlich-mathematischen Fächern; der ehemalige Kultusminister und Philosophieprofessor Nidan-Rümelin hat diesen Gedanken in mehreren journalistischen Beiträgen deutlich artikuliert. Demgemäß muss die Drohung des OECD-Bildungsberichts, dass Deutschland einen Akademiker- und Fachkräftemangel zu befürchten habe, differenziert gesehen werden; man muss das Augenmerk vor allem auf folgendes Faktum legen: Pro 100 Ingenieure, die altersbedingt aus dem Beruf ausscheiden, produzieren die Hochschulen nur 87 Nachwuchskräfte; besonders in Westdeutschland existiert ein mangelndes Interesse an diesen Berufen. Dieses Defizit beruht darauf, dass in den letzten Jahrzehnten (in diesem Zusammenhang kann man „68" ausnahmsweise mal wirklich einen Vorwurf machen) Technik und Naturwissenschaften auf eine fatale Weise abgewertet worden sind. Demgemäß braucht Deutschland nicht generell mehr Studierende, sondern einen Unterricht, der Schüler wieder besser zum Studium in den technisch-naturwissenschaftlichen Fächern motiviert. Aber wenn auch die Demotivierung hinsichtlich solcher Fächer eine gesamtgesellschaftliche Dimension hat, so muss man doch sagen: Hier liegt auch ein Versagen der Schulen und Lehrer vor – Mathematik- und Physiklehrer gehören, zu diesem Verdikt lasse ich mich hinreißen, sowohl zu den Intelligentesten als auch zu den pädagogisch Ungeschicktesten …

Und ich persönlich würde diesen Gedanken noch weiter „unkorrekt" zuspitzen: Mindestens 30 % aller Schüler (wenn nicht 50 %), die die Mittlere Reife oder Abitur erreichen, verdienen es nicht! Ich habe noch keinen Lehrer getroffen, der mir dabei widerspricht. Und ich habe auch noch keinen Universitätslehrer getroffen, der mir bei folgender Feststellung widerspricht: Mindestens 30–40 % der Studenten sind „Fremdkörper" an den Universitäten. Eine echte Erhöhung der Studienquote, die nicht zu einer Reduktion der Leistungen führt, ist also ein Ziel, das viel anspruchsvoller ist, als sich das die Protagonisten dieser Idee vorstellen. Und ich stelle die Frage: Wenn prognostiziert wird, dass uns ab dem Jahre 2014 zwischen 180 000 und 490 000 Akademiker fehlen – fehlen uns nicht vielmehr Absolventen der FACHHOCHSCHULEN und vor allem der BERUFSAKADEMIEN? Heike Schmoll schreibt zu Recht (in *Forschung und Lehre* 8/2008): „Seit Jahren gehört die Steigerung der Abiturientenquote zu den heiligen Kühen der bildungspolitischen Bestrebungen. (…) Immer höhere Abiturientenquoten werden wie sportliche Erfolge vermeldet. (…) Denn sie scheinen eine höhere Bildungsgerechtigkeit zu garantieren. Doch der Schein könnte trügen, denn seit Etablierung der Bologna-Reform studieren nicht mehr Kinder aus den unteren sozialen Schichten, sondern weniger, weil ihnen die neuen Studiengänge nicht jenen sozialen Aufstieg zu gewährleisten scheinen, den sie über das Bildungssystem suchen. (…) In dem Maße, wie das Abitur zur Voraussetzung des bloßen Menschseins zu werden scheint, wird es seine Ansprüche schmälern müssen." Schmoll verweist auf Finnland, wo die hohe Abiturientenquote von über 70 % zunehmend scharfe Aufnahmeprüfungen und Zulassungsbeschränkungen vor Studienbeginn hervorgebracht hat. Sie weist auch zu Recht darauf hin, dass die Gymnasien, die lange Zeit eine relativ homogene Schülerschaft hatten, sich bereits jetzt sehr schwer tun und in Zukunft sich noch schwerer tun werden, mit einer leistungs- und begabungsmäßig gesehen sehr inhomogenen Klientel umzugehen.

»Praktische Politik besteht darin, Fakten zu ignorieren.«
(Henry Brooks Adams)

8. Mythos

Bisher haben wir also noch keine wirklich „furchtbare und fruchtbare" Bildungskatastrophe gefunden, doch nun kommt die „Bildungskatastrophe par excellence": der schlechte Platz von Deutschland bei den bisherigen PISA-Studien. Viele Schulkritiker klammern sich an dieses Ergebnis, ebenso wie nicht wenige Lehrer und Schulen recht unreflektierte Abwehrreflexe gegen PISA ausgebildet haben. Auch als Befürworter dieser Studien sollte man die Argumente am „PISA-Schwindel" (Josef Kraus) offen und wohlwollend rezipieren. Und neben eher fachlichen Kritiken, die eigentlich nur für die Diskussion unter Fachleuten interessant sind, sei dabei vor allem folgendes Argument ernst genommen: Es seien insbesondere die Schüler mit Migrantenhintergrund gewesen, die das deutsche PISA-Ergebnis nach unten gezogen haben – kein anderes Land habe mit vergleichbaren Problemen zu ringen, schon gar nicht die Siegerländer (wenn es dort Migranten gibt, dann unproblematischere). Außerdem gebe es auch in Deutschland eine breite Schicht guter Schüler, die sehr nahe an der Spitze sind. Auch wird darauf hingewiesen, dass bei der PISA-Studie 15-Jährige getestet werden, die in anderen Ländern, weil schwächer, schon längst die Schule verlassen haben, sodass das Ergebnis verzerrt wird, was noch dadurch verstärkt wird, dass in Deutschland, aber in nicht allen Ländern, Sonderschüler mit einbezogen werden. Generell werde die abpuffernde Macht des dualen Bildungssystems in Deutschland unterschätzt.

Dies alles ist ohne Zweifel richtig, aber etliche dieser Argumente erscheinen mir dennoch ein wenig zu apologetisch und spitzfindig. Doch sie werden von den Lehrern geradezu aufgesogen; es ist verblüffend und erschütternd zugleich: Lehrer empfinden die PISA-Studie als Feind! (Und dies, obgleich, auch zu diesem Verdikt lasse ich mich hinreißen, von den mehr als 800 000 Lehrern in Deutschland es wahrscheinlich kaum einen gegeben hat, der die PISA-Studie auch nur in ihren wichtigsten Teilen gründlich gelesen hat.) Gerade die guten und leistungsorientierten Lehrer sollten verstehen, dass PISA „auf ihrer Seite" steht. Und ich schlage den defensiv orientierten Lehrern generell folgende Kerninterpretation der PISA-Studie vor, mit der wir uns, glaube ich, von allem unnötigen und negativen Diskussionsballast befreien können:

> Es sind nicht die Unterrichtsmethoden und nicht die Schulen und Lehrer, die im eigentlichen Sinne versagt haben, sondern es ist vor allem ein *struktureller* Aspekt unseres Bildungssystems: Dieses zeigt sich generell „schwach gegenüber den Schwachen", nicht nur gegenüber den Migrantenkindern.

> Anders formuliert: Unser Bildungssystem versagt dabei, zuverlässlich ein BILDUNGSMINIMUM zu vermitteln. An nichts zeigt sich dies deutlicher als daran, dass in Deutschland die Leistungen der Schulen mehr als in allen anderen Ländern variieren. Um es nochmals zu sagen: In zu starkem Maße hängen das Niveau des Schulunterrichts und sein Ergebnis von den individuellen Lehrern und der individuellen Schulführung ab, unser System enthält keinen strukturellen Mechanismus, der ein bestimmtes BILDUNGSMINIMUM sicher gewährleisten kann. Das scheint mir – neben der Tatsache, dass mit PISA endlich die Empirie in die Schule eingezogen ist – der eigentliche positive Erkenntnisertrag von PISA zu sein. Wahrscheinlich am unwichtigsten ist der schlechte Rangplatz von Deutschland, der sicherlich auch die Qualität des deutschen Schulsystems ein wenig verzerrt darstellt. Gleichzeitig jedoch wäre ohne dieses *Ranking* die deutsche Pädagogik/Didaktik kaum jemals aus ihrem „nicht-empirischen Schlummer" aufgewacht. Es zeigt sich ja übrigens von PISA-Studie zu PISA-Studie ein „Aufstieg" Deutschlands – ich denke: Wir sollten von nun ab das Ranglisten-Thema als sekundär betrachten, so nützlich-provokativ es einmal war.

»Eine Reform der Beichte wäre vorzuschlagen: Der Sünder beichtet nur seine guten Taten.« (Karol Irzykowski)

Eine wirkliche Katastrophe

Dieses Teilkapitel führt uns zur „Migranten-Bildungskatastrophe", einer echten Katastrophe. Hier darf und muss man „Politiker-Bashing" betreiben: Nicht die Lehrer (diese nur insoweit, als sie sich nicht gewehrt haben) haben versagt, sondern die Bildungspolitik und letztlich die Politik generell. Sowohl die Konservativen als auch die Linken/Grünen haben das Migrationsproblem inadäquat wahrgenommen und behandelt. Die ersteren wollten nicht wahrhaben, dass Deutschland Einwanderungsland ist, und die zweiten haben gedacht, dass ein wohlwollendes „Multi-Kulti" das ganze Problem mit der Zeit sich selbst irgendwie auflösen werde. Und das so entstandene Migrationsversagen hat sich bei PISA nun gewissermaßen gerächt. Doch die meisten der nach PISA angelaufenen Reformen zielen ganz und gar nicht auf diesen Angriffspunkt! Die Kultusminister konzentrieren sich auf andere Reformgebiete, auch der Bund blieb bisher weitgehend untätig; sein Programm für Ganztagsschulen hat Migranten nicht verstärkt erreicht, so das Ergebnis einer Studie des Deutschen Instituts für Internationale Pädagogische Forschung. In einigen Bundesländern wird das Geld ausgerechnet in Gymnasien gesteckt, um die Schulverkürzung von 13 auf zwölf Jahre abzufedern. Doch durch das Turbo-Abitur werden die Aufstiegschancen von Einwandererkinder weiter verschlechtert. Überall im Westen Deutschlands müssen sich zwar Vier- oder Fünfjährige mittlerweile einem Sprachtest unterziehen (die Bundesländer haben viel Geld auf die Massenscreenings verwandt, zumal jedes Bundesland sein eigenes Diagnoseinstrument entwickelte), doch die daraus resultierenden Sprachtrainings sind noch viel zu mickrig; die Migrantenkinder sind auf eine längere sprachliche Unterstützung angewiesen, das übliche 100-Stunden-Deutschtraining reicht nicht. Denn selbst nach 13 Jahren Schulunterricht haben Studenten aus Migrantenfamilien Probleme mit der deutschen Sprache!

Das ist in anderen Nationen längst bekannt; deswegen begleiten Länder wie Schweden oder Kanada ihre Neubürger in Schule und Hochschule mit sprachlicher Förderung. Bei uns dagegen setzt das systematische Sprachtraining spätestens nach der Grundschule aus. Migrantenschüler aber scheitern nicht nur im Deutschunterricht, sondern auch in Mathematik, Chemie oder Geschichte. Martin Spiewak konstatiert: „Auch der Physiklehrer muss ein Spracherzieher sein." Jedoch: „Woher soll er diese

Fähigkeit haben?" Ausländerpädagogik ist an den Universitäten randständig. Einige Bundesländer wie Hamburg oder Nordrhein-Westfalen unternehmen zaghafte Anstrengungen, um Lehrer mit türkischen, serbischen oder arabischen Wurzeln zu gewinnen. Speziell die Hertie-Stiftung vergibt Stipendien für Lehramtsstudenten aus Migrantenfamilien; ohne private Stiftungen wäre die integrationspolitische Bilanz auf dem Feld der Schule noch trüber. In mehr als 30 Städten erteilen Studenten Nachhilfe für Migrantenkinder „auf der Kippe", finanziert von der Mercator-Stiftung.

Die Migranten-Bildungskatastrophe auf den Punkt gebracht (gemäß dem Integrationsbericht der Bundesregierung von 2008): Unter den 20- bis 24-Jährigen mit Migrationshintergrund gibt es mehr Unqualifizierte (54 %) als bei den 25- bis 34-Jährigen (42 %). Ich ergänze folgende Angaben: Es gibt insgesamt 15,3 Millionen Migranten in Deutschland. Anteil der Migrantenfamilien: 27 %; Migranten ohne Berufsabschluss: 44 %; Migranten im Alter zwischen 22 und 24 Jahren ohne Berufsabschluss: 54 %; türkische Migranten ohne Berufsabschluss: 72 %. Meist beträgt der Abstand der Migranten-Jugendlichen zu deutschstämmigen bei Bildungstests knapp zwei Schuljahre. Ergo: In Deutschland verfestigt sich ein neues, ethnisch geprägtes Proletariat. Wer es also ernst mit der Integration meint, muss Schulen mit hohem Migrationsanteil bevorzugen. Die teuerste Schulform ist das Gymnasium, gleichzeitig die deutscheste Schulform. Unterdurchschnittlich finanziert sind die Grundschulen, wo man Migranten am effektivsten fördern kann. Spiewak spitzt zu, aber anregend: „Leisten wir uns einen Leistungskurs in Latein mit sechs Schülern, oder bezahlen wir für das Geld Sprachförderung in der Brennpunktschule? Bisher ist die Lateinlobby stärker."

»Man schreibt unter einem einfachen ethischen Imperativ: Versuche alles zu verstehen. Vergib manches. Und vergiss nichts.« (Amos Oz)

Noch eine wirkliche Katastrophe und ein möglicher Mythos 9

Man kann und muss die vorherige Katastrophe generalisieren: In Deutschland ist die Abhängigkeit von sozialer Herkunft der Eltern und dem Bildungserfolg der Kinder so hoch korreliert wie nirgendwo. In Deutschland gelangt ein Kind aus der Unterschicht (die man nicht so nennen darf …) mit einer je nach Messmethode zweieinhalb- bis fünfmal geringeren Wahrscheinlichkeit zum Studium als ein Kind aus bildungsnahen Schichten. Der Anteil von Akademikerkindern an den Hochschulen hat sich in den neunziger Jahren auf über 50 % gesteigert, keine Spur also von einer Öffnung der Hochschulen „nach unten". Der Anteil der Kinder aus den niedrigeren Schichten, die ein Studium erreichten, stieg von 5 % im Jahre 1960 auf etwas über 20 % Anfang der achtziger Jahre, fiel bis zum Jahre 2000 sogar wieder deutlich ab und hat sich seither nicht mehr ganz „erholt", ein bedrückendes Phänomen. Ergänzend sei gesagt: Selbst wenn sie (Fach-)Abitur haben, nimmt von Kindern aus bildungsfernen Schichten nur circa die Hälfte ein Studium auf, bei Akademikerkindern rund 90 %, und das unabhängig von den Schulabschlussnoten.

Doch eine gewisse Relativierung kann auch hier vorgenommen werden. Zunächst ist der sogenannte *soziale Gradient*, der angibt, wie sehr die Leistung durch die Herkunft der Schüler erklärt werden kann, bei PISA 2006 wieder auf 36 gesunken, er ist damit durchschnittlich geworden, nachdem Deutschland bei PISA 2000 mit 45 den schlechtesten Wert aller teilnehmenden Staaten hatte. Man kann auch nicht folgern, dass es eine aktive Diskriminierung an Schulen gäbe, jedenfalls nicht im Unterricht; dies zeigen PISA und andere Untersuchungen. Jeder Leser mit einem entsprechenden Hintergrund möge seine eigene Schulzeit betrachten: Die Lehrer freuen sich sehr über lern- und aufstiegsbereite Schüler aus einfacheren Verhältnissen. – Wo entsteht dann diese fürchterliche Selektion? Sie entsteht an drei

Stellen: (a) Die Eltern aus bildungsfernen Schichten (speziell auch Migranten) können ihren Kindern weniger bei den Hausaufgaben und anderen schulischen Prozessen helfen. Man muss aber auch sagen: Etliche wollen es gar nicht! (b) Die finanziell besser gestellten Schichten haben natürlich die zusätzliche Möglichkeit, ihren Kindern Nachhilfe zukommen zu lassen. (c) Bei problematischen Fällen, das hat die PISA-ergänzende Forschung festgestellt, ist es tatsächlich so, dass die Lehrer im Zweifelsfall bei Kindern aus bildungsfernen Schichten eher zu einem abratenden oder ablehnenden Urteil bezüglich des Übertritts auf eine höhere Schule, vor allem auf das Gymnasium, kommen; bei Schülern aus „besserem Elternhaus" besteht dagegen die gegenteilige Tendenz: Die Schüler werden prognostisch überbewertet. Eine Studie der Uni Mainz (2008) zeigte beispielsweise: Insgesamt erhielten 81 % der Kinder aus der Oberschicht eine Gymnasialempfehlung gegenüber 14 % der Kinder aus Unterschichtfamilien. Die Leistung spielt dabei eine geringe Rolle; Kinder aus der niedrigsten Bildungs- und Einkommensgruppe erhalten bei einer Durchschnittsnote von 2,0 nur zu 76 % eine gymnasiale Empfehlung, in der höchsten Gruppe sind es 97 %. Ein weiteres Faktum aus dem Bildungsbericht für Deutschland 2008: Nur 3 % aller Schüler wechseln die einmal gewählte Schulart, meistens nach unten; ein Wechsel ans Gymnasium kommt so gut wie nicht vor.

An dieser Stelle allerdings zwei ketzerisch klingende Gedanken: Wäre es im Falle (c) nicht sinnvoller, dass man in Zweifelsfällen künftig auch die Kinder besser gestellter Eltern an einem Aufstieg hindert, der ohnehin niemals stattfinden wird und dann irgendwo versandet, spätestens im Studium, das, wie gesagt, von 20 %–30 %, in manchen Fächern von der Hälfte abgebrochen wird? Wäre es nicht sinnvoller, beide Schülergruppen auf dem jeweils ihnen adäquaten Niveau maximal zu fördern, ohne sie zu überfordern? Die Gesellschaft braucht, wie gesagt, nicht nur Akademiker! Die Forschung zeigt im Übrigen auch: Kinder aus bildungsferneren Schichten entscheiden sich viel bewusster für ihre Schule, während Kinder von Akademikern häufig von dem typischen Erwartungsdruck ihrer Schicht nach oben getrieben werden und überhaupt keine eigentliche Entscheidungschance haben. Und ein zweiter Gedanke, gerichtet an die Benachteiligten: Warum müsst ihr eigentlich ständig „motiviert" werden? Warum, liebe Migranteneltern, habt ihr nicht Mumm und setzt euch gegen die Empfehlungen der Lehrer durch? Wieso zeigt ihr nicht den Aufstiegswillen, den einmal vor Jahrzehnten ein großer Teil der Unterschicht und auch der Migranten gezeigt hat? Warum „versandet" die zweite Generation vor allem der Türken so elendig? Meiner Erfahrung nach sind die Bildungsambitionen der Migranteneltern sehr gemischt, sie können manchmal sogar negativ sein und ihre Kinder durchaus, vorwiegend die Mädchen, aktiv am schulischen Aufstieg hindern; den klassischen Ehrgeiz zum Aufstieg habe ich insbesondere bei russischen und vietnamesischen Eltern gefunden. Der „politisch korrekte" Leser möge mir glauben: So mancher Pädagoge und Sozialarbeiter mit durchaus linker Gesinnung, der mit den entsprechenden Problemen und der entsprechenden Klientel zu tun hat, stellt sich – öffentlich oder heimlich – immer öfter wieder diese Frage.

Und die Antwort darauf besteht in einer Einsicht, die gleichermaßen auch deutlich macht, warum hier eben nicht von einer „Bildungskatastrophe" im engen Sinne zu sprechen ist, sondern eher von einer *gesamtgesellschaftlichen*: Selbst wenn man davon ausgeht, dass das Begabungspotential der Unterschicht vielleicht in stärkerem Maße ausgeschöpft ist, als dies mancher Progressive glauben will, so sind doch zwei Quellen der Demotivation zu konstatieren, an denen man arbeiten kann und muss: (a) Auf furchtbare Weise spiegelt die Demotivation vieler Schüler in der Hauptschule ja keine psychische Befindlichkeit, sondern ihre objektive Realität wider: die geringe Wahrscheinlichkeit, dass sie jemals einen einigermaßen attraktiven Ausbildungsberuf bekommen. Es gibt ja Familien, die schon seit zwei und mehr Generationen in Hartz IV/ Sozialhilfe leben, und das kann bei einigen Kindern mit starker Persönlichkeit natürlich in einen enormen Aufstiegswillen münden, kann aber bei schwächeren dazu führen, dass sie gewissermaßen gebrochen werden. (b) Und das beginnt schon weit vor der Schule, es beginnt in der frühen Kindheit, ja, es beginnt schon in der Schwangerschaft! Man weiß, dass Kinder aus diesen Schichten meist kleiner und schwächer und kränker sind, weil die Mütter in der Schwangerschaft deutlich mehr rauchen oder Alkohol trinken als Mütter in besseren Verhältnissen. Die in entsprechenden Initiativen tätigen Sozialarbeiter wissen mittlerweile, dass sie spätestens ab dem dritten Schwangerschaftsmonat aktiv werden müssen! Ansonsten ist der Weg zum „demotivierten" Schüler manchmal schon vorgezeichnet.

Man muss also einem Missverständnis vorbeugen: Die Schule ist keinesfalls die Ursache oder auch nur die Verstärkung dieser sozialen Differenzierung und Spaltung, sie wirkt durchaus „gleichmacherisch". Auf verblüffende Weise zeigt sich dies an folgendem Forschungsergebnis: Es sind jeweils die Ferien, nach denen Kinder aus bildungsfernen Schichten wieder deutlich intellektuell geschwächt zurückkehren, während es bei den anderen eher sogar umgekehrt ist! Dieser „Sommerlocheffekt" wurde durch Jürgen Baumert nach Untersuchungen aus Baltimore auch bei Kindern in Deutschland gefunden.

> Worauf läuft das hinaus? Dass hier nicht eigentlich eine „Bildungskatastrophe" vorliegt, sondern (wie etliche Forscher schon lange befürchten) ein Sachverhalt, dessen Behebung die Schule alleine überfordern würde: die Tatsache einer Zweiklassengesellschaft. Wir sprechen hier davon, dass es in Deutschland eine stark ausgeprägte Kinderarmut gibt, dass es in Deutschland eine Schicht von Kindern gibt, die, beispielsweise gemäß der World-Vision-Studie, unter miserabelsten Kommunikations- und Anregungsbedingungen lebt. Auf furchtbare Weise zeigt sich, dass das vorherige Versagensprinzip „Deutschland zeigt sich schwach gegenüber den Schwachen" auch für diese Gesellschaft insgesamt gilt. Also ist diese

> Bildungskatastrophe eine *soziale*. Und sie ist eben nicht mit didaktischen oder pädagogischen Maßnahmen allein zu lösen, jedenfalls nicht vorrangig, jedenfalls nicht erst in der Schule, obgleich dort ebenfalls sofort begonnen werden muss. Die Schulen können zwar nicht der Reparaturbetrieb für eine verfehlte Einwanderungspolitik sein, aber auch hier muss der Hebel schnell ansetzen. Letztendlich wäre es natürlich wunderbar, wenn die Arbeitslosenzahl wieder einmal ein Niveau erreichen würde, das für diese Schichten einen Sonnenstrahl der Hoffnung zwischen den Wolken sichtbar werden ließe. Doch hier tritt ein weiterer Aufschaukelungsmechanismus zutage: Langfristig führt nicht Wirtschaftspolitik aus der Arbeitsmarktkrise, sondern nur Bildung beziehungsweise Bildungspolitik! Und damit beißt sich die Katze wieder in den Schwanz, vor allem wenn man den letzten Mythos dekonstruiert …

In diesem Zusammenhang ist eine weitere echte Bildungskatastrophe zu rezipieren: Über 70 000 Schüler verlassen die Schule jährlich ohne Abschluss, 8 % eines Jahrgangs. 500 000 werden in Übergangsmaßnahmen „geparkt"; ein nicht kleiner Teil gelangt allerdings dennoch in eine Berufsausbildung, 400 000 Sonderschüler (neuerdings „Förderschüler") haben es auf dem Ausbildungsmarkt besonders schwer.

»Politik ist angewandte Moralphilosophie mit ökonomischem Sachverstand.« (Karl Lauterbach)

10. Mythos

Permanent wird gegenwärtig gefordert: „Mehr Geld für die Bildung!" Und das zu Recht, wie auch in diesem Kapitel immer deutlicher geworden ist. Denn die Bundesrepublik investiert gegenwärtig (2008) lediglich 5,1 % des Bruttoinlandsprodukts in Bildung (besonders wenig in Kindergärten und Grundschulen), im OECD-Durchschnitt sind es 6,1 %. (Anmerkung: Die OECD-Zahlen und die Zahlen des Statistischen Bundesamtes, nämlich gegenwärtig 6,2 %, differieren leicht, da die OECD Ausgaben für Jugendarbeit etc. nicht zur Bildung rechnet.) Anders formuliert: Der Anteil der Bildungs- an den Gesamtausgaben des Staates liegt in der Bundesrepublik bei knapp über 9 %, gemäß dem OECD-Bildungsbericht im OECD-Durchschnitt bei 13 %; Deutschland liegt an fünftletzter Stelle.

Dennoch muss auch die Forderung nach mehr Geld für die Bildung in eine aufgeklärte Fassung transformiert werden, durch Berücksichtigung zweier weiterer fundamentaler Forschungsergebnisse:

- Die Bildungsökonomie zeigt ganz klar, dass es keinen engen Zusammenhang zwischen den Ausgaben für ein Bildungssystem und dessen Effizienz gibt. Im Gegenteil: Die meisten modischen Reformexperimente rechnen sich nicht. Selbst so gut gemeinte Ansätze wie die Reduktion der Schülerzahl pro Klasse scheinen wenig zu bringen – daraus hat sich eine erregte Debatte ergeben, doch mir sind vergleichbare Effekte der Nutzlosigkeit einer reinen Ressourcenerhöhung auch aus anderen Bereichen meiner beruflichen Arbeit vertraut (die DESI-Studie allerdings zeigt, dass sich im Sprachunterricht ein besseres quantitatives Lehrer-Schüler-Verhältnis positiv auf den Unterricht auswirkt). Etliche Forschungsergebnisse weisen überraschenderweise auch daraufhin, dass Computereinsatz beim Lernen wenig hilft, jedenfalls innerhalb der bisherigen methodischen Ansätze.
- Es gibt nur einen sicheren Ansatz: die Investition in die *vorschulische Förderung*. Anders gesagt: Was man wie *an den Schulen selbst* verbessern soll, weiß man nicht. Und damit sind wir wieder bei meiner Ausgangsthese angelangt, dass es bisher noch keinen wirklich „katastrophalen" Ansatz für Bildungsreformen (im engen, auf die Schule bezogenen Sinn) gibt.

Diese Einsichten sind also zu konstatieren (und noch viele andere, die dem höchst anregenden Buch von Ludger Wössmann *Letzte Chancen für gute Schulen* zu entnehmen sind). Gleichzeitig sollte man, gewissermaßen dialektisch, den Satz rezipieren, den Martin Spiewak und Jan-Martin Wiarda in der *Zeit* formuliert haben: „Bildung ist teuer, aber keine Bildung ist noch teurer. Eingesparte Bildungsausgaben von heute sind zusätzliche Sozialausgaben von morgen."

Auf dem „Bildungsgipfel" 2008 wurde gerade eine verbesserte Bildungsfinanzierung beschlossen: Bis 2015 wollen Bund und Länder nun 10 % statt circa 9 % des Bruttoinlandsprodukts in Bildung und Forschung stecken, 3 % für Forschung und 7 % für Bildung, das wären 22 Mrd. Euro mehr. Außerdem sollen bis 2015 zusätzlich 275 000 Plätze an Unis und Hochschulen geschaffen werden. Auch soll in diesem Zeitraum die Zahl der Menschen, die keinen Berufsabschluss haben, nämlich 17,8 %, halbiert werden. Weiterhin haben sich Bund und Länder auf das Ziel verständigt, die Zahl der Schulabbrecher bis 2015 ebenfalls um die Hälfte zu reduzieren. Außerdem wollen die Länder gemeinsame Vorgaben für das Abitur entwickeln.

Allerdings endete der Bildungsgipfel im Streit, um die Finanzierung …

Allerdings stellten die Kultusminister kurz darauf fest, dass die Ausgaben bei genauer Berechnung im letzten Jahr zurückgegangen waren …

Auch die im gegenwärtigen Konjunkturpaket enthaltenen 7 Mrd. Euro für Bildung werden laut Angaben des Deutschen Instituts für Wirtschaftsforschung (DIW) nur zu 6 % für eine Erhöhung der Bildungsqualität verwendet, ein großer Teil fließt in bauliche Investitionen; der Leiter des DIW, Klaus Zimmermann, spricht von „Geld für Gips statt Geld für Grips"…

Dann kam noch ein „Hammer", der im Kontrast zu diesen großen Zielen die reale Lage auf den Punkt bringt: Die Kultusminister beschließen zunächst einmal eine Aussetzung der Bildungsstandards, zumindest für die Hauptschulen, weil Voruntersuchungen zeigen, dass der größte Teil der Hauptschüler diese hochgesteckten Bildungsstandards nicht erreicht ...

> »Der Geldbeutel des Kranken verlängert seine Heilung.«
> (Sprichwort aus Schottland)

11. Mythos

Die eben dargelegten Gedanken führen auf den nächsten Mythos, eine Art ANTI-EFFIZIENZ-MYTHOS: Die Bildungsökonomie wird generell bisher zu sehr vernachlässigt, den meisten idealistischen oder auch pseudo-idealistischen Pädagogen ist sie zu „gnadenlos", für manche gar schon zu empirisch. Dennoch ist sie ein guter Wegweiser, den jeder wirklich idealistische Pädagoge und Didaktiker nutzen und deren Herausforderungen er sich stellen sollte. Die Bildungsökonomie wird keineswegs per se zu einer „Ökonomisierung" unseres Bildungssystems in einem negativen Sinne beitragen. Es gibt aber immer noch viele Pädagogen und Didaktiker, die sich immer wieder, bisweilen in öffentlichen Manifesten, gegen Effizienzorientierung und Effizienzuntersuchungen in unserem Bildungswesen aussprechen. Diese Position ist absurd, sie ist vor allem demokratisch unhaltbar: Der Bürger hat ein Recht, dass seine Steuern sinnvoll eingesetzt werden. Man ist noch kein Idealist, wenn man ein schlechter Ökonom ist! Im Gegenteil: Die Idealisten müssen die besseren Ökonomen werden!

Man sollte vielleicht unterscheiden zwischen einer „Effizienzorientierung" und einer „Ökonomie-Orientierung". Generell bin ich dafür, möglichst viel Geld in das Gesundheits- und das Bildungswesen zu investieren, hier sich also gewissermaßen „unökonomisch" zu verhalten. Gleichzeitig bin ich aber für eine permanente Evaluation und Ergebnisorientierung, um eben möglichst viel aus den vorhandenen Ressourcen (die ich, wie gesagt, möglichst hoch ansetzen würde) zu machen. Im Zweifelsfall zuletzt an Bildung und Gesundheit sparen und dann aus dem vorhandenen Geld eine maximale Effizienz „herauskitzeln"!

> Ich würde sogar noch weiter gehen: *Effizienz ist die Voraussetzung von Freiheit.* Nur eine effiziente Schule kann eine humane Schule sein. Denn die bisherige Schule ist auf eine Weise ineffizient, dass sie Lehrer und Schüler (und damit auch die Eltern) gnadenlos stresst und überlastet – dies wird das Hauptergebnis dieses Buches sein.

Als jemand, der ganz deutlich die schlimmen Ungerechtigkeiten unseres Bildungssystems sieht, rate ich generell von einem moralisierenden Zugang ab. Die Moral sollte uns nur Motivation, aber kein Leitmotiv sein, da führt die Effizienz weiter. Zitat von Heike Schmoll: „Jedoch lässt sich mit moralischem Druck nur die Stimmung anheizen, nicht jedoch die grundlegende Umwandlung des Bildungssystems." Aber man muss auch den Vertretern eines evidenz- und effizienzbasierten Zugangs zum Bildungssystem ins Stammbuch schreiben: Ihr habt bisher dabei versagt, diesen Ansatz der Öffentlichkeit und den Lehrern klar, einleuchtend und akzeptabel zu machen! Würde man Euren Erfolg auf dem Gebiet „Motivierung der Öffentlichkeit und der Lehrer" evidenzbasiert evaluieren, dann müsstet Ihr Euch selbst als recht ineffizient einschätzen.

»Wer zu spät an die Kosten denkt, tötet die Produktivität, wer zu früh an die Kosten denkt, tötet die Kreativität.« (Philip Rosenthal)

12. Mythos

Ein letzter Mythos sei kurz abgehandelt: Nun gelte es, auf *Leistungsorientierung* und *Eliteförderung* zu setzen. Aber: Über letzteres weiß man bisher sehr wenig Bescheid, hier sind die Forschung und die Praxis noch sehr am Suchen. Generell ist zu fragen, ob unsere Schulen überhaupt der richtige Ort für Spitzenförderung sind beziehungsweise ob man sie nicht zu sehr damit belastet. Auf bestimmten Gebieten ist das ja evident: Kein Spitzenmusiker oder -sportler oder kein im Bereich der bildenden Kunst Begabter wird auf einer normalen Schule eine ausreichende Förderung seines Talents erwarten, sondern auf Spezialschulen oder in entsprechende Vereine gehen. Die Vertreter der Eliteförderung unterschätzen, welchen Aufwand es darstellt, an herkömmlichen Schulen so etwas zu etablieren. Generell gesagt führt meiner Meinung nach – das Buch wird es zeigen – der Weg eher „von unten nach oben" als umgekehrt, auch bei der Eliteförderung. Auch dort sollte man, was durchaus nicht selbstverständlich ist, Wert auf solide Grundlagen legen und nicht wieder in „Spinnereien" verfallen.

Und zur Leistungsorientierung sei gesagt: Empirische Studien im Anschluss an PISA zeigen, dass deutsche Lehrer und Schulen durchaus einen großen Leistungsdruck auf die Schüler ausüben, ja dass sie auf ganz ungute Weise von den Schülern als „leistungsdrückend" empfunden werden, nämlich als wenig hilfreich und unterstützend; Deutschland liegt diesbezüglich in Vergleichsstudien ganz hinten. Woran es in Deutschland hapert, ist etwas, das man viel besser (da ist Herrn Bueb völlig Recht zu geben) mit *Disziplin* bezeichnen kann: Der Lehrer verschwendet viel Zeit pro Schulstunde, bis zur Hälfte, damit, die Schüler dazu zu bringen zuzuhören und zu arbeiten. Interessanterweise sind sie allerdings, wenn man sie einmal dazu gebracht hat, dann wieder recht diszipliniert und arbeitsam – ein Hinweis darauf, wie differenziert dieses große Thema Leistungsorientierung behandelt werden muss und wie wenig es sich für Schlagworte eignet.

Ich behaupte bewusst zugespitzt: Von den Bildungsreformen der letzten Jahrzehnte ist eine mangelnde Arbeitsdisziplin bei gleichzeitig zu großem Leistungsdruck und zu geringer emotionaler Unterstützung übrig geblieben. Ein fürchterliches

Ergebnis für jeden Reformer! Und ich stelle des Weiteren zur Diskussion: Unsere Schulen können erst dann wieder leistungsorientierter sein, wenn die in ihnen enthaltenen „heimlichen", aber strukturellen Leistungsblockaden abgebaut werden.

> Vor allem aber ist es sinnlos, über erhöhte Leistung zu sprechen, ohne dass ein Konsens darüber besteht, was eigentlich geleistet werden soll. Und die gegenwärtigen Schulziele, wie sie sich in den Lehrplänen abbilden, sind, wie in den nachfolgenden Kapiteln gezeigt wird, grotesk! Sie bedürfen einer grundlegenden Diskussion und Veränderung, die simple Verstärkung von Kontrolle/Evaluation und Leistungsdruck führt nicht zu mehr Leistung, sondern nur zu einer Situation und Stimmung, die einen der renommiertesten Bildungstheoretiker, Heinz-Elmar Tenorth, wie in einem Interview artikuliert, fast schon an die DDR erinnere: all die Berichtspflichten und Leistungstests, von der vielfach propagierten selbständigen Schule keine Spur!

Wir brauchen, so meine ich, eine neue LEISTUNGSKULTUR (von der die bisherigen Pädagogen wenig verstehen, da für viele das Wort „Leistung" immer noch ein Unwort ist, während es für die Konservativen zu sehr ein Kampfbegriff ist). Diese Leistungskultur muss gekennzeichnet sein *durch hohe Arbeitsdisziplin bei nur geringem Leistungsdruck und hoher sozial-emotionaler Unterstützung*. Vor allem aber sollte der Leistungsdruck, den man tatsächlich einsetzt, immer möglichst individuell orientiert sein. Denn das ist eine der weiteren echten Katastrophen (auf die in diesem Buch allerdings nicht eingegangen werden kann): die INDIVIDUALITÄTS-KATASTROPHE, die strukturell angelegte Unmöglichkeit der Schule, der jeweils einzelnen Begabung gerecht zu werden.

»Wer schaffen will, muss fröhlich sein.« (Theodor Fontane)

Gesamtfazit

Viele Leser werden vielleicht nach dem Lesen dieses Kapitels ein wenig ratlos sein, und das ist auch sein Sinn. Sie mögen einmal all die vermeintlichen Selbstverständlichkeiten zurückhalten, an die sie geglaubt haben, weil sie sie oft gelesen haben. Denn die Bildungsdebatte ist mythologisch verzerrt. Es schwirren Schlagworte und „Schlagargumente" durch die Luft, die besonders in intellektuellen Kreisen als Ausweis von Bildung gelten – reformpädagogische Klischees sind da genauso beliebt wie psychotherapeutische. Doch diese „Bildungsfolklore" hat keine fundierte Basis. Es sind nicht die Methoden und Systeme, die uns weiterbringen. Es sind generell nicht die hohen Ziele und die hohen Töne. Nicht all die Versuche, „Schule neu zu denken" oder gar neu zu erfinden. Da muss man allen Reformskeptikern Recht geben. Jürgen Kaube bringt es in der *Frankfurter Allgemeinen Zeitung* auf den Punkt (fast wörtlich zitiert): Wir müssen aufhören, unser durchaus funktionierendes Bildungssystem permanent sinnwidrigen Belastungen auszusetzen!

> Dies ist das zentrale Fazit des Kapitels: So gut wie alle „Katastrophen", über die in der Öffentlichkeit erregt diskutiert worden sind, sind keine. Es sind solche, derer man leicht durch quantitativ-evolutionäre Verbesserungen unseres Systems Herr werden kann. Wenn es eine Bildungskatastrophe gibt, dann die vor und außerhalb der Schule angelegte SOZIALE BILDUNGSKATASTROPHE.

Sie wurde gewissermaßen auf die Schüler und Lehrer abgeladen. Das darf nicht länger der Fall sein. Doch die SOZIALE BILDUNGSKATASTROPHE zeigt wie unter einem Mikroskop die entscheidende Schwachstelle unseres Bildungssystems, die jedem, der es wissen wollte, schon immer klar gewesen sein musste:

> Unsere Schulen sind nicht darauf abgerichtet, ein BILDUNGSMINIMUM zuverlässig, auch an die Schwachen, zu vermitteln. Wir müssen unbedingt einen Mechanismus finden, der zukünftig verhindert, dass Schulen derartig unterschiedliche Leistungen erbringen, quasi nach ihrem Gutdünken. Es darf niemand aus dem System herausfallen. Das Bildungsminimum ist der „archimedische Hebel", mit dem man unser Bildungssystem eben nicht aus den Angeln, sondern wieder ins Lot heben kann und sollte.

Doch an welchem Bildungsminimum soll man sich orientieren? Eine realistische Antwort darauf setzt die Beantwortung der folgenden Frage voraus:

> Was leistet die Schule gegenwärtig?

Und genau an dieser Stelle setzt das vorliegende Buch ein. Die deutsche Schule wird einerseits einer praxisorientierten und „entgegenkommenden" wie andererseits „gnadenlosen" Analyse unterworfen. Einer Analyse, die die Reichweite von PISA und sämtlichen anderen Bildungsstudien weit übertrifft, indem sie zwar auf der Ebene der quantitativen Exaktheit gewissermaßen etwas „nachgibt", aber dafür auf der Ebene der qualitativen Analyse umso entschlossener zupackt. Doch gleich will ich wieder betonen: Dieser effizienz- und ergebnisorientierte Weg ist kein Selbstzweck und soll nicht dazu dienen, Lehrern und Schülern noch mehr Freiheiten abzuschneiden! Im Gegenteil: Dieser Weg wird zu einer Möglichkeit führen, beiden Gruppen endlich wieder Freiheit zu geben – Freiheit für mehr Leistungen, mehr Individualität und mehr Spaß an der Sache.

»Wenn Du etwas wirklich verstehen willst, versuche es zu ändern.« (Kurt Lewin)

2

Die Wahre Bildungskatastrophe

Nochmals sei leitmotivisch zitiert: „Man soll Probleme nicht mästen wie Gänse, sondern abmagern lassen, bis man ihr Skelett sieht." Diese Maxime, im vorherigen Kapitel schon begonnen, soll nun konsequent zu Ende geführt werden. Und von dort aus werden dann neue Lösungswege sichtbar, beziehungsweise die alten Lösungswege werden in einem anderen Lichte erscheinen.

Die fünf vergeblichen Hoffnungen der Schule

Der Leser mag an manchen Stellen des vorherigen Kapitels den Eindruck gehabt haben, hier schriebe ein Apologet des deutschen Bildungssystems. Doch die Logik des Buches ist anders: Wenn auch die Aufregung, ja Hysterie, über PISA und über andere „Katastrophen" weitgehend unbegründet und zumindest unproportional ist, so gilt doch: Es gibt ein eigenes Phänomen, dessen Bedeutung dieser Aufregung proportional ist. Nennen wir es (leicht ironisch-pathetisch): die WAHRE BILDUNGSKATASTROPHE.

Was ist das?

> Nun, um es zunächst an einem drastischen Vergleich zu verdeutlichen: Wenn unser Gesundheitssystem auf ähnliche Weise wie das Bildungssystem versagen würde, dann wäre es normal, dass 50 % der Säuglinge sterben, dass eine Zahnarztbehandlung noch mit unerträglichen Schmerzen verknüpft wäre, dass die Lebenserwartung bei 45 Jahren läge und dass die meisten Leute an all den Dingen stürben, die man nun seit einiger Zeit ziemlich gut im Griff hat, wie etwa die meisten Infektionskrankheiten.

Mancher Leser wird vielleicht verblüfft und skeptisch sein und an dieser Stelle jetzt fragen: Wie hätte man denn eine Bildungskatastrophe so ungeheuerlichen Ausmaßes übersehen können? Selbst wenn man einmal von den Evaluationsstudien der letzten Jahre, also von PISA, TIMSS und ähnlichen absieht, so ist in die Schule ja doch SELBSTEVALUATION grundsätzlich und von Anfang an eingebaut: schlicht und einfach die unzähligen schulischen Prüfungen, die ein Schüler während seiner Schullaufzeit ablegen muss. Das war das große ALIBI der Schulen – bisher! Doch bei genauerer Betrachtung versteht man, warum dieses Prinzip der angeblichen SELBSTEVALUATION durch die schulischen Prüfungen so problematisch ist. Denn in diesem Prinzip sind etliche Komponenten rein hypothetischer Natur und im besten Fall von begründeten Hoffnungen getragen.

Die Schule gründet sich in ihrem Handeln auf fünf implizite Hoffnungen beziehungsweise Hypothesen, die allerdings fast nie explizit ausgesprochen werden, weil man dann sofort sähe, wie problematisch die Situation ist:

- Erste Hoffnung: Es bleibt nach der Abschlussprüfung ein Wissenskorpus übrig, welcher längere Zeit überdauert. Die Medizin musste lernen, dass eine erfolgreiche Operation keineswegs auch nur mittelfristige Heilung garantiert, die Schule jedoch hat sich in keiner Weise um eine Kontrolle der Langfristigkeit des von ihr vermittelten Wissens gekümmert! Seit einigen Jahren dominiert das Schlagwort der Nachhaltigkeit die ökologische Diskussion – die Schule konnte sich vollkommen von einem solchen Konzept absentieren! Es existieren noch keinerlei Untersuchungen oder empirisch gestützte Theorien, die etwas darüber aussagen, unter welchen Bedingungen das schulische Wissen nachhaltig ist. – Nennen wir das die Nachhaltigkeits-Hypothese.

- Zweite Hoffnung: Das während der Schulzeit gelehrte Wissen verschwindet nicht, jedenfalls nur zu geringen Teilen, und es kumuliert deswegen bis zum Ende der Schulzeit. Jedoch: Fast alle schulischen Prüfungen sind punktuell, das Abitur ist zwar breiter angelegt, aber niemals ist bisher jemand auf die Idee gekommen, das gesamte Schulwissen zu überprüfen, nicht einmal in kleineren Blöcken wird dies getan – könnte man nicht jedes Jahr eine Art (zentrales) „Mini-Abitur" durchführen? Zitat des auf Lehrpläne spezialisierten Bildungsforschers Stefan Hopmann (aus: *Der Lehrplan als Maßstab öffentlicher Bildung*): „Es wird also nicht geprüft, ob die Entwicklung der Schülerinnen und Schüler den in sie durch den Lehrplan gesetzten Hoffnungen entspricht, sondern nur punktuell, ob sie zu einem gegebenen Zeitpunkt zu schulischen Handlungen in der Lage sind. (…) Eine summarische Empirie, ob das Resultat des Schulbesuchs der Summe der Lehrplanerwartungen (…) entspricht, gibt es nicht." – Nennen wir das die Kumulations-Hypothese.
- Dritte Hoffnung: Es existiert ein Transfer zur Ganzheitlichkeit, das heißt, das von der Schule vermittelte Einzelwissen wird sich irgendwann zu dem Ideal der „gebildeten Persönlichkeit" zusammenfügen. Und tatsächlich hat man sich darüber in den Lehrplänen und in der Didaktik viele Gedanken gemacht – gerade die Prüfung dieser Ganzheitlichkeits-Hypothese steht völlig aus.
- Vierte Hoffnung: Mit den Fertigkeiten zur Bewältigung typischer schulischer Aufgabenstellungen entsteht ein Transfer, sodass man dann auch andere Aufgaben bewältigen könne,

die ähnlich, aber anders präsentiert und leicht umstrukturiert, bisweilen auch schlicht und einfach weniger klar definiert oder in anderen Begriffen formuliert sind: Das ist die Kognitive Transfer-Hypothese.
- Fünfte Hoffnung: Es gibt noch einen ganz grundlegenden Transferanspruch der Schule, der noch viel weniger geprüft ist, den man an dem klassischen Zitat aufhängen kann: „Nicht für die Schule, sondern fürs Leben lernen wir." Inwieweit die Schule wirklich lebenstüchtiger macht, inwieweit all die hochgestimmten und hochtönenden Bildungstheorien zu Schülern führen, die in der unmittelbaren Lebenspraxis bestehen könnten, das weiß niemand. Viele Erfahrungen beim ersten Praxiseinsatz von Schülern sprechen dagegen (so wie die Originalfassung des lateinischen Zitats ja genau die gegenteilige Aussage getroffen und sich im Anspruch darauf beschränkt hat, für die Schule und nicht gleich für das ganze Leben zu lernen). Das ist die Lebenspraktische Transfer-Hypothese.

Das vorliegende Buch konzentriert sich auf die erste und zweite Hypothese, also die Hypothesen der NACHHALTIGKEIT und der KUMULATION. Denn auf diesem Gebiet spielt sich das ab, was ich als die WAHRE BILDUNGSKATASTROPHE bezeichnet habe. Diese besteht darin, dass für jeden, der mit offenen Augen das schulische Geschehen und das Wissen der (ehemaligen) Schüler betrachtet, die erste und zweite Hypothese falsifiziert sind:

> WAHRE BILDUNGSKATASTROPHE, 1. Fassung: Vom Wissen, das in den Lehrplänen projiziert ist und im Unterricht vermittelt werden soll und auch kurzfristig den meisten Schülern zumindest partiell vermittelt wird, bleibt nach Jahren, ja meist schon nach ein, zwei, drei Monaten, oft schon nach Tagen und Stunden, so gut wie nichts mehr übrig, jedenfalls kein annähernd kohärentes Wissen. Lange vor der Schwelle zum *kognitiven und lebenspraktischen Transfer* versagt die

> Schule bei der Herstellung von NACHHALTIGKEIT. Und deswegen kann natürlich auch von KUMULATION und GANZHEITLICHKEIT nicht die Rede sein.

Führen wir an dieser Stelle einen weiteren prägnanten Begriff ein, den man immer braucht, wenn man die Dinge auf den Punkt bringen will, nennen wir das, was nach einiger Zeit (Tagen, Monaten, relevant ist eigentlich vor allem die Dimension der Jahre!) übrig bleibt: NACHHALTIGES WISSENSRESIDUUM. Die These der WAHREN BILDUNGSKATASTROPHE kann man dann präzisiert wie folgt formulieren:

> WAHRE BILDUNGSKATASTROPHE, 2. Fassung: Das NACHHALTIGE WISSENSRESIDUUM beträgt im Durchschnitt höchstens 1% des von den Lehrplänen intendierten Lehrstoffs! Nennen wir das, um ein weiteres griffiges Schlagwort für die Analyse zu haben: 1%-HYPOTHESE.

Ich habe so gut wie keinen ehemaligen Schüler getroffen, der, konfrontiert mit dieser Sichtweise, nicht zumindest der Meinung gewesen ist, dass sie in die richtige Richtung geht. Dennoch ist dieses fundamentale Phänomen bis jetzt noch niemals an zentraler Stelle thematisiert worden – mit Ausnahme des Fachs PHYSIK, dort durch den großen Didaktiker Martin Wagenschein. All diese früheren Versuche sind allerdings völlig verdrängt worden. Dabei hängt im Grunde *jede* sinnvolle Reform an der simplen Frage: Wie kann man das schnelle Vergessen des Schulwissens verhindern?

In der Medizin ist im Bereich der Krebstherapie das Fünfjahres-Kriterium Standard geworden; erst dann spricht man von einer echten Heilung! Wofür ich schlicht und einfach plädiere: ein vergleichbares Leitmotiv auf den Bildungsbereich und die Qualitätskontrolle der Schulen anzuwenden!

»Hoffnung ist ein gutes Frühstück, aber ein schlechtes Abendbrot.«
(Francis Bacon)

Die drei Leistungsparadoxien der Schule

Wie ist es möglich, dass dieses Fundamentaldefizit so verdrängt werden konnte? Wieso ist noch nicht einmal die Idee des NACHHALTIGEN WISSENSRESIDUUMS ins Auge gefasst, elaboriert, präzisiert und angewandt worden? Diese enorme Verdrängungsleistung konnte nur geschehen, weil die Schule eine eigentümlich *paradoxe* Struktur aufweist:

- ERSTE LEISTUNGSPARADOXIE: Kann es denn sein, so werden manche Eltern von Schülern unter den Lesern fragen, dass eine Institution, in der ein solches Leistungsversagen existiert, dennoch gleichzeitig derart hohe Leistungsanforderungen an die Schüler stellt und sie nicht selten an den Rand ihrer mentalen und emotionalen Ressourcen führt? Antwort: Ja, das ist möglich. Denn einerseits ist es tatsächlich so, dass vor allem am Gymnasium, aber auch an Real- und Hauptschulen, enorme Ansprüche an die Schüler gestellt werden, sodass diese (und auch die Lehrer) zu Recht über den vielbeschworenen „Stress" klagen, aber andererseits akzeptiert diese so fordernde Schule folgendes Phänomen: Bemäntelt mit den Noten 3 oder 4 kommt so gut wie jeder durch und erhält sein Abschlusszeugnis, obwohl er im Grunde die geforderten Leistungen nicht nur quantitativ, sondern qualitativ verfehlt! Es erhalten Schüler einen Realschulabschluss auch dann, wenn ihre Rechtschreibleistung so schlecht ist, dass man sie gemessen an Kriterien früherer Jahrzehnte, nur als „Legastheniker" oder manchmal sogar als Illiterate bezeichnen könnte (vgl. das Kapitel 8 über die Ergebnisse des Deutschunterrichts). Konkreter gesagt: Die Schüler müssten eigentlich eine 6 bekommen und könnten demgemäß nicht bestehen, sie erhalten aber eine 4. Ähnliches gilt auch für andere Fächer und Schularten. Also: Die Schule versucht ein auf absurde Weise hochgezüchtetes Wissens- und Bildungsideal zu realisieren, schafft das aber nur bei einigen wenigen Prozent, und bei einem großen Rest akzeptiert man, dass er im Wesentlichen mit Fleiß Leistungen gewissermaßen vortäuschen kann. Und bei mindestens einem Viertel hat man einfach resigniert, lässt es aber dennoch Jahr für Jahr weiter „durchrutschen".

- ZWEITE LEISTUNGSPARADOXIE: Dieselbe Schule, die solch enorme Ansprüche an die Schüler stellt, akzeptiert auch bei den guten Schülern Folgendes: Es ist ausreichend, dass das Wissen kurzfristig reproduziert wird, wobei für die Note 1 meist großes, ja bisweilen absurd hohes Faktenwissen und operationales Können nötig sind, danach aber kann man es sofort wieder vergessen. Ja, man tut als Schüler sogar gut daran, ansonsten müsste einem angesichts der Stoffmassen der Lehrpläne mit der Zeit geradezu schwindlig werden! Dafür wurde in jüngster Zeit ein prägnanter Begriff geprägt (bei dem ich mich ärgere, dass ich nicht selbst darauf gekommen bin): BULIMIE-LERNEN. Der Begriff impliziert: Der Lehrstoff wird hastig und schlecht gekaut hinuntergeschlungen und für die Prüfungen weitgehend unverdaut erbrochen...
- DRITTE LEISTUNGSPARADOXIE: Dieselbe Schule, die – am prägnantesten in den absurden Lehrplänen der *gymnasialen* Oberstufe – die Schüler mit Subtilitäten und Fundamentalitäten eines durchaus wissenschaftlichen Niveaus behelligt (aber auch in der Real- und Hauptschule wird unter dem Leitmotiv „Wissenschaftspropädeutik" in dieser Hinsicht häufig übertrieben), vernachlässigt die Herausbildung und die Kontrolle von Kenntnissen und Fertigkeiten, welche in einem einfachen (und zugleich tiefen) Sinne *elementar* und *fundamental* sind. Vernachlässigt also die Herausbildung einer echten WISSENS- UND KÖNNENSBASIS. Nochmals sei ein Schlagwort geprägt, um diese Defizite im ELEMENTAREN

und FUNDAMENTALEN zu bezeichnen: EF-DEFIZITE. Die dritte Leistungsparadoxie beziehungsweise Leistungslüge besteht also darin: Auch das Wissen der Schüler mit gutem Abschluss ist meistens von erheblichen EF-DEFIZITEN gekennzeichnet. Fast jeder Abiturient hat zwar ein erhebliches Repertoire an „Imponier-Wissen", das sich bei genauerer Betrachtung jedoch fast immer als eine Ansammlung von *Wissensfetzen* herausstellt (Ausnahme: die Gebiete, die er sich aus privatem Interesse heraus erarbeitet hat).

In anderen Institutionen und Bereichen wäre es schwer denkbar, dass es eine Qualitätskontrolle des Elementaren und Fundamentalen nicht gäbe. Speziell in Bereichen konkreter Fertigkeiten, wie dem Sport und insbesondere der Musik, wäre es undenkbar, dass fehlendes Können unbemerkt bliebe, da dort jeder Lernfortschritt auf dem vorherigen aufbaut. Dort gibt es das, was ich nenne: NATÜRLICHE OUTPUT-KONTROLLE. Will sagen: Vor allem auf einem Musikinstrument kann niemand brillieren, der nicht die „Basics" hochgradig beherrscht beziehungsweise besser beherrscht als diejenigen, die bei den Basics verbleiben. So ist auch dafür gesorgt, das die KUMULATIONS-HYPOTHESE und die TRANSFER-HYPOTHESE bei guten Musikern, verallgemeinert: bei guten „Kunsthandwerkern", erfüllt sind. Jedoch in der Schule dominieren die Showfertigkeiten, während die Basis vollkommen unsolide ist. (In gewissem Sinne ist *Latein* das einzige Fach, in dem Kumulativität wegen der Spezifität der Sprache und der Striktheit des Unterrichts einigermaßen existiert.)

Das ist also – nochmals neu formuliert vor dem Hintergrund der vorherigen Explikationen – die WAHRE BILDUNGSKATASTROPHE:

> WAHRE BILDUNGSKATASTROPHE, 3. Fassung: (a). Die Schule überfordert Schüler und Lehrer von ihrem grundsätzlichen Anspruch her, während sie gleichzeitig akzeptiert, dass völlig inakzeptable Leistungen zum Bestehen von Prüfungen

und zum Weiterkommen ausreichen. (b) Speziell versagt sie bei der Vermittlung von Wissen, das durch NACHHALTIGKEIT gekennzeichnet ist. (c) Insbesondere ist das NACHHALTIGE WISSENSRESIDUUM (gewissermaßen das „real existierende" Wissen) durch erhebliche EF-DEFIZITE, also Defizite im Bereich des Elementaren und Fundamentalen, gekennzeichnet.

»Aus der Schulzeit sind mir nur die Bildungslücken in Erinnerung geblieben.« (Oskar Kokoschka)

Ein Forschungsansatz jenseits von PISA: „entgegenkommende Gnadenlosigkeit"

Drei Erläuterungen des eben dargelegten Ansatzes seien gegeben, um ihn noch deutlicher zu charakterisieren:
- Dieser Ansatz kommt der Schule insofern mehr entgegen als bisherige Evaluationsstudien, als er sie nur bezüglich des Punktes kritisch analysiert und diagnostiziert, der wirklich zu ihrem absoluten Kernauftrag gehört. Es ist nämlich immer etwas heikel, Transferleistungen zu untersuchen, wie PISA und die meisten anderen großen Evaluationsstudien dies tun. Lehrplanexperten haben ja beim Aufbau der PISA-Studie die Aufgaben so bewertet, dass circa 20 % nicht typisch sind für den deutschen Lehrplan; manche haben diesen Wert noch höher angesetzt, und auch die anderen PISA-Aufgaben entsprechen ja nicht dem eigentlichen Lehrplan, sondern Hoffnungen auf Transferwirkungen, auf die vielbeschworene Bildung (die PISA ja mit dem neu entwickelten Literacy-Konzept ins Konkretere transformieren wollte).
- Auf der anderen Seite nagelt dieses Buch die Schulen insofern fest, als es sie nicht an den großen Sonntagsreden misst,

zunächst auch ganz bewusst darauf verzichtet, „höhere" Bildungsideale zu analysieren, insofern die Frage danach gestellt wird, ob und inwieweit *elementares* und *fundamentales* Wissen einigermaßen solide vermittelt wird, also die Frage nach den „EF-Defiziten". Bei PISA kommt meines Erachtens deswegen die eigentümliche Unfundiertheit des Schulwissens nicht so deutlich heraus, weil die Studie versucht, sämtliche Kompetenzstufen zu erfassen. Trotz der heftigen Erschütterungen, die PISA bewirkt hat, enthält die Studie also eine grundlegende Verzerrung ins Positive!

- Dieses Buch thematisiert mit der NACHHALTIGKEIT einen Aspekt, den die bisherigen empirischen Forschungsstudien ignorieren. Die LAU-Studie ist die erste Studie, die langfristige Bildungsverläufe erforscht, aber auch sie wird, typischerweise, nicht über die Schulzeit hinaus fortgesetzt, zum Beispiel indem drei Jahre nach dem Abitur gefragt würde: Was bleibt denn übrig? Auch die PISA-Studie misst vorwiegend aktuelles Wissen – sie ist eine Querschnittstudie, die nur in ihrer Summe langsam zu einer Längsschnittstudie heranreifen kann. Die PISA-Studie 2010 will ja nun das Wissen Erwachsener ebenfalls thematisieren, auch der renommierte Bildungsforscher Olaf Köller hat ebenfalls schon seit einiger Zeit zu erforschen begonnen, wohin denn der langfristige „Weg" des schulischen Wissens führt und welche Rolle es beim beruflichen Erfolg im Leben besitzt; auch Arbeiten von Helmut Fend sind zu nennen.

Mit einem Satz: Das vorliegende Buch versucht, gewissermaßen den kürzesten und direktesten Weg zur Analyse schulischer Leistungen zu gehen. Das ist ein Ansatz, wie er bisher nicht nur bei der Schule, sondern auch bei anderen staatlichen Institutionen vernachlässigt worden ist. Überall dort, wo eine solche ganz direkte Evaluation zum Einsatz kam oder kommen wird, ergab oder ergäbe sie, so postuliere ich, ganz ungute Ergebnisse. So haben ja nur die höchst miserablen Resultate der damaligen Evaluation der Arbeitsämter Gerhard Schröder den Weg zu den Hartz-Reformen gebahnt, wie dieser einmal ganz unverblümt konzediert hat (obgleich dahingestellt sei, ob diese nicht vielleicht ein furchtbarer Irrweg waren). Und auch bei jeder Unternehmensberatung und -analyse ist diese Frage nach den *Kernaufgaben* ebenso nützlich, wenngleich sie dort ebenso oft vernachlässigt wird. Denn auch in Privatunternehmen verliert man sich öfter mal im Dickicht von Unternehmenszielen, und Unternehmensberater sehen oft vor lauter Wald die Bäume nicht mehr. Auch dort ist es immer nützlich, wenn jemand kommt und die Elementarfrage stellt: „Leisten wir eigentlich das, was wir als unser primäres Anliegen verstehen?" Im Bereich von Industrie und Schule allerdings wird ein derartiges Versagen vor einem Minimalstandard wahrscheinlich nicht so folgenlos bleiben wie an unseren Schulen. So etwas gedeiht vor dem Hintergrund einer nicht-empirisch orientierten Didaktik/Pädagogik. Diese hat sich über Jahrzehnte hinweg – im Rahmen eines falschen Idealismus – an immer phantasievolleren Maximalnormen hochgeschraubt, ohne sich ausreichend um die *Sicherung von Minimalstandards,* eben um die Sicherung des BILDUNGSMINIMUMS, zu kümmern. (Ich lasse mich gerne durch die gegenwärtige Finanzkrise zur Korrektur des Arguments bewegen, dass der *Homo oeconomicus* vielleicht doch keine viel stärkere Wirklichkeitsorientierung als der Geisteswissenschafter hat ...)

»Der Philosoph hat das schlechte Gewissen seiner Zeit zu sein – dazu muss er deren bestes Wissen haben.« (Friedrich Nietzsche)

Ein Forschungsansatz jenseits von PISA II: das Minimax-Prinzip

Es stellt sich die Frage: Kann man eine solch fundamentale Hypothese als Einzelner belegen oder hochplausibel machen, ohne ein Forschungsteam, das dann jahrelang Zehntausende von Fakten und Statistiken produzieren und analysieren würde?

Es geht, aber man benötigt dazu gestufte Qualitätsprüfungen (für Fachleute: in Richtung „adaptiven Testens" gehend), wie sie Firmen bei knappem Geld benützen, vor allem wenn eine große A-priori-Wahrscheinlichkeit für erhebliche und grundsätzliche Mängel besteht: Kauft eine Firma beispielsweise eine größere Anzahl von Fahrzeugen, die aus einem Billiglohnland kommen, und besteht ein hoher „Anfangsverdacht" auf Mängel, dann wäre es nicht sinnvoll, mit riesigen Checklisten sämtliche Merkmale des Autos zu prüfen, sondern es müsste in einem ersten Durchgang getestet werden, ob die Bremsen gehen, ob der Motor bei Kälte anspringt, wie das Getriebe funktioniert. Noch einfacher wäre es, einige Gebrauchtwagen aus derselben Produktion, die schon ein paar Jahre alt sind, mit voller Konzentration auf die Schwachstellen durchzuchecken. Diese Idee übernehme ich und nenne sie (in einer verfremdenden Anlehnung an einen Begriff aus der Spieltheorie) MINIMAX-PRINZIP:

> Analysiert wird die Effizienz unseres Bildungssystems gemäß folgender Logik: Bei welchen MINIMALANFORDERUNGEN entstehen schon MAXIMALDEFIZITE? Wenn bei einem System gezeigt werden kann, dass es schon bei elementaren Anforderungen versagt, dann ist die Informationsausbeute bei der Analyse der „höheren" Ebenen nur noch gering, man kann vielleicht sogar ganz darauf verzichten. Im Sinne des Popper'schen Falsifikationskriteriums ist damit schon der Grundanspruch eines Systems widerlegt. Ein Auto, bei dem Bremsen und Motor nicht gehen, ist gewissermaßen „falsifiziert" ... Und für eine Schule, die kein BILDUNGSMINIMUM zuverlässig vermittelt, gilt das Gleiche.

»Aber zu einer vernünftigen Frage gelangt man nur mit Hilfe einer vernünftigen Theorie.« (Max Planck)

Die unbekannteste PISA-Katastrophe

Viele Leser werden hin- und hergerissen sein: Einerseits ist ihnen die Wahre Bildungskatastrophe aus eigener Erfahrung sicherlich vertraut, andererseits würde sie das völlige Scheitern der Schule bedeuten, einer Institution, die (auch ausweislich empirischer Untersuchungen) von den meisten als vertrauenswürdig erlebt wird. Der Leser wird die Frage stellen: Wissen erfahrene Lehrer denn nicht, was ihre Schüler wirklich können? Antwort: Nein. An dieser Stelle sei ein zentrales PISA-Ergebnis zitiert, das erstaunlicherweise bisher in der öffentlichen Diskussion nicht angekommen ist:

Von denjenigen Schülern, welche noch nicht einmal die unterste (also die schlechteste) PISA-Kompetenzstufe I erreichten (im Bereich der Leseleistung), wurden nur 11,5 % von ihren Lehrkräften als „schwache Leser" identifiziert, und von denjenigen, welche nur dieses elementare Niveau erreichten, lediglich 3,7 %. Weitaus der größte Teil der schwachen Schüler, fast 90 %, bleibt also unerkannt. Des Weiteren: Lehrplanexperten (erfahrene Lehrer oder Vertreter der Schulaufsicht) schätzten, dass circa 40 % der elf- bis 15-jährigen Hauptschüler, circa 60 % der Realschüler und circa 80 % der Gymnasiasten imstande seien, Aufgaben des höchsten Niveaus V zu bewältigen, während es in Wahrheit nur 0,3 %, 4,2 % und 27,7 % waren. Also: Selbst diese *Lehrerelite* ist ziemlich ahnungslos. Lehrer sind also nicht wirklich in der Lage, Risikogruppen zu identifizieren, generell: das eigentliche Wissen und Können ihrer Schüler adäquat einzuschätzen. Man darf sich also nicht wundern, dass in unserem Bildungssystem derart gewaltig verzerrte Einschätzungen bezüglich des NACHHALTIGEN WISSENSRESIDUUMS existieren, wenn schon bezüglich der *aktuellen* Fertigkeiten der Schüler derart gewaltige Verzerrungen vorherrschen!

Das aber liegt nicht daran, dass Lehrer besonders unfähig sind, keineswegs, sie teilen vielmehr das Schicksal von anderen Berufsgruppen, in denen der Begriff der „Erfahrung" ebenfalls problematisch ist und meist sehr naiv verwendet wird. Ich nenne als Beispiel nur: Ärzte, Fußballtrainer, Börsenanalysten, Programmplaner (in Verlagen oder beim Fernsehen etc.). All diese Berufsgruppen agieren in Umfeldern, in denen sie bezüglich ihres Handelns wenig klare und unverzerrte Signale erhalten. Und alle wissenschaftlichen Studien zeigen, dass sich dann auch und gerade die Experten weit überschätzen. Der Lehrer steht hier also nicht allein, außerdem: Unser Bildungssystem gibt ihm überhaupt keine Chance zu einem solchen Wissen. Woher soll er denn wissen, was nach ein, zwei Monaten wirklich in den Köpfen der Schüler übrig bleibt? Er weiß es im Regelfall nicht einmal bezüglich der Gegenwart, das werden viele Eltern oder auch engagierte Nachhilfelehrer feststellen, wenn sie in Elternsprechstunden gehen. Wenn also ein Lehrer „erfahren" ist, dann bezüglich aller möglicher anderer Dinge, aber niemals bezüglich des Wissens darüber, was eigentlich in den Schülergehirnen verbleibt. Und deshalb ist er auch eigentlich vollkommen orientierungslos bezüglich dessen, was man wirklich von den Schülern erwarten kann. Schon ältere Untersuchungen zur Notengebung haben ja gezeigt, dass deren Zuverlässigkeit gering ist, dass sogar Mathematiknoten extrem streuen, dass unterschiedliche Lehrer dieselbe Schulaufgabe mit allen Noten zwischen 1 und 5 bewerten. Leistungsansprüche und Leistungsbewertung passen nicht zusammen. Und darin liegt eine weitere, eine ganz fundamentale BILDUNGSKATASTROPHE:

> Das, was unser Bildungssystem als eine seiner Hauptaufgaben ansieht, nämlich Leistungen zu beurteilen und auf der Basis dieser Urteile weitgehende und gravierende Entscheidungen im Hinblick auf die Bildungslaufbahn zu treffen, diese angemaßte *diagnostische Kompetenz* bezüglich des Schülerwissens ist in keiner Weise gegeben!

Seit dem PISA-Schock wird dies immer mehr Pädagogen und Didaktikern deutlich, speziell den empirischen Bildungsforschern. So sagt einer der renommiertesten Bildungsforscher Deutschlands, Eckhard Klieme, in einem *Zeit*-Interview (2006): „Ja, die Lehrplanautoren – wie auch viele Lehrkräfte und Fachdidaktiker – überschätzen systematisch die Leistungsfähigkeit der Schüler. Ihnen fehlt ein Gefühl dafür oder das Wissen, was Schüler lernen können. (...) In der Schule muss die Diagnosefähigkeit der Lehrer verbessert werden."

»Das Schwerste: immer wieder entdecken, was man ohnehin weiß.«
(Elias Canetti)

Gesamtfazit

Ich habe im Laufe des Kapitels die These von der WAHREN BILDUNGSKATASTROPHE in mehreren Fassungen entwickelt. Nochmals der Kerngedanke, ganz pointiert: So gut wie das gesamte schulische Lernen ist BULIMIE-LERNEN. Nach den Prüfungen wird das meiste sofort vergessen. Das NACHHALTIGE WISSENSRESIDUUM ist minimal. Maximal 1 % des angestrebten Lehrplanstoffs verbleibt: „1 %-HYPOTHESE". Jedoch verbleibt auch keine Essenz, im Gegenteil: Gerade das ELEMENTARE und FUNDAMENTALE geht verloren in einer Überfülle von Faktenwissen: „EF-Defizite". Es verbleiben nur Wissensfetzen, mit denen man manchmal Eindruck schinden und manche täuschen kann, die aber bei ganz direkten Fragen, gemäß dem MINIMAX-PRINZIP, sofort in ihrem Elend erkennbar werden.

So wie das erste Kapitel gezeigt hat, dass es dem deutschen Bildungssystem – gemäß PISA und anderen Studien – nicht gelingt, auch den Schwächsten ein BILDUNGSMINIMUM zu vermitteln, so postuliert dieses Kapitel: Die Schule versagt *generell* bei der Sicherstellung eines solchen BILDUNGSMINIMUMS, auch bei den besseren und guten Schülern. Warum? Weil sich unsere Schulen und Lehrpläne an einem hochstap-

> lerischen, niemals und nirgends empirisch festgemachten BILDUNGSMAXIMUM statt an einem garantierten BILDUNGSMINIMUM orientieren.

„Man soll Probleme nicht mästen wie Gänse, sondern abmagern lassen, bis man ihr Skelett sieht!" – die zwei vorherigen Absätze sind die Einlösung dieses Versprechens …

Noch nicht jeder Leser wird von der Hypothese überzeugt sein. Die folgenden Kapitel werden versuchen, diese Überzeugungsarbeit zu leisten. Aber auch für den skeptischen Leser verbleibt, so meine ich, als Essenz dieses Kapitels ein *konzeptionelles Instrumentarium*, das sicherlich nützlich und, fast würde ich sagen, *zur Analyse absolut notwendig* ist:

- Nachhaltiges Wissensresiduum
- EF-Defzite
- die fünf vergeblichen Hoffnungen der Schule
- die drei Leistungsparadoxien der Schule
- Minimax-Prinzip
- (garantiertes) Bildungsminimum vs. (erhofftes) Bildungsmaximum

Während ich gerade den Text überarbeite, verfolge ich im Hintergrund eine Fernsehdiskussion zu Bildungsthemen, in der ein einfacher Handwerksmeister auftritt, der mir aus dem Herzen spricht, während sämtliche Intellektuelle dieser Runde das Problem verkennen. Dieser Handwerksmeister legt Beispiele vor für die unglaublichen Rechtschreib-, Grammatik- und allgemeinen Formfehler, denen er sich gegenübersieht, wenn er Bewerbungen für Ausbildungsstellen erhält. Auf die Annahme des Moderators, dass er Schüler mit den gezeigten Bewerbungsschreiben doch sicher nicht nehmen würde, entgegnet er: Er könne nur solche bekommen, die gezeigten Beispiele seien keine Extremfälle, sondern die Regel. Er veranschaulicht an einem Beispiel exemplarisch das typische Bildungsniveau: Die meisten seiner

Auszubildenden wüssten nicht die richtige Antwort auf seine Standardfrage: „Wie viele Millimeter hat ein Meter?" Ähnlich haben zwei Berufsschullehrer mir ihren „Standardtest" mitgeteilt, den sie unabhängig voneinander entwickelt haben, nämlich: einen Bruch in Dezimalschreibweise anzugeben, also zum Beispiel die Frage zu beantworten „Wie viel ist ein halber Meter in der Dezimalschreibweise?" So gut wie niemand kann, den Angaben dieser Lehrer zufolge, die richtige Antwort, also „0,5 Meter", geben. Beide Fragen sind schöne kleine Exempel für das MINIMAX-PRINZIP.

Und der genannte Handwerksmeister hält im Fernsehen ein Plädoyer, das ich in seinem Kern wiedergebe, weil ich es für äußerst weise halte: Er betont, dass es ihm gar nicht darum gehe, die Schule zu kritisieren, es gehe ihm vielmehr darum, mit den Schulen konstruktiv zusammenzuarbeiten, aber dies sei nur möglich, wenn die Schulen endlich einmal einsähen, wo der jetzige reale Standard der Schüler angesiedelt ist, die sie bei den Betrieben „abliefern". Er sagt wörtlich: „Geben wir also zu, dass unsere Hauptschüler, und nicht nur diese, nicht rechnen und nicht schreiben können, und versuchen dann, von diesem Nullpunkt aus neu zu starten, aber machen wir uns nicht länger etwas vor."

Dieser Mann ahnt etwas von dem, was im Zentrum dieses Buches steht.

»Die Erfindung eines Problems ist oft wichtiger als die Erfindung der Lösung. In der Frage liegt oft mehr als in der Antwort.«
(Walter Rathenau)

Vorbemerkung zu den folgenden Kapiteln und Analysen

Immer wieder habe ich folgende Feststellung gemacht: Für die einen war mein Denkanstoß ausreichend, um ihnen die Augen für die WAHRE BILDUNGSKATASTROPHE zu öffnen. Für die anderen, die „Verstockten", habe ich über viele Jahre hinweg Belege und Indizien für meine These von der WAHREN BILDUNGSKATASTROPHE gesammelt. Und dabei bin ich auch selbst überrascht worden. Immer faszinierender ist mir diese Aufgabe erschienen: eine prägnante BILDUNGS- UND WISSENSDIAGNOSE unserer Gesellschaft zu erstellen, die nicht irgendwelche, sondern genau diejenigen Defizite herauspräpariert, die prototypisch für diese angebliche *Wissensgesellschaft* sind und aus denen man am meisten lernen kann.

> In den letzten Jahren sind ja, beginnend mit Dietrich Schwanitz' *BILDUNG – Alles, was man wissen muss*, eine Reihe von Bildungsbüchern erschienen; aus den Analysen des vorliegenden Buches ergibt sich eine ganz andere Art von Bildungsbuch, gewissermaßen ein „invertiertes", das BILDUNG anhand der typischen BILDUNGSDEFIZITE und der Idee des BILDUNGSMINIMUMS diskutiert. Und es sei postuliert: Erst von dieser „kopernikanischen Wende" aus kann man verstehen, was Bildung überhaupt ist. Erst wenn man einmal wirklich gründlich eruiert, was denn tatsächlich im NACHHALTIGEN WISSENSRESIDUUM verbleibt, erst wenn man gewissermaßen die real existierende BILDUNG erforscht, erst dann kann man begreifen, was das Ideal wirklich bedeutet. Ansonsten entsteht etwas, woran einmal die DDR zugrunde gegangen ist: eine zu große Diskrepanz zwischen Ideal und Realität …

Es ist mir aber wichtig, drei möglichen Missverständnissen vorzubeugen:

Mir geht es erstens nicht darum, „von oben herab" bei anderen Leuten Bildungsdefizite zu bemäkeln, im Gegenteil: Ich habe die ersten krassen Defizite alle bei mir selbst bemerkt! Bei dem Versuch, sie zu „reparieren", bin ich auf etliche der nachfolgenden Gedanken gestoßen. Der Leser möge sich also durch die

Präsentation der nachfolgenden typischen Defizite nicht geärgert, sondern amüsiert und angeregt fühlen, sich mit dem Stoff der einzelnen Schulfächer neu zu beschäftigen. Das Buch versteht sich auch als intensive Anregung zu dieser „retrospektiv-nostalgischen" Bildungs-Diagnose und -Auffrischung! Das Amüsement sollte jedoch spätestens dann aufhören, wenn der Leser bedenkt, wie viele Jahre an Lebenszeit von Schülern und Lehrern verschwendet worden sind (bei Gymnasiasten circa 13 000 Schulstunden plus Hausaufgabenzeit, insgesamt wahrscheinlich 20 000 Stunden) und wie viele Milliarden Euro dafür immer noch verschwendet werden.

Ich klammere zweitens bewusst auch den praktischen Aspekt aus, also das, was ich im vorherigen Teilkapitel als die FÜNFTE VERGEBLICHE HOFFNUNG beziehungsweise „Hypothek" der Schule bezeichnet habe: dass schulisches Wissen uns wirklich für die Lebenspraxis nütze. Ich halte diese Hypothek zwar für fundamental, aber dazu wäre ein eigenes Buch nötig – die nachfolgenden Untersuchungen kommen der Schule insoweit entgegen, als sie sich auf ein in der Sicht mancher Schulkritiker „verkopftes" Bildungskonzept einlassen. Ich stimme der Kritik an der Verkopftheit der Schule ausdrücklich zu, in diesem Buch jedoch kritisiere ich die Schule *immanent*.

Es geht hier drittens nicht um einen „Vorwurf", schon gar nicht gegenüber den Schülern und Lehrern als Individuen, es geht darum, ganz objektiv das *Versagen eines Systems* zu analysieren, das Schüler und Lehrer auf eine Weise überfordert, die umso grausamer ist, weil diese Überforderung von fast niemandem durchschaut wird und nicht wenige Lehrer permanent ein schlechtes Gewissen haben. Die Bildungsbegeisterung unserer Zeit führt nicht zu Realismus, sondern zu Illusionen, die nicht beflügeln, sondern frustrieren, verschleißen und lähmen. Es geht mir um diejenige Form von Realismus, die endlich zu einem Umdenken führt und die Praktiker zukünftig vor weltfremden bildungsplanerischen Ideen in Schutz nimmt.

> Speziell an die Lehrer unter den Lesern sei deshalb folgender Gedanke gerichtet: Wenn Ihr jetzt in den folgenden Kapiteln erfahrt, dass Euer Unterricht noch viel erfolgloser ist, als dies bei PISA und den härtesten Bildungsstudien herausgekommen ist, dann versteht das nicht als Angriff und reagiert darauf nicht defensiv! Durch meine Arbeit mit Lehrern weiß ich: Das Phänomen der WAHREN BILDUNGSKATASTROPHE ist fast allen Lehrern zumindest halb bewusst. Aber es wird immer wieder aufs Neue verdrängt. Ich will Euch ermutigen, dieser WAHREN BILDUNGSKATASTROPHE ins Auge zu schauen, aber nicht um zu resignieren, sondern um etwas ganz anderes zu tun. Was? Das wird mit jedem Kapitel deutlicher werden.

»Bildung ist die Fähigkeit, fast alles anhören zu können, ohne die Ruhe oder das Selbstvertrauen zu verlieren.« (Robert Frost)

3
Mathematik: Warum ein Hassfach zu Recht eines ist (aber nicht länger bleiben darf)

2008 war das „Jahr der Mathematik". So langsam wird in dieser Gesellschaft das Bewusstsein wach: Nicht länger können wir uns es erlauben, dass Mathematik von den meisten Menschen mit Abneigung, Angst, sogar Verachtung und Hass wahrgenommen wird. Nun sollte man endlich einmal eine ehrliche Bilanz ziehen.

> Dieses Kapitel – das ausführlichste des Buches – wird dieses ehrliche Bilanz ziehen, begleitet von dem Postulat: Am Beispiel der Mathematik kann man nur klarer und deutlicher die typischen Defizite erkennen, die in völlig vergleichbarer Form auch in anderen Fächern gegeben sind. Das dargelegte Versagen des Mathematikunterrichts ist kein Spezialfall, sondern *Paradigma*. Der „Mathematikhasser" sei ganz besonders eingeladen, dieses Kapitel zu lesen, weil er danach auch besser verstehen wird, warum er ein „Mathematikhasser" ist.

In einem Buch von Gabriele Göttle, in dem sie Gespräche mit Spezialisten aus den unterschiedlichsten Fächern führt, schreibt sie anlässlich eines Gesprächs mit einem Mathematiker einen wunderbaren Satz, den ich leitmotivisch an den Anfang stellen möchte: „Die Mathematik strukturiert unseren Alltag und steckt in jedem Ding der gemachten Welt, die uns umgibt. Dass das nur selten auffällt, liegt daran, dass sie, Präzision vorausgesetzt, funktioniert. Mehr will man eigentlich davon nicht wissen. Das kränkt die Mathematiker."

Elementardefizite I

Zunächst seien ein paar kennzeichnende Ergebnisse aus PISA und TIMSS zitiert:
- Die PISA-Studie hat gezeigt, dass die mathematischen Kompetenzen von 24 % der 15-Jährigen lediglich auf GRUNDSCHULNIVEAU oder knapp darunter angesiedelt sind.
- Ein wichtiges Ergebnis von TIMSS: 60 % der Grundkursteilnehmer Mathematik überschreiten das Niveau der Anwendung elementarer Konzepte und Regeln nicht. Bei den Leistungskursschülern ist der erfolgreiche Umgang mit schwierigeren mathematischen Problemstellungen nur bei 10 % anzutreffen. Auch die 5 % Jahrgangsbesten in Deutschland haben mit der voruniversitären Mathematik ihre Mühe; sie rangieren zusammen mit Österreich, Tschechien und den USA im unteren Leistungsdrittel; Spitzenplätze belegen die Schüler aus Slowenien, Frankreich und Australien.

Nur: Aus solchen Meldungen in Zeitungen und Buchzusammenfassungen kann man nicht eigentlich erfassen und verstehen, was das alles konkret bedeutet. Ich will dies nachfolgend erläutern und deutlich machen, wo das *real existierende* Könnensniveau der Schüler/Schulen liegt. Zunächst sei eine TIMSS-Aufgabe genannt, die kennzeichnend für die unterste, also die schwächste Kompetenzstufe ist:
- „Vier Kinder vermessen die Breite eines Zimmers, sie zählen dabei, wie viele Schritte sie benötigen, um das Zimmer zu durchschreiten. Die Frage lautet: Wer hat den größten Schritt?" – In Deutschland liegt die Lösungswahrscheinlichkeit dieser Aufgabe für 18-Jährige bei 86 %, immerhin 14 % (!) unterläuft ein typischer Fehler: Sie denken, mehr Schritte zu benötigen, bedeute, größere Schritte zu machen! Und das ist doch ein Denken, das man wirklich als „kindlich" bezeichnen darf. (Übrigens, ein Zeitungsredakteur hat mir erzählt,

3 Mathematik: Warum ein Hassfach zu Recht eines ist

dass etliche in seiner Redaktion, als er diese Aufgabe gestellt hat, nicht einmal die Frage verstanden haben ...)
- Eine Aufgabe, die typisch ist für die zweitschwächste Stufe: „Bei einer Wahl in einer Schule mit drei Kandidaten bekam Jan 120 Stimmen, Maria erhielt 50 Stimmen, Georg 30 Stimmen; welchen Prozentsatz der gesamten Stimmen bekam Jan?" – Diese Grundaufgabe der Prozentrechnung entspricht dem Niveau der Jahrgangsstufen 6 oder 7; doch rund 52 % der 18-Jährigen in Deutschland überschreiten dieses Niveau nicht oder erreichen es gar nicht.

> Also: Im Land der Dichter und Denker beherrscht die Hälfte der 18-Jährigen nicht elementare Prozentrechnung (und das wird sich später nicht ändern, falls sie das nicht im Beruf lernen)! Und 14 % der 18-Jährigen können eine Aufgabe nicht lösen, von der man denkt, dass begabte Vier- bis Sechsjährige sie bewältigen (Schritte-Aufgabe).

Das belegt mein Konzept der EF-DEFIZITE (Defizite im ELEMENTAREN und FUNDAMENTALEN). Denn solche Aufgaben sind – wenn man die Maßstäbe der herkömmlichen Lehrpläne anlegt – primitiv. Gesunder Menschenverstand ist völlig ausreichend, es ist keinerlei mathematisches Spezialwissen erforderlich. Und das lässt sich wie folgt verallgemeinern, und nicht nur der „Mathematikhasser" wird dem Folgenden zustimmen:

> Vom Mathematikunterricht jenseits der 7. Klasse
> bleibt so gut wie nichts mehr übrig.

Was bleibt? Nach meinen Erfahrungen, bestätigt durch die Erfahrung von Mathematiklehrern (der Leser frage sich: auch durch Erfahrungen an sich selbst und an Bekannten?):
- ein paar ganz elementare geometrische Berechnungen und Konstruktionen,
- der Satz des Pythagoras,

- das Auflösen von Klammern
- der Dreisatz,
- die Auflösung eines linearen Gleichungssystems ersten und zweiten Grades,
- die Binomischen Formeln sind meist die Scheidelinie, diesseits und jenseits derer das normale Wissen des nichtmathematischen Akademikers endet.

Kurzerläuterung:
Was ist eine GLEICHUNG ERSTEN GRADES? Antwort: Sie wird auch *lineare Gleichung* genannt und hat die Form $ax \pm b = c$. Kommt eine zweite oder dritte Variable vor, benötigt man für die Lösung auch eine zweite und dritte Gleichung. Man spricht dann von einem *linearen Gleichungssystem*. Man kann es rechnerisch und grafisch lösen; grafisch als Schnittpunkt zweier Geraden, die gemäß elementarer analytischer Geometrie jeweils durch eine lineare Gleichung bestimmt sind. Ungleichungen, die ebenfalls mit algebraischen Methoden gelöst werden können, entstehen, wenn man statt des Gleichheitszeichens die Zeichen für „kleiner als" oder „größer als" benutzt. In den *Gleichungen zweiten Grades* kommt die Variable (z. B. x) als Quadrat, also als x^2 vor, deshalb auch: *quadratische Gleichungen*.

Die Binomischen Formeln lauten:
1. $(a + b)^2 = a^2 + 2ab + b^2$; 2. $(a - b)^2 = a^2 - 2ab + b^2$; 3. $a^2 - b^2 = (a + b) \times (a - b)$.

Wegen dieser Defizite ist es an der Universität außerhalb des Mathematikstudiums niemals möglich, die Mathematikkenntnisse der Oberstufe vorauszusetzen, nicht einmal die früherer Jahrgänge. Wenn man eine Veranstaltung durchführt, die diesen Mathematikstoff erfordert, dann muss man diesen vollkommen neu aufbauen. Man sollte einmal systematisch Hochschullehrer außerhalb der Mathematik befragen, und zwar solche, die innerhalb der Sozial- oder Wirtschaftswissenschaften Mathematik unterrichten. Deren Erfahrungen vermitteln ein sehr zutreffendes und erschreckendes Bild von dem, was der normale Abiturient an Mathematikwissen besitzt, während die Untersuchungen an Mathematik- oder Physikstudenten eine systematische Verzerrung ins Positive aufweisen.

3 Mathematik: Warum ein Hassfach zu Recht eines ist

»Die Mathematik ist eine gar herrliche Wissenschaft, aber die Mathematiker taugen auf den Henker nicht.«
(Georg Christoph Lichtenberg)

Elementardefizite II

Die eben konstatierte Bilanz des Mathematikunterrichts muss aber gleich relativiert werden – nach unten hin! Denn: Es gibt gar nicht wenige Akademiker, so meine und andere Untersuchungen, die Probleme mit dem DREISATZ haben, wie auch die ELEMENTARGEOMETRIE ihnen Schwierigkeiten bereitet. Auch das AUFLÖSEN VON KLAMMERN geschieht meist nicht fehlerfrei. Nach meiner Erfahrung scheitert der Großteil der nichtmathematischen Akademiker schon bei den verschiedensten Formen des zusammengesetzten Dreisatzes, was von den meisten auch gerne zugegeben wird. Nach einem Gespräch mit einem Maurer hat mir dieser das Lehrbuch *Die Fachprüfung in den Bauberufen* (aus dem Jahre 1960) gegeben; es ist, glaube ich, nicht ohne Ironie, dass bestimmt mehr als ein Drittel der Akademiker diese Prüfung nicht mehr bestünde, genannt sei nur das Dreisatz-Beispiel, das ich öfter getestet habe, mit hohen Versagensquoten: „Drei Putzer verputzen bei achtstündiger Arbeitszeit 45 Quadratmeter Wandfläche. Wie viele Quadratmeter Wand stellen vier Putzer bei achtstündiger Arbeitszeit her?" – Der Leser prüfe sich ehrlich!

Auch Hans-Herrmann Dubben, der einige Bücher über Statistik und die Probleme, die Menschen damit haben, geschrieben hat, sagt in einem *Zeit*-Artikel, er habe als Statistiker und Dozent in Kursen und auf Kongressen immer festgestellt, dass Ärzte sich damit schwertun, auch nur elementare Statistik und Prozentrechnung zu begreifen; Beispiel: Bei Testfragen nach dem Muster „Von 3 000 Menschen haben 1,4 % Krebs – wie viele Personen sind demnach davon betroffen?" haben viele Studenten echte Schwierigkeiten, und einige davon können solche

Aufgaben auch nach minutenlangem Überlegen nicht alleine lösen.

Nachfolgend noch einige weitere Beispiele für Elementardefizite, die meiner Erfahrung nach typisch sind:

Weiß der Leser noch was ein LOGARITHMUS ist? – Laut einer *Stern*-Untersuchung kann ein Drittel aller Befragten (Lehrer und Schüler an einem Gymnasium) dies nicht korrekt erläutern. Meine Untersuchungen zu diesem Thema ergeben: Selbst wenn sie dies einigermaßen können, scheitern sie vor folgenden Fragen: „Was ist ein *logarithmus dualis*, was für sonstige Arten von Logarithmen gibt es, was speziell ist der *natürliche Logarithmus*?" Am stärksten ausgeprägt war das Scheitern bei der Frage: „Was ist eigentlich der Sinn und die Logik der logarithmischen Darstellung des Verlaufs einer Größe?" (Die Logarithmen als Basis für die praktische Mathematik, speziell auf dem Rechenschieber, sind ja heutzutage nicht mehr notwendig.)

Kurzerläuterung:

Der LOGARITHMUS ist die Zahl, die angibt, wie oft ich eine gegebene Basis mit sich selbst multiplizieren muss, um eine bestimmte Zahl zu erhalten. Der *logarithmus dualis* von 8 ist 3, denn bezogen auf die Basis 2 muss ich diese 3 mal mit sich selbst multiplizieren: $2 \times 2 \times 2 = 8$. Der Logarithmus entspricht also, vereinfacht gesagt, der „Hochzahl". Es war eine wichtige Entdeckung im Bereich der praktischen Mathematik, dass man Multiplizieren und Dividieren durch Logarithmen auf Addieren und Subtrahieren zurückführen konnte. Auch wenn dies für heutige Schüler unvorstellbar ist: Es hat eine Zeit gegeben, in der es noch keine Taschenrechner und Computer gegeben und es deshalb eine große Rolle gespielt hat, beispielsweise in der Seefahrt, wenn man für eine Berechnung statt drei Stunden 30 Minuten gebraucht hat! Manchmal kann man bestimmte Verläufe von Kurven auch besser verdeutlichen, wenn man sie logarithmisch darstellt. Dann werden aus exponentiell ansteigenden Verlaufsformen, also solchen, die stark nach oben gekrümmt sind, Geraden, und man kann mehrere solcher Verläufe leichter vergleichen. Man kann die Idee des Logarithmus auch wie folgt verdeutlichen: Unsere meisten Sinnesorgane messen logarithmisch. Um also die doppelte „gefühlte" Helligkeit zu erzielen, muss man nicht einfach zwei Glühbirnen nehmen, sondern mehrere; ebensolches gilt für den Bereich

3 Mathematik: Warum ein Hassfach zu Recht eines ist

des Hörens. Das macht Sinn, denn dadurch sind unsere Sinnesorgane in der Lage, einen großen quantitativen Bereich von Reizen optimal wahrzunehmen, andernfalls sie völlig überfordert oder vielleicht beschädigt würden. Die Ursache für diese logarithmische Wahrnehmung ist eine nachlassende Empfindlichkeit nach oben hin beziehungsweise eine zunehmende Empfindlichkeit nach unten hin. (Der interessierte Leser kann in meinem *Lexikon der Psychologie* nachschlagen, beginnend mit „Fechner'sches Gesetz".) Und der Leser sei gleich gefragt: Hat er in diesen wenigen Sätzen nicht eine Art „Geistesblitz" gehabt? Er hat, hoffentlich, etwas von der eigentlichen Idee und dem „Anliegen" des Logarithmus verstanden. Und ich bin sicher, dass er sagt: „In der Schule ist mir nichts davon aufgegangen, und alles, was wir jemals damit gerechnet haben, habe ich wieder vergessen."

Es geht noch elementarer: Was bedeutet 40 %? – Auch hier kann sich der Leser selbst testen, wird er doch in den meisten Fällen schmunzeln über diese primitive Frage. Aber wenn die Antwortmöglichkeiten „ein Viertel" oder „jeder Vierzigste" gegeben sind, dann werden, gemäß einer empirischen Untersuchung, diese beiden falschen Antwortmöglichkeiten von immerhin einem Drittel der Befragten gewählt, statt der richtigen Antwort „vier Zehntel".

Eine meiner „ultraprimitiven" Testfragen: Was bedeutet in Zahlen ausgedrückt die Formulierung „2 von 3"? Ergebnis: Nur wenige der Akademiker konnten ohne Zögern darauf antworten, etliche brauchten einige Zeit zum Überlegen, wobei nicht immer das Richtige herauskam.

Auch bei Menschen, die die Prozentrechnung in Ansätzen beherrschen, versagt gemäß anderer Untersuchungen mehr als die Hälfte, wenn man die Frage etwas kniffliger stellt. Der Leser möge sich wieder selbst testen: Um wie viel Prozent muss eine Aktie steigen, um 50 % Verlust auszugleichen? Die meisten Menschen geben darauf die Antwort: „50 %", aber das ist falsch, richtig ist natürlich: 100 %. Noch ein Beispiel: Wenn man Ihnen heute 10 % Ihres Geldes wegnähme und Ihnen morgen wieder 10 % Ihres Geldes zurückgäbe, wie viel haben Sie dann? Nicht mehr dieselbe Summe. Denn wenn man 10 % wegnimmt, verbleiben 90 % der ursprünglichen Menge, und davon 10 %, also ein Zehntel, sind nur 9 %, man hat dann also nur 99 %.

Selbst denjenigen, die wissen, was eine Primzahl ist, ist es oft nicht möglich, folgende Frage zu beantworten: Ist 2 eine Primzahl? (Ja, denn sie ist nur durch 1 und sich selbst teilbar und das ist die Definition der Primzahl.)

Ganz schwer wird es, wenn man folgende fundamentale Frage stellt: Gibt es endlich oder unendlich viele Primzahlen? – Ganz wenige erinnern sich noch daran, wie der Beweis funktioniert („Satz des Euklid"), dass es unendlich viele Primzahlen gibt, einer, der zu den wichtigsten und schönsten Beweisen der Mathematikgeschichte gehört und trotz seiner Fundamentalität nur mit elementaren Mitteln operiert (und deshalb auch schon in der 1. Jahrgangsstufe des Gymnasiums vermittelt wird).

Kurzerläuterung:
Wenn wir eine Menge von Primzahlen haben, dann führt es auf einen Widerspruch, wenn wir annehmen, dass es keine größeren Primzahlen gibt. Denn man kann ein Verfahren finden, wie man immer noch eine größere Primzahl konstruieren kann: Man multipliziert einfach alle in der bisherigen Reihe enthaltenen Primzahlen miteinander und fügt dann 1 hinzu. Die genauere Struktur des Beweises kann im Rahmen dieses Buches nicht entfaltet werden; in den modernen Darstellungen geht da oft etwas verloren, eine sehr hintergründige und einfühlsame Vermittlung der Besonderheit dieses Beweises findet sich in H. Winters Buch *Entdeckendes Lernen im Mathematikunterricht.*

Den meisten Akademikern ist die *Zinsrechnung* verschlossen – wiewohl dies ja ein ganz und gar praktisches Mathematikkonzept ist.

Um die „Macht" des Zinses zu verdeutlichen:
Aus einer Geldanlage von 10 000 Euro werden bei einem Zinssatz von 6 Prozent in 50 Jahren 184 000 Euro. Bei 3 Prozent wächst das Vermögen nur auf 44 000 Euro an. Wäre der Zinseszins nicht, würde es nur auf 30 000 Euro anwachsen. Ganz wenige wissen, dass es folgende simple mathematische Faustregel gibt, die einem beim Zins und vergleichbaren Wachstumsprozessen schon sehr nützlich sein kann: 72 geteilt durch die Zins- bezie-

hungsweise Wachstumsrate ergibt die Zahl der Jahre, innerhalb derer sich das Geld etc. verdoppelt. Bei 4 % ergibt sich 72 : 4 = 18 Jahre; 7 % verdoppeln das Geld in circa 10 Jahren; ebenso verdoppelt ein Bevölkerungswachstum von 7 % die Zahl der Menschen in 10 Jahren. Nochmals sei auch die „Macht" des Zinseszins verdeutlicht: Wenn man 1 000 Euro auf der Bank hat und sie zu 10 % für 100 Jahre anlegt, und wenn dieses ohne Zinseszins geschieht, wenn man also jedes Jahr die hundert Euro abhebt, dann werden jedes Jahr nur 100 Euro addiert, man hat also nach 100 Jahren 11 000 Euro. Mit Zinseszins aber ergibt sich die riesige Summe von 22 Mio. Euro! – Der Leser möge testen, ob er folgende Aufgabe lösen kann: Jemand verdient im Jahre 1960 700 DM netto pro Monat. Wie viel müsste er im Jahre 2005 verdienen, um dieselbe Einkaufskraft zu haben, wenn die durchschnittliche Inflationsrate pro Jahr 3 % beträgt? Es sei bewusst die Antwort nicht präsentiert, damit der Leser beim Nachsuchen vielleicht wieder einmal das Gebiet auch ein wenig weiter als nötig durchwandert.

Schon mit PROZENTRECHNUNG haben, es ist schon kurz angesprochen worden, die meisten Probleme, und zwar schon damit, entsprechende Angaben überhaupt richtig zu lesen, in politischen und wirtschaftlichen Zusammenhängen: Wenn die Mehrwertsteuer von 16 % auf 19 % erhöht wird, hört sich das nicht sehr dramatisch an. Tatsächlich wird der Mehrwertsteuersatz dabei aber um fast 20 % steigen, weil Prozentpunkte die absolute, nicht prozentuale Veränderung eines Prozentsatzes bezeichnen; „ein Prozentpunkt" hat nichts mit „einprozentig" zu tun. Und eine „dreiprozentige Erhöhung der Rendite" besteht zum Beispiel darin, dass sie von 7,5 % auf 7,73 % wächst, nicht von 7,5 % auf 10,5 %. Generell sind *relative Prozentangaben* ein typischer Trick von „Vertretern" im weiten Sinne des Wortes. So kann man belegen, dass ein Cholesterinsenker die Infarktrate um 37 % gesenkt hat; allerdings bedeutet das in absoluten Zahlen: Ohne das Medikament haben innerhalb von vier Jahren 45 von 500 Patienten einen Infarkt erlitten, mit Medikament 29; nur bei 16 ist somit ein Infarkt verhindert worden, die absolute Infarktrate sank also nur um 3,2 %. Immer öfter finde ich kleine Untersuchungen, die meine Beobachtung bezüglich der Probleme auch gebildeter Menschen mit solchen Aufgaben bestätigen; Gerd Gigerenzer ist derjenige Psychologe, der sich immer wieder speziell mit diesem Thema auseinandergesetzt hat, man vergleiche hierzu sein Buch *Einmaleins der Skepsis*.

Schon das Teilen durch Brüche (vor allem Brüche durch Brüche) ist eine mathematische Operation, die nicht wenige Akademiker, so habe ich festgestellt, überfordert. Wie lang muss der Leser überlegen, bis er folgende Aufgabe beantworten kann: 1/2 geteilt durch 5/10 ist gleich? Bei einer Umfrage des Instituts für Demoskopie Allensbach waren mit einer solchen Aufgabe 57 % der Befragten überfordert. Und der Leser frage sich: Kann er diese Rechenregel begründen, der zufolge durch einen Bruch dividiert wird, indem man mit dem Kehrwert multipliziert?

Noch eine ganz simple Aufgabe: Man nenne die wichtigsten Arten von Vierecken! Damit haben auch Akademiker Probleme.

Kurzerläuterung:
Meiner Erfahrung nach können die wenigsten (auch ich selbst konnte dies nicht) auch nur die Elementar-Vierecke benennen: RECHTECK, QUADRAT (es wird diskutiert, ob man das Quadrat als Spezialform eines Rechtecks bezeichnen kann, was es rein mathematisch ist, von der Sprache her wird aber ein Rechteck meist als eines mit unterschiedlich langen Seiten angesehen), RAUTE, TRAPEZ, PARALLELOGRAMM, RHOMBUS. Es ist übrigens, so meine Erfahrung, nur wenigen vertraut, dass „Viereck" auch ein ganz allgemeines Viereck mit unterschiedlich langen Seiten und ganz und gar nicht rechten Winkeln ist beziehungsweise sein kann. Der Leser kann im Internet die entsprechenden Abbildungen „googeln". Und er wird dort noch auf eine große Anzahl weiterer spezieller Vierecke stoßen.

Bei etlichen Teilgebieten der Mathematik ist sogar komplett vergessen worden, dass man sie jemals im Unterricht durchgenommen hat; so habe ich die eigentümliche Erfahrung gemacht, dass die meisten meiner Mitschüler sich nicht erinnern, jemals MATRIZENRECHNUNG oder LINEARES OPTIMIEREN betrieben zu haben. Überhaupt: Was ist eine mathematische Matrix beziehungsweise wofür verwendet man die Matrizenrechnung?

Nachfolgend noch einige Ergebnisse aus einer *Stern*-Untersuchung (1999) an Lehrern und Schülern: (a) Im Schlussverkauf

3 Mathematik: Warum ein Hassfach zu Recht eines ist

gibt es 30 % Rabatt. Wie viel bezahlst du für einen Pullover, der vorher 120 DM gekostet hat? Oder: 350 : 0,007 = ? – Solche Fragen konnten nur circa 40 % beantworten. (b) Drücke die Mengenangabe 64 Gramm in der Dezimalschreibweise in Kilogramm aus! – 39 % konnten diese Aufgabe nicht lösen. (c) Welche der nachfolgenden Zahlen sind Primzahlen? 8, 11, 96, 17, 25, 3, 10, 7, 112, 9? – Diese Aufgabe konnte von der Hälfte nicht beantwortet werden.

Auch ergab beispielsweise eine Umfrage des Instituts der deutschen Wirtschaft in Köln bei 800 Ausbildungsbetrieben im Jahr 1997: 60 % der Haupt-, 30 % der Realschüler und sogar 20 % der Abiturienten haben gravierende Schwächen bei den Grundrechenarten.

Zum Abschluss seien noch einmal ein paar bezeichnende Teilergebnisse aus PISA zitiert:

- Mehr als 40 % der untersuchten (15-jährigen) deutschen Schüler sind nicht sicher, wie man den Benzinverbrauch eines Autos berechnet, wenn die Literzahl und Kilometerleistung gegeben sind.
- Jeder vierte Schüler kann nicht ermitteln (der Leser sei gefragt: Wie viel Prozent sind das?), wie viele Quadratmeter Fliesen man braucht, um eine bestimmte Fläche eines Fußbodens damit auszulegen.
- Fast 23 % scheitern, wenn sie ausrechnen sollen, wie viel billiger ein Fernseher bei 30 % Rabatt wäre (der Preis ist in Euro vorgegeben).

Das Konzept der EF-DEFIZITE postuliert ja (vgl. Kapitel 2), dass die *Defizite im Elementaren und Fundamentalen* in hohem Maße auch für die besseren Schüler gelten, eben nicht nur für die schlechteren. Und die vorherigen Zahlen weisen in diese Richtung. Das ist nicht nur der „Bodensatz". Deutliche Hinweise ergeben sich durch eine große Untersuchung an Physikstudenten (ein Studieneingangstest, auf den im Kapitel 10 zum

Fach Physik ausführlich eingegangen wird); drei Ergebnisse seien auch an dieser Stelle zitiert:
- Viele Studienanfänger in Physik haben mit der elementaren Bruchrechnung Probleme, auch mit der Bedeutung des Wurzelzeichens.
- 53 % schaffen nicht die Lösung eines linearen Gleichungssystems wie $4x + 7y = a$ und $x + 3y = b$. – Ebensolche Schwierigkeiten ergeben sich bei der Anwendung des Distributivgesetzes oder der Multiplikation einer Gleichung mit einer Zahl.
- Zwei Drittel der Befragten scheiterten bei einer Aufgabenstellung wie der folgenden: Ein Satellit umfliegt die Erde in 90 Minuten in einer Höhe von 400 Kilometern. Bestimmen Sie die Satellitengeschwindigkeit!

Einen ähnlichen Eingangstest hat der „Arbeitskreis Ingenieurmathematik" durchgeführt: Nur ein Viertel der Studierenden erreichte das von den Mathematikprofessoren gewünschte Niveau, nämlich die Lösung von mindestens sechs Testaufgaben, die meisten Studierenden bewältigten nur zwischen zwei und vier Aufgaben. Zu den Aufgaben zählten Auflösungen von Gleichungen, Rechnen mit Wurzeln, Potenzen, Logarithmen, lineare Gleichungssysteme, Grundkenntnisse über Graphen von Funktionen und elementare Analysis (Leiter der Untersuchung: Prof. Michael Knorrenschild).

Eine kleine Anekdote: Bei einer Fernsehumfrage, wie viele Nullen das von der Bundesrepublik zur Bewältigung der Finanzkrise zur Verfügung gestellte Finanzpaket von 500 Milliarden hat, bekamen etliche Befragte Probleme. Belegt ist auch die Unkenntnis eines Wirtschaftsministers (Bangemann), der auf die Frage eines Reporters, wie viele Nullen eine Milliarde hat, raten musste: „Ach du lieber Gott! Sieben? Acht?". Es sind natürlich neun.

Ergänzend sei ein Ergebnis aus der IGLU-Studie (Grundschulen betreffend) angeführt: 18 % können am Ende der vierten Klasse nur einfache Additionsaufgaben bewältigen, Subtraktion und Multiplikation nicht!

> Zwischenfazit: Der eine Teil des Konzepts der EF-DEFIZITE, also das Postulat, dass die meisten Schüler, auch Abiturienten, ja ein Großteil der Akademiker, durch krasse Defizite im Bereich des ELEMENTAREN gekennzeichnet sind, ist für das Fach MATHEMATIK sehr plausibel gemacht worden. Nur ein winziger Bruchteil dessen, was vor allem die aufgeblähten Gymnasiallehrpläne anzielen, wird als dauerhafte Wissensfertigkeiten etabliert. Anders gesagt: Obgleich im Gymnasium versucht wird, Mathematik zu vermitteln, die schon auf die Universität hin ausgerichtet ist, gelingt es im Regelfall nicht, mehr als *Grundschul-* und etwas *Hauptschulwissen* im Mathematikbereich dauerhaft und flexibel verwendbar zu vermitteln! Das Gymnasium strebt MATHEMATIK an und vermittelt nicht einmal RECHNEN!

»Die Mathematik ist nur das Mittel der allgemeinen und letzten Menschenkenntnis.« (Friedrich Nietzsche)

Fundamentaldefizit I: Funktionen, Verläufe, graphische Darstellungen

Nun wenden wir uns dem Fundamentalen zu. Wohlgemerkt, die Defizite, die ich nachfolgend untersuche, beziehen sich auf Kenntnisse, die man gewissermaßen als „elementare Fundamentalitäten" bezeichnen kann! Man könnte sie auch als „mathematische Analphabetismen" betrachten, gerade um das Fach Mathematik aus seiner „Sonderrolle" herauszulösen. Denn die Defizite, um die es hier geht, sind grundlegende Beispiele für Inkompetenzen, die vollkommen parallel dem eigentlichen, dem sprachlichen Analphabetismus (vgl. hierzu auch das Kapitel zum Fach DEUTSCH) sind. Und ich will die Überleitung mit einem Beispiel beginnen, das ganz bewusst an der Übergangsschwelle vom Elementaren zum Fundamentalen angesiedelt ist. Dieses Beispiel ist aus TIMSS II. Gegeben war folgende Multiple-Choice-Aufgabe:

Die Beschleunigung eines sich geradlinig bewegenden Objekts kann bestimmt werden aus:
1. der Steigung des Weg-Zeit-Graphen?
2. der Fläche unter dem Weg-Zeit-Graphen?
3. der Steigung des Geschwindigkeits-Zeit-Graphen?
4. der Fläche unter dem Geschwindigkeits-Zeit-Graphen?

Es stellte sich heraus, dass lediglich 50 % der deutschen Oberstufenschüler mit dem Leistungskurs Mathematik die richtige Antwort (c) wählten, 44 % aus den Grundkursen. Die mittlere Lösungsrate über alle Länder hinweg liegt bei 67 %. In den leistungsstarken ostasiatischen Ländern konnte diese – eigentlich sehr leichte – Aufgabe von so gut wie allen Schülern gelöst werden. Man muss an dieser Stelle kurz innehalten und feststellen, was das eigentlich besagt. Denn alle Untersuchungen gehen über solche erschreckenden Ergebnisse gewissermaßen mit einer statistischen Beiläufigkeit hinweg. Man kann es so formulieren:

> Diese Aufgabe ist eigentlich keine *Aufgabe*, da muss nichts gelöst werden. Hier geht es nur darum, was eigentlich Begriffe und elementare mathematische Darstellungsformen, in diesem Falle, was der Graph einer Funktion und die erste Ableitung, überhaupt bedeuten. Man muss sich vergegenwärtigen: In der ganzen Oberstufe werden ständig komplizierte Aufgaben mit diesen Instrumenten durchgeführt – mit dem Ergebnis: Am Schluss erinnert sich ein Großteil der Schüler nicht einmal mehr daran, was die Begriffe, Operationen und all diese komischen Linien ‚bedeuten! Das wäre ähnlich, wie wenn ein Schreinergeselle am Schluss seiner Ausbildung nicht wüsste, was ein Drillbohrer oder ein Hobeleisen ist.

3 Mathematik: Warum ein Hassfach zu Recht eines ist

Das genannte Untersuchungsergebnis ist für jeden, der sein eigenes Wissen und das seiner Schulkameraden betrachtet, höchst vertraut. Gegenwärtig soll der Gymnasiast Differenzieren, Integrieren, alle möglichen komplizierten Funktionen sowie etliche andere mathematische Operationen lernen. Und was kommt dabei heraus?

> Alles, was erreicht wird, ist etwas, was ich als DUALES VERSAGENSPRINZIP bezeichne: Erstens beherrschen die Schüler die mathematischen Operationen auf der technischen Ebene meist schon kurz nach der letzten Prüfung nicht mehr. Zweitens verbleibt kein überdauerndes Wissen – beziehungsweise hat dieses Wissen niemals existiert – darüber, was eigentlich die grundsätzliche Bedeutung und Funktion der jeweiligen mathematischen Operation sind!

An dieser Stelle eine Anmerkung: Ich verstehe jeden „Mathematikhasser", wenn er meint, all das, was der Lehrplan will, zu lernen, sei doch vollkommen überflüssig. Er hat Recht. Es würde genügen, wenn man die oben genannte Multiple-Choice-Aufgabe beantworten könnte, und dies heißt nichts anderes, als dass man weiß:

- was eine *Funktion* ist,
- was die *erste Ableitung* beispielsweise der Geschwindigkeit ist,
- was *Differenzieren und Integrieren* grundsätzlich bedeutet, rein verbal den ungefähren Sinn und Nutzen erläutern könnend, ohne mathematische Durchführung.

Der „Mathematikhasser" möge aufhorchen: Ich komme ihm also kilometerweit entgegen, andererseits sage ich ihm deutlich, dass er etwas nicht beherrscht, was tatsächlich fürs Leben, sowohl fürs praktische wie fürs geistige, durchaus wichtig ist, wenn man dieses Etwas von allen Überflüssigkeiten befreit. Jedoch: Es ist fast unmöglich, Mathematikdidaktiker von dieser realistischen Sichtweise zu überzeugen, sie sind geradezu besessen davon, die

Welt mit ihren Formalismen zu übergießen. Sie mögen begreifen:

> Alles, was sich mathematisch im Einzelnen auf technischer Ebene hinter den oben genannten Begriffen verbirgt, ist nicht Stoff fürs *Gymnasium,* sondern für *Universität, Fachhochschule* oder *Berufsakademie*!

Ich gehe so weit zu sagen: Selbst was „Differenzieren" und „Ableitung" bedeutet, ist nicht wichtig. Was aber ist unbedingt wichtig? Nun, es geht zunächst einmal darum, überhaupt die Idee eines *funktionalen Zusammenhangs,* was also eine FUNKTION grundsätzlich ist, zu verstehen, und zwar nicht anhand der Formalismen, die dann Mathematiker gern präsentieren, sondern zunächst einmal auf der gewissermaßen „qualitativen" Ebene, auf der Ebene einer grundsätzlichen Einsicht. Zuallererst geht es darum, dass man weiß, dass es bestimmte *typische Verläufe* von Größen gibt, die man mit gewissen graphischen Abbildungen verdeutlichen kann. So gibt es zum Beispiel nur einige ganz wenige *Wachstumsverläufe,* die in den unterschiedlichsten Wirklichkeitsbereichen vorkommen. Diese kann und müsste man kennen.

Die elementarste Form des Wachstums besteht darin: Zu einem Ausgangswert kommt permanent eine feste Menge hinzu; das ergibt das sogenannte lineare oder additive Wachstum. Dann gibt es natürlich ein Wachstum, das erst linear ist, dann aber an eine Grenze stößt; vgl. für die ersten beiden Verläufe Abbildung (a). Wichtiger aber ist die nächste Form: Hier ist das Wachstum abhängig von dem, was es bereits gibt, also beispielsweise Bakterien, die sich vermehren, auch Gerüchte oder Kenntnisse. Daraus ergibt sich ein exponentielles Wachstum; vgl. Abbildung (b). Eine in der Praxis wichtige Grundform ist eine, bei der das Wachstum am Anfang sehr langsam erfolgt und gewissermaßen ein lineares Wachstum vortäuscht, sich dann aber exponentiell vermehrt, später aber, aufgrund von Beschränkungen oder Sättigungsprozessen wieder langsamer wird, also „asymptotisch" verläuft; vgl. Abbildung (c). Beim sogenannten „Wachstum mit Selbstvergiftung" entsteht zunächst eine logistische Wachstumskurve, die danach

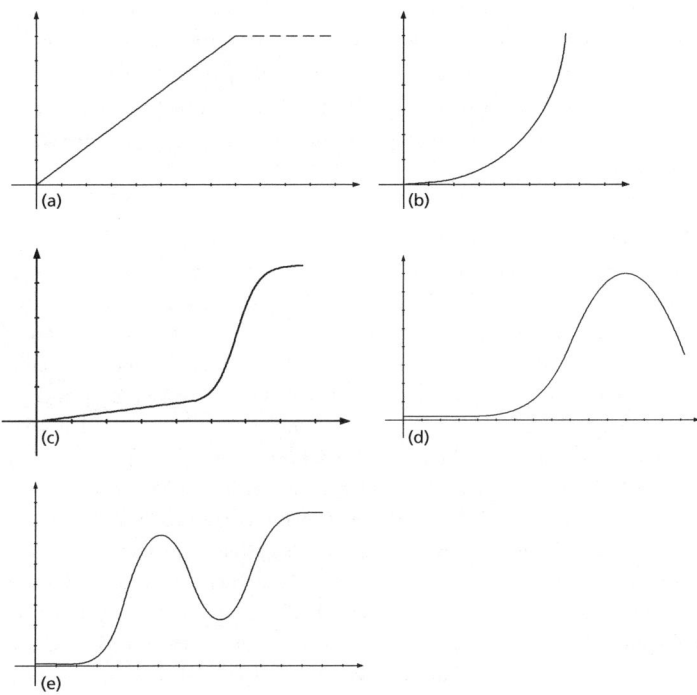

aber wieder nach unten abfällt. (Die „Toxine können entweder real-biologischer Natur sein, es können aber auch gesellschaftliche Prozesse sein, auch kognitive und emotionale; vgl. hierzu Abbildung (d). Ein spezieller Fall ist ein Wachstum mit Selbstvergiftung und Gewöhnung: Da fällt das Wachstum aufgrund der Selbstvergiftung ab, mit der Zeit aber wird das System gewissermaßen immun gegen diese Vergiftung, und es kann – mit Verzögerung – dann noch einmal zu einer zweiten exponentiell-explosiven Phase kommen. Das Ganze kann zusätzlich dadurch verstärkt werden, dass es nicht nur zu einer Gewöhnung, sondern auch zu einem Abbau des Giftes kommt, vgl. hierzu Abbildung (e).

Der Leser möge sich die vorherigen typischen Verläufe (es sind natürlich nur Grundformen gegeben, die quantitativ variieren können) anschauen: Kennt er sie? Wenn er sie nicht kennt, möge er sich fragen:

> Ist es nicht verblüffend, wie man eine ungeheure Vielzahl von Prozessen der Wirklichkeit auf einige so wenige Grundstrukturen zurückführen kann? Funktionale Abbildungen und Graphen schlagen eine Brücke zwischen den verschiedensten Wirklichkeitsgebieten.

Der Leser sei animiert: Es ergibt normalerweise einen heiteren Gesprächsabend, sich auszudenken, auf welchen ganz divergenten Gebieten man bestimmte Verläufe findet. Er nehme hierzu ganz einfache Verläufe, wie beispielsweise solche, die ein U oder ein umgekehrtes U ergeben. Das ist Wissenschaft und Unterhaltung zugleich. Denn das sind keine „mathematischen" Prozesse, hinter diesen formalen Verläufen stecken ganz und gar „inhaltlich-sachliche" Verläufe, die es sowohl in der Natur, in der Wirtschaft, im ganz und gar alltäglichen Leben, im Übrigen auch im Gefühlsleben gibt. Ein U ergibt sich zum Beispiel bei manchen Menschen in ihrer Motivation zum Lernen bei zeitlicher Annäherung an die Prüfung: zuerst ganz hoch, weil noch entspannt, dann niedrig, weil nicht mehr entspannt, dann hoch, weil voller Panik; bei manchen Menschen aber verläuft das eher linear ansteigend; man überlege warum. Und ein umgekehrtes U ergibt sich beispielsweise meist als Zusammenhang von hohem Leistungsdruck und der Leistungsqualität bei anspruchsvollen Aufgaben (bei primitiven eher linear). Denn eine gewisse Höhe der Anspornung motiviert und führt zu höherer Leistung, zu hoher Druck allerdings lässt die Qualität der Leistung wieder absinken. Der Leser überlege, ob ihm aus diesen Gedanken nicht etliches im Hinblick auf seine eigenen Prüfungen klar wird …

Aber statt dass der Unterricht überhaupt erst einmal solche fundamentalen Einsichten im Rahmen elementarer Formalisierungen aufbaut, wird wiederum das DUALE VERSAGENSPRINZIP wahr gemacht: Kleinliche formale Operationen werden geübt, nicht ausreichend geübt, um wirklich solide und dauerhaft beherrscht zu werden, gleichzeitig wird keinem normalen Schüler der grundlegende Begriff der Funktion, als einem der fundamentalsten Denkwerkzeuge, wirklich klar.

In diesem Zusammenhang ist auch das zu nennen, wozu es einiges an *psychologischer* Literatur gibt, nämlich die Schwierigkeiten von Menschen, sich *exponentielle* Wachstumsverläufe vor-

3 Mathematik: Warum ein Hassfach zu Recht eines ist

zustellen beziehungsweise damit zu rechnen – im Unterschied zu *linearen* Verläufen. Exponentielle Prozesse sind solche, die, wie gesagt, sich selbst aufschaukeln, also umso mehr wachsen, je größer sie sind, um dies ganz intuitiv zu formulieren. Ein ganz anschauliches Beispiel dafür ist die klassische Schachbrettaufgabe: Man lege auf das erste Feld des Schachbretts ein Getreidekorn, dann zwei, dann vier, dann acht – dem 64. Brett wäre dann eine Anzahl von Getreidekörnern zuzuordnen, die bis in die 1990er Jahre die Reisernte der ganzen Welt überstiegen hätte und Deutschland weit über hundert Meter mit Reis bedecken könnte. Wenn man einmal gelernt hat, ein wenig mit solchen nichtlinearen Funktionen umzugehen, und das heißt zuallererst nichts anderes, als sie einzuschätzen, dann hat man etwas ganz Fundamentales von der Welt begriffen. Die Prozesse, um die es hier geht, sind solche, die mit WACHSTUM, insbesondere mit POPULATIONSVERMEHRUNG, zu tun haben, auch mit EPIDEMIEN, also mit KATASTROPHEN (im positiven wie im negativen Sinne). Auch und gerade Praktiker, speziell auch Politiker, haben größte Probleme beim Umgang mit solchen Verläufen (Dietrich Dörner hat in seinem Buch *Die Logik des Misslingens* die Forschung auf diesem Gebiet eingängig präsentiert.)

Und das ist wirklich eine Bildungskatastrophe: dass man aus der Schule entlassen werden kann, auch aus dem Gymnasium, ohne die grundsätzliche Logik von Katastrophen zu begreifen …

Ein kurioses Beispiel dafür, dass diese Gesellschaft wirklich eine von mathematischen Analphabeten ist: „Jedes Jahr seit 1950 hat sich die Zahl der erschossenen Kinder in den USA verdoppelt." – Ein Jahr lang hatte diese zuvor in den USA die Runde gemacht; selbst Wissenschaftler sind darauf hereingefallen. Erst 1995 hat ein amerikanischer Autor darauf hingewiesen, dass bei einer jährlichen Verdopplung nach 45 Jahren sich viele Billionen Opfer pro Jahr ergeben hätten. Tatsächlich war die Originalformulierung die, dass sich „seit 1950" die Zahl der erschossenen Kinder in den USA verdoppelt hatte. Wenn die Schule solche absurden Missverständnisse nicht verhindern kann, wie will sie dann Höheres erreichen?

Eine kleine Denksportaufgabe in diesem Zusammenhang: Wir haben einen See mit Seerosen, die sich vermehren, jeden Tag um das Doppelte: Ausgehend von einer Seerose gibt es am nächsten Tag zwei, dann vier, dann acht. Nehmen wir an, dass der See am 53. Tag zur Hälfte mit Seerosen bedeckt ist. Am wievielten Tag ist er dann ganz zugewachsen?

Das Schülerverständnis all solcher Prozesse könnte schnell und direkt verbessert werden, indem die Schule sich zuallererst einmal qualitativ an das Problem herantastet. Denn schon Kinder der 3./4. Jahrgangsstufen kann man an die Grundlogik heranführen und dazu, Graphen als Darstellungsmittel zu verwenden, während gegenwärtig die Steigung des Graphen erst in der 8. Klasse thematisiert wird, wobei häufig Formeln im Mittelpunkt stehen. Nur wenigen Schülern aber gelingt nach dem normalen Gymnasialunterricht auch tatsächlich eine sinnvolle Integration von Formeln, Situationen und graphischen Darstellungen. Wenn sie jedoch bereits in der Grundschule informell gelernt haben, mit Graphen umzugehen, wird dies erheblich befördert (Elsbeth Stern hat solche Forschungen zusammengefasst und betrieben; vgl. das Literaturverzeichnis). Die PISA-Studie – die einen sehr lebenspraktischen Ansatz gewählt hat – hat zum ersten Mal diesen Aspekt der Alltagsnähe in den Fokus gerückt.

Weitere wichtige graphische Darstellungsformen im Bereich der Mathematik sind *Tabellen* und *Tafeln*. Diese reichen von der einfachen *Schriftliste* über die Tabelle, die *Stellenwerttafel*, die *Verknüpfungstafel*, die *Zuordnungstafel*, die *Wertetafel*. Eine Tabelle besonderer Art ist die *Matrix*. In einer Matrix werden nur Zahlen eines Tabelleninhalts aufgeschrieben, in Reihen und Spalten; damit lassen sich komplexere Sachverhalte algebraisch darstellen und nach bestimmten Regeln berechnen (*Matrizenrechnung*). Daten aus Tabellen lassen sich des Weiteren in Form von Diagrammen darstellen, wie man sie aus Zeitungen oder dem Fernsehen kennt, zum Beispiel das *Kurven-*, das *Streifen-*, das *Säulen-* (auch *Histogramm* genannt), schließlich das *Kreisdiagramm* (auch *Tortendiagramm*). Stärker auf mathematische Inhalte bezogene Diagramme sind das *Baum-* und das *Ablaufdiagramm*; ersteres ist wichtig für Verteilungen, wobei Kombination und Permutation dargestellt werden können; wichtige Anwendungen davon finden sich in der Physik. Für komplexere Vorgänge muss man elaboriertere Modelle finden, beispielsweise sogenannte *Kausalmodelle*, mit denen man vielschichtige Zusammenhänge übersichtlich ordnen und darstellen kann, um damit beispielsweise eine Computersimulation vorzubereiten.

Da in den letzten Jahren solche Darstellungsformen Standardelemente von Computerprogrammen sind, sind sie mittlerweile bekannter geworden; in den Anfängen meiner Untersuchungen gab es kaum einen Nichtspezialisten, der schnell und flexibel damit umgehen konnte.

> Zwischenfazit: Selbst wenn man alle möglichen Rechnungen und Formeln zu Funktionsverläufen etc. wieder vergessen kann, so müsste eines bleiben, nämlich die grundlegende Faszination davon, wie man ganz, ganz unterschiedliche Wirklichkeitsbereiche und -prozesse gewissermaßen nicht auf den Punkt, sondern auf die Linie bringen kann. Und wenn man dann erkennt, welch ganz unterschiedliche Wirklichkeitsbereiche und -prozesse sich auf *dieselbe Linie* bringen lassen, dann hat man etwas vom Leben und von einer der effektivsten Formen des allgemeinen Denkprinzips „grafische Veranschaulichung" verstanden. Provokativ gesagt: Wer dieses Denkprinzip nicht beherrscht, der kann im Grunde nicht denken, der ist „kognitiver Analphabet", weil ihm eines der grundlegendsten Denkwerkzeuge fehlt.

»Seitdem die Mathematiker über die Relativitätstheorie hergefallen sind, verstehe ich sie selbst nicht mehr.« (Albert Einstein)

Fundamentaldefizit II: der stochastische und statistische Analphabetismus

Noch enger mit unserem Alltag verknüpft ist das Konzept der WAHRSCHEINLICHKEIT, ja, man kann sicherlich mit Berechtigung sagen: Es ist die Grundlage jedes rationalen Handelns.

Und da ist das seltsame Faktum gegeben, dass nun zwar in unseren Schulen seit einiger Zeit Wahrscheinlichkeitsrechnung gelehrt wird, aber wieder findet sich das DUALE VERSAGENSPRINZIP: *sowohl die formalen Techniken wie auch grundsätzliche Einsichten, sie gehen beide verloren, beziehungsweise sie werden nie aufgebaut.*

> Es gibt zum Beispiel zahlreiche psychologische und didaktische Untersuchungen und auch ganz persönliche Erfahrungen von Statistiklehrern, aus denen hervorgeht, dass die meisten Menschen, auch Wissenschaftler und akademisch ausgebildete Professionelle wie Juristen oder Mediziner, sich ganz schwertun, mit Wahrscheinlichkeiten annähernd korrekt zu operieren.

Ich behandle jetzt ganz bewusst nur ein paar ganz elementare Aspekte: Die meisten kennen den DURCHSCHNITT als ein Maß für die zentrale Tendenz, durch die eine Gruppe (von Menschen, Sachen oder eben von Zahlenwerten) gekennzeichnet ist. Doch kennt der Leser noch zwei andere Werte dafür?

Antwort: MEDIAN und MODUS. Kann der Leser sagen, worin deren Bedeutung und Anwendung im Unterschied zum DURCHSCHNITT liegt? Nun, der Median ist derjenige Wert, bei dem sich die Verteilung sozusagen spaltet, die eine Hälfte der Menschen liegt darüber, die andere darunter (zum Beispiel bei den Einkommen). Der Modus ist der häufigste Wert in einer Verteilung. Der Durchschnitt ist immer dann ungeeignet, wenn die Werte sehr ungleich verteilt sind, also eine hohe Varianz haben; der Median ist unempfindlich gegenüber Ausreißerwerten, ebenfalls der Modus, der, stärker als der Durchschnittswert, einen typischen Wert verkörpert, allerdings nur dann, wenn es keine weiteren annähernd gleichhäufigen Werte gibt (wenn zum Beispiel die Verteilung nicht *bimodal* ist, wie der Fachausdruck lautet, wenn sie also keine zwei „Gipfel" besitzt). Beispielsweise besaß 2007 jeder erwachsene Bundesbürger im *Durchschnitt* ein Vermögen von circa 88 000 Euro, eine Angabe, die aber völlig verzerrt ist, der *Median* ist hier informativer: Er lag bei 15 288 Euro, die Hälfte aller Bürger ist also darunter angesiedelt, besaß also nicht mehr als die genannte Summe. Während der

3 Mathematik: Warum ein Hassfach zu Recht eines ist 75

Durchschnitt also suggeriert, dass in Deutschland alle reich seien, ist die Masse der Bevölkerung, wie wir alle wissen, dies keineswegs.

> Nochmals zur Logik des hier vertretenen MINIMAX-Ansatzes: Untersucht wird, bei welchen *minimalen* Anforderungen schon *maximale* Defizite auftreten. In der Schule werden allerhand anspruchsvolle Aufgaben zur STOCHASTIK/STÖCHIOMETRIE gestellt, aber die simpelsten Begriffe der STATISTIK (meiner Erfahrung nach kann auch ein Großteil der Akademiker die drei Begriffe nicht klar erläutern und voneinander abgrenzen), ohne die man im Grunde keine Tageszeitung lesen kann, sind den meisten Menschen nicht geläufig, und deswegen sind sie oft sehr hilflos gegenüber Verzerrungen und Manipulationen seitens der Politik oder bestimmter Interessensgruppen. Es existiert ein STATISTISCHER ANALPHABETISMUS, der fast so bedeutsam ist wie der eigentliche Analphabetismus. In den letzten Jahren sind einige Bücher erschienen, die meine Beobachtungen darüber bestätigen, auch und gerade bei anspruchsvollen Professionen.

Beispielsweise bedeutet ein positiver AIDS-Test bei Nichtrisikogruppen, auch wenn er eine Sicherheitswahrscheinlichkeit von 99 % und mehr hat, dass bei einer Person, die keiner Risikogruppe angehört, die Wahrscheinlichkeit, tatsächlich an AIDS zu leiden, nur bei circa 50 % anzusiedeln ist. Kurzbegründung: Auch wenn der Test nur in 0,1–0,4 % aller Fälle irrt, bedeutet das, dass bei 10 000 Tests im Schnitt einer falsch sein wird, wenn man davon ausgeht, dass von 10 000 heterosexuellen Männern, die keiner Risikogruppe angehören, statistisch gesehen lediglich einer infiziert ist. Anders gesagt: Bei 10 000 Tests werden also zwei HIV-Kranke ermittelt, dabei wird jedoch eine Person fälschlich als HIV-positiv getestet, das heißt, jeder zweite positive Test ist ein Fehlalarm, also: Die Wahrscheinlichkeit, bei einem positiven Test tatsächlich infiziert zu sein, beträgt nur 50 % (wenn man keiner Risikogruppe angehört)! Von besonderer Praxisrelevanz sind die übertrieben positiven Versprechungen über den Nutzen von Krebstests, vor allem beim weiblichen Brustkrebs. Dann gilt wieder eine ähnliche Logik: Zwar ist es einerseits richtig, wie das Ministerium sagt, dass regelmäßige Röntgenchecks die Todesrate für Frauen über 50 Jahre um fast ein Drittel reduzieren; in absoluten Zahlen formuliert profitieren aber jährlich effektiv nur vier von 1 000 Frauen davon, also 0,4 %, was natürlich viel weniger beeindruckend wirkt. (Im Übrigen zeigt sich auch, dass die Aussagekraft von Mammogrammen generell überschätzt wird; hinter einem röntgenologisch verdächtigen Befund steckt nur in einem von zehn Fällen tatsächlich eine echte Erkrankung. Dabei muss man außerdem berücksichtigen: durch falsch-positive Mammogramme werden allein in Deutschland jährlich rund 300 000 Frauen monatelang in Angst und Schrecken versetzt.) Solche Einsichten kann man wiederum dem Buch *Einmaleins der Skepsis* entnehmen.

Es geht noch fundamentaler. Nach meinen Erfahrungen ist einem Großteil der Akademiker nicht wirklich klar, was „Wahrscheinlichkeit" überhaupt bedeutet, einmal ganz davon abgesehen, ob man die entsprechenden Rechenoperationen beherrscht. Den Eurobarometerstudien entnehme ich eine Untersuchung aus dem Jahre 1992 mit folgendem Test-Item, das die vorherige These belegt.

Gegeben ist folgende Aufgabe: Ein Arzt sagt einem Ehepaar, dass sie aufgrund ihrer genetischen Ausstattung mit einer Wahrscheinlichkeit von 1 : 4 damit rechnen müssen, ein Kind mit einer angeborenen Krankheit zu bekommen. Was bedeutet das? Es waren folgende Multiple-Choice-Antwortmöglichkeiten gegeben: (a) Wenn sie nur drei Kinder haben, dann wird keines davon eine Erkrankung haben. (b) Wenn das erste Kind an der Erkrankung leidet, dann werden die nächsten drei das nicht tun. (c) Jedes der möglichen Kinder des Ehepaares hat das gleiche Risiko der Erkrankung. (d) Wenn die ersten drei Kinder gesund sind, dann wird das vierte unter der Krankheit leiden. – Nur Antwort (c) ist korrekt. 29 %, also fast ein Drittel erwachsener Europäer, war nicht in der Lage, diese auszuwählen. (Ich habe die Aufgabe mehrfach durchführen lassen und dabei festgestellt: Wenn man nicht sagt, dass nur eine Antwort richtig ist, werden auch von denen, die die richtige wählen, oft noch zusätzlich falsche angekreuzt, das heißt nichts anderes als: Eigentlich wird das Wahrscheinlichkeitskonzept nicht verstanden.)

Übrigens: Die meisten Menschen missverstehen meiner Erfahrung nach schon das einfache statistische Konzept der „Lebenserwartung": weil vor 2 000 Jahren die Lebenserwartung bei circa 35 Jahren gelegen hat, seien die meisten Menschen in diesem Alter gestorben, was aber Unsinn ist. Es hat auch in den letzten 2 000 Jahren nicht wenige Menschen gegeben, die 70,

3 Mathematik: Warum ein Hassfach zu Recht eines ist

80 oder 90 Jahre alt geworden sind. Die Lebenserwartung ist ein Durchschnittswert, in den in starker Weise die Kindersterblichkeit und die medizinische Therapierbarkeit von Infektions- und anderen Erkrankungen, auch natürlich von Verletzungen und Unfällen eingeht. All das hat sich natürlich verbessert, es ist aber nicht so, dass die Menschen früher generell deutlich schneller gealtert sind.

> Generell hat die Psychologie ausführlich typische Verzerrungen (das englische Wort, das in der Fachliteratur oft auch im Deutschen verwendet wird, lautet: *biases*) bei der Wahrnehmung von Wahrscheinlichkeiten und dem Operieren damit untersucht – warum konzentriert der Unterricht sich nicht darauf, diese ein wenig einzudämmen?

Mehr kann an dieser Stelle dazu nicht ausgeführt werden, der interessierte Leser muss auf die Literatur verwiesen werden; für einen Einstieg ins Thema kann der Leser in meinem Lexikon der Psychologie die Artikel „Wahrscheinlichkeit" und „kognitive Täuschungen und kognitive Heuristiken" nachlesen. Und damit der Leser, vor allem der „Mathematikhasser" versteht, um welch „elementare Fundamentalitäten" es mir geht, will ich noch ein zweites Konzept einführen, dessen Nichtkenntnis für mich prototypisch ist: KORRELATION. Was spricht dagegen, dieses Konzept im Unterricht, gänzlich ohne mathematische Feinheiten, zu behandeln? Korrelationsmaße geben an, inwieweit zwei Größen in einem statistischen Zusammenhang stehen, inwieweit man also von einer Größe, genauer gesagt von deren Veränderung, auf die andere Größe beziehungsweise deren Veränderung schließen kann. Dafür gibt es eine mathematische Formel, die man gar nicht wissen muss, das grundlegende Konzept muss man aber kennen, um einen normalen Zeitungsartikel und damit das, was uns so täglich an Informationen an den Kopf geworfen wird, wirklich zu verstehen: von den permanent zitierten *medizinischen Risikofaktoren* bis hin zu allerhand realen oder scheinbaren soziologischen Korrelationen (zum Beispiel – im Zusammenhang mit PISA – die Korrelation von Bildungsstatus der Eltern und den, den ihre Kinder einmal erreichen werden). Die Welt erschließt sich uns über solche Korrelationen. Bei positiven Korrelationen verändern sich zwei Größen gleichsinnig, also wenn eine größer wird, dann wird auch die andere größer, und wenn die eine kleiner wird, wird auch die andere kleiner. Bei der negativen Korrelation verhalten sie sich gegensinnig. Zur vielbeschworenen Bildung gehört auch das Wissen, dass diese *Korrelationen* noch keine *Kausalitäten* darstellen, dass es die berühmt-berüchtigten *Scheinkorrelationen* gibt, wie das klassische Beispiel, dass dort, wo es viele Störche gibt, es auch eine höhere Kinderzahl gibt – was natürlich kein Beweis dafür ist, dass der Storch die Kinder bringt, sondern darauf beruht, dass die Anzahl der Störche in ländlichen Gebieten höher ist, und in ländlichen Gebieten ist nun mal auch die Kinderzahl höher.

Zur Verdeutlichung des Korrelationsbegriffs und seiner Wichtigkeit sei ganz bewusst ein Beispiel zur Interpretationsproblematik der PISA-Studie angeführt. Folgender Befund ist gegeben: *Die Schülerleistung korreliert mit dem Ausmaß an Unterstützung, welche Schüler durch ihre Lehrkräfte erfahren.* Diese Korrelation kann, wenn man sie kausal formuliert, ganz unterschiedlich strukturiert sein:

- Die Lehrerunterstützung kann Ursache für bessere Leistung sein.
- Es kann aber auch umgekehrt sein, dass Lehrkräfte leistungsfähigere Schüler mehr unterstützen, etwa weil diese auf ihre Unterstützung bereitwillig eingehen.
- Es kann eine *Wechselwirkung* zwischen Schülerleistung und Lehrerunterstützung vorliegen, dergestalt, dass einerseits Lehrkräfte durch höhere Leistungen zur Unterstützung veranlasst werden und dass andererseits Unterstützung die Leistung verbessert.
- Zwischen Unterstützung und Leistung könnte eine *vermittelnde Variable* wirken. Zum Beispiel könnte Lehrerunterstützung bewirken, dass sich die Schüler am Lehrermodell orientieren und sich auch gleichzeitig mehr Unterstützung untereinander geben, was wiederum zur Leistungsverbesserung führt.
- Eine *dritte Variable*, zum Beispiel die Schichtzugehörigkeit der Schüler, könnte die Ursache von Leistungsverbesserungen und für die Lehrerunterstützung sein. Dies wäre der Fall, wenn einerseits Lehrkräfte Schüler

aus höheren sozialen Schichten stärker unterstützten und wenn andererseits Schüler aus solchen Schichten von vornherein auch bessere Leistungen erbrächten.

Vielen akademisch gebildeten Menschen ist auch nicht klar, dass eine Korrelation von null nicht bedeutet, dass die beiden Größen sich ausschließen, sondern dass sie nur *zufällig* gemeinsam auftreten; wenn also die eine Größe auftritt, kann die andere sehr wohl ebenfalls auftreten, ohne jedoch in einer regelmäßigen Beziehung zur ersten zu stehen.

In dieses Gebiet, dieses „Defizitgebiet", würden auch elementarste Kenntnisse bezüglich *Stichprobentechniken* und des grundsätzlichen Aufbaus wissenschaftlicher Versuche (*Varianzanalyse*) gehören, denn dies sind ganz fundamentale und ganz mächtige Heurismen zur Bewältigung der Welt. Hier kann man, da dies meist kein Stoff des Unterrichts ist, dem Gymnasium nicht denselben Vorwurf machen wie bei den vorher festgestellten Defiziten; das genannte Beispiel erscheint mir aber doch sehr signifikant für den grundsätzlichen Modus des Gymnasiums: Statt gleich praxisnahe *Statistik* zu lehren, werden die Schüler mit den angeblichen Grundlagen, nämlich der Kombinatorik und Stochastik „getriezt". (Die Mathematiker verkennen – wie überhaupt die meisten Didaktiker –, dass es keinesfalls nötig ist, zu jedem Stoff die angeblichen „Grundlagen" zu liefern; ein großer Teil durchaus effektiven Denkens und Handelns erfolgt ohne Grundlagenbasiertheit. Ich erinnere mich noch, wie der Mathematiker an unserem psychologischen Institut uns alle ebenfalls zu „kleinen Mathematikern" machen wollte, damit wir später nicht nur reine „Methodenanwender" würden – vergeblich und sinnlos!)

Wiederum wende ich mich an den Mathematikskeptiker beziehungsweise Mathematikhasser: Es wird ihm vielleicht zunehmend deutlich, warum das Ausmaß seiner Skepsis, Abneigung, ja seines Hasses, in Bezug auf das Fach Mathematik berechtigt ist, jedoch sollte ihm zunehmend auch deutlich werden, was ihm Wichtiges fehlt.

> Der Mathematikhasser sollte die Schule nicht dafür hassen, dass sie ihn so lange mit Mathematik gequält hat, sondern dafür, dass das mit dem falschen Ansatz geschah und dass sie ihm den Zugang zu dem Kern der Mathematik, der fürs Leben und fürs Denken unumgänglich ist, verbaut hat. Denn zunehmend wird er einsehen: Die scheinbar legere und nonchalante Art, mit der er bisher seine Mathematikdefizite präsentiert hat, ist nicht angemessen, sie ist nichts anderes als das Bekenntnis: Ich verstehe eigentlich kaum etwas, was im Leben wirklich zählt (egal, ob man es zählen kann …).

»Nach unserer bisherigen Erfahrung sind wir zum Vertrauen berechtigt, dass die Natur die Realisierung des mathematisch denkbar Einfachsten ist.« (Albert Einstein)

Fundamentaldefizit III: der Optimierungs-Analphabetismus

Und nun ist ein besonders fundamentales „Schwarzes Loch" im Universum unseres Schulwissens zu erwähnen: OPTIMIERUNG! Optimierung zunächst einmal in dem wiederum ganz „qualitativen" Sinne, dass es nicht darauf ankommt, eine einzige Größe zu maximieren, sondern dass es darum geht, zwei oder mehr Einflussfaktoren gewissermaßen gerecht zu werden. Einfaches Beispiel: Mit dem Preis eines Buches wächst zwar der Gewinn pro Buch, gleichzeitig geht aber, je nachdem, die Käuferzahl zurück und damit der Gesamtgewinn. Es ist ein Optimierungsprozess, den Preis so zu bestimmen, dass das Produkt aus Preis und Käuferzahl maximal wird. Jedes praktische Verhalten, jedes Agieren in der Wirklichkeit besteht fast ununterbrochen aus Optimierungsprozessen. Doch obwohl lineares Optimieren (einer der wichtigsten Spezialfälle von Optimierung) teilweise Schulstoff ist (auch wenn man das meiste, wie gesagt, wieder vergessen hat), gelingt es nicht, das grundlegende kognitive Prinzip *Optimierung* in die Gehirne der Schüler zu implantieren. Der sensibel gewordene Leser wird sofort auf diese Defizitkategorie stoßen, wenn er beginnt, ganz alltägliche Argumentationen und Diskussionen zu beobachten. Gemäß Piagets Entwicklungstheorie ist ja die Fähigkeit, zwei Einflussfaktoren überhaupt berücksichtigen zu können, also Optimierung im weitesten Sinne des Wortes, ein Kennzeichen des adulten Denkens, also des Denkens von Erwachsenen. Doch mittlerweile gibt es hierzu empirische Untersuchungen, und diese zeigen: Diese Stufe wird nur von wenigen Menschen erreicht!

Der Leser möge nur einmal eine normale Talkshow im Fernsehen beobachten und feststellen, dass viele Argumentationen, vor allem wirtschaftspolitische, daran kranken: Es wird nur die Abhängigkeit von einem Faktor berücksichtigt, also *maximiert*, statt die Abhängigkeit von mehreren Faktoren zu berücksichtigen, also zu *optimieren*. Allgemeiner gesagt: Die Haltlosigkeit vieler politischer Maßnahmen wird sichtbar, wenn man einmal das Prinzip *Optimierung* verstanden hat.

Ergänzend sei gesagt: In diesem Zusammenhang neigen Menschen, selbst wenn sie dieses Prinzip begreifen, wiederum dazu, nur *lineare* Prozesse zu berücksichtigen. Zum Beispiel merken auch Verlage, so scheint mir, oft nicht, dass der Zusammenhang zwischen Buchpreis und Käuferzahl meist nichtlinear ist; vereinfacht gesagt: Ein Buch kann man entweder tausendmal oder zehntausendmal oder hunderttausendmal verkaufen. (Anmerkung: Heinrich Maria Ledig-Rowohlt hat mit der rororo-Reihe und Benedikt Taschen mit superbilligen Kunstbildbänden, die von vornherein für Riesenauflagen kalkuliert waren, den Buchmarkt gewissermaßen umgekrempelt, indem sie über den Preis sprunghaft Massenmärkte erschlossen haben, mit denen der konventionell denkende Verleger gar nicht rechnet.)

> In Gesprächen mit Mathematikern, Naturwissenschaftlern und Ingenieuren habe ich immer wieder Folgendes erlebt: Zunächst vor den Kopf gestoßen von meiner These der WAHREN BILDUNGSKATASTROPHE, sagen dann aber die meisten nach etwas Nachdenken: Vor allem das OPTIMIERUNGS-DEFIZIT sei etwas, was sie oft beobachten könnten; ja, sie müssten selbstkritisch sagen, dass sie außerhalb ihres Faches ebenfalls dazu neigten, das Optimierungsprinzip zu vergessen. Wenn jemand aber einmal dieses kognitive Prinzip begriffen hat, dann kann man mit diesem Menschen sich ganz anders geistig auseinandersetzen, und umgekehrt kann man sich mit jemandem, der Optimierung nicht begriffen hat, im Grunde nicht wirklich „erwachsen" unterhalten.

»So seltsam es auch klingen mag, die Stärke der Mathematik beruht auf dem Vermeiden jeder unnötigen Annahme und auf ihrer großen Einsparung an Denkarbeit.« (Ernst Mach)

Fundamentaldefizit IV: logisches Denken

Generell, so ist zu konstatieren, versagt der Mathematikunterricht bezüglich des Zieles, das er sich in allen Sonntagsreden auf seine Fahnen schreibt: der Erziehung zu einem grundsätzlichen logischen Denken. Wiederum wird zwar *formale Logik* und *Boolesche Algebra* gelehrt, aber dass damit eine *generelle Denkerziehung* einhergeht, ist schon deswegen ausgeschlossen, weil das, was an dieser Stelle geschehen müsste, nämlich *eine dauerhafte und systematische Kooperation von Mathematik- und Deutschunterricht*, in der herkömmlichen Schule ja unmöglich ist. Demgemäß zeitigt der schon zitierte Physikeingangstest (aus dem Jahre 1978) folgendes Ergebnis: Ein Großteil der angehenden Physik- und in viel größerem Maße noch der Medizinstudenten

3 Mathematik: Warum ein Hassfach zu Recht eines ist

ist nicht in der Lage, grundlegende logische Schlüsse zu ziehen. Zwei Aufgabenbeispiele:

1. Was besagt, umgangssprachlich formuliert, die Verneinung der folgenden Aussage: „Alle Physiker sind Sänger und besitzen ein Auto."? (Antworten Sie nicht einfach: „Nicht alle Physiker sind Sänger und besitzen ein Auto.") – Die richtige Antwort wäre gewesen: „Nicht alle Physiker sind Sänger *oder* besitzen ein Auto." oder auch: „Es gibt mindestens einen Physiker, der nicht Sänger ist oder kein Auto besitzt." (Das folgt der Logik: Es gibt mindestens einen Physiker, der nicht beide Bedingungen gleichzeitig erfüllt, der also entweder die eine oder die andere nicht erfüllt.)
2. In einem Gespräch wird behauptet: „Jede natürliche Zahl ist entweder eine Primzahl oder kann als Summe von zwei Primzahlen geschrieben werden." Sie möchten mithilfe eines Gegenbeispiels zeigen, dass diese Behauptung falsch ist. Nach einer Zahl mit welchen Eigenschaften müssten Sie suchen? – Zu suchen ist nach einer Zahl, die weder eine Primzahl ist noch als Summe von zwei Primzahlen geschrieben werden kann.

Die erste Aufgabe (die allerdings durchaus schwierig ist) wird von nicht ganz 15 %, die zweite von knapp 30 % der Physikanfänger bewältigt. Genau 4 (!) von 152 Medizinern bewältigen die erste Aufgabe.

Und nun will ich einen Gedanken äußern, der viele Leser verblüfft hat, weil er so einfach und fundamental ist:

> Dem Mathematikunterricht gelingt es nicht einmal, die entscheidende Verbindung zwischen Mathematik und Logik wirklich klar, dauerhaft, systematisch und professionell zu vermitteln. Was ist das? Dies ist die Idee des BEWEISES, wie sie in den Anfängen der Geometrie, insbesondere durch Euklid, entwickelt worden ist. Wir finden im elementaren Geometrieunterricht der Schule das fundamentale Schema

> hierfür: (a) die *Voraussetzung* („gegeben ist"), (b) die *Behauptung* und (c) den eigentlichen *Beweis*, der darin besteht, aus den Voraussetzungen (und durch Bezugnahme auf bestimmte „Axiome") die Behauptung abzuleiten („Quod erat demonstrandum").

Zunächst einmal wird keinem Schüler etwas von der Fundamentalität, ja der Faszination, ja dem Schauder vermittelt, der hinter diesem nur scheinbar elementaren, in Wirklichkeit fundamentalen Schema steckt, das einen der *bedeutsamsten geisteshistorischen Schritte der Menschheit* darstellt, vergleichbar der Erfindung des Feuers. Das ist schon deswegen unmöglich, weil dieses Schema nur beiläufig, gewissermaßen als Anhängsel des Geometrieunterrichts eingeführt wird, ohne dass in den späteren Jahren systematisch darauf Bezug genommen wird.

> Doch das logische Denken der meisten Menschen wäre schon dann um Dimensionen verbessert, wenn sie sich dauerhaft dieser Dreiergliederung bewusst wären: *Voraussetzung, Behauptung, Ableitung/Beweis*. Die meisten Diskussionen, auch und gerade die öffentlichen, auch die in Sach- und Fachbüchern, wären schon um Dimensionen professioneller (selbst wenn alles andere inhaltlich falsch wäre), wenn diese klare Herauspräparierung der Komponenten gelänge. Und wenn die Schulen dabei erfolgreich wären, die zwei fundamentalen logischen Fehler „auszurotten", die in diesem Zusammenhang vorkommen: (a) Bezugnahme auf unexplizierte Voraussetzungen, (b) Bezugnahme auf unexplizierte Ableitungsregeln, dann, ja dann wäre die „geistige Situation der Zeit" eine andere.

Ganz elementare und gleichzeitig fundamentale Denkfiguren sind das; jedoch nicht einmal das Gymnasium schafft es, diese dauerhaft an eine größere Bevölkerungsgruppe zu vermitteln. Demgemäß zeigen empirische Studien aus der Lehr- und Lernforschung die erheblichen Schwierigkeiten von Schülern beim Argumentieren und Beweisen. Typische Muster fehlerhafter Beweise sind: empirische (statt logische) Argumentationen, in denen von einigen wenigen Fällen auf die Allgemeingültigkeit geschlossen wird, Zirkelschlüsse, bei denen der zu beweisende Inhalt vorausgesetzt wird, oder scheinbar logische Schlüsse, die in Wirklichkeit nur auf anschaulichen Aspekten beruhen. Aber statt dass die Schüler so etwas Fundamentales vermittelt bekommen und es über viele Jahre hinweg anwenden und üben müssen (zum Beispiel in logischen Debattierclubs), werden die Armen durch akrobatische Übungen mit Zirkel und Lineal und alle möglichen mathematischen Formalismen hindurchgehetzt, sodass sie dann am Schluss, teilweise, so hat man das Gefühl, „aus Rache", nicht mehr die geringste Lust mehr haben, auch nur annähernd im Sinne des logisch-mathematischen Deduzierens zu denken.

Erwähnt werden sollte auch der INDIREKTE BEWEIS: Dabei wird eine Behauptung aufgestellt, aus der ein Widerspruch abgeleitet wird, woraus die Falschheit der Annahme geschlossen wird. Ein anderes Beweisverfahren ist die VOLLSTÄNDIGE INDUKTION: Dabei wird bewiesen, dass ein Satz, der für eine Zahl gilt, auch für den Nachfolger gilt, woraus man schließen kann, dass er für alle natürlichen Zahlen gilt. (Eine Ironisierung dieses Satzes besteht darin: Da man aus einem Wald immer noch einmal einen Baum wegnehmen kann und er dann trotzdem noch ein Wald ist, kann man beweisen, dass auch ein einzelner Baum ein Wald ist …) – Verschwunden ist übrigens meist auch das Wissen über RELATIONEN und deren Eigenschaften wie *reflexiv, symmetrisch, asymmetrisch* oder *transitiv*. Auch dieses Wissen kann beim klaren Denken durchaus helfen (ganz jenseits der Tatsache, dass man es in der Mathematik braucht, um durch eine Kombination dieser Attribute jeweils die wichtigsten Grundrelationen, wie Äquivalenz- und Ordnungsrelationen, zu charakterisieren).

Der Leser möge an dieser Stelle einen Sprung ins Kapitel zum DEUTSCHUNTERRICHT machen. Dort weise ich darauf hin, dass die Psychologie einige fundamentale logische Fehler des Menschen festgestellt hat und dass man deswegen als Aufgabe des Schulunterrichts durchaus sehen könne, diese grundlegenden Fehler auszumerzen. Dies aber geschieht nicht. Warum?

> Mathematik wird, wenn überhaupt, im Gehirn der Schüler in abgetrennten Bereichen gespeichert und viel zu selten in eine Interaktion mit dem normalen Denken im normalen Alltag gebracht. Und deswegen geschieht folgender, von allen Mathematikdidaktikern angestrebter Fundamental-Transfer eben nicht: der vom *mathematischen* Denken zum *allgemein-logischen* Denken!

Der Leser frage sich selbst und möge sich künftig beobachten: Immer dann, wenn er logisch denkt, hat er das aus dem Mathematikunterricht oder hat er es nicht vielmehr aus einer allgemeinen Lebenserfahrung, aus einer *natürlichen Logik* heraus entwickelt? Bestimmt ist Letzteres oft der Fall, ich würde sogar weiter gehen: Fast alles, was die meisten jenseits des Grundschulrechnens noch beherrschen, rührt nicht mehr von der Schule her, sondern schlicht und einfach daraus, dass man eine bestimmte Art von *natürlicher Logik* weiterentwickelt hat – die meisten PISA-Aufgaben, also zum Beispiel Aufgaben zur elementaren Flächenrechnung, zur Prozentrechnung, auch zum Dreisatz, kann man auf der Basis einer elaborierten natürlichen Logik lösen, ohne eigentlich mathematische Formalismen zu benötigen, und wenn es nicht klappt, wenn der Proband also auf eine mathematische Regel angewiesen ist, dann wird er meist scheitern, weil diese Regel oft vergessen worden ist. Und wenn man die Regeln modifizieren muss oder wenn deren Anwendung einem nicht von vornherein nahegelegt wird, dann ist die Wahrscheinlichkeit des Scheiterns ohnehin sehr groß, vor allem in Deutschland, wie ja TIMSS und PISA gezeigt haben.

Etwas boshaft füge ich hinzu: Das logische Fundamentaldefizit gilt anscheinend auch für Mathematiker! Denn wenn sie nicht nur *innerhalb* ihres Faches logisch-mathematisch denken können, sondern auch auf einer Metaebene *über* ihr Fach, dann hätten sie die hier dargelegte Mathematik-Bildungskatastrophe verhindern können, aber sie erkennen sie nicht einmal.

»Wir Mathematiker sind die wahren Dichter, nur müssen wir das, was unsere Phantasie schafft, noch beweisen.« (Leopold Kronecker)

Fundamentaldefizit V: Abschätzen, Abrunden, Abbrechen

Noch eine Defizitkategorie will ich aufmachen, die ich einige Zeit übersehen habe, weil sie fast zu banal klingt, die aber nicht nur fürs Leben wichtig ist, sondern, wie ich meine, ein durchaus fundamentales kognitives Prinzip darstellt. Es geht um die gewissermaßen „vormathematische" Fähigkeit, quantitative Größenordnungen einzuschätzen, was natürlich vor allem im praktischen Bereich sehr wichtig ist. Es geht um die Fähigkeit, „Fünfe gerade sein zu lassen", also um Auf- und Abrunden, um die Fähigkeit der Überschlagsrechnung. Und man soll in diesem Zusammenhang vielleicht auch ein Prinzip anführen, das dem weiten Feld der Optimierung entstammt und insbesondere in der Betriebswirtschaftslehre (jedenfalls der heuristisch orientierten) wichtig ist: *Abbruch-* beziehungsweise *Stopp-Regeln*. Immer geht es dabei darum, an der richtigen Stelle einen Prozess abzubrechen, weil der zu erwartende Aufwand das Ergebnis nicht mehr lohnt. Wenn man zum Beispiel einen Parkplatz sucht, dann steht man immer vor folgender Optimierungsaufgabe: Man muss umso kürzere Zeit gehen, je näher man beim Ziel parkt, gleichzeitig aber fällt in Annäherung dazu die Wahrscheinlichkeit ab, dort einen Parkplatz zu finden. In letzter Zeit wird in der Literatur auch ein sehr amüsantes Beispiel aus einem ganz wichtigen Teil des Lebens diskutiert: Wie lange lohnt es sich, nach einem geeigneten Lebenspartner (Mann oder Frau) zu suchen, wenn man bestimmte Annahmen darüber macht, wie sich die Erfahrung und der mögliche Erfolg dabei verhalten; dieses Beispiel habe ich sowohl in einem Fachbuch von Gerd Gigerenzer über *simple heuristic* gefunden als auch in einem Buch zur Betriebswirtschaftslehre; der neugierig gewordene Leser möge in Gigerenzers Buch *Bauchentscheidungen* nachlesen.

> »Alle menschliche Erkenntnis ist entweder Erfahrung oder Mathematik.« (Friedrich Nietzsche)

Fundamentaldefizit VI: die heuristischen Analphabeten

Letztlich führt das vorherige Defizit auf eine ganz grundlegende Perspektive, die ich hier nur andeuten kann, eher für Fachleute. Sie ist aber ganz wichtig, speziell für das Stadium, in dem man eben noch kein Fachmann ist, und das ist das Stadium, in dem so gut wie alle Menschen im Bereich der Mathematik verharren. Man muss hier einen einzigen Namen zitieren: GEORG POLYA. Dieser bedeutende Denker und Anreger hat darüber geschrieben, wie man mathematische Probleme löst, und er hat dies auf eine Weise getan, die nichts mit den herkömmlichen Lehrbüchern zu tun hat. Er hat mathematische Aufgaben nicht als *Aufgaben*, sondern als *Probleme* gesehen, als eine Art Denksportaufgaben. Und er hat dafür allgemeine *Heuristiken*, also Faustregeln und Maximen, formuliert, die einem genau dann weiterhelfen, wenn man eben noch nicht weiß, welche Formel man anwenden soll. Beispielsweise kann man dann einige Randbedingungen gegen null oder unendlich gehen lassen, man kann das logische Gegenteil eines Satzes betrachten; es gibt zahlreiche „Tricks", für die der Begriff „Trick" viel zu billig wäre, denn es sind ganz grundlegende Denkinstrumente. Besonders die Psychologie hat auf diesem Gebiet geforscht, insbesondere die Gestaltpsychologie, speziell die Namen Wertheimer und Duncker sind zu nennen; für einen ersten Überblick und ausführliche Literaturangaben kann der Leser in meinem Lexikon unter dem Stichwort

„psychologische Heuristik" oder auch unter „Problemlösen" nachlesen.

> Der heuristische Zugang ist implizit im Zugang von PISA enthalten; er ist jedoch vor allem dem deutschen Mathematikunterricht völlig fremd. Dabei ist das genau die Stelle, wo die Verbindung zwischen dem normalen Leben und dem „mathematischen Leben" stattfindet und stattfinden kann. Dass diese Verbindung im Unterricht nicht aufgebaut wird, ist einer der wesentlichen Gründe für das Versagen des Mathematikunterrichts. Dieser ist auf ungute Weise bisher zu sehr „Algorithmus-zentriert" statt „Heurismus-zentriert". Er versteht Mathematik nur als Abarbeiten fester Regeln mit exakt vorgeschriebenem Ablaufmodus, und er verpasst damit gerade die Möglichkeit, in den Bereich des weniger Exakten, des Tastenden, des Vermutenden, eben des Heuristischen einzutreten. (Es ist mir gleichzeitig aber wichtig zu betonen: Mathematik besteht nicht nur aus Problemlösen, sondern schlicht und einfach auch aus der gegenwärtig öfters abgewerteten Anwendung von formalen Prozeduren, teilweise auf sehr mechanische Weise; nichts an dem Mechanischen ist an sich falsch, außer der Überbetonung.)

Darin liegt eine tiefe Tragik begründet, nämlich die Unfähigkeit, alle solche Schüler zu erreichen, die zwar hochintelligent sind, aber einfach zu ungeduldig, zu sprunghaft, ja zu witzig, zu lebensfreudig, um algorithmisch zu denken. Diese Gesellschaft verschleudert das geistige Potential gerade der begabtesten und intelligentesten Menschen, und nicht selten werden aus ihnen Wirrköpfe statt „qualitativ-exakte" beziehungsweise „heuristisch-exakte" Denker. Eine der fundamentalen Transformationen, die ich der Mathematikdidaktik empfehlen würde, wäre die Integration des heuristischen Denkens. Wenn man das tut, dann kann man, an ganz wenigen Stellen, wieder im herkömmlichen Sinne das eigentliche Rechnen üben, ja man muss es dort *in viel stärkerem Maße als bisher üben,* aber eben konzentrierter. Zu Recht wurde dieser heuristische Aspekt, explizit und implizit, bei den Bildungsstandards für Mathematik berücksichtigt, im Übrigen auch in den USA und in England. Die Lernforscherin Regina Bruder spricht von „heuristischer Bildung" – und ich würde diese als eines der wesentlichsten Ziele der Schule, nicht nur des Mathematikunterrichts betrachten.

»In der Mathematik gibt es keinen Eingang für Herrschaften.« (Euklid)

Ein Bildungsdefizit: der Unendlichkeits-Analphabetismus

Für die Mathematik ist die Idee des UNENDLICHEN natürlich fundamental. Ich aber bin mir mit der Zeit immer unsicherer geworden, ob ich das Unendliche zu den wirklich notwendigen Konzepten der Schulmathematik und demgemäß auch zu den Fundamentaldefiziten hinzuzählen sollte. Ich präsentiere nun dieses Defizit einmal bewusst als „Bildungsdefizit". Denn ich glaube, für den mathematischen Alltag der meisten Menschen ist das Konzept nicht notwendig. Den Mathematiker wird es verblüffen, vielleicht ärgern, ich sage aber: Man kann mit Unendlichkeiten gut rechnen, ohne dieses Konzept im mindesten verstanden zu haben. Aber gehört es nicht unbedingt zur Bildung, die grundsätzlichen Einsichten, die die Mathematik bezüglich der *Unendlichkeit* gefunden hat, zu kennen? Sollte nicht auch der mathematisch Uninteressierte zugeben, dass ein so fundamentales geistiges Konzept wie das der UNENDLICHKEIT von allgemeinem Bildungswert und -interesse ist? Wiederum finden sich im NACHHALTIGEN WISSENSRESIDUUM weder das operative Können noch grundsätzliche Einsichten, wie zum Beispiel folgende:

- dass eine Reihe unendlicher Summanden dennoch einen endlichen Wert haben kann;

3 Mathematik: Warum ein Hassfach zu Recht eines ist

- dass man damit bestimmte philosophische Paradoxien der Bewegung, wie sie von den alten Griechen (Zenon) entdeckt worden sind, auflösen kann (Anmerkung: zumindest partiell, denn dies ist nur teilweise ein mathematisches, zum anderen Teil ein *physikalisches* Problem – der normale Mathematiklehrer unterschätzt meist die Komplexität dieses Problems);
- zu diesem Bereich gehört auch die Cantor'sche Unterscheidung der verschiedenen Arten von Unendlichkeit und ihrer scheinbaren Paradoxien („Hilberts Hotel" etc.).

Eine Erläuterung würde den räumlichen Rahmen dieses Buches sprengen, der Leser sei hier auf die Literatur verwiesen. Aber nochmals sei all den Schülern beziehungsweise Exschülern mit dem teilweise berechtigten „Mathematikhass" und dem damit einhergehenden antiformalistischen Impetus gesagt: Über all so etwas kann man ohne große Formalisierung sehr gut reden und nachdenken. Die Genialität Georg Cantors hat auch darin bestanden, dass er (gegen Ende des 19. Jahrhunderts) demonstriert hat, wie man anhand von Überlegungen, die man fast ohne mathematische Formeln und Vorkenntnisse nachvollziehen kann, fundamentale Einsichten in ein Problem gewinnen kann, das Jahrtausende lang nicht bewältigt worden ist. Ich erinnere mich, wie ich als Zehnjähriger zum ersten Mal in einem Mathematikbuch davon gelesen habe und welchen fast mystischen Reiz diese Gedanken auf mich ausgeübt haben.

> »Das Unendliche hat wie keine andere Frage von jeher so tief das Gemüt des Menschen bewegt; das Unendliche hat wie kaum eine andere Idee auf den Verstand so anregend und fruchtbar gewirkt; das Unendliche ist aber wie kein anderer Begriff so der Aufklärung bedürftig.« (David Hilbert)

Ein zweites mathematisches Bildungsdefizit: mangelndes Ordnungs-, Raster- und geschichtliches Wissen

Was ich jetzt sage, wird für die meisten Mathematiker und Leser völlig verblüffend sein. Es betrifft einen weiteren Aspekt, den ich ebenfalls bewusst aus den Unterrichtsdefiziten herausgehoben und als „Bildungsdefizit" bezeichnet habe: Warum eigentlich ist so gut wie kein Schüler, ja kaum ein nichtmathematischer Akademiker, in der Lage, einen Überblick über die wichtigsten Teilgebiete der Mathematik zu geben? Damit wäre einmal ein grundlegendes *Ordnungsschema* gegeben, auch wäre etwas vom grundsätzlichen Bildungswert vermittelt. Wieso kann sich heutzutage jemand als „Intellektueller" und „allgemeingebildet" bezeichnen, ohne diese Frage im mindesten beantworten zu können? Die meisten Menschen, so habe ich festgestellt, haben schon Schwierigkeiten mit folgender Frage: Was ist der Unterschied von Arithmetik und Algebra?

Kurzerläuterung:
- Die ARITHMETIK ist das uns vertrauteste, das natürlichste Mathematikgebiet, für das es in unserem Gehirn angeborene Module gibt: das Rechnen mit natürlichen Zahlen (Addieren, Multiplizieren etc.). Hinzu kommt später auch das Rechnen mit ganzen, rationalen und reellen Zahlen (s. u.). Die Arithmetik gehört neben der Geometrie zu den ältesten Teilgebieten der Mathematik. Heute wird auch die Behandlung von arithmetischen und geometrischen Reihen und Folgen dazugerechnet, außerdem die *Kombinatorik* und *Zahlentheorie*. In der Zahlentheorie werden insbesondere die Eigenschaften der natürlichen Zahlen genauer untersucht, beispielsweise die Teilbarkeit und Konzepte wie das *kleinste gemeinsame Vielfache* oder der *größte gemeinsame Teiler*; dazu gehören auch viele kleine Zahlenregeln wie „Jede Zahl ist ohne Rest durch 9 teilbar, wenn die Quersumme der Zahl durch 9 teilbar ist." Ein wichtiger Teil ist die Theorie der *Primzahlen*; wichtig ist vor allem die Erkenntnis, dass man jede Zahl durch eine Multiplikation von Primzahlen darstellen kann. Dazu gehört auch der schon erwähnte Beweis von Euklid, dass es unendlich viele Primzahlen gibt, sowie das „Sieb des Eratosthe-

nes", mit dem man alle Primzahlen aus einer Zahlenmenge herausfinden kann. Der Mathematiker A. Beutelspacher hat es schön formuliert: „Die Zahlentheorie geht davon aus, dass jede Zahl ein Individuum ist." Wie gesagt, Erläuterungen wie die vorherigen einfachen Sätze können nur wenige Prozent der befragten Akademiker geben; man erhält Antworten wie „Arithmetik hat irgendwie mit Zahlen zu tun."

- Gleiches gilt für die ALGEBRA; da erhält man Antworten wie „Das ist doch irgendwie das Rechnen mit Buchstaben." Besser formuliert: Die Algebra ist die Lehre von den Lösungsmethoden von Gleichungen. Die Algebra hat mathematische Probleme, die man durchaus auch mit natürlicher Logik lösen kann, so formalisiert, dass man sie standardisiert und schnell durchführen kann. Statt mit normalen Zahlen rechnet man mit Variablen/Platzhaltern, die durch Buchstaben symbolisiert werden. Für lineare Gleichungssysteme kannten schon die Mathematiker des Altertums Lösungen; für Gleichungen dritten und vierten Grades fand man im 16. Jahrhundert die Lösung. Den sogenannten Fundamentalsatz der Algebra bewies C. F. Gauß (1799): *Jede algebraische Gleichung n-ten Grades besitzt genau n Lösungen.* Die Algebra erfuhr zunehmend – und wurde damit leitmotivisch für die gesamte moderne Mathematik – eine Transformation, hin zu sehr abstrakten Konzepten: algebraische Strukturen, wie *Gruppen, Ringe* oder *Körper* und deren Verknüpfungen. So abstrakt diese Modelle auch sind, besitzen diese doch in der modernen theoretischen Physik wichtige Anwendungen. Durch diese Transformation entstand die eigentliche *moderne Mathematik*, und diese Transformation ist mit dem Namen EVARISTE GALOIS verknüpft, der schon mit 21 Jahren im Duell fiel, vorher aber der Nachwelt ein Testament hinterließ, an dessen Ausführung sie bis heute arbeitet.
- Zu den vier Teilgebieten der klassischen Mathematik gehört natürlich auch die GEOMETRIE, die mathematische Durchdringung der Probleme und Regelmäßigkeiten, die im Zusammenhang vor allem mit zwei- und dreidimensionalen Gebilden stehen. Die Geometrie zerfällt in die *allgemeine, analytische* (s. u.), die *projektive* und die *darstellende* Geometrie; ein Spezialgebiet ist die *trigonometrische* Geometrie.
- Das nächste Fundamentalgebiet der Mathematik ist die ANALYSIS/ INFINITESIMALRECHNUNG, also die DIFFERENTIAL- und INTEGRALRECHNUNG. Im Rahmen dieses Buches nur ganz kurz: Die ANALYSIS beschäftigt sich damit, die Steigung gekrümmter Kurven (die beispielsweise physikalische oder technische Sachverhalte darstellen) zu berech-

nen. Dabei kommt das Konzept der *Unendlichkeit* und damit der Begriff des *Grenzwertes* mit hinein. Mithilfe dieser Mathematik lassen sich die Eigenschaften von Kurven, wie Verlauf (steigend oder fallend), Stetigkeit (durchgehend oder unterbrochen), Maxima, Minima oder Wendepunkte untersuchen. Die Hauptaufgabe der INTEGRALRECHNUNG besteht darin, den Flächeninhalt von solchen Flächen zu berechnen, die sich nicht ohne weiteres mit Mitteln der herkömmlichen Geometrie des Euklid berechnen lassen, also vor allem krummlinig begrenzte Flächen: *analytische Geometrie*. Hinzu kommen die VARIATIONSRECHNUNG und die FUNKTIONSTHEORIE, und auf dieser Basis entwickelt sich dann auch die FUNKTIONALANALYSIS und die TOPOLOGIE. Letztere untersucht vor allem, welche Eigenschaften von Punktmengen bei Abbildungen unverändert bleiben, anschaulich gesagt: was unverändert bleibt, wenn man geometrische Figuren bestimmten Verformungen unterzieht. Ein Spezialgebiet der Topologie sei noch genannt: die GRAPHENTHEORIE, die in vielen praktischen Zusammenhängen eingesetzt werden kann; sie untersucht, vereinfacht gesagt, welche Gesetzmäßigkeiten gelten, wenn man Punkte durch Linien verbindet, wodurch sich eine Art Landkarte ergibt; in diesem Zusammenhang werden vor allem Optimierungsprobleme wichtig, wie man beispielsweise die Länge von Wegen, die nötig sind, um gewisse Punkte zu erreichen, möglichst kurz gestalten kann.
- Zu den Teilgebieten der Mathematik gehören auch noch die LOGIK und die MENGENLEHRE. Viele betrachten sie als Grundlagen, es ist jedoch eine Frage, inwieweit sie nicht lediglich eine Art Sprache sind.
- Noch eine mir wichtig erscheinende Anmerkung: Die Mathematik ist nicht nur für die Naturwissenschaften zuständig, auch in der Psychologie, der Soziologie, der Linguistik und in den Wirtschaftswissenschaften wird sie eingesetzt. (In den Wirtschaftswissenschaften enthalten einige Fachzeitschriften mehr Mathematik als einige Fachjournale für Mathematik!) Bedeutsam sind mathematische Verfahren für viele praktische Zwecke, speziell zur Optimierung organisatorischer Prozesse.

Meine Erfahrung, aus zahlreichen Gesprächen: Während für die meisten die Mathematik vorher ein völlig diffuses, unhandliches, ominöses, undefiniertes Ganzes gewesen ist, eben ganz und gar nicht ein Ganzes, sondern eine Summe von gedanklichen Fetzen, ist nach der Darlegung von solchem RASTER- und

3 Mathematik: Warum ein Hassfach zu Recht eines ist

ORDNUNGSWISSEN, wie ich dies einmal nennen will, etwas ganz Wichtiges geschehen: Damit kehrt plötzlich eine Art Ruhe ein. Man kann dem bisherigen „Feind" sozusagen geordnet ins Auge sehen. Fast möchte man den Titel eines Kunstwerkes von Fischli und Weiss zitieren: „Plötzlich diese Übersicht!"

> Die Schule vernachlässigt generell das, was man RASTER- und ORDNUNGSWISSEN nennen kann. Dieses bietet wie ein „kognitives Regal" die Mindestvoraussetzung dafür, spezielleres Faktenwissen wohlsortiert einordnen und wiederfinden zu können. Ein solches Ordnungswissen bezüglich der Grundgebiete ist im Bereich der Mathematik genauso wichtig wie eine grobe Zeiteinteilung der wichtigsten Epochen der Kunstgeschichte.

Und noch ein etwas spezielleres Beispiel für mathematisches Raster- und Ordnungswissen: Kaum ein Nichtmathematiker ist in der Lage, die unterschiedlichen Arten von Zahlen zu charakterisieren: Was sind *natürliche*, *rationale* beziehungsweise *irrationale*, *reelle*, *imaginäre* oder *komplexe* Zahlen, und wie unterscheiden sie sich? Und deswegen ist es ihnen natürlich keinesfalls möglich, die damit verbundenen geistigen Herausforderungen und Diskussionen auch nur annähernd zu kennen. Anders gesagt: Man muss auch als gebildeter Mensch fast keine einzelnen Rechenoperationen mit den dargelegten Zahlengruppen beherrschen, aber man sollte, auf rein sprachlichem Niveau, ungefähr wissen, was das für Zahlenarten und wozu sie gut sind. Aber in der Schule will man mehr, will den Schülern auch noch den formalen Umgang mit diesen Zahlen vermitteln – das wird natürlich sowieso vergessen, und gleichzeitig bleibt dann aber auch keinerlei Wissen übrig von der grundlegenden Bedeutung dieser wichtigen Geisteswerkzeuge.

Kurzerläuterung:
- Die natürlichen Zahlen (Symbol N) sind die uns allen vertrauten Zahlen 1, 2, 3, etc.

- Die *ganzen* Zahlen (Z): Darin sind zusätzlich die *negativen* Zahlen enthalten; man braucht diese, um eine größere von einer kleineren Zahl zu subtrahieren.
- Die *rationalen* Zahlen (Q): Das sind die *gebrochenen* Zahlen (Brüche), die man braucht, um die Division unbeschränkt ausführen zu können.
- Die *irrationalen* Zahlen: Diese entstehen aus der Auflösung bestimmter algebraischer Gleichungen, wie etwa $x^2 = 2$; denn das führt zu Wurzeln, die keine rationalen Zahlen sind. (Das war ein ganz wichtiger geisteshistorischer Schritt, der schon von den alten griechischen Mathematikern gegangen worden ist.)
- Die *reellen* Zahlen (R): Diese sind die Gesamtheit der rationalen Zahlen und der irrationalen Zahlen.
- Außer den letzteren Zahlen (die man auch *algebraisch* nennen kann, weil aus der Auflösung bestimmter algebraischer Gleichungen entstehend), gibt es noch die *transzendenten* Zahlen, so etwa die Kreiszahl Pi und die Euler'sche Zahl e (die Basis der natürlichen Logarithmen), die übrigens gleichzeitig auch irrationale Zahlen sind.
- Dann gibt es noch die *imaginären* Zahlen: Normalerweise ist die Wurzel aus einer negativen Zahl nicht definiert, die Mathematiker haben aber auch diesen Schritt getan und als Wurzel negativer Zahlen die „imaginären" eingeführt, was natürlich erst dann Sinn ergab, als man zeigte, wie man damit rechnen kann (und später hat man dann in der Physik konkrete Anwendungsbeispiele dafür gefunden).
- *Komplexe* Zahlen – das ist die Gesamtheit der reellen und imaginären Zahlen, ein Bereich, in dem alle Rechenoperationen ohne Einschränkung (außer der Division durch null) ausführbar sind. Eine komplexe Zahl setzt sich zusammen aus einem „Realteil" und einem „Imaginärteil". Dann gibt es noch die *hyperkomplexen* Zahlen, die hier nicht erörtert werden können.

Ein in Mathematikerkreisen bekanntes Zitat in diesem Zusammenhang ist von L. Kronecker:

> »Die ganzen Zahlen hat der liebe Gott gemacht, der Rest ist Menschenwerk.«

An dieser Stelle sei noch auf eine weitere grundlegende Defizitkategorie im Bereich ORDNUNGSWISSEN eingegangen, welcher wir auch bei der Besprechung der nächsten Fächer permanent

3 Mathematik: Warum ein Hassfach zu Recht eines ist

begegnen werden: Kenntnisse über die GESCHICHTE EINES FACHES, in diesem Fall also der Mathematik und ihrem ungefähren Zusammenhang mit physikalischen, technischen und kulturellen Entwicklungen. Die Mathematik ist der unbekannteste geisteshistorische Stoff! Dabei demonstriert der große Erfolg des Buches *Fermats letzter Satz* (von S. Singh), wie viele Menschen eigentlich über diesen Weg Zugang zur Mathematik finden könnten. Doch für den normalen Mathematiker ist dieser – gewissermaßen *personale* – Zugang zur Mathematik, nämlich über die Biographie großer Mathematiker, sozusagen zu „menschelnd". Dabei ist es erschütternd, wie viele Menschen kaum einen einzigen bedeutenden Mathematiker auch nur zu nennen wissen. Einstein wird oft als Mathematiker verkannt und nicht als der Physiker gesehen, der er eigentlich war; JOHN NASH ist ja nun durch den Film *Beautiful Mind* bekannt geworden, obwohl er kein besonders bedeutender Mathematiker ist; einigen sagt der Name GAUSS etwas (durch das Buch von Daniel Kehlmann nun einigen mehr). So gut wie niemand kennt den Namen des Geistesgiganten LEONARD EULER; vor dem eben zitierten Buch hat den Namen FERMAT kein normaler Schüler oder Akademiker gekannt; auch ein Geist, der das 20. Jahrhundert durch mathematische Beiträge auf den verschiedensten Gebieten geprägt hat, nämlich JOHN VON NEUMANN, ist den meisten Menschen, auch den normalen Intellektuellen, auf ihrem Bildungsweg nie begegnet, geschweige denn der fast übermenschlich produktive, auch skurrile PAUL ERDÖS oder der begnadete SRINAVASA RAMANUJAN. Aus *Mathematik von A–Z* von W. Dunham: Der Autor empört sich darüber, dass auch Gebildete den Namen LEONARD EULER noch nie gehört haben, dieselben, die ganz selbstverständlich Renoir als Maler, Brahms als Komponisten oder Grass als Dichter kennen. „Die Anonymität Eulers ist nicht nur ungerecht, sie ist auch beschämend. Insbesondere, da die Stellung Eulers der von Rembrandt unter den Malern, der von Bach unter den Komponisten oder gar der von Goethe unter den Dichtern entspräche."

Wieder wende ich mich an den Mathematikskeptiker und Mathematikhasser: Die Mathematik ist kein abgegrenztes Spezialgebiet für einige zwanghafte Formalisten, sie steht im Grunde mit allem in Zusammenhang! Und diese historisch-hermeneutische Dimension der Mathematik ist durchaus spannend, auch leicht vermittelbar und führt, so meine Erfahrung, dazu, dass Menschen einen ganz anderen Zugang zur Mathematik bekommen – einige haben mir zum Beispiel gesagt, wenn mit ihnen in der Schule ein Buch wie *Fermats letzter Satz* gelesen und besprochen worden wäre, hätten sie den Mathematikunterricht ganz anders wahrgenommen.

> Man kann das erschütternde Fazit wie folgt auf den Punkt bringen: Es zeigt, dass gerade die eigentliche Bildungsdimension der Mathematik dem Schüler im Rahmen des gegenwärtigen Unterrichts verschlossen wird.. Mathematik wird zu einer Art „Sonderweg", nicht ein ganz normaler Bestandteil der Geistesgeschichte und unserer geistigen Kultur.

»Das Wesen des Entzückens, das Außersichsein, das Gefühl, mehr zu sein als ein Mensch, was ja ein Prüfstein höchster Leistung ist, ist in der Mathematik ebenso sicher zu finden wie in der Dichtkunst.« (Bertrand Russell)

Laues aus neueren Studien

Zum Abschluss seien dem Leser noch ein paar bezeichnende Ergebnisse aus der langfristigsten und „unterrichtnächsten" empirischen Bildungsstudie – LAU – präsentiert. LAU wurde an Hamburger Gymnasien durchgeführt; es ist die erste große Längsschnittstudie, die Gymnasiasten auf ihrem gesamten Schulweg (alle zwei Jahre) begleitet hat. Wenn der Leser sich diese Studie anschaut, wird er fast erschrecken vor der Solidität, Gründlichkeit und Detailbesessenheit der Untersuchung. Aber

3 Mathematik: Warum ein Hassfach zu Recht eines ist

was ist die eigentliche Essenz? Ich schlage im Hinblick auf den Mathematikunterricht Folgendes vor:

- Schon im Laufe des jeweiligen Schuljahres wird ein großer Teil des Stoffes vergessen beziehungsweise nicht mehr wirklich beherrscht, jedenfalls von der überwiegenden Mehrheit. (Das ist ein Ergebnis, das, seien wir doch ehrlich, jeder von seiner eigenen Schulzeit her kennt.)
- Nur 2,5 % der Schüler bewältigen in der 11. Klasse des Gymnasiums Aufgaben, bei denen beispielsweise quadratische Funktionen ermittelt werden sollen, die mit einer anderen quadratischen Funktion genau zwei Schnittpunkte bilden. (Anders gesagt: 97,5 % bewältigen das nicht.) Etwa 65 % bewältigen Aufgaben zum Potenzrechnen nicht (allerdings in etwas schwierigen Formaten). Ungefähr 16 % können nicht den Graph für eine Gleichung nachfolgender Art bestimmen: $y = x^2 - 2,5$. Fast von allen (außer von 2 %, was allerdings auch etwas aussagt) können Aufgaben eines Typs bewältigt werden, wie er eigentlich um etliche Jahrgangsstufen tiefer liegt: $5a + 11b + 7a$ soll vereinfacht werden. Dabei muss man berücksichtigen: Alle Aufgaben waren im Multiple-Choice-Format!

Darüber hinaus zeigt sich etwas, was meines Erachtens in der Studie nicht deutlich genug herausgestellt wird: Stellt man einige Aufgaben, die nicht dem Stoff entnommen, sondern eher Denksportaufgaben sind, die vom Niveau her zur 5./6. Jahrgangsstufe gehören, dann zeigt sich die WAHRE BILDUNGSKATASTROPHE in unverhüllter Deutlichkeit: Ein Großteil der Gymnasiasten ist nicht in der Lage, elementaren Hauptschulstoff zu bewältigen! Beispiele:

- Zunächst sollte aus einer Graphik, die zeigt, wie viele Arbeitslose es in den unterschiedlichen Monaten des Jahres gibt, die Frage nach der Arbeitslosenzahl im März beantwortet werden. Und circa 70 % konnten diese Aufgabe nicht bewältigen!
- Eine weitere zu lösende Aufgabe ist elementares Hauptschulniveau: „Ein 45 000 Liter fassender Wassertank wird mit einer Geschwindigkeit von 220 Litern pro Minute gefüllt. Schätzen sie auf eine halbe Stunde genau, wie lange es dauert, den Tank zu füllen!" Es sind vier mögliche Antwortmöglichkeiten gegeben. Trotzdem konnten 50 % diese Aufgabe nicht lösen!

- Ebenso verblüffend für jeden, der bisher auf den Mythos des herkömmlichen Gymnasiums hereingefallen ist: 35 % können etwas komplexere Busfahrpläne nicht lesen, bei einer Teilaufgabe sogar 80 %.
- Im Kapitel über Stochastik habe ich derart auf das Allerelementarste abgestellt, dass das wahrscheinlich etlichen Fachlehrern zuwidergelaufen ist – diese sollten folgendes Ergebnis aus der LAU-Studie rezipieren: Die folgende Aufgabe wurde von circa 77 % der Schüler aus den unterschiedlichen Gymnasien nicht gelöst! Sie lautete: „Ein Warnsystem besteht aus zwei unabhängigen Alarmanlagen, die bei einem Notfall mit den Wahrscheinlichkeiten 0,95 beziehungsweise 0,90 ansprechen. Suchen Sie die Wahrscheinlichkeit, dass in einem Notfall mindestens eine der Alarmanlagen anspricht!" Als Antwortmöglichkeiten waren vorgegeben: (a) 0,995, (b) 0,975, (c) 0,900, (d) 0,855. Die Logik geht wie folgt: Die Zahl muss größer als 0,95 sein, weil mit dieser Wahrscheinlichkeit ja die erste Alarmanlage anspringt; und für die 0,05-Wahrscheinlichkeit, mit der die erste nicht anspringt, gilt dann, dass in 0,9 % dieses kleinen „Fensters" dann die zweite Alarmanlage anspringt, und 9 Zehntel von 0,05 sind eben 0,045. Und wenn man das zur ersten Wahrscheinlichkeit 0,95 hinzuaddiert, dann erhält man eben 0,995.

> Anhand der letzten Aufgabe kann ich mein Anliegen ganz deutlich machen: Mathematische Fähigkeiten des Niveaus, wie es in der letzten Aufgabe zum Ausdruck kommt, könnte man mit dem richtigen Ansatz (s. u.) durchaus vermitteln und zwar dauerhaft. *Dieses Schwierigkeitsniveau ist aber auch die realistische Grenze dessen, was erreichbar ist. Gegenwärtig will man „unendlich" viel mehr und erreicht: Versagerquoten von 75 %!*

Weitere wichtige Ergebnisse der Studie:

- Der Lernfortschritt wird immer geringer, je länger das Gymnasium besucht wird. (Ich würde sogar noch weiter gehen: Das Gymnasium zerstört durch die Überladung mit absurdem Wissen das darunterliegende Basiswissen früherer Jahrgänge.). Und die Autoren sprechen eine Empfehlung aus, die hintersinnig ist und für jeden, der sie lesen kann, deutlich: Es täte dem Gymnasium gut, wenn es beim Übergang von der Sekundarstufe I in die Sekundarstufe II eine Prüfung gäbe, die sowohl Kontrolle wie Motivation wäre, weil sich zeigt, wie die Abschlussprüfun-

3 Mathematik: Warum ein Hassfach zu Recht eines ist

gen der Realschule solche Schüler motivieren, die danach streben, ins Gymnasium zu kommen, während im Gymnasium gewissermaßen in aller Gelassenheit gebummelt wird …

- Aus LAU 13 lässt sich generell folgendes Fazit ziehen: Ein großer Teil der Schüler zumindest aus den Gesamtschulen, Aufbau- und Wirtschaftsgymnasien hat Probleme mit der mathematischen Grundbildung, die dem Lernstand am Ende der Sekundarstufe I entsprechen sollte, sie sind damit noch am Ende des Gymnasiums überfordert. Vor allem in den Grundkursen konnten die Lernstände des unteren Mittelfeldes am Ende der Sekundarstufe I im Laufe der gymnasialen Oberstufe nicht entscheidend verbessert werden.
- Diejenige Stufe, die von den Autoren als Kompetenzstufe III und damit als Regelerwartung der Grundbildung betrachtet wird (ich bin mir sicher, dass die Mathematiklehrer wesentlich höhere Ansprüche haben), wird an den Hamburger Gymnasien nur von einem Drittel bis zur Hälfte der Schüler erreicht. Dies ist die Stufe, die die Autoren charakterisieren als „mathematisches Modellieren auf einfachem Niveau". Die darunterliegende Kompetenzstufe II („Anwendung von einfachen Routinen") wird von etwa derselben Menge der Schüler erreicht. Das oberste und das unterste Niveau wird nur von wenigen Schülern (3–13 %) verkörpert. In Baden-Württemberg wird die Kompetenzstufe III im Durchschnitt von 50–60 % erreicht, kaum jemand befindet sich dort auf der niedrigsten Kompetenzstufe, und die höchste Stufe wird von 6–30 % erreicht.
- Auch eine Untersuchung von U. Stephenson von der HafenCity-Universität (veröffentlicht 2008) erweist die schlechten Mathematik- und auch Physikkenntnisse der Studienanfänger: Nur 10 % erreichten höchstens die Note 4! Stephenson fordert deshalb auch eine Änderung der Regelung, dass fast alle Bewerber genommen werden, es müsse eine Auswahl getroffen werden können. Einen ähnlichen Eingangstest hat ein Arbeitskreis zur Ingenieurmathematik durchgeführt: Nur ein Viertel der Studierenden erreichte das von den Mathematikprofessoren gewünschte Niveau, nämlich die Lösung von mindestens 6 Testaufgaben; die meisten Studierenden bewältigten nur zwischen zwei 2 und vier 4 Aufgaben. Zu den Aufgaben zählten: Auflösungen von Gleichungen, Rechnen mit Wurzeln, Potenzen, Logarithmen, lineare Gleichungssysteme, Grundkenntnisse über Graphen von Funktionen und elementare Analysis. (Leiter der Untersuchung: M. Knorrenschild).

Zu Recht waren solche Ergebnisse der Anlass dafür, dass einige Bundesländer nun zu Beginn mancher Schuljahre die Mathematikkenntnisse des Vorjahres testen (übrigens, soweit ich bisher gesehen haben, auf eine sehr sinnvolle Weise, die kaum hochstapelt). Warum wurde dieser so naheliegende Kontrollmechanismus erst nach einigen Jahrzehnten „hochgestochener" Bildungsreformen durchgeführt?

Gesamtfazit

Ironisch und pointiert könnte man zuallererst sagen: Das „Jahr der Mathematik" (2008) hätte eigentlich nicht zu Ende gehen dürfen; man sollte besser ein „Jahrzehnt der Mathematik" ausrufen! Denn die Analysen der Effizienz des Mathematikunterrichts bestätigen die generelle These der WAHREN BILDUNGSKATASTROPHE:

- So gut wie alles wird vergessen, es gibt gewaltige EF-DEFIZITE, also Defizite im Bereich des Elementaren und Fundamentalen. Anders gesagt: Auch beim Gymnasiasten und Akademiker verbleibt großenteils nur elementarer Hauptschulstoff im NACHHALTIGEN WISSENSRESIDUUM.
- Es gilt außerdem das von mir sogenannte DUALE VERSAGENSPRINZIP: Einerseits werden die formalen Techniken nicht ausreichend geübt und degenerieren deswegen, gleichzeitig wird von den dahinterstehenden Konzepten und Ideen der Mathematik nichts, aber auch gar nichts vermittelt.
- Die wichtigsten ELEMENTARDEFIZITE sind: erhebliche Schwächen im Bereich der Prozentrechnung, der Zinsrechnung, der Berechnung von Flächen und Rauminhalten, auch beim Bruchrechnen und im Dreisatz, sowie bei Logarithmen. Wohlgemerkt: Die genannten Elementardefizite finden sich in hohem Maße auch bei Akademikern.
- Folgende „mathematische Analphabetismen" sind die wichtigsten mathematischen FUNDAMENTALDEFIZITE dieser angeblichen Wissensgesellschaft:

- das Funktionsdefizit,
- das stochastische und statistische Defizit,
- das Optimierungsdefizit,
- das logische Defizit,
- das Defizit in der Fähigkeit zum Abschätzen und Abrunden
- sowie das heuristische Fundamentaldefizit.
- Als zwei ganz wichtige MATHEMATISCHE BILDUNGSDEFIZITE wurden erkannt: das UNENDLICHKEITS-DEFIZIT sowie besondere Defizite im Bereich RASTER- und ORDNUNGSWISSEN, speziell auch geisteshistorisches Wissen über die Entwicklung der Mathematik.

Generell: Die Schule kann nicht im Mindesten vermitteln, was MATHEMATISCHE MODELLIERUNG VON WIRKLICHKEIT/PROBLEMEN bedeutet. Deswegen ist es eigentlich witzlos, das zu tun, was man in der PISA-Studie getan hat, nämlich Hunderte von Denksportaufgaben zu konstruieren, um diese Defizite zu operationalisieren. Speziell auf dem Gebiet der Stochastik ist es nicht sinnvoll, mit sehr speziellen Wahrscheinlichkeitsaufgaben zu operieren, wenn schon längst andere Untersuchungen eindeutig offengelegt haben, dass Menschen nicht in der Lage sind, die simpelsten, gewissermaßen *qualitativen* Fehler, die sich beim Umgang mit Wahrscheinlichkeiten ergeben, zu erkennen und zu vermeiden.

Erst in der letzten Phase des Buches bin ich auf die Studie IALS gestoßen, die meinen Ansatz bestätigt: Die mathematische Grundbildung von 12–20 % der Erwachsenen genügt nicht den Alltagsanforderungen. Und eine Untersuchung aus dem deutschen Sprachraum (durchgeführt in Österreich vom Didaktikprofessor H. Schlöglmann) an 3 600 Erwachsenen aus einer beruflichen Rehabilitationsmaßnahme (mit Aufgaben, die nahe am Schulstoff sind) ergab: Nur die in den ersten fünf Schuljahren erworbenen Kenntnisse werden von fast allen Erwachsenen sicher beherrscht; hinsichtlich des Wissens späterer Schuljahre fielen die Kompetenzen dramatisch ab. (Im Kapitel 13 zum Gesamtfazit des Buchs finden sich einige Auszüge und Beispiele dazu.)

Und es sei noch einmal betont: Im Fach Mathematik kann man die Defizite nur klarer benennen, besser gesagt, die Probanden können sich nicht so leicht herauswinden wie in Bereichen, wo man immer irgendwelche Wissensfetzen produzieren und sich dabei vor der klaren Beantwortung einer Frage drücken kann. Im Bereich der Mathematik wird nur deutlicher, dass einem „Wissensfetzen" nichts nützen. Bei genauerem Hinsehen gilt das eigentlich ebenso für alle anderen Fächer, denn auch dort erzeugen Wissensfetzen nur die *Illusion von Wissen*, aber nicht die Fähigkeit zu einem wirklich soliden Denken.

> Dem Leser geht vielleicht langsam die Dimension der WAHREN BILDUNGSKATASTROPHE auf, und ich hoffe, es wird ihm sogar ein wenig unheimlich: Hier geht es nicht einfach darum, dass eine große Menge an Spezialwissen vergessen wird – dann könnte man sich mit dem Standardargument aller „abgehobenen" Bildungstheoretiker herausreden, dass Bildung das sei, was übrig bleibt, wenn man alles vergessen hat. Nein, es geht gerade das *Wissen* verloren, das notwendig ist, um zu *verstehen* und zu *erklären*. Es geht um das Beherrschen desjenigen Wissens und der damit verbundenen Techniken, die das Denken (und auch Lernen) wesentlich konstituieren. Es geht gewissermaßen um den Teil des WISSENS, der gleichzeitig auch DENKEN ist …

»Die Mathematik ist eine Art Spielzeug, welches die Natur uns zuwirft zum Troste und zur Unterhaltung in der Finsternis.« (Jean-Jacques Rousseau)

3 Mathematik: Warum ein Hassfach zu Recht eines ist

Wie verrückt sind Lehrpläne?

Das Versagen, ja die Absurdität unserer Schulen wird aber erst ganz deutlich, wenn man die vorherigen Defizitanalysen kontrastiert mit dem, was die LEHRPLÄNE vorsehen. Der Leser möge im Internet sich einmal Lehrpläne anschauen (er findet den Weg dazu unter www.Bildungsserver.de). Man kann auch schlicht und einfach einen Blick in die Schulbücher der eigenen Kinder oder die in jeder Stadtbücherei und jeder Buchhandlung in Unmassen vorrätigen „Schülerduden" etc. werfen, um die Diskrepanz zwischen Anspruch und Wirklichkeit zu sehen.

Und vor allem Eltern sollten zunächst einmal verblüfft sein. Warum?

Nun, typischerweise kennen sie keine Lehrpläne. Typischerweise gibt es keinen „Vertragsabschluss" zwischen Eltern und Schule: Das sind unsere Zielvereinbarungen, das ist die „Ware", die wir, die Lehrer, für den Preis Ihrer Steuern (und Ihrer Mitarbeit!), Ihren Kindern, liebe Eltern, anbieten! In diesen Lehrplänen wird dem Leser eine „fremde Welt" entgegentreten, exotisch wie ein tropischer Dschungel. Er möge sich selbst „evaluieren", ob er diesen Stoff nur annähernd beherrscht hat. Und ob er ihn, selbst wenn er eine Eins oder Zwei in diesem Fach gehabt hat, jemals nur ein wenig länger als über die jeweilige Prüfung hinaus beherrscht hat, geschweige denn, dass der Stoff Jahre oder gar die Schule überdauert hat. Und man kann das Konzept der WAHREN BILDUNGSKATASTROPHE vor dem Hintergrund dieses Kapitels und der Lehrpläne dann auch gewissermaßen spiegelbildlich formulieren, nämlich wie folgt:

Wenn auch nur 1–10 % dessen erreicht würde, was in unseren Lehrplänen steht, dann würde dies eine gewaltige Vergrößerung, ja Vervielfachung des real existierenden Wissens bedeuten!

»Es gab kein Ziel. Er fand die Richtung.« (Erich Kästner)

Wider zwei Missverständnisse

Damit der Leser, speziell auch der Mathematiklehrer, dieses Kapitel nicht falsch versteht, will ich explizit festhalten:

Die kritischen Analysen dieses Kapitels sind, nochmals sei es betont, kein „Vorwurf", weder an Lehrer noch an Bildungsplaner! Ich glaube: Wiewohl das Elend groß ist, ist fast niemand wirklich daran schuld. Nein, bei der Hervorbringung dieses traurigen Resultats haben sogar gute und idealistische Vorsätze die wesentliche Rolle gespielt.

Meines Erachtens sind auch all die dargelegten Schwächen und Mängel keineswegs typisch für Deutschland: Gemäß TIMSS zeigt die durchschnittliche Mathematikleistung deutscher Schüler im internationalen Vergleich keine Hinweise auf ausgeprägte Schwächen (wobei allerdings zu den leistungsfähigsten Schülern einiger anderer Länder ein beträchtlicher Abstand besteht); Deutschland lag zusammen mit neun weiteren Ländern im internationalen Mittelfeld. In Physik schneiden die deutschen Schüler generell besser ab als beim Mathetest, die Besten halten sogar mit der internationalen Spitze mit (was allerdings wahrscheinlich auch daran liegt, dass dieses Fach in erster Linie von nur wenigen, dafür aber besonders motivierten und leistungsstarken Schülern gewählt wird). Übrigens: Gemäß der IGLU-Studie, die die Grundschulen untersucht, liegt die durchschnittliche Mathematikleistung am Ende der Grundschule im oberen internationalen Mittelfeld. Die IALS-Studie, die Erwachsene testete, ergab folgende bezeichnende Ergebnisse: In Deutschland gibt es, im Gegensatz zu den anderen Teilnehmerstaaten, nur einen relativ kleinen Anteil (6,6 %) von Personen, die lediglich die unterste Kompetenzstufe mathematischer *literacy* erreichen; nach Schweden erzielten Erwachsene in Deutschland den höchsten Anteil (24 %) auf den beiden obersten Kompetenzstufen; mehr dazu in Kapitel 13.

> »Es gibt Dinge, die den meisten Menschen unglaublich erscheinen, die sich nicht mit Mathematik beschäftigt haben.« (Archimedes)

Ein großer und sympathischer Kronzeuge

Erst viel später, bei der genaueren Beschäftigung mit dem Fach PHYSIK, bin ich auf einen bedeutenden Didaktiker und Pädagogen gestoßen, der schon vor Jahrzehnten in aller Deutlichkeit das gesehen hat, was hier dargelegt worden ist: Martin Wagenschein. Dieser kritisiert in seinem Aufsatz mit dem bezeichnenden Titel: „Die Tragik des Mathematikunterrichts" die falsche Wissenschaftsorientiertheit des Unterrichts, die alle Gymnasiasten so behandelt, als ob sie Mathematik studieren würden, und damit gerade die elementaren mathematischen Einsichten verunmöglicht. Er nennt zwei Beispiele: Fast kein Abiturient weiß, warum „Minus mal Minus Plus ergibt" oder warum man einen Bruch teilt, indem er mit seinem Kehrwert multipliziert wird. Wagenschein berichtet von Erfahrungen, die meinen völlig gleichen: Fragt man Schüler, auch solche, denen Mathematik leicht gefallen ist und die ihr Abitur mit „Gut" gemacht haben, sagen fast alle, dass sie nicht nur alles vergessen, sondern eigentlich auch schon während ihrer Unterrichtszeit nichts verstanden haben! Wagenschein macht auf ein weiteres Faktum (das mich ebenfalls schon lange verblüfft hat) aufmerksam: Es gibt Universitätsprofessoren, die wahrscheinlich diese Lüge bemerkt haben und sehr gute populäre Bücher geschrieben haben, aber die Schule will damit nichts zu tun haben, sie fürchtet, wie Wagenschein sagt, „den Anschein des Populären, des nicht von vornherein Systematischen". In wenigen Sätzen, wie sie mir typisch für Wagenschein zu sein scheinen, nämlich gleichzeitig sanft und hart, bringt er die Dinge in wunderbarer Weise auf den Punkt:

- „Ich habe nie verstehen können, dass ein solches Fiasko, von dem sich ja ein jeder überzeugen kann, so wenige Leute beunruhigt. Ich frage mich, wo der Sinn für Redlichkeit hingekommen ist, der noch die Schule beherrschen sollte."

- „Unsere Institutionen sind von unbewussten und überpersönlichen Vorurteilen, Ängsten und Wahnideen, nicht nur von unserer Vernunft bestimmt.
- „Welch schrecklicher Entartung der Unterricht dadurch ausgesetzt ist, brauche ich nicht zu beschreiben; wir kennen sie alle, ihr muss der Lehrer erliegen, wenn er unter dem Druck von Lehrplänen arbeiten soll, die eigentlich mehr auf den künftigen Mathematiker zielen als auf die Bildungsgrundlagen, die alle brauchen, auch der Mathematiker selbst. Der Lehrer weicht dann in Schemata aus, und der Unterricht wird schemenhaft, ein sozusagen narrensicheres Verfahren. Glanz und Elend liegen hier dicht beieinander: Aus der Kunst, dass jeder das Mathematische verstehen kann, wird die Kunst (der Trick), dass jeder es manipulieren könne, *ohne* es zu verstehen."
- Wagenschein zitiert an anderer Stelle aus dem Brief eines Lehrers an ihn: „Mit der Mathematik ist es mir merkwürdig ergangen. Als Schüler war ich ein sehr schlechter Mathematiker. Ich verstand sehr vieles nicht und wurde immer mehr verwirrt. Die sechste Klasse musste ich wiederholen, weil meine Leistung in Mathematik mangelhaft war. Im Reifezeugnis hatte ich in Mathematik *Sehr gut*. Wie kam das? Ich hatte mit der Zeit die Entdeckung gemacht, dass meine Mitschüler genauso wenig von der Sache verstanden wie ich, aber konsequent und stur die Formeln und Regeln anwenden, wie sie es gelernt hatten und dadurch gute Erfolge hatten. Seitdem ich unter Verzicht auf Verstehen genauso verfuhr, ging es mir in der Mathematik sehr gut. Ich wusste schon damals genau, dass dies eigentlich Hochstapelei war, aber ich tröstete mich damit, dass sie allgemein üblich war." – Ich war völlig verblüfft, als ich das las, denn genau diesen Ratschlag habe ich seit vielen Jahren intelligenten Schülern mit Problemen in Mathematik gegeben, meist ebenso erfolgreich.

Wagenschein sieht, als Mathematik- und Physiklehrer, selbstverständlich die Notwendigkeit, dass die Menschen in der modernen Welt höhere mathematische Techniken als Werkzeug handhaben können müssen; aber deswegen, so argumentiert er zu Recht, gehören diese Techniken nicht in eine allgemeinbildende Schule (auch nicht ans Gymnasium), weil auf diese Weise verhindert wird, dass elementare Einsichten wirklich verstanden werden – Einsichten, auf die alle, auch Nichtmathematiker, ein Recht haben. Und noch ein treffendes Zitat: „So kommt es zu jener Lähmung des kindlichen Geistes, die der mathematische Unterricht – und die Schule überhaupt – so leicht mit dem Alter der Kinder zunehmend bewirkt (ich nenne sie unter Freunden die *finale Kinderlähmung*)."

Solchen deutlichen Sätzen füge ich noch einen eigenen hinzu:

> Die durch den Mathematikunterricht bewirkte „Entmathematisierung" und Demotivation des größten Teiles der Schüler ist die Sollbruchstelle der vielbeschworenen Wissensgesellschaft! Und wenn die Mathematiker, Mathematikdidaktiker und -lehrer nicht selbst das in diesem Kapitel beschworene qualitativ-heuristische Optimierungsdenken lernen, dann wird diese Sollbruchstelle niemals repariert werden.

»Eine Gleichung hat nur dann einen Sinn, wenn sie einen Gedanken Gottes ausdrückt.« (Srinavasa Ramanujan)

Was zu tun ist: eine Entlastungs- und Lösungsperspektive

Die Lehrer versagen nicht aus „persönlicher Schuld", sondern schlicht und einfach deshalb, weil sie etwas Unmögliches durchführen sollen. Die Lehrplanziele (insbesondere des Gymnasiums, aber durchaus auch die „niederer" Schulen) erhalten ihre Unmöglichkeit zwar aus etwas ganz Positivem, nämlich pädagogischem Idealismus und der Freude am eigenen Fach, dennoch müssen wir endlich in eine Phase des REALISMUS eintreten. Doch was heißt „Realismus"? Ganz konkret gefragt: Um wie viel und um was müssen die Lehrpläne gekürzt werden?

- Zunächst einmal ist es nötig, Folgendes zu konstatieren: Gegenwärtig gilt die Gleichung: Mathematikunterricht-Output im Gymnasium auf lange Sicht = schlechtes Hauptschulniveau minus „Mathematikhass".

- Es wäre schon eine deutlich höhere Stufe, wenn im Gymnasium Folgendes erreicht würde: sicheres elementares Hauptschulniveau plus Freude/Interesse an der Mathematik.
- Eine noch höhere, aber mögliche Stufe wäre durch folgende triadische Struktur erreicht:
  1. Zunächst ist eine echte und dauerhafte, kategorisch in einem eigenen Abiturfach „Rechnen" (nicht „Mathematik"!) eingeprüfte, flexible, flüssige und stabile Beherrschung elementarer mathematischer Formalismen des (vom Umfang her noch reduzierten) Hauptschulstoffs unabdingbar.
  2. Innerhalb eines einzigen mathematischen Formalismus (zwei in Leistungskursen) kann ein vertiefendes Üben geschehen, das jedoch deutlich über das Niveau des bisherigen Gymnasiums hinausgeht. Das heißt: Mindestens zwei bis drei Jahre muss eine bestimmte mathematische Operation beziehungsweise ein bestimmtes mathematisches Teilgebiet exerziert werden. Aber: Dies sollte in Kooperation mit einem anderen, also inhaltlich orientierten Fach (durchaus nicht nur aus dem naturwissenschaftlichen Bereich), nicht im reinen Mathematikunterricht geschehen. Zwei Fachlehrer müssen da zusammenarbeiten. Denn ein solch intensives Üben halten die Schüler nur durch, wenn das Ganze für sie einen erkennbaren Sinn hat und nicht wie bisher „formalistische Plackerei" ist.
  3. Hinzukommen muss eine „qualitative Mathematik", die Einsichten in den Kerngehalt und die Grundlogik fundamentaler mathematischer Prinzipien (ganz weniger!) vermittelt, die auf die typischen Denkfallen und -fehler aufmerksam macht und ihnen vorbeugt. Inhaltlich schlage ich vor, dafür die in diesem Kapitel thematisierten Gebiete zu verwenden.

3 Mathematik: Warum ein Hassfach zu Recht eines ist

An die Mathematiker beziehungsweise Mathematiklehrer gerichtet sage ich: Ich habe die Erfahrung gemacht, dass sie einerseits diejenigen sind, die immer wieder erschrecken vor der mathematischen Ignoranz des normalen Menschen, aber gleichzeitig keinerlei Konsequenzen daraus zu ziehen vermögen und sich nicht vorstellen können, dass man *mehr* erreicht, wenn man *weniger* versucht. In Bezug auf ihr eigenes Fach und die Effektivität ihres Unterrichts sind sie nicht in der Lage, eine treffende quantitative Einschätzung und entsprechende Optimierungsprozesse vorzunehmen, sie verhalten sich völlig „unmathematisch". Sie mögen dies als „boshaft-freundliche" Anregung verstehen. Und speziell für sie schließe ich diesmal mit vier aphoristischen Zitaten, alle von Johann Wolfgang von Goethe:

„Mit Mathematikern ist kein heiteres Verhältnis zu gewinnen."

„Die Mathematiker sind eine Art Franzosen: Redet man zu ihnen, so übersetzen sie es in ihre Sprache, und dann ist es alsbald ganz etwas anderes."

„Er ist ein Mathematiker und also hartnäckig."

„Ich hörte mich anklagen, als sei ich ein Widersacher, der Feind der Mathematik überhaupt, die doch niemand höher schätzen kann als ich, da sie gerade das leistet, was mir zu bewirken völlig versagt wurde."

4
Geschichte: Auf dem Weg zur erinnerungslosen Gesellschaft

Da der eher geisteswissenschaftlich interessierte Leser durch die ausführliche Behandlung der Mathematik sicher schon auf die Folter gespannt worden ist, sei nun gleich ein prototypisches Fach der „Gegenseite" analysiert. Und der Leser wird feststellen: Es sind ähnliche Verhältnisse gegeben.

Historische Elementardefizite I

Während der Jahre meines Nachforschens ist mir gewissermaßen das Schicksal entgegengekommen: Im Jahre 2005 hat das ZDF in Zusammenarbeit mit der Wochenzeitschrift *Die Welt* die bislang umfassendste Umfrage zum historischen Wissen der Deutschen durchgeführt; eine zweite, ähnliche Umfrage fand 2008 statt. Das Projekt wurde inspiriert durch eine Vorläuferuntersuchung in Großbritannien, die teilweise sehr negative Ergebnisse gezeitigt hat: Nur 40 % der Briten wussten beispielsweise, dass William der Eroberer der Sieger in der legendären Schlacht bei Hastings 1066 gewesen ist, ein Faktum, das zum Gründungsmythos des Landes gehört! Und nur jeder Vierte konnte die Parteien in den „Rosenkriegen" nennen: Lancaster und York. Gerade einmal einer von zehn Befragten wusste, dass die weltgeschichtlich bedeutsame Magna Charta die Unterschrift von Johann Ohneland trägt. Ich zitiere nachfolgend die wesentlichen Ergebnisse der beiden Umfragen.

- Es ist zunächst wenig erstaunlich, dass nur jeder Fünfte wusste, wo König Otto der Große im Jahr 936 zum Kaiser gekrönt worden ist, wobei die richtige Antwort „Aachen" (damals noch mit lateinischem Namen) sicherlich einem erheblichen Rateeffekt unterliegt. (Wahrscheinlich noch viel weniger hätten Kenntnis über das gehabt, was in der Sendung erläutert worden ist, nämlich worin die historische Bedeutung dieses Königs liegt.)
- An dieser Stelle lässt sich ergänzend ein Ergebnis aus einer Untersuchung des Meinungsforschungsinstituts Allensbach einfügen: Wann Karl der Große gelebt hat (8./9. Jahrhundert) wissen 80 % der Befragten nicht.
- Wer waren die Beteiligten beim „Gang nach Canossa"? – Bis heute ist es ein geflügeltes Wort, beruhend auf dem Unterwerfungsakt von Heinrich IV. gegenüber Papst Gregor VII im Jahre 1077; dadurch wurde langfristig die Stellung der deutschen Könige gegenüber dem Papst geschwächt. Ergebnis der ZDF-Umfrage: Nur 9 % konnten diese Frage richtig beantworten.
- Welche Stadt war das Ziel der Kreuzzüge? – 69 % wussten nicht, dass das Jerusalem gewesen ist. (Ein Befragter meinte „Babylon" ...)
- Wer besaß im Mittelalter das Recht, die deutschen Könige zu wählen? – 85 % wussten nicht, dass das die „Kurfürsten" waren, wobei „Kur" nichts mit der heutigen Kur zu tun hat, wie einige der Befragten meinen, sondern „Wahl" bedeutet – die Könige wurden durch die wahlberechtigten Kurfürsten gekürt.

In der Sendung wird fragend konstatiert: „Das deutsche Mittelalter, eine fremde Welt?" Und das ist ganz sicher der Fall! Gemäß meinen Erfahrungen weiß ein Großteil der Menschen übers Mittelalter nur Folgendes: Dort gab es Ritter und Minnesänger, Burgfräulein und Hexenverbrennungen, und das Mittelalter war „finster". Dabei sind sich die wenigsten darüber bewusst, dass das Mittelalter sich über fast ein Jahrtausend hingezogen hat, sie beziehen sich nur auf das Hochmittelalter. Schon die spannende geschichtliche

Frage, wie im Mittelalter die Neuzeit vorbereitet worden ist, welche Spannung also zumindest die letzten mittelalterlichen Jahrhunderte durchzogen hat, das darzulegen überschreitet den Horizont so ziemlich aller Nichtgeschichtswissenschaftler. Johannes Fried schreibt in seinem monumentalen Werk *Das Mittelalter*: „Die Wirkungen und Folgen dieser mittelalterlichen Wellen des Lernens und Forschens, Beobachtens, Nachdenkens und Experimentierens sind noch heute mit Händen zu greifen. Das Leitbild der Wissenschaft, die abendländische Vernunftkultur, die Aufklärung, der Globalisierungseffekt, verdanken sich nicht zuletzt, ja zu allererst ihnen." Das Mittelalter wird zunehmend in seinen Leistungen bezüglich Wissenschaft und Technik gewürdigt. Errungenschaften wie die Mühle, Großschiffe, die Bautechnik der Gotik oder die Erfindung des Buchdrucks schufen die Basis für die Renaissance. Übrigens war schon im Mittelalter allgemeines Gedankengut, dass die Erde eben nicht scheibenförmig, sondern eine Kugel ist. (Das Sonderheft „Spektrum der Wissenschaft, Highlights: Forschung und Technik im Mittelalter" informiert ausführlich darüber.)

- Welcher Deutsche steht für die Abspaltung der evangelischen Kirche von der katholischen? – Sehr bedenklich: 32 % wissen nicht, dass das Martin Luther ist.
- Welches Buch übersetzte Martin Luther ins Deutsche? – 28 % wissen nicht, dass das die Bibel gewesen ist! Übrigens: Von Martin Luther stammen zum Beispiel Formulierungen wie „Schandfleck", „Gewissensbisse" oder „Perlen vor die Säue werfen". Und in nur drei Jahren wurden mehr als 100 000 Exemplare seiner Übersetzung verkauft – der erste Bestseller der deutschen Literatur!
- Was endete 1648 mit dem Westfälischen Frieden? – 51 % wissen nicht: Das war der 30-jährige Krieg, ein Krieg prima facie um Religion, aber dann natürlich auch, wie immer, um Macht; im Übrigen auch ein europäischer Krieg, weitgehend ausgetragen auf deutschem Boden.
- Ergänzend aus einer Umfrage des *Stern* (1999): Circa 50 % wussten nicht, ob Luther nach oder vor dem 30-jährigen Krieg gelebt hat – der doch wegen der durch Luther ausgelösten Reformation geführt worden ist! (Nachfolgend wird immer wieder einmal aus dieser *Stern*-Umfrage zitiert, die

Ergebnisse beziehen sich auf Befragungen, die gleichermaßen Lehrer wie Schüler aus den unterschiedlichsten Schulformen betrafen.)

- Welcher Preußische König erhielt den Beinamen „der Große"? Das war Friedrich II., der „Alte Fritz", dessen Name mit der Blüte Preußens und auch von Wissenschaft und Kunst im Sinne der modernen Aufklärung verbunden ist. Fast die Hälfte der insgesamt Befragten (und 76,2 % der Jüngeren!) wissen das nicht.
- Durch welchen französischen Kaiser wurde im Jahre 1806 das Heilige Römische Reich Deutscher Nation beendet? Das war natürlich Napoleon Bonaparte, was aber 54 % nicht wissen.
- Wo trat 1848 die deutsche Nationalversammlung zusammen? – 78 % wussten darüber nicht Bescheid: Das war in der Paulskirche zu Frankfurt; dort sollte zum ersten Mal eine demokratische Verfassung beschlossen werden, möglich geworden durch die „März-Revolution"; doch die Versammlung tagte fast ein Jahr lang, große Korrektheit zu wahren versuchend, und danach hatte die alte Obrigkeit wieder die Macht in der Hand.
- Wer wurde 1871 der Reichskanzler des Deutschen Reiches? – Es gab Antworten wie „Hindenburg", „Ebert" oder „War das Wilhelm, Heinrich oder wer auch immer von Bismarck?" Es war natürlich Otto von Bismarck. Übrigens: Die Umfrage des *Stern* ergab: Das wussten auch 18 % der Lehrer nicht!
- Bis wann gab es in Deutschland einen Kaiser? – Im Herbst 1918, also nach Ende des Ersten Weltkriegs, für den er mitverantwortlich war, trat Wilhelm II. zurück, nach circa 1 000 Jahren deutschen Kaisertums. Philip Scheidemann rief damals die Republik aus (der Kaiser lebte übrigens wohlhabend und unbehelligt in Holland, voller Sympathien für die Nazis, wo er 1941 starb). Das wissen laut der ZDF-Umfrage zwei Drittel der Jüngeren nicht, laut *Stern* wussten auch 33 % der Lehrer es nicht!
- Welche Partei im Bundestag besteht schon seit dem 19. Jahrhundert? (Antwort eines Befragten: „Da habe ich noch nicht

gelebt.") – Das wissen 39 % nicht, von den Jüngeren (18–24 Jahre) nur 10 %. Antwort: Das ist natürlich die SPD, die 1863 als „Allgemeiner Deutscher Arbeiterverein" gegründet wurde, zur Linderung des Elends der Arbeiter. Die SPD wurde noch unter dem Kaiser stärkste Partei und erlebte im Nazireich Unterdrückung und Verfolgung.
- Gemäß der *Stern*-Umfrage: Welches Land ist dasjenige mit den meisten Toten im Zweiten Weltkrieg? – Das ist Russland, aber das wussten 89 % selbst der Gymnasiasten nicht.
- Welches historische Ereignis war am 9. November 1989 in Berlin? – Das konnten zwar 81 % der Befragten sagen (es war natürlich der Mauerfall); aber man darf wohl einwenden: Hier geht es nicht um Schulwissen, hier geht es um etwas, was die Nation lange Zeit bewegt hat, und ich bin überzeugt, dass, wenn man die Frage anders gestellt hätte, also zum Beispiel wann die Mauer fiel, oder das Ganze noch etwas mehr verklausuliert hätte, die Trefferquoten rapide gefallen wären. Dementsprechend wissen nur 44,8 % der Befragten vom Volksaufstand der DDR (1953), wobei natürlich der Osten hier informierter ist. In der zweiten Untersuchung (2008) können schon 30 % die Frage nach dem Mauerfall nicht mehr beantworten. (Einer der Befragten meinte: „Reichskristallnacht".)
- In der *Stern*-Umfrage gab es ähnliche Fragen: Welches Ereignis wird in Deutschland am 3. Oktober gefeiert? Und in welchem Jahr fand dieses Ereignis (die deutsche Wiedervereinigung) statt? – 50 % der Lehrer (!) wussten das nicht.
- Wie hieß der erste deutsche Bundeskanzler? – Das können 80 % der Gesamtgruppe, aber nicht einmal 50 % in der Altersgruppe unter 24 beantworten. Anders gesagt: Wenn ich vor diesem Test behauptet hätte, dass ein Großteil der Schüler so gut wie gar nichts von der deutschen Geschichte der letzten Jahrzehnte weiß, nicht einmal die Namen der Bundeskanzler, nicht einmal den Namen des vielleicht wichtigsten Bundeskanzlers überhaupt kennt, dann hätten wahrschein-

lich die meisten, außer denen, die das Ganze schon immer geahnt haben, mit Kopfschütteln auf meine These reagiert. Nach dieser Umfrage aber ist es gewissermaßen „amtlich". Übrigens: Einmal hat ein Schlagersänger im Fernsehen auf die Frage nach dem Vorgänger von Helmut Kohl geantwortet: „Konrad Adenauer, nein, halt, Heinz Erhardt!". (Anmerkung: Auch wenn man jetzt schmunzelt, ich zitiere diese Anekdote, ebenso wie alle vorherigen Ergebnisse, ohne den geringsten Ansatz, mich darüber lustig zu machen, mir geht es um etwas ganz anderes.)

- Die Frage nach dem Wappentier der Bundesrepublik können immerhin 14% nicht beantworten: Es ist natürlich der Adler, der mit der Reichsgründung durch Bismarck „adoptiert" worden ist.

Als Zwischenfazit ist also etwas Ähnliches wie im Bereich der Mathematik zu konstatieren, was jeder an sich selbst beobachten kann: Von der ungeheuren und absurden Menge an Fakten und Details, die man im Geschichtsunterricht lernen musste, ist fast alles wieder vergessen worden. Aber dabei geht es nicht einfach um einen quantitativen Verlust, sondern um etwas Qualitatives, auf das auch Dietrich Schwanitz (in seinem Buch *Alles, was man wissen muss*) schon hingewiesen hat:

> Es ist keinem normalen Schüler und nichthistorischen Akademiker möglich, auch nur die europäische oder die deutsche Geschichte als eine annähernd durchgehende Geschichte zu erzählen, selbst wenn man dies nur auf der Ebene eines groben Rasters tun sollte. Der *rote Faden* im Geschichtsunterricht ist komplett verloren gegangen. In der Geschichte finden wir, ebenso wie in der Mathematik, das DUALE VERSAGENSPRINZIP: Durch Überforderung mit technischen Einzelheiten werden sowohl diese vergessen wie gleichzeitig aber auch keinerlei grundlegende Wissensstrukturen, kein

> RASTER- und ORDNUNGSWISSEN und keine heuristischen Prinzipien übrigbleiben.

»Der schönste, reichste, beste und wahrste Roman, den ich je gelesen habe, ist die Geschichte.« (Jean Paul)

Elementardefizite II

Das ZDF und *Die Welt* führten danach eine weitere Untersuchung durch; sie betraf die DDR. Auch davon will ich die wesentlichen Ergebnisse zitieren, weil daraus ein weiterer grundsätzlicher Aspekt deutlich wird.

- Wann wurde die DDR gegründet? – Antwort: 1949. Das weiß selbst im Osten (unter den Jugendlichen bis 24 Jahren) nur jeder Dritte, fast 70 % wissen es also nicht. Insgesamt lag der Durchschnitt positiver Beantwortung dieser Frage bei 14 %, auch innerhalb der Bevölkerung der ehemaligen DDR nur bei 57 %.
- Welche Symbole enthält die DDR-Flagge? – Antwort: Hammer und Zirkel im Ährenkranz. Selbst im Osten können sich 64 % nicht mehr daran erinnern, im Westen 97 %.
- Wofür steht die Abkürzung SED? – Antwort: „Sozialistische Einheitspartei Deutschlands". Ergebnis: In der Altersgruppe bis 24 Jahre können im Osten 69 %, im Westen 79 % die Abkürzung nicht erklären.
- Was geschah am 17. Juni 1953? – Es war der Arbeiteraufstand gegen die überhöhten Arbeitsnormen; das wissen 38 % aller Befragten im Osten nicht, im Westen 58 %. Von den 18- bis 24-Jährigen können 85 % die Frage nicht beantworten, im Osten 67 %.
- Mit welcher Textzeile begann die Nationalhymne der DDR? – „Auferstanden aus Ruinen und der Zukunft zugewandt"; der Text ist von Johannes Becher, er wurde vertont von Hans

Eisler. Ergebnis: Im Osten herrscht hier Ignoranz bei 29 %, im Westen bei 85 %.

- Wie wurde die Mauer in der DDR offiziell bezeichnet? – Antwort: „antifaschistischer Schutzwall", gebaut 1961. Rund 90 % im Westen und 72 % im Osten konnten sich an diese Bezeichnung nicht erinnern.
- Wie hieß die Hauptnachrichtensendung der DDR? – „Aktuelle Kamera". Das wissen auch im Osten 35 % nicht mehr, im Westen 89 %; unter den Jüngeren wissen das *in beiden Teilen des Landes* circa 90 % nicht mehr.
- Von wem stammt der Satz „Wer zu spät kommt, den bestraft das Leben"? – Natürlich von Michail Gorbatschow (Originalfassung eigentlich: „Gefahren lauern auf jene, die nicht auf das Leben reagieren"). Im Westen findet sich dieses Wissen bei 72 % nicht, im Osten wissen es immerhin 43 %.
- Welcher DDR-Politiker wurde 1989 abgesetzt? – Antwort: Erich Honecker. Bei den 18- bis 24-Jährigen kann nur etwa jeder Zweite diese Frage beantworten.
- In welchem Jahr war der Mauerbau? – 1961; diese Frage kann im Westen von circa 60 % und selbst im Osten von 39 % nicht beantwortet werden.
- Was war die Stasi? – Eine scheinbar ganz simple Frage, aber in den neuen Ländern können immerhin 18 % und im Westen 33 % den Begriff nicht erklären; bei den Jugendlichen bis 24 ergibt sich folgendes Ergebnis: Im Westen wissen es 54 % nicht, und im Osten sind 20 % ignorant hinsichtlich dieses Begriffs, der doch eine so große – meines Erachtens eine zu große – Rolle in den meisten Diskussionen über die DDR spielt.
- Kennzeichnend ist, dass folgende Fragen von viel höheren Prozentsätzen beantwortet werden konnten: „Wer wurde in der DDR als das schönste Gesicht des Sozialismus" bezeichnet? Antwort: die Eisläuferin Kati Witt (Sahra Wagenknecht war damals noch unbekannt). Das wissen im Westen 67 % und im Osten 81 %. Typisch ist auch: 84 % beziehungsweise

94 % wissen, dass die bekannteste Automarke der DDR der Trabi war.

Diese Ergebnisse (in einer späteren Wiederholung der Untersuchung bestätigt) sind besonders wertvoll, denn es ist ja die historisch fast einmalige Situation gegeben, dass ein Staat sich aufgelöst hat und seine Geschichte gewissermaßen überflüssig geworden ist! Und daraus ergibt sich folgendes Fazit:

> Der normale Mensch hat schlichtweg keine Zeit und kein Bedürfnis, um Geschichtswissen – und man darf wahrscheinlich generalisieren: Wissen überhaupt – zu sammeln, das für ihn keinen unmittelbaren Wert mehr hat. Er wirft es ab wie Ballast, das Beispiel der DDR ist dafür ein geradezu faszinierender Beleg. Man könnte dies vielleicht GESCHICHTSPRAGMATISMUS nennen. Und ein solcher ist von den Historikern, den Didaktikern und Bildungsplanern zunächst einmal zur Kenntnis zu nehmen und nicht abzuwerten.

Es hat jedenfalls keinen Sinn, weiterhin absurde Träume über die Vermittelbarkeit von Geschichtskenntnissen zu träumen, die noch Lichtjahre anspruchsvoller sind als die Fragen, um die es in dieser einfachen Untersuchung ging. Wenn ein Drittel der Westdeutschen den Begriff „Stasi" nicht adäquat erklären kann, aber zwischen 70 % und 80 % wissen, wer Kati Witt gewesen ist, dann muss so etwas endlich von den Bildungstheoretikern und Lehrplanverfassern wahrgenommen und es müssen entsprechende Schlussfolgerungen daraus gezogen werden.

»Was geht mich die Weltgeschichte an? Meine Welt ist die erste und einzige.« (Ludwig Wittgenstein)

Elementardefizite III

Ich will einem besonders heiklen Punkt ein eigenes Teilkapitel widmen – dem Wissen über das Dritte Reich. Eigentlich sollte man annehmen, dass Schüler sowohl im Unterricht wie auch im Fernsehen davon überschwemmt worden und dementsprechend informiert sind, doch das Gegenteil ist der Fall:

- Aus der *Stern*-Umfrage: Die Frage „Wer gründete das Dritte Reich?" konnte ein Drittel der Schüler nicht beantworten.
- Aus der Untersuchung von ZDF/*Die Welt*: Was bedeutet der Begriff „Holocaust"? – Ihn kennen 81%, und die Forscher meinen, das sei eine hohe Zahl, aber das heißt auch: 19% haben keine Ahnung! Und noch härter wird das Ganze bei jungen Erwachsenen zwischen 18 und 24 Jahren: Fast jeder Zweite (also fast 50%) kennt diesen Begriff nicht! Auch in der Untersuchung von 2008 wurde nach dem Holocaust gefragt – und auch diesmal ist der Begriff 22% aller Befragten und bei den 18- bis 24-Jährigen von 42% nicht bekannt. (Übrigens: Boris Becker haben zu dieser Zeit laut einer anderen Untersuchung circa 90% gekannt …)
- Also sind schon die elementarsten Schlagworte bezüglich des Dritten Reichs vielen unbekannt, und das lässt darauf schließen, dass sich noch viel gewaltigere Defizite ergäben, wenn man auch nur ein wenig speziellere Fragen oder Verständnisfragen stellen würde.
- Demgemäß waren auch nur 43% der Befragten über das Hitler-Attentat durch Graf Stauffenberg informiert.
- Ein weiteres bezeichnendes Ergebnis: Weniger als die Hälfte weiß, was das Datum „30. Januar 1933" bedeutet (Hitlers Machtergreifung).

Nochmals sei betont: Es geht nicht um Begriffe und Daten an sich, es geht um die Nichtkenntnis solcher als ein Signum für das sicher dahinter stehende Nichtwissen um Zusammenhänge. Die Schule versucht tatsächlich, von der 5. bis zur 10. Klasse einen Überblick über die gesamte deutsche und teilweise europäische Geschichte zu liefern – doch selbst von diesem vielleicht wichtigsten Thema der deutschen Geschichte bleibt kaum etwas hängen. Man hat dem Gestalter zahlreicher Geschichtssendungen im ZDF, Guido Knopp, ja vorgeworfen, dass er es mit seinen Filmen über das Dritte Reich übertrieben habe und es zu einer Übersättigung gekommen sei; dennoch muss man konstatieren, dass bei einem Großteil der Menschen in Bezug auf das Dritte Reich und Adolf Hitler keine tiefere Einsicht, nicht einmal Schlagworte verbleiben, nur eine Art „Comic-Vorstellung", eine Karikatur. Seit einigen Jahren wird ja von Wohlmeinenden dafür plädiert, Rechtsradikalen mit *Aufklärung* zu begegnen, doch ich meine, dass eine ganz andere Sichtweise zutreffend ist:

> Ein Rechtsradikaler wird meist erheblich mehr über das Dritte Reich wissen als der Teil der Bevölkerung, der angeblich auf einer höheren Vernunftebene über ihm steht! Der normal gebildete Mensch ist überhaupt den meisten *Radikalen* – im weiten Sinne des Wortes – unterlegen. Denn für den normalen Menschen sind all diese Selbstverständlichkeiten unserer Bildung eben nur Selbstverständlichkeiten in dem Sinne, dass er sie irgendwie voraussetzt, aber niemals wirklich versteht oder größeres Detailwissen dazu besitzt, ja sie oft nicht einmal kennt, während der Radikale sie durchdenken muss, vielleicht verzerrt, aber immerhin. Wir werden später sehen, wie sich dieser Ansatz, den ich im Hinblick auf das Fach Geschichte durch die vorherigen Untersuchungen als belegt ansehe, generalisieren lässt. Belegen wir das von mir postulierte Phänomen mit der Bezeichnung RADIKALEN-THESE: Kein normal Gebildeter kann einem Radikalen argumentativ Widerstand leisten.

In diesem Zusammenhang sei daran erinnert: Vor Jahren musste einmal eine Bundesministerin zurücktreten, weil sie George W. Bush vorgeworfen hatte, dass er den Irak-Krieg zur Kaschierung seiner innenpolitischen Schwierigkeiten begonnen hätte, darin vergleichbar Adolf Hitler. Mal ganz davon abgesehen, ob die Motivation zu dieser Anschuldigung berechtigt war, hätte sie sich sicherlich nicht zu dieser Äußerung hinreißen lassen, wenn ihr klar gewesen wäre, dass man Hitler zwar vieles, aber das gerade nicht vorwerfen kann – Bismarck dagegen schon.

> »Wer will, dass die Geschichte ihn glimpflich beurteilt, muss sie selber schreiben.« (Winston Churchill)

Elementardefizite IV

In diesem Teilkapitel seien einige Ergebnisse dargelegt, die aus Arbeiten einer Forschungsgruppe hervorgehen, die das Bild des SED-Staates in der Erinnerung junger Schüler erforscht. Herausgekommen ist eine mehrere Hundert Seiten umfassende Studie, der ich zwei Essenzen entnehme:

Zunächst einmal wird nochmals belegt, dass meine generelle These von der WAHREN BILDUNGSKATASTROPHE in all ihrer scheinbaren Radikalität ganz und gar nicht abwegig ist. Gefragt wurden Gymnasiasten der 9. und 11. Klassenstufe: In welchem Land hat Helmut Kohl regiert? Darf man eine solche Frage überhaupt stellen? Man darf. Ergebnis: Jeder zehnte Schüler in Westberlin und jeder sechste in Ostberlin glaubt, dass Kohl vor 1989 die Geschicke der DDR gelenkt hat. Und dass Erich Honecker umgekehrt die BRD regierte, hält ebenfalls jeder zehnte Schüler an den befragten Gesamtschulen und Gymnasien für gegeben. Des Weiteren: Nur 17 % der Ost- und 26 % der Westschüler wussten, wer die Mauer gebaut hat. Über ein Viertel der Schüler kannte Walter Ulbricht nicht; jeder zwölfte Schüler in den 10. und 11. Klassen nicht einmal Erich Honecker, jeder sechste Realschüler hielt ihn sogar für einen bundesdeutschen Politiker. Etliche Schüler ordnen die Westdeutschen Willy Brandt und Ludwig Erhard der DDR zu.

Wenn ich auch dieser Studie mit einer gewissen Distanz gegenüberstehe, weil sie meines Erachtens etwas zu sehr normative Aspekte in ihre Analysen mit einfließen hat lassen, so hat sie doch ein Ergebnis gezeitigt, das, so glaube ich, generell gültig ist: Das Geschichtsbild der Menschen ist in nur geringem Maße durch valide Informationen – aus Schule, Büchern oder aus dem Fernsehen – bestimmt, sondern geht häufig aus einer eigentümlich diffusen Gemengelage hervor, im Falle des DDR-Bildes häufig aus Erzählungen der Verwandten. Einem Großteil der Schüler – im Westen 50 %, im Osten nur knapp 40 % – ist beispielsweise nicht klar, dass es in der DDR keine Wahlen im demokratischen Modus gegeben hat. Auch dass die Umweltsituation in der DDR sicherlich nicht besser, sondern deutlich schlechter als in der Bundesrepublik gewesen ist, wissen die wenigsten. Auch hält jeder dritte Haupt- und Realschüler die Stasi für einen normalen Geheimdienst.

> Das ist etwas, was Geschichtsdidaktiker meiner Meinung nach viel zu wenig berücksichtigen: Alle anderen Informationsquellen sind wirkmächtiger als der Schulunterricht.

Ein französischer Theoretiker glaubt beispielsweise nachweisen zu können – er hat einen umfassenden Dokumentarfilm dazu gedreht –, dass die Geschichtskenntnisse der meisten Amerikaner über die Geschichte ihres Landes sich fast nur aus Hollywood-Filmen speisen ...

Abschließend angemerkt: Ich bin durchaus nicht der Meinung, dass diese anderen Quellen abgewertet werden sollten; mir graut vor dem Versuch, ein gewissermaßen offizielles, angeblich wissenschaftlich-objektives Geschichtsbild zu erstellen, wie das gegenwärtig in Bezug auf die DDR beansprucht wird. Und vielleicht sollte Professor Schröder, Leiter des „Forschungsverbands Aufarbeitung des SED-Staats", der diese Studie verfasst hat, den Gedanken von Reinhart Koselleck bedenken:

„Die Verlierer der Geschichte sind die besseren Historiker als die Sieger."

»An die historische Wahrheit kommen eigentlich nur die Dichter ran.« (Jacob Burckhardt)

Fundamentaldefizite I

An dieser Stelle komme ich zu meinen eigenen Untersuchungen. Sie sind wiederum gemäß dem MINIMAX-PRINZIP durchgeführt: Bei welchen minimalen Anforderungen treten schon maximale Schwächen auf? Ich habe einen viel geringeren Anspruch als Schwanitz, ich erwarte nicht, dass die Geschichte „an einem Stück" erzählbar ist, ich stelle drei Aufgaben, die gewissermaßen auf das Skelett des Geschichtswissen zielen. Der Leser wird überrascht sein, gerade weil diese Aufgaben eigentlich so naheliegend sind:

- Für die vier Jahrtausende vor Christi Geburt nenne man mindestens jeweils ein welthistorisch bedeutsames Ereignis für die Zeitspanne von jeweils fünf Jahrhunderten!
- Für jedes der letzten 20 Jahrhunderte nenne man mindestens ein geschichtlich bedeutsames Ereignis im deutschen Raum!
- Für das 20. Jahrhundert nenne man für jedes Jahrzehnt der ersten Hälfte ein solches Ereignis und für jedes Jahrzehnt der zweiten Hälfte zwei solche Ereignisse im deutschen Raum, plus jeweils eines im internationalen Bereich!

Der Leser teste sich selbst, und er wird feststellen: Teils fällt einem kein Ereignis ein, das man dem jeweiligen Jahrhundert zuordnen kann, teils werden die Ereignisse auf ganz groteske Weise falsch zugeordnet. Betont sei: Diese Aufgabe ist natürlich ein Beispiel für das nicht selten abgewertete Faktenwissen – aber wir müssen in der Schule, ich habe es schon erwähnt, ja Tausende von geschichtlichen Fakten zumindest für Prüfungen kurzfristig reproduzieren, nur: Wo bleibt das RASTER- und ORDNUNGSWISSEN (um einen Begriff zu verwenden, den ich im vorherigen Kapitel geprägt habe)? Gerade in der Geschichte bräuchte man ja ein solches, um ein „Regalsystem" für die enorme Menge an Fakten zu besitzen, die man lernen soll.

An dieser Stelle sei ergänzend erwähnt:
Schwanitz (er lehrte englische Geschichte) berichtet, dass nach seinen Erfahrungen Studienanfänger Shakespeare vom 12. bis zum 20. Jahrhundert datieren. Zu ähnlichen Ergebnissen bin ich gekommen: Karl Marx wurde wahlweise dem 16. bis 20. Jahrhundert zugeordnet; Wilhelm II. dem 15. bis 20. Jahrhundert; Karl der Große dem 4. bis 19. Jahrhundert (!); Ludwig XIV. dem 11. bis 19. Jahrhundert; Napoleon Bonaparte dem 16. bis 19. Jahrhundert; Julius Cäsar 2000 v. Chr. bis 900 n. Chr.; General Franco dem 12. bis 20. Jahrhundert; der Überfall der Japaner auf Pearl Harbor (meine kleine Befragung fand vor dem im Jahr 2002 gelaufenen Film zu diesem Thema statt) wahlweise dem Ersten oder Zweiten Weltkrieg beziehungsweise dem Vietnam-Krieg, wenn überhaupt gewusst wurde, was damit gemeint ist.

Nachfolgend nun einige ganz wenige MINIMAX-TESTAUFGABEN bezüglich solchen ORDNUNGSWISSENS – der Leser möge sie an sich selbst ausprobieren, am besten im Dialog mit einem Partner, aber nicht schummeln!

Was sind die grundlegenden, die allergröbsten Epocheneinteilungen der Geschichte?

Von circa 20 Akademikern, die ich befragt habe, konnten zwei eine annähernd vollständige Antwort geben, und letztere waren solche, die von sich selbst sagten, dass Geschichte ihr „Hobby" sei (ich selbst habe die Antwort auch nicht hinbekommen).

Kurzerläuterung:
Die klassische Einteilung ist die in ALTE, MITTLERE und NEUERE GESCHICHTE beziehungsweise ANTIKE, MITTELALTER und NEUZEIT. Der Antike vorangehen VOR- und FRÜHGESCHICHTE, erstere dadurch definiert, dass keinerlei schriftliche Überlieferung gegeben ist, erforscht mithilfe der prähistorischen Archäologie. In der FRÜHGESCHICHTE gibt

es schon erste Schriftzeugnisse, die aber zur Gewinnung eines wissenschaftlichen Geschichtsbildes nicht ausreichen und deshalb ebenfalls durch Archäologie ergänzt werden müssen. In Mitteleuropa beginnt die FRÜHGESCHICHTE Mitte des 1. Jahrhunderts vor Christus, also zur Zeit Cäsars, in Nordeuropa später, im Mittelmeerraum bedeutend früher. Als geschichtlicher Beginn der ANTIKE (des griechisch-römischen Altertums) gilt die frühgriechische Einwanderung in Hellas im 2. Jahrtausend vor Christus. Das Ende wird unterschiedlich angesetzt, zwischen 300 und 500 nach Christus. In der Kunstgeschichte setzt man es auch noch später an, nämlich mit dem 7. Jahrhundert, dem Einfall der Araber in Europa. Den Begriff MITTELALTER prägten die Humanisten des 15./16. Jahrhunderts (in einer deutlich negativen Sicht dieser Epoche, als einer des allgemeinen Verfalls der lateinischen Sprache und Bildung) für die Zeit zwischen dem Ende der Antike und der RENAISSANCE, als Wiedergeburt antiker Gelehrsamkeit. Als Übergangsphase von der ANTIKE zum MITTELALTER gilt die Zeit der Völkerwanderung (4. bis 6. Jahrhundert), in der durch die Begegnung von antiker Gesellschaft, Germanentum und Christentum wesentliche Grundlagen der frühmittelalterlichen Gesellschaft entstanden; die Spanne der Datierungen des Beginns des Mittelalters reicht von der Krise des Römischen Reiches im 3. Jahrhundert über den Untergang Westroms (476) bis zur Kaiserkrönung Karls des Großen (800).

In den vorherigen Darlegungen wurde bewusst die folgende Frage noch nicht erläutert; der Leser möge sich selbst prüfen: Wodurch ist der Begriff „Neuzeit" bestimmt?

Kurzerläuterung:
Der Beginn der Neuzeit wird meist angesetzt mit dem Beginn des Zeitalters der großen Entdeckungen, insbesondere der Landung von Columbus in Amerika (1492), mit dem Zeitalter des Humanismus, der „Kopernikanischen Revolution", der Renaissance und der Reformation. Innerhalb der Epoche der Neuzeit unterscheiden die Historiker noch die FRÜHE NEUZEIT (bis zum Ende des 30-jährigen Krieges 1648) von der JÜNGEREN NEUZEIT. Letztere wird noch einmal differenziert in die NEUESTE ZEIT (seit Beginn der Französischen Revolution 1789) und ZEITGESCHICHTE/ ZEITGENÖSSISCHE GESCHICHTE (seit 1917; Oktoberrevolution, Eintritt der USA in den Ersten Weltkrieg).

Meine Erfahrung beim Testen solcher Fragen: Kaum gelingt jemals die vollständige Aufzählung der Aspekte, die den Eintritt in die Neuzeit markieren; noch weniger bekannt ist die feiner differenzierte Unterteilung der Neuzeit. Der Leser möge sich dann selbst weiter prüfen: Was ist „Aufklärung"? Was ist „Renaissance"? Was ist „Humanismus" in dem Sinne, wie er in diesem geschichtlichen Zusammenhang verwendet wird?. Eine weitere typische Erfahrung: So gut wie immer werden, auch und gerade von Akademikern, Epochenbegriffe aus den unterschiedlichsten Gebieten durcheinandergeworfen, vor allem aus der Geistes- und Kunstgeschichte. Eine typische Antwort lautet beispielsweise: „Vorzeit, Mittelalter, Renaissance, Aufklärung, Moderne." Eine andere Antwort (die einer promovierten Chemikerin) lautete, von vornherein durch sie selbst ironisch formuliert, ob ihres Nichtwissens wissend: „Die wichtigsten Epochen der Geschichte sind für mich: Dinosaurier, Jesus, Rom, Mittelalter, die Pest, die Romantik, Kant, Amerika, das Fernsehen." Ich empfehle der Forschung, diesen Test standardisiert durchzuführen: Man gebe den Befragten jeweils eine Minute, um so schnell wie möglich die ihnen geläufigen geschichtlichen Epochen aufzusagen. Durch die Spezifik dieses Ansatzes wird manches deutlich, was vorher verborgen geblieben ist.

Für den Leser, der vielleicht motiviert worden ist, „Wunden zu suchen, die er lecken kann", sei noch eine weitere kleine MINIMAX-AUFGABE präsentiert: Was waren die grundlegenden Weltreiche? Was ist überhaupt ein Weltreich?

Kurzerläuterung:
Mit „Weltreich" meint man eine Nation, die den Globus weitgehend und für einen längeren Zeitraum beherrscht hat, mit wirtschaftlicher, kultureller und militärischer Vormachtstellung. Seit Ende des Zweiten Weltkrieges wird mehr und mehr der Begriff der „Supermacht" gebräuchlich, wobei nach dem Ende des Kalten Krieges die USA als einzige Supermacht übrig geblieben ist, die allerdings trotz ihres enormen politischen Einflusses allenfalls im übertragenen Sinne als „Weltreich" bezeichnet werden kann. Die fünf Weltreiche im klassischen Sinne waren: das Reich Alexanders des Großen, das Römische Reich, das Reich der Mongolen, das Reich Karls V. und das Britische Weltreich.

> Fazit: Schon bei fundamentalem Raster- und Ordnungswissen beginnen meist auch Gebildete, „den Boden unter den Füßen zu verlieren" – kann der Leser dieser These nicht schon anhand der kleinen Tests dieses Teilkapitels zustimmen?

»Weltgeschichte ist eine Verschwörung der Diplomaten gegen den gesunden Menschenverstand.« (Arthur Schnitzler)

Fundamentaldefizite II

Verbleibt, jenseits des Verlusts von Fakten und Ordnungsrahmen, zumindest so etwas wie Verständnis, wie die Bildungstheoretiker hoffen? – Meine Erfahrung: *Verständnis verbleibt noch viel weniger als die Erinnerung an Einzelfakten.* Nachfolgend zwei Testaufgaben, die auf solches Verständniswissen abzielen und die meiner Erfahrung nach ausreichen, um diese Illusion zu zerstören. Die erste Frage zielt auf die wohl grundlegendste Essenz des Geschichtsunterrichts ab:

Was ist die Besonderheit des „historischen Zugangs", wie unterscheidet er sich von anderen Zugängen? Was bedeutet „Historismus", „historisieren", „Historizismus"?

Kurzerläuterung:
Der historische Zugang meint einen solchen, der ein Ereignis, ein Kunstwerk oder eine politische Entscheidung nicht so sehr aus ihrer immanenten Eigenlogik heraus betrachtet, sondern aus ihrem historischen Gewordensein. Sowohl soziologische wie auch politische, ästhetische, psychologische, ökonomische oder auch moralische „Gegenstände" können auf diese Weise gewissermaßen verfremdet betrachtet werden. Beispielsweise kann ein Kunstwerk nicht eine sachimmanente Interpretation erfahren, sondern in einen historischen Zusammenhang gestellt werden; ebenso kann die Entscheidung eines Politikers nicht so sehr unter einem im engen Sinne politischen (oder auch moralischen oder ökonomischen) Sinne analysiert oder gedeutet werden, sondern eben als Ausdruck historischer Prozesse. Ebenso

4 Geschichte

kann die Ökonomie einen historischen Zugang erfahren, im Rahmen der *Wirtschaftsgeschichte*. Dadurch tritt eine gewisse Distanzierung zum Objekt ein, angegebene Rationalisierungen werden dabei sozusagen weniger ernst genommen, indem man auf die dem jeweilig handelnden System oder Menschen oft nicht bewussten historisch-genetischen Wurzeln abstellt. Die Grundlage eines historischen Zugangs ist die *quellenkritische* Methode, bei der man versucht, Dokumente etc. kritisch zu hinterfragen, im Hinblick auf ihre Relevanz, mögliche Überinterpretationen oder auch darauf, ob sie vielleicht sogar gefälscht sind. Am drastischsten ist die Besonderheit dieses Zugangs erkennbar, wenn diese Methode auf religiöse Quellen angewandt wird, wodurch ja vieles von den naiven Glaubensinhalten problematisiert wird, bis hin zu der Annahme, dass Jesus überhaupt existiert hat, um ein besonders fundamentales Beispiel zu nennen. Der gegenwärtige Versuch einiger westlicher Islam-Theoretiker, denselben Ansatz auf den Koran anzuwenden, ist von erheblicher Brisanz. Der historisierende Zugang kann natürlich auch übertrieben werden, wenn man sachimmanente Kriterien (wie gesagt: rationale, ökonomische, psychologische oder ästhetische usw.) ausblendet – so kann beispielsweise ein Kunstwerk in einer rein historischen Betrachtungsweise etwas von seinem „Wesen" verlieren. Findet ein solcher historischer Zugang im überspitzten Sinne statt, dann spricht man oft von einem „historisierenden" Zugang in einem negativen Sinne (ähnlich wie von einem „psychologisierenden"), um auszudrücken, dass dadurch Wichtiges verloren geht. Die Kritiker eines solchen meinen, dass es dabei zu einem Abgleiten in einen Relativismus und Positivismus kommen könne, speziell auch bei der Anwendung auf den Nationalsozialismus. Wichtig geworden ist der Historismus in der Sprach- und Rechtswissenschaft, der Nationalökonomie, der Kunstwissenschaft und auch der Theologie. Im kunsttheoretischen Sinne meint „Historismus" etwas anderes, nämlich solche Kunstrichtungen, die sich gewissermaßen davor drücken, etwas Neues zu schaffen und lediglich ältere Stile aufleben lassen, wie es vor allem in der Architektur während der Gründerzeit der Fall war. In einem sehr fachlichen Sinne meint man mit „Historismus" einen Theorienstrang innerhalb der Geschichtswissenschaft, der die Eigenständigkeit und die Besonderheit der Geschichtswissenschaft betont. Diese sei „idiographisch" (was generell ein Kennzeichen der Geisteswissenschaften sei), also das Individuelle fokussierend und rekonstruierend und so dem VERSTEHEN zugänglich. Sie unterscheide sich damit von denjenigen Wissenschaften, die „nomothetisch" seien, typischerweise die Naturwissenschaften, denn diese versuchen, *generelle Gesetze* zu formulieren und nicht nur Beschreibungen einzelner und unwiederholbarer Ereignisse; sie seien damit die Domänen des ERKLÄRENS. (Die weiteren Aufsplitterungen des Historismus-Begriffs in der Geschichtswissenschaft überschreiten die Möglichkeiten einer solchen Kurzerläuterung.) Der Begriff „Historizismus" ist eine Wortschöpfung von Karl Popper. Er meint damit solche Ansätze, denen zufolge es objektive Geschichtsgesetze gibt, aus denen man gewissermaßen die Zukunft ableiten und sich dementsprechend große Entwürfe und Systeme für gesellschaftliche Reformen ausdenken und umsetzen kann. Popper ordnet vor allem den Marxismus darunter ein (der seiner Meinung nach durch Hegel und letztlich durch Platon vorbereitet worden sei), und er versucht zu zeigen, dass dieser Ansatz unhaltbar sei und letztlich immer einen Gegenpart zu dem darstelle, was er „Freie Gesellschaft" nennt. Es gibt allerdings Geschichts- und Sozialwissenschaftler, die durchaus an die Möglichkeit zumindest annähernd nomothetischer Strukturen in den Sozial- und Geschichtswissenschaften glauben.

> Ich habe nur wenige Nichtspezialisten gefunden, die auch nur annähernd die vorher dargelegte Antwort geben konnten. Man wird schon bei der Fragestellung meist verständnislos angesehen. Und selbst wenn man nicht alle eben dargelegten Gedanken wiedergeben kann, wäre doch zumindest ein Bewusstsein der Fragestellung nötig: *Gibt es überhaupt geschichtliche Gesetze, welcher Art wären sie, oder ist Geschichte in einem tiefen Sinne idiographisch?* – Man kann das Fazit einfach und brutal ziehen: Am Ende des Tages weiß kein Schüler, was „Geschichte" eigentlich ist …

Nun ein zweites Beispiel für eine „fundamentale Quizaufgabe", um den schulischen Anspruch auf die Vermittlung historischer Bildung zu widerlegen. – Man definiere und grenze voneinander folgende Begriffe ab: „Patriotismus", „Nationalismus", „Chauvinismus", „Diktatur", „Totalitarismus", „Nationalsozialismus", „Faschismus"!

Kurzerläuterung:
- Oft gelingt schon nicht die Abgrenzung von PATRIOTISMUS und NATIONALISMUS: ersterer als emotional-„romantische" Vaterlandsliebe,

letzterer als eine Überhöhung der Nation, die auch in Richtung des CHAUVINISMUS, eines exzessiven, auch aggressiv überzogenen Nationalismus gehen kann, der fremden Völkern feindlich gegenübersteht, auch Ausländern im eigenen Lande. In einem eher sachlich-theoretischen Sinne ist Nationalismus die Sichtweise, dass jedes Volk seinen Nationalcharakter hat und dass deshalb die Staaten am stabilsten sind, die diese nationale Selbstverwirklichung erreichen können, woraus sich ein Selbstbestimmungsrecht der Völker ableite. Schon diese Unterscheidung zwischen einem Nationalismus in einem negativen und eher sachlichen Sinne wird in den Antworten ganz selten wiedergegeben. („Chauvinismus" wird, so meine Erfahrung, häufig nur noch als „männlicher" gekannt, in welchem Sinne er vom Feminismus adaptiert worden ist und Männer mit einem Überlegenheitsanspruch ihres Geschlechts bezeichnet.) Mit der Idee und Realisierung des Nationalstaats erstand im 19. Jahrhundert die an sich positive Idee von der Selbstbestimmung, aber auch die furchtbare Idee der „ethischen Reinheit". Im Gegensatz zu einer kosmopolitischen Nation, wie etwa den USA, wo viele Ethnien sich um eine nationale Idee zusammenschlossen, haben in Mittel- und Osteuropa einzelne Völker ihre Staaten begründet, in denen sie fortan keine Fremden mehr sehen wollten. Die Reiche, aus denen sie herausbrachen, waren Vielvölkerimperien, und die „Befreiung" von ihnen führte fast immer zum Krieg um nationale Territorien und zum Kampf um nationale Homogenität. Von vielen Forschern wird deshalb auch der „saubere" Nationalismusbegriff immer als zum Missbrauch einladend angesehen. Auch lässt sich die Unterscheidung nicht halten, dass es vermeintlich in Westeuropa einen zivilisierten und gewaltfreien und in Osteuropa einen unzivilisierten Nationalismus gegeben habe. Was im Westen im 19. Jahrhundert stattfand und erfolgreich „vergessen" wurde, geschah im Osten erst im 20. Jahrhundert und wirkte deshalb einfach stärker und präsenter. Auch sollte man sich erinnern, dass Otto von Bismarck von 1864 bis 1871 drei Kriege brauchte, gegen Dänemark, Österreich und Frankreich, um den deutschen Nationalstaat zu begründen. Und seinen nationalistisch verblendeten Nachfolgern mangelte es am diplomatischen Geschick, der deutsche Nationalstaat stürzte Europa in zwei große Kriege. In der Gegenwart sehen wir den Nationalismus auch innerhalb von EU-Europa als nicht beendet, man denke an die Nationalbewegung der Flamen in Belgien, an die estnische und lettische Regierungspolitik gegenüber russophonen Staatsbürgern und Nicht-

Staatsbürgern oder an die katalanische Autonomie in Spanien. Bald nach dem Ende der sowjetischen Hegemonie haben ja auch Slowaken und Tschechen den Staatsverband der Tschechoslowakei aufgelöst und eigene Nationalstaaten gegründet, vor allem im slowakischen Fall mit stark nationalistischen Tendenzen. Und allen (vielen, manchen?) noch in Erinnerung ist das furchtbare Beispiel der jugoslawischen Separationsprozesse (seit 1991), in denen die Nationalstaaten Serbien, Kroatien, Bosnien-Herzegowina, Slowenien und Montenegro entstanden, wobei fast 4 Millionen Menschen vertrieben worden sind und rund 100 000 starben.

- Unter DIKTATUR wird die unbeschränkte Herrschaft einer Person oder Gruppe verstanden; dies impliziert meist die Unterdrückung der Opposition, die Aufhebung der Gewaltenteilung, die Ausschaltung oder Behinderung der Öffentlichkeit bei der Kontrolle der politischen Macht sowie eine Einschränkung der verfassungsmäßigen Grundrechte der Bürger. Auch hier gelingt selten eine explizite Darlegung der einzelnen Bestimmungskomponenten, noch seltener die Antwort auf die Frage, was denn den TOTALITARISMUS-Begriff davon abhebt: Das ist eine besondere Form der Diktatur, wie sie im 20. Jahrhundert mit dem Kommunismus in der Sowjetunion, insbesondere unter Stalin, und mit dem Nationalismus unter Hitler hervortrat, dadurch charakterisiert, dass die diktatorische Regierung möglichst „total" den Staat und auch das Privatleben der Bürger durchdringt, bei noch stärkerer Konzentration der Gewalt in einem Machtzentrum. Typisch ist auch eine herrschende Einheitsideologie, die Unterordnung des Einzelnen in die Gemeinschaft, eine generelle „Gleichschaltung", nicht nur des äußeren Tuns, sondern auch des Denkens und Fühlens. Mittel dazu sind Propaganda und Erziehung im Sinne des Staates, ständige Indoktrination und die Manipulation „von der Wiege bis zur Bahre". Die bürgerlichen Freiheiten sind unterdrückt, speziell die Menschenrechte und die Meinungsfreiheit, es gibt keine Religionsfreiheit sowie keine der Lehre und der Kunst; Spitzeltum sowie Geheimpolizei/politische Polizei sind logische Konsequenzen daraus, oft auch Konzentrationslager, Dominanz des Militärs im Leben der Bevölkerung, allgemeine Wehrpflicht und aggressive Außenpolitik.
- Wenige können meiner Erfahrung nach die Begriffe FASCHISMUS und NATIONALSOZIALISMUS voneinander abgrenzen: Gemeinsam sind ihnen, neben Totalitarismus, Merkmale wie ein ausgeprägter Führerkult, mit der Betonung von Kraft und Willen, begleitet von einer nachdrück-

lichen Ästhetisierung der Politik, die sich manifestiert in übermäßigem Gebrauch von politischen Symbolen wie Fahnen, Marschkolonnen, Uniformen und rituellen Massenzeremonien. Als Unterschied zwischen dem Nationalsozialismus Hitlers und dem Faschismus des „Duce", also Benito Mussolinis, lässt sich kurz anführen: Beim italienischen Faschismus waren anfangs weder der Führerkult noch der Rassismus derart ausgeprägt, auch war diese Art von Faschismus durch eine stärkere Integration der alten Führungsinstitutionen und Eliten gekennzeichnet. Übrigens: Ein Abiturient meinte bei meinen Befragungen: „Faschismus ist eine sexuelle Störung, bei der jemand auf Gegenstände wie beispielsweise Schuhe abfährt"…

Der Leser wird merken, dass er beim Lesen zwar immer zustimmend genickt hat, dass er aber, wenn er ehrlich ist, kaum jemals eine annähernde Vollständigkeit der dargelegten Kriterien erreicht hätte. Und das Fazit kann deshalb kurz ausfallen:

> Stellt man Verständnisfragen auch nur der fundamentalen Art, wie sie hier präsentiert worden sind, dann entlarvt sich die Idee der schulischen Geschichtsbildung als Illusion.

»Man muss in der Geschichte nicht alles erklären wollen.« (Pierre Proudhon)

Fundamentaldefizite III

Die Defizite, um die es in diesem Teilkapitel geht, sind von anderer Art als die vorherigen. Denn sie beruhen auf falschen Schwerpunktbildungen im herkömmlichen Wissenskanon.

Ganz kurz sei zunächst genannt: die Schnittstelle der zwei Fächer GESCHICHTE und GEOGRAPHIE. Es ist ein wichtiges interdisziplinäres Forschungsthema, inwieweit klimatische Faktoren und ähnliche nichthistorische Faktoren die Geschichte und die Mentalität eines Landes prägen. Warum beispielsweise sind einige Länder arm und andere reich? Wer hat jemals davon etwas in der Schule gehört, von einigen längst vergessenen Nebenbemerkungen abgesehen? Wer kann beantworten, welche Zusammenhänge und welche Auswirkungen die Existenz einer kleinen Eiszeit im Mittelalter hatte? Und das Thema einer *klimatischen Historie* wird immer aktueller, je näher die Klimakatastrophe heranrückt ...

Und nun zu der meiner Meinung nach zentralen historischen Bildungslücke: TECHNIKGESCHICHTE. Man muss nicht so weit gehen wie Emile du Bois-Reymond: „Die Geschichte der Naturwissenschaften ist die eigentliche Geschichte der Menschheit", aber die Geschichte der Erfindungen ist das vielleicht wichtigste und gleichzeitig am meisten ignorierte Kapitel der Geschichte überhaupt! Durch Ausblendung dieser Aspekte versäumt die Schule die einfachste und klarste Möglichkeit, geschichtliche Strukturen und Zusammenhänge aufzuzeigen. Für die Gegenwart beziehungsweise das 20. Jahrhundert ist dies offenkundig: Computer, Fernsehen, Auto. Wie könnte man das 20. Jahrhundert verstehen, ohne die Auswirkungen dieser Erfindungen zu kennen? Aber Ähnliches gilt für die Vergangenheit. Und deshalb können nicht nur normale Schüler und Akademiker, sondern meist auch Menschen mit hoher Bildung folgende Fragen nicht auch nur annähernd vollständig beantworten:

Was sind die wesentlichen Erfindungen der Menschheit, und in welchem Zeitraum haben sie stattgefunden?

Ist es zu viel verlangt, jeweils etwa acht solcher wegweisender Erfindungen auf den unterschiedlichen Gebieten der Technik zu kennen – beispielsweise in der Verkehrstechnik, im Bergbau, Maschinen- und Apparatebau, in der Militär- und Waffentechnik, im Schiffbau und bezüglich optischer Geräte?

Kurzerläuterung der allerwichtigsten Erfindungen:
- Unter den umwälzenden Erfindungen der Menschheit sollte man an allererster Stelle das nicht vergessen, was man „neolithische Revolution" nennt: der Übergang vom Sammlerdasein zu einer produzierenden Wirtschaft, wobei der Mensch sesshaft wurde, Ackerbau und Viehzucht lernte und Felle sowie Gewebe aus Pflanzenfasern zur Bekleidung ver-

wendet wurden; auch der Webstuhl wurde in dieser Zeit schon erfunden! Der Anbau von Nahrungsmitteln führte zur Vorratshaltung in größerem Stil, und dafür benötigte man eine weitere Innovation: Gefäße und damit die Töpferei; insgesamt waren so die Voraussetzungen für dörfliches Leben gegeben.

- Als nächstes zu nennen ist das RAD, wobei den wenigsten Menschen bewusst ist, dass die entscheidende Erfindung nicht die Rolle, sondern die Achslagerung war und man erst von einem Rad sprechen kann, als zwischen 4000 und 3000 vor Christus ein Radlager entwickelt worden ist
- Der PFLUG wurde circa 3000 vor Christus entwickelt.
- Das PAPIER wurde in Europa erst im 11. Jahrhundert nach Christus entwickelt, in China mindestens 1 000 Jahre früher; Stein, Ton oder Wachs dienten schon eine ganze Weile vorher zum Überbringen von Nachrichten, als die Ägypter aus Papyrus passable Schreibunterlagen entwickelt hatten.
- Zu nennen ist dann das SCHIESSPULVER, dessen Erfindung um 850 chinesischen Alchimisten als einem Gemenge aus Salpeter, Schwefel und Holzkohle gelungen ist. Die Araber waren es, die das Wissen aufnahmen und im 13. Jahrhundert Pulverrezepte bis in den Mittelmeerraum trugen; die Europäer haben also das Pulver nicht erfunden, wohl aber die damit betriebenen Feuerwaffen, wovon sich die älteste Abbildung in einer englischen Handschrift von 1326 findet.
- Ganz wichtig: der BUCHDRUCK, von Johannes Gutenberg Mitte des 15. Jahrhunderts erfunden, der zum Wegbereiter der Aufklärung geworden ist, da man nun Wissen und politische Thesen verbreiten konnte. Zwar hatten auch die Chinesen schon bewegliche Stempel für Schriftzeichen, das Neue bei Gutenberg aber bestand darin, dass alle Lettern in immer gleicher Form unabhängig von einem Graveur oder Holzschneider beliebig oft in immer gleicher Form vervielfacht werden konnten, mit einer präzisen Matrize, die sich ausgießen ließ und völlig identische Lettern lieferte. Nur wenige Menschen, so meine Erfahrung, können diese Bestimmung angeben, ohne die das Verständnis der umwälzenden Bedeutung des Buchdrucks nicht möglich ist.
- ZEITMESSUNG: Nachdem man schon früher rieselnden Sand oder fließendes Wasser als Grundlage für die Zeitmessung benutzt hat, kamen erste mechanische Räderuhren im 13. Jahrhundert in Europa auf, wobei allerdings die Reibung so groß war, dass sie bis zu einer halben Stunde am Tag abweichen konnten.

- DAMPFMASCHINE: Als deren Vater gilt der schottische Ingenieur James Watt; allerdings wurden wesentliche Elemente schon vorher von anderen entwickelt: Dampfkessel, Zylinder und Kolben, wobei Watt allerdings diese Maschinen entscheidend verbesserte und sich die teure Erfindung 1769 patentieren ließ. Mit der Dampfmaschine veränderte sich der Lauf der Geschichte. Auf welche Weise? Auch das zu wissen müsste zur elementaren geschichtlichen Bildung gehören!
- Ich habe von der potentiellen Kenntnis wegweisender Erfindungen in unterschiedlichen Bereichen gesprochen, und ich nenne nachfolgend in aller Kürze beispielsweise die wichtigsten Erfindungen im *Bereich optischer Instrumente*: geschliffene Linsen (1100 vor Christus), Brille (um 1295), Mikroskop (um 1590), optisches Fernrohr (1608), astronomisches Fernrohr (Kepler) (1611), Spiegelteleskop (1663), Prismenfernglas (1850), Kontaktlinsen aus Glas (1877), Kontaktlinsen aus Plexiglas (1936), Glasfasern/Lichtleitfasern (1955). – Man verkenne dies nicht als rein technische Entwicklungsreihe, vielmehr wurde dadurch die Geschichte und das Weltbild verändert! Unmittelbar verständlich sind die Konsequenzen des Fernrohrs noch im Hinblick auf die Seefahrt und auf die Kriegsführung, doch als entdeckt wurde, dass der Mond Berge und Täler hat, dass der Planet Venus Phasen ähnlich denen des Mondes durchläuft, dass die Milchstraße aus Sternen besteht, dass der Jupiter von vier Monden umgeben ist, dass es auf der Sonnenoberfläche dunkle Flecken gibt und dass der Saturn seitlich merkwürdige Henkel hat, öffneten sich neue Welten, im sinnlichen wie im kognitiven Sinne! Manches davon hätte es ja nach der damaligen Vorstellung gar nicht geben dürfen, denn irdische und himmlische Objekte seien, so das damalige Weltbild, strikt unterschieden: Während erstere aus den vier Elementen Erde, Wasser, Luft und Feuer zusammengesetzt sein sollten, sollten die Himmelskörper aus dem Äther bestehen. Genau das aber ist durch die vorher genannten Befunde unwahrscheinlich geworden. Übrigens: In der Gegenwart wird eine ähnliche Schwelle überschritten, eine neue Generation von Teleskopen entsteht, die sich über ganze Kontinente erstrecken; es geht darum, einen Blick in die Entstehungsphase der allerersten Sterne zu werfen, denn je tiefer man ins All sieht, umso frühere Objekte offenbaren sich dem Blick – es öffnet sich ein „Fenster zum Urknall"?

Der Leser frage sich ehrlich: Wie viel war ihm von den dargelegten Informationen präsent? Doch wenn man diese Erfindungen zeitlich einordnen kann, dann erkennt man wesentliche geschichtliche Wendepunkte, wichtiger als viele Kriege, Revolutionen, Kongresse oder Gesetze. Mit wenigen Begriffen wird die gesamte Geschichte durchschritten und trotz aller Verkürzung effektives ORDNUNGSWISSENS aufgebaut. Man kann deshalb das Fazit dieses Teilkapitels, so denke ich, wie folgt ziehen:

> Während es immer äußerst schwierig ist zu klären, inwieweit ein geschichtliches Ereignis wirklich die „Ursache" für bestimmte nachfolgende Entwicklungen gewesen ist, stellt das Gebiet der TECHNIKGESCHICHTE eines dar, bei dem man solche großen Zusammenhänge oft recht leicht und mit größerer Klarheit aufweisen kann. Wenn es überhaupt eine Logik der Geschichte gibt, dann auf diesem Gebiet. Doch Technikgeschichte existiert im schulischen Unterricht so gut wie gar nicht, auch nicht im generellen gesellschaftlichen Bewusstsein und Wissenskanon.

Und das gilt für auch für das Fach WISSENSCHAFTSGESCHICHTE, das größte „Schwarze Loch" im Universum unseres gegenwärtigen Bildungskanons! Selbst die Lehrer haben ja im Regelfall keinerlei Kenntnisse von der historischen Entwicklung ihrer Fächer und damit von der Relativität und Problematik all dessen, was sie lehren. Der Schulunterricht ist generell *unhistorisch*. Und eine Frage will ich zum Abschluss stellen: Warum erfährt man ausgerechnet in der Schule nichts von der Geschichte der Schule?

»Die Lokomotive hat mehr getan, die Menschen zu vereinen, als alle Philosophen, Dichter und Propheten vor ihr seit Beginn der Welt.«
(Henry Thomas Buckle)

Gesamtfazit

Ich habe im zweiten Kapitel gefragt: Kann ein einzelner Mensch eine solch fundamental umfassende These wie die von der WAHREN BILDUNGSKATASTROPHE belegen? Ich stelle auch dieses Geschichtskapitel zur Diskussion. Wir brauchen, so behaupte ich, in der „Post-PISA-Zeit" angelangt, nicht länger Large-Scale-Studien, sondern nur das MINIMAX-PRINZIP, um zu erkennen:

> Die WAHRE BILDUNGSKATASTROPHE gilt auch im Fach GESCHICHTE. Historische Bildung ist ein Phantom. Doch im Rahmen des herkömmlichen Wissenskanons steht sie an prominenter Stelle. Deshalb bricht in gewissem Sinne das ganze Gebäude der klassischen Bildungstheorie, ein wesentliches Bildungsideal und ein wesentlicher Teil des gesellschaftlichen Selbstbildes, an dieser Stelle in sich zusammen.

Warum ist das bisher nicht erkannt worden? Schlicht deswegen, weil die Bildungsideale auch im Fach GESCHICHTE nicht überprüft worden sind. Gleich will ich aber auch darauf hinweisen, dass es etwas ganz Positives sein kann, das einen daran hindert, die „nackte Wahrheit" zu sehen, nämlich die Begeisterung für das eigene Fach. Guido Knopp ist dafür ein Exempel. Er präsentiert vier Sendungen, die ein eindeutiger Beleg für das Versagen des Geschichtsunterrichts sind, aber er präsentiert diese Sendungen so, dass das alles sehr positiv klingt. Und dies sicherlich deswegen, weil er sich, wie viele Begeisterte ihrer eigenen Fächer, nicht vorstellen kann, dass es andere Menschen gibt, die weder Zeit noch Interesse dafür aufbringen.

Ich referiere nachfolgend kurz die Präsentation der zitierten Fernsehsendungen, weil sie in nuce den Mechanismus widerspiegeln, der die WAHRE BILDUNGSKATASTROPHE bisher generell verschleiert hat: Weil überhaupt nur eine der gestellten 17 Fragen von weniger als 50 % der Befragten richtig beantwortet worden ist, wird das Gesamtergebnis der Untersuchung als ein positives dargestellt. Man kann das aber auch ganz anders, realistischer, sehen: Die meisten Fragen konnten von einem Viertel bis einem Drittel nicht beantwortet werden! Ähnlich beschönigend lautet der Kommentar, wenn ein Drittel Martin Luther nicht kennt und nicht weiß, dass er die Bibel übersetzt hat: „Über Luther wissen die Deutschen gut Bescheid." Und wenn die Hälfte der Zuschauer nicht wissen, dass der 30-jährige Krieg 1648 mit dem Westfälischen Frieden endete, wird das wie folgt kommentiert: „Der Westfälische Friede ist nicht vergessen." Und wenn über die Hälfte nicht wusste, dass Bismarck der erste Reichskanzler des Deutschen Reiches gewesen ist, dann wird dies wie folgt kommentiert: „Fast eine Mehrheit für den Mann, der Demokraten nicht ausstehen konnte." Aus der Tatsache, dass 50 % wissen, welcher Preußische König den Beinamen „der Große" erhielt (was aber bedeutet: die Hälfte weiß es nicht!), wird folgender Kommentar abgeleitet: „Friedrich der Große ist für die Zuschauer ein Begriff." Und die Tatsache, dass 40 % wissen (aber 60 % nicht wissen!), wer der letzte Kaiser in Deutschland gewesen ist, wird kommentiert mit: „Ein respektables Ergebnis." Generell ändert sich die Sichtweise, wenn man nicht, wie Guido Knopp es tut, die Prozentzahlen derjenigen angibt, die die Fragen beantworten konnten, sondern, wie in diesem Buch geschehen, die Prozentzahlen derjenigen, die die Fragen *nicht* beantworten konnten. Außerdem sind die Fragen der Sendungen sehr einfach formuliert, man kann raten, es sind keine Verständnisfragen. Wenn man solche gestellt hätte, dann wäre man unmittelbar in den Abgrund des Nichtwissens gefallen. Auch hätte man einmal systematisch die Spannweite der Falsch-Antworten auswerten sollen, wie sie in diesen Sendungen immer wieder kurz gebracht worden sind (ich habe sie manchmal zitiert); auch das liefert wichtige Einblicke. Ich selbst habe bisweilen kleine Tests durchgeführt, bei denen ich „gemeine" Fragen gestellt habe, und die Ergebnisse waren desaströs, weil nur wenige die in der Frage implizierte Verfälschung erkannt haben. Beispiele: „Wann eroberte Adolf Hitler das Deutsche Kaiserreich und integrierte es in sein Drittes Reich?" Oder: „Mit wie viel Prozent der Stimmen wurde Willy Brandt zum ersten Bundeskanzler der Bundesrepublik gewählt?" Ich würde Guido Knopp gerne ein paar Vorschläge machen, wie man einige weitere Sendungen gestalten kann, die ebenfalls auf dem Prinzip der „Bildungslücken" beruhen und gerade deshalb sehr informativ und unterhaltsam sein werden, gleichzeitig ohne jede Arroganz und voller Verständnis für die Ignoranz konzipiert.

»Ich kann mir eine humoristische Weltgeschichte denken, aber nur das größte Genie wird sie schreiben, und es ist die letzte Aufgabe der Poesie.«
(Friedrich Hebbel)

Ist es auch Wahnsinn, so hat es doch Methode ...

Ich will an dieser Stelle, um dem Leser wie im Fach MATHEMATIK den Kontrast zwischen Theorie und Realität deutlich zu machen, kurze Auszüge aus dem Lehrplan bieten; es geht dabei nicht um inhaltliche Themen, über die sich der Leser wiederum in den entsprechenden Lernmaterialien informieren kann, sondern um das, was die Lehrpläne als *generelle Bildungsziele* anstreben:

- Es beginnt mit einem ganz harmlosen Lernziel, das aber, wie wir gesehen haben, dennoch vergeblich ist: „Ereignisse können zeitlich sicher in ihre jeweilige Epoche eingeordnet werden." (Anmerkung: In Lehrplänen werden oft die Ziele direkt formuliert, nicht umschrieben mit „sollen" etc.)
- „Einsicht in die Raumgebundenheit historisch-politischen Handelns; (...) in Großräume, in Nachbarschaftskonflikte oder den Austausch über Grenzen hinweg (etwa zwischen nationaler europäischer Geschichte, aber auch in unabhängige Eigenentwicklungen durch exemplarischen Kulturvergleich." – Das dürfte schon die meisten Geschichtslehrer, ja Geschichtswissenschaftler überfordern ...
- „Die exemplarische Untersuchung gesellschaftlichen oder technischen Wandels (...) vermittelt modellhaft Einsichten, die sowohl auf zeitlich zurückliegende, also auf zukünftige Ereigniszusammenhänge bezogen werden können."
- Der Schüler soll gewinnen: „Einsichten in die Grundformen von evolutionärem und revolutionärem Wandel", beispielsweise „durch Analyse eines Veränderungsprozesses in einem nach außen scheinbar unveränderten Gesellschaftssystem, wie z. B. Wertewandel in den menschlichen Beziehungen, aber auch im Verhältnis des Menschen zur Natur und Umwelt."

- Ein weiteres – typischerweise – gleichzeitig höchst abstraktes wie höchst anspruchsvolles Lernziel: „Einsicht in das Verhältnis von Kontinuität und Diskontinuität in der Geschichte: z. B. beim Verlust dynastischer Bindungen und im Aufbau neuer Identifikationsmuster (…)." – Ein Habilitationsthema als schulisches Lernziel!
- „Einsicht in die Gleichzeitigkeit des Ungleichzeitigen in Geschichte und Gegenwart: Sie könnte z. B. durch Untersuchung der Umbruchphase von mittelalterlichem scholastischen zu rationalem modernen Denken (…) gewonnen werden." – Lauter kleine Geschichtsphilosophen sollen da also herangezogen werden!
- „Einsicht in den Zusammenhang von Ereignissen und Strukturen: z. B. bei den Kreuzzügen im Kontext des abendländischen ritterlich-feudalen Systems oder beim Ursachenvergleich zum Ausbruch von Revolten oder Revolutionen." – Da sollen also die kleinen Schüler fast göttergleich über der Geschichte sitzen und sie wie ein elementares Brettspiel überblicken und durchschauen.
- „Einsicht in die Multikausalität historischer Ereignisse und Veränderungen sowie die Inter-Dependenz der erkennbaren Wirkungsfaktoren." – Dieses gewaltige Lehrplanziel soll beispielsweise bearbeitet werden durch den „demographischen Umbruch im Kontext der Industrialisierung"…
- „Einsicht in Interessen und Konflikte als Ausgangspunkt für Entscheidungen und Veränderungen: z. B. bei der Analyse vom ‚bellum justum' der Römer gegen Karthago oder bei der Analyse von Motiven und Ergebnissen der Bauernbefreiung im 19. Jahrhundert." – Schüler und Lehrer, die schon größte Probleme beim Verständnis ihrer eigenen Motive haben, sollen wie ein gewaltiger Sigmund Freud die Geschichte „psychoanalysieren" …
- „Einsicht, dass Geschichte ein riesiges Reservoir von Denk- und Lebensformen bereithält: z. B. Kenntnisse von weit entfernten fremden Kulturen oder den uns fremd gewordenen Denk- und Lebensformen unserer eigenen Vorfahren."

Derart hochgezüchtete Lernziele kann man beispielsweise den Richtlinien und Lehrplänen für die Sekundarstufe II, Gymnasium/Gesamtschule Nordrhein-Westfalen aus dem Jahre 1999 entnehmen. Und solche absurden Lernziele werden noch dahingehend kommentiert, dass sie deswegen unverzichtbar seien, weil durch sie das alltägliche Unterrichtsgeschäft der Geschichtslehrer erst seine „übergreifende bildungstheoretische Legitimation" erhalten könne. Ich würde sagen: Der Lehralltag wird durch solche Vorstellungen unter einen unerträglichen Druck gesetzt, den Druck weltfremder und unerreichbarer Ideale. Es wird in den Lehrplänen ausdrücklich betont, dass man sich mit so etwas Banalem wie „konkretem Wissen" und „elementaren Einsichten" allein nicht abfinden könne, sondern eine „umfassende geschichtliche Bildung" erzielen wolle. Nach den Darlegungen in diesem Kapitel ist nicht einmal das scheinbar Banale erreichbar, nicht einmal ansatzweise. Und wenn ich dem Lehrplan als Lernziel „Kenntnisse von weit entfernten fremden Kulturen" entnehme, dann erinnere ich in diesem Zusammenhang an eine Untersuchung des evangelischen Monatsmagazins *Chrismon* (Oktober 2007): 20 % kannten nicht die Märchen „Hänsel und Gretel" sowie „Dornröschen"; 32 % war die biblische Geschichte von der Schlange und Adam und Eva nicht bekannt, ebenso vielen nicht die Bibelgeschichte von Jesu Geburt. Noch weniger bekannt ist der Kampf Davids gegen den Riesen Goliath, den fast die Hälfte nicht kennt; drei Viertel kennen nicht die Geschichte vom Propheten Jona und dem Walfisch.

Wenn man liest, was diese „Lehrplan-Verrückten" da hineingeschrieben haben (ich meine dies nur ein wenig kritisch, mehr in dem positiven Sinne wie „Fußball-Verrückte", Menschen, die sich zu sehr in eine Sache hineinsteigern und sich so begeistern, dass sie sich wirklich ein wenig verrückt verhalten), ja, dann ist das nichts anderes als dass sie jeden Schüler in eine Art Goethe oder von Humboldt verwandeln wollen. Denn wenn ein Mensch all diese Anforderungen an historischer Bildung erfüllen könnte, dann wäre er ein geistiger Gigant, der selbst eine geschichtliche Rolle spielen müsste. Und diese armen und verirrten Geister von Didaktikern und Lehrplanern verstehen nicht, dass die armen und verirrten Schülergeister noch etwas anderes zu tun haben, als Stoff über die Vergangenheit zu lernen, sie müssen nämlich auch noch in der Gegenwart leben …

> Von Lessing stammt der Satz: „Geschichte soll nicht unsere Erinnerung belasten, sondern unsern Verstand erleuchten." Aber für unseren gegenwärtigen Unterricht, nicht nur für den im Fach Geschichte, gilt: Er beschwert das Gedächtnis, er beschwert es so lange, bis es zerbricht, wobei unser Verstand nicht erhellt, sondern verdunkelt wird!

»Wir lernen aus der Geschichte immer wieder, dass wir nichts lernen.« (Henry de Montherlant)

Was zu tun ist: eine Entlastungs- und Lösungsperspektive

Ich will die Lehrer nicht frustrieren, sondern ihnen Mut machen, endlich Widerstand zu leisten. Ihre Situation ist ja eigentlich schizophren, sie werden geradezu zerrissen. Einmal müssen nämlich alle Lehrer in der Praxis, schon im Referendariat, lernen: Man kann in einer Schulstunde viel, viel weniger vermitteln, als man ursprünglich einmal geglaubt hat. Gute Seminar- und Betreuungslehrer wissen, dass das die erste Lektion für die Lehramtskandidaten ist, sich nicht zu viel Stoff für die jeweilige Stunde vornehmen! Doch die Verfasser der Lehrpläne haben diese fundamentale Erfahrung, die sie alle einmal selbst machen haben müssen, komplett verdrängt! Das ist etwas, was oft geschieht, wenn Praktiker ihren Alltag hochstilisieren. Doch aus den Belegen und Argumenten dieses Kapitels folgt:

> Allerhöchstens ein Zehntel des bisherigen Lehrstoffs, eher deutlich weniger, kann wirklich im Geschichtsunterricht vermittelt werden, wenn man das Nachhaltigkeitskriterium berücksichtigt. Und dieses Buch wurde geschrieben, um einen solchen Prozess der Annäherung an die Realität endlich einzuleiten.

Es genügt, wenn elementarstes RASTER- und ORDNUNGSWISSEN übrig bleibt; ich habe die Richtung dafür gewiesen. Zwei historische Phasen wären genug, Epochen wären schon zu groß, es würden auch einzelne Ereignisse genügen, ich würde Letzteres sogar präferieren. Ich würde außerdem immer ein Alternativfach TECHNIKGESCHICHTE anbieten, gleichberechtigt. Ich würde es sogar den Schülern und Schulen nahe legen, dieses vorzuziehen; es müsste dafür ein Lehramts-Studiengang geschaffen werden.

Ich würde speziell für das Fach GESCHICHTE noch weiter gehen und folgende These aufstellen:

Das Fach sollte generell wegen erwiesener Nutzlosigkeit zum reinen Wahlfach umgewandelt werden. Denn nur bei Interessierten wird es jemals „Wirkung zeigen".

Das vielgescholtene Fernsehen dagegen kann auch bei Uninteressierten fruchtbar sein und stellt einen ausreichenden Ersatz dar. Dem anschwellenden Protest halte ich entgegen:

> Schon seit langem entstammt der größte Teil dessen, was an Geschichtskenntnissen in der Bevölkerung existiert, ohnehin dem Fernsehen. Es ist tatsächlich das beste Medium für Geschichtsunterricht, lebendig, anschaulich, multidimensional. Nur es kann die besondere Atmosphäre einer vergangenen Epoche vermitteln – der arme Lehrer ist da mit seinen kärglichen Hilfsmitteln völlig überfordert. Deswegen sollte der schulische Geschichtsunterricht sich permanent auf Fernseh- und Filmbasis stützen. Die Schüler schauen gerne (in einer Ganztagsschule) nachmittags als Hausaufgabe einen Film über Napoleon, die Fünfziger-Jahre oder über die RAF an. Sie werden voller Fragen in die nächste Geschichtsstunde kommen.

Guido Knopp, dem manche zu große Produktionskapazitäten vorwerfen, sollte noch möglichst lange so weitermachen! Die große Geschichtsserie *Wir Deutschen* vom Herbst 2008 ist so angelegt, dass die Schulen mit entsprechenden Lehrmaterialien versorgt werden, und in den Feuilletons gibt es Auseinandersetzungen über den Wert und Unwert solchen televisionären Geschichtsunterrichts; der zuständige Redakteur sah sich sogar zu einer verteidigenden Stellungnahme genötigt. Doch man kann dieses Kapitel auch wie folgt zusammenfassen:

Es ist der Schule nicht möglich, über das unmittelbare, gewissermaßen sinnliche Erleben, das modern aufgemachte Dokumentarfilme (auch Spielfilme) zur Geschichte vermitteln, irgendetwas an „höheren" intellektuellen Einsichten hinzuzufügen, sie mag sich noch so sehr anstrengen. Sie scheitert vor viel Geringerem. Ich spitze weiter zu:

> Die Schule zerstört sogar – wie in der Mathematik – die Bereitschaft und Motivation der Schüler, sich unmittelbar von geschichtlichen Ereignissen und Atmosphären faszinieren zu lassen. (Ähnlich wie übrigens im Fach Deutsch, wir werden es später sehen: Auch dort zerstören die permanente „Belehrungswut" und der permanente „Deutungszwang" die unmittelbare Freude an der Lektüre.)

Ich will das Ganze beschließen, indem ich es diesmal durch zwei Zitate dialektisch konfrontiere:

»Wer die Geschichte nicht kennt, der ist dazu verurteilt, sie zu wiederholen.« (George Santayana)

»Wer die Geschichte versteht, wird nie eine Rolle in ihr spielen.« (Theodore Jouffroy)

Ein weiterer sympathischer Kronzeuge

Schon in der Schlussredaktion des Buches mich befindend bin ich noch einmal auf einige höchst interessante Arbeiten gestoßen, die ich an dieser Stelle gewissermaßen als i-Punkt präsentiere. Der Geschichtsdidaktiker Bodo von Borries hat seit Ende der achtziger Jahre das geschichtliche Wissen und Bewusstsein in verschiedenen Untersuchungen analysiert. Von Borries schreibt in einem Aufsatz einen der wunderbar lapidaren Sätze, auf die ich immer wieder stoße und die ich gerne zitiere, weil auch Leitmotiv des vorliegenden Buches seiend: „Über den Geschichtsunterricht in der gymnasialen Oberstufe sollte nicht ohne ausreichende Kenntnis der tatsächlichen Verhältnisse entschieden werden." Und von Borries formuliert das Fazit seiner Forschung wie folgt:

> »Immerhin ist es mehrfach empirisch belegt und unverkennbar zutreffend, dass Überblickswissen und Schulbuchverständnis weit hinter den Erwartungen von Richtliniengebern und Schulbuchmachern zurückbleiben.«

So kennen z. B. nur etwa die Hälfte der Gymnasiasten in der 12. Klasse die chronologische Reihung von 30-jährigem Krieg und Absolutismus und nur knapp drei Viertel die Abfolge von Industrieller und Russischer Revolution (6. Klasse Gymnasium: jeweils zwei Fünftel). Ähnlich negative Ergebnisse finden sich hinsichtlich der deutschen Staatsmänner des 19. und 20. Jahrhunderts: Nur 70 % der künftigen Abiturienten ordnen STRESEMANN vor HITLER ein (6. Klasse: unter 50 %). Der krasseste Fall: Sowohl in der Unterstufe wie auch in der 12. Klasse wird BISMARCK von über 75 % der Befragten nicht zeitlich vor, sondern nach WILHELM II. eingeordnet. (Groteskerweise haben die Sechstklässler in Nordrhein-Westfalen mit 29 % die beste Trefferquote.) Von Borries' Kommentar: „Das spricht nicht eben für einen Erfolg ereignisgeschichtlichen Unterrichts." Der Forscher betont außerdem: Schon frühe Untersuchungen weisen auf „katastrophale Wissenslücken" bei Abiturienten und Studienanfängern hin, die schon Ende der sechziger Jahre gefunden wurden, zu einer Zeit, als noch eine viel schmälere Elite am Gymnasium versammelt gewesen ist.

> Doch seine Untersuchungen führen von Borries auch dazu, mögliche „Alibis" zu zerstören, auf die ich selbst auch immer wieder gestoßen bin: wenn auch vielleicht von den Faktenkenntnissen kaum etwas übrig bleibe, so resultiere aus dem Unterricht doch ein methodisches und geschichtliches Grundverständnis und -bewusstsein aus. Im Gegenteil!

Es fasziniert mich, wie von Borries all diejenigen kritischen Aspekte heraus präpariert, die auch ich für wesentlich halte:

- Schon mit dem Erfassen von Schulbuchtexten steht es schlecht: Obwohl der Testtext aus einem nichtgymnasialen Lehrwerk aus der 6. Klasse gewählt ist, werden die zehn Verständnis- und Denkfragen (einer Untersuchung aus dem Jahre 1992) im Mittel von mehr als einem Drittel der Zwölftklässler des Gymnasiums nicht korrekt beantwortet, in der 6. Klasse des Gymnasiums finden sich Versagerquoten von 60%, im zweiten Jahr der Berufsschule von 50% Und die befragten Nicht-Gymnasiasten aus der 6. Klasse, also aus der Gruppe, für die das Schulbuch eigentlich gedacht ist, können 70% die Aufgaben nicht richtig bewältigen. Dabei handelte es sich um Multiple-Choice-Aufgaben mit etwa drei Lösungen; das liegt also unter der Ratewahrscheinlichkeit. Ähnliche Ergebnisse gibt es bei anderen Untersuchungen zu Sachbuch- und Schulbuchtexten, auch bei der Auswertung des Verständnisses von Karten und Bildern. Von Borries' Fazit: „Daher läßt sich mit sehr großer Wahrscheinlichkeit sagen, dass ein erheblicher Teil der Lernenden – auch in der gymnasialen Oberstufe – durch ihre jeweiligen Unterrichtsmedien deutlich überfordert ist."
- Von Borries weist darauf hin, dass auch in den höheren Klassen keineswegs wissenschaftlich korrektere Vorstellungen zu finden sind, sondern meistens *Klischees*: Das Mittelalter ist verbunden mit (nachfolgend wörtliche Zitate) „finsterem Aberglauben und grausamer Hexenverfolgung" (s. o.), die Industrialisierung mit „Verelendung der Arbeiter"; und ähnliche „übergeneralisierende Stereotype" finden sich auch in Bezug auf andere historische Phasen und Prozesse. Von Borries spricht etwas deutlich aus, dem eigentlich jeder Ex-Abiturient, der sich kritisch an seine damaligen und auch heutigen Kenntnisse erinnert, zustimmen muss: Man produziert zu bestimmten historischen Themen ein paar anspruchsvolle Schlagworte, aber letztlich doch nur „sozial erwünschte

Antworten". Und er konstatiert: „Statt von Wissenschaftsorientierung des gymnasialen Geschichtslernens könnte man also eher von Konventionalisierung sprechen." (Interessanterweise stimmen die Meinungen und Wertungen der Lernenden in den höheren Klassenstufen in stärkerem Maße mit denen ihrer Lehrer überein als in unteren Klassen.)

- Der beschriebene Prozess setzt sich insofern fort, als historische Prozesse häufig eher moralisierend, jedenfalls mit relativ simplen moralischen Kategorien belegt werden und eben nicht aus einer wirklich historisierenden Distanz heraus. Dem Schulunterricht scheint die Balance dieser beiden Grundanliegen des Geschichtsunterrichts nicht zu gelingen. Hier liegt auch die Ursache für das, was ich als RADIKALEN-THESE bezeichne: Kein normaler Mensch kann einem Radikalen seine Thesen widerlegen, und dies liegt schlicht darin begründet, dass das kritische Geschichtsbewusstsein der Schüler ein nur scheinbares ist.
- Ebenfalls werden durch von Borries bestimmte *mentale Inkonsistenzen* herausgearbeitet. Da ich diese für ein ganz grundlegendes Phänomen des Schulunterrichts halte (man lese auch das Physikkapitel), will ich diese seine Gedanken, wiewohl recht anspruchsvoll, doch festhalten: (a) Die erste Inkonsistenz besteht darin, dass die befragten gymnasialen Oberstufenschüler einerseits eine moralisierende Geschichtsbetrachtung ablehnen, praktisch jedoch, wie gesagt, sich gegenteilig verhalten und ihnen eine Rekonstruktion geschichtlicher Prozesse auf der Basis einer Einfühlung in abweichende historische Weltbilder und Handlungslogiken nicht möglich ist. (b) Ähnlich spannungsgeladen ist das Verhältnis zum Fortschritt: In den damaligen Untersuchungen (in den neunziger Jahren) war eine ausgeprägte Modernisierungsskepsis auf expliziter Ebene festzumachen, weitere Untersuchungen ergaben aber auf der anderen Seite, dass der Technik und der Wirtschaft geradezu ein Automatismus des positiven Wandels zugesprochen wird. (c) Von Borries meint, auch eine Inkonsistenz hinsichtlich folgender Aspekte feststellen zu können: zwischen historischen Deutungen und aktuellen politischen Folgerungen und Konsequenzen – beide scheinen nichts miteinander zu tun zu haben, letztere erscheinen ihm eher als „wohlstandschauvinistisch" und „ethnozentrisch", während, explizit gefragt, ganz andere Schwerpunkte gesetzt werden. (d) Ein letztes interessantes Phänomen, das von Borries schon Anfang der neunziger Jahre herausarbeitet: Es verblüfft ihn der „manifeste Betroffenheitskult" bei gleichzeitiger Gewaltfaszination, wie sie sich damals schon in Computerspielen und Videomärkten manifestierte.

Borries weist auch eine mögliche Ursache dieser, ja, wohl WAHREN BILDUNGSKATASTROPHE hin: Es ist die Tatsache, dass Schulen dazu neigen, „todsicher" diejenigen Geschichtsthemen und -zugänge zu wählen, die Schüler am wenigsten interessieren. Schüler werden am meisten angesprochen von Themen wie „Ausgrabungen von frühen Kulturen" und „Entdeckungsreisen", während die Schulen liebend gerne auf Aspekte abzielen, die bei den Schülern auf den letzten Plätzen lagen, beispielsweise „Eigentumsverteilung und Wirtschaftsordnung", „Arbeitsweise und Arbeitstechniken" und „Burgen, Kirchen, Rathäuser", interessanterweise auch „Kunstgegenstände". Fazit: „Ästhetische, aber nicht fiktional-spannende Geschichte langweilt in der gymnasialen Oberstufe offenbar gleichermaßen wie abstrakte Strukturgeschichte." Ich bin nun wirklich jemand, der von Schülern auch verlangen würde, dass sie bisweilen Dinge lernen und tun, die ihnen keinen Spaß machen, aber bei der Schule ist dies ein durchgehendes Motiv. Von Borries weist im Übrigen darauf hin, dass man schon seit den siebziger Jahren durch entsprechende empirische Untersuchungen weiß, dass Schüler über mangelnden Medieneinsatz (damals Dias, Platten, Filme, Videobänder, Exkursionen, Tageslichtschreiber) klagen – zwei Drittel bis vier Fünftel erklärten, dass solche *nie* eingesetzt würden. Und an dieser Stelle stoßen wir auf eine wichtige Verallgemeinerung dieser Tendenz:

> Die Forschung zeigt, dass Schüler und Lehrer den Unterricht vollkommen unterschiedlich erleben, als ob sie „in anderen Welten" leben! Schüler- und Lehrerangaben, wie sie bestimmte Unterrichtsstunden erfahren haben, erweisen sich als höchst unterschiedlich – hatten wir nicht immer das Gefühl?

Insbesondere erleben Schüler den Unterricht eher als faktenorientiert und lehrergesteuert, Lehrende eher als problemorientiert und schülerzentriert. Es wäre zwar (wie auch von Borries meint) falsch, dies einseitig als Schuld der Lehrer zu interpretieren, ebenso wie klar ist, dass die Sichtweisen beider Seiten die Wirklichkeit verzerren. Dennoch steht für mich fest: Lehrer verlieren aufgrund ihres Studiums die Fähigkeit, die spezifische Erlebniswelt, Erlebnisweise und eben Mentalität der Schüler adäquat wahrzunehmen und sich in sie einzufühlen. Und wenn man ihnen dies einmal prognostiziert hätte, dann wären sie erschrocken, ebenso wie sie im Normalfall bestreiten, dass dieser Entfremdungsprozess von dem jugendlichen Schüler, der sie manchmal ja vor kurzer Zeit noch tatsächlich waren, hin zu dem gewissermaßen nun „institutionell gealterten" Lehrer überhaupt vorliegt. Wenige Jahre Studium und die sogenannte Praxisausbildung genügen, um Lehrer und Schüler auf Dauer zu entfremden.

Das Fazit der eben referierten Forschung ist eindeutig: Wieder wird das DUALE VERSAGENSPRINZIP wahr gemacht. Denn weder werden (a) Fakten vermittelt noch (b) Methoden und das vielbeschworene „Geschichtsbewusstsein". Im Gegenteil: Dieses Bewusstsein wird verzerrt, und zusätzlich wird die Motivation zerstört. Ich schließe mit drei ganz und gar treffenden Von-Borries-Zitaten:

> „Durch oberflächliches Drüber-Huschen wird das Fragwürdige problemlos, das Ungeheuerliche selbstverständlich, das Erregende langweilig, das Komplizierte simpel, kurz: das Lebendige tot gemacht." – "Nicht selten sind Aversion, Schulmüdigkeit und Disziplinlosigkeit so groß, dass Chaos an die Stelle des organisierten Lernprozesses tritt." – „Geschichte wird nicht mit ‚Spaß und Faszination' verbunden, sondern mehr mit ‚Betroffenheit und Scham'. Spaß und Faszination werden im Verlauf der Sozialisation eher ausgelöscht als hervorgerufen. Geschichte geht daher eine Verbindung mit einer leicht ‚depressiven' Stimmung ein."

»Geschichte zu schreiben ist eine Art, sich das Vergangene vom Hals zu schaffen.« (Johann Wolfgang von Goethe)

5
Biologie: Totes Wissen in der Wissenschaft vom Lebendigen

Biologie beziehungsweise die „Lebenswissenschaften" gehören zu den wichtigsten Wissenschaften der Zukunft. Es stellt sich die Frage: Wissen das auch die Schüler? Und: Was wissen Menschen eigentlich von diesem wichtigen Fach? Was verbleibt im NACHHALTIGEN WISSENSRESIDUUM?

Elementardefizite

- Was ist Chlorophyll? – Diese Frage konnte gemäß einer Umfrage des *Stern* im Jahre 1999 von 60 % der Schüler und immerhin 17 % der Lehrer nicht beantwortet werden.
- Aus derselben Umfrage: Wer war der Begründer der modernen Evolutionstheorie? – Diese Frage konnte von 80 % der Schüler und immerhin 17 % der Lehrer nicht beantwortet werden.
- In welcher Verwandtschaft stehen Rehe und Hirsche? – Gemäß einer FORSA-Umfrage im Jahre 2006 wussten die wenigsten, dass Rehe und Hirsche unterschiedlichen Familien angehören; die meisten meinen, das Reh sei das Weibchen vom Hirsch; nur ein gutes Drittel der Kinder weiß, dass es sich um verschiedene Arten handelt.
- Wie entsteht ein Schmetterling? – Die typischen Phasen – Ei, Raupe, Puppe/Kokon, Schmetterling – konnten 62 % der Befragten in einer Allensbach-Untersuchung nicht wiedergeben.

- Eine amerikanische Untersuchung ergab: 50 % glauben, dass Dinosaurier und Menschen gleichzeitig die Erde bevölkert haben.
- Die Fachhochschule in Weihenstephan führte 2008 eine „Vogel-PISA-Studie" durch, mit dem Ergebnis: Nur jedes dritte Kind kannte überhaupt noch einen Spatz; 8 % kannten keine einzige Vogelart, nur 1 % konnte die 12 häufigsten Arten unserer Heimat bestimmen. Der Test, den angehende Forstingenieure der FH an circa 3 200 Schülern der 4. und 7. Klasse im Jahr 2006 durchgeführt haben (Bird Identification Skill Assessment, BISA") belegt, dass das Wissen der Kinder in den vergangenen Jahrzehnten zurückgegangen ist, was man durch Bezug auf eine Untersuchung Anfang der 1980er Jahre belegen kann: Bei 4 von 5 Vogelarten hat das Wissen abgenommen, nur die Amsel ist bekannter denn je.
- Ich will in diesem Zusammenhang eine sehr prägnante Untersuchung zitieren; sie gehört zu den kleinen Studien, die aus einem eher fachdidaktischen oder psychologischen Anliegen heraus durchgeführt werden, meist sehr anregend sind, im Gegensatz zu den großen Studien wie PISA oder TIMSS jedoch kaum von der Öffentlichkeit rezipiert werden. Auch sind diese kleineren Studien meist nicht kritisch orientiert – man kann sie aber durchaus aus dieser kritischen Perspektive lesen.

Die Studie enthielt vier einfache Aufgabenstellungen:
- Zu welchen Bäumen gehören die vier Blätter, die abgebildet worden sind? (Dabei wurden die Blätter der bekanntesten Bäume, nämlich Eiche, Kastanie, Birke und Buche gewählt; der Leser versuche diese in der nachfolgenden Abbildung zu identifizieren.)
- Nennen Sie vier wirbellose Tiere!
- Nennen Sie die Nahrungsbestandteile, die ein Mensch benötigt!
- Nennen Sie die chemische Formel für (a) Kohlendioxid, (b) Wasser, (c) Kochsalz!

Ergebnis: Mehr als die Hälfte der Probanden können diese Aufgaben nicht korrekt lösen. Zum Beispiel erreichen 50 % der Schüler der Sekundarstufe

Zeichnung: Lisa Nigrelli

II und 75 % der Schüler der Sekundarstufe I bei der Blattfrage keine vollständige Antwort. (Nebenbei: Die Blätterkenntnisse können nicht aufgrund von Schulwissen in der Sekundarstufe II besser geworden sein, da diese dort keinen Lehrplaninhalt darstellen; es muss vielmehr mit einem eigenständigen Interesse außerhalb der Schule zusammenhängen.) Ergänzend sei eine Untersuchung des demoskopischen Instituts Allensbach zitiert: Für die Blätter von Eiche, Kastanie, Ahorn und Linde entsprach der Prozentsatz der richtigen Zuordnungen 80 %, bei Eiche 71 %, bei Kastanie, 61 % bei Ahorn und 27 % bei Linde. Ähnliches gilt für die Nennung von „Wirbellosen", also von Tieren, die keine Knochen besitzen: Hier war eine gewaltige Menge von Falschangaben zu verzeichnen. (Ohnehin wird durch die Art der Aufgabenstellung und Auswertung das Ganze positiver dargestellt, da es genügt, ohne Begründung irgendwelche Gruppen zu nennen – und gemäß meiner Erfahrung ist es so, dass Menschen nicht wirklich wissen, was „Wirbellose" sind, sondern vielmehr irgendwelche Tiergruppen nennen, die einfach für sie „etwas weiter weg vom Gewöhnlichen" angesiedelt sind.) Insgesamt konnten nur 5 % der Erwachsenen mit Abitur- beziehungsweise FH-Reife und circa 1,5 % der Erwachsenen mit mittlerer Reife die Fragen vollständig beantworten. Etwa 70 % der Erwachsenen mit Mittlerer Reife erreichten nur 12 und weniger Punkte, 8 % sogar nur 6 Punkte, bei einer maximal möglichen Punktzahl von 18. Aber auch von den Erwachsenen mit Abitur erreichten 8,5 % nur 10 Punkte.

In der Untersuchung enthalten war eine zusätzliche Teilaufgabe, die ein Elementarwissen anspricht, das schon als fundamental zu bezeichnen ist: Woraus besteht eine pflanzliche Zelle? (Antwort: Membran, Zellkern, Zytoplasma, Vakuole, Mitochondrien, Ribosomen, Chloroplasten, Golgi-Apparat, endoplasmatisches Retikulum, weitere Organellen). Ergebnis: Auch bei großzügiger Zuordnung von Aussagen sind nur die ersten drei als bei den Teilnehmern allgemein bekannt anzusehen. Ribosomen und Chloroplasten sind verschwindend selten benannt worden.

An dieser Stelle sei auch die TIMS-Studie kurz erwähnt: Den Fähigkeitsbereich zwischen 400 und 450 Punkten erreichten etwa 40 % am Ende der 8. Klasse nicht. Dabei geht es um Aufgaben, die biologisches Alltagswissen ansprechen, beispielsweise: „Wie kann man das Alter eines Baumes feststellen, nachdem er gefällt worden ist?" „Man erkläre, warum für die Aufrechterhaltung des Ökosystems im Aquarium Pflanzen und Licht notwendig sind!" Dieses Niveau korrespondiert ungefähr dem Hauptschulbereich. Im gehobenen Bereich (500–600 Punkte), der bis an die unterste Grenze des Gymnasiumniveaus reicht, erzielten 60 % der Schüler das korrekte Ergebnis nicht. Bei diesen Aufgaben ging es besonders um funktionale Zusammenhänge, etwa: Was ist die Hauptaufgabe der Chloroplasten in einer Pflanzenzelle? Nachdenklich stimmen die Ergebnisse im Bereich der schwierigen Aufgaben: Hier sind 85–90 % der Schüler nicht in der Lage, Prinzipien einfachster experimenteller Anordnungen zu verstehen beziehungsweise naturwissenschaftlich zu argumentieren. Die deutschen Schüler fallen auf diesem Aufgabenniveau besonders krass hinter ostasiatischen Schülern zurück. Beispiel: „Nehmen wir an, du müsstest untersuchen, wie sich die menschliche Herzschlagfrequenz verändert, wenn sich die körperliche Aktivität ändert. Welche Hilfsmittel würdest du verwenden und wie würdest du vorgehen?"

»Natur! Wir sind von ihr umgeben und umschlungen – unvermögend aus ihr herauszutreten und unvermögend tiefer in sie hineinzukommen. Ungebeten und ungewarnt nimmt sie uns in den Kreislauf ihres Tanzes auf und treibt sich mit uns fort, bis wir ermüdet sind und in ihre Arme fallen.« (Johann Wolfgang von Goethe)

Fundamentaldefizit I: Systematik/ Taxonomie

Dieses Teilgebiet der Biologie macht den Versuch, das Reich der Lebewesen in eine sinnvolle Ordnung zu bringen, eine Ordnung, die nicht nur äußere Ähnlichkeit, sondern (evolutionäre) Verwandtschaftsbeziehungen widerspiegelt. Es war und ist immer noch eines der konstitutiven Paradigmen der Biologie. Begründet von Carl von Linné im 18. Jahrhundert operiert die Taxonomie zunächst einmal mit einer zweiteiligen Einordnung (*Binominal-Nomenklatur*): Eine ART (SPEZIES) wird einer GATTUNG zugerechnet. Linné gab beispielsweise dem Menschen den Gattungsnamen *Homo* und die Artbezeichnung *sapiens* für „weise". (Manchmal wird noch eine UNTERART angenommen; häufig auch noch RASSEN, bei Pflanzen SORTEN, gekennzeichnet durch nicht-fundamentale Unterschiede, wobei im menschlichen Bereich der Begriff der „Rasse" aus historischen Gründen vermieden wird.) Auf dieser noch recht gesicherten Basis wird ein hierarchisches System höherer Einheiten errichtet, das zunehmend hypothetischer Natur ist (s. u.). Über die Definition des Begriffs der „Art" hat man dann die nächsten Jahrhunderte gestritten, doch diese Diskussion kann im Rahmen des vorliegenden Buches nicht dargelegt werden.

Meine Erfahrung: Die im Grunde einfache Logik dieses Vorgehens ist niemandem mehr präsent, ja nur wenige Schüler und Erwachsene wissen überhaupt, was „Taxonomie" bedeutet. Dabei erlebt diese gegenwärtig eine Art Renaissance; in Deutschland sollen etliche neue Stiftungsprofessuren für dieses Gebiet entstehen. Wobei ich wiederum betone: Es geht überhaupt nicht um eine auch nur annähernd vollständige Kenntnis, sondern einzig um die Grundidee und zwei, drei exemplarische Ausschnitte. Nachfolgend soll, weil es naheliegend ist und auch im Hinblick auf spätere Defizite eine Rolle spielt, als Beispiel für eine taxonomische Einordnung die des Menschen dargelegt werden:

- REICH: Tiere
- Unterreich: Vielzeller
- STAMM: Rücksaitentiere (Tiere mit Innenskelett)
- Unterstamm: Wirbeltiere
- KLASSE: Säugetiere
- UNTERKLASSE: Placentatiere
- ORDNUNG: Primaten
- ÜBERFAMILIE: Hominoidea
- FAMILIE: Hominidae (Menschenaffen und Menschen)
- GATTUNG: *Homo* (Mensch im engeren Sinne)
- SPEZIES (beziehungsweise ART): Homo sapiens
- UNTERART: Homo sapiens sapiens (der moderne Mensch)

Eine Erläuterung hierzu: Die Primatenordnung umfasst je nach Gewichtung anatomischer und biochemischer Merkmale 10 bis 20 Familien, circa 60 Gattungen und etwa 190 bis 200 Arten. Lemuren, Loris, Galagos und Koboldmakis werden als sogenannte *Halbaffen* (*Prosimiae*) den *echten Affen* (*Simiae*) und den *Menschenaffen* gegenübergestellt. Sie bilden zusammen mit den Menschen die ÜBERFAMILIE Hominoidea. Die FAMILIE der Hominidae besteht aus den Menschen und den Menschenaffen: Gorilla, Schimpanse, Zwergschimpanse (Bonobo); des Weiteren: Orang-Utan, Gibbon, Siamang.

Wir mussten in Biologie viele Einzelheiten zu allen möglichen Dingen lernen – ich frage: Sollten wir nicht dieses taxonomische Fundamentalwissen in Bezug auf unsere eigene Art kennen? Und vielleicht noch folgendes:

Als Linné die Taxonomie begründete, hatte sich der Evolutionsgedanke ja noch nicht durchgesetzt, sodass die Ordnungssysteme sich vorwiegend auf klar erkennbare Merkmale zur Bestimmung oder Züchtung von Pflanzen und Tieren gründeten. Vor allem nach Aufkommen der Evolutionstheorie wurde die Unterscheidung von „analogen" und „homologen" Merkmalen wichtig: Die erste Gruppe umfasst Merkmale, die nur gewissermaßen formale Ähnlichkeiten widerspiegeln, die zweite solche, die eine tiefere Verwandtschaft aufweisen, eigentlich nur evolutionär verstehbar, wofür verschiedene Homologie-Kriterien entwickelt worden sind. Heutzutage werden auch die molekulargenetischen Merkmale – durch Genomvergleiche und die Analyse von Nukleotidsequenzen in unserer Erbsubstanz – mit einbezogen. Dadurch löst sich natürlich auch die starre Taxonomie teilweise auf, in zahlreiche Verbindungslinien und evolutionäre Verläufe; immer noch aber braucht die Biologie die klassischen taxonomischen Modelle und Methoden. Auch sind die molekulargenetischen Analysen nicht so sicher und objektiv, wie es zunächst scheint, eine Reihe von hypothetischen Annahmen und statistischen Elementen gehen darin ein, natürlich vor allem solche über die spezifischen Evolutionsgeschwindigkeiten der unterschiedlichen Parameter.

Im Zusammenhang mit der Taxonomie erscheint mir als Minimax-Frage, auf die ich so gut wie niemals eine auch nur annähernd vollständige Antwort gefunden habe, folgende sinnvoll: Was sind die grundlegenden REICHE, also gewissermaßen die „Ur-Einheiten", aus denen alle Lebewesen hervorgegangen sind?

Kurzerläuterung:
- Zunächst ist wenigen bekannt, dass zwei der Reiche sind: TIERE und PFLANZEN! Dieses duale Modell, das noch zu Darwins Zeiten gültig war, ließ sich aber auf Dauer nicht halten.
- Die PILZE (*Fungi*: Schimmelpilze, Hefen und die eigentlichen Pilze) stellen nämlich ebenfalls ein eigenes Reich dar, das gewissermaßen zwischen den Pflanzen und Lebewesen angesiedelt ist.
- Schon im 19. Jahrhundert erkannte man die BAKTERIEN als ein eigenes Reich, ebenfalls die PROTISTEN (*Protista* oder *Protoctista*, „Begründer").

Letztere Gruppe umfasst Einzeller, die nur in seltenen Fällen auch Zellkolonien (ohne Gewebedifferenzierung) bilden; dazu zählen beispielsweise: Geißelalgen, Geißeltierchen, Wimperntiere und Wurzelfüßler, auch die durch ihre tierähnliche Ernährungsweise charakterisierten Protozoa („Urtiere"). Da man bei den Bakterien meist zwei Gruppen unterscheidet, kam man insgesamt auf ein „5-Reiche-Modell", wie es von nachfolgender Darstellung wiedergegeben wird.

Der Leser wird allerdings in der modernen Literatur auf abweichende Darstellungen treffen, meist werden heute noch drei sogenannte DOMÄNEN angenommen, die über den Reichen stehen, gewissermaßen „Ur-Reiche" sind: die eigentlichen Bakterien *Eubacteria*, die *Archaea* (Bakterien mit noch simplerer Kernstruktur) und die *Eukarya* (alle Lebewesen mit Zellkern). Man nimmt heute an, dass die letztere Domäne aus einer Symbiose der ersten beiden entstanden ist. Unstrittig ist, dass der grundlegende Unterschied zwischen den Lebewesen in der Organisation der einzelnen Zelle besteht: Bei den PROKARYOTA, den „Kernlosen", sind die Zellen wesentlich einfacher gebaut als bei den „Kernhaltigen", den EUKARYOTA. Sämtliche Bakterien gehören zu erster DOMÄNE, die zweite DOMÄNE umfasst alle 4 zuerst genannten Reiche (Tiere, Pflanzen, Pilze, Protisten) unter sich. Man lese zur vorherigen Darstellung das Buch von S. Thoms *Ursprung des Lebens*, und einen sehr persönlich geschriebenen Überblick über die problematischen Aspekte findet man im Buch von L. Margulis: *Die andere Evolution*; sie schreibt dort, dass sie und ihre Kollegen frustriert gewesen seien „von der Zusammenhanglosigkeit, Widersprüchlichkeit und Uneinheitlichkeit in den Ansichten unserer Kollegen"; es sei ihnen schwergefallen, „unseren Studenten die Dummheiten der botanischen und zoologischen Klassifikation beizubringen". Und am Ende der Diskussion artikuliert sie einen schönen Gedanken: „Wir können das Leben in drei oder fünf oder eine Million Kategorien einteilen, aber das Leben selbst wird sich uns immer entziehen."

Ich will an den Schluss dieses Teilkapitels einen zunächst eigentümlich klingenden Aspekt stellen: Im Zusammenhang mit der Taxonomie sollte auch etwas deutlich werden, was ich als wesentliches, generelles Unterrichtsziel (fast eine der oft beschworenen „Schlüsselfertigkeiten") betrachte, das aber normalerweise nicht vermittelt wird: *Respekt*. Respekt vor der enormen geistigen Leis-

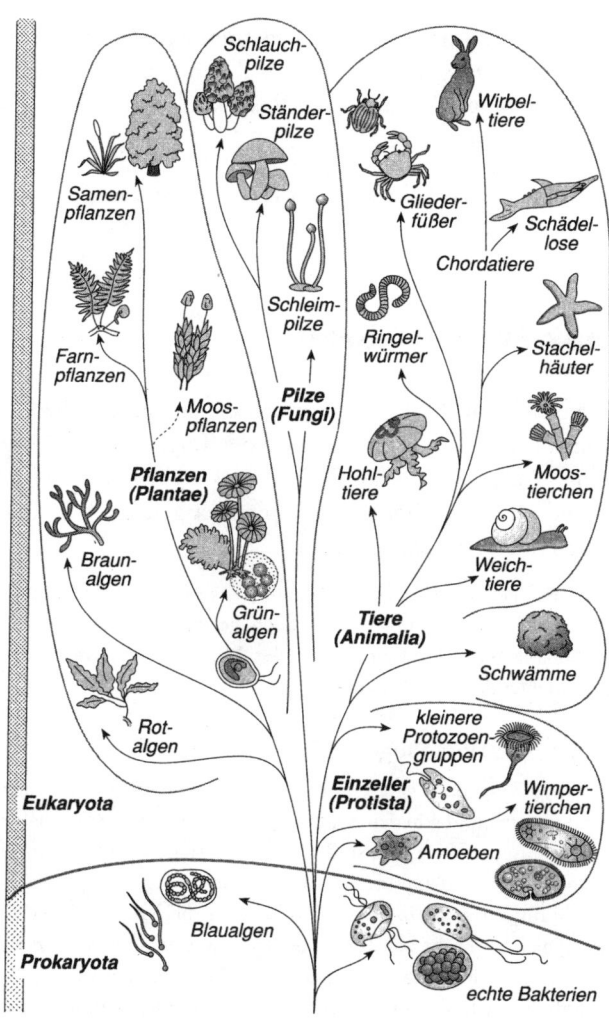

(Entnommen aus W. Kleesattel: *Evolution*.)

tung all derjenigen Menschen, die die scheinbar langweilige Taxonomie begründet haben. Was in der Schule von den Schülern oft als ein ärgerliches Pauken von fremdartig klingenden Begriffen erlebt wird, war einer der bedeutendsten geistesgeschichtlichen Fortschritte, einer der bedeutendsten Versuche des Menschen, ja, *Ordnung* zu schaffen. Doch ich habe niemanden gefunden, dem von der Schule dieser Respekt und diese Einsicht vermittelt worden ist.

»In jeder Ordnung, die du schaffst, soll Platz für Unordnung sein.« (Valentin Braitenberg)

Minimax-Fragen I bis IV

Aus dem vorherigen Teilkapitel erwachsen ein paar nahe liegende Kontrollfragen, wiederum nach der Logik, wie sich bei minimalem Anspruchsniveau maximales Unwissen zeigt. Anschließend an das vorherige Teilkapitel sei gefragt: Was sind die grundlegenden Merkmale der Primaten?

Kurzerläuterung: Nach vorn gerichtete Augen, die räumliches Sehen ermöglichen, Greifhände und Greiffüße ohne Krallen, geringe Nachkommenzahl und lange Abhängigkeit der Jungen von der Mutter, stark entwickeltes Großhirn und fehlende Spezialisierung.

Zweite Frage: Was sind Säugetiere?

Kurzerläuterung: Säugetiere gehören zu den Wirbeltieren, deren Nachwuchs lebend geboren und von den Müttern gesäugt wird. Säugetiere haben fast alle Lebensräume erobert und sind mit 4 000 Arten in 20 Ordnungen und 130 Familien weltweit verbreitet. Weitere Kennzeichen: (a) Sie sind durch Warmblütigkeit gekennzeichnet, wobei sich die Körpertemperatur annähernd auf gleicher Höhe hält. (b) Sie besitzen ein vierkammeriges Herz, dessen vollständige Scheidewand zwischen den Herzkammern arterielles (mit Sauerstoff beladenes) von venösem (sauerstoffarmem) Blut trennt. Das verbrauchte Blut wird durch das Einatmen von Luftsauerstoff über die Lungen mit Sauerstoff aufgeladen. (Deswegen ist auch die Ausbildung eines Zwerchfells notwendig.) (c) In der Regel haben Säugetiere vier Gliedmaßen. (d) Weitere Merkmale: In der Gebärmutter werden die Föten durch die Placenta (Mutterkuchen) ernährt (außer bei Kloaken- und Beuteltieren, die plazentalose Säuger sind); ein sekundäres Kiefergelenk sowie Haare sind ebenfalls typisch, wobei sich das Haarkleid beim Menschen und einigen im Wasser lebenden Säugern zurückgebildet hat.

Ergänzend könnte man fragen: Welche ORDNUNGEN gehören zu den Säugetieren?

Kurzerläuterung: Neben den Unterklassen der plazentalosen Kloakentiere und Beuteltiere sind es vor allem die in der Unterklasse Plazentatiere zusammengefassten Ordnungen: Insektenfresser, Fledertiere, Raubtiere (mit Landraubtieren und Robben), Wale, Paarhufer, Unpaarhufer, Elefanten, Seekühe, Schuppentiere, Nagetiere, Hasentiere und die sogenannten Herrentiere (Primaten).

Anmerkung: Gerade bei diesen Fragen habe ich niemals auch nur annähernd vollständige und adäquate Antworten erhalten, vielmehr völlig abwegige; mir selber war es ebenfalls völlig unmöglich, dieses doch eigentlich elementare Wissen zu reproduzieren. Wiederum behaupte ich auch nicht, dass man das alles beherrschen muss. Ich behaupte nur, dass all diese Fragen gemessen an den schulischen Lehrplänen ein Minimal-Wissen darstellen, auch ein doch wirklich interessantes und fundamentales. Warum haben wir in der Schule soviel kurzfristig auswendig lernen müssen und stehen dann ahnungslos vor solchen eigentlich leichten Herausforderungen?

Und eine letzte Minimax-Frage: Sind Viren Lebewesen?

Nach meiner Erfahrung halten die meisten Menschen sie für solche; die meisten Biologen sehen das aber anders und betrachten sie deshalb nicht als eigenes REICH, wobei die Frage aber letztlich nicht eindeutig zu klären ist und davon abhängt, wie man Leben definiert. Die Aufgabe der Definition von „Leben" hatte ich eine Zeitlang als eigenes Teilkapitel angedacht, will sie jetzt aber doch nur in aller Kürze durchdeklinieren. Vorneweg: Wenn ich gefragt habe „Was ist Leben?", dann bin ich wieder meist verständnislos angeschaut worden, denn auch im Hinblick die gewissermaßen definitorische Essenz der BIOLOGIE besteht normalerweise kein einigermaßen standardisiert reproduzierbares Wissen. Unter den zahlreichen Kriteriums-Listen finde ich folgende besonders instruktiv:

Kompartimentierung (also die Abgrenzung von der Außenwelt, auch eine hinzukommende innere Kompartimentierung), dies jedoch bei gleichzeitiger *Offenheit*, und das heißt *Energiestoffwechsel*; das impliziert außerdem: *Katalyse*, auf der Basis von Enzymen, die die Grundlage des Stoffwechsels bilden und bestimmte chemische Reaktionen gewissermaßen wahrscheinlicher machen, als sie von der Physik her sind (dort herrscht die Tendenz zur Entropie; man lese hierzu Kapitel 10). Des Weiteren ist folgender Komplex zu nennen: *Regulation, Homöostase, Regeneration*, also insgesamt eine wie auch immer geartete Fähigkeit, Abweichungen von einem optimalen Gleichgewicht wieder einzupendeln. Schließlich kommt hinzu *Wachstum, Reproduktivität, Anpassung* und *Programm* (die Tatsache, dass Leben eine genetische „Blaupause" benötigt). Oft als Lebenskriterien werden auch genannt: die Fähigkeit, auf Reize zu reagieren (*Reizbarkeit*), *Bewegung* (auch Pflanzen können sich in engem Rahmen bewegen, zum Beispiel der Sonne zuwenden) und *Mutation*, damit einhergehend: *evolutionäre Adaptation*. Natürlich sind all die genannten Eigenschaften nicht unabhängig voneinander, beruhen teilweise aufeinander, als zentral erscheinen mir *Reproduktion* und *Stoffwechsel*, wobei bisweilen die These vertreten wird, dass diese zentralen Bestimmungsfaktoren durchaus einmal unabhängig voneinander evolutionär entstanden sein können. Und nun zur Antwort auf die Ausgangsfrage: *Viren besitzen die genannten Merkmale im strengen Sinne nicht.* Im Wesentlichen ist ein Virus ein Stück Nukleinsäure (DNS oder RNS), das aber auf eine „geniale" Weise die Reproduktionsmechanismen der Wirtszelle dazu benutzt, um sich zu vervielfältigen. Insofern könnte man davon sprechen, dass Viren eine indirekte Art der Fortpflanzung besitzen, ebenso einen indirekten Stoffwechsel. Allerdings muss man konstatieren, dass Viren die Fähigkeit zur Mutation besitzen (zwar wieder indirekte Mutationen, die zunächst auf Kopierfehler während der Replikation innerhalb der Wirtszelle zurückgehen), dennoch sind Viren so zu einer Evolution in Richtung besserer Angepasstheit fähig und weisen in diesem Sinne etwas auf, das man als grundlegendes Merkmal des Lebens ansehen kann. Pointiert gesagt: *Ein Virus ist etwas Totes, das die Fähigkeit besitzt, sich Leben zu leihen.*

> »Die Natur ist kein Tempel, sondern eine Werkstatt, der Mensch hat darin zu arbeiten.« (Iwan Turgenjew)

Fundamentaldefizit II: Anthropologie

Es ist, denke ich, kein Anthropozentrismus, wenn man davon ausgeht und hofft, dass als Ergebnis des Biologieunterrichts etwas über die grundlegenden Kennzeichen und Besonderheiten des Menschen verbleibt. Es geht hier, wenn man es in einer allgemeinen Bildungsperspektive betrachtet, um nicht mehr oder weniger als um eine *Verortung* des Menschen. Man darf fast alles an Einzelheiten über den Menschen vergessen, aber wie er sich vom Tierreich abhebt und wie er damit verwandt ist beziehungsweise wie er daraus hervorgegangen ist, das sollte man vielleicht doch wissen. Den meisten Menschen ist jedoch nicht einmal klar, was „Anthropologie" überhaupt bedeutet (wobei der Begriff tatsächlich in unterschiedlicher Weise gebraucht wird und viele Facetten hat). In Fortführung des im vorherigen Teilkapitel Gesagten sei deshalb an dieser Stelle etwas zur Entwicklung des Menschen dargelegt, und der Leser sei gefragt, inwieweit ihm dies auch nur bruchstückweise deutlich ist.

Vorneweg: Aussagen über die genaue Evolution des Menschen sind schwierig, da immer neue Fossilbefunde das Bild ständig verändern (gerade eben, bei der Schlussredaktion, ging die sensationelle Meldung durch die Medien, dass ein 4,4 Millionen alter Vormensch rekonstruiert sei, eine ganz eigentümliche Mischung partiell äffischer, aber auch schon sehr menschlicher Merkmale aufweisend, sowohl im Wald auf Bäumen, wie auch schon aufrecht gehend in der Savanne lebend). Entscheidend sind folgende evolutionäre Linien: Der früheste gemeinsame Ahne der Menschen und Menschenaffen existierte wahrscheinlich im frühen Oligozän (vor 30 bis 40 Millionen Jahren): *Propliopithecus*. Als letzte gemeinsame Vorfahren von Mensch und Menschenaffen werden angesehen: der in Ägypten gefundene *Aegyptopithecus* (Alter etwa 25 Millionen Jahre) und die vor 20 Millionen Jahren in Afrika, Asien und Europa heimischen *Dryopithecus*-Formen, darunter der *Proconsul* als spätestes Glied. Diese Gruppe weist eine Mischung von Tieraffen- und Menschenaffenmerkmalen auf und ist daher aller Wahrscheinlichkeit an der Gabelung Menschenaffen und Hominiden angesiedelt. Als möglicherweise letzte gemeinsame Stammform von Mensch und Menschenaffen wird häufig der *Ramapithecus* genannt, von dem acht bis

16 Millionen Jahre alte Fossilien entdeckt wurden. Dann beginnt die Phase der *Vormenschen* beziehungsweise das Tier-Mensch-Übergangsfeld. Die Vormenschen sind durch ein menschenähnliches Gebiss, aber noch eine affenähnliche Schnauze sowie ein Gehirnvolumen von 400 bis 500 Milliliter gekennzeichnet; ursprünglich Greifkletterer begannen sie zunehmend am Boden zu leben. Am Ende dieser Phase stehen die *Australopithecinen*, die vor ungefähr drei bis vier Millionen Jahren in Afrika lebten, mit Lucy" als berühmtestem Fossil. Lucy wurde auf ein Alter von ungefähr drei Millionen Jahren datiert, wobei später der *A. afarensis* aufgrund eines weiteren Fossilienfundes auf vier Millionen Jahre zurückdatiert werden musste. Die Australopithecinen gebrauchten bereits Werkzeuge, und der Fund „Lucy" weist auch darauf hin, dass überraschenderweise schon vor über drei Millionen Jahren der aufrechte Gang etabliert gewesen sein muss. Wichtig ist auch: der *Australopithecus* ist nicht der gemeinsame Vorfahre der heutigen Menschen und der Schimpansen; die Trennung dieser Linien muss (gemäß DNA-Untersuchungen) schon viel früher, nämlich vor sechs bis acht Millionen Jahren stattgefunden haben. Bis jetzt fehlen jedoch fossile Zeugnisse; man spricht von einem *fossil gap*. Der 2002 entdeckte *Sahelanthropus tchadensis* (Spitzname „Toumai", übersetzt „Hoffnung auf Leben") schlägt vielleicht eine Brücke zu dieser Frühzeit, datiert auf ein Alter von sechs bis sieben Millionen Jahren, wobei noch nicht geklärt ist, ob dieser zum Zweig der Hominiden oder zu dem der Affenartigen gehört. Übrigens: Die beiden Schimpansenarten – Schimpanse und Bonobo (unsere nächsten lebenden Verwandten) – scheinen sich erst nach der Abspaltung von der Linie der Frühmenschen auseinander entwickelt zu haben. Bis heute suchen die Paläontologen nach Zeugnissen des letzten gemeinsamen Vorfahren mit den Schimpansen. Bei den Australopithecinen wird eine große Vielfalt unterschieden, wichtig scheint vor allem folgender Aspekt: Die einen sind eher zierliche Vertreter der Art, die anderen eher grobere (*Homo robustus*, „Nussknackermensch"); es wird diskutiert, inwieweit aus der zierlicheren Form die *Homo*-Linie entsprungen ist. Vor etwa 700 000 Jahren starben die Australopithecinen aus, Werkzeuggebrauch, Entwicklung einer Symbolsprache und Gebrauch des Feuers führten schließlich zu den diversen Formen des *Homo sapiens*, den *Altmenschen*. Diese (im Unterschied zu den *Frühmenschen*, s. o.) werden wie folgt differenziert: *Steinheimer, Neandert(h)aler, Homo sapiens*, alle nicht nur durch Werkzeugherstellung gekennzeichnet, sondern auch durch Höhlenbewohnung, Jagdkult und Totenbestattung sowie einem Gehirnvolumen von 1200 bis 1750 Milliliter.

Der Neandertaler trat vor etwa 100 000 Jahren erstmals auf, verschwand dann aber vor ungefähr 35 000 Jahren fast spurlos von der Erde, ähnlich wie der Steinheimer. In jüngster Form hat diese Menschenform eine Art Rehabilitation erfahren, weg von der eines „Primitivlings" hin zu einem Menschen, der dem Homo sapiens wahrscheinlich hinsichtlich der kognitiven Entwicklungsstufe fast ebenbürtig war; die Ursachen seines Aussterbens sind bis heute nicht geklärt, einige Anthropologen meinen auch, dass sich beide Arten durchaus vermischt haben könnten. Die ältesten Jetzt-Menschen-Funde (der „Homo sapiens sapiens") sind etwa 150 000 Jahre alt. Sie stammen aus Afrika, und man nimmt an, dass dort die Wiege des modernen Menschen liegt; in Europa tauchte er vermutlich vor 100 000 Jahren auf: die sogenannten *Cromagnon-Menschen*, benannt nach ihrem Fundort in Frankreich. Anatomisch sind die frühen Jetztmenschen von ihren Vorgängern durch folgende Merkmale unterschieden: grazilerer Körperbau, Unterkiefer mit vorstehendem Kinn, hochgewölbter Hirnschädel, kleinere Zähne. Sie waren bereits in der Lage, filigranere Steinwerkzeuge herzustellen, auch wurden die ersten Kunstwerke geschaffen, wie die Höhlenmalereien von Lascaux, sowie weitere Plastiken (eine Löwenfrau aus dem Elfenbein eines Mammuts wird mit ihren 30 000 Jahren als ältestes plastisches Kunstwerk der Welt angesehen).

Nachfolgend sei das Ganze noch einmal kondensiert formuliert. Trennung Orang von den Homininae (der Gruppe, aus der Menschen und Menschenaffen hervorgingen): vor 12–10 Millionen Jahren; Trennung Gorilla von Mensch und Schimpanse: vor 8–5,5 Millionen Jahren; Trennung Schimpanse vom Menschen: 7–4,6 Millionen Jahren. Acht Millionen Jahre vor Christus: wachsendes Hirnvolumen bei Affen; vier Millionen Jahre: der *Australopithecus* richtet sich auf; zwei Millionen Jahre: der *Homo habilis* benutzt einfache Werkzeuge; eine Million Jahre: das Feuer wird als Werkzeug und Hilfsmittel benutzt; 200 000 Jahre: der *Homo sapiens* erobert die Welt. Der wichtigste Teil der Menschheitsgeschichte vollzog sich also während des Pleistozäns, des geologischen (eiszeitlichen) Zeitabschnitts, der vor etwa 1,6 Millionen Jahren begann und vor 10 000 Jahren endete. Alle typisch menschlichen Ausprägungen psychischer Funktionen entwickelten sich innerhalb dieses Zeitraums. Übrigens: Die geringe genetische Vielfalt aller heutigen Populationen führte zu der Vorstellung, dass der anatomisch moderne Mensch erst relativ spät aus einer sehr kleinen Population hervorgegangen ist, zugespitzt: dass alle heute lebenden Menschen von einer einzigen afrikanischen Frau abstammen, die vor circa 200 000

Jahren gelebt habe. (Es hat natürlich auch vorher eine größere Gruppe von Menschen und Frauen gegeben, aber es scheint, als ob tatsächlich die anderen ausgestorben wären.) So etwas schließt man aus der Analyse der DNA in den Mitochondrien (die nur von den Müttern vererbt wird); unter der Annahme einer bestimmten Evolutionsgeschwindigkeit der DNA lassen sich evolutionäre Entwicklungslinien, auch Wanderungsbewegungen des Menschen rekonstruieren. Dabei stehen sich die eben genannte „Out-of-Africa-Hypothese" und die „multiregionale Hypothese" gegenüber; gemäß letzterer hat sich der moderne Mensch getrennt in verschiedenen Regionen der Erde entwickelt, wobei alle jedoch von einem circa eine Million Jahre alten Vorfahren abstammen sollen. (Auch hier gibt es übrigens eine fundamentale Alternativvorstellung: Es finden sich im Kaukasus 1,8 Millionen Jahre alte Menschenknochen, auch in Spanien viele hunderttausend Jahre alte – ist der Vorläufer des Menschen vielleicht von Europa wieder nach Afrika zurückgekehrt?). Übrigens: Im Jahre 2004 gab es ja noch einen sensationellen (wenngleich in der Deutung nicht unumstrittenen) Fund auf der indonesischen Insel Flores: fossile Reste einer Art Zwergausgabe des Menschen, Individuen von nur einem Meter Größe und einem geringen Gehirnvolumen von etwa 380 Milliliter. Erstaunlich: Das jüngste Exemplar war nur 13 000 Jahre alt! Es zirkulieren auch unter den heutigen Bewohnern der Insel Sagen über kleine Waldmenschen; diese Erzählungen können nicht älter als einige Jahrtausende sein, vielleicht sogar nur ein paar Jahrhunderte – existiert diese Zwergenrasse noch?

Ich behaupte nicht, dass man dies alles wissen muss. Ich behaupte nur, dass wir während der Schule sehr viel Unwichtigeres lernen müssen. (Grundsätzlich glaube ich, dass es jenseits von Mathematik, Deutsch und Englisch kein wirklich „kanonisches" Wissen gibt; man lese hierzu Kapitel 14.) Entscheidend wäre vielleicht, wenn innerhalb des eben besprochenen Themengebiets ein Bewusstsein von den typischen „Weggabelungen" übrig bliebe, wie es beispielsweise in nachfolgender Darstellung (es gibt viele leicht divergierende) sich manifestiert (entnommen dem anregenden Buch von W. Schmidt *Die faszinierende Geschichte des Lebens. Warum wir so sind, wie wir sind*; auch in *Spektrum der Wissenschaft Spezial* 1/09 findet sich auf S. 44 eine sehr schöne grafische Darstellung der mutmaßlichen Reihe unserer Ahnen).

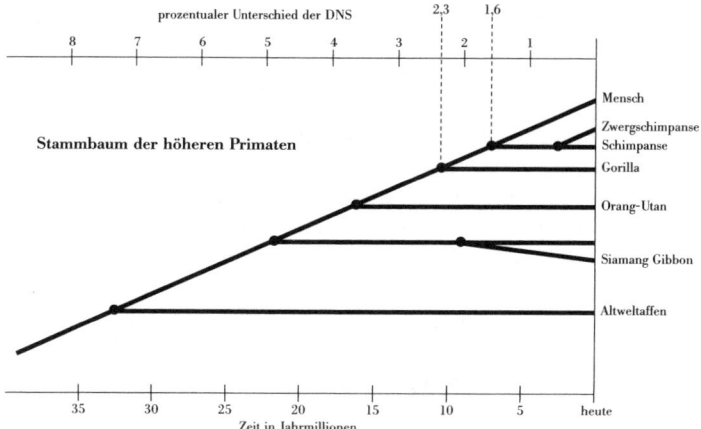

Noch ein Hinweis: Ein ganzes Schuljahr wäre das Minimum, welches ich zur Behandlung der eben kurz skizzierten Evolution des Menschen ansetzen würde, falls man den Stoff durchnähme. Das macht schon deutlich, dass dafür anderer Stoff beträchtlich reduziert werden müsste; am Schluss des Kapitels wird eine generelle Entlastungsperspektive formuliert werden.

An dieser Stelle kommen wir nun zu der elementar-fundamentalen MINIMAX-FRAGE dieses Kapitels: Was sind die Kennzeichen des Menschen, die ihn vom Tier abheben?

Kurzerläuterung:
- Es werden zunächst meist die „klassischen" Kriterien DENKEN, BEWUSSTSEIN und INTELLIGENZ genannt (oft nicht von Tierbesitzern!), dabei kann man die Forschung auf den jeweiligen Gebieten in dem einen Satz zusammenfassen: Auch Tiere, nicht nur die hochentwickelten, verfügen über all diese fundamentalen kognitiven Kompetenzen. Nicht nur Schimpansen, sondern auch Vögel können bei bestimmten Intelligenztestaufgaben die Fähigkeit des Menschen erreichen und sogar übertreffen (wenn man die Aufgaben entsprechend adaptiert, sodass sie von den Tieren durchgeführt werden können). Insbesondere erstaunlich und wissenswert ist die enorme Intelligenz, wie sie vor allem Raben aufweisen. Es kann auch nicht das spezifische ICHBEWUSSTSEIN

sein, denn allein die Fähigkeit von Tieren, bestimmte Laute des Menschen als ihre *Eigennamen* wahrnehmen zu können, weist auf ein solches hin. Man kann in diesem Zusammenhang auch die bekannt gewordenen Spiegel-*Versuche* rezipieren, bei denen man getestet hat, welche Tiere unter welchen Bedingungen sich im Spiegel erkennen können, was auf die Primaten (und auch hier nicht alle Arten) beschränkt zu sein scheint, obgleich neuere Versuche Hinweise darauf liefern, dass dies möglicherweise auch bei einigen niederen Tieren der Fall sein könnte. Es kann im übrigen auch nicht der WERKZEUGGEBRAUCH sein, denn es gibt bestimmte Arten eines solchen auch bei Tieren.

- Auch die SPRACHE kann kein grundlegendes Abgrenzungskriterium sein. Denn auch Schimpansen können elementare Zeichen und Ein-/Zweiwortsätze bilden, komplexere Sätze sind ihnen allerdings verwehrt. Auch bei bestimmten Vogelarten findet man ein fast ähnlich hoch entwickeltes Kommunikationsvermögen wie das mancher Affenarten, bis zu 25 differenzierte Lautsignale, zum Beispiel zur Warnung von Feinden, dabei so differenzierte Informationen enthaltend, wie solche über die Art des Räubers, oder über die im Augenblick von ihm ausgehende Gefahr. (Der Leser, der an einem Kurzüberblick mit Literaturverweisen interessiert ist, lese in meinem Lexikon der Psychologie die Stichworte „Ichbewusstsein", „Tierpsychologie" und „Ethologie".)
- Bisweilen wird auch MORAL/GEWISSEN genannt – doch der renommierte Primatologe Frans de Waal spricht auch anderen Säugetieren beides zu, vor allem den Schimpansen und Bonobos, wie er generell deren kognitive, speziell auch sozialkognitive Fertigkeiten hervorhebt. Man sollte in diesem Zusammenhang auch Forschungsergebnisse rezipieren, die zeigen, dass das mögliche Kriterium EINFÜHLUNG ebenfalls nicht ausreichend ist, da bestimmte Tiere sich tatsächlich irgendwie in Menschen einfühlen können; interessant ist auch, dass Hunde in den meisten Fällen das besser können als Schimpansen; sie sind auch in der Lage, die Zeigefunktion eines deutenden Fingers zu verstehen! In gewissem Maße können Tiere sogar täuschen. Jedoch postuliert Michael Tomasello: Während wir die anderen Grundemotionen – Angst, Freude, Wut – mit Affen gemein haben, ist für den Menschen der Drang und die Fähigkeit, etwas mit anderen zu teilen und gemeinsam zu tun, singulär. Nicht operative Intelligenz (das Verständnis von Raum, Mengen und Kausalität) unterscheide den Menschen primär vom Tier, sondern die soziale Kompetenz; Tomasello meint, dass irgendwann im Zeitraum von vor 250 000

bis 2 Millionen Jahren Hominidengruppen durch eine neu entwickelte kooperative Art des Sammelns und Jagens einen Vorteil gegenüber anderen errungen haben müssen. Und an dieser Stelle kommen wir auf einen ganz überraschenden Aspekt: Menschen sind die einzigen von 180 Primatenarten, die eine große Fläche Weiß in den Augen hat, und dieses Weiße sei nützlich gewesen, so Tomasello, um besser erkennen zu können, was ein anderes Gruppenmitglied sieht oder vorhat. So können wir in unseren Augen den Ursprung des *Homo sapiens* sehen: das Tier, das klug wurde, weil es kooperiert! Wenn ich auch diese Theorie mit einiger Skepsis sehe, so sei sie doch zitiert, um die faszinierenden Themen zu dokumentieren, die im Schulunterricht in der Regel ausgeblendet werden.

- Zitiert sei eine weitere Theorie, die meint, dass eine besondere Fertigkeit des Menschen darin bestehe, auf größere Entfernung zielgerichtet werfen zu können. Das klingt zunächst etwas seltsam, aber solche Überlegungen führen auf ein sehr grundlegendes mögliches Abgrenzungskriterium: die Fähigkeit des Menschen, über die angeborenen Verhaltenssequenzen hinaus sehr schnell *neue sequentielle Ordnungen* aufbauen zu können. Dies sei im übrigen auch die Grundlage des Sprechens. In diesem Zusammenhang kann man gut einen weiteren evolutionären Aspekt diskutieren: wie sich durch die Evolution der Kletterfähigkeit gleichzeitig die räumliche Wahrnehmung und die Greiffertigkeit entwickelt haben, die wesentliche Voraussetzungen für die kognitive Entwicklung des Menschen gewesen sind, auch als er dann „von den Bäumen herabstieg".

- Oft wird als ein grundsätzliches Kennzeichen des Menschen etwas mir als ganz wichtig erscheinendes angesehen: die „Neotonie", eine „Verjugendlichung", eine verlängerte Kindheit und Jugend. Außerdem wurde fast die Hälfte der fötalen Entwicklung des Menschen auf außerhalb des Mutterleibs verlegt, Menschenbabys kommen „unfertig" zur Welt. Was resultiert daraus? Zunächst einmal eine längere Motivation zum Spielen und zu neugierigem Explorieren – ganz wichtig für ein Leben langes geistiges Training. „Jung bis wir sterben", so lautet der Titel eines populärwissenschaftlichen Buches, das diese These in prononcierter Form vertritt.

- Bedenkenswertes zum Abschluss: In dem Buch von C. Walter *Hand und Fuß* werden folgende Kriterien genannt: aufrechter Gang, die Sprache, die Fähigkeit zu lachen, zu küssen und zu weinen …

> Meine Erfahrung ist, dass es gerade Kindern und Jugendlichen viel Spaß macht, über solche Unterschiede zu diskutieren, die man natürlich auch auf höchstem intellektuellen Niveau in einem Leistungskurs durcharbeiten kann. Und wenn dabei als Ergebnis nur übrig bleibt: „Eigentlich gibt es kein eindeutiges Abgrenzungsmerkmal zwischen Tier und Mensch", dann wäre dies kein schlechtes Unterrichtsergebnis. Man sollte in diesem Zusammenhang vielleicht den wunderbaren Aphorismus von Elias Canetti rezipieren: „Immer wenn man ein Tier genau betrachtet, hat man das Gefühl, ein Mensch, der drin sitzt, macht sich über einen lustig."

Man kann innerhalb des grundlegenden ANTHROPOLOGISCHEN DEFIZITS ein spezielleres, aber wichtiges Teil-Defizit konstatieren: das ANATOMISCHE DEFIZIT. Ungeheuerlich ist die Unkenntnis vieler Menschen über den Aufbau des menschlichen Körpers – wobei ja gerade dieses Wissen enorme praktische Konsequenzen besitzt. Die meisten Menschen haben größte Probleme, die genaue Lage der Organe im menschlichen Körper zu bezeichnen und ihre Funktion genau darzulegen, geschweige denn, dass sie etwas so Wichtiges wie die Struktur des menschlichen Blutkreislaufes oder des Gehirns erklären können (oder gar historisches Wissen über dessen Entdeckung besitzen). Der Leser wird bei allen Bekannten und auch bei sich selbst feststellen, dass dem so ist, er stelle nur einmal folgende ganz elementare Fragen: Wie differenziert sich der Darm, wie verhält er sich zum Magen, wo liegen Milz und Gallenblase? Ja, viele müssen zunächst einmal eine Zeitlang nachdenken, wenn man fragt: Auf welcher Seite liegt die Leber? (Boxer müssen dies wissen!) Eine einfache Testfrage, die nur ganz wenige vollständig beantworten können: Was sind die wichtigsten Aufgaben der Nieren? Antwort: Sie filtern das Blut, regeln den Salz- und Wasserhaushalt des Körpers und sorgen für die Ausscheidung schädlicher Stoffwechselprodukte, und sie sind auch für ein ausgeglichenes Säure-Base-Verhältnis verantwortlich. Die Zusammensetzung des Urins spiegelt die Funktion der Nieren wider. Übrigens: Bei einer seriösen Untersuchung zum naturwissenschaftlichen Allgemeinwissen sprach circa ein Viertel der Befragten der Leber die Aufgabe der Urinbildung zu. Und an diesen Beispielen wird dem Leser vielleicht wieder einmal deutlich, inwieweit das beim ersten Lesen so übertrieben klingende Postulat von der WAHREN BILDUNGSKATASTROPHE doch eigentlich sehr naheliegend und treffend ist.

Aus dem ANTHROPOLOGISCHEN DEFIZIT ergibt sich, wenn man die Praxisdimension berücksichtigt, unmittelbar das MEDIZINISCHE DEFIZIT. Es ist nur durch die falsche Grundlagenorientiertheit der Schule zu erklären, dass das Fach *Medizin* lediglich gestreift wird, statt dass es im Biologieunterricht dominant ist oder sogar zu einem eigenen Fach gemacht wird. Kaum ein „normaler" Erwachsener kennt beispielsweise die Grundmodelle von Krankheiten und Heilmethoden, speziell Pharmaka (zumindest rührt dieses Wissen nicht von der Schule her). Viele Menschen würden zum Beispiel die monierte Unkenntnis bezüglich des menschlichen Körpers nicht aufweisen, wenn der schulische Zugang hierzu nicht eine langweilige und sinnlose An-sich-Darstellung wäre, sondern eine unter *medizinischem* Aspekt. Tatsächlich existiert Medizin in den Lehrplänen, wird aber meist aus Gründen des Stoffdrucks ausgeblendet. (Ich bin allerdings, offen gesagt, sehr skeptisch gegenüber den gegenwärtigen Versuchen, *Ernährungslehre* und andere modisch-missionarische Gesundheitslehren im Unterricht zu vermitteln, weil ich auf diesem Gebiet zu viele Mythen wahrnehme. Es gibt einige Experten, die der Meinung sind, dass die staatlich initiierten Gewichtsreduktionsprogramme bei Schülern vollkommen kontraproduktiv sind und eher das Gegenteil des Intendierten erreichen.)

> Fazit dieses Teilkapitels: Dem Biologieunterricht in der herkömmlichen Form ist es nicht möglich, den Schülern dauerhaft etwas vom Wesen des Menschseins zu vermitteln.

Es stellt sich daran anschließend direkt die Frage: Wäre es nicht sinnvoll, ein eigenes Fach MENSCHENKUNDE zu etablieren?

»Mensch: das Tier, das sich vervollkommnen kann.«
(Immanuel Kant)

Fundamentaldefizit III: grundlegende Zusammenhänge zwischen der Struktur von Organismen und der Umwelt

Nach dieser Überschrift und den Fragen, die ich dazu gestellt habe, waren so gut wie alle Befragten völlig verblüfft, weil sie überhaupt nicht verstanden haben, worauf das Ganze hinauslaufen soll. Aber nachdem sie es erfahren hatten, sind sie alle der Meinung gewesen, dass darin etwas gleichzeitig Fundamentales wie Elementares – und Faszinierendes – enthalten ist, das typischerweise in der Schule nie gelehrt wird. Es geht um ein Thema, das auch interdisziplinären Charakter hat, das wirklich *Verständnis* erfordert und ermöglicht. Es geht um Gesetzmäßigkeiten wie die folgenden:

- Für gleichwarme Tiere lässt sich folgende Regel formulieren: Individuen einer Art oder naher verwandter Arten sind in kalten Gebieten größer als in warmen (*Bergmann'sche Regel*). Physiologisch wird dies so erklärt, dass große Tiere im Verhältnis zum Körpergewicht eine relativ geringe Körperoberfläche besitzen, und in kühlen Regionen ist eine kleine Oberfläche von Vorteil, da hierüber der Wärmeaustausch mit der Umwelt erfolgt (Voraussetzung ist jedoch ausreichend Nahrung).
- Die sogenannte *Allen'sche Regel* besagt Ähnliches: Bei verwandten Arten gleichwarmer Tiere sind Körperanhänge wie Ohren oder Schwänze in kalten Klimazonen kleiner als in warmen. Auch diese Regel wird durch die eben genannten Zusammenhänge verständlich.
- Es gibt darüber hinaus noch eine Reihe von Gesetzmäßigkeiten, die den Wasserhaushalt von Tieren betreffen, jeweils unterschiedlich für Wasser- und Landtiere. Ein konstanter osmotischer Wert ist in jedem Falle notwendig, und um den Wasserverlust möglichst klein zu halten; dafür

haben Trockenlufttiere unterschiedliche Mechanismen entwickelt: Wachsüberzüge aus Chitin bei Insekten, Horn- und Haarbildung bei Säugern, Vögeln und Reptilien sowie Schleimüberzüge bei Schnecken sind wirksame Mechanismen des Verdunstungsschutzes.
- Grundsätzlich scheint es in der Evolution einen Trend zur Größe zu geben (*Cope'sche Regel*), auch beim Menschen. (Das wird manchmal auch ein wenig anders formuliert: Es sei in den Organismen genetisch ein Potential für größere Formen angelegt, das nach und nach von der Evolution ausgeschöpft werde, bis es irgendwann seine Funktionalität verliere.)

Und nun will ich ausführlicher auf solche Aspekte eingehen, die eine Schnittmenge von BIOLOGIE, PHYSIK und MATHEMATIK darstellen:

- In dem schönen Aufsatz „Mathematik als Schule der Anschauung" (den ich einem interessanten Symposium zum Thema „Mathematische Allgemeinbildung in der Kontroverse" entnommen habe) wird von H. Winter gezeigt, wie dieser Aspekt auf gleichzeitig einfache wie tiefe mathematisch-systemtheoretische Themen führt. Dort wird unter dem Titel „Kern und Schale" (der Martin Wagenschein geschuldet ist) darauf hingewiesen, dass Gegenstände unserer alltäglichen Erfahrungswelt überhaupt erst dadurch zu Gegenständen werden, dass ihr Kern durch eine Schale vom äußeren Raum geschieden ist. Und weil dies auf höchst unterschiedliche Weise ausgestaltet werden kann, auch hinsichtlich ihrer Ausdehnung und Form, kommt Mathematik entscheidend mit ins Spiel. Grundsätzlich gilt, dass man zu jedem Objekt mit gegebenem Volumen Objekte mit fast beliebig großem Schalenmaß konstruieren kann. Und von hier aus gelangen wir zuerst in die PHYSIK und dann in die BIOLOGIE; wir finden immer dann relativ große Oberflächen, wenn mit einer großen Kontaktfläche zwischen dem Körper und seiner Umwelt ein bestimmter Zweck verfolgt wird: raue Löschblätter und Tücher zur Bindung von möglichst viel Flüssigkeit, gegliederte Heizkörper und Kühlaggregate zur raschen Abgabe von Wärme, die Profilierung von Autoreifen und Schuhsohlen zur Erhöhung der Reibung, die Aufrauung von Kontaktflächen zur Verbesserung der Haftung beim Verkleben, die durch (bis zu 500 Millionen) Bläschen gegliederte Oberfläche der menschlichen Lunge (200 qm) zur Maximierung des Gasaustauschs, der durch Zottenbildung reich gegliederte Dünndarm des Menschen zur

Maximierung des Stoffaustauschs. Und dazu gehört eben auch die stärker gegliederte Gestalt von Lebewesen in heißen Ländern im Gegensatz zu den Tierarten in den Polargebieten (s. o.).

- Umgekehrt kann die Schalenverkleinerung unter Erhalt des Volumens nicht ins Uferlose fortgesetzt werden, dieser Prozess führt vielmehr immer auf die Kugel (oder im zweidimensionalen Fall auf den Kreis) als Endstation. Zahlreiche Erscheinungen der Welt sind von diesem Prinzip beherrscht: kreisförmige Mauern mittelalterlicher Städte (Minimalisierung der Kosten und Angriffsmöglichkeiten), kreisförmige Begrenzung von ebenen Landstücken bei gegebener Grenzlänge (Maximierung der eingeschlossenen Flächen), kreisförmige Querschnitte von Stäben oder Säulen (Minimalisierung von Material und Angriffsmöglichkeiten), kugelförmige Himmelskörper (Ausdruck der Gravitation). Im biologischen Bereich finden sich folgende Manifestationen: das Zusammenrollen von Tieren im Winterschlaf und von Menschen in Bergnot (Minimalisierung der Wärmeabgabe) und die gedrungene Gestalt von Tieren in Polargebieten (Minimalisierung von Wärmeabgabe; s. o.).
- Man kann eine Größe „Massigkeit" definieren, anschaulich gesprochen gibt sie wieder, wie hoch die Schicht ist, wenn ich den Kern gleichmäßig auf die Schale abwickle. Grundsätzlich gilt: Hohe Massigkeit = kompakte, gedrungene, kugelnahe Gestalt; niedrige Massigkeit = tendenziell zierliche, gegliederte, kugelferne Gestalt. Und von da aus kommen wir auf eine ganz fundamentale Einsicht in die Welt; technisch gesprochen: Bezüglich der Massigkeit herrscht keine *Skalensymmetrie*. Was bedeutet das für die Biologie? Konkret gesagt: Ein kleiner Körper ist schon wegen seiner Kleinheit zierlicher als ein ähnlicher großer Körper, weil dieser größere Muskelmassen benötigt. Daraus ergibt sich eine konkrete biologische Konsequenz: Jedes existierende Lebewesen kann nur innerhalb relativ enger Grenzen seine Maße so variieren, dass die Proportionen erhalten bleiben. Weder eine „Mikromaus" noch eine „Makromaus" kann existieren. Betroffen von diesem Grundgesetz sind unter anderem Wärmehaushalt, Grundumsatz, Bewegungsfähigkeit, Knochenfestigkeit, Tragfähigkeit, Sprungvermögen, Schlankheitsgrad. Ein wichtiger Spezialfall besteht darin: Die Stärke der Muskeln wächst mit ihrem Radius, also quadratisch (mit r^2), das zu bewegende Gewicht jedoch mit dem Volumen des Körpers, also kubisch (mit r^3). Und deswegen sind größere Körper immer relativ schwächer als kleinere und können beispielsweise nie derart rennen, springen oder tragen wie kleinere (wie dies

in Tier-Horrorfilmen manchmal der Fall ist). Auch die Zerbrechlichkeit der Knochen hängt übrigens von ihrem Querschnitt ab. Auch ändert beispielsweise das Fohlen beim Wachstum hin auf ein ausgewachsenes Pferd seine Form: Die Natur lässt beim Fohlen die Dicke der Beine stärker zunehmen als ihre Länge. Die eben genannten Gesetzmäßigkeiten werden auch als MODELLGESETZE bezeichnet; es ist im Übrigen sehr bezeichnend für die WAHRE BILDUNGSKATASTROPHE, dass selbst in gebildeten Kreisen dieses Konzept meist unbekannt ist. Unter Einbezug weiterer Überlegungen gibt es ein ganz verblüffendes Gesetz: Die Sprunghöhe von Lebewesen ist weitgehend unabhängig von der Körpergröße, sodass also alle Lebewesen etwa gleich hoch springen können.

- Aus ähnlichen Überlegungen lassen sich erstaunliche Implikationen im Hinblick auf den Menschen ableiten: Ohne eine körperliche Mindestgröße in Verbindung mit der kostspieligen Körperwärmekonstanz hätte der Mensch kaum eine Kultur hervorbringen können, weil kleine Tiere nämlich ihre Zeit überwiegend mit Nahrungssuche und -aufnahme verbringen müssen.

- In dem faszinierenden Buch *Der kosmische Schnitt* erörtert J. Barrow weitere Aspekte der Größe von Lebewesen. Er weist zum Beispiel daraufhin, dass auch unsere Fähigkeit zum Umgang mit Feuer mit der Größe zu tun hat, denn eine Flamme muss eine gewisse Größe haben, um sich in kalter Luft selbst aufrechtzuerhalten; ergo: Sie kann nicht von ganz kleinen Lebewesen zum Überleben in kalten Umwelten erzeugt werden.

- Barrow weist außerdem darauf hin, dass es ungleich mehr kleine als große Tiere gibt. Und das hängt mit dem zweiten Hauptsatz der Thermodynamik (siehe Kapitel zum Physikunterricht) zusammen: Ähnlich wie bei einer technischen Maschine das Verhältnis zwischen dem Ausstoß an nutzbarer und der Menge an hineingesteckter Energie immer mehr abnimmt, wird auf jeder Stufe der Nahrungspyramide die Nahrung gewissermaßen „unproduktiver". Gemäß Barrow müssten 6 fleischfressende Raubtiere 67 Fleischfresser fressen, diese 1 478 Pflanzenfresser und diese 8 833 Pflanzen.

- Noch grundlegender: Kleine Wesen wie Fliegen und Eidechsen nutzen die Haftung zwischen Molekülen (Adhäsionskräfte); sie können damit die Schwerkraft überwinden. Größere Geschöpfe können dies nicht. Gleichzeitig hindern die Adhäsionskräfte die kleinen Geschöpfe daran, dass sie Oberflächen bearbeiten und so den Weg der Werkzeugherstellung gehen können.

- Es liegt an der Oberflächenspannung, wenn sich Bewegungen und Verhalten von Lebewesen, die kleiner sind als einige Millimeter, deutlich von denen etwas größerer unterscheiden: Oberhalb dieser Grenze überwiegt die Schwerkraft und hält unsere Füße fest auf dem Boden und setzt letztlich unserer Körpergröße eine Grenze, aber unterhalb der Grenze wird das Leben, wie gesagt, durch Adhäsionskräfte bestimmt. Interessant: In dieser Übergangszone führen die möglichen Gleichgewichtszustände zwischen Schwerkraft und Adhäsion zu einer gewaltigen Fülle von Lebensformen, dieser Bereich bietet eine verblüffende Vielfalt von Möglichkeiten für das Überleben und für Nischen, in denen die Evolution keinen Druck ausübt.
- Noch eine interessante Gesetzmäßigkeit: Im Allgemeinen begünstigen veränderliche oder gefährliche Umwelten solche Organismen, die viele Nachkommen mit kürzeren Generationszyklen haben. Im Gegensatz dazu begünstigen vorteilhafte Umweltbedingungen Organismen mit weniger Nachkommen und langen Generationszyklen. Letztere verändern sich langsamer als kleine, denn es sind viel mehr kleine Veränderungen nötig, bevor sich deutliche Unterschiede zeigen. Die Abnahme der Vielfalt mit zunehmender Größe wird jedoch durch eine Zunahme der Komplexität dieser Arten kompensiert; so findet sich vor allem eine stetige Zunahme unterschiedlicher Arten von Zellen. Hinzu kommt: Wenn ein System aus sehr vielen Komponenten besteht, dann können ihm zufällige Veränderungen weniger schaden als einem kleinen System.
- In diesem Zusammenhang noch eine Frage: Worin besteht der Vorteil symmetrischer Körper? Antwort: Er zeigt sich insbesondere bei Bewegungen, denn das durch Asymmetrie bedingte Ungleichgewicht erschwert die Bewegung auf einer Geraden, was noch stärker wiegt, wenn die Bewegung in Wasser oder Luft stattfindet. Auch muss das Nervensystem komplizierter sein, weil es kompliziertere Signale zu verarbeiten hat. (Das Gehirn selbst dagegen ist asymmetrisch, wahrscheinlich weil hier eine Verdopplung der Tätigkeiten unökonomisch ist.)
- Noch ein Prinzip, das über den biologischen Bereich hinausgeht und auf die Physik verweist, aber weil es derselben Logik entspringt, schon an dieser Stelle zitiert werden soll: Zwischen Gravitationskraft und atomaren Kräften stellt sich ein Gleichgewicht ein, wenn die Dichte der Materie etwa der Dichte einzelner Atome entspricht, wie bei Planeten, Bergen, Bäumen, Menschen, Insekten, Zellen und Molekülen (dies, wie auch alles vorherige, nach Barrows *Der kosmische Schnitt*).

> Ich betone: Man muss nicht alles wissen, aber zumindest einiges davon. Denn, wie der Leser sicherlich konzedieren wird, all diese Gedanken enthalten im wirklichen Sinne *Einsichten*, gleichzeitig tief und dennoch eigentlich einfach zu verstehen. Sie verkörpern ein Leitmotiv, das ich an dieser Stelle auf den Begriff bringen will, weil es sich durchs ganze Buch zieht: TIEFE EINFACHHEIT. Des Weiteren verdeutlicht dieses Konzept, wie man durch auch nur leicht abstrahiert-formalisierte Gedankengänge die unterschiedlichen Wirklichkeitsbereiche verknüpfen kann. Aber genauso etwas wird in unseren Schulen, aufgrund der Überlagerung mit technischen Details, nicht vermittelt.

Ich habe ja im Fach MATHEMATIK folgendes Modell entwickelt: Die eigentliche Mathematik soll auf ein geringes, aber sicher beherrschtes Basiswissen reduziert bleiben, vertieft werden sollen nur ein bis zwei Formalismen, aber dies immer *anhand der Inhalte von anderen Schulfächern*! Und Biologie wäre ein wunderbares Fach, um eine Art von Mathematik zu betreiben, die den meisten Schülern viel näher ist als die physikalische. Das in diesem Teilkapitel behandelte Gebiet, auch wenn an dieser Stelle nur eine qualitative Darstellung vorgenommen worden ist, macht dem Leser deutlich, welche Möglichkeiten sich hier eröffnen.

> »Überall, wo wir erfolgreich waren, wo das Leben also weiterging, wo wir überlebt und uns weiterentwickelt haben – überall gilt: wir haben uns nicht vorangedacht, wir haben uns nicht vorangeplant, wir haben uns vorangeirrt.« (Bernd Guggenberger)

Minimax-Frage V

Was ist Photosynthese?

Bei dieser Frage hat sich etwas Merkwürdiges und gleichzeitig Typisches ergeben: Die meisten haben zu stammeln begonnen, haben selbst gesagt, dass sie das nicht mehr hinbekommen, dabei verfügten sie (Abiturienten und Akademiker) meist über das notwendige Kernwissen, konnten es aber nicht herauslösen.

Bei der Photosynthese wird Energie für die Pflanzen gewonnen: aus der Energie des Sonnenlichtes und mithilfe des Chlorophylls („das, was die Pflanzen grün macht") werden aus Kohlendioxid und Wasser Kohlehydrate (vor allem Glucose) synthetisiert. Die meisten Pflanzen (und auch ein Teil der Prokaryoten und Protisten) sind auf der Basis dieser Assimilation in der Lage, alle körpereigenen Stoffe aus anorganischen Stoffen aufzubauen. Dabei wird Sauerstoff frei. (Eventuell sollte man vielleicht noch wissen: Bei der Verarbeitung von Nahrung wird durch den Vorgang der Zellatmung Glucose wieder zu Kohlendioxid und Wasser abgebaut und die dabei entstehende Energie in Form von Adenosintriphosphat, ATP, gespeichert. Die Bilanzgleichung der Photosynthese stellt also die Umkehr der Zellatmung dar.) – Diese Kerninformationen sollte man vielleicht durch zwei „Relevanz-Informationen" ergänzen: Die Photosynthese hat wesentlich zum Aufbau unserer Atmosphäre beigetragen, zur Luft, die wir alle atmen. (Es hat früher andere Atmosphären auf der Erde gegeben, in denen Leben im heutigen Sinne nicht möglich gewesen wäre. Die Phase, als die ersten primitiven Algen im Kampf ums Überleben die Fähigkeit erwarben, die Lichtenergie der Sonne zu nutzen, liegt etwa drei Milliarden Jahre zurück.) Außerdem: Durch die Absorption von Kohlendioxid tragen die Pflanzen wesentlich zum Abbau der Luftverschmutzung bei.

Warum gelingt die Herauslösung dieses Kerns und damit die Aktualisierung des eigentlich vorhandenen Wissens nicht? – Weil die Schüler durch einen Unterricht überfordert worden sind, der eindeutig universitären Charakter hat. In dem von der grundlegenden Konzeption her sehr knapp gehaltenen Lernbuch *Schülerhilfe – Prüfungs- und Basiswissen der Oberstufe* umfasst die Darstellung der Photosynthese 7 Seiten! Der Leser möge einmal in diesem oder einem ähnlichen Buch nachschlagen: Die Gegenüberstellung der vorherigen „schlichten" Darstellung der Photosynthese und der schulischen macht den Wahnsinn des Unterrichts deutlich.

»Leben ist das Einatmen der Zukunft.« (Pierre Leroux)

Fundamentaldefizit IV: Evolution

Ein bekannter Satz lautet: „Nichts in der Biologie macht Sinn, außer im Licht der Evolution." Doch wie hell ist das evolutionäre Licht, das in den Köpfen der Schüler leuchtet?

> Kurz gesagt: Bei meinen Untersuchungen habe ich mit Bestürzung festgestellt, dass es auch den meisten Akademikern, selbst Diplombiologen, schwerfällt, in klarer, exakter, systematischer und ausdifferenzierter Weise den Gehalt der Evolutionstheorie darzulegen. Ja mehr noch, es ist deutlich geworden, dass gar nicht so wenige Menschen im Grunde einem *Lamarck'schen* Weltbild verhaftet sind: Sie gehen – explizit oder implizit – davon aus, dass die Vererbung erworbener Eigenschaften möglich ist. Ein weiteres fundamentales Missverständnis ist die Vorstellung, die Art passe sich als Ganzes, quasi wie ein großer Organismus an.

Meine Beobachtung wird durch etliche Untersuchungen bestätigt: Schüler und Studenten haben zahlreiche Fehlvorstellungen, die nicht mit der Evolutionstheorie übereinstimmen, und zwar sowohl für die Evolutionstheorie als Ganzes als auch für einzelne Aspekte: (a) ein typologischer Artbegriff, (b) Evolution als Veränderung, die bei allen Individuen einer Population in gleicher Weise vor sich geht, (c) Evolution verursacht durch Bedürfnisse, (d) Ablehnung der zufälligen, ungerichteten Aspekte der Mutation und (e) Evolution als Drang zur biologischen Vervollkommnung. Eine vergleichbare Liste von Fehlvorstellungen wurde von Axel Meyer, Professor für Zoologie und Evolutionsbiologie an der Universität Konstanz, in einem *Zeit*-Artikel herausgearbeitet: (a) Die Evolution arbeitet zur Erhaltung der Art. (b) Anpassung ist das notwendige Ergebnis der Evolution. (c) Evolution strebt nach Perfektion. (d) Evolution bedeutet immer auch Fortschritt. (e) In der Natur herrscht Harmonie. (f) Die Natur verhält sich gut, sie hat Moral. Statt sich in absurden

Details zu verlieren, sollte die Schule daran arbeiten, solche Fundamentalirrtümer abzuarbeiten.

Der Biologiedidaktiker Dittmar Graf (Universität Dortmund) und sein Fachkollege Haluk Soran (Universität Ankara) befragten etwa 1 200 deutsche und mehr als 500 türkische Lehramtsstudenten im ersten Semester zu ihren Kenntnissen und zur Akzeptanz der Evolutionstheorie. Einmal ganz abgesehen davon, dass von den Deutschen (die einen Biologieleistungskurs absolvierten) 7,7 % Darwins Theorie ablehnten (im Biologiegrundkurs waren es 17 %) und dass bei den türkischen Befragten drei Viertel die Evolution bestritten, hatte nur eine Minderheit die grundlegenden Konzepte der Darwin'schen Theorie verstanden. Eine typische „Minimax-Aufgabe", die den Studierenden gestellt wurde: „Welches von den nachfolgenden vier Löwenmännchen ist im Sinne der Evolutionstheorie das „fitteste"? Gegeben waren folgende Möglichkeiten: (a) das größte und stärkste?, (b) das mit den meisten Weibchen?, (c) das sich besonders gut an veränderte Umweltbedingungen anpassen kann?, (d) das zwar jung an einer Verletzung stirbt, aber die meisten Nachkommen hat, die die Geschlechtsreife erreichen? Selbst unter den deutschen Biologieleistungskurs-Absolventen erkannte nur ein Drittel die Antwort (d) als richtig; in der Türkei waren es weniger als 7 %.

Bei einer anderen Studie wurde gefragt: Was geschieht, wenn Forscher Mäusen Schwänze abschneiden, ändern sich dadurch ihre Nachkommen? (Das Experiment wurde früher einmal tatsächlich von dem bedeutenden Biologen August Weismann durchgeführt.) Zunächst lauteten die Antworten, dass die Jungen weiterhin normal seien. Veränderte man aber die Fragestellung wie folgt: *Was geschieht, wenn das 20 Generationen lang gemacht wird?*, dann neigten zunehmend mehr Schüler, auch der Oberstufe, dazu anzunehmen, dass der Schwanz schließlich verkürzt wird oder irgendwann ganz fehlt, weil die Gene durch das Abschneiden verändert würden, da die Benutzung nun unwichtiger geworden sei. Die Forscher halten es auch für möglich, dass Schüler den ihnen angebotenen richtigen Aussagen nur deshalb zustimmten, weil sie besondere „Schlüsselwörter" enthalten. Diese Vermutung erscheint berechtigt, weil bei einer offenen Fragestellung, bei der auf die Begriffe „Mutation" und „Selektion" nicht explizit Bezug genommen wird, nur noch 14 % der Oberstufenschüler bei ihren Erklärungsversuchen auf diese Begriffe zurückgriffen. Fast drei Viertel der Oberstufenschüler sind demgemäß der Meinung, dass der Schwanz der von Eulen gejagten Mäuse sich mit der Zeit verkürzen würde. Erstaunlicherweise gibt es einige

Ergebnisse, die darauf hinweisen, dass unmittelbar nach dem Unterricht die Schüler mehr falsche Vorstellungen haben, als ungefähr ein Jahr danach. Die Autoren meinen, dass es eine Zeitlang dauere, bis sich der konzeptionelle Wandel sozusagen im Geist des Schülers durchgesetzt hat; aber man könnte natürlich auch meinen, dass die Informierung durch andere Medien (Fernsehen etc.) eine Rolle gespielt hat.

> Wie auch in anderen naturwissenschaftlichen Fächern (man lese hierzu das Kapitel über den Physikunterricht) erweist sich, dass die biologische Bildung im Laufe des Lebens gewissermaßen nicht „erwachsener" wird: Auch gut ausgebildete, naturwissenschaftlich orientierte Studenten (Mediziner vor dem Physikum) verwenden oft Lamarck'sche Erklärungen. Auch ergibt die Forschung etwas, das sich in der Physik ebenso zeigt, einen Aspekt, wie er meiner Meinung nach typisch ist für die Allgemeinbildung der meisten Menschen: *einander widersprechenden* Theorien/Modellen wird gleichzeitig zugestimmt! (Oberstufen-)Schüler glauben einerseits lamarckistisch, dass eine – gewissermaßen aktive – Anpassung erfolge, und gleichzeitig glauben sie im Darwin'schen Sinne, dass Entwicklung nur von Mutation und Selektion abhänge.

Einige Autoren weisen auf das hin, was ich ebenfalls beobachtet habe: Es ist so gut wie unmöglich, den Begriff „Anpassung" ohne finalistische Komponenten zu verwenden. Man kann die Darwin'sche Theorie nur dann wirklich deutlich machen, wenn man immer wieder explizit darauf hinweist, dass das Wort „Anpassung" nur eine Art Metapher ist. Auch sollte nicht nur die Angepasstheit der Organismen, sondern auch die Grenzen und Beschränktheit der Adaptationsprozesse herausgearbeitet werden. Generell sollten im Unterricht Warum-Fragen vermieden werden; man sollte also besser fragen: Wie entstehen die langen Hälse der Giraffen? oder: Welche Bedeutung hat der lange Hals für die Giraffe?

Übrigens: Fast niemandem ist es meiner Erfahrung nach möglich, in klarer Weise zu explizieren, warum eigentlich die erworbenen Eigenschaften nicht vererbt werden beziehungsweise nicht vererbt werden können. Man sollte an dieser Stelle ein klein wenig *wissenschaftsgeschichtliches* Wissen haben: Darwin verwendete teilweise noch lamarckistische Gedankenfiguren, erst August Weismann konnte (gegen Ende des 19. Jahrhunderts) – und zwar nur dadurch, dass er die *Genetik* in die *Evolutionstheorie* integrierte – dies wie folgt begründen: Es gibt einen Unterschied zwischen Körperzellen (Somazellen) und Keimzellen (Gameten): Von den Somazellen kann nichts auf die Gameten „überspringen". Die moderne Biochemie hat diese Annahme insofern bestätigt, als sie gezeigt hat, dass von der RNA und den Proteinen nichts auf die DNA (die das eigentliche Genmaterial darstellt) zurückwirken kann. Dies wird als „fundamentales Dogma der Molekulargenetik" bezeichnet. (Auch dieser Begriff ist meiner Erfahrung nach wenigen bekannt.) Die sogenannte *Epigenetik* stellt übrigens seit einigen Jahren dieses Dogma (zumindest in seiner strengen Fassung) in Frage.

> Insgesamt lässt sich also hier etwas konstatieren, das wir in ausgeprägter Form auch im Fach Physik finden: ein geistesgeschichtlicher ANACHRONISMUS. Vereinfacht gesagt: Die meisten Menschen leben evolutionstheoretisch im falschen Jahrhundert. Ich habe ja schon im Kapitel über GESCHICHTE im Rahmen meiner RADIKALEN-THESE darauf hingewiesen, dass ein „normaler" Mensch niemals den kritischen Argumenten von „Radikalen" (im weiten Sinne des Wortes) widerstehen kann. Auch im Bereich Biologie finden wir die seltsame Situation: „Kreationismus" und „Intelligent Design" (die Theorien, dass die Evolution nicht gemäß den Darwin'schen Ansichten nur auf Zufall und Selektion beruhen könne, sondern dass eben ein „intelligenter Designer", also „eine Art Gott", dahinterstehen müsse), sie werden zwar von den meisten Intellektuellen als falsch und geradezu verächtlich angesehen, gleichzeitig jedoch können sie diese Theorien nicht wirklich widerlegen. Und in den meisten Fällen vertreten auch Akademiker, wenn nicht Biologen und wenn zusätzlich nicht im jeweiligen Teilgebiet spezialisiert, implizit eine Sichtweise, die eigentlich der von „Intelligent Design" ähnelt.

Übrigens: Ich habe in den vorherigen Absätzen den Begriff „finalistisch" verwendet, der freilich den meisten gar nicht bekannt und vertraut zu sein scheint (er leitet sich aus Lateinischen ab: „Ende", „Ziel"). Ein finalistischer Ansatz deutet die Evolution beispielsweise so, dass Geparden ihre große Laufgeschwindigkeit gewissermaßen aktiv – „gerichtet auf ein Ziel" – aufbauen, weil es für das Erlegen von Beute notwendig ist. Und mit dieser Gerichtetheit ist meist die Idee der Vererbbarkeit erworbener Veränderungen verknüpft: „Lamarckismus", bezugnehmend auf den Namen des Begründers dieser Theorie. Zum Verständnis wichtig ist aber auch: Die letztere These ist eine durchaus naturwissenschaftliche Annahme, ohne jegliche metaphysische Komponenten, wie sie allerdings typisch sind für die spezielle Ausformung des Finalismus, den „Vitalismus". Und die Fremdheit des Finalismus-Begriffs hat meiner Meinung nach damit zu tun, dass schon im Fach Physik der fundamentale Umbruch (heute würde man sagen „Paradigmenwechsel") nicht vermittelt worden ist, der am Ausgang des Mittelalters stattgefunden hat: nämlich der von einem theologisch-finalistischen zu einem kausalen Weltbild (man lese hierzu auch die Ausführungen über Isaac Newton und Galileo Galilei im Kapitel über den Physikunterricht).

> Das Thema *Evolution* führt auf einen ganz grundlegenden Aspekt der WAHREN BILDUNGSKATASTROPHE: Wissenschaftsgeschichte! Ich halte es für fast unmöglich, dass man eine Einsicht in der Wissenschaft wirklich versteht, wenn man nicht versteht, gegen welche vorherige sich eine neue Idee durchgesetzt hat. Das in der Didaktik viel diskutierte Problem des „Konzeptwechsels" – des von intuitiv-vorwissenschaftlichen Schülervorstellungen hin zu wissenschaftlichen – wird meines Erachtens durch einen wissenschaftshistorischen Ansatz weitgehend aufgelöst. (Ähnlich wie ich daran

> glaube, dass auch eine mehr im Hinblick auf die Praxis statt auf die Theorie orientierte Didaktik diese Problematik bewältigen kann.)

»Alle Revolutionen haben bisher nur eines bewiesen, nämlich, dass sich vieles ändern lässt, bloß nicht die Menschen.« (Karl Marx)

Minimax-Frage VI

Was ist die *kambrische Explosion*?

Ganz wenige wussten dies zu beantworten, häufig wurde sie mit dem Einschlagen eines Meteoriten, der die Dinosaurier ausgelöscht hat, in Verbindung gebracht! Tatsächlich bezeichnet der Begriff die gewaltige Zunahme der Lebensformen im Kambrium, vor etwa 530 Millionen Jahren (innerhalb einer geologisch kurzen Zeitspanne von 20 bis 50 Millionen Jahren). Damals breitete sich das mehrzellige Leben in den Ozeanen schlagartig aus, und es entstanden alle heute bekannten Baupläne des Tierreiches. Wahrscheinlich evolvierten in dieser Zeit die grundlegenden Kontrollgene, wie die Hox-Gene, die die Embryonalentwicklung von Organismen steuern, speziell grundlegende Körperstrukturen.

»Leben ist Wachsen-wollen.« (Friedrich Nietzsche)

Fundamentaldefizit V: Genetik

Die Schüler müssen im Gymnasium, insbesondere in der Oberstufe, eine Unmenge an Genetik lernen. Meiner Erfahrung nach bleiben dennoch nur Wissensfetzen übrig, was man sofort erkennt, wenn man die allerdings sehr anspruchsvolle Frage stellt: Was sind die allerwesentlichsten Einsichten der Genetik?

Ich will es viel elementarer und gewissermaßen fairer machen und folgende MINIMAX-FRAGE stellen:

Worin besteht die grundlegende ideengeschichtliche Bedeutung der Mendel'schen Theorie?

Wie schon im letzten Teilkapitel stelle ich eine Frage bezüglich des Aspekts *Wissens-* beziehungsweise *Ideengeschichte*. Dieser Zugang ist der Schule völlig fremd. Die Didaktik der Schule ist im schlechten Sinne „lehrbuchmäßig". Sie stellt die Erkenntnisse der Wissenschaft als quasi vom Himmel gefallene Wahrheiten dar, eher als Fakten, denn als Modelle. Dass der herkömmliche Unterricht nicht funktioniert, habe ich auch immer wieder festgestellt, wenn ich meine Frage nach der grundlegenden Bedeutung von Mendel gestellt habe. Denn alle haben dann irgendwie versucht, die „Mendel'schen Regeln" zu rekonstruieren, was niemandem richtig gelungen ist, und wenn ich dann gesagt habe: „So genau will ich es gar nicht wissen, viel einfacher und grundlegender!" – ja dann kam gar nichts mehr (ähnliche Erfahrungen hat ja Wagenschein bei seinen Explorationen in Physik gemacht). – Wie wär's mit folgender Antwort:

Mendel hat die Idee des *Gens geprägt*
(obwohl er diesen Begriff selbst nicht benutzt hat).

So einfach, so fundamental!

Er hat bei Erbsenpflanzen die Vererbung von Blütenfarben und anderer Merkmale untersucht und festgestellt, dass die beobachteten Phänomene sich durch bestimmte Gesetzmäßigkeiten erklären lassen, in deren Zentrum die Idee unveränderlicher Erbpartikel steht. Darin wich Mendel von den meisten seinerzeitigen Alternativtheorien ab, die von einem Mischungs-Modell eher flüchtiger Teilchen ausgegangen sind. Im Grunde würde es schon genügen, diesen forschungshistorischen Schritt zu begreifen.

Wenn überhaupt, dann sollte man noch ein zweites Konzept hinzufügen: Es ist die Idee, dass Erbmerkmale (und ihre zugehörigen Gene) jeweils in mindestens zwei Ausprägungen, also doppelt vorliegen; diese zwei Ausprägungen wurden später „Allele" genannt. Dies wäre an sich nicht besonders wichtig, wenn es nicht unterschiedliche Allele gäbe: *dominante* und *rezessive*. Eine Kombination von einem rezessiven und einem dominanten Allel führt zur Ausprägung des dominanten Merkmals – das rezessive Allel bleibt „stumm", kann jedoch in späteren Generationen in Kombination mit einem zweiten rezessiven Allel wieder „zum Zuge kommen" und zur Ausprägung des entsprechenden Merkmals führen. (Dieses Wiederauftreten rezessiver Merkmale weist ebenfalls darauf hin, dass die Gene, wie von Mendel vermutet, stabile Elemente sind.)

Und darin ist im Grunde genommen eine dritte problemgeschichtliche *big idea* enthalten, zumindest vorbereitet: die Trennung zwischen *Phänotyp* und *Genotyp*. Wiederum hat Mendel diese Begriffe nicht verwendet, aber aus dem vorherigen Konzept geht klar hervor: Menschen mit gleichen äußeren Merkmalen, „PHÄNOTYP", können sich auf der Genebene, „GENOTYP" unterscheiden.

Meine Erfahrung: Alle Nicht-Biologen und auch die meisten Biologen waren darüber verblüfft, wie man die eigentliche Essenz von Wissen herausarbeiten kann, bei dem wir in der Schule mit verständniszerstörenden Details überschüttet worden sind…

Man könnte auf den nächsten Ebenen, die ich niemals einfordern würde, etwa wie folgt fortfahren:
- Wie der schon erwähnte Biologe August Weismann um die gleiche Zeit, erkannte, muss bei der Keimzellenbildung bei sexueller Fortpflanzung ein zusätzlicher Mechanismus stattfinden, damit die Mendel'schen Annahmen erfüllt werden können: die Reduktionsteilung, bei der doppelte Gensatz wieder halbiert wird. Weismann erkannte außerdem, dass die Rekombination der väterlichen und mütterlichen Gene eine wesentliche Quelle der Variation ist, die für die Evolution unabdingbar ist! Wissenschaftshistorisch interessant ist vielleicht noch, dass die Erkenntnisse, die Mendel 1865 veröffentlicht hat, bis zum Jahre 1900 unbeachtet geblieben sind, bis sie unabhängig voneinander durch Correns,

Tschermak und de Vries wiederentdeckt und bestätigt wurden. (Es scheint übrigens so zu sein, dass Mendels Ergebnisse nicht deswegen unbeachtet geblieben sind, weil sie von einem unbekannten Autor in einer nicht sehr weit verbreiteten Fachzeitschrift veröffentlicht wurden, sondern dass die Zeit einfach noch nicht reif war, um die Bedeutung der Mendel'schen Gesetze zu erfassen. Ergänzend sei noch gesagt: Der Begriff „Genetik" wurde erst 1906 durch W. Bateson, der Begriff „Gen" von W. Johannsen im Jahre 1909 geprägt.)

- Ich gehe kurz noch ein wenig in die Tiefe, um zu verdeutlichen, welch fundamentale Aspekte normalerweise weder von Schülern noch von Akademikern gewusst werden: Was ist eigentlich das grundsätzliche Verhältnis zwischen Evolutionstheorie und Genetik, speziell in der frühen Phase? – Dazu würde schon genügen, zumindest zu wissen, dass Darwins Theorie ursprünglich nicht genetisch fundiert war (weil es eine Genetik noch nicht gab; Darwin hat später selbst einige genetische Ad-hoc-Spekulationen entwickelt). Aus damaliger Sicht lag eher die Vermutung nahe, dass sich bei der Vererbung mütterliche und väterliche Erbanlagen gewissermaßen mischen und damit „verdurchschnittlichen". Demnach sollte das Kind einer sehr intelligenten Frau und eines unintelligenten Mannes durchschnittlich intelligent sein. Auf der Basis eines solchen Modells war nicht vorstellbar und erklärbar, dass sich vorteilhafte Eigenschaften dauerhaft durchsetzen können. Auch hatte Darwin angenommen, dass evolutionäre Veränderungen langsam und kontinuierlich vor sich gehen, was man „Gradualismus" nennt; näher liegt dem Konzept des „Gens" (und auch dem etwas später entwickelten Konzept der „Mutation") aber eine diskontinuierliche Veränderung. Es hat einige Zeit gedauert, bis man diese beiden Sichtweisen im Rahmen der sogenannten „Synthetischen Theorie der Evolution" harmonisieren konnte. Bis heute impliziert der Darwinismus im engen Sinne keine Makromutationen, sondern nur eine Summe kleinerer Mutationen; er legt also immer noch Wert auf das Attribut des Gradualismus.

- Wenn man nach dem nächsten großen ideengeschichtlichen Schritt innerhalb der Genetik fragt, nämlich der CHROMOSOMENTHEORIE DER VERERBUNG, wird man auf ähnliches Unwissen stoßen (und die WAHRE BILDUNGSKATASTROPHE einmal mehr bestätigt bekommen). Der Leser stelle sich die Frage: Wieso ergibt sich aus der chromosomalen Vererbung eine partielle Ungültigkeit der Mendel'schen Gesetze? – Antwort: Nach den Mendel'schen Gesetzen sind Gene nicht gekoppelt und können sich demgemäß nach dem Zufallsprinzip kombinieren. In der Natur ist diese Entkopplung nur gegeben, wenn Gene auf verschiedenen Chromosomen liegen – wie bei den von Mendel untersuchten Erbsenpflanzen. Und im Laufe der Forschung stellte sich heraus, dass Mendel sogar zusätzlich „Glück" mit seinen Erbsenpflanzen hatte: Es können nämlich einzelne Merkmale durch mehrere Gene bestimmt sein oder es können umgekehrt einzelne Gene mehrere Merkmale des Phänotyps betreffen: „polyphäne" Gene. Beides trifft bei den von Mendel untersuchten Eigenschaften der Erbsen nicht zu, denn dann würden die Mendel'schen Regeln nicht gelten. Nur wenn die vorher genannten komplexeren Konstellationen nicht gegeben sind, sind sie gültig. Die Chromosomentheorie führte später zur Entwicklung der *Genkartierung*, also der Bestimmung der räumlichen Anordnung der Gene auf den Chromosomen.

- Und noch ergänzend eine Anmerkung, die mit Blick auf die Evolutionstheorie interessant ist: Bei der Befruchtung bringt die Samenzelle des Mannes zwar den väterlichen Teil des Erbgutes mit, was bei der Verschmelzung mit der mütterlichen Eizelle den Beginn des neuen Lebens ausmacht und bei den Menschen auch das Geschlecht des Kindes determiniert. Aber: Die Samenzelle fügt der Eizelle keine Mitochondrien hinzu; das Erbgut, das in den Mitochondrien enthalten ist, stammt immer von der Mutter. Egal wie oft sich das Erbgut durchmischt, die Mitochondrien bleiben unberührt. Sie unterliegen aber Mutationen, und anhand von Hypothesen über deren Geschwindigkeit und über die Variationsbreite der mitochondrischen DNS (mt-DNA) kann man interessante Informationen zur bereits angesprochenen Evolutionsgeschichte gewinnen: Wahrscheinlich hat sich der heutige Mensch in Afrika entwickelt, und erst später verließ eine kleine Gruppe die afrikanische Heimat und breitete sich nach Vorderasien, Europa, Ostasien und später auch nach Australien und Amerika aus. Diese Besiedelung der übrigen Erdteile muss vor 90 000 bis 100 000 Jahren stattgefunden haben.

Wer über dieses Biologiekapitel hinausgehend an wissenschaftshistorischen Entwicklungen interessiert ist, kann in dem faszinierenden und voluminösen Buch *Geschichte der Biologie* von I. Jahn nachlesen. Er wird erkennen, auf welch hohem Niveau man bereits im 19. Jahrhundert gedacht und geforscht hat, wie unterschätzt das Reflexionsniveau der früheren Forscher und wie überschätzt die heutige durchschnittliche Bildung auch der Akademiker ist.

> Nochmals: Bei realistischer Betrachtung würde man von den Schülern als Antwort nach der Bedeutung Mendels höchstens den am Anfang des Kapitels genannten Gedanken erwarten, vielleicht noch die nächsten zwei dargelegten Aspekte. Und nur derjenige, der diese oder sogar die später dargelegten Kenntnisse noch besitzt, hat das Recht, an der WAHREN BILDUNGSKATASTROPHE zu zweifeln.

»Die Vorstellung, dass einem das Leben geschenkt worden ist, erscheint mir ungeheuerlich.« (Elias Canetti)

Vermischte Defizite

Zum Abschluss will ich noch einmal auf die Ergebnisse einiger Untersuchungen zum Biologie-Schulwissen eingehen:
- Aus der TIMS-Studie: Das Verständnis grundlegender biologischer Prozesse, zum Beispiel der Photosynthese oder auch differenzierte Formenkenntnisse, sind selbst bei Gymnasiasten überwiegend nicht anzutreffen. In der PISA-2000-Studie erreicht über ein Viertel lediglich die unterste von fünf Stufen naturwissenschaftlicher Grundbildung, ein weiteres Viertel das zweitniedrigste Niveau.
- Aus Untersuchungen zu typischen SCHÜLERVORSTELLUNGEN (ein wichtiges Thema der modernen Forschung) ist des Weiteren bekannt: Erwachsene verfügen im Wesentlichen über dieselben lebensweltlichen Konzepte wie Schulkinder, und erstaunlicherweise haben auch Grundschullehrkräfte die gleichen Alltagskonzepte zu naturwissenschaftlichen Theorien, speziell zur Evolution, wie Schüler. Lehrer nichtnaturwissenschaftlicher Fächer benutzen bei naturwissenschaftlichen Aufgaben dieselben Strategien wie Siebenjährige!

- Ich habe bereits beim Thema Evolution die auch in anderen Fächern (man lese das Physikkapitel) angesprochene „Schizophrenie" thematisiert: Außerhalb des Unterrichts benutzten Schüler der Oberstufe statt der wissenschaftlichen Vorstellungen ausschließlich vorwissenschaftliche Konzepte. Dies gilt nicht nur, wie zitiert, für die Evolution, sondern auch bei der Genetik treten häufig folgende Schwächen auf: Merkmale und Gene werden weitgehend gleichgesetzt, Gene werden als miniaturisierte Merkmale oder gespeicherte Informationen über Merkmale verstanden; Mutationen werden vorwiegend als schädlich oder durch den technischen Eingriff des Menschen entstanden angesehen.
- Die Autoren einer Expertise in einem Band zum „Kerncurriculum für die Oberstufe" (Harms et al.) konstatieren: Bezüglich der Zytologie, also der Lehre von den Zellen, bleibt fast gar nichts übrig; in der Ökologie herrscht die Vorstellung einer harmonisch eingerichteten Natur vor; in der Sinnesphysiologie wird Sehen gemäß eines passiven Abbildungsprozesses verstanden, fast vollständig dem Fotografieren entsprechend, ohne Wissen von den komplexen Prozessen, die das Sehen vom Fotografieren unterscheiden. (Der an diesem speziellen Aspekt interessierte Leser kann in meinem Lexikon der Psychologie die umfangreichen Darlegungen zum Stichwort „Wahrnehmung" studieren.)
- Auch auf der wissenschaftstheoretischen Ebene finden sich ganz erhebliche Defizite (dieses Unterrichtsziel wird mit dem Begriff „Natur der Naturwissenschaften" oder „epistemologische Vorstellungen" bezeichnet): Schon auf elementarer Ebene wie der Handhabung von Planungsvariablen und Experimenten herrscht großes Unverständnis; meist werden korrelative Zusammenhänge mit Kausalursachen verwechselt, auch tautologische Aussagen werden oft nicht als solche erkannt. Des Weiteren existiert ein ausgeprägtes methodisches Defizit, darüber hinaus eine mangelnde Koordination chemischer und biologischer Unterrichtsinhalte. Der Anteil

von Experimenten nimmt weniger als 10 % der Unterrichtszeit ein, wie einige Untersuchungen zeigen. Kritisiert wird auch, dass Lehrer oft ein reines „Nachkochen" von Untersuchungen und Experimenten versuchen, ohne dass tiefere wissenschaftstheoretische Aspekte herauspräpariert würden. Ergo ist die Studierfähigkeit der meisten Schüler sehr beschränkt.

- Dem ganz hervorragenden Lehrbuch zur Didaktik der Biologie von K.-H. Berck entnehme ich folgende Informationen:
  – In der DDR wurde innerhalb des 7. und 8. Jahrgangs gefragt, welche Kenntnisse noch vom Stoff der 5. und 6. Klasse „überlebt" haben: Der Wert lag bei 13 %.
  – In einer anderen Untersuchung wurden Studienanfängern im Bereich Biologie 90 Fragen zur allgemeinen Biologie vorgesetzt: Nur 10 % der Befragten fanden mehr als 25 % richtige Lösungen und etwa 50 % dieser Studienanfänger nur 0–15 %.
  – Bei einer Untersuchung an Auszubildenden für pädagogische Assistenten (mit dem Schulabschluss für Realschule oder Gymnasium) ergaben sich folgende Ergebnisse: 63 % wussten nicht, was ein Gen ist; 99 % nicht, was „Dissimilation" bedeutet; 92 % nicht, wie die Photosynthese verläuft; 62 % wussten nichts über Darwin.
  – Generell wird schon seit Jahrzehnten immer wieder über die viel zu gering ausgeprägten Artenkenntnisse geklagt, ohne dass man aber, worauf Berck hinweist, zu einer klaren Einsicht hinsichtlich eines zunehmenden Wissensverfalls gekommen wäre.
- In dem Artikel „Untersuchungen zum biologischen Wissen bei Studienanfängern" (D. Eschenhagen und K. Schilke, aus dem Jahre 1973) wird auf zahlreiche ältere Untersuchungen verwiesen und darauf, dass in Kreisen der Hochschullehrer die Auffassung weit verbreitet sei: Die Studenten kämen zur Universität fast so, als hätten sie niemals Biologieunterricht gehabt! Das Ergebnis der eigenen Untersuchung der beiden

Autoren: Die meisten Fragen werden nur von sehr wenigen Versuchspersonen richtig beantwortet, 66% aller Items weisen eine Lösungshäufigkeit von höchstens 15% auf. Wichtige spezielle Beispiele: Der so wichtige Homologie-Begriff konnte von gut 90% nicht erläutert werden; bei der Aufgabe der Erläuterung der Photosynthese gab es eine Versagerquote von 93%; 85% war die Versagensquote bei der Frage nach der ersten Mendel'schen Regel.

Im genannten biologiedidaktischen Lehrbuch von Berck finden sich zahlreiche Hinweise zu weiteren Forschungen und auch Anregungen zu optimalen Unterrichtsformen, auch eine Auseinandersetzung mit dem schon zitierten und vor allem im Kapitel 10 (Physik) wichtig werdenden Martin Wagenschein.

> »Alle reden vom ökologischen Kollaps. Niemand spricht mehr von der Natur. Das ist ein Fehler.« (Elisabeth von Thadden)

Gesamtfazit

Auch im nun analysierten dritten Fach, BIOLOGIE, können wir konstatieren, dass die WAHRE BILDUNGSKATASTROPHE existiert. Erhebliche „EF-Defizite" (also im Bereich des Elementaren und Fundamentalen) kennzeichnen das Wissen, besser gesagt: die Wissensfetzen, die im Kopf von Abiturienten herumschwirren. Der normale durchaus akademisch gebildete Mensch versteht nicht EVOLUTION, nicht das biologische Wesen des Menschen (ANTHROPOLOGIE), auch nichts von ANATOMIE oder MEDIZIN (im übrigen auch nicht von PSYCHOLOGIE und NEUROWISSENSCHAFTEN), versteht nicht elementare GENETIK. Und wenn nicht aus privaten Interessen erarbeitet kennt er auch nicht die allerwichtigsten Pflanzen und Tiere seiner Heimat. Er kann im Übrigen auch nur selten in verständnisvoller Form darlegen, was die zentralen Kriterien für LEBEN sind; die gewissermaßen definitorische Essenz der BIO-LOGIE ist ihm versagt! Auch das DUALE VERSAGENSPRINZIP manifestiert sich: Denn neben mangelndem inhaltlichen Verstehen, verbleiben auch keine Methodik oder gar mathematische Formalismen.

> Eine Anmerkung: Viele Leser waren der Meinung, dass das alles, was in diesem Buch dargelegt ist, doch höchst anspruchsvoll sei. Es ist aber im Vergleich zu dem, was der Lehrplan vorsieht, nur *elementar* und *fundamental*. Spätestens wenn der Leser Textpartien zum zweiten Mal liest, wird er feststellen, dass er manches nun plötzlich sehr einleuchtend und einfach findet, was zunächst einmal recht schwierig auf ihn gewirkt hat, weil es gerade um das *Elementar-Fundamentale*, also um die *Essenz* ging. Und man ist als typischer Schüler bzw. Ex-Schüler nicht gewohnt, mit solchen Essenzen umzugehen.

Der Leser möge auch bedenken: *Wie ich nachfolgend darlegen werde, wäre für mich beispielsweise die langsame und gründliche Vermittlung des in diesem Kapitel dargelegten Stoffs völlig ausreichend für den gesamten Biologieunterricht des Gymnasiums.* (Wobei ich den Stoff niemals zwingend vorschreiben würde, sondern, wie später noch öfter von mir betont, für eine große individuelle Auswahlfreiheit des Lehrers plädiere.)

Wir dürfen uns von unserem Schulunterricht, vor allem von Gymnasial-Unterricht, nicht bluffen lassen. Ich selbst hatte Biologie als viertes Abiturfach und musste ganz genau die einzelnen von der modernen Evolutionstheorie postulierten Evolutionsfaktoren lernen, einschließlich solcher spezifischer Dinge wie der *Hardy-Weinberg-Formel*, des Weiteren die biochemischen Vorgänge bei der Vererbung bis ins Detail – wir hatten einen Lehrer, der bei nichtwörtlicher Wiedergabe seiner Skripte deutliche Punktabzüge vorgenommen hat. Solche Kenntnisse wirken auf jeden Laien ungeheuer imponierend, wenn man jedoch auch nur „leicht bohrend" nachfragt, wird sofort das Elend hinter der Fassade dieses hochstilisierten Unterrichts sichtbar.

Die Bildungs-Hochstapler

> In dem schon erwähnten Band zum Thema „Kerncurriculum für die Oberstufe", sagen die Autoren der Expertise zum Biologieunterricht (Harms et al.) in aller Deutlichkeit: „Der Unterricht ist also kaum imstande, alltäglichen Realismus und alltägliche Erfahrung zu korrigieren oder auch nur sinnvoll zu ergänzen." Des Weiteren: „Man kann von einer weitgehenden Wirkungslosigkeit des naturwissenschaftlichen Unterrichts im Alltag sprechen."

Dabei wäre gerade das Fach Biologie in starkem Maße geeignet, um wichtige Aspekte der *conditio humana* zu explizieren und so einen Beitrag zur *Verortung* des Menschen zu leisten. Außerdem: Nicht wenige biologische Grundtheorien sind Bestandteile wichtiger genereller geistesgeschichtlicher Entwicklungen und Diskussionen. Ich habe ja für die Abschaffung des Faches GESCHICHTE als Pflichtfach plädiert, in diesem Kapitel zur BIOLOGIE aber ist an mehreren Stellen deutlich geworden:

> Die Kenntnis der IDEENGESCHICHTE ist auch für das Schulwissen, ja auch und gerade für das Verständnis des Elementar-Fundamentalen, unumgänglich. Bestimmte Aspekte der Wissenschaft kann man nur durch Einsichten in historische PARADIGMENWECHSEL verstehen.

Dagegen geht der herkömmliche Lehrer und Fachdidaktiker meist von der Logik aus: Wenn wir es schon kaum schaffen, unseren ganz normalen Faktenunterricht durchzubringen, wie sollen wir es dann schaffen, auch noch Wissenschaftsgeschichte zu behandeln? Nach der von mir dargelegten Vorgehensweise geht diese Logik auf, weil, wie im nachfolgenden Teilkapitel dargelegt, eine ganz starke Entlastung vorhergehen muss. Außerdem sollte langsam deutlich werden: Wissenschaftsgeschichte ist in vielen Fällen eben nichts „Zusätzliches", sondern gehört zu der eben beschworenen *Essenz*.

> Meine Logik ist also gleichzeitig einfach und dem herkömmlichen Unterrichtsverständnis vollkommen konträr: In Bezug auf den Stoffumfang plädiere ich für eine Vereinfachung, also für das Weglassen aller überflüssigen Elemente, allerdings für eine Vereinfachung, bei der es nicht um ein Leichtermachen geht, sondern vielmehr um eine solche, die zur Tiefe führt: TIEFE EINFACHHEIT, ein generelles Leitmotiv des Buches! – Die grundlegende Unlogik des gegenwärtigen Unterrichts besteht dagegen darin: Statt den Stoff einfach zu strukturieren und dabei auf eine tiefe Einsicht hinzuwirken, präsentiert er sich *mittelkomplex* und versucht, *mittelkomplexe* Einsichten zu vermitteln. Aus dieser Struktur ergeben sich jedoch überhaupt keine Einsichten, es verbleiben nur Stofffetzen.

Ich schließe mit einem längeren kritischen Zitat von W. Kuhn aus dem Artikel „Allgemeinbildung und Biologieunterricht", das mir aus dem Herzen und der eigenen Erfahrung spricht (das Zitat ist wörtlich, wegen der vielen Anführungszeichen darin wird es als ganzes ohne Anführungszeichen präsentiert):

Verstärkt wurde die Vernachlässigung einer biologischen Allgemeinbildung zudem durch die leider übliche, ebenso folgenschwere wie peinliche Verwechslung von „Wissenschaftlichkeit" mit Schwierigkeit, Schwerverständlichkeit oder schlicht Unverständlichkeit. Sie führte in den höheren Klassen bis hinauf zum Abitur – hier vor allem in den sogenannten Leistungskursen – zu einer weiteren Spezialisierung und einseitigen Detaillisierung. Befragungen von Primanern (…) zeigten, dass die Schüler über ein recht beachtliches Maß an Fachtermini verfügten, die sie mit sichtlichem Selbstbewusstsein bei jeder Gelegenheit an den Mann brachten. Sobald man jedoch nachfragte – und das bestätigen die Erfahrungen mit Erstsemestern an der Universität –, stellt sich heraus, dass die meisten oft nur über ein geringes Verständnis der Fachbegriffe verfügen. Vor allem aber mangelt es in der Regel am Verständnis der Zusammenhänge. (…) So kann man beispielsweise auf die Frage nach dem physiologischen Geschehen beim Auslösen des bekannten Kniesehnenreflexes ein wahres Bombardement mit wohlklingenden Fachausdrücken erleben – von den „synaptischen Bläschen" mit ihren „Transmittersubstanzen" über die „saltatorische

Reizleitung", die „Ranvier'schen Schnürringe" und „Membranpotentiale" bis hin zu „Kalium-Natrium-Pumpe", dem „Dekrement" oder dem „präsynaptischen" und „postsynaptischen" Spalt usw., usw. Weit über 20 an der Zahl vermitteln sie den Studenten das trügerische Selbstbewusstsein, mit der Sache absolut vertraut zu sein (...). Die Verwunderung – nach Plato der Anfang allen Begreifens –, das beglückende Aha-Erlebnis kam indessen erst durch die unerwartete Frage, wozu dieser Reflex denn nun diene, also die Frage nach seiner biologischen Funktion und damit Bedeutung, gar seinem „Sinn". (...) Wozu brauchen wir denn diesen Reflex? Überaus kennzeichnend lautete die perplexe Gegenfrage eines Studenten (4. Semester Biologie!): „Ja brauchen wir ihn denn?" Er, wie alle seine anwesenden Kommilitonen und Kommilitoninnen waren anscheinend der Ansicht, was sie da bis ins letzte biochemische Detail im Leistungskurs auswendig gelernt hätten, sei ausschließlich dazu da, um im Dienste einer quantifizierbaren Notengebung abgefragt werden zu können ...

Anmerkung: Falls der Leser durch dieses kritische Zitat neugierig geworden ist: In der medizinischen Diagnostik dient der Reflex als neurologischer Funktionstest, und im alltäglichen Leben schützt uns der vorschnellende Unterschenkel vor Stürzen, wenn wir stolpern (etwa weil der Fuß an einem Hindernis hängen bleibt): Die Kniesehne reagiert auf die Dehnung mit dem Reflex, so dass wir uns mit dem vorschnellenden Bein rechtzeitig abstützen können, ohne lange überlegen zu müssen.

> »Alles Wissen ist zuletzt Wissen vom Leben und alles Erkennen Staunen über das Rätsel des Lebens.« (Albert Schweitzer)

Wie immer: Überforderung

Der Leser betrachte zum Beispiel das Buch *Duden: Abiturwissen Biologie*, ein wunderbar gestaltetes Buch, ganz hervorragend didaktisch konzipiert, höchst aufwendig in der optisch-graphischen Gestaltung. (Generell ist zu sagen: Die außerschulischen Lernmaterialien sind meist deutlich besser als die Schulbücher!) In einem solchen Buch kann man gewissermaßen ein Leben lang immer wieder schmökern, es kann aber nicht der Kanon für den Schulunterricht sein, selbst wenn man von allen möglichen Abstrichen ausginge! Doch auch so wissenden und bewussten Autoren wie denen der schon genannten Expertise für das *Kerncurriculum Biologie der Oberstufe*, die ganz genau über die Defizite Bescheid wissen, geht anscheinend dennoch die Möglichkeit ab, Reduktionsprinzipien zu entwickeln.

> Allen Ernstes soll ihr „Kerncurriculum" (was ja eigentlich eine Konzentration auf das Wesentliche beinhaltet) folgende Fächer beinhalten: ZYTOLOGIE, ÖKOLOGIE, STOFFWECHSEL und ENERGIEHAUSHALT, NEUROBIOLOGIE, VERHALTEN, GENETIK, IMMUNBIOLOGIE, ENTWICKLUNGSBIOLOGIE und EVOLUTION. Außerdem sollen FACHÜBERGREIFENDE ZUSAMMENHÄNGE vermittelt werden.

In derselben Arbeit wird kritisiert, dass der herkömmliche Unterricht kein „zusammenhängendes Bild von den Lebenswissenschaften" erzeugt. Ja, natürlich! Das kann und soll nicht geleistet werden, kein studierter und promovierter Biologe besitzt ein solches „zusammenhängendes Bild", zu allerletzt besitzen es die heutigen Professoren. Wenn ein Schüler zwei bis drei wesentliche biologische Ideen wirklich verstanden hat, dann ist das mehr als genug, dann ist das ein viel größeres NACHHALTIGES WISSENSRESIDUUM als bisher.

Es gibt einen weiteren Aspekt (den ich dem Biologiedidaktik-Lehrbuch von Berck entnommen habe), der die Überfülle des Unterrichts und der Lehrbücher in besonders prägnanter Weise, ja wirklich *auf den Begriff* bringt: Gemäß verschiedener Untersuchungen enthalten biologische Schullehrbücher 1 000 bis über 4 000 Fachbegriffe (die taxonomischen nicht mitgerechnet)! Außerdem: Lehrer verwendeten in einer Untersuchung des Unterrichts in der 4. Klasse im Mittel 23 verschiedene biologische Begriffe in einer einzigen Unterrichtsstunde! Berck zieht daraus folgende Konsequenz: „Die dargestellten Befunde erzwingen es geradezu, das Prinzip der ‚Begriffs-Ökonomie' anzuwenden, das heißt, eine sachgerechte Auswahl wesentlicher Grundbegriffe der Biologie vorzunehmen. Dabei ist aufgrund der geringen Behaltensleistung auf größtmögliche ‚Sparsamkeit in Bezug auf die Gesamtzahl der Begriffe zu achten." Berck referiert über mehrere Ansätze für einen solchen Begriffskanon, die zwischen 400 und 1 000 Begriffe enthalten.

> »Los, überanstrengen wir uns – überanstrengen wir uns, auf dass wir schnell leben und früh sterben.« (Jules Renard)

Was zu tun ist: eine Entlastungs- und Lösungsperspektive

Ich postuliere, im direkten Anschluss an das vorherige Teilkapitel: Zwei bis drei biologische Grundbegriffe können und sollten wirklich verstanden werden, dann etwa 10 bis maximal 20 auf mittlerem Niveau, nämlich diejenigen, die unter diese Oberbegriffe fallen; schließlich sollte man vielleicht noch von 10 bis 20 weiteren Begriffen ungefähr wissen, aus welchen Gebieten sie stammen. Mehr nicht! Das wäre ein deutlich besseres Ergebnis als das, was bisher dem Biologieunterricht entspringt.

Unter inhaltlichem Aspekt würde ich dafür plädieren, sich auf das zu konzentrieren, was in diesem Kapitel dargelegt worden ist, wobei mir zwei Bereiche als wesentlich erscheinen, nämlich EVOLUTION und GENETIK, die man vielleicht am besten gleich integriert.

> Ganz wichtig: Evolutionslehre im Unterricht sollte sich all derjenigen theoretisch-abstrakten Diskussionen enthalten, die auch ein normaler Biologe nicht begreift und die ihm nichts nützen. (Ich sage dies als jemand, der sich gerade dafür sehr interessiert.) Was ich als Alternative vorschlage, könnte

> man nennen: „Evolution konkret", das heißt ein Wissen und Bewusstsein, ja eine Faszination und ein Erschaudern bezüglich einiger konkreter Entwicklungslinien, die das Leben auf dieser Erde durchgemacht hat. Und man bediene sich dabei unbedingt der zahlreichen wunderbaren Dokumentationsfilme, die auf diesem Gebiet vorliegen! Wenn diese einem Schüler die Faszination und Schönheit des Lebens vermitteln, dann hat man schon etwas ganz Großes erreicht. Genetik würde ich auf einen Minimalkanon beschränken, der bewusst die biochemischen Aspekte ausblendet und gewissermaßen nur die Konsequenzen davon auf der Makroebene darstellt; was sich in der Blackbox abspielt, kann man in einem eigenen Wahlfach „genetische Molekularbiologie" anbieten. Der Stoffumfang müsste auf höchstens ein Zehntel des bisherigen gekürzt werden, um, natürlich ohne Zeitkürzungen, sinnvollen Unterricht machen zu können.

Ebenso abtrennen würde ich zwei Fächer, die ich allerdings zumindest für zwei Jahre als Pflichtfächer konstituieren würde: MEDIZIN und MENSCHENKUNDE. In letzteres Fach würde ich einfließen lassen: Psychologie, Verhaltensforschung und Neurowissenschaften. (Eventuell wäre es denkbar, nur eines dieser Fächer als eigenes Fach zu wählen.)

Ganz wichtig wäre es mir, auch in diesen Gebieten von der Darlegung abstrakter psychologisch-ethologischer Theorien abzusehen und sich dagegen beispielsweise einmal dauerhaft, detailliert und am konkreten Beispiel mit der Tierdressur, beispielsweise von Hunden, zu beschäftigen. Daraus kann man mehr über das Verhalten von Tieren und ihre Interaktion mit dem Menschen lernen, als wenn man über Konzepte wie „Schlüsselreize" oder „AAM" belehrt wird. (Mich faszinieren immer wieder die unterschiedlichsten Filme im Fernsehen, wo professionelle „Hundeflüsterer" gleichermaßen Hunde wie ihre Halter auf eine wirklich verblüffende, gekonnte und einfühlsame Weise therapieren …)

Falls es dann der Grundschule (und den ersten Klassen des Gymnasiums) noch gelingen würde, endlich auch im Hinblick auf ihre biologischen Lernziele ein NACHHALTIGES WISSENSRESIDUUM zu konstituieren, das zumindest das Benennen-können der allerwichtigsten Tiere und Pflanzen unserer Heimat beinhaltet, dann wäre meiner Meinung nach, ironisch und mit einem Dawkins-Zitat gesprochen, schon der „Gipfel des Unmöglichen" erreicht …

> Noch ein ganz wichtiger Punkt: Im Mathematikkapitel habe ich vorgeschlagen, bei gleichzeitiger Reduktion des geforderten und gesicherten Grundwissens auf einem einzigen Gebiet eine echte Spezialisierungs-Vertiefung, eine dauerhafte, vorzunehmen, allerdings in einem anderen, einem „inhaltlichen" Fach (durch Zusammenarbeit von Mathematik- und jeweiligem Fachlehrer). BIOLOGIE wäre dafür eine wunderbare Möglichkeit, wiewohl das im heutigen Unterricht kaum so gesehen wird! Denn es gibt zahlreiche mathematische Modelle in der Biologie, aber der simple Gedanke, dass man auch anhand dieses Faches die Mathematikkompetenz vertiefend schulen und trainieren kann, existiert nicht oder ist verloren gegangen, wird allerdings, was ich ganz und gar positiv finde, von den schon öfters zitierten Autoren eines möglichen Kerncurriculums propagiert; auch sie meinen, dass für den Biologieunterricht wesentlich seien: das Quantifizieren sowie mathematische Formalisieren und Modellieren, ebenso grafische Darstellungen, um Ergebnisse empirischer Untersuchungen zu verdeutlichen, beispielsweise Wachstumskurven. „Mathematische Biologie" wäre dann ein Extrafach, bei dem Mathematik- und Biologielehrer eng kooperieren müssten.

Es sei auch eine Entlastungsperspektive bezüglich des von mir geforderten *ideengeschichtlichen* Unterrichts hinzugefügt: Man muss auch bei der Behandlung solcher Aspekte mit großer Konzentration vorgehen, maximal ein wissenschaftsgeschichtlicher

Transformationsprozess in jedem Fach pro Unterrichtsjahr ist ausreichend! – Dies sei all denjenigen gesagt, die sich nun seit einigen Jahren, Gott sei Dank, für die Rehabilitation der wissenschaftsgeschichtlichen Dimension, nicht nur im schulischen, sondern auch im universitären Bereich aussprechen. Denn man darf dabei nicht naiv sein. Naiv wäre, nicht zu wissen und zu verstehen, dass viele Wissenschaftler in ihrem alltäglichen Tun wissenschaftshistorisch naiv sind, ja in gewisser Hinsicht sein müssen. In einer öffentlichen Diskussion im Anschluss an eine Lesung mit dem weltberühmten Wissenschaftshistoriker Thomas Kuhn habe ich diesen gefragt, ob er meine, dass einem normalen Wissenschaftler Wissenschaftsgeschichte bei seiner Arbeit nütze – und seine Antwort war die, die auch meine Meinung wiedergibt: Dem Wissenschaftler, der sich in einer normal-wissenschaftlichen Phase befindet, also in keiner Umbruchphase, wird das im Regelfall nicht viel nützen. (Ich würde allerdings ergänzend hinzufügen: Manche Normalwissenschaften, die sich schon längst in der Phase der Degeneration befinden, könnten leichter und schneller in einen der vielbeschworenen *Paradigmenwechsel* eintreten, wenn etwas mehr wissenschaftshistorisches Bewusstsein gegeben wäre.)

> Abschließend will ich nochmals ein eindringliches Plädoyer für die permanente Verwendung filmischer Materialien halten – in Anlehnung an ein berühmtes Kant-Zitat: Rein begriffliche Biologie ist blind, mehr noch, ist nicht wirklich lebendig! Ich kenne keinen Menschen, der im Biologieunterricht für die von mir schon beschworene Schönheit und Rätselhaftigkeit des Lebens sensibilisiert worden ist, aber viele, bei denen gegenteilige Effekte erzeugt worden sind. Und ich kenne viele, die, wie auch ich selbst, durch großartige Naturfilme zutiefst emotional bewegt wie angeregt werden, sich auch intellektuell mit dem jeweiligen Thema zu beschäftigen. Ja, es hat einmal eine ins Negative abgedriftete *Ästhetisierung*

> des Biologieunterrichts gegeben, ja doch, es ist Zeit für eine
> Rehabilitation dieser ästhetischen Komponente!

»Das Leben schafft Ordnung, aber die Ordnung bringt kein Leben hervor.« (Antoine de Saint-Exupery)

6
Sozialkunde: Verdrossen sind die Ahnungslosen

Nach den zwei großen Kapiteln zu Mathematik und Geschichte will ich bewusst zwei „kleinere" Fächer behandeln, wobei sich gerade in der Frage nach der Größe/Kleinheit dieser Fächer das Problem zeigt ...

In den schulischen Fächern, die „Sozialkunde" oder ähnlich betitelt sind, sind alle möglichen Inhalte versammelt: Politik, Wirtschaft, Recht, Soziologie etc. Das Fach ist unkonturiert und wird meist nicht besonders gewichtet, weder von den Schulen noch von den Schülern. Das steht in einem eigentümlichen Gegensatz zu der Bedeutung, die auf der theoretischen Ebene (und auf der Ebene der Sonntagsreden) dem Inhalt und dem Anliegen dieses Faches zugesprochen wird.

Politisches Bewusstsein ohne politisches Wissen?

Wie üblich strotzen die Lehrplanziele in Sozial- und Gesellschaftskunde vor Erhabenheiten, fasziniert ist man von „politischem", „kritischem" etc. „Bewusstsein". Doch, so habe ich den Eindruck, gerade auf diesem Gebiet wird vergessen, dass ein Bewusstsein zunächst einmal eine *Wissensbasis* besitzen muss. Auch bei meinem Durcharbeiten diverser Untersuchungen, die den Begriff „politische Bildung" zum Ziel hatten, ist mir immer wieder aufgefallen, dass selten Wissen thematisiert wird, völlig okkupiert sind die meisten Forscher und Theoretiker dagegen von Einstellungen gegenüber Rechtsradikalismus und der Demokratie. Nachfolgend referiere ich Teilergebnisse solcher Forschung (an 15-jährigen Schülern); es geht um einen Fragenkomplex zum Thema, was eine DEMOKRATIE überhaupt ist. Es geht also nicht um Wahlrecht, auch nicht um Institutionen, sondern gewissermaßen um ein Analogon zu der Frage an einen Katholiken: „Was ist eigentlich katholisch?" (Nebenbei gesagt: In einer kleinen Fernsehumfrage ergab sich einmal, dass die befragten Mitglieder beider christlicher Konfessionen nur zu einem geringen Teil in der Lage waren, den Unterschied zwischen beiden klar zu explizieren.) Zu dem Thema „Demokratie" wurde in der Untersuchung beispielsweise folgende Aufgabe vorgegeben:

- „In einer demokratischen Gesellschaft ist es wichtig, verschiedene Vereine und Organisationen zu haben, denen sich Menschen anschließen können, da es so…" – und als Multiple-Choice-Antworten waren vorgegeben:
  (a) eine Gruppe gibt, die verhaftete Mitglieder verteidigt,
  (b) viele Steuerquellen für die Regierung gibt,
  (c) Möglichkeiten zur öffentlichen Diskussionen verschiedener Standpunkte gibt,
  (d) für die Regierung die Möglichkeit gibt, über neue Gesetze zu berichten.
  Richtig ist natürlich (c), während die anderen komplett abwegig sind, und dennoch wurde diese Frage von über 20 % der Schüler nicht richtig beantwortet. (Genauer gesagt: Es wurde nicht die richtige Antwort angekreuzt, was ja noch leichter ist!)
- Und es geht noch elementarer/fundamentaler. Frage: „Warum gibt es in einer Demokratie mehr als eine Partei?" – Die Multiple-Choice-Antwort, dass damit im Bundestag verschiedene Meinungen vertreten sind, wurde von immerhin 15 % nicht als richtig identifiziert. Bei einer internationalen Umfrage ergab sich bei dieser Aufgabe eine Versagensquote von 25 %.

6 Sozialkunde: Verdrossen sind die Ahnungslosen

- „Was passiert wahrscheinlich, wenn ein großer Verlag viele kleine Zeitungen des Landes aufkauft?" – International sind 47 % der Schüler nicht auf die richtige (vorgegebene) Antwort gekommen, nämlich dass die Vielfalt der Meinungen abnimmt.
- Nur die Hälfte aller 15-jährigen Schüler international wusste die korrekte Multiple-Choice-Antwort dafür zu identifizieren, was „Diskriminierung am Arbeitsplatz" bedeutet, obgleich die richtige Antwort geradezu ins Gesicht springt: „Wenn eine Frau wegen ihres Geschlechts schlechter bezahlt wird."
- Nächste Frage: „Wann ist eine Regierung als undemokratisch zu bezeichnen?" Vorgegeben waren:
  (a) wenn die BürgerInnen daran gehindert werden, die Regierung öffentlich zu kritisieren,
  (b) wenn die politischen Parteien sich gegenseitig häufig kritisieren,
  (c) wenn die BürgerInnen sehr hohe Steuern zahlen müssen,
  (d) wenn jeder Bürger und jede Bürgerin das Recht auf einen Arbeitsplatz hat.
  Das Ergebnis: 44 % der Schüler (internationaler Durchschnitt: 47 %) waren nicht in der Lage, die richtige Antwort (a) zu identifizieren. (Vielleicht sollte man in diesem Zusammenhang Franz-Josef Strauß zitieren: „Die Demokratisierung der Gesellschaft ist der Beginn der Anarchie, das Ende der wahren Demokratie.")
- Geht es eigentlich noch elementarer beziehungsweise fundamentaler? Ja, es geht. Die nächste Testaufgabe demonstriert die grundlegende Unfähigkeit von Schülern, auch nur elementare Bedingungen des geistigen Arbeitens beziehungsweise Argumentierens zu erfüllen (besser gesagt: die Unfähigkeit der Schule, diese Fähigkeiten zu vermitteln). Vorgegeben war folgendes Item:
  „Drei dieser Aussagen sind Meinungen, nur eine ist eine Tatsache. Welche der folgenden Aussagen ist eine Tatsache?"

(a) Menschen mit sehr geringem Einkommen sollten keine Steuern zahlen.
(b) In vielen Ländern zahlen reiche Menschen höhere Steuern als ärmere Menschen.
(c) Es ist ungerecht, dass einige BürgerInnen höhere Steuern zahlen als andere.
(d) Spenden für Wohlfahrtseinrichtungen sind der beste Weg, den Unterschied zwischen arm und reich zu verringern.

Nur circa 53 % konnten die Antwort (b) als eine *Tatsache* im Unterschied zu einer *Meinung* identifizieren. 47 % konnten also nicht erkennen, dass allein die Begriffe „sollten" und „es ist ungerecht" eindeutig darauf hinweisen, dass es hier um Normatives geht.

Und jetzt kommt etwas Interessantes: Offenbar haben auch die Wissenschaftler Probleme mit feinen Differenzierungen. Denn offensichtlich ist das Item (d) von ganz anderem Charakter als (a) und (c), ist es doch vielleicht keine Tatsache im engen Sinne, aber doch zumindest eine Tatsachenbehauptung und keine „Meinung" in dem normativen Sinne von (a). (Denn es könnte ja tatsächlich sein, dass Steuern ein ineffizienter Weg sind, um die Vermögensverteilung zu nivellieren. Manches spricht ja dafür, dass tatsächlich nur der „karitative" Weg der Spenden übrig bleibt, weil die Vermögensverteilung seit Jahrzehnten, vor allem in US-Amerika, zunehmend entnivelliert wird.) Die Aufgabenstellung ist also nicht besonders glücklich, auch die Forscher scheinen Probleme mit der Unterscheidung zwischen normativen und faktischen Propositionen zu haben.

»Politik ist die Kunst des Möglichen.« (Otto von Bismarck)

Elementardefizite

Im Laufe der Jahre habe ich einige, wie ich meine, typische, überraschende und teilweise schockierende Ergebnisse zusammengetragen, die ich nachfolgend kurz auflistе:

- Die Wahl 2002 war Anlass dafür zu erkennen, dass die wenigsten Leute die Frage „Was ist ein Überhangmandat?" beantworten können. Eine Blitzumfrage der *Süddeutschen Zeitung* in diesem Jahr ergab, dass das Wissen hierzu nicht nur bei der Fremdenverkehrschefin von München und dem Chef des Kunstparks Ost fehlte, sondern auch bei einem der bekanntesten politischen Kabarettisten (sein Name sei nicht genannt). Genauer gesagt: Alle Befragten haben sich eingebildet, es zu wissen, während sie de facto völlig falsche Vorstellungen davon hatten, wobei die des Kabarettisten am wenigsten richtig war.

Kurzerläuterung:
Wenn eine Partei mehr Direktkandidaten in den Bundestag entsenden kann, als ihr gemäß der Anzahl der Zweitstimmen in einem Bundesland zusteht, vergrößert sich der Bundestag durch diesen Überhang der Direktmandate – deshalb heißen sie, „Überhangmandate". Der Kabarettist dagegen meinte: Das ergäbe sich aus den Mandaten, die übrig bleiben, und zwar von den Parteien, die nicht die 5 %-Hürde übersprungen haben wie im damals aktuellen Fall die PDS. Diese Mandate würden dann auf die stärksten Parteien verteilt. (Das Bundesverfassungsgericht hat übrigens vor einiger Zeit die Regelung in ihrer jetzigen Form als verfassungswidrig beurteilt; sie muss geändert werden.)

- Wer wählt den Bundeskanzler? – Gemäß einer *Stern*-Untersuchung wussten das 14 % der Lehrer und 40 % der Schüler nicht.
- Was ist „Föderalismus"? – Gemäß einer Untersuchung des Meinungsforschungsinstituts Allensbach konnten dies nur 6 % erklären, 59 % lagen völlig falsch; von den Menschen mit höherem Bildungsabschluss konnten 11 % diese Frage nicht beantworten.

- Was ist der Unterschied zwischen Erst- und Zweitstimme? – Untersuchungen vor Wahlen zeigen regelmäßig, dass 30–40 % der Menschen sich dessen nicht bewusst sind.
- Meine Erfahrung: Die meisten Schüler und Erwachsenen, auch Akademiker, haben Probleme, sämtliche Bundesländer zu benennen; die in GESCHICHTE genannte Untersuchung bestätigt dies. Häufig wird auch nicht gewusst, dass Bremen und Hamburg nicht nur Städte, sondern eigene Bundesstaaten sind.
- Eine neue Untersuchung zum Wissen über Menschenrechte zeigt, wie gering das Allgemeinwissen der Bevölkerung ist. Kaum einer kannte sich mit Menschenrechten aus, wusste zum Beispiel, dass auch der Schutz vor Arbeitslosigkeit ein Menschenrecht ist. Man muss allerdings fragen: Würde es ihnen etwas nützen?

»Politik ist die Kunst des Möglichen, aber auch die Wissenschaft vom Unmöglichen.« (Harold MacMillan)

Fundamentaldefizite

Die WAHRE BILDUNGSKATASTROPHE manifestiert sich, so glaube ich, exemplarisch an Ergebnissen wie den folgenden:
- Der Aufbau der EU und die teilweise sehr große Macht (aber auch partielle Ohnmacht) der europäischen Institutionen ist für die meisten, so mein Eindruck, ein Buch mit sieben Siegeln. Die Umfrage eines Fernsehmagazins hat meine Beobachtung bestätigt: Auch Parlamentarier (!), sogar solche, zu deren Spezialgebiet das Thema der europäischen Integration gehört, können elementare Fragen nicht beantworten, wie beispielsweise diese: „Gibt es auf der Ebene der europäischen Verfassung die Möglichkeit einer Volksabstimmung?" (Sie ist im Vertrag von Lissabon vorgesehen.) Man muss allerdings sagen: Gerade die deutschen Regierungen haben sich keiner-

lei Mühe gegeben, dem Volk die europäische Einigung auf eine werbende Weise zu erklären.

- A propos „ratifiziert": Die meisten Gymnasiasten und etliche Erwachsene, mit denen ich mich unterhalten habe, konnten das Wort nicht definieren.

Kurzerläuterung:
Es bedeutet, dass ein Vertrag endgültig unterschrieben wird, insbesondere im politischen Bereich, zwischen Völkern, nachdem er vorher *paraphiert*, also aufgesetzt worden ist. (Es ist tatsächlich etwas schwierig: Im staatsrechtlichen Sinne ratifiziert das Parlament einen Vertrag; dieser ist dann aber noch nicht endgültig im völkerrechtlichen Sinne ratifiziert; das ist er erst, wenn die Staatsoberhäupter und entsprechende Minister und der Bundeskanzler abgezeichnet haben.)

- Insbesondere die *Institutionenkunde* wird in der Praxis völlig vernachlässigt, wiewohl sie in der Theorie sehr hochgehalten wird. Man erkennt das schon daran: Der Begriff ist für die meisten Schüler ein Fremdwort! Demgemäß unbekannt sind ihnen natürlich auch speziellere, gleichwohl fundamentale Begriffe wie zum Beispiel „Budgetrecht" oder „Initiativrecht".

Kurzerläuterung:
- *Institutionenkunde* ist zum einen die Darstellung der speziellen Institutionen des Staates oder internationaler Organisationen, zum anderen die Darlegung der generellen Prinzipien, nach denen sie funktionieren. In meiner Arbeit in Kinderheimen war ich sehr darum bemüht, den Jugendlichen, die vor der Entlassung und dem Eintritt ins Leben standen, Grundkenntnisse derjenigen ganz alltäglichen Institutionen zu vermitteln, mit denen sie künftig zu tun haben würden. Dazu gehören auch ganz praktische Tipps wie beispielsweise: Wann ist es unbedingt sinnvoll und fast notwendig, einen *schriftlichen* Bescheid zu verlangen und sich nicht *mündlich* abspeisen zu lassen; wann aber kann es sinnvoll sein, Dinge im Gespräch zu klären?
- Als *Initiativrecht* bezeichnet man das Recht von Organen eines Staates, einer Institution der gesetzgebenden Gewalt einen Gesetzentwurf zur Abstimmung vorzulegen. In Deutschland besitzen Bundestag, Bundesrat und Bundesregierung das Initiativrecht. Es gibt Elemente direkter Demokratie, zum Beispiel Volksbegehren und Volksabstimmungen, bei

denen jeder Bürger das Recht dazu besitzt, falls er eine entsprechende Menge von Unterstützern auftreibt. Innerhalb der Europäischen Union hat die EU-Kommission das Initiativrecht. Ministerrat und EU-Parlament können die Kommission auffordern, einen Vorschlag zu unterbreiten, selbst jedoch nicht tätig werden (bis auf einige Ausnahmen beim Ministerrat).

– Budgetrecht ist das Recht einer Institution, den Haushaltsplan einer anderen Institution verbindlich festzulegen. In Deutschland ist das Budgetrecht dem Parlament vorbehalten; es ist das wichtigste Recht, mit dem es die Tätigkeit der Regierung beeinflussen kann.

- Unbekannt sind den meisten die Besonderheiten der föderalen Struktur unseres Landes, vor allem die grundlegende Frage, welche Teile der Politik Ländersache sind – was man natürlich nur auf der ganz elementaren Ebene wissen muss, zum Beispiel dass Polizei und Bildung/Kultur/Wissenschaft (weitgehend) unter die Länderhoheit fallen.
- Ich erinnere auch an die von mir gefundenen Unkenntnisse in GESCHICHTE bezüglich grundlegender Begriffe, die eben nicht nur historischer, sondern auch politischer Art sind („Faschismus" etc.). Ähnliches habe ich auf dem Gebiet der Politikkunde gefunden: Nicht nur die meisten Oberstufenschüler, sondern auch studierte Menschen haben Probleme, eine einigermaßen adäquate Definition politischer Fundamentalbegriffe zu geben, beispielsweise „Konservativismus" und „Liberalismus". (Ich bin auf diese Fragestellung durch die Anregung eines Englischlehrers gekommen, der mir erzählt hat, dass keiner seiner Schüler im Leistungskurs der 12. Klasse in der Lage war, das Wort „conservative" zu übersetzen, weil es ihnen auch im Deutschen nicht bekannt war!)

Kurzerläuterung:
– Natürlich wissen die meisten Erwachsenen mit Studium und auch die meisten Schüler, dass *Konservativismus* ein Oberbegriff für diejenigen politisch-gesellschaftlichen Kräfte und Sichtweisen ist, die skeptisch gegenüber zu großen und zu schnellen Veränderungen der Gesellschaft sind. Aber: So gut wie niemandem ist die grundlegende Argumenta-

tionsfigur des klassischen Konservativismus bekannt, welche die tiefer gründende Antwort darauf enthält, woher diese Fortschrittsskepsis rührt. Sie rührt aus pragmatischen Skepsis gegenüber zu grandiosen Weltentwürfen, generell gegen Theorien, die Idealmodelle postulieren. Der ältere Konservativismus (vor allem Edmund Burke) hat gedanklich ein Konzept von Karl Popper vorweggenommen, das dieser piecemeal social engineering genannt hat. Will sagen: Veränderungen sollen nur schrittweise und „tastend" erfolgen, um jeweils Rückmeldungen durch die Realität zu erhalten und nicht wegen eines glückverheißenden Ideals die Wirklichkeit und damit die Menschen gewissermaßen zu vergewaltigen. Ganz egal, ob dieses Argument in vielen realen historischen Situationen nur apologetisch benutzt und auch missbraucht worden ist, es ist wesentlich für die Kenntnis des Konservativismus, gerade für seine Kritik. (Ich habe in meinem Buch *Von den Schwierigkeiten ein Konservativer zu werden* diese Argumentationsfigur benützt, um eine pointierte Bilanz der Helmut-Kohl-Zeit zu ziehen, dahingehend, dass sie gerade gegen dieses Fundamentalkriterium verstoßen hat.) Eine Anmerkung: In den zehn Jahren, in denen sich dieses Buch entwickelt hat, hat sich allerdings der Konservativismus-Begriff völlig verzerrt: Seit einiger Zeit werden als die „wahren Konservativen" in der CDU (jedenfalls bis vor der Finanzkrise) die neoliberalen Kräfte betrachtet und bezeichnet, wo doch deren Anliegen eigentlich völlig konträr zur Idee des Konservativismus stehen.

– Beim Begriff des *Liberalismus* weiß kaum jemand, dass das zugrunde liegende Freiheitsverständnis mit der Renaissance und dem modernen Verständnis des individuellen Denkens und Handelns zusammenhängt und folgende Bestimmungsmomente sauber zu differenzieren sind: (a) Wirtschaftsliberalismus, also der Glaube, dass der freie Markt am besten den Wohlstand eines Landes befördere; (b) allgemeiner gesellschaftlicher Liberalismus, der sich vor allem in der Toleranz gegenüber Minderheiten und dem Eintreten für Gleichberechtigung manifestiert; (c) ein geistig-philosophischer, auch moralischer Liberalismus. Noch seltener ist bekannt, welche unterschiedlichen Ausprägungen, semantischen Besonderheiten und Konnotationen der Begriff im angloamerikanischen Sprachraum aufweist. Vereinfacht gesagt: Dort ist ein „Liberaler" ein Linker; der Begriff hat einen eindeutig pejorativen Klang. Die Amerikaner halten die Freiheit in starkem Maße hoch, allerdings mehr im Sinne von freedom als von liberty ... Das amerikanische Volk ist grundsätzlich auf eigentümliche Weise einerseits extrem liberal in Bezug auf individuelle Grundrechte, deswegen auch gegen einen Staat, der zu stark ist und sich in zu vieles einmischt, auch der soziale Bereich sollte eher von privaten Initiativen getragen werden. Andererseits aber enthalten die amerikanischen Wurzeln ein Moment des religiösen Puritanismus, und wegen der gleichzeitigen Ablehnung von allem, was in Richtung „links" geht (was dann immer ganz schnell auch „Kommunismus" ist), sind Amerikaner, trotz ihrer individuellen und modernistischen Orientierung, schlussendlich wiederum sehr konservativ. In US-Amerika stand deswegen in den letzten Jahren auch eher der Begriff des „Neokonservativismus" für all das, was bei uns eher unter „Neoliberalismus" subsumiert worden ist (einschließlich einiger weiterer politischer Positionen).

Das Fach „Sozial- und Gesellschaftskunde" spricht im besonderen Maße ein Leitmotiv des gesamten Buches an: das des MÜNDIGEN BÜRGERS – des Bürgers, der neben Kenntnissen des elementaren Rechtes auch unser politisches System versteht und demgemäß Möglichkeiten und Mittel kennt, an ihm zu partizipieren und es zu verändern. Ich halte diese Idee für eine Fiktion – auf keinem Gebiet weiß der normale, auch der akademisch gebildete Erwachsene wirklich so weit Bescheid, dass er auch nur annähernd versteht, „was um ihn herum vor sich geht". Der renommierte Politikwissenschaftler Werner Patzelt hat sich intensiv mit diesem Thema beschäftigt; ein *Zeit*-Artikel von ihm trägt den bezeichnenden Titel: „Verdrossen sind die Ahnungslosen", denn er meint, viele erregten sich über bestimmte Aspekte unserer Politik nur deswegen, weil sie unser parlamentarisches und Parteiensystem nicht verstünden. Die Essenz von Patzelts Forschungen:

- Nur etwa die Hälfte der Deutschen haben schon etwas von *Gewaltenteilung* gehört.
- 40 % der Deutschen können nichts oder nur Unrichtiges über den *Bundesrat* äußern.
- Vom Bundestag, den die Bürger alle vier Jahre wählen, sagen gut 60 % der Deutschen, über seine Arbeitsweise wüssten oder erführen sie zu wenig.

- 58 % können keine Angaben dazu machen, wo die Arbeit des Bundestags stattfindet, wenn im Plenarsaal keine Parlamentsdebatten stattfinden (und im Fernsehen übertragen werden).
- 40 % der Deutschen wissen nicht, dass bei uns die Regierung aus dem Parlament hervorgeht und ihr – sowie den regierungstragenden Fraktionen – die parlamentarische Minderheit als Opposition gegenübersteht.

Der hochinteressanten Arbeit „Wissen und Vertrauen. Zur öffentlichen Wahrnehmung von Parlamenten", ebenfalls von W. Patzelt zusammen mit U. Roericht geschrieben, entnehme ich weitere Angaben zu politischen Kenntnissen der Bevölkerung:

- Von 1951 bis 1979 stieg der Anteil der Bevölkerung, der wusste, dass der Bundestag die Volksvertretung ist (und nicht etwa die Ländervertretung oder die Regierung) von 48 % auf 74 %. Das heißt aber nochmals: Ein Viertel wusste nicht, was das Parlament, das sie alle vier Jahre wählen sollen, eigentlich ist.
- Wissen um Abgeordnete: In Deutschland sagten in den 1990er Jahren 39 % der Bevölkerung, schon einmal von ihrem Bundestagsabgeordneten gehört oder gelesen zu haben; weitere 16 kannten ihn persönlich. (Dieser geringe Anteil hat natürlich auch damit zu tun, dass in Deutschland viele als Listenkandidaten in den Bundestag kommen.)
- Nun zu den Kenntnissen bezüglich der Parlamentsfunktion: *Regierungskontrolle, Gesetzgebung,* die – kommunikativ verstandene – *Repräsentationsfunktion* sowie in parlamentarischen Regierungssystemen die *Regierungsbildung.* Einigermaßen gut bekannt ist in Deutschland die Funktion der Gesetzgebung, die aber auch wiederum einem Viertel nicht bekannt ist; über die Kontrolle der Regierung sind sich 34 % nicht bewusst. Noch weniger bekannt ist die Repräsentations- und Kommunikationsfunktion: die Wünsche und Ansichten der Bevölkerung in die Politik einzubringen, kannten als Parlamentsaufgabe 40 % der Befragten nicht. Dies

kann natürlich daran liegen, dass die Vermittlungsrolle von den Abgeordneten wirklich nicht gut erfüllt wird.
- Ein interessanter Aspekt: Die Mehrzahl der Menschen glaubt, dass Parlamentarier zu wenig Kommunikation und Engagement im direkten Umgang mit dem einzelnen Bürger realisieren. Patzelt meint, dass dies ein Vorurteil sei. Persönlichen Anliegen wird, so der Volksvertreter in seiner Bürgersprechstunde aufgesucht wird, nicht selten weitergeholfen, kommunalen Schwierigkeiten durch Abgeordnetenintervention oft eine Wendung zum Besseren gegeben. Die Mehrzahl der Bürger fordert ein solches Engagement und weiß nicht, dass der Wunsch längst Wirklichkeit ist, weil nur eine kleine Minderheit davon überhaupt Gebrauch macht.

Man kann also sagen: So gerne viele Menschen auch „politisieren", so wenig verstehen sie real von der Politik. Das ist auch schwer, fast unmöglich, vor allem in der Wirtschaftspolitik. Auch viele Politiker verstehen nicht, wofür sie eigentlich abstimmen – im Durchschnitt hat ein Politiker etwa sechs Stunden, um sich mit einem Gesetz zu beschäftigen. Tatsächlich glaube ich – wie immer halte ich das Fernsehen hoch –, dass die politischen Talkshows in den letzten Jahren erheblich zu einer Verbesserung der politischen Kenntnisse beigetragen haben. Viele Bürger verstehen gegenwärtig besser als zu der Zeit, als ich mein Buch zu schreiben begann, wie bestimmte politische Abläufe grundsätzlich strukturiert sind; dennoch glaube ich, dass auf der inhaltlichen Ebene die letzten 20 Jahre eine Zeit waren, in der das Volk so sehr desinformiert worden ist, wie selten zuvor (ob absichtlich oder aus Unwissenheit, das sei dahingestellt); man lese hierzu beispielsweise die Bücher von Albrecht Müller.

»Politik ist die Kunst, das Notwendige zu ermöglichen.« (Paul Valéry)

Fünf Minimax-Fragen

- Was sind die obersten Gerichte in Deutschland, was ihre Funktionen?

Bei dieser Frage geht es um eine bezeichnende Schnittstelle von RECHTS- und SOZIALKUNDE, in der wie in einem Brennglas die Logik unseres juristischen und politischen Systems zusammenfließt. Der Leser teste sich wiederum selbst!

Kurzerläuterung:
Generell sind die BUNDESGERICHTE solche, die verfassungsmäßig in bestimmten, dem Gesamtstaat vorbehaltenen Angelegenheiten Recht sprechen. Sie sind die letztinstanzlichen Gerichte bei Streitigkeiten des bürgerlichen wie des öffentlichen Rechtes. Der BUNDESGERICHTSHOF ist das Bundesgericht, das gleichermaßen für die Zivil- und Strafgerichtsbarkeit zuständig ist (es bestehen Zivil- und Strafsenate); in Strafsachen werden die Aufgaben des Staatsanwalts vom *Generalbundesanwalt* und den *Bundesanwälten* wahrgenommen. Das BUNDESVERWALTUNGSGERICHT ist das oberste Gericht in der Verwaltungsgerichtsbarkeit; es entscheidet also über die Auslegung derjenigen Rechtsregeln, nach denen die Verwaltung operiert. Zur Wahrung des öffentlichen Interesses ist beim Bundesverwaltungsgericht ein *Oberbundesanwalt* bestellt, der an die Weisungen der Bundesregierung gebunden ist. Wegen der besonderen Wichtigkeit bestimmter Gesetzesgebiete wurden noch folgende Bundesgerichte geschaffen: BUNDESFINANZHOF, BUNDESARBEITSGERICHT und BUNDESSOZIALGERICHT. Der BUNDESFINANZHOF entscheidet über die Revision gegen Urteile der Finanzgerichte unmittelbar in erster und letzter Instanz; dabei geht es um Beschwerden gegen Beschlüsse der Finanzämter. BUNDESARBEITSGERICHT: Zur Arbeitsgerichtsbarkeit gehören Rechtsstreitigkeiten zwischen Tarifvertragsparteien oder zwischen diesen und dritten aus Tarifverträgen oder über das Bestehen von Tarifverträgen, ferner solche zwischen Arbeitnehmern und Arbeitgebern aus dem Arbeitsverhältnis erwachsend oder zwischen Arbeitnehmern aus gemeinsamer Arbeit, außerdem die im Bundesverwaltungsrecht genannten Fälle wie Auflösung des Betriebsrates, Anfechtung der Betriebswahl etc. Das BUNDESSOZIALGERICHT ist die letzte Instanz der Sozialgerichtsbarkeit, also der Rechtsprechung über Angelegenheiten der Sozialversicherung einschließlich des Kassnarztrech-

tes, der Kriegsopferversorgung und des Aufgabenbereichs der Bundesanstalt für Arbeit. Oberstes Gericht überhaupt ist das BUNDESVERFASSUNGSGERICHT. Es hat seinen Sitz in Karlsruhe und besteht aus zwei Senaten mit je acht Richtern und entscheidet über die Gültigkeit von Rechtsvorschriften (Normenkontrolle). Gerichtsverfahren können bis zum Bundesverfassungsgericht betrieben werden, wenn eine spezifische Grundrechtsverletzung geltend gemacht werden kann, wenn also begründet behauptet werden kann, dass das jeweilige letztinstanzliche Gericht mit seiner Entscheidung Verfassungsrecht verletzt habe. Das Bundesverfassungsgericht kann auch von Verfassungsorganen (Parteien, Fraktionen etc.) angerufen werden (Organklagen). Vom Verfassungsgericht wird dann entschieden, ob die Urteile der darunterliegenden Gerichte oder der Gesetze, auf die sie sich berufen, mit dem Grundgesetz vereinbar sind. *Allein die Geschichte der wesentlichen Urteile des Bundesverfassungsgerichts zu kennen, bedeutet, Wesentliches von der Geschichte der Bundesrepublik Deutschland zu kennen.* Jedermann kann eine *Verfassungsbeschwerde* einreichen, dahingehend dass er durch die öffentliche Gewalt in einem Grundrecht oder einem vergleichbaren Recht verletzt worden ist, worüber dann das Bundesverfassungsgericht entscheiden muss. Eine solche Verfassungsbeschwerde ist allerdings nur dann zulässig, wenn der Beschwerdeführer durch dieses Gesetz selbst und unmittelbar betroffen ist und er den Rechtsweg ausgeschöpft hat, also zuvor durch alle Instanzen der ordentlichen oder der Fachgerichte gegangen ist. Es ist im Übrigen kennzeichnend für die föderale Struktur der Bundesrepublik, dass in jedem Bundesland eigene *Landesverfassungsgerichte*, die sogenannten *Verfassungsgerichtshöfe*, existieren. Alle Bundesgerichte haben einen gemeinsamen obersten Senat der obersten Gerichtshöfe des Bundes in Karlsruhe, um in Grundsatzfragen die Harmonie der einzelnen Gerichtsbarkeiten zu wahren.

Ich habe nur wenige getroffen, die diese fundamentale „Minimax-Frage" auch nur einigermaßen adäquat beantworten konnten. Eigentlich aber verkörpert sie, gemäß dem Anspruch, den die Schule grundsätzlich an sich selbst stellt, speziell auf diesen Gebieten, ein eher „untermittleres" Niveau. Ich aber habe festgestellt, dass etliche Schüler sogar nicht die bewusst unfaire Frage beantworten können:
- Was ist der Unterschied zwischen der *Verfassung* und dem *Grundgesetz*? – Es gibt in Deutschland keinen, das Grundgesetz ist die Verfassung der Bundesrepublik Deutschland.

- Noch mehr scheitern vor der schwierigen, gleichwohl dennoch elementar-fundamentalen Frage danach, ob das Bundesverfassungsgericht die Gesetze macht.

Antwort:
Natürlich nicht, die Gesetze macht der Bundestag. Allerdings ist es wichtig zu verstehen: Das Bundesverfassungsgericht macht natürlich insofern tatsächlich Gesetze, als es über die Auslegung der Gesetze bestimmt und damit den – meist bewusst eingebauten – Freiraum, den jedes Gesetz enthält, spezifiziert. Und es macht auch noch insofern Gesetze, als es ein Gesetz als *verfassungswidrig* verwerfen kann, wobei manchmal Rahmenrichtlinien dafür aufgestellt werden, wie eine mögliche Neufassung des Gesetzes aussehen könnte.

- Und in diesem Zusammenhang eine ganz wichtige Minimax-Frage: Kann das Grundgesetz geändert werden? Ich habe wenige Menschen gefunden, die das klar beantworten konnten, der Leser teste sich!

Kurzerläuterung:
Das Grundgesetz kann geändert werden, aber nur mit einer Zwei-Drittel-Mehrheit. Und vor allem: Es gibt im Grundgesetz Artikel und Rechte, für die eine in Artikel 79 festgeschriebene „Ewigkeitsgarantie" gilt; sie bezieht sich auf alle in Artikel 1 und 20 verbürgten Grundsätze. Die darin aufgeführten Forderungen nach Menschwürde, Menschenrechten, Frieden, Gerechtigkeit, Rechtsstaatlichkeit, einer staatlichen Organisation mit demokratischem, sozialem und föderalem Aufbau und mit einem Volkssouverän, der seinen Willen über Wahlen und Abstimmungen kundtut, entziehen sich jeglicher Veränderung.

- Und eine letzte, ganz kleine Frage, die meiner Erfahrung nach aber sehr „trennscharf" ist: Was ist eine „Petition"?

Petition bezeichnet eine Eingabe (Bitte oder Beschwerde) an eine zuständige Behörde oder eine Volksvertretung (ohne Angst vor Benachteiligungen befürchten zu müssen). In Deutschland ist das Petitionsrecht ein Grundrecht; Petitionen kann jedermann schriftlich an den *Petitionsausschuss des Deutschen Bundestags* richten. Er kann also Vorschläge für Gesetze machen oder sich über Verwaltungsvorschriften beschweren und hat Anspruch darauf, dass er einen Bescheid erhält, wobei ihm jedoch lediglich das Ergebnis mitgeteilt werden muss; einen Anspruch auf eine Begründung enthält das Petitionsrecht nicht.

Eine Anmerkung: Eine Zeitlang habe ich auch die Frage nach der *Rangordnung der höchsten Regierungsämter* verwendet; diese Frage fiel ebenfalls meist negativ aus. Jedoch bin ich zur Überzeugung gekommen, dass diese Frage, mit der man auch im Fernsehen immer wieder die Unkenntnis von Jugendlichen und Erwachsenen demonstriert, nicht wirklich etwas Essenzielles von unserem politischen System widerspiegelt, eher eine besserwisserische Spitzfindigkeit darstellt. Dass der eigentlich machtlose *Bundespräsident* offiziell das Staatsoberhaupt ist, dass der *Bundeskanzler* bzw. die *Bundeskanzlerin* „unter" ihm steht, sogar erst an dritter Stelle, nach dem Parlamentspräsidenten (manchmal wird auch der Bundesratspräsident an zweiter Stelle genannt), das alles verzerrt den eigentlichen *impact* dieser Positionen. Und man sollte Jugendliche damit nicht verwirren.

Der Leser möge generell darauf achten, dass meine Minimax-Fragen niemals auf solche unfairen Spitzfindigkeiten abzielen, sondern auf das Gegenteil!

»In der Politik handelt es sich gar nicht darum, Recht zu haben, sondern Recht zu behalten.« (Konrad Adenauer)

Gesamtfazit

„Politischer Analphabetismus?" titelt ein Autor angesichts der Ergebnisse der öfters zitierten internationalen Untersuchung zur politischen Bildung, einer IEA-Studie (IEA = International Association for the Evaluation of Educational Achievement), und er fragt mit bejahender Tendenz. Immer mehr drängt sich auf, dass der Begriff „Analphabetismus", den ich schon im Mathematikkapitel in erweiterter Hinsicht verwendet habe, in allen schulischen Wissensgebieten nahe liegt. Die meisten sind politikkundliche Analphabeten, speziell institutionenkundliche

6 Sozialkunde: Verdrossen sind die Ahnungslosen

(im Übrigen auch juristische, auch wenn in diesem Buch darauf nicht eingegangen wird).

Wieder einmal gilt das DUALE VERSAGENSPRINZIP: Die Schüler müssen auch im Fach SOZIALKUNDE ein enormes Detailwissen kurzfristig für die Prüfung aufbauen; die Details verschwinden ohnehin, aber es verbleiben auch nicht die vielbeschworenen *Einsichten* oder ein *Bewusstsein*. Wie die zitierte EA-Studie ergeben hat, sehen viele Lehrer die Sachlage wie folgt: Im Unterricht steht, extern von der Kultusbürokratie vorgegeben, angeblich die Vermittlung von politischem Wissen im Vordergrund, sie aber würden viel lieber das kritische Bewusstsein als Vermittlungsziel ansehen. Gerade aber weil Lehrer implizit das Wissen abwerten und so sehr auf das „Bewusstsein" aus sind, gelingt es ihnen nicht, eine solide Wissensbasis zu vermitteln, aber damit auch kein „Bewusstsein". Dahinter steht eine generelle Problematik des schulischen Unterrichts, die sich speziell auch in den Fächern Literatur und Kunst manifestiert.

Von dieser Basis aus gesehen ist es fast selbstverständlich, dass die überwiegende Mehrheit der Menschen überfordert ist, auch nur ungefähr zu verstehen, was in der aktuellen Politik vor sich geht; überfordert deswegen, weil die Schule ihnen keine ausreichenden intellektuell-kognitiven Instrumente dafür geliefert hat. Wenn ich das sage, geht es, wie im ganzen Buch, nicht um irgendwelche „Spezialitäten", wie bestimmte Steuersätze oder auch wer welcher Minister ist, sondern es geht um fundamentale Kennwerte und Prozesse, wie sie beispielsweise durch folgende Umfrage angesprochen werden (sie betrifft US-Amerika, gilt aber von der Tendenz her, so postuliere ich, ebenso für Deutschland):

- Die meisten US-Amerikaner sind (gemäß einer Untersuchung im Jahr 2002) der Meinung, dass die USA für je drei Dollar, die sie für militärische Belange ausgeben, einen Dollar als Auslandshilfe leisten. Tatsache ist: Auf 19 Dollar Militärausgaben kommt ein Dollar Auslandshilfe. Wenn Amerikaner aber gefragt werden, ob die USA in der Auslandshilfe

nicht zu viel Geld ausgäben, wird traditionell stets mit Ja geantwortet. Die meisten Amerikaner glauben, dass die USA 24 % ihres Staatsbudgets für Auslandshilfe abzweigen, während es in Wirklichkeit weit weniger als 1 % sind.
- Eine andere Meinungsumfrage (im Jahr 2003) wies nach, dass die Hälfte der befragten Amerikaner nicht wusste, dass in den vorausgehenden zwei Jahren eine deutliche Steuersenkung stattgefunden hatte. 30 % betrachten Beiträge zur Sozialversicherung zum bundesgesetzlich vorgeschriebenen Gesundheitsdienst für Rentner als Teil der Einkommenssteuer, weitere 25 % haben dazu keine Meinung.
- Auf dem Höhepunkt des Kalten Krieges betrachtete die Hälfte der amerikanischen Bevölkerung die Sowjetunion als Mitglied der NATO!
- Mehr als 54 % der Amerikaner wissen nicht genau, was die UNITED STATES CONSTITUTION darstellt, etliche von ihnen halten diese für ein Eishockeyteam; sie haben also noch nichts von ihrer eigenen Verfassung gehört. Zahlreiche weitere Untersuchungen zeigen, dass ein Großteil keine Ahnung von den grundlegenden Verfassungsrechten besitzt, die ihnen zukommen; man lese hierzu das interessante Buch „What Americans know about politics and why it matters" (von Delli-Carpini und Keeter).

Bezeichnend auch Folgendes: Eine Untersuchung, die eine TV-Zeitschrift durch ein Forschungsinstitut durchführen ließ, ergab: 88 % der Zuschauer können die Nachrichten – in diesem Fall ging es um die *Tagesschau* – nicht wirklich verstehen. Zum Beispiel: Was ist die ökologische Steuerreform? Was sind Konvergenzkriterien? Was ist der Vermittlungsausschuss? Hinter letzterem wurde zum Beispiel vermutet: „ein Ausschuss, den man bei der Scheidung anruft, um die Ehe zu retten", „eine Abteilung im Arbeitsamt, die Langzeitarbeitslosen bei der Jobvermittlung hilft" … Nur 41 % der Befragten wussten die richtige Antwort – und das war die beste Quote von allen Fragen.

(Der Vermittlungsausschuss besteht aus je elf Mitgliedern des Bundestags und Bundesrats, der bei Meinungsverschiedenheiten zwischen beiden Körperschaften über die Gesetzesvorlage nochmals berät.)

> Auch an dieser Stelle will ich nochmals betonen: Meinen kritischen Analysen geht jeder hämische oder arrogante Tonfall ab. Ich konstatiere etwas, ganz nüchtern. Und ich stehe dabei eher auf der Seite der Ungebildeten, denen ich nicht den geringsten Vorwurf mache, die ich aber darum bitte, dem Sachverhalt dieser Bildungsdefizite ins Auge zu sehen, gerade um danach umso mehr von den Schulen zu fordern. Besser gesagt: nicht mehr fordern, lieber weniger, aber Solides.

»Als ich jung war, glaubte ich, ein Politiker müsse intelligent sein. Heute weiß ich, dass Intelligenz zumindest nicht schadet.« (Carlo Schmid)

Nochmals: „Lehrplan-Wahnsinn"

Ich nenne nur kurz ein paar Lehrplanthemen für den *Grundkurs* Sozialkunde, in dem bereits Aufgaben der folgenden Art bewältigt werden sollen:
- die Beurteilung der europäischen Integration,
- die Probleme und Chancen der Osterweiterung,
- grundlegende historische Zielsetzungen der europäischen Integrationspolitik,
- der derzeitige Stand des europäischen Integrationsprozesses.

Da kann ich nur kommentieren: Und danach direkt ab ins Ministerium!

Schon für die Grundschule (!) werden beispielsweise in den Bildungsstandards der Gesellschaft für Politikdidaktik und politische Jugend- und Erwachsenenbildung (GBJE) Zielkompetenzen formuliert wie „politische Urteilsfähigkeit" und „politische Handlungsfähigkeit"; die Schüler sollen „die Bedeutung von Regeln und Gesetzen für das Zusammenlegen erklären und beurteilen oder unterschiedliche demokratische Entscheidungsverfahren im schulischen Leben erkennen und erklären". – Wenn sie das mal einige Jahrzehnte später beherrschen ...

Auf der anderen Seite finde ich in einem Handbuch zur Didaktik des Sachunterrichts (ebenfalls die Grundschule betreffend) zwei lapidare, aber bezeichnende Sätze, die deutlich machen, dass sich all diese Vorgaben gewissermaßen im luftleeren Raum der Ideale abspielen: „Doch auch in den USA wird geklagt, dass zu wenig über die politischen Kompetenzen von jungen Kindern gewusst wird. Über die alltägliche Schulpraxis in Deutschland ist wenig bekannt."

»Politik ist wie Steilwandfahren. Man muss ständig Vollgas geben. Wer bremst, stürzt ab.« (Klaus Kinkel)

Was zu tun ist: eine Entlastungs- und Lösungsperspektive

Es gibt in der viel zitierten „Jugend von heute" ebenso viele wie in jeder Generation, die politisch interessiert und engagiert sind, mögen da auch Habitus, Duktus, Diktion immer etwas variieren, substantiell eint all diese Engagierten eine Art Kern der Begeisterung, auch der Verantwortung, teilweise auch des Aufgehobenseins und Geschütztseins in größeren Aktionsgruppen. Daneben gibt es aber eine große Gruppe von politisch Desinteressierten, und die Schule versagt gerade vor diesen, gerade weil sie es so gut meint! Sie möchte ihnen unbedingt hehre Ideale von politischer Partizipation und politischem Engagement, von „Bürgergesellschaft" und wie all die anderen schönen Vokabeln noch lauten, oktroyieren. Und erreicht wird, wie immer, das Gegenteil. Die von mir vorgeschlagene ENTLASTUNGSPER-

SPEKTIVE besteht schlicht darin, von diesen angestrengten Versuchen abzusehen.

Man sollte von der Fiktion abrücken, man müsse alle Menschen zu politisch Interessierten bekehren.

Denn die komplizierten (oder auch barbarisch-einfachen) Winkelzüge der Politiker zu verstehen, ist fast unmöglich, wenn man das nicht professionell betreibt, und das scheinbare Desinteresse dieser Jugendlichen ist oft schlicht und einfach eine Art „Gegeninteresse" an unmittelbareren und konkreteren Erscheinungsformen des Lebens. Generell glaube ich (ein Gedanke, der in diesem Buch nicht ausgearbeitet werden kann), dass die Schule gut daran täte, nicht permanent die Schüler „erziehen" und hinsichtlich Charakter und Weltanschauung zu beeinflussen. (Eine Position, die mittlerweile etliche derjenigen teilen, die sich wirklich professionell mit der Profession des Lehrers beschäftigen.) Ich habe erlebt, wie besonders engagierte „Alt- und Post-68er" sich in die emotional belastendsten Konstellationen „hineingeritten" haben, bei dem Versuch, eine scheinbar träge und uninteressierte Jugend auf die Art und Weise politisch zu motivieren, wie sie, die Lehrer, selbst einmal angeblich gewesen sind. Zu Recht wird ein derart indoktrinärer Zugang von den Jugendlichen blockiert. Zu Recht wird das Pathos von „Frage nicht, was dein Land für dich tun kann, sondern was du für dein Land tun kannst!" verweigert. (Dies ist im Übrigen eine der missbrauchgefährdetsten Formulierungen, wie sie schon von Karl Popper im Hinblick auf Platon und seine Nachfolger kritisiert worden sind.) Dagegen zeigt mir meine Erfahrung: Der Einstieg in Politik gelingt bei fast allen Jugendlichen spielend, wenn man einen Zugang wählt, der schlicht und einfach über die *Rechte* geht, die sie besitzen. Von hier aus gehe ich nur ein kleines Stück weiter und schlage als eine ganz und gar positive Entlastungs- und Reduktionsperspektive vor:

> Statt POLITIKKUNDE sollte man als Pflichtfach in der Schule nur RECHTSKUNDE etablieren, allerdings völlig praktisch orientiert. Es gibt ganz alltägliche und für jeden Jugendlichen unmittelbar relevante Situationen, die mit juristischen Aspekten geradezu gespickt sind (und von diesen aus führt der Weg leicht zu politischen Themen). Das geht von rechtlichen Fragestellungen des Fotografierens und Filmens anderer über Drogen, über juristische Aspekte der Sexualität bis hin zu Fragen von Garantie und Umtausch bei Einkäufen oder schlicht und einfach auch den Rechten des Schülers gegenüber der Schule.

Und wiederum sage ich wie im Hinblick auf das Fach GESCHICHTE: Von der Politik bekommt ohnehin jeder, der sich interessiert, über das Fernsehen einiges mit. Und die Schule überschätzt sich wiederum, wenn sie glaubt, diesem lückenhaften, aber lebendigen Fernsehwissen einen intellektuellen Unter- oder Überbau verleihen zu müssen.

Im Übrigen sei an dieser Stelle ein alter Gedanke, der in den siebziger Jahren besonders hochgehalten worden ist, zitiert: Demokratie lernt man am besten in der Praxis, lernt man am besten über eine demokratische Schule und nicht als Stoffinhalt!

Wie beim Fach GESCHICHTE werden einige Vertreter des Faches „beleidigt" sein – auch sie mögen verstehen, dass in dieser Entlastung eine große Chance liegt. Die Transformation eines Faches von einem Pflicht- in ein Wahlfach enthält nämlich auch eine Aufwertung: Es wird nur noch von denjenigen gewählt, die es wirklich interessiert. (Falls es nicht von den Lehrern so gestaltet wird, dass man dort auf billige Weise eine gute Note erhalten kann.)

> Und gerade an dem Tag, an dem ich dieses Kapitel endgültig abschließen will, lese ich zum 90. Geburtstag von Helmut

Schmidt in der *Zeit* die Niederschrift eines Gesprächs von Schmidt mit Abiturienten, und Schmidt spricht mir aus der Seele. Gefragt von einem der Abiturienten „Wenn wir uns unter Gleichaltrigen umschauen, dann sehen wir viele, die an Politik kein großes Interesse haben …" antwortet Schmidt ganz spontan: „Das macht nichts!" Und er fährt fort: „Das ist keine Eigenart der heutigen Jugend. Das war zu meiner Zeit genauso, das ist nichts Besonderes. Da ist Fußball wichtiger als Politik. (…) Das ist kein Grund zur Beunruhigung. Ich finde es ganz vernünftig, wenn 17- und 18-Jährige sich nicht sonderlich politisch engagieren oder interessieren. Ich finde es wichtiger, dass sie anständig arbeiten und anständige Zeugnisse mit nach Hause bringen. Und anschließend wirklich mit Kraft in die Vorbereitung für den später auszuübenden Beruf einsteigen. Wer mit 18 Jahren Politiker werden möchte, der kann mir gestohlen bleiben. Er soll gefälligst einen Beruf lernen und diesen Beruf ausgeübt haben, mit Erfolg ausgeübt haben. Danach kann er sich gerne politisch engagieren."

»Die Politik ist keine Wissenschaft, wie viele der Herren Professoren sich einbilden, sondern ist eine Kunst.« (Otto von Bismarck)

7
Wirtschaft: Manipulierbar sind die Ahnungslosen

Eltern halten (gemäß einer Bildungsstudie im Auftrag von *Focus* und Microsoft) neben klassischen Fächern wie DEUTSCH und MATHEMATIK zunehmend Fächer wie WIRTSCHAFT oder auch NEUE MEDIEN für wichtig (etwa gleichauf mit GESCHICHTE und BIOLOGIE). 79 % der Eltern meinen, dass diese vordringlich behandelt werden sollten ...

„Sparsames" Wissen angehender Ökonomen

Ich habe jetzt schon öfter den Begriff des „Analphabetismus" verwendet, im Zusammenhang mit Wirtschaft haben etliche andere Autoren diesen Begriff ebenfalls adaptiert und vom „ökonomischen" oder „finanziellen Analphabetismus" gesprochen, um die miserablen Kenntnisse des Durchschnittsbürgers hinsichtlich dieser Wissensgebiete zu kennzeichnen.

Beginnen wir beim Elementaren: Eine Studie der Commerzbank analysierte das Wirtschaftswissen von Wirtschaftsstudenten im Hauptstudium, also nicht von Laien. Und dennoch: Nur circa 67,5 % konnten mehr als die Hälfte der Fragen beantworten. Simple Fragen aus dem Finanzalltag bringen die Studenten in Bedrängnis:

- Was ist der Unterschied zwischen einer EC- und einer Kreditkarte?

- Was wird vom Bruttolohn abgezogen?
- Wo residiert die Europäische Zentralbank?
- Und deswegen ist es natürlich nicht verwunderlich, wenn etwas anspruchsvolles Wissen überhaupt nicht vorhanden ist, zum Beispiel: Was bedeuten: *Bluechip*, *Volatilität* oder *Deflation*?

Kurzerläuterung:
– Ein *Bluechip* ist eine Aktie, bei der man mit großer Wahrscheinlichkeit sowohl hohe wie stabile Werte erwarten kann; der Begriff wird vor allem im Hinblick auf amerikanische Aktien verwendet, bei deutschen Aktien spricht man eher von *Standardwerten*.
– *Volatilität* ist das Ausmaß, in dem Börsenwerte schwanken.
– Und nun ausführlicher zu *Deflation*, einem Phänomen, das gegenwärtig ja im Zentrum der Aufmerksamkeit und Ängste steht (während zu der Zeit meiner Befragung öfters die Gegenfrage kam: „Müssen wir uns darüber noch Gedanken machen?"): Deflation bedeutet das Gegenteil von Inflation, also dass die Preise für Waren und Dienstleistungen sinken, das Geld somit mehr wert wird, was aber nur auf den ersten Blick als positiv erscheint. Den wenigsten Menschen, die ich gefragt habe, war bewusst, warum Deflation ein großes ökonomisches Übel ist: Wenn das Preisniveau sinkt, wird der Kauf von Waren und Dienstleistungen in die Zukunft verschoben, was die Konjunktur bremst. Außerdem erhöht die Deflation die Schuldenlast und macht sie im schlimmsten Fall untragbar, denn die Kredite sind zu ihrem Nominalbetrag zurückzuzahlen, wenn die Kaufkraft aber steigt, weil die Preise sinken, muss der Schuldner real, also preisbereinigt, immer höhere Kosten in Kauf nehmen. Ein Teufelskreis mit Wachstumsschwäche, Firmenpleiten, Arbeitslosigkeit und noch weniger Wachstum ist vorgezeichnet: *Depression*. Ein Land in der Deflation hat kaum Chancen, aus ihr herauszukommen, wie das Beispiel Japan zeigt: Seit Anfang der neunziger Jahre dümpelt die Wirtschaft der zweitgrößten Industrienation vor sich hin.

»Ökonomie ist die Kunst, aus seinem Leben das beste zu machen.«
(Gary Becker)

Ist eine Autofabrik ein Dienstleistungsunternehmen?

Eine der bemerkenswertesten Gestalten der deutschen Wirtschaft ist Reinhold Würth, der aus einem kleinen Schraubenladen Mitte der fünfziger Jahre ein globales Unternehmen gemacht hat, Weltmarktführer auf seinem Gebiet. Würth ist gleichzeitig ein bedeutender Kunstsammler, der viele private Museen gegründet hat, und jemand, der die Reflexion über Unternehmertum und Wirtschaftsgeschehen anregen will sowie einen kleinen Verlag betreibt, in dem er auch Forschungsprojekte fördert. Würth hat beispielsweise eine Untersuchung zum Wirtschaftswissen Jugendlicher in Baden-Württemberg durchführen lassen, aus der ich nachfolgend ausführlich zitiere:

- Was ist Inflation? – 54 % konnten diese Frage nicht beantworten (bei Multiple-Choice-Aufgaben!).
- Welches Unternehmen passt nicht in die nachfolgende Reihe, weil es kein Dienstleistungsbetrieb ist: Tattoo-Shop, Bank, Versicherung, Autofabrik und Reisebüro? – Es ergaben sich nur 38 % richtige Antworten, die meisten tippten auf den Tattoo-Shop, der aber natürlich – im Unterschied zur Autofabrik – ein Dienstleistungsunternehmen darstellt.
- Dies bezog sich auf Realschüler, ein Beispiel für Hauptschüler: Was ergibt der Nettoverdienst abzüglich der Preissteigerung? – Nur 6 % aller Befragten wussten die (wiederum im Multiple-Choice-Format vorgegebene) richtige Antwort, die lautet: „Reallohn".
- Wer setzte erstmals ein Fließband in der Automobilproduktion ein? – Bei dieser Frage ergaben sich bei den Hauptschülern die meisten richtigen Treffer: 36 %, das heißt aber: 64 % kannten die richtige Antwort (Henry Ford) nicht.
- Überhaupt wurde keine Frage bei den Hauptschülern in der 8. Klasse von mehr als 40 % der Schüler richtig beantwortet, der Durchschnitt lag bei 2,5 richtigen Antworten von 10 Fragen; bei der Realschule bei 3,6 (jeweils 8. Klasse). Auch bei

den Hauptschülern der 9. Klasse sehen die Ergebnisse nicht besser aus; es gab nur zwei Fragen, die von über 50 % der Schüler richtig beantwortet wurden; im Übrigen lag der Durchschnitt bei den Realschülern der 10. Klasse mit 3,0 sogar ein wenig unter dem der Abschlussklassen der Hauptschulen.

- Nur die beiden folgenden Fragen wurden von mehr als 50 % der Schüler richtig beantwortet, aber fast die Hälfte wusste demgemäß auch diese elementaren Aufgabenstellungen nicht korrekt zu beantworten!
  – Was ist eine Firmenfusion?
  – Was bestimmen Angebot und Nachfrage?

> Die Ergebnisse der zitierten Untersuchung sind ein fast mathematisch exakter Beleg für meine These von der WAHREN BILDUNGSKATASTROPHE: Im Schnitt werden nur 25–35 % der Lehrstofffragen beantwortet – und es handelt sich ja hier um sehr einfache Fragen, außerdem vereinfacht das Multiple-Choice-Verfahren das Ganze nochmals. Das weist sehr deutlich darauf hin: Würde man das gesamte vermittelte Wissen abfragen, also auch die schwierigeren Fragen, und täte man dies nicht im Multiple-Choice-Format, dann würde man kaum auf mehr als 1 % kommen. (Und es geht um nicht lange zuvor vermitteltes Wissen.)

- Wenn man die Gymnasien betrachtet, ergibt sich Folgendes: Deutlich „überzeugen" angeblich die Schüler mit einem Leistungskurs Gemeinschaftskunde: Acht von zehn Fragen wurden hier von mehr als 50 % der Schüler richtig beantwortet, einige davon sogar zu über 80 %, der Durchschnitt der richtigen Antworten lag bei 5,9. Was versteht der Autor unter „überzeugen"? Kann man das eine überzeugende Performance nennen, wenn 20 % bis über 40 % der Schüler bei elementaren und fundamentalen Fragen im Multiple-Choice-Format versagen? Demgemäß versagen auch 87 % bei einer wirklich

7 Wirtschaft: Manipulierbar sind die Ahnungslosen

schwierigen Frage wie beispielsweise: „Was versteht man unter struktureller Arbeitslosigkeit?" (Arbeitslosigkeit, die nicht aufgrund einer Konjunkturschwäche entsteht, sondern dauerhaft ist und darauf beruht, dass bestimmte wirtschaftliche Strukturen nicht mehr in der Lage sind, ein ausreichendes Arbeitsangebot zu schaffen.) Nachfolgend seien einige weitere bezeichnende Ergebnisse präsentiert:
- Es gibt drei klassische volkswirtschaftliche Produktionsfaktoren. Dazu gehören *Arbeit* und *Kapital*. Welcher ist der dritte Produktionsfaktor? – Antwort: *Boden*. Dies war die leichteste Aufgabe, mit dem besten Ergebnis, konnte aber trotzdem von 30 % der Schüler nicht beantwortet werden.
- Was ist der Wirtschaftsausschuss in einem Unternehmen? – Dies war die schwierigste Aufgabe, mit den wenigsten richtigen Treffern, mit 75 % falschen Antworten.

Kurzerläuterung:
Der *Wirtschaftsausschuss* wird in größeren Unternehmen, mit mehr als 100 Mitarbeitern, eingerichtet, um dem *Betriebsrat*, der gemäß unserem Betriebsverfassungsgesetz bei bestimmten unternehmerischen Entscheidungen partizipiert, eine Art Beratungsgremium zu bieten, weil man meint, dass er ansonsten überfordert sein könnte.

- Was forderte John Maynard Keynes vom Staat? – Hier ergab sich der höchste Wert bei der Antwortvorgabe „weiß nicht" (60 %). (Ich behaupte allerdings: Kaum einer der Politiker und gegenwärtigen Meinungsführer hat die Keynes'sche Alternativökonomie wirklich erfasst; es herrschte ein Zerrbild vor, waren doch alle Keynesianer „im Exil", mit Ausnahme des „Wirtschaftsweisen" Peter Bofinger.)
- Interessanterweise – und das sagt etwas über Schulen allgemein – lagen die Leistungen der Schüler an Wirtschaftsgymnasien mit 4,5 % richtigen Antworten hinter den Schülern der allgemeinbildenden Gymnasien. (Dafür wurden aber sechs Fragen von über 50 % der Schüler richtig beantwortet.)

Die vorherigen Fragen bezogen sich, wie gesagt, auf Lehrplanstoff, und nun zum Test der wirtschaftswissenschaftlichen ALLGEMEINBILDUNG (die also nicht direkt auf dem Unterricht fußt); dieser hat folgende interessanten Ergebnisse:

- Was der im Fernsehen und in Zeitschriften oft gebrauchte Begriff „Silicon Valley" bedeutet, wussten 17 % der Gymnasiasten und 46 % der Hauptschüler nicht (nochmals: wir sprechen von Multiple-Choice-Tests, es kann also auch geraten werden).
- 80 % wussten keine Antwort auf die Frage: „Wie hoch sind die Sozialversicherungsbeiträge prozentual, also Krankenversicherung, Rentenversicherung, Arbeitslosenversicherung, Soli, die von Arbeitgebern und Arbeitnehmern insgesamt abgeführt werden müssen?" (Die richtige Antwort ist: gegenwärtig etwas über 40 %, hälftig getragen von den Arbeitgebern.)
- Weitere Ergebnisse werfen ebenfalls ein Schlaglicht auf die Allgemeinbildung generell:
  - Wo ist das Europäische Parlament angesiedelt? – Nur 14–23 % der Schüler in den unterschiedlichen Schulen können das beantworten. (Es tagt in Straßburg, die Verwaltungszentrale und der Sitz der Parlamentarier ist aber in Brüssel.)
  - Wie viele Arbeitslose gibt es ungefähr? – Das wussten zwischen 36 und 50 % der Schüler nicht.
  - Was war der Umrechnungssatz von Euro in DM? (Die Untersuchung fand unmittelbar nach dieser Umstellung statt.) – Das wussten immerhin 45 % der Hauptschüler in der 8. Klasse und 13 % der Gymnasiasten nicht.
- Erschreckend gering, nämlich bei nur 24–32 % (Hauptschule/Gymnasium), war auch der Anteil richtige Antworten auf die folgende Frage: Wenn Deutschland Autos gegen Öl mit Saudi-Arabien tauscht, was ist dann? – Antwort: Beide Nationen profitieren (mögliche Alternativantworten: „machen beide Nationen Verluste", „hat dies keine Auswirkung auf die Länder" etc.). Dies ist eine wichtige Frage, weil

sie nichts mit Faktenwissen zu tun hat. Es geht vielmehr darum, was überhaupt die Grundlage des Handels zwischen den Nationen ist, fundamentaler geht es fast nicht in der Ökonomie.
- Übrigens: Häufiges Fernsehen an sich steigert, gemäß den Analysen der Untersuchung, die wirtschaftlichen Kompetenzen oft nicht; hier kommt es eher auf die Art der konsumierten Sendungen an.
- Ein wichtiger Zusatzbefund: Mädchen verfügen ausnahmslos über wesentlich schlechteres ökonomisches Allgemeinwissen.
- Ich führe nun noch ein Beispiel zum defizitären ökonomischen Wissen von 15-jährigen Schülern (aus einer internationalen IEA-Studie) an. Die Frage lautet: „Was ist das zentrale Merkmal einer freien Marktwirtschaft?" Gegeben waren folgende Alternativen:
  – die Pflicht, Mitglied einer Gewerkschaft zu sein,
  – umfassende staatliche Kontrolle der Wirtschaft,
  – Wettbewerb zwischen Unternehmen,
  – Wohlstand für alle Menschen.

Fast erscheint das als zu einfach, auch für 15-Jährige und dennoch: Im internationalen Durchschnitt konnten 53 % die richtige Antwort (Wettbewerb zwischen Unternehmen) nicht identifizieren.

Ich habe die Untersuchungen auch deshalb ausführlich zitiert, weil ich dem Leser wieder eine Art Quiz präsentieren wollte. Ich bin mir sicher: Viele Leser werden mit der Beantwortung vieler Fragen Probleme haben. Ich will auch gar nicht behaupten, dass man das alles wissen muss, der Anspruch der Schule an den Unterricht im Fach WIRTSCHAFT ist aber noch viel höher, und die zitierten Untersuchungen bezogen sich ja auf Schüler, die diesen Unterricht erhalten haben. Jedoch: Der normale Schüler kommt aus dem Gymnasium ohne auch nur die geringsten Vorstellungen von dem zu haben, was seinen Wohlstand – iPhone, Mac oder MP3-Player – begründet.

»Nationalökonomie: Lehrstoff, den ein Student nach dem Examen schnellstens vergessen muss, wenn er im Beruf erfolgreich sein will.« (Arno Sölter)

Fundamentaldefizite bei Erwachsenen

Wir kommen nun an eine Stelle, die gleichermaßen heikel wie interessant ist. Ich habe auch auf diesem Gebiet Aufgaben gesucht, die meiner Meinung nach eigentlich zu den Kenntnissen eines gebildeten Erwachsenen gehören sollten; im Unterschied jedoch zu den vergleichbaren Fragen in GESCHICHTE bin ich hier des Öfteren auf Widerstand gestoßen: Gehört denn ökonomisches Wissen wirklich zur Allgemeinbildung?

Bei der Beantwortung dieser Frage ist mir die Geschichte gewissermaßen entgegengekommen, denn die FINANZKRISE hat ja bei vielen Bürgern ein Bewusstsein dafür geschaffen, dass es vielleicht eigentlich ganz gut gewesen wäre, wenn man Kenntnisse gehabt hätte, wie sie von den folgenden Fragen und Aufgaben eingefangen werden:

- Zunächst ein kleines Beispiel, das zwischen „elementar" und „fundamental" oszilliert: Gemäß einer Untersuchung der Bertelsmann-Stiftung bezüglich des Themas Finanzen glauben circa 20–30 % (zumindest haben sie es zur Zeit der damaligen Untersuchung, 2002–2004, geglaubt), dass Aktien eine sichere Anlage seien, hingegen wird das normale Sparbuch von circa 20–30 % für unsicher betrachtet, wiewohl es einen garantierten Zins enthält. Mittlerweile brennt das Thema ja allen auf den Nägeln.
- Und noch eine MINIMAX-FRAGE: Wie viel Geld verleihen eigentlich Banken im Verhältnis zu dem Eigenkapital, das ihnen eigentlich gehört? (Auch diese Frage wurde in der Zeit, in der ich sie gestellt hatte, von den meisten als „langweilig" betrachtet und nicht in ihrer Fundamentalität erkannt – gegenwärtig wissen die Menschen, welch wichtiger Mecha-

7 Wirtschaft: Manipulierbar sind die Ahnungslosen

nismus unseres Wirtschaftssystems in dieser Frage angesprochen wird.)

Die meisten Menschen glauben, dass Banken Geld verleihen, das ihnen gehört. De facto aber verleihen sie viel mehr. Vor circa 100 Jahren waren Banken mit einem Eigenkapital von 40 % ausgestattet gewesen. In den Zeiten des Finanzkapitalismus drehten die Banken aber ein riesiges Rad mit geliehenem Geld: So machte die Deutsche Bank mit einem Eigenkapital von nur 30 Milliarden Euro Geschäfte, die sich, die Angaben in den Zeitungen differieren da, auf 300–2 000 Milliarden Euro aufsummierten. Ein internationales Regelwerk („Basel II"), das Anfang 2007 in Kraft trat, bestimmt: Geldhäuser können Kredite an Kunden, denen es gut geht, mit weniger Eigenkapital unterlegen als bei Kreditnehmern mit geringerer Bonität. So ist es möglich, dass für einen Kredit über eine Million zwischen einigen Tausend Euro und der gesamten Summe als Eigenkapital reserviert muss. Die Bonität wird durch Rating-Agenturen festgesetzt. Grundsätzlich gilt, dass jede Bank ihr Kapital maximal 12,5-mal verleihen darf, also eine gesamte Kapitalquote von 8 % vorweisen muss, davon 4 % als Kernkapital; das sind die *internationalen* Regeln. Was das Kernkapital ist, wird allerdings *national* bestimmt (insofern ist die vorherige Regel sehr dehnbar). Unumstritten gehören dazu: Eigenkapital sowie Gewinnrücklagen (dafür hat sich auch der Begriff „festes Kernkapital" eingebürgert). Das Eigenkapital haftet immer zuerst, vor allen anderen Finanzierungsformen. Abhängig von nationalen Regeln zählt aber auch das sogenannte Zwitterkapital zum Kernkapital; es ist eine Mischung aus Fremd- und Eigenkapital. Bei der Berechnung des gesamten Kapitals kommen hinzu: Nachranganleihen, auf Zeit geliehenes Geld mit verbindlichen Ansprüchen der Geldgeber auf Zinszahlung und Tilgung. Im Pleitefall werden erst alle Verbindlichkeiten wie unbesicherte Anleihen oder die Einlagen und Anleihen der Kunden bedient – wenn dann noch Geld übrig ist, kommen die Nachranganleihen an die Reihe, jedoch vor dem Kernkapital. Grundsätzlich aber hat schon immer gegolten: Wenn alle Kunden einer Bank, mehr noch, wenn alle Kunden von mehreren Banken gleichzeitig ihr Geld zurückforderten, dann würde jede Bank zusammenbrechen, weil schon immer im Bankenwesen Kapital verliehen wurde, das nicht direkt durch Eigenkapital gedeckt ist.

- Der *Frankfurter Allgemeinen Sonntagszeitung* vom 12. Juli 2009 entnehme ich, mich schon in der Schlussredaktion des Buches befindend, einige höchst interessante Informationen.

Es geht um eine Untersuchung des „Mannheimer Forschungsinstituts Ökonomie und Demographischer Wandel"; wiederum war das Gesamtergebnis sehr schlecht. Und wiederum ließ sich etwas konstatieren, was sich in ähnlichen Untersuchungen öfters gezeigt hat: Menschen überschätzen ihr Wissen so gut wie immer; in diesem Fall haben sich 33 % (auf einer Skala von 1–7, mit 7 als bester Note) selbst eine 5 gegeben, 40 % sogar eine 6 oder 7. Dem stehen folgende Wissensergebnisse gegenüber:

- Auf die Frage danach, ob man bei einer jährlichen Inflation von 2 % und einem Guthabenzins auf dem Sparkonto von 1 % pro Jahr nach einem Jahr sich mehr oder weniger als heute von dem Geld kaufen könne, antwortete nur jeder Dritte richtig, obgleich man meint, dass jeder Fünftklässler auf die Antwort käme, dass man dann natürlich sich weniger kaufen könne.
- Nur 50 % konnten die Frage richtig beantworten, ob eine Einzelaktie ein größeres Risiko darstelle als ein gesamter Aktienfonds. (Der Fonds hat natürlich ein geringeres Risiko, weil er auf der Streuung von Risiken beruht.)
- Und wie wir schon im Kapitel über Mathematik gesehen haben: Prozentrechnung ist für einen Großteil der Menschen in dieser Gesellschaft etwas Fremdes. Demgemäß konnten zwei Drittel folgende Fragen nicht beantworten: (a) „Sie haben um 1 000 Euro ihr Konto überzogen. Der Sollzins beträgt 20 % pro Jahr. Sie machen keine weiteren Schulden und zahlen nichts zurück. Wie lange dauert es, bis sich die Schulden verdoppelt haben?" (Gemäß der im Mathematik-Kapitel angegebenen Faustformel: 72 : 20 = 3,6) dauert es weniger als 5 Jahre. (b): „Sie haben 3 000 Euro Schulden gemacht. Dafür zahlen Sie einen Sollzins von 12 %. Jeden Monat tragen Sie 30 Euro ab. Wann werden Sie die Schulden getilgt haben?" – Die richtige Antwort lautet: Nie! Aber rund zwei Drittel konnten nicht erkennen, dass der Zins in Windeseile dem konstanten Rückzahlungsbetrag davonläuft.

7 Wirtschaft: Manipulierbar sind die Ahnungslosen

> Viele Geisteswissenschaftler besitzen ja, wie gesagt, eine Abneigung gegen Ökonomie, dabei ist jedoch gerade das prototypische geisteswissenschaftliche Fach GESCHICHTE zumindest in den letzten zwei Jahrhunderten nicht mehr ohne Wirtschaftswissen zu verstehen.

Ich bringe diesen Gedanken durch folgendes Konzept auf den Punkt, eines, das wesentlich zum Verständnis von Geschichte beiträgt: KONDRATIEFF-ZYKLEN. – Was ist das?

Kurzerläuterung: Die „Theorie der langen Wellen" von Nikolai D. Kondratieff (1892–1938) besagt: Alle 30 bis 50 Jahre seit der Industrialisierung kommt es zu einer technischen Basisinnovation mit entsprechenden positiven, ja bisweilen geradezu explosiven Auswirkungen auf die Wirtschaft und auf die Geschichte generell. Bisher waren dies: Dampfmaschine und Baumwolle (1. Kondratieff, K1), Stahl und Eisenbahn (K2), Elektrotechnik und Chemie (K3), Petrochemie und Automobil (K4), Informationstechnik, Computer (K5). Bisweilen wird als die nächste Welle die Bio- und Nanotechnologie angesehen. Zur Idee der Kondratieff-Zyklen gehört auch, dass sie meist in zwei Phasen zerfallen: In der ersten Phase dominiert wirklich die Innovation, existiert eine „Gründermentalität", aber beim „Erschlaffen" dieser innovativen Phase gerät die Wirtschaft dann leicht in eine Phase der Finanzspekulation. Was wir also gegenwärtig (2008) als Finanzkrise erleben, hat, wenn auch nicht so ausgeprägt, in den letzten Jahrzehnten vielfach stattgefunden, teilweise aber in größerer Entfernung, sodass wir nur ein fernes Donnergrollen gehört haben.

Seit etlichen Jahren sind entsprechende Verbände und Organisationen darauf aufmerksam geworden, dass die meisten Menschen erschreckende Unkenntnisse darüber aufweisen, welches die finanziellen Instrumente sind, mit denen man Altersvorsorge und generell eine Daseinsabsicherung betreiben kann. Nur ein verschwindend geringer Teil der Bevölkerung kann sich vorstellen, wie das Geld durch Inflation entwertet wird und wie man dementsprechend ansparen muss, um dem entgegenzuwirken. Noch geringer ausgeprägt ist das Bewusstsein von folgendem Zusammenhang: *Je mehr ich bei einer Anlage als möglichen*

Gewinn habe, desto risikoreicher ist sie im Allgemeinen. Und damit einher geht die Forderung, dass an den Schulen mehr Wirtschaftsunterricht geboten wird. Es gibt eine große Zahl von Initiativen zur Förderung solchen Wissens; dabei wurde die Idee einer *finanziellen Allgemeinbildung* sowie eines entsprechenden Kanons konzipiert, sogar das Konzept eines „Europäischen Wirtschaftsführerscheins"!

> »Drei Dinge treiben den Menschen zum Wahnsinn. Die Liebe, die Eifersucht und das Studium der Börsenkurse.«
> (John Maynard Keynes)

Gesamtfazit

Die WAHRE BILDUNGSKATASTROPHE, also die groteske Diskrepanz zwischen dem dauerhaft im NACHHALTIGEN WISSENSRESIDUUM Verbleibenden und den Bildungszielen, gilt auch im Fach WIRTSCHAFT, da auch hier den Schulen nicht die Etablierung eines GARANTIERTEN BILDUNGSMINIMUMS gelingt. (Das Fach ist ja nur an spezialisierten Schulen ein Pflichtfach; es sind allerdings Änderungen im Gange, an Hamburger Gymnasien etwa ist seit 2003 das neue Fach POLITIK/GESELLSCHAFT/WIRTSCHAFT in den Klassen 8–10 zur Pflicht geworden – aber dabei ist der Anteil des ökonomischen Unterrichts a priori nur ein Drittel.) Keinerlei entschiedene Anstrengungen gibt es, auf diesem Gebiet ein allgemein gültiges KERNCURRICULUM zu etablieren. Die meisten „normalen" Menschen sind ökonomische und finanzielle Analphabeten. Eine Gesellschaft, die gleichzeitig derart ökonomisiert und ökonomisch ahnungslos ist, hat etwas Groteskes.

> »Der Weise muss in der Lage sein, sowohl arm zu leben, wie aber auch viel Geld zu verdienen.« (Chinesische Weisheit)

Wie immer: weit überhöhte Lernziele

Man vergleiche im Kontrast zu den referierten kümmerlichen Ergebnissen wiederum die hochgesteckten Ziele:

So fordert die Deutsche Gesellschaft für Ökonomische Bildung beispielsweise folgende Kernkompetenzen für Schüler und Erwachsene: 1. Entscheidungen ökonomisch begründen, 2. Handlungssituationen ökonomisch analysieren, 3. ökonomische Systemzusammenhänge klären, 4. Rahmenbedingungen der Wirtschaft verstehen und mitgestalten, 5. Konflikte perspektivisch und ethisch beurteilen. Das steht in deren Bildungsstandards für die *Grundschule*!

Wie verkopft und hochstilisiert hier wieder gedacht wird, kann man auch an einer anderen Formulierung sehen, die sich wiederum auf die *Grundschule* bezieht: „Im Falle des Taschengeldes ginge es dann wohl weniger um dessen vermeintlich altersangemessene Höhe oder die Anbahnung buchhalterischer Umsicht, sondern eher darum, dass Grundschüler/Innen eine Vorstellung von dem Zusammenhang und der sozialen Dynamik inmitten verfügbarer Ressourcen und der Ausgestaltung eines eigenen Lebensstils selbst reflexiv erfahren können."

Oder man betrachte Abiturprüfungen im Fach Wirtschaft und Recht (die Beispiele stammen von bayerischen Schulen, aus Leistungskursen); da werden den Schülern Aufgaben gestellt, mit denen sicherlich viele nichtspezialisierte Politiker überfordert wären: Es sollen zum Beispiel „die möglichen Instrumente der Europäischen Zentralbank dargelegt werden und auf ihre Effektivität hin analysiert werden!" Oder es soll dargelegt werden, inwieweit nach „spektakulären Global-Allianzen im Internet unter Gründung eines Web-Marktplatzes der Chemiekonzerne ein Markt gegeben ist, der den Kriterien eines sogenannten vollkommenen Marktes entspricht."

Ich frage skeptisch: Hätten die EZB-Strategen solche Leistungskursfragen fehlerfrei beantworten können? – Wer die Freitagskolumnen des Chefökonomen der *Financial Times*

(Deutschland), Thomas Fricke, regelmäßig liest, hat da seine Zweifel ...

> »In der Wirtschaft wie in der Wissenschaft gibt es nichts Wichtigeres als genau zu wissen, was man nicht weiß.« (Paul Hawken)

Was zu tun ist: eine Entlastungs- und Lösungsperspektive

Wie in jedem Fach sei kurz dargelegt, wie man die für die Schulen typische Mischung aus Über- und Unterforderung bewältigen kann. Auch im Fach WIRTSCHAFT schlage ich einige systematische Reduktionsschritte vor:

- Der erste Schritt besteht darin, VOLKSWIRTSCHAFT durch BETRIEBSWIRTSCHAFT (ergänzt durch entsprechende juristische Aspekte) zu ersetzen. Dies sage ich als jemand, der die Ökonomie unbedingt zur Allgemeinbildung rechnen würde (wenn er nicht „Allgemeinbildung" für ein sinnloses Konzept hielte...), der aber glaubt, dass man Schüler damit überfordert. Noch konsequenter wäre es, Schüler nur über Probleme der unmittelbaren finanziellen Anlagen (Sparanlagen, Aktien, Versicherungen etc.) aufzuklären. Wäre es denkbar, dass eine Schule Schüler hervorbringt, die nicht länger hilflos den „Beratern" der Finanzinstitute, die in Wirklichkeit Verkäufer sind, ausgeliefert sind?
- Im nächsten Schritt sollte man erkennen, dass auch hier so gut wie keine Theorie vermittelt werden sollte, sondern nur *Praxis*. Der Weg dahin führt über all die konkreten Projekte, die mittlerweile schon ausprobiert werden: Schüler führen beispielsweise kleine Firmen innerhalb der Schule, teilweise in Zusammenarbeit mit realen Unternehmen, unterstützt durch Institutionen der deutschen Wirtschaft. (Daraus ergibt sich die generelle Frage, inwieweit man in viel stärkerem Maße als bisher Bildung und Ausbildung integrieren kann, eine Perspek-

tive, die in diesem Buch nur gelegentlich angedeutet werden kann; ein eigenes Buch wäre hierzu notwendig.) Ich finde es erschreckend, wie wenig innerhalb unserer Bildungstheorien und -Institutionen die pädagogisch-didaktische Ausformung von UNTERNEHMERTUM, von *entrepreneurship*, zu finden ist.
- Falls solche Praxisprojekte nicht existieren, dann sollte man auf vernünftige Weise bescheiden sein und generell WIRTSCHAFTSKUNDE (ebenso wie SOZIALKUNDE und POLITIK, das wurde ja im vorhergehenden Kapitel dargelegt) zu Wahlfächern machen und das Fach RECHTSKUNDE (das ja durchaus auch einige Aspekte des ökonomischen Bereichs mit abdeckt) zum Pflichtfach aufwerten.
- Hinzu kommen müsste aber ein zweites Fach, in dem wesentliche Aspekte dessen eingefangen sind, worauf das Fach Wirtschaft abstellt: BERUFSKUNDE. Es ist für mich immer wieder erschreckend zu erleben, wenn ich mit Abiturienten über deren Berufswahl spreche, welch „völlige Leere da in ihrem Kopf herrscht". Studenten wählen ihre Fächer häufig auf der Basis träumerischer Ignoranz, die hohen Studienabbruchquoten sind da kein Wunder. Generell wissen Menschen in dieser Gesellschaft viel zu wenig über die Berufe anderer Menschen. Dabei ist das Thema „Berufe" (einschließlich ihrer geschichtlichen Entwicklung) nicht nur eines der faszinierendsten Wissensgebiete, sondern eines, wo Theorie und Praxis unmittelbar agieren. Übrigens: *Unternehmer* sein gehört für mich unabdingbar zur Berufskunde.

Manch ein aufmerksamer Leser wird an dieser Stelle fragen, nachdem ich nun schon zum dritten Mal ein Fach „verschwinden" habe lassen: Wo kann denn ein Mensch all das nachlernen, was man eigentlich, sowohl gemäß unseres Allgemeinbildungsideals wie auch teilweise gemäß praktischer Notwendigkeiten, an GESCHICHTE, POLITIKKUNDE und ÖKONOMIE wissen müsste? – Die Frage ist völlig berechtigt. Es war aber einmal nötig, die Situation derart zugespitzt auf den Punkt zu bringen:

> Es gibt einige Fächer, vor denen die Schule scheitern muss, zumindest beim Versuch, sie als Pflichtfächer generell *allen* Schülern „aufdrücken" zu wollen; es gibt aber in unserer Gesellschaft noch keine Standard-Weiterbildungsorganisation, die solche Aufgaben später übernehmen und weiterführen könnte.

Und ich möchte nochmals betonen: Ohne Wirtschaftskenntnisse kann man die Welt nicht verstehen; ich selbst habe mich seit vielen Jahren in dieses faszinierende Fach zunehmend eingearbeitet, in dem gleichzeitig (wie in meinem Fach, der Psychologie), um es einmal pointiert zu sagen, die intelligentesten wie die dümmsten Ideen entwickelt werden (und die dümmsten mit höchster Intelligenz bewiesen werden). Unzählige Angebote werden den Schulen zur ökonomischen Bildung seitens unzähliger Institutionen gemacht; nur ist für mich Unternehmertum nicht durch die fast marxistisch zu nennende Hochstilisierung unseres (außerdem sich ständig wandelnden) ökonomischen *Systems* zu befördern, sondern nur durch die Vermittlung einer gleichzeitig praxisorientierten, evolutionären, eklektischen Einstellung, ja durch das Wissen, dass Unternehmertum mehr eine *Mentalität* ist beziehungsweise aus einer Mentalität erwächst, als direkt aus einem System. Deshalb auch meine Skepsis gegenüber einem theoretischen Ökonomie-Unterricht. In der Süddeutschen Zeitung wurde Ende September 2009 ein Plädoyer veröffentlicht mit dem Leitmotiv „Humboldt würde Ökonomie zum Pflichtfach machen". Und ich stimme dem eigentlich zu, aber in dem „eigentlich" wurzelt mein oben dargelegtes Alternativmodell. (Übrigens: Darf man es als Ausdruck der Wahren Bildungskatastrophe betrachten, wenn zum Artikel nicht der angesprochene Wilhelm von Humboldt, sondern – der von mir verehrte – Alexander von Humboldt abgebildet wird?)

»Wer nur ein guter Nationalökonom ist, kann kein guter Nationalökonom sein.« (Friedrich August von Hayek)

8
Deutsch: Ich bin sprachlos

Ich hoffe, der Leser ist nun schon ein wenig gespannt auf die Analyse dieses fundamentalen Faches. Die deutsche Sprache steht gegenwärtig ja wieder im Zentrum einer öffentlichen Diskussion, die Forderung, Deutsch im Grundgesetz zu verankern, wird erhoben. Günstige Zeiten also eigentlich, um der Frage nachzuspüren, ob auch auf diesem Gebiet die Wahre Bildungskatastrophe existiert. Bezeichnend allerdings: In einem Buch über Kerncurricula für die Oberstufe stellt der Autor (H. Willenberg) die Frage, ob die heutige Jugend durch die gymnasiale Oberstufe ausreichend auf Leben und Studium hinsichtlich der Beherrschung der Muttersprache vorbereitet ist, aber er muss zunächst einmal konstatieren: „Mit dieser Frage stoßen wir zunächst ins Leere, weil es für die Beschreibung des Deutschunterrichts in der Sekundarstufe II fast keine empirischen Grundlagen gibt ..."

Ein Superfach

Mehrfach in der Geschichte der Bundesregierungen hat es, vor allem in angespannten Situationen, „Superminister" gegeben, die zwei klassische Ministerien gleichzeitig inne hatten, zum Beispiel Finanzen und Wirtschaft. Das Fach DEUTSCH ist schon lange ein Superfach, das aus vielen für sich wichtigen Teilfächern besteht:

- deutsche Sprachlehre/Linguistik (synchron und diachron), also Grammatik und Sprachgeschichte;
- extra hervorheben würde ich, weil dies bei der Aufzählung der anspruchsvollen Lernziele leicht unter den Tisch fällt: Kenntnis der Orthographie;
- Textproduktion im Rahmen verschiedener Textgattungen;
- die Fertigkeit, verschiedene mündliche Kommunikationsformen innerhalb unterschiedlicher Kontexte adäquat zu bewältigen;
- Lehre des klaren und systematischen Denkens und Argumentierens;
- Literaturkunde, ein Fach, das sowohl fachliches Wissen vermitteln wie auch zur Wahrnehmung und zum Genuss literarischer Kunstwerke motivieren soll;
- mit der Sprache verbundene Geistes- und Kulturgeschichte des deutschen Sprachraumes;
- den Deutschlehrern wird nicht selten auch noch zusätzlich zugemutet, in ganz besonderem Maße Persönlichkeitsförderung zu betreiben, im Speziellen so etwas wie Sucht- oder Gewaltprävention.

Mehr noch als bei anderen Fächern wäre also eigentlich ein ganzes Buch zur Analyse nötig; umso mehr muss die Analyse stichprobenartig und gemäß dem MINIMAX-PRINZIP erfolgen.

> »Wenn ihr eure Sprache lieb habt, so tretet dem Schlendrian auf den Kopf und richtet euch nach den Regeln der Vernunft und einfachen Schönheit!« (Gottfried August Bürger)

Elementardefizit 1: Analphabetismus

Ich habe ja bisher schon öfter den Begriff „Analphabetismus" in einem übertragenen Sinne verwendet, an dieser Stelle muss auf den eigentlichen Analphabetismus eingegangen werden. Denn man muss sich vor Augen halten:

> Auch in Ländern mit einem hochentwickelten Bildungssystem existiert immer noch eine erschütternd große Anzahl von Menschen, die Analphabeten oder Fast-Analphabeten sind! An nichts kann man deutlicher das von mir im ersten und zweiten Kapitel herausgearbeitete Grundprinzip der WAHREN BILDUNGSKATASTROPHE erkennen: Die Schule versagt dabei, zuverlässig ein garantiertes BILDUNGSMINIMUM auch an die Schwächsten zu vermitteln.

Ein paar Zahlen: Rund neun Millionen Deutsche lesen und schreiben so schlecht, dass sie de facto als Analphabeten gelten müssen, sagt der Geschäftsführer der Mainzer „Stiftung Lesen", Klaus Ring. Die Zahl ist aus älteren Untersuchungen hochgerechnet und wahrscheinlich auch etwas hochgegriffen, eher wird von fünf Millionen ausgegangen. Generell sind Angaben zum Analphabetismus nicht unproblematisch, es besteht entweder die Tendenz, die Quoten möglichst hoch oder möglichst tief anzusetzen; so werden für die USA 13–30 %, für Großbritannien 2,5–3,5 %, für Frankreich 1–6 %, für die Bundesrepublik 0,75–3,5 % und für die Schweiz 0,3–0,5 %. Aus Rekrutenuntersuchungen in der Schweiz ist zu entnehmen, dass 20 % mäßige und 7 % schlechte Leistungen erbringen und 19–41 % Mühe beim Verstehen von Texten haben. Eine begriffliche Erläuterung: Bisweilen wird in Abgrenzung von den „Analphabeten" im engen Sinne die Bezeichnung „Illiterate" verwendet: Diese können kurze und einfache Texte lesen, aber sie können weder flüssig lesen, noch vermögen sie längere Texte zu erfassen. Als „funktionale Analphabeten" bezeichnet man Menschen, die zwar einzelne Worte lesen und/oder ihre eigene Unterschrift leisten können, sie sind aber im Sinne der UNESCO-Definition nicht gleichberechtigt in der Lage, an den gesellschaftlichen Aktivitäten ihres Kulturkreises teilnehmen zu können. In Deutschland wurde für diese Gruppe als Kriterium eine Lesefähigkeit vorgeschlagen, die unterhalb des beim Hauptschulabschluss geforderten Niveaus liegt. Von der Größenordnung her schätzt man den Anteil dieser Gruppe je nach Land zwischen 2 und 7 % der Gesamtbevölkerung.

Zum Vergleich: Was wäre von einem Sozialsystem zu halten, welches akzeptiert, dass einige Prozent der Bevölkerung verhungern oder unter schweren Hungerschäden leiden? Kann man das damit entschuldigen, dass es anderen besonders gut geht? Die Bundesregierung will nun bis 2012 die Zahl der Analphabeten halbieren, die Bundesbildungsministerin hält 30 Millionen Euro für entsprechende Maßnahmen bereit. Es entstehen auch Vereine zur Bekämpfung von Analphabetismus, im Internet gibt es das Portal „Ich-will-schreiben-lernen.de" (bei dem über 71 000 Nutzer registriert sind). Der *Spiegel* schreibt (2007): „Es ist ein Paradoxon der besonderen Art: In dem Land, das so stolz auf Goethe, Schiller und Luther ist, steigt (...) die Zahl der ‚funktionellen Analphabeten', die kaum lesen und schreiben können." Ein zweites Paradoxon: Es ist laut *Spiegel*, nicht nur so, dass 80 % der Inhaftierten in Jugendanstalten funktionelle Analphabeten sind, nein: Hinter Gittern sind sie zum ersten Mal wirklich gezwungen, die Sprache zu lernen, weil sie für fast alles einen schriftlichen Antrag stellen müssen!

> »Mir tut jeder Mensch leid, der nicht genug Fantasie hat, um ein Wort mal so und mal so zu schreiben.« (Mark Twain)

Elementardefizit 2: „Normale" Orthographieschwächen

Ein Extraabschnitt soll dem nicht zu unterschätzenden Faktum gelten, dass es neben den „Illiteraten" eine große Gruppe normaler Schüler – von Hauptschülern bis Gymnasiasten – gibt, die mit elementarer Orthographie erhebliche Probleme hat. Lange schon klagen die Wirtschaft und die Hochschullehrer über mangelnde Rechtschreibfähigkeiten der Schüler und auch der Abiturienten. In einer Untersuchung in den neunziger Jahren mit einem standardisierten Rechtschreibtest ergab sich beispielsweise: Die Hauptschüler hatten eine Fehlerquote von circa 50 %, die Realschüler von circa 25 % und die Gymnasiasten von 13 % – bei einem Test, der auf ihre Altersstufe zugeschnitten war und die Erwartungen des Unterrichts widerspiegelte.

8 Deutsch: Ich bin sprachlos

Insbesondere nach der alten Rechtschreibung war es möglich, Diktate zu konstruieren (und ich meine nicht die wirklich gemeinsten davon), die nicht nur Schüler, sondern gestandene Professoren zur Verzweiflung brachten. An dieser Stelle wird ein Gegenargument kommen: dass dies bei der Vertracktheit der Rechtschreibregeln, vor allem der alten, kein Wunder sei. Richtig, dennoch ist dies ein Beispiel für einen der grundlegenden Widersprüche, ja Lügen, des Gymnasiums und unseres Bildungsideals: *Denn entweder reduziere ich dann das Ziel oder ich gebe es auf.* Das Gymnasium geht aber lieber zu Hölderlin über oder zu Besinnungsaufsätzen über die schwierigsten weltanschaulichen Fragen, anstatt ein paar der Problemfälle der Rechtschreibung zu pauken, bis sie sitzen. In der Schule jedoch ist undenkbar, was in jeder handwerklichen oder musischen Ausbildungsstätte der Normalfall ist. Nachfolgend ein paar bezeichnende Untersuchungsergebnisse:

- Eine Untersuchung (Meinungsforschungsinstitut Allensbach, im Auftrag von *Geo-Wissen*) ergab: Wie das Wort „Satellit" geschrieben wird, wissen 66 % nicht; wie das Wort „Lebensstandard" geschrieben wird, wissen 49 % nicht.
- Bei einer Umfrage des *Stern* war folgende Aufgabe gegeben: „lassen – küssen – Schloss – Pass – begründe die ss-Schreibung!" – Ergebnis: 31 % der Lehrer konnten dies nicht, 43 % der Gymnasiasten, die Hälfte der Gesamtschüler und mehr als ein Drittel der Hauptschüler versagten dabei.
- Bestätigt und konkretisiert wird diese Sichtweise durch eine neuere große Untersuchung („SCHOLASTIK"), die die psychische Entwicklung von Kindern und Jugendlichen über viele Jahre hinweg erforschte und nebenbei auch die Rechtschreibfertigkeiten überprüfte, mit dem Ergebnis: *Drei Viertel der Schüler müssten als Legastheniker eingestuft werden, wenn man die Maßstäbe zugrunde legen würde, die noch in den achtziger Jahren gegolten haben!*
- Einige Ergebnisse aus einer früheren IGLU-Studie (welche die Grundschulen untersucht): Bestimmte rechtschriftliche Regularitäten, wie sie am Ende der 2. Klasse erwartet werden (ng–nk, f–v, Ableitung von Verschluss- und Umlaut), können nur von 80 % der Viertklässler sicher ver-

schriftet werden; 25 % der Schüler verschriften mehr als jedes dritte und der Durchschnitt jedes fünfte Rechtschreibphänomen, das auf erweiterte orthographische Kompetenzen verweist, falsch. Insgesamt aber war Deutschland schon bei dieser vorletzten IGLU-Studie gut, und es hat sich gemäß der IGLU-Studie von 2008 noch verbessert. Ja, aber:

- Eben ist die Studie KESS 7 herausgekommen, und ihr entnehme ich: Am Ende der 6. Klasse können 40 % das Wort „Fahrradschloss", 50 % das Wort „Fernsehprogramm", 54 % das Wort „Spinnennetz", 37 % das Wort „Verkehrsschild" und 27 % das Wort „Verkäuferin" nicht richtig schreiben. Das ist ein prägnantes Beispiel für ein nicht garantiertes Bildungsminimum.
- In LAU 11 (das die Leistungen von Hamburger Gymnasiasten in der 11. Jahrgangsstufe untersuchte) finden wir bezeichnende Ergebnisse bezüglich der Rechtschreibleistung, wobei eine Methode eingesetzt wurde, bei der falsch geschriebene Wörter von den Schülern als Fehlschreibung erkannt werden sollten: Etwa 10 % können immerhin das Wort „Leistungsdruk" nicht als falsch erkennen, ähnlich werden „orientirt"; „anstrengent" von einem Viertel nicht als falsch erkannt, eine Fehlerquote von circa der Hälfte ergibt sich bei Beispielen wie: „Entäuschung", „ergenzt". Insgesamt ergaben sich nur 16,8 % richtig erkannte Fehlschreibungen, an den Gymnasien etwa 60 % (also wird auch dort fast die Hälfte der Fehler nicht erkannt).

> Eine der Ursachen dafür, dass der Deutschunterricht im Bereich der Orthographie kein garantiertes Bildungsminimum vermitteln kann, liegt, so meine These, darin: Es gibt in den Bundesländern keine verbindlichen Grundwortschätze. In den schulischen Richtlinien finden sich keine Aussagen darüber, wie viele Fehler in Texten noch tolerierbar sind, so ein Ergebnis einer Befragung auf Länderebene im Rahmen der IGLU-Studie. Ebenso herrschen große Unübersichtlichkeit und Uneinheitlichkeit in den einzelnen Regelungen, was die Notengebung, die Anzahl und den Stellenwert von Diktaten, die zulässigen Hilfsmittel bei Diktaten sowie die Bedeutung und Gewichtung der Rechtschreibleistung für die Gesamtnote Deutsch betrifft.

8 Deutsch: Ich bin sprachlos

Übrigens: Zwei von mir betreute Lehrer haben mich darauf hingewiesen, dass ihrer Meinung nach die Rechtschreibleistung im Englischen bei einigen Schülern besser ist als die im Deutschen – weil im Englischunterricht (wenn auch immer noch in völlig unzulänglicher Form; s. u.) das Erlernen von Vokabeln im Unterschied zum Deutschunterricht als eigene Aufgabe gesehen wird. – Nachfolgend einige (wie ich meine bezeichnende) Ergebnisse meiner Beobachtungen, die nun die Rechtschreibkenntnisse der gebildeten Schichten betreffen:

Immer wieder stelle ich fest, dass das Wort „Pogrom" falsch, nämlich „Progrom", von etlichen Menschen falsch gesprochen (und demgemäß wahrscheinlich auch falsch geschrieben) wird. Immer wieder finde ich „Brillanz" oder „brillant" geschrieben als „Brilliance" oder „brilliant" (im Englischen übrigens mit i geschrieben). – Das Wort „Diözese" wird gar nicht selten, auch von Fernsehkommentatoren, falsch ausgesprochen (und wahrscheinlich dann auch geschrieben), nämlich: „Diözöse". – Vor vielen Jahren, als ich meine Exploration begonnen habe, ist mir das aufgefallen, was mittlerweile Gegenstand zahlreicher Sprachglossen geworden ist: Auf vielen öffentlichen Schildern, vor allem bei kleinen Geschäften, ist erkennbar, dass die Verfasser nicht wissen, dass im Deutschen das Genitiv-s nicht durch einen Apostroph (wie im Englischen) abgetrennt wird, dass es also nicht heißt „Bärbel's kleiner Friseurladen", sondern „Bärbels kleiner Friseurladen". Dies ist zwar eine grammatische Spitzfindigkeit, dennoch müsste es, wenn die Schulen ihren Auftrag erfüllten, eigentlich jeder wissen. Gar nicht so selten ist im Übrigen auch, dass mittlerweile das Plural-s ebenfalls durch einen Apostroph abgetrennt wird: „die Müller's", „die besten Hit's". Gesehen habe ich auch schon weitergehende Beispiele: „Pommes fritt's" und „Susi's Nähstüber'l". Die Rechtschreibregeln sind mittlerweile so geändert worden, dass man, um gewissermaßen den Eigennamen herauszuarbeiten, das „s" abtrennen kann, was meinethalben in Ordnung geht, aber dennoch war dieser über viele Jahre hinweg öffentlich gemachte Rechtschreibfehler ein Beispiel dafür, wie elementare Rechtschreibregeln unmittelbar nach dem Schulbesuch sich in nichts auflösen. – Ganz wichtig erscheint mir unter kognitionspsychologischem Aspekt die Tatsache, dass seit Jahren Wörter, die zusammengeschrieben werden oder zumindest durch Bindestriche verknüpft werden sollten, gewissermaßen lapidar als Einzelwörter nebeneinander gestellt werden: „Mini Preis" oder „Frucht Joghurt". (Die Verlage sind bei der Schreibweise ihrer Namen seltsamerweise Vorreiter dieser ungünstigen Entwicklung gewesen.) Das ist meines Erachtens keine Formalität, sondern da geschieht ein fundamentaler Eingriff in Sprache und Denken: Denken bedeutet (wie schon von Kant betont) immer *Einheiten bilden*, und der Verzicht darauf ist der Verzicht auf eine fundamentale Denkleistung. Auf groteske Weise haben einige Phasen der Rechtschreibreform diese Absurdität ja sogar noch kanonisieren wollen (bei den Verben). Dies ist partiell zurückgenommen worden, das hätte ein staatlich verordnetes Sich-dumm-Stellen bedeutet! – Vollkommen degeneriert scheint mir der Umgang mit der persönlichen Anrede zu sein. Ich gebe zu, da bin ich ein wenig altmodisch: Für mich gehört das „Du" oder „Sie" groß geschrieben. Nicht als ein formales Ritual, sondern weil darin eine Schreibhaltung zum Ausdruck kommt. Allerdings gelten da einige grammatische Differenzierungen: Die Du-Anrede wird nur im persönlichen Anschreiben großgeschrieben, wenn man aber ein Gespräch wiedergibt, dann wird sie kleingeschrieben; zitiert man beispielsweise die typischen Formulierungen von Sportreporter „Waldi" Hartmann, dann muss es lauten: „Hast du, lieber Franz, denn dabei mitgezittert?" Beim Siezen allerdings werden alle Pronomen großgeschrieben, und zwar ausnahmslos, weil ansonsten Verwechslungsgefahr besteht.

Das Fazit dieses Teilkapitels:
Bis in die bildungsnahen Schichten hinein reicht ein großer
Bereich orthographischer Unsicherheit.

Vor diesem Hintergrund Anmerkungen zu zwei Themen, die uns seit Jahren auf den Nägeln brennen:

Zunächst zur RECHTSCHREIBREFORM – deren Ziel war ja einmal, die Rechtschreibung so zu vereinfachen, dass weniger Fehler entstehen, damit auch die bildungsfernen Schichten künftig nicht mehr wegen ihrer fehlerhaften Orthographie derart stigmatisiert würden; allerdings hat man danach nur über sprachliche Aspekte gestritten, die lediglich für das Feuilleton relevant sind. Weil man geglaubt hat, die Schule schaffe es, einem Großteil der Menschen Rechtschreibung und Grammatik beizubringen, hat man versucht, die Rechtschreibung in ihrer Ganzheit zu vereinfachen. Statt dieses vergeblichen Versuchs hätte man besser sich darauf konzentriert, bezüglich *der in der*

Schule geforderten Orthographie einen Minikanon zu erarbeiten, auf den allein man sich dort künftig konzentrieren hätte sollen. Alle komplexeren Rechtschreibaspekte lernt man ohnehin nur implizit beim Lesen und nicht explizit in der Schule, und wenn man die Schüler nicht zu dauerhaftem Lesen nach der Schule bringt, ist es vergeblich, sie im Unterricht mit linguistischen Regelungen zu überfordern, die den garantierten Minimalkanon nicht befördern, sondern durch ihre Überfülle sabotieren. Die Sprache als Ganzes kann und sollte ohnehin nie so vereinfacht werden, dass sie bis in die subtilsten Ausläufer von allen, auch den Desinteressierten, verstanden werden kann. Den wenigsten Rechtschreibreformern ist anscheinend bewusst, dass an den Realschulen gegenwärtig gar nicht wenige Schüler damit überfordert sind, ein *Substantiv* als solches zu identifizieren und groß zu schreiben oder gar die Konjunktion „dass" als solche zu erkennen und demgemäß richtig zu schreiben.

> Warum sich nicht darauf konzentrieren, den Schülern eine solche „Miniorthographie" beizubringen und nur Gymnasiasten in Leistungskursen mit problematischen Aspekten der Groß- und Klein- oder Zusammenschreibung belasten?

Die zweite Anmerkung: Gegenwärtig breitet sich die „Lesendurch-Schreiben-Methode" aus, die meines Erachtens systematisch ein Volk von Legasthenikern erzeugt! Hierbei werden nämlich Schüler ermuntert, mit einer „Anlauttabelle" eigene Texte zu erstellen, ohne dass die Rechtschreibregeln eine Rolle spielen, wobei Fehler zunächst nicht korrigiert werden. Wie sollen Kinder, die für lange Zeit Wörter falsch schreiben und sich falsch einprägen, zu den Grundlagen richtiger Rechtschreibung finden, wenn sie kein „Gefühl" für das richtige Wortbild bekommen? Und mehr als ein solches „Feeling" hat auch der Gebildete selten, wenn das Schreiben erst einmal gebahnt und automatisiert ist. Das Erlernen der richtigen Schreibweise geht nur dann optimal, wenn der Schüler möglichst wenig falsche Wortbilder sieht. (Wenn meine Sekretärin ein Wort zweimal falsch geschrieben hat, bin ich selber nicht selten schon unsicher...) Deswegen kann man Schreiben nicht durch unsystematisches Ausprobieren erlernen, sondern nur durch beharrliches Einüben der regulären Schreibweise. Man lernt Autofahren ja auch nicht dadurch, dass man fröhlich einen Unfall nach dem anderen baut. Rechtschreibung ist nichts „Kreatives", sondern solides Handwerk.

> Die Verkennung des HANDWERKLICHEN durch eine pseudoidealistische und pseudopsychologische Pädagogik/Didaktik ist einer der hauptsächlichen Wege in die WAHRE BILDUNGSKATASTROPHE.

»Allem Leben, allem Tun, aller Kunst muss das Handwerk vorausgehen, welches nur in der Beschränkung erworben wird.«
(Johann Wolfgang von Goethe)

Elementardefizit 3: Lesekompetenz

In diesem Zusammenhang muss das grundlegende PISA-Ergebnis rezipiert werden: Fast ein Viertel der getesteten deutschen Schüler erreichte nur die unterste Kompetenzstufe des Lesens (Lokalisieren von Informationen, Erfassung eines Hauptgedankens), war also nur in der Lage, simpelste Texte zu verstehen. Mehr als ein Drittel davon (also von der Gesamtstichprobe knapp 10 %) erreichte nicht einmal diese Könnensstufe, war also nicht in der Lage, aus simpelsten Sätzen oder einfachsten Grafiken (beispielsweise den Durchschnittstemperaturen zu verschiedenen Zeitpunkten) die Information herauszupicken, war also eigentlich komplett „unbeschult" und „unbeschulbar", nicht geeignet für die elementarsten Berufsausbildungen. Die Ergebnisse weiterer Studien bestätigen die fatale Situation:
- Aus der IGLU-Studie (Grundschulen betreffend) sei folgendes Ergebnis zitiert: 10 % können am Ende der Grundschule

zwar Buchstaben oder einzelne Wörter lesen, sind aber nicht in der Lage, kurze Sätze inhaltlich zu verstehen.
- Aus der DESI-Studie: Für die Lesekompetenz bei literarischen Texten und Sachtexten gilt: Zwar erreichen fast alle Schüler das unterste Niveau und können sinntragende Elemente identifizieren, zwei Drittel jedoch sind nicht in der Lage, zielgerichtet zu lesen und Lücken in der Information selbsttätig zu schließen. Im Übrigen steigt die Lesekompetenz gemäß dieser Studie im Verlauf der 9. Jahrgangsstufe nicht messbar an, und auch die Schreibkompetenz verbessert sich in diesem Schuljahr nur geringfügig.
- Diese Ergebnisse werden durch die OECD-Studie *Literacy Economy, and Society* (1995) gestützt, wonach 15 % der Deutschen nur über eine sehr elementare Lesefähigkeit verfügen: Sie können zwar mit Mühe einen einfachen Aussagesatz verstehen, sind aber schon überfordert, wenn sie daraus eine Schlussfolgerung ziehen und diese schriftlich formulieren sollen.
- Und eine amerikanische Untersuchung hat folgendes Ergebnis: Von 40 000 Studienanfängern der City University of New York benötigen 20 000 Förderunterricht im Lesen, um den Anforderungen eines Studiums gerecht zu werden.
- Ein Ergebnis aus LAU 11 zum Leseverständnis (von Hamburger Gymnasiasten in der 11. Jahrgangsstufe): Schülern, die im Fach Deutsch schon extrem anspruchsvolle Leistungen in Bezug auf die Analyse von Literatur erbringen sollen, fällt es sehr schwer, bezüglich vergleichsweise einfacher Texte elementare Inhaltsfragen zu beantworten. Aus einem kurzen Text zum Fall der Berliner Mauer konnten zum Beispiel 80 % der Schüler nicht die Essenz zur Bedeutung dieses Ereignisses herauslösen, die in diesem Text ganz einfach und deutlich präsentiert worden ist: Der Mauerfall bedeutete das Ende politischer Willkür. 35 % konnten dem Text zum Beispiel nicht entnehmen, dass der Jugendliche, um den es im Text geht, mehrfach gegen die Willkür des ostdeutschen Staates

demonstriert hat. Von allen beantwortet werden konnten nur einfache Fragen wie „Wer war Joachim?" (im gegebenen Text: der Sohn eines evangelischen Pfarrers aus Ostberlin). Außerdem ist in LAU 11 deutlich geworden, dass sich seit LAU 9 die Lernzuwächse deutlich verlangsamt haben (und im Übrigen ist auch die Streuung der Leistungen wieder größer). Speziell die Gymnasien verzeichnen im oberen Leistungsbereich ein durchschnittlich sehr geringes Leistungswachstum.

- Gemäß einem Artikel der *Zeit*: Eine Hochschule hatte im Gebrauchstext für Anmeldungsformulare lange Zeit die Formulierung „Machen Sie bitte einen senkrechten Strich bei denjenigen Gebieten, die sie wählen!" verwendet. Diese Formulierung wurde geändert, als sich herausstellte, dass immer mehr Studienbewerber nicht wussten, was „senkrecht" bedeutet …

Aber Lesen ist nicht gleich Lesen, Lesen ist eine eigene Technik, die sich immer höher schraubt – M. Adler und C. van Doren haben darüber ein ganzes Buch geschrieben (*Wie man ein Buch liest*), doch mir ist das alles viel zu hoch gegriffen, ich erwähne an dieser Stelle eine Fertigkeit, wie sie zum Beispiel von Heinz Klippert in seinen Methodentrainings thematisiert wird, die für mich eine der (zu viel) beschworenen SCHLÜSSELFERTIGKEITEN darstellt: *die Fähigkeit, einen Text beim Lesen so mit einem Marker zu bearbeiten, dass der Inhalt gewissermaßen greifbar wird.* Nach meinen Erfahrungen hat ein Großteil der Studenten und auch der Akademiker auf diesem Gebiet keine wirkliche Professionalität erworben. Um zu demonstrieren, wie auch hier unser Bildungssystem es verfehlt, elementares, aber extrem nützliches Wissen zu vermitteln, sei kurz erläutert, was meines Erachtens ein sinnvolles Markiersystem darstellt (wie ich es auch bei meiner Arbeit verwende):

Zunächst einmal wird zwischen drei Wichtigkeitsebenen unterschieden: einfach anstreichen, Ausrufezeichen, zwei Ausrufezeichen. Hinzu kommt das Umringeln von Kernbegriffen, manchmal auch von Kernsätzen, dann eine Nummerierung, falls es gelingt, einen Gedankengang entsprechend zu untergliedern, und als Letztes die Sigle „Z", falls ein Satz als Zitat verwendbar erscheint. Mit diesem simplen, aber durchdachten und ökonomischen System kann man ein Buch auf eine Weise markieren, dass man es beim Wiederlesen blitzschnell im Hinblick auf die wichtigsten Informationen „scannen" kann.

In diesem Zusammenhang seien einige Ergebnisse der Leseforschung zitiert. Gemäß einer Studie von „Stiftung Lesen" (2008) haben die Deutschen zu Büchern ein widersprüchliches Verhältnis. Sie finden Lesen sehr wichtig, praktizieren es aber nicht ... Männer bevorzugen in stärkerem Maße elektronische Medien (45 % im Vergleich zu 30 % der Frauen). Interessanterweise gibt es kaum einen Unterschied bei der Lektüre von Sach- und Fachbüchern: Männer 38 % und Frauen 40 %. Jeder Vierte nimmt nie ein Buch zur Hand; bei den Hauptschülern sind es 40 %, bei Abiturienten/Akademikern 6 %. Circa 40 % lesen 1 bis 5 Bücher jährlich; circa 25 % 6 bis 10 Bücher; circa 20 % 11 bis 20 Bücher; circa 10 % 21 bis 50 Bücher und circa 3 % 50 Bücher und mehr. Immer mehr konzedieren, dass sie häppchenweise lesen, aber fast 50 % behaupten, dass sie ein Buch von vorn bis hinten durchlesen. (Meine These: Eine Überprüfung dieser Aussage würde ergeben, dass maximal 10 % der gekauften Bücher, zumindest der Sachbücher, vollständig gelesen werden; die Zahl der verkauften Bücher ist viel zu groß im Verhältnis zur realen Lesezeit.) Ein weiteres wichtiges Ergebnis war, dass die Annahme, das informationelle Überangebot durch Computer und Internet behindere das Lesen, nicht richtig ist. Denn Fachliteratur wird von dreimal so vielen Computernutzern gelesen wie von Personen, die nie oder nur selten mit einem Computer zu tun haben; bei Belletristik sind es noch mehr. Generell weist die Forschung auch darauf hin, dass nicht das Fernsehen es sein kann, das die Kinder vom Lesen abhält, da es eine große Gruppe von Viellesern gibt, die auch viel fernsehen und den Computer benutzen. Der neuralgische Punkt für die Leseförderung ist übrigens die Zeit nach der Einschulung: Eltern meinen, Kinder würden nun lieber selbst lesen oder fänden Vorlesen blöd, dabei lieben Kinder weiterhin das Vorlesen. Bekommen noch 90 % der Kinder im Vorschulalter vorgelesen, sinkt dieser Wert nach der Einschulung fast auf die Hälfte ab, obgleich ein Drittel der Schüler, denen nicht vorgelesen wird, weiterhin wünscht, dass ihnen jemand vorliest. Schockierend: Nur 2 % der befragten Kinder gaben an, dass ihnen häufig in der Kita oder der Schule vorgelesen wird. Typisch auch: Die Eltern halten sich für fleißige Vorleser, sind es aber aus Sicht der Kinder nicht. Auch widerlegt die Studie die Annahme, dass Einkommen und Bildungsgrad der Eltern beim Vorleseverhalten eine bedeutende Rolle spielen. Interessanterweise ergeben sich bei Fragen nach der Anzahl der im Jahr gelesenen Bücher keine Unterschiede zwischen Migranten und Deutschen; Befragte mit Migrationshintergrund greifen sogar etwas häufiger zum Buch. Sehr interessant auch folgendes Forschungsergebnis: Es geht darum, wie viel Prozent von Lesern es gibt, die mehr als acht Bücher in den letzten zwölf Monaten gelesen haben (und zwar aus anderen Gründen als für Arbeit und Studium) – das besagt viel über die Lesekultur des jeweiligen Landes! An der Spitze liegen England und Frankreich mit circa 50 %, Deutschland liegt an viertletzter Stelle, nach Portugal, Spanien, Griechenland! Bei dem Anteil der Nichtleser (Personen, die in den letzten zwölf Monaten überhaupt kein Buch gelesen haben) liegt Deutschland im EU-Durchschnitt.

Die PISA-Studie enthielt ja für das Volk der Dichter und Denker eine besonders große Kränkung, weil es ausgerechnet im Fach DEUTSCH so schwach abgeschnitten hat. Die nun vorliegenden Ergebnisse der dritten PISA-Studie besagen zwar, dass Deutschland sich insgesamt in den letzten acht Jahren deutlich verbessert hat, allerdings kaum im Bereich der eigentlichen *literacy*. Auch hier schafften es im Lesen nur fünf deutsche Bundesländer über den OECD-Schnitt. Nach wie vor kommt in den meisten Bundesländern jeder fünfte 15-Jährige (also 20 %) nicht über den niedrigsten Kompetenzbereich hinaus. Das heißt: Es fällt ihnen schwer, den Inhalt eines Textes zu erfassen; der Abstand zu flüssigen Lesern beträgt bis zu vier Schuljahren, sie verharren also mit 15 Jahren auf Grundschulniveau. Übrigens: Der Vorsprung der Mädchen gegenüber den Jungen beträgt bis zu 50 Punkte, mehr als ein Schuljahr. Das PISA-Ergebnis wird richtig spannend, wenn man berücksichtigt: Das sind nun die Schüler, die vor sechs Jahren bei der damaligen IGLU-Studie im Grundschulalter getestet worden sind, und damals gehörten Deutschlands Grundschüler zu den guten Lesern. Es stellt sich also die Frage: Worin liegt der darauffolgende Abfall begründet?

> Die Antwort ist eigentlich sehr schlicht: LESEN ist in höheren Klassen kein eigenes Fach und wird entsprechend vernachlässigt. Noch gibt es in Deutschland keine ausreichende Zusatzförderung der Leseleistungen wie beispielsweise in Kanada, wo Kinder mit schlechten Leseleistungen über Monate Einzelunterricht erhalten.

»Lesen ist ein großes Wunder.« (Marie von Ebner-Eschenbach)

Elementardefizit 4: Grammatik

Ulrich Schmitz, Linguistikprofessor an der Universität Essen, testet seit Jahren das Wissen der Studienanfänger bezüglich sprachlicher Grundbegriffe, mit dem Ergebnis: 80 % der Teilnehmer beantworten mindestens zwei Drittel der Fragen falsch, Gymnasiasten und Gesamtschüler liegen dabei gleich auf; die Grammatikkenntnisse vieler Germanistikstudenten entsprechen nicht einmal mehr dem, was noch vor 30 Jahren von einem Hauptschüler erwartet wurde. Manche Antworten erinnern an Karl Valentin: Da wird die *Konjunktion* als „Blüte der Wirtschaft" deklariert, die deutschen *Kasus* werden durch „Nomitas" und „Objektiv" bereichert, der Genitiv wird mit dem Akkusativ, die *Silbe* mit dem *Buchstaben* und das *Substantiv* mit dem *Subjekt* verwechselt. Dass die Essener Ergebnisse kein Einzelfall sind, zeigt das zustimmende Echo, das Schmitz von etlichen Kollegen aus anderen Hochschulen bekommen hat. Ähnlich die Erfahrungen von Wilfried Kürschner, Professor für Sprachwissenschaft, der künftigen Deutschlehrern zwei Semester lang eine Art „Mini-Latinum" vermittelt, um auf diese Weise ein Handwerkszeug bereitzustellen. Und er berichtet: „Es kam immer wieder vor, dass ich Studenten aufgefordert habe, zum Beispiel das Wort ‚Tisch' zu *deklinieren*, und dann feststellen musste, dass sie gar nicht wissen, was damit gemeint ist." Die Grundlagen für solche negativen Ergebnisse werden nach Ansicht etlicher Forscher in den Anfangsklassen gelegt. Heinz Risel, Deutschdidaktiker an der Pädagogischen Hochschule Karlsruhe, hat in mehreren Untersuchungen den Sprachunterricht an Grund- und Hauptschulen unter die Lupe genommen: Viele Deutschlehrer sind nicht in der Lage, grammatische Mängel angemessen zu diagnostizieren und den Schülern Regeln und Hilfe an die Hand zu geben. Besonders notwendig ist dies dann, wenn Deutsch eben nicht die Muttersprache ist – da helfen flüchtige Hinweise und der Appell an das Sprachgefühl nicht weiter. (Die vorherigen Informationen sind einem Bericht der *Zeit* vom 23. März 2005 entnommen.) Auch die DESI-Studie bestätigt: Selbst im Gymnasium ist nur ein Drittel in der Lage, grammatische Fachbegriffe fundiert anzuwenden.

Nachfolgend einige typische Grammatikprobleme:
- Konjunktiv I und II: Meine Erfahrungen und empirische Untersuchungen weisen darauf hin, dass die korrekte Verwendung sehr selten ist, und zwar bis in den Bereich professioneller Schreiber hinein. Ich bin zwar der Erste, der mit sich darüber streiten ließe, ob man das überhaupt braucht, aber es ist ein Grammatikbeispiel, das im Verhältnis zu dem, was die Schule sonst noch vermitteln will, eher im mittelschweren Bereich angesiedelt ist. Jedoch so gut wie niemand kann sich später mehr daran erinnern. Dabei gilt eine ganz einfache Regel: Bei der indirekten Rede kommt immer Konjunktiv I, außer wenn er sich nicht vom Indikativ unterscheidet; dann tritt Konjunktiv II an seine Stelle. Das hat nichts mit irgendeiner Zeitenfolge zu tun, wie die meisten meinen. Es muss also beispielsweise heißen: „Er sagt, er sehe immer schlechter" (nicht: „Er sagt, er sieht immer schlechter"). Das ändert sich nicht in der Vergangenheit, auch dort heißt es: „Er sagte, er sehe immer schlechter." Bei einem Satz wie „Die Eltern sagten, ihre Kinder kommen zum Fest" differenziert der Konjunktiv I nicht vom Indikativ, und deswegen springt der Konjunktiv II ein: „Die Eltern sagten, ihre Kinder kämen zum Fest." – Viele Menschen aber wollen den Konjunktiv II entweder deswegen verwenden, weil sie der Meinung sind, dass es sich um die Vergangenheit handelt, oder deswegen, weil sie der Meinung sind, sie müssten damit etwas Irreales ausdrücken. Natürlich sieht man das Ganze mittlerweile etwas legerer und die früher umgangssprachliche Umschreibung der

Konjunktive mit „würden" wird nun auch von Sprachwissenschaftlern als akzeptabler betrachtet, generell gäbe es dazu noch einiges an linguistischen Feinheiten anzufügen (man lese hierzu im Buch von K. Machowiak), worum es hier geht: Den wenigsten ist auch nur der Kern dieser Regel aus der Schule erinnerlich!

- Schwer tun sich meiner Erfahrung nach viele damit, auch nur die wichtigsten Wortkategorien und die damit verknüpften grammatischen Grundregeln zu reproduzieren, zum Beispiel *Adverb, Adverbiale, Konjunktion*. Eine ganz simple Frage: Welche Wortkategorien kann „das" verkörpern? Viele Schüler, Studierende und Akademiker sind erst nach langem „Kampf" oder nie in der Lage, die grammatisch vollständige und korrekte Regel anzugeben, der die Rechtschreibung von *dass* folgt: Das Wort wird nur dann mit einfachem „s" geschrieben, wenn es sich um den *direkten Artikel*, das *Relativ-* oder das *Demonstrativpronomen* handelt; mit „ss" wird es dagegen geschrieben, wenn es die *Konjunktion* darstellt. Bastian Sick hat übrigens untersucht, ob die Korrekturhilfe von WORD das genannte Problem bewältigen kann; er hat vier Kontrollsätze eingegeben, wobei die Korrekturhilfe nur einen einzigen der Fehler erkannt hat, wiewohl drei der vier Sätze fehlerhaft waren.

- Schon der elementare Umgang mit Singular und Plural bei einigen ganz bekannten Fremdwörtern bereitet oft Probleme: Zu nennen ist die Verwendung von „Antibiotika", wo die Einzahl (also „Antibiotikum") angebracht wäre: „Der Arzt hat mir ein *Antibiotika* verschrieben." Weitere Problembeispiele: „Pharmakas", „Praktikas", „Visas"; statt von „Universen" wird aber bisweilen falsch von „Universa" gesprochen. Es gibt auch etliche Präpositionen, die bestimmte Kasus (Anmerkung: „Kasus", mit leicht gedehntem „u", ist der Plural von „Kasus", gemäß der u-Deklination; es heißt also nicht „Kasi") nach sich ziehen, doch bis in akademische Kreise hinein herrschen dabei Probleme, vor allem bei solchen, die fest mit dem Genitiv verknüpft sind, und solchen, die differentiell entweder mit dem Akkusativ oder dem Dativ verknüpft sind. (Ich musste die Listen der Präpositionen seinerzeit bei einem im positiven Sinne altmodischen Deutschlehrer in der ersten Gymnasialklasse alle auswendig lernen und kann sie heute noch aufsagen.)

Im Jahre 2007 wurde von einer Hochschule eine Untersuchung durchgeführt, die das Konzept der WAHREN BILDUNGSKATASTROPHE auf dem Gebiet der Grammatik voll bestätigt. Der Leser möge den nachfolgenden kleinen Test selbst durchführen.

1. Präposition und / oder Konjunktion?

   wegen: __Präposition
   seit: __Präposition und Konjunktion
   nachdem: __Konjunktion
   hinter: __Präposition

   5 Punkte

2. Was ist ein Attribut?

   ☐ ein Teil des Prädikats
   ☐ ein Satzglied
   X ein Teil eines Satzgliedes
   ☐ ein anderes Wort für Adverb

   1 Punkt

3. Setzen Sie folgende Aussage in die indirekte Rede!
   Diese Aufgabe ist leicht zu lösen.

   Er sagte, dass diese Aufgabe leicht zu lösen sei / wäre _____
   (für den Indikativ „ist" gab es 1 Punkt)

   2 Punkte

4. Bestimmen Sie den Modus des folgenden Satzes!

   Wenn er doch käme!

   ☐ Imperativ
   ☐ Indikativ
   ☐ Konjunktiv I
   X Konjunktiv II

   1 Punkt

5. Bestimmen Sie Genus, Kasus und Numerus der unterstrichenen Wörter!

   a) *Sie hat es mit <u>Gleichmut</u> vernommen.*

   Maskulinum, Dativ, Singular (wegen der Femininverwendung in einzelnen Dialekten haben wir auch „Femininum" gelten lassen).

   3 Punkte

   b) *Dort stand eine Frau, <u>deren</u> Gesicht ich nicht erkennen konnte.*

   Femininum, Genitiv, Singular

   3 Punkte

6. Bestimmen Sie die unterstrichenen Objekte!

   a) *Dieses Ergebnis entspricht <u>den Erwartungen</u>.* Dativobjekt

   b) *Er dachte <u>an sie</u>.* Präpositionalobjekt

   2 Punkte

8 Deutsch: Ich bin sprachlos

Aufgaben 7-10 zum Text:

1 Auf den ersten Blick herrscht Stillstand im Tal des Todes. [...] Nur wer viel Zeit mitbringt, kann
2 Bewegung feststellen in dieser Einöde – eine merkwürdige Dynamik, die Forscher seit vielen
3 Jahren zutiefst irritiert. Dort, im Tal des Todes, wandern die Steine. Stattliche Felsbrocken, manche
4 mehr als 300 Kilogramm schwer, walzen über den Wüstenboden. Was sie antreibt, ist ein Rätsel.
5 Noch nie hat ein Mensch die Felsen in Bewegung gesehen. Aufnahmen mit Filmapparaten und
6 anderen fest installierten Geräten sind in dem Nationalpark verboten. Doch hundert Meter lange,
7 teils gekrümmte Schleifspuren hinter den Klumpen zeugen von den mysteriösen Streifzügen der
8 Brocken auf dem Hochplateau. Sandwirbel, die den Bugwellen eines Schiffes ähneln, und
9 Matschspritzer lassen darauf schließen, dass die Steine sieben Kilometer pro Stunde erreichen [...].

[In: SZ vom 12./13. August 2006, S. 20]

7. Bestimmen Sie die Wortarten der folgenden Wörter!

   wer (Z. 1): Pronomen (genauer: Relativpronomen)
   dort (Z. 3): Adverb (genauer: Lokaladverb oder Adverb des Ortes)
   manche (Z. 3): Pronomen (genauer: Indefinitpronomen)
   nie (Z. 5): Adverb (genauer: Temporal- oder Negationsadverb)

   8 Punkte

8. Nennen Sie die infiniten Verbformen des Textes!
   Zeile 2: feststellen
   Zeile 5: gesehen
   Zeile 6: verboten
   Zeile 9: schließen

   4 Punkte

9. Bestimmen Sie folgende Verbformen aus dem Text nach Person, Numerus, Tempus, Modus und Genus verbi (d.h. Aktiv oder Passiv)!

   herrscht (Z. 1)   3. Person Singular Indikativ Präsens Aktiv
   sind verboten (Z. 6)   3. Person Plural Indikativ Präsens des Zustandspassivs (genauer: aus der Perfektform entstanden)

   10 Punkte

10. Welche syntaktische Funktion übernimmt der Nebensatz im Textbeispiel:
    Was sie antreibt, ist ein Rätsel. (Z. 4)?
    Subjekt

    1 Punkt

    Gesamt: 40 Punkte

Erreichte Punktzahl: ....   **Note:** ....

> Falls der Leser Schwierigkeiten hat, diese Fragen zu beantworten, dann möge er beruhigt sein: Er ist ganz und gar nicht allein! Jeder Dritte der untersuchten circa 1 000 angehenden Germanisten schloss den Test mit „mangelhaft" oder gar „ungenügend" ab, nicht einmal jeder Zehnte absolvierte den Test besser als „befriedigend". Dabei orientiert sich dieser Test an dem Niveau, das die Universitäten eigentlich gemäß der normalen (eher leichteren bis mittleren) Bildungsstandards, die von den Gymnasien suggeriert werden, erwarten können. Gemäß meinen Darlegungen sind diese in DEUTSCH so absurd wie in jedem Fach. Auch der Leser wird einen gewissen Widerwillen dagegen gespürt haben: Muss man denn das wirklich alles wissen? Spätere Gedanken vorwegnehmend, sage ich: nein. Eine Beantwortung der Fragen 2, 3, 5, 7 fände ich schon ausreichend.

Wer von den Philologen unter den Lesern das für zu tief gegriffen hält, sollte folgende Ergebnisse einer *Stern*-Umfrage rezipieren: „Was für eine Wortart sind folgende Wörter: *auf, neben, vor, unter, über*?" Diese Frage zeitigte folgendes Ergebnis: 30 % der Lehrer wussten dies nicht, 38 % der Gymnasiasten und 86 % der Hauptschüler. Und da gab es doch den berühmten Werbeslogan von Verona Feldbusch, „Hier werden Sie geholfen!", der bewusst und selbstironisch mit einem Grammatikfehler operiert hat – laut einer Umfrage haben 70 % der Deutschen nicht erkannt, was daran grammatisch falsch sein soll ...

»Das Leben ist wie Grammatik: die Ausnahmen sind häufiger als die Regel.« (Rémy de Gourmont)

Elementardefizit 5: Schreibkompetenz

Es geht hier nicht um Rechtschreibung, sondern um die Fähigkeit, seine Gedanken geordnet und klar strukturiert niederzuschreiben. Wiederum stapelt das Gymnasium besonders auf diesem Gebiet extrem hoch: Die berühmt-berüchtigten „Erörterungen" und „Besinnungsaufsätze" zwingen die armen Schüler, die Grundprobleme des Lebens, der Welt und der Politik analytisch abzuhandeln. Doch darin ist eine solche Fülle von Lernzielen und Teilkompetenzen enthalten, dass es am Schluss *keinerlei differenzierte Einzelrückmeldung* mehr gibt, mit dem Gesamteffekt: Auch hier verfügen die meisten Schüler nicht über eine sichere Beherrschung der Elementarfertigkeiten zur Darlegung von Gedanken. Ich nenne wiederum bewusst nur ganz elementare Aspekte:

- Zunächst einmal sind sich die wenigsten Schüler/Studenten (Professoren?) darüber bewusst, nach welchen Kriterien sie Absätze bilden beziehungsweise bilden sollten. Eine Orientierung an der klassischen Elementarregel, dass jeweils nur ein Hauptgedanke darin enthalten sein solle, erscheint mit weiterhin als sinnvoll, wenn auch in Ausnahmefällen modifizierbar.
- Verallgemeinert bestehen große Probleme darin, einen komplexen Gedanken zunächst einmal rein sequentiell in eine Summe (durch Absätze getrennter, eventuell durch Symbole indizierter) Teilgedanken zu zerlegen. Die meisten Texte (auch viele Bücher) würden, selbst wenn man noch gar keine Hierarchieebenen berücksichtigte, dadurch schon extrem an Klarheit gewinnen (beziehungsweise ihre Unklarheit würde deutlicher).
- Für Schüler fände ich es ausreichend, wenn sie üben würden, Gliederungen für Texte zu erstellen, die maximal zwei Hierarchieebenen enthalten, wobei das Ganze numerisch indiziert wird, also zum Beispiel 1.2, 1.2.1 usw.). Eine solche Gliederung erlaubt auch, Referate und Vorträge, die mündlich gehalten werden, sinnvoll zu strukturieren und den Zuhörern das Verstehen zu erleichtern.

Manchem anspruchsvollen Deutschlehrer wird dies zu niedrig gegriffen sein, de facto ist es nötig, ein noch niedriger angesetztes Kriterium zu formulieren: eine sichere Unterscheidung zwischen schriftlichen Texten und gesprochener Sprache durchzuhalten. Denn generell scheint es einen Trend zu geben, dass Jugendliche zwar im mündlichen Bereich durchaus kommunikationsoffener und -gewandter sind als früher, beim Schreiben aber etwas auftritt, das in einer Schweizer Studie von P. Sieber als „Parlando" bezeichnet wird, also die Verwendung von alltagssprachlichen Elementen, so dass es zu Stilbrüchen kommt. Typisch dafür ist der Gebrauch von „irgendwie" oder „keine Ahnung" – eine merkwürdige Selbstabwertung, auch wenn die Jugendlichen (ich habe mit einigen darüber gesprochen) damit etwas meinen wie: „Ohne das jetzt genau sagen zu können", „Mal ungefähr formuliert" oder Ähnliches. Ich sehe die Wurzeln davon durchaus in einem bestimmten „Psycho-Sprech", wie er in den siebziger Jahren entstanden ist. Und wie gesagt: Dieser Sprechstil schlägt auf den Schreibstil durch, was nicht per se schlecht sein muss, es jedoch meist ist, auch weil dieses Phänomen und dieser Prozess im Schulunterricht nicht explizit thematisiert und behandelt werden.

Gleichzeitig elementar und fundamental ist in diesem Zusammenhang folgendes Phänomen: Viele Schüler neigen dazu, auch noch in der Oberstufe des Gymnasiums, besonders beim Reden vor allem aber beim Schreiben, unvollständige Sätze zu bilden, vor allem bei Begründungen. Sie sagen „... weil das so und so ist", ohne dass sie einen vollständigen Satz formulieren. Und das wird dann auf den Schreibstil übertragen. Grundsätzlich ist das ein erlaubtes Stilmittel, nur sollte man es bewusst handhaben, das heißt aber auch, dass man die Alternative, den vollständigen Satz, handhaben können muss.

Generell halte ich es für wichtig, sich ganz bewusst auf unterschiedlichen Sprachniveaus artikulieren zu können, wobei es dabei nicht um eine Abwertung des legeren Sprachgebrauchs geht. Ich habe das immer wieder mit Jugendlichen ausprobiert, und es hat ihnen großen Spaß gemacht, wenn man ihnen ihre eigene Sprache nicht austreiben will, wenn man ihnen aber zeigt, wie man bewusst „hochgestochen" sprechen kann; dies ist vor allem dann unterhaltsam, wenn man mit ihnen übt, ganz bewusst auch noch niedrigere Sprachniveaus anzusteuern. Dieter E. Zimmer bringt es auf den Punkt:

> „Ein Sprecher mit Sprachbewusstheit wird, wo das angebracht ist, seinen Ausdruck zu differenzieren und zu nuancieren suchen, ja, er wird sogar falsch sprechen, wenn es der richtigen Nuance dient. Umgekehrt wird er allzu Richtiges vermeiden, wo es durch inflationären Gebrauch sinnleer geworden ist."

An dieser Stelle ist auch ein Befund der DESI-Studie zu zitieren: 30 % aller Schüler können keinen ordentlichen Brief schreiben, aus dem heraus deutlich wird, was sie sagen wollen. Selbst im Gymnasium ist nur ein Drittel in der Lage, Texte zu schreiben, die vollständig zielsicher und nahezu fehlerfrei sind.

> »Jemand, der je geschrieben hat, wird gefunden haben, dass Schreiben immer etwas erweckt, was man vorher nicht deutlich erkannte, ob es gleich in uns lag.« (Georg Christoph Lichtenberg)

Elementardefizit 6: Interpunktion

Zum Abschluss nochmals etwas, das die elementare Rechtschreibung betrifft, ein scheinbar kleiner Aspekt, der aber, wenn man es hart formuliert, einen kognitiven Skandal unseres Bildungssystems und unserer Gesellschaft darstellt:

> Einem nicht geringen Teil der Menschen ist durchaus fremd, dass und wie man Sätze durch Kommas geistig strukturieren kann. Sie halten Kommas für etwas „Äußeres", das nichts mit der gedanklichen Strukturierung zu tun hat.

Warum ist das so? Nun, die meisten Menschen sehen das, aufgrund eines irregeleiteten und irreleitenden Deutschunterrichts, als formalistische Exerzitien an, für die es irgendwelche *Regeln* gibt, die sie vergessen haben, weil sie viel zu kompliziert waren und letztlich auch als wenig sinnvoll erschienen sind. Man kann diese „Komma-Hasser" ja verstehen: Interpunktion rein formal zu lernen kann einem das Ganze nicht vermitteln, höchstens verleiden. Erfolgversprechender scheint mir, Kommas nicht als „formalistischen Schnickschnack" zu betrachten, sondern als unmittelbaren Ausdruck einer inhaltlichen Gliederung und Rhythmisierung der Aussagen. Dabei ist vor allem Wert auf das zweite Moment zu legen: Wer jemals beobachtet hat, wie viel Spaß es Schülern macht, einen Satz rhythmisch gekonnt auszusprechen, auch unterschiedliche Rhythmisierungen durchzuprobieren, der weiß, dass dies der richtige Zugang ist. (Man muss es den Schülern im Stil eines „Rappers" vormachen!)

> Es gibt meines Erachtens nur drei wichtige Interpunktionsregeln, die man formal auswendig lernen muss: (a) Am Schluss des Satzes steht ein Punkt. (b) Vor „dass" steht ein Komma. (c) Bei Gymnasiasten noch: Bei einem Relativsatz stehen Kommas. (d) Und die vierte Regel ist dann eine gewissermaßen informale, intuitive: „Den Rest der Kommas kannst du, Schüler, so setzen, wie du Lust hast – versuch dir einfach vorzustellen, wie du diesen Satz laut sprechen würdest!" (Und gegen diese Regel wird nicht besserwisserisch ankorrigiert; man kann natürlich mit einem Schüler ergebnisoffen über Vor- und Nachteile der von ihm gewählten Interpunktion diskutieren.)

Nebenbei gesagt: Die meisten Leser glauben vielleicht, dass die erste Regel eine Selbstverständlichkeit sei. Die Situation ist mittlerweile die: Auch an den Realschulen, noch bis in die 9. und 10. Klassen hinein, hat eine nicht geringe Zahl von Schülern kein angemessenes Konzept vom vollständigen Satz, dessen Ende durch einen Punkt gekennzeichnet ist.

Noch ein paar Beispiele für Interpunktionsproblematiken, die auch die „höheren Schichten" betreffen:
- Auch den meisten Abiturienten, Studierenden und Akademikern ist die druckgraphische (und meistens auch die logische) Unterscheidung zwischen einem *Bindestrich* und einem *Gedankenstrich* nicht geläufig.
- In diesem Zusammenhang kann man auch die eigentümliche Verwendung der Anführungszeichen konstatieren: Wenn irgendetwas als besonders herauszustellen ist, dann wird es gern mit Anführungszeichen versehen, und das Ganze liest sich dann wie bei ironischen Anführungszeichen so, als ob es nicht ernst gemeint sei. Beispiele: *Der bekannte Unternehmensberater „Nikolas Enkelmann"; der „Tipp" der Woche;* auf dem Parkplatz einer Weltfirma habe ich das Schild gefunden: *Parken auf den blau markierten Plätzen „nur für" Berechtigte.* (Auch Bastian Sick geht in seinem Buch *Der Dativ ist dem Genitiv sein Tod*, 2. Band, S. 197 ff. darauf ein.)
- Schon leicht komplexere Komma-Probleme machen auch Gebildeten Probleme. Das einfache Komma, nämlich das Aufzählungskomma, steht zwischen gleichrangigen (und gleichartigen) Satzgliedern; betrachten wir es am Beispiel der Adjektive: „Ein großer, dicker Hund". – Würde man es ohne Komma schreiben: „Ein großer dicker Hund", dann würde das in einen Zusammenhang gehören, wo man auch einen kleinen dicken Hund zum Vergleich hat. Das ist also nicht einfach nur Grammatik, sondern auch Logik. Besonders in wissenschaftlichem Zusammenhang ist diese Differenzierung und die entsprechende Interpunktion wichtig; bspw.: Der „dritte tieferliegende Brustwirbel" ist nicht unbedingt identisch mit dem „dritten, tieferliegenden Brustwirbel." (Man lese hierzu im Buch von K. Machowiak.)

»Ein Kuss kann ein Komma sein, ein Fragezeichen, ein Ausrufezeichen. Diese grundlegenden Satzzeichen sollte jede Frau beherrschen.« (La Mistinguette)

Fundamentaldefizit I: Sprachkunde

Zwar sind in den siebziger Jahren auch linguistische Renommierbegriffe und ihre Vermittlung in den Deutschunterricht eingeflossen, wirklich fundamentales und gleichzeitig praktisch nützliches Wissen über Sprache ist selten darunter. Dabei können Linguistik und Sprachpsychologie gleichzeitig sehr nützlich wie anregend und von tiefen sprachlichen Einsichten begleitet sein. Zu nennen sind folgende Themen:
- wie Menschen (auch Tiere) Sprache lernen,
- welche Probleme und Störungen dabei auftreten,
- welche Schwierigkeiten und Besonderheiten beim Zweitsprachenerwerb existieren,
- welche unterschiedlichen Formen der Sprach- oder Sprechstörungen es gibt.

Zu all diesen höchst faszinierenden Problemfeldern erfährt ein Schüler nichts. Dabei gibt es gerade hier Kenntnisse und Informationen, die durch einen schon öfter erwähnten Aspekt gekennzeichnet sind: Sie sind gleichzeitig *einfach* und *tief*. Außerdem sind sie gleichzeitig Wissen und Metawissen.

> Sinnvoll erschiene es mir auch, wenn jeder Schüler eine Handvoll Besonderheiten der Sprache Deutsch im Vergleich zu Englisch, Französisch und Lateinisch darlegen kann. (Das lässt sich auch dann bewerkstelligen, wenn man die anderen Sprachen nicht oder nur ein wenig beherrscht.) Wieso hat nicht jeder Abiturient eine kleine Liste dieser Kriterien „drauf", einschließlich typischer Beispielsätze?

Zur Bildung im Sprachbereich gehört meines Erachtens unabdingbar eine solche *Verortung* der eigenen Sprache im Kontext anderer Sprachen und im Kontext der historischen Veränderungen (man lese hierzu das Englisch-Kapitel). Hierzu ein Zitat von Albert Schweitzer: „Den Unterschied zwischen den beiden Sprachen empfinde ich derart, als ob ich mich in der französischen auf den wohlgepflegten Wegen eines schönen Parks erginge, in der deutschen aber mich in einem herrlichen Walde umher triebe." Oder Karl V.: „Zu Befehlen oder Gebeten brauche ich gern die deutsche, im Frauenzimmer gern die französische, im Rat die italienische Sprache." In diesem Zusammenhang ist auch Folgendes interessant: Es gibt innerhalb einer großen Zahl von Sprachen eine kleine Gruppe von Wörtern (circa 50–100), die sich sehr ähnlich sind; es sind meist auch die häufigsten Wörter, weil diese sich am wenigsten ändern – das Wissen und die Kenntnis solcher Wörter wären ein kognitiv-motivationaler Kern, um gewissermaßen einen Vorgeschmack auf andere Sprachen zu bekommen.

»In keiner Sprache kann man sich so schwer verständigen wie in der Sprache.« (Karl Kraus)

Fundamentaldefizit II: Sprech- und Präsentationskompetenz

Völlig vernachlässigt wird in unseren Schulen – das kann man in jeder Talkshow besichtigen – eine fundamentale sprachliche Kompetenz: die Fähigkeit, eigene Gedanken, Meinungen und Gefühle mündlich vorzutragen. Es ist ein großes Defizit, dass nicht an jeder Schule ein *Debattier-Club* existiert (wie in anglo-amerikanischen Ländern verbreitet). Und dieser Debattier-Club darf kein „Spaß", sondern muss *benoteter Bestandteil des normalen Deutschunterrichts* sein!

Am Beispiel der Rhetorik sei eine typische Minimax-Frage genannt: Was sind die wichtigsten stilistischen Figuren, wie sie seit alters in der Rhetorik herausgearbeitet worden sind?

Kurzerläuterung: Bei den stilistischen Figuren wird bisweilen unterschieden zwischen den *Tropen* und den eigentlichen *rhetorischen Figuren:* (1) Typische Tropen: Bei der *Personifikation* werden leblose Dinge wie Lebewesen beschrieben, zum Beispiel „Das russische Reich stürzt", „Die Kosten fressen uns auf". Bei der *Metonymie* berühren sich die Bedeutungen des bezeichneten und des bezeichnenden Wortes, ohne dass ein Vergleich vorliegt, zum Beispiel „Ich lese Schiller" (Autor statt Werk), „Die Regierung erklärte". Der *Euphemismus* ist eine Beschönigung, zum Beispiel „Nullwachstum" statt „wirtschaftlicher Stillstand". Die *Hyperbel* ist eine Übertreibung, zum Beispiel „Die Flammen schlugen bis in den Himmel". Eine typische rhetorische Figur ist die *Ellipse*, ein Satz, der bewusst verkürzt wird: „Je schneller, desto besser" oder „Ende gut, alles gut". (2) *Rhetorische Figuren* sind solche Wörter und Wortgruppen, die durch auffällige Mittel wie Wiederholung, Anordnung, Gleichklang etc. hervorgehoben werden, um eine Aussage besonders zu betonen, zu veranschaulichen oder auszuschmücken. Die *Inversion* besteht in einer Umstellung der üblichen Wörter: „Hoch sind die Steuern" statt „Die Steuern sind hoch". Eine typische *Wortfigur* ist die Anapher, die Wiederholung am Anfang von Zeilen beziehungsweise Teilsätzen, zum Beispiel „Glück ist das Ziel aller, Glück ist auch das Ziel unserer Partei". Eine *Klangfigur* ist die *Alliteration*, die Anlautgleichheit: „Wunderbare Wonnen – Männer mögen Milch". Eine *Gedankenfigur* ist die *Antithese*: „Sie wollen nur Steuern erhöhen – wir wollen die Bürger reich machen". Bei der *Klimax* liegt eine Steigerung vor: „Ich kam, ich sah, ich siegte". (Das ist im Übrigen auch ein Beispiel für eine *Asyndetion*, eine Reihung gleichgeordneter Satzglieder ohne Konjunktion.)

Die meisten scheitern an der Beantwortung der gestellten Minimax-Frage, dabei wäre jedoch gerade die Rhetorik ein Beispiel dafür, wie man einen Stoff zum Standardwissen machen könnte, der gleichzeitig elementar und fundamental ist: Einerseits ist er einem behilflich, die eigenen Gedanken darzulegen, andererseits nützt er einem sehr bei der kritischen Reflexion gelesener und gehörter Texte, vor allem hinsichtlich deren Manipulationspotentials.

„Die Rhetorik wird ihrem Geist Methode beibringen; sie werden die Kunst lernen, ihre Gedanken neu zu ordnen und auf eine Reihe zu bringen, sie werden den Stil dem Gegenstand anzupassen wissen (…) Die Rhetorik wird sie außerdem lehren, aus den Argumenten, derer sie sich bedienen wollen, je

> nach Art der Zuhörer, eine Auswahl zu treffen." So Friedrich der Große in einem Memorandum zur Reform des Bildungswesens.

Beim Thema rhetorischer Figuren ist festzuhalten: Es geht dabei gerade nicht um das, worauf dieses Thema leider im Deutschunterricht oft degeneriert ist, nämlich um das Auswendiglernen der Bedeutung von ein paar seltsamen Fremdwörtern, sondern darum zu verstehen: Immer wenn ich meine Gedanken verbreiten will, immer wenn ich bestimmte psychologische Wirkungen bei anderen hervorrufen will, immer wenn ich im weitesten Sinne „Werbung" für etwas oder für mich mache, dann betreibe ich Rhetorik. Und wenn man den Kindern/Jugendlichen Rhetorik „verkauft" als etwas, das das Selbstverständlichste der Welt und das Natürlichste an zwischenmenschlicher Kommunikation darstellt, wobei Flirten, Drohen, Lügen etc. hinzugehören, dann werden sie plötzlich wach, während sie vorher eher abgestoßen oder zumindest sehr skeptisch sind. Pointiert gesagt: Dem Deutschunterricht und dem Deutschlehrer fehlt es an Rhetorik, um Rhetorik zu vermitteln…

Zu diesem Wissensaspekt sei jetzt gleich wieder ein korrespondierender Bildungsaspekt hinzugefügt: Wie kann jemand, der kein Sachwissen über rhetorische Figuren hat, überhaupt begreifen und darlegen, was Rhetorik bedeutet, also den philosophischen und historischen Hintergrund dieses Begriffs erläutern? Die meisten Menschen, auch Akademiker, fokussieren bei ihren Versuchen, den Begriff „Rhetorik" zu definieren, zu stark auf den pejorativen Aspekt (Rhetorik im Sinne von „Manipulation"). Sie wissen nicht, dass Rhetorik im Sinne der Redekunst, des klaren Argumentierens ein ganz positives Anliegen gehabt hat und essenzieller Bestandteil der Philosophie ist (seit Aristoteles und spätestens seit Cicero).

Und an letzter Position ein gewaltiges Defizit unserer Schulen: Komplexe kommunikative Aufgabenstellungen, bei denen beispielsweise Personen, Produkte, Pläne, Sachverhalte, Probleme oder Lösungsansätze präsentiert werden, setzen spezielle Techniken und Strategien voraus, beispielsweise Stichwortzettel, Folieneinsatz, Graphiken und Diagramme, Posterpräsentationen usw. Diese Fertigkeiten gehören heutzutage nun wirklich unstreitbar zu den *Schlüsselfertigkeiten*. Ich habe etliche Facharbeiten betreut: In der Kollegstufe des Gymnasiums sollen Schüler solche halbwissenschaftlichen Arbeiten im Umfang von 15 bis 30 Seiten zu einem anspruchsvollen Thema schreiben, was ich für äußerst sinnvoll und nützlich halte, jedoch stellen die Schüler dabei fest, dass sie enorme Probleme damit haben, ihrem Computerschreibprogramm diejenigen Formatierungen und „Effekte" zu entlocken, die (im Zuge einer durchaus positiven Konkurrenz) nun von ihnen erwartet werden. Die Besten setzen da die Benchmarks, und die lauten: Der Text muss wie ein Zeitungsartikel einem anspruchsvollen Layout unterworfen werden. Das ergibt dann einen fürchterlichen Stress, vor allem gegen Schluss der Facharbeit. Und ich frage mich jedes Mal: Wieso wird so etwas von den Schulen nicht *schrittweise* aufgebaut? Wieso müssen sich die Schüler im Rahmen einer Arbeit, die sie geistig bis zum Äußersten fordert, sich so etwas selbst – „nebenbei" – beibringen? Eine Facharbeit sollte man erst dann schreiben lassen, wenn die Schüler die Darstellungsgrundlagen dafür beherrschen! (Das gilt nebenbei gesagt auch für die geistigen Grundlagen; später mehr dazu.) Eine typische Inkonsistenz, ja „Verlogenheit" der Schule besteht dann darin, dass man immer Stellen im Lehrplan findet, die so etwas eigentlich im Unterricht fordern. So steht beispielsweise im Lehrplan für Realschulen (!) in Bayern für die 9. Klasse, ganz und gar beiläufig: Die Schüler sollen „Möglichkeiten und Grenzen von Rechtschreibprogrammen an Computern kennen". Es wäre schon viel gewonnen, wenn die Schüler auch nur einen Teil der Möglichkeiten der genannten Programme kennen würden, an die Grenzen ist doch gar nicht zu denken. Und natürlich müsste es ein eigenes Fach dafür geben, dies sage ich, spätere Gedanken vorwegnehmend.

»Eine Rede kann die Erde spalten.« (Aus Neuguinea)

Fundamentaldefizit III: logisches Denken und kognitive Strukturierung

Man könnte das Folgende zwar unter „Schreibkompetenz" einordnen, *Deutsch als Schulung des klaren Denkens und der klaren Darlegung von Gedanken* ist aber ein eigenes – unbedingt notwendiges – Lernziel. Schon im Mathematikkapitel wurde ja von mir moniert, dass das vom Mathematikunterricht angestrebte *logische Denken* ganz und gar nicht erreicht wird, vom Deutschunterricht aus kann man dies ebenso festmachen und nochmals beleuchten. Um diese komplexe Problematik in aller Kürze herauszuarbeiten: Es gibt zwei, drei *logische Fehlschlüsse*, die häufig begangen werden, obwohl schon Aristoteles sie richtiggestellt hat. (Die moderne Psychologie liefert Hinweise darauf, dass diese Fehler evolutionär angelegt sind und damit in gewisser Hinsicht eine sinnvolle Anpassung des Menschen darstellen, für das logische Argumentieren aber dennoch hinderlich sind.) Diese logischen Fehler zu überwinden, das wäre ein einfaches und klares Ziel des Deutschunterrichts, ist es aber nicht.

Ein wichtiger Fehler beim Schlussfolgern aus Prämissen ist das Scheitern an der logischen Figur, die man seit alters *Modus tollens* nennt. Dieser Syllogismus besagt: Wenn als Prämisse gilt „p impliziert q" und außerdem zutrifft „q ist falsch", dann folgt daraus: „p ist falsch". Die Prämisse „p impliziert q" wird also aufgehoben (*tollens*), wenn der Nachsatz „q ist falsch" zutrifft. Bei psychologischen Untersuchungen zeigt sich immer wieder, dass fast die Hälfte der Versuchspersonen mit dieser Schlussform nicht umgehen kann; folgende Fehlschlüsse treten auf: (a) Circa ein Fünftel der Versuchspersonen glaubt, dass Folgendes gilt: *Wenn p nicht wahr ist, dann ist q auch nicht wahr*; sie verstehen nicht, dass Bedingungen logisch möglich sind, bei denen q wahr ist, obwohl p falsch ist. (Vereinfacht erläutert: Wenn es regnet, dann ist die Straße nass, aber man kann daraus nicht folgern, dass wenn es nicht regnet die Straße trocken ist.) Und wenn ihnen das auch klar ist, so sind viele nicht in der Lage, Informationen in diese Richtung hin auszuwerten. Man nennt diesen Fehler auch „Verleugnung des Antecendens". (b) Der zweite auftretende Fehler, der als „Bejahung des Konsequens" bezeichnet wird, besteht darin zu glauben (wie wiederum circa ein Fünftel der Versuchspersonen), *dass p dann wahr ist, wenn gilt „p impliziert q" und „q ist wahr"*. Sie erkennen nicht, dass q nicht nur als Konsequenz von p auftreten kann, sondern auch auf ganz andere Ursachen zurückgehen kann. (Wenn die Straße nass ist, dann muss es davor nicht unbedingt geregnet haben, da sie auch aus anderen Gründen nass sein kann.) Verwechselt wird dabei die *Implikation* „Wenn-Dann" mit der *Äquivalenz* „Dann und nur dann, wenn".

> Der Medizin ist es gelungen, einige der wichtigsten todbringenden Erreger, zum Beispiel die Pocken, weitgehend auszurotten. Wieso haben die Bildungssysteme darin versagt, die grundlegenden logischen Denkfehler des Menschen auszurotten? Wieso sind immer noch viele Menschen in unserer angeblich gebildeten Gesellschaft nicht in der Lage zu begreifen und zu berücksichtigen: Wenn aus a b folgt, dann folgt aus b noch nicht a? Das wäre ein typisches Beispiel dafür, was ich BILDUNGSMINIMUM nenne. Der Deutschunterricht versäumt es an dieser Stelle, konkret zu werden und ein klares Ziel zu formulieren, beispielsweise: Elementarlogik. (Ich sage das als jemand, der sich des schwierigen Verhältnisses von formalem und „natürlichem" Denken voll bewusst ist; es geht mir darum, die ungefähre Richtung anzuzeigen.) Und das liegt natürlich darin begründet, dass an unseren Schulen die geisteswissenschaftlichen Fächer als der Mathematik sozusagen „wesensfremd" angesehen werden, was sich ja auch in der Wahl der typischen Fächerkombinationen zeigt: Ich kenne keinen Lehrer, der gleichzeitig DEUTSCH und MATHEMATIK unterrichtet; es ist, glaube ich, gar nicht zugelassen. Doch auf völlig naheliegende Weise könnten auf dem Gebiet der Logik die Fächer DEUTSCH, MATHEMATIK (und auch PHILOSOPHIE) miteinander interagieren. Das wird aber nur dann gelingen, wenn man dem Schüler die Botschaft vermitteln kann: „Logik ist Macht!", Macht, sich bei (kultivierten) Diskussionen durchzusetzen (und bei weniger kultivierten brauche ich Rhetorik).

Es sei noch ein Beispiel genannt, bei dem sich Logik und Sprache deutlich verschränken. Vielen Menschen fällt die Unterscheidung zwischen den zwei nachfolgenden Formulierungen schwer: „Der Gewinn der Firma A ist achtmal so groß wie der der Firma B." – „Der Gewinn der Firma A ist achtmal größer als der der Firma B." Die Bedeutung beider Sätze st nicht identisch! Wenn der Gewinn nämlich achtmal größer ist, dann ist er neunmal so groß wie der Vergleichsgewinn.

Und nun etwas vielleicht Überraschendes, das aber für mich einen großen sprachlichen Differenzierungsverlust darstellt: die Vermengung von *scheinbar* und *anscheinend*. Eine Tatsache als „scheinbare" zu deklarieren bedeutet, dass sie zwar den Anschein erweckt, eine zu sein, aber de facto keine ist; „anscheinend" verwendet man, um auszudrücken, dass etwas so scheint, dass man aber keine Anhaltspunkte hat, um diesen Schein als einen falschen zu kennzeichnen. Jedoch diese absolut notwendige geistige Unterscheidung bei mindestens 50 % der Menschen verloren gegangen.

> In diesem Zusammenhang ist auch ein Defizit hervorzuheben, das ich immer wieder feststelle, nicht nur bei Schülern, sondern auch bei Studenten und bei Akademikern: *die Fähigkeit, den Inhalt eines Textes zusammenzufassen* (bei einer vorgegebenen Umfangsrestriktion, eventuell auch im Hinblick auf einen vorgegebenen Zweck).

Bei dem Versuch, einen beispielsweise zehnseitigen Text zusammenzufassen, gibt es meiner Erfahrung nach zwei Ergebnisse: Die einen schreiben (ich karikiere jetzt ein wenig) zwölfseitige Zusammenfassungen; und die anderen erzielen eine scheinbar prägnante Kürze dadurch, dass sie irgendwie den Anfang des Textes korrekt referieren und dann die Lust und den Überblick oder beides verlieren und mehr oder weniger auf einen Scheinabschluss hin formulieren, sodass nicht mehr als eine lächerliche Karikatur des Inhalts wiedergegeben wird. Das war ja auch das fundamentale Ergebnis von PISA: Die *Literacy*, die Fähigkeit, einem Text Sinn zu entnehmen, ist bei vielen Schülern geringer ausgeprägt als erhofft, und Lehrer sowie Lehrplaner überschätzen in starkem Maße die realen und möglichen Ergebnisse des schulischen Unterrichts.

»Zuerst verwirren sich die Worte, dann verwirren sich die Begriffe, und schließlich verwirren sich die Sachen.« (Chinesische Weisheit)

Fundamentaldefizit IV: Literaturkunde

Im Fach Mathematik habe ich den Begriff RASTER- und ORDNUNGSWISSEN eingeführt, verbunden mit der Kritik, dass dieses generell in der Schule zu sehr vernachlässigt werde. Denn seit den siebziger Jahren existiert in der Didaktik/Pädagogik eine Abneigung gegen das „Auswendiglernen" von angeblich reinem Faktenwissen vor, und dabei wird die wichtige Rolle der gerade genannten Wissenskategorie verkannt.

> Tatsächlich kann man sich einen Großteil des Faktenwissens sparen, das ist ja die eine der Hauptbotschaften des vorliegenden Buches, nützlich ist dennoch aber, ein paar grundsätzliche „Schubladen" und „Regale" für künftiges Faktenwissen zu besitzen.

Im Fach LITERATURKUNDE geht es dabei vor allem um die wichtigsten Literaturepochen. Doch meine Minimax-Frage nach den allerwichtigsten Grundlinien der literarischen Geistesgeschichte wurde von so gut wie niemandem auch nur annähernd vollständig beantwortet. Zugegeben, man hat mit einem Epochenraster und Namen noch nicht viel vom „Wesen" der Literatur verstanden, aber man hat ein grundlegendes Koordinatensystem, man hat grundlegende „Kästchen", in die man eine Fülle von Detail- und höherem Wissen einordnen kann. Nachfolgend findet sich eine Kurzzusammenfassung aus der sehr guten Lehrmaterialenreihe *Auf einen Blick!* (Mentor-Verlag), betreffend das Fach DEUTSCH. Das ist nun eine ganz extreme Verdichtung (in jenem Buch als Minimalzusammenfassung am Schluss des Kapitels präsentiert), aber der Leser möge ehrlich sein: Auch an einer Reproduktion nur auf diesem geringen Niveau würde man scheitern; man scheitert an einem Wissen, das man in einer Stunde auswendig lernen könnte!

Auf einen Blick: Literaturgeschichte
Literatur des Mittelalters (8.–14. Jh.)
- althochdeutsche Literatur (etwa 750–1050): religiöse Texte
- mittelhochdeutsche Literatur (etwa 1050–1350): Legenden, Vagantendichtung, ritterliche-höfische Dichtung, wie der Minnesang

Renaissance, Humanismus und Reformation (15.–16. Jh.)
- Buchdruck und Luthers Bibelübersetzung
- Schelmenliteratur, Humanistendrama, Schwänke, Fastnachtsspiele

Barock (17. Jh.)
- „Carpe diem" (Nutze den Tag!) – „Memento mori" (Gedenke des Todes!)
- Lyrik; Schäfer-, Schelmen-, Abenteuerromane; Tragödien, Komödien
- weltliche Lyrik von Gryphius

Aufklärung (18. Jh.)
- Selbstbestimmung und Eigenverantwortlichkeit des Individuums
- Fabeln, Erziehungs-, Bildungs- und Schelmenromane, Lehrgedichte
- Lessings Dramen

Sturm und Drang (etwa 1775–1785)
- Kritik am Feudalismus; Verteidigung von Individualität und Selbstbestimmung

- Göttinger Hain; erste Dramen Goethes und Schiller, Goethes „Werther"

Weimarer Klassik (etwa 1785–1805)
- Erziehung durch Kunst; Orientierung an der klassischen Antike
- Goethes und Schillers Balladen und Dramen, Goethes „Faust"

Romantik (etwa 1800–1830)
- Betonung des ahnenden Gefühls; Poetisierung des Lebens
- Märchen- und Volksdichtung, Balladen, Novellen
- Lyrik von v. Armin, Brentano, Eichendorff, Novalis u. a.

Biedermeier (etwa 1830–1848)
- Rückzug ins Privatleben; konservative Abgrenzung vom Vormärz
- Lyrik von v. Droste-Hülshoff, Mörike u. a.

Vormärz und Junges Deutschland (etwa 1835–1848)
- Politisierung der Literatur: Kampf für Freiheit, Gerechtigkeit und Demokratie
- Protest- und Agitationslyrik, Romane, Novellen
- Dramen von Büchner, Lyrik von Heine u. a.

Realismus (etwa 1848–1890)
- Wiedergabe realen Lebens mit dichterischen Mitteln
- Gesellschafts-, Kriminal- und Bildungsromane, soziale Dramen
- Erzählende Literatur von Fontane, Raabe, Storm u. a.

Naturalismus (etwa 1870–1900)
- Darstellung des Alltags, des Elends und des durch Vererbung und Milieu geprägten Menschen
- Dramen von Hauptmann, Lyrik von Arno Holz u. a.

Literatur der Jahrhundertwende (etwa 1890–1918)
- große Vielfalt literarischer Strömungen (Jugendstil, Symbolismus, Impressionismus); philosophischer Kulturpessimismus
- Werke von Hofmannsthal, Musil, Rilke, Schnitzler u. a.

Expressionismus (etwa 1910–1925)
- Schilderung der Innenwelt des Individuums; „Weltuntergangsstimmung"
- Lyrik mit expressiver Sprache, gesellschaftskritische Dramen
- Lyrik von Becher, Benn, Toller u. a.

Literatur zur Zeit der Weimarer Republik (1918–1933)
- Kritik am Bürgertum; Betonung der sozialen Frage
- neue Sachlichkeit, Brechts episches Theater
- Werke von Brecht, Hesse, Kafka, Thomas und Heinrich Mann u. a.

Literatur zur Zeit des Nationalsozialismus (1933–1945)
- Literatur des Exils und der inneren Emigration
- Nationalsozialistische Zustimmungsliteratur
- Exilliteratur von Brecht, Döblin, Feuchtwanger, Graf, Lasker-Schüler, Thomas und Heinrich Mann, Seghers, Zweig u. a.

Literatur der Nachkriegszeit (etwa 1945–1949)
- Auseinandersetzung mit Krieg und Verbrechen
- Literatur von Borchert, Celan u. a.

Literatur der BRD, Österreichs und der Schweiz (etwa 1949–1990)
- kritische Begleitung der Phasen von Wiederaufbau, erster Wirtschaftskrise, Studentenunruhen, Terrorismus und wachsender Arbeitslosigkeit
- vielfache Erneuerung des literarischen Lebens; „Gruppe 47"
- Werke von Bachmann, Böll, Dürrenmatt, Frisch, Grass, Johnson, Lenz u. a.

Literatur der DDR (etwa 1949–1990)
- Unterstützung und Kritik des Lebens in einer sozialistischen Gesellschaft
- Thematisierung der Arbeitswelt in der Literatur
- Werke von Braun, de Bruyn, Heym, Kirsch, Kunze, Morgner, Seghers, Wolf u. a.

> **Literatur seit der Wende (ab 1990)**
> - Spiegelung der Wiedervereinigung und des neuen Deutschlands
> - Die NS-Vergangenheit als weiter andauerndes Thema
> - Popliteratur
>
> Aus: Geist, A. & Schäfer, D.: *Deutsch. Die wichtigsten Themen bis zur 10. Klasse.* (Mentor-Reihe „Auf einen Blick!"). München 2007

In den letzten Jahren ist immer wieder fleißig über einen *literarischen Kanon* gestritten worden – Reich-Ranicki hat eine Sammlung von Werken herausgebracht, die seiner Meinung nach *kanonisch* sein sollten. Der Leser möge sich diesen im Internet ansehen, in jeder wohlsortierten Buchhandlung findet er die Zusammenstellung dieser literarischen Werke. Der interessierte Leser kann auch im Internet der *Spiegel*-Ausgabe 25/2001 einen Überblicksartikel sowie ein Interview mit Reich-Ranicki lesen, in dem dieser, und zwar zu Recht betont: „Dieser Kanon weist gegenüber den Lehrplänen eine quantitative Reduktion auf!" Ich finde das Ganze *toll*, allerdings im doppelten Sinne des Wortes, gleichzeitig höchst anregend wie bildungshochstaplerisch. Zwar missversteht Reich-Ranicki die Lehrpläne, die mehr Rahmenrichtlinien sind als unmittelbare Vorschriften, natürlich wird in der Schule viel weniger gelesen. (Ein Schüler liest im Deutschunterricht von der 5. bis zur 10. Klasse etwa 5 bis 10 Bücher oder Novellen, in der Oberstufe im Grundkurs vielleicht noch einmal 10; einige Bundesländer sehen in ihren Lehrplänen einen systematischen Durchgang durch die Literaturgeschichte vor, andere arbeiten exemplarisch.) Dennoch betrügt sich die Schule dabei selbst, denn die meisten Schüler lesen diese Bücher nicht, sondern Zusammenfassungen, und wenn sie sie lesen, dann lesen sie in einem sehr uninteressierten Modus, aus dem sofortiges Vergessen und/oder Abneigung resultiert.

In diesem Zusammenhang ist einzugehen auf denjenigen deutschen Autoren, der geradezu als Inkarnation von Bildung gilt beziehungsweise als Inkarnation dessen, worüber ein gebildeter Mensch Bescheid wissen muss: GOETHE. Zwar teile ich persönlich diese Sicht nicht, aber die Lehrpläne drücken sie aus, und sämtliche Politiker, die sich im Zusammenhang mit dem Bildungsthema wichtig machen wollen, partizipieren angeblich an dieser Bewunderung. Aber: Schon die zeitliche Einordnung Goethes ist auch bei Abiturienten und Akademikern durchaus unsicher – bei meinen Umfragen schwankten die Angaben zwischen dem 15. und 20. Jahrhundert. Aus der schon zitierten Untersuchung von ZDF/*Die Welt* geht hervor, dass nur zwei Drittel der Befragten wissen, dass Goethe den *Faust* geschrieben hat. Ich habe festgestellt: typische klassische Gedichte, von der *Glocke* über *Die Kraniche des Ibykus* bis hin zum *Zauberlehrling* werden ganz und gar nicht sicher Goethe oder Schiller zugeordnet. Die meisten tun sich auch schwer, über den *Faust* und *Die Leiden des jungen Werther* hinaus weitere Werke Goethes aufzuzählen. Und wenn man, ganz im Duktus der Lehrpläne, die Frage stellt, worin denn eigentlich die geisteshistorische Bedeutung von Goethe liegt, dann wird man so gut wie immer hochgradiges Stammeln produzieren. Doch wenn man Goethe schon so hochstilisiert – warum gehört eine solche Antwort nicht zum Standardrepertoire eines Abiturienten? Der normale Abiturient, ja Akademiker, weiß nicht mehr als: „Goethe ist der, der den *Faust* geschrieben hat, und der *Faust* ist total bedeutend und das wichtigste deutsche Buch."

Kurzerläuterung:
Goethes Bedeutung lässt sich, wenn man es auf den kleinsten Nenner bringt, mosaikartig durch folgende Bestimmungskomponenten darstellen (es ist mein ganz persönlicher Vorschlag, ergänzt durch Anregungen einer Germanistin und einer Goethe-begeisterten Ökonomin): (1) Er war einer der Wegbereiter des „Sturm und Drang", speziell durch seinen Roman *Die Leiden des jungen Werthers* und im Dramenbereich *Götz von Berlichingen*. (2) Seine frühen Gedichte stellen wesentliche Ausprägungen von *Erlebnislyrik* dar, voller Innerlichkeit und schwärmerischer Begeisterung für Natur und die Liebe, auch das typisch für Sturm und Drang. Auch der kämpferi-

sche Tonfall des *Prometheus* ist zu nennen, der ohnehin als eines der größten Gedichte deutscher Sprache gilt. (3) Im Fokus der Person Goethe steht natürlich, dass er die deutsche literarische Klassik („Weimarer Klassik") begründet hat und mit Schiller deren Hauptvertreter gewesen ist. In dieser sogenannten „Geniezeit" schuf er Dramen, die einerseits durch eine große Strenge und Klarheit der Form imponieren, andererseits voller inhaltlicher Kraft und geistiger Anregungen sind. Dazu gehört auch die Rückbesinnung auf die Werte der griechischen Klassik. Zu nennen sind insbesondere die Dramen *Iphigenie auf Tauris* und *Egmont*. (4) Besonders hervorzuheben sind seine beiden Dramen *Faust I* und *Faust II*. Ersterer wird von vielen als die größte deutsche Dichtung überhaupt gewürdigt; sie enthält Elemente der Klassik, gleichzeitig sprengt sie an etlichen Stellen den engen klassischen Rahmen durch ihre Vitalität, Unterhaltungskraft, bisweilen auch Obszönität. In *Faust II* entwirft Goethe ein umfassendes Panorama der Menschheitsgeschichte mit der klassischen Antike im Zentrum, auf eine Weise, die sein eigenes ungeheures Wissen widerspiegelt. – Das bisher Genannte war sozusagen der Kern des „Bedeutungswissens" in Bezug auf Goethe. Ergänzen könnte man: (5) Einen eigenen „Mosaikstein" stellt das große Gedichtwerk *West-östlicher Diwan* dar, der Versuch, fremdländische Gedankenwelten und Sprachformen, speziell aus dem persischen Bereich, zu adaptieren und eigenständig weiterzuführen. (6) Goethes Spätwerk steht in der Spannung, dass er, der einmal ein Vorreiter des modernen und gefühlsintensiven Denkens und Schreibens gewesen ist, sich nun eher im Widerstand gegen die neu aufgekommene Richtung der Romantik präsentiert. Als anrührendes Einzelbeispiel ist die *Karlsbader Elegie* zu nennen, in der Goethe seine verschmähten Liebesgefühle zu einer 18-Jährigen literarisch auf bewegende Weise verarbeitet. (7) Unter *literaturtheoretischem* Aspekt ist Goethe ebenfalls hervorgetreten, insofern er Wesentliches zur Theorie speziell der Dramatik, aber auch des Romans und anderer Schriften geleistet hat, zudem Literaturzeitschriften herausgebend. Bis heute anregend ist außerdem seine geistige Auseinandersetzung mit dem anderen Titanen der deutschen Klassik, mit Friedrich von Schiller. (8) In literaturtheoretischer Hinsicht hat Goethe Bedeutung erlangt durch seine Beschäftigung mit und theoretische Durchdringung der Literatur anderer Völker – er prägte im Übrigen auch den Begriff „Weltliteratur". (9) Auf *naturwissenschaftlichem* Gebiet sind Goethes anatomische Studien zu nennen, speziell die Entdeckung des Zwischenkieferknochens. Er selbst hielt seine *Farbenlehre* für sein bedeutendstes Werk, worin er intensive Beobachtungen und Theorien betrieb, die man heute eher der Farbwahrnehmungspsychologie beziehungsweise -physiologie zuordnen würde; der Streit zwischen seiner und Newtons Theorie, die sich auf physikalische Phänomene bezieht, erscheint aus heutiger Sicht eher unnötig und das Ganze verzerrend und beeinträchtigend, zunehmend aber wird Goethes farbpsychologischer Beitrag auch von Fachwissenschaftlern rezipiert und gewürdigt. Zu erwähnen ist weiterhin seine Beschäftigung mit der Pflanzenwelt und seine Idee der „Urpflanze". Außerdem war er einer der frühen Vorbereiter des Evolutionsgedankens. (10) Schließlich ist nicht zu vergessen Goethes – meist allerdings nicht systematisch dargelegtes – Wissen über den Menschen, die Gesellschaft und über das Leben überhaupt, also seine lebensweisheitliche beziehungsweise lebenskünstlerische Intelligenz, die sich nicht nur in seinen *Maximen und Reflexionen* widerspiegelt, sondern in zahlreichen sehr weit verstreuten Gedanken und Anmerkungen, sowohl in Briefen als auch in Dramen – sie werden in einem Goethezitat-Lexika auf hervorragende Weise gebündelt, geordnet und damit jedermann zugänglich gemacht. (11) Insgesamt wird Goethe als einer der herausragenden geistigen Gestalten der gesamten Geschichte gewürdigt, wegen eines universellen Wissens, wie es wenige Menschen verkörpert haben. Dabei ist auch seine permanente Wandlungsfähigkeit hervorzuheben, die ihn eben nicht in einer klassischen Erstarrung verharren hat lassen.

Noch ein paar weitere Aufgaben, vor denen so gut wie alle versagen, Aufgaben, die weit unter dem Niveau dessen liegen, was die Schule vermitteln will; der Leser teste sich selbst:
- Welche Deutsche erhielten den Nobelpreis für Literatur? – Antwort: Theodor Mommsen, Rudolf Eucken, Paul Heyse, Gerhart Hauptmann, Thomas Mann, Hermann Hesse, Nelly Sachs, Heinrich Böll, Günter Grass, aktuell: Herta Müller (Deutsch-Rumänin).
- Man nenne mindestens acht Literaturnobelpreisträger aus anderen Ländern! Antwortbeispiele: Knut Hamsun, George Bernard Shaw, Thomas Stearns Elliot, William Faulkner, Ernest Hemingway, Albert Camus, Boris Pasternak, John Steinbeck, Jean-Paul Sartre, Samuel Becket, Pablo Neruda, Dario Fo, Toni Morrison, Naden Gordimer, Octavio Paz, Elfriede Jelinek.
- Oder man frage gar danach, welche literarischen Giganten Deutschlands keinen Nobelpreis bekommen haben; nur wenige können Kafka und Brecht nennen. (Übrigens: *Bertolt Brecht* wird gar nicht selten falsch geschrieben: „Berthold" – wenn man sich Brecht anschaut, der kann gar

nicht so geschrieben werden!) Und eine neuere Umfrage bezüglich dieses Lyrikers und Dramatikers, der an literarischer Größe Goethe sicherlich nicht nachsteht (auch wenn ich ihn für einen besseren Lyriker als Dramatiker halte), hat das Ergebnis: 42 % der Deutschen haben noch nie einen Text von Bertolt Brecht gelesen; die Mehrheit, 55 %, zuletzt in der Schulzeit und ihn dabei offenbar verleidet bekommen, denn die meisten haben seitdem nie wieder Kontakt zu Werken des Autors gehabt. Auch seine Biographie ist den meisten unbekannt; so wissen 89 % nicht, dass Brecht das „Berliner Ensemble" gegründet hat. Gemäß einer *Stern*-Umfrage: 8 % der Lehrer, 70 % der Gymnasiasten und 93 % der Hauptschüler konnten nicht beantworten, wer das Theaterstück *Mutter Courage und ihre Kinder* schrieb.

Ich behaupte nicht, dass man alles wissen muss. Im Gegenteil. Ich behaupte nur, dass die Schullehrpläne fordern, dass man zumindest als Gymnasiast mehr und Schwierigeres wissen muss. Und ich messe die Schule daran. Und stelle fest: Sie versagt.

> »Die ‚Faust'-Idee. – Eine kleine Näherin wird verführt und unglücklich gemacht; ein großer Gelehrter aller vier Fakultäten ist der Übeltäter. Das kann doch nicht mit rechten Dingen zugegangen sein? Nein, gewiß nicht! Ohne die Beihilfe des leibhaftigen Teufels hätte es der große Gelehrte nicht zustande gebracht. – Sollte dies wirklich der größte deutsche ‚tragische' Gedanke sein …?«
> (Friedrich Nietzsche)

Fundamentaldefizit V: literarische Motivierung

Manche Leser, die sich noch nicht ganz auf die Logik des hier vertretenen Ansatzes eingelassen haben, wird stören, dass ich auf „reines Faktenwissen" poche, statt die Aufgabe der Schule darin zu sehen, vor allem „Freude im Umgang mit Literatur" und „Sensibilität" zu entwickeln. Literaturkundliche Rastersysteme seien sekundär, primär sei es, dem Schüler eine emotionale Beziehung zur Kunst entwickeln. Ja, aber! Ohne dass ich bisher empirische Untersuchungen gefunden habe, vertrete ich aufgrund meiner Erfahrung folgende These:

Kaum jemand findet über die Schule Zugang zur Literatur, der diesen nicht von alleine fände.

Mehr noch: Es gibt viele, denen dieser Zugang verbaut wird!

Prototypisch ist hierfür das Paradigma der *Gedichtinterpretation*. Generationen von Schülern wurden auf diesem Gebiet dazu verdonnert, in hochgestochenen Worten zu erklären, was dieses für viele Schüler so fremdartige Gebilde Gedicht „bedeute" und warum es, obgleich es einem persönlich gar nicht zusagt, hochkünstlerisch sei. Bei diesem pädagogischen Ansatz wird weder ein solides Handwerk für eine Gedichtanalyse vermittelt, noch werden wirklich Neugierde, Interesse, ja Liebe zum Gedicht geweckt. Und dies hat vor allem damit zu tun, dass handwerkliche und „nichthandwerkliche" Aspekte bei der Gedichtinterpretation (nicht nur bei dieser) miteinander auf ganz ungute Weise vermengt werden. Statt wirklich eine echte und individuelle Auseinandersetzung mit dem Gedicht zu ermöglichen, wird der Schüler genötigt, der Erwartungshaltung des Lehrers „entgegen zu schreiben". Die Schüler werden überfordert, werden falsch gefordert, und am Schluss steht Demotivation!

Ich probiere übrigens gegenwärtig mit Lehrern einen anderen, „respektlosen" Zugang zur Gedichtinterpretation aus, da dürfen Schüler an Gedichten „herumkritisieren" – wie dies einmal Brecht mit Ingeborg Bachmanns Gedichten getan hat; sie dürfen diejenigen Stellen durchstreichen, die ihnen nicht gefallen. Es zeigt sich, wie sich dadurch auf verblüffende Weise auch ein Zugang zu denjenigen Stellen ergibt, die den Schülern wirklich gefallen. Gerade das Recht zu kritisieren führt sie dazu zu erkennen: Ich habe auch ein Recht auf Freude am Gedicht! Die nächste Stufe dieses Vorgehens besteht dann darin, dass die Schüler aus den ihnen verbleibenden, also sie positiv anmutenden Passagen – wobei zwei oder drei Gedichte zusammengenommen werden – selbst ein eigenständiges Gedicht mit der entsprechenden Thematik, beispielsweise „Herbst", verfassen – mit erstaunlichen Ergebnissen und erstaunlichem Engagement.

»Sich durch Poesie ruiniert zu haben, ist eine Ehre.« (Oscar Wilde)

Gesamtfazit

Ich habe versucht, das Superfach DEUTSCH mit wenigen Schnitten zu sezieren. (Ob es eine Vivi-Sektion ist, weiß ich nicht, weil ich mir nicht ganz klar darüber bin, wie lebendig das Fach eigentlich ist ...) Und ich denke, diese Sektion macht klar: Der Deutschunterricht ist – wie alle Fächer, ja mehr noch als diese – überladen mit Inhalten und Idealen, aber auch er versagt vor der Garantie eines BILDUNGSMINIMUMS. Die „EF-Defizite", also die Defizite bei elementaren und fundamentalen Kenntnissen/Fertigkeiten, werden auch im Fach DEUTSCH nicht überwunden, sondern manchmal geradezu provoziert, die WAHRE BILDUNGSKATASTROPHE zeigt sich in folgenden Manifestationen: Die schriftliche und mündliche Kommunikationskompetenz sind selbst nach dem Besuch des Gymnasiums mangelhaft; gedankliche und argumentative Grundfiguren stehen einem durchschnittlichen Schüler und auch den meisten Studenten nur in kümmerlicher Form zur Verfügung. In den letzten Jahren ist ja zumindest die Notwendigkeit einer korrekten Orthographie wieder in den Blick gerückt, aber in den vielen Jahren, in denen ich meine Gedanken und Beobachtungen gesammelt habe, galt es geradezu als kleinkariert und mickrig, wenn man an diesem Aspekt „herummäkelte", wo doch der Deutschunterricht so Erhabenheiten wie „kreatives Schreiben" anstrebt. Aber immer noch wird nicht gesehen, inwieweit dieses Versagen des Deutschunterrichts vor der Orthographie wiederum *paradigmatisch* ist:

> Unser Bildungssystem will „kleine Goethes" entwickeln und kann nicht verhindern, dass eine hohe Zahl von Analphabeten entsteht! Auch bei Menschen mit Studium finde ich häufig folgendes Phänomen: Sie haben jegliche Lust und Fähigkeit verloren, auch nur mittellange Texte zu lesen – nach drei bis vier Seiten Text ist oft schon die Grenze erreicht.

Es sei abschließend ein Phänomen genannt, das mir – neben dem schon genannten Unvermögen der Differenzierung zwischen „anscheinend" und „scheinbar" – als Indiz für eine zunehmende *sprachliche Desensibilisierung* erscheint: die überschießenden Steigerungsformen. Einmal ganz vom inflationären Gebrauch von „wahnsinnig" und „unglaublich" abgesehen, ist zu allererst zu nennen: der Gebrauch von „optimal", das ja schon einen Superlativ darstellt (Optimum = das Beste) und demgemäß eigentlich nicht zu „optimalst" gesteigert werden kann. (Den wenigsten ist ja – man vergleiche hierzu das Kapitel zum Fach MATHEMATIK – überhaupt bewusst, dass der Begriff „optimal" in seiner exakten Verwendung nicht Ausdruck einer simplen Maximierung, sondern eben einer Optimierung im Sinne einer gleichzeitigen „Befriedigung" *mehrerer* Kriterien entspricht.) Ebenso sollten *minimal* und *maximal* nicht gesteigert werden, werden es aber häufig. Ähnlich: Eine Jury hat zur Verleihung eines Literaturpreises in ihrer Begründung geschrieben, die Gedichte des Autors bezeichneten den „extremsten Punkt ..." (zitiert nach Stefan Gärtners Buch *Man spricht Deutsch*). Gerade höre ich, wie im Fernsehen ein Geschichtsprofessor die Steigerung „fatalst" verwendet – auch dieses Wort widersetzt sich meinem Sprachempfinden nach einer Steigerung, ebenso wie eines, das ich nur wenige Tage später gehört habe: „idealst". (Anmerkung: Ich halte es auch für sprachlich sehr heikel, wie ich es in diesem Buch immer wieder getan habe, die Wörter „elementar" und „fundamental" zu steigern; ich habe dies gewissermaßen aus Verzweiflung heraus getan ...). Man kann auch nicht, wie häufig getan wird, Wörter wie „meistverkauft" oder „meistgelesen" nochmals steigern; ähnlich: „entscheidend". Schon die permanente Verwendung von „überhaupt gar nicht", statt schlicht und ausreichend „überhaupt nicht" oder „gar nicht" gehört für mich in diese Reihe.

> »Und wenn die Bäume Schatten warfen, meinte ich eine Stimme zu hören: Lehr mich die Schattensprache!« (Ingeborg Bachmann)

Wiederum: zu viel des Guten!

Der Leser möge sich, wie in jedem Fach, die Lehrpläne im Internet oder die entsprechenden Lernmaterialen für das Fach Deutsch ansehen, die er in jeder Buchhandlung in überreichem Maße findet, an dieser Stelle nur zwei exemplarische Verdeutlichungen der hochstapelnden Lehrplanziele:

- Ein Abiturthema zum Deutschgrundkurs (!) in Thüringen 2006: „Arnold Gehlen: *Wer nicht innerhalb seiner Umstände, sondern unter allen Umständen Persönlichkeit sein will, kann nur scheitern.* Erörtern Sie diese These! Ergründen Sie dabei die Beziehung zwischen Umständen und Persönlichkeit! Welche Werte bestimmen nach Ihrer Ansicht eine Persönlichkeit?" – Mein Kommentar: Hier soll einem 19-Jährigen eine Lebensweisheit abverlangt werden, noch dazu in geschliffener Sprache, die die meisten Menschen am Ende ihres Lebens überfordern würde.
- Ein zweites Beispiel ist dem bayerischen Lehrplan für Realschulen entnommen. Den Schülern soll, bereits in der 9. Klasse, also im Alter von 14 Jahren, gemäß dem Lehrplan Folgendes vermittelt werden: *Literaturgeschichte: Romantik, poetischer Realismus, Naturalismus!*

Dazu eine Anmerkung, die auf einen Gedankenaustausch mit einer Realschullehrerin zurückgeht; sie arbeitet in einem der „schwierigeren" Schulbezirke von Nürnberg (es gibt in anderen

Städten bestimmt noch schwierigere): Dort muss ein Lehrer noch in der 9. bis 10. Klasse schier unkorrigierbare Deutschaufsätze korrigieren, in denen sich eine derartige Vielfalt von Rechtschreib- und Grammatikfehlern findet, dass der Sinn des Textes nur schwer zu erfassen ist. Konkret gesagt: Pro DIN-A4-Seite sind 20 formale Fehler wahrscheinlich der Durchschnitt, gut ist man schon mit 10 Fehlern, und 40 sind durchaus nicht selten. Tatsächlich ist es so, dass bestimmt 40–50 % der Realschüler Schreibleistungen erbringen, die früher typisch für Sonderschüler (neue Bezeichnung: Förderschüler) gewesen sind. Und sie erhalten den Realschulabschluss, also die Mittlere Reife!

> Im Fach MATHEMATIK habe ich gezeigt, wie man bei dem Versuch, den Schülern MATHEMATIK beizubringen, daran scheitert, ihnen RECHNEN beizubringen. Und Analoges gilt für das Fach DEUTSCH: Weil man den Schülern den Zugang zur Literatur und zur Erörterung weltanschaulicher Fragen beibringen will, scheitert man daran, ihnen zuverlässig LESEN, SCHREIBEN und TEXTVERSTEHEN beizubringen. Am stärksten ist die Diskrepanz zwischen Ideal und Realität im Gymnasium ausgeprägt, aber auch die „darunterliegenden" Schulen sind davon betroffen.

»Die großen Ziele dürfen die kleinen nicht beeinträchtigen.«
(Chinesische Weisheit)

Was zu tun ist: eine Entlastungs- und Lösungsperspektive

Aus den Gedanken des vorherigen Absatzes wird schon deutlich, dass ich auch in diesem Fach die Lehrer nicht „beschimpfen", sondern ihnen einen Weg zur Erleichterung weisen will (um dessen Durchsetzung sie dann allerdings kämpfen müssen). Der

Weg ergibt sich vollkommen logisch aus der Antwort auf die Frage, wie es eigentlich zu dieser fatalen Situation gekommen ist. Die Antwort besteht darin:

> Neben dem falschen BILDUNGSMAXIMUMS- statt BILDUNGSMINIMUMS-DENKEN ist es vor allem der Aspekt, dass das Superfach Deutsch den Lehrern und Schülern *keine klare Rückmeldung bezüglich der einzelnen Teilfächer vermittelt*. Und aus dieser Antwort ergibt sich direkt eine Lösungsperspektive: Viel spricht dafür, das Superfach Deutsch wieder in Einzelfächer aufzusplitten (die jeweils extra benotet werden).

Solche DEUTSCHMODULE (also extra benotete Einzelfächer), die ich persönlich für nützlich und unabdingbar halte, könnten nachfolgende sein:

- RECHTSCHREIBUNG und (elementarste) GRAMMATIK, einschließlich Sicherung eines GRUNDWORTSCHATZES, einschließlich typischer Standardformulierungen, wobei das Fach bis in die Oberstufe des Gymnasiums gehen muss! Dazu würde auch die Ausbildung eines bestimmten *Kanons von Fremdwörtern* gehören, und dann dürfte es nicht länger ein Ergebnis geben, wie bei der *Stern*-Umfrage, wo 45 % der Lehrer, 62 % der Gymnasiasten und 80 % der Hauptschüler nicht die Antwort auf die Frage wussten, wie man eine selbstverfasste Lebensgeschichte nennt: „Autobiographie"…
- LESEN, und das meint wirklich schlicht und einfach Lesen in dem Sinne, dass Schüler (in einer Ganztagsschule) jeden Tag eine Stunde lesen oder auch als Hausaufgaben die Vorgabe bekommen, an ungefähr vier Tagen mindestens eine halbe Stunde zu lesen, und zwar wieder etwas Selbstgewähltes. Eine Anmerkung: Man sollte die Leseförderung freilich nicht zu emphatisch betreiben; zu häufig wird in dieser Gesellschaft Lesen hymnisch verklärt Max Goldt ist der einzige Literat, der sich dem widersetzt hat: „Das Gute am Lesen ist, dass es keinen Krach macht und dass ein Lesender ruhig gestellt ist,

dass er nicht herumfuchtelt oder unangenehm kommunikativ wird. Zu behaupten, dass Lesen per se eine besonders edle Beschäftigung sei, ist aber alt und blöde." Grundsätzlich sind auch andere Wissensformate zu achten; im Zweifelsfall ist Erfahrungswissen aus dem täglichen Leben oder eigenen Beobachtungen fast wichtiger als Wissen, das sich nur aus Büchern speist. Pädagogisch gewendet: Man kann leseschwachen Schülern Lesen dann am ehesten nahe bringen, wenn man ihre Lesedefizite nicht abwertend konstatiert.

- TEXTE VERFASSEN, wobei *nur* folgende im Pflichtunterricht (auch des Gymnasiums) verlangt werden sollen: Brief, Bericht, Protokoll, Inhaltsangabe, mehr nicht.
- MÜNDLICHE KOMMUNIKATION: Fragen stellen, bitten, fordern, entschuldigen, provozieren, flexibel kontern, schmeicheln, flirten, drohen, lügen (und dabei auch nonverbale Botschaften senden und empfangen). Dazu gehört auch: zuhören.
- Systematische Beherrschung und Handhabung von PRÄSENTATIONSMITTELN wie Graphiken, generell die Fähigkeit, elementare Bestandteile von Computerprogrammen zu handhaben.
- ARGUMENTIEREN und DEBATTIEREN würde ich als eigenes Fach nehmen (und ich würde sämtliche kognitiven Strukturierungen, die in Richtung der klassischen „Erörterung" gehen, aus einem solchen interaktiven und lebendigen Unterricht entwickeln, nicht als einsame Schreibprozesse; ich halte Verschriftlichung zwar für eine sehr wesentliche Fähigkeit, glaube aber, aufgrund der in diesem Kapitel dargelegten Sachverhalte, dass man *gegenwärtig* besser im mündlichen Bereich ansetzt und von dort zurück ins Schriftliche führt).

Die Logik des Modells wird durch das deutlicher, was aus dem Pflichtkanon herausgenommen wird:
- LITERATURKUNDE wird nur als Wahlfach angeboten.
- *Erörterungen* im strengen Sinne werden, wie eben dargelegt, im Rahmen der „Debattierclubs" entwickelt.

- Komplexere Schreibformen werden nur als Wahlfach angeboten, vor allem literarisches und kreatives Schreiben; *Besinnungsaufsätze* im Sinne von Essays über weltanschauliche Fragen sind generell, weil immer Hochstapelei, obsolet.

Und wer jetzt die damit angeblich verloren gehende „Ganzheitlichkeit" einklagt, dem sei gesagt: Die gegenwärtigen Versuche eines ganzheitlichen Ansatzes führen tatsächlich zu einem unglaublich zersplitterten Halb- oder Nichtwissen. Auch diejenigen, die sich über die „Degradierung" von künstlerischer Literatur zum Wahlfach empören, mögen bedenken: Die Schule verkennt, dass es eine Gruppe von Menschen gibt, die durchaus intelligent sind und dennoch keinen Zugang zur Literatur (und zur Kunst überhaupt) finden und auch nicht finden werden, und es ist besser, das zu akzeptieren und sie dabei zu unterstützen, ihre Kreativität und Sensibilität auf anderen Gebieten zu realisieren. Ohnehin glaube ich, dass die wenigsten Menschen vor Mitte/Ende Dreißig einen echten Zugang zu echter Kunst haben, und auch dann wird das nur noch ein geringer Teil sein – künstlerische Literatur, ja generell Kunst als Pflichtfach für Kinder und Jugendliche halte ich für eine typische Bildungshochstapelei. Man sollte sich ganz bewusst auf einen (*kunst-*) *handwerklichen* Zugang beschränken; der Gedanke wird in Kapitel 11 weiter ausgearbeitet. (Na ja, vielleicht sollte man es auch ganz bewusst üben, hochstaplerisch über Kunst zu reden, wie das in den „besseren" Kreisen üblich ist, in die zu gelangen einem Schüler aus bildungsfernen Schichten ja fast unmöglich ist, auch bei besten Leistungen, weil diese Kreise unter sich bleiben wollen und sich sehr fein an gewissen Umgangsstilen erkennen, wie das vor allem von dem Eliteforscher Michael Hartmann herausgearbeitet worden ist, auch von Pierre Bourdieux …)

Dieser modulare Grundansatz wird durch folgende weitere Aspekte ergänzt und verdeutlicht:
- Das Fach Deutsch muss als übergreifendes Grundfach, ähnlich wie die Mathematik, permanent mit anderen Fächern

vernetzt werden. Das heißt: Die genannten Deutschmodule müssen zumindest zur Hälfte in Zusammenarbeit mit Lehrern gestaltet werden, die andere Fächer vertreten – um Überschneidungen der Wissensbasis nutzen zu können. Es ist sehr wichtig, dass die Vertreter der Sachfächer erkennen, dass eine gute Sprache und logische Gliederung nicht die „Spezialangelegenheit" des Deutschlehrers ist, sondern dass auch sie selbst und direkt dafür mitverantwortlich sind. So entsteht echte Ganzheitlichkeit!

- Nur zur Verdeutlichung meines Ansatzes nenne ich noch folgendes Modul: RECHERCHIEREN, ORDNEN UND DARSTELLEN VON INFORMATIONEN – ein Fach mit eigener Note, die sich aber aus zwei bis drei Teilnoten von Fachlehrern zusammensetzt.
- Ich würde auch unbedingt dafür plädieren, ein Fach ZEITUNGS- UND ZEITSCHRIFTENLESEN einzuführen.

Obgleich ich ja für eine erhebliche Verringerung des Stoffes plädiert habe (mehr dazu in Kapitel 14), muss zusätzlich noch einmal die Stundenzahl erhöht werden. In jedem der dargelegten DEUTSCHPFLICHTMODULE muss der Schüler mindestens eine Wochenstunde Unterricht erhalten. Möglich ist das, weil in allen aufgezählten Modulen die von mir in den jeweiligen Teilkapiteln beschriebenen enormen quantitativen ENTLASTUNGEN vorgenommen werden, außerdem ein großer Teil des Unterrichts in Kooperation mit anderen Fächern erfolgt. Gegenwärtig liegt Deutschland übrigens mit 20 % muttersprachlichem Unterricht 4 % unter dem OECD-Durchschnitt.)

> Logische Konsequenz des vorherigen Ansatzes: DEUTSCH muss künftig als alleiniges Unterrichtsfach für einen Lehrer ausreichend sein! Denkbar wäre auch folgende Konstellation: Wenn ein Lehrer ein zweites Fach hat, dann genügt es, dass er im Fach Deutsch für zwei der genannten Deutschmodule qualifiziert ist.

Und eine Schlussbemerkung: Generell muss in der Schule mehr Wert auf Sprache gelegt werden; die meisten Lehrer sind da keine Vorbilder. Man muss nicht den ganzen Tag „hochgestochen" formulieren, aber beständig mit den Schülern die *bewusste Handhabung* von Sprache (auch von legerer) üben. Nochmals mit Max Goldt: „Am überzeugendsten waren immer die Lehrer, die in der Kulturtechnik Nr. 1, dem Sprechen, gut bewandert waren. Diejenigen, die flüssig sprachen und keine Sprachmarotten hatten, die die Schüler bekicherten, statt sich am Lehrstoff zu weiden."

> Positiver Ausblick: Angesichts der Defizitanalysen dieses Kapitels könnte man meinen, die Sanierung all diesen Elends sei ein ungeheurer Aufwand, der lange dauern müsse. Keineswegs. Mit dem dargelegten Ansatz ist folgendes Lernziel sofort erreichbar: so gut wie allen Schülern einen für die verschiedenen Abschlüsse klar definierten schriftlichen und mündlichen, aktiven und passiven Grundwortschatz, Elementargrammatik und eine dem Fachwissen adäquate Argumentations- und Präsentationsfähigkeit beizubringen.

»Die deutsche Sprache ist die Orgel unter den Sprachen.« (Jean Paul)

9
Englisch: Mir fehlen die Worte

Englisch ist die *lingua franca* der modernen Gesellschaft; rund 53 Millionen sprechen Englisch als Erst- beziehungsweise Muttersprache, etwa 700 Millionen Menschen verwenden es als Zweitsprache. Darüber hinaus gilt Englisch weltweit als Verkehrssprache in internationalen Belangen der Politik, Wirtschaft, Wissenschaft, des Verkehrs, Tourismus und Sports. Somit gehört die Beherrschung dieser Sprache zu den unentbehrlichen Kulturtechniken, gleichgewichtig mit der Mathematik und der Muttersprache. Das Fach soll deswegen stellvertretend für andere Fremdsprachen behandelt werden. Ein Gymnasiast hatte bisher neun Jahre Englisch, mit drei bis fünf Stunden die Woche. Was ist der letztlich resultierende Effekt, das NACHHALTIGE WISSENSRESIDUUM?

Defizite im Bereich des Elementaren: Words only Words?

Es seien zunächst Untersuchungen zitiert, die einem immer wieder einmal begegnen, die man oft gar nicht richtig ernst nimmt, weil sie manchmal als überspitzt erscheinen, die aber doch ganz deutlich auf die WAHRE BILDUNGSKATASTROPHE hinweisen:

Die Umfrage eines Meinungsforschungsinstituts ergab, dass – entgegen den Annahmen der meisten Werbeagenturen – eine große Anzahl von Menschen das elementare Englisch der Werbesprüche nicht übersetzen kann. Das gilt sogar für kurze Sprüche wie *Be inspired*, den nur 15 % der Angesprochenen korrekt deuteten, und selbst populäre Slogans wie *Every time is a good time* konnten von 40 % nicht richtig übersetzt werden; Ähnliches gilt für den Satz *Come in and find out*, den über 50 % übersetzten mit: „Komm herein und finde wieder hinaus!" (richtig: „Komm herein und finde etwas heraus!").

Weitere Ergebnisse: Nur 8 % verstanden *One group, multi utilities*, 65 % *There's no better way to fly*; 34 % *Come in and find out*, 33 % *Powered by emotion*, 31 % *We are drivers too*, 25 % *Stimulate your senses*, 24 % *Share moments, share life*, 22 % *Driven by instinct* und 21 % *Where money lives*. Die Werbeagentur Argonauten fand ebenfalls beträchtliche Defizite, als sie in einer Studie die Verständlichkeit von typischen Internetbegriffen wie *homepage, chat, sitemap* untersuchten. Nach anderen Studien können nur 31,5 % der Deutschen über 18 Jahre Nachrichtensendungen im Fernsehen oder Zeitungsartikel im Englischen „zumindest ungefähr" verstehen; selbst Leute, die ihre Kenntnisse als „sehr gut" charakterisieren, verstehen im Durchschnitt nur 80 % von den englischen Begriffen. Einen Reklamespruch wie *Make the most of now* von Vodafone konnte nur jeder Dritte korrekt übersetzen: „Mach das Beste aus dem Augenblick!"; bei der Parole *A State of Happiness* („Ein Zustand des Glücks") waren es gar nur 13 %. Selbst scheinbar einfachere Formulierungen verstehen nur 18 %: *Welcome to the Beck's experience* – die meisten hatten Schwierigkeiten mit dem Begriff *experience*, den sie statt als „Erlebnis" eher mit „Experiment" übersetzten. – Diese Ergebnisse zeigen auch, wie lächerlich das „Denglisch" großer Konzerne ist.

Ich nenne einige meiner Beobachtungen:

- Auch gebildete Menschen kennen oft nicht die richtige Aussprache von *psychology*, sie sprechen nämlich das „p" mit; ähnlich bomb: das „b" am Schluss wird nur angedeutet, das Wort wird generell eher weich ausgesprochen, im Unterschied zum Deutschen; ähnlich: *Worchester*, dieser Ortsnamen wird leicht gedehnt „wuster" ausgesprochen (ich verwende

bewusst nicht die Lautschrift, da auch sie nicht dauerhaft vermittelt wird, ebenfalls ein bemängelbares elementar-fundamentales Defizit).
- Etliche wissen außerdem nicht, dass „eine Milliarde" im Englischen *billion* heißt.
- Auch dass mit *bathrooms* meist nicht die Baderäume, sondern (im Amerikanischen) die Toiletten gemeint sind, ist vielen nicht bekannt.
- Einige weitere kleine Beispiele von Fehlern, die mir aufgefallen sind: *career* meint im Englischen meist nicht nur die Karriere, sondern die gesamte berufliche Laufbahn; *style* nicht nur den Stil, sondern die ganze äußere Gestaltung beispielsweise eines Artikels; *student* nicht nur den Studenten, sondern jeden, der von einem anderen lernt, zum Beispiel der Schüler eines musikalischen Meisters.
- Dass ein *secretary of state* in den USA eben kein Staatssekretär, sondern der Außenminister ist, ist auch zu vielen nicht geläufig.
- Häufig kann man in Zeitungen die Übersetzung „Drogen" für *drugs* lesen – dies steht jedoch auch und in erster Linie für Medikamente; ob es die zweite Bedeutung „Rauschmittel" hat, ist im Einzelfall zu unterscheiden.
- Gerade habe ich wieder eine Fernsehsendung gesehen, in der die ganze Zeit von „Booten" die Rede war, während es offensichtlich – durch die Bilder klar erkennbar – um Schiffe ging, die im Englischen ebenfalls *boats* heißen.
- Einen Tag später, wieder eine Fernsehsendung: Ein Amerikaner, der bei einer Demonstration schwer verletzt worden ist, erzählt, wie er gegenüber dem Polizisten beteuert habe: *I've done no wrong*, was der Sprecher übersetzt mit: „Ich habe nichts Falsches getan", wiewohl es natürlich heißen muss: „Ich habe nichts Unrechtes/nichts Illegales getan."
- Eine Fernsehsendung nur eine Stunde später: Eine amerikanische Therapeutin spricht in einem Interview immer wieder davon, wie ratsuchende Menschen in ihr *office* kommen, was vom Sprecher mit „Büro" übersetzt wird, während natürlich ihr Sprechzimmer gemeint ist.
- Wieder ein Beispiel aus einer Fernsehsendung: Der Feuerwehrchef von New York spricht (es war ein Film über „9/11") davon, wie – laut Übersetzung – die „Struktur" zusammenbricht – *structure* bedeutet in diesem Zusammenhang allerdings schlicht und einfach „Gebäude".
- In einem Film über den Irak-Krieg wird gesagt, dass die Paläste in „Barracken" umgewandelt würden; richtig heißen muss es natürlich „Kasernen" (für *barracks*).

- Selbst in Fachbüchern ist mir aufgefallen, dass *personal* (das „persönlich" bedeutet) statt *„personnel"* verwendet wird: „Personalpsychologie" ist im Englischen *personnel psychology* (nicht zu verwechseln mit Persönlichkeitspsychologie).

Meinen Beobachtungen zufolge werden auch die folgenden „falschen Freunde" (*false friends,* Worte, die in beiden Sprachen gleich oder ähnlich lauten, aber eine andere Bedeutung haben) selbst von vielen akademisch gebildeten Menschen nicht richtig verwendet (der Leser möge die Liste wiederum an sich selbst testen):

- *actually* (nicht „aktuell", sondern „tatsächlich", wobei das Wort einen besonderen Klang hat, fast ein wenig entschuldigend; man lese hierzu nach im Standardwerk von Stevens über die Zweifelsfälle der englischen Sprache),
- *become* (nicht „bekommen", sondern „werden"),
- *eventually* (nicht „eventuell", sondern „schließlich", „am Schluss/Ende – und das definitiv, als keinesfalls „eventuell"),
- *consequently* (nicht „konsequent", sondern „folglich"),
- *self-conscious* (nicht „selbstbewusst", sondern „unsicher", im gehobenen Stil auch „reflektiert"),
- *gracious* (nicht „graziös", sondern „gnädig"; „graziös" = *graceful*),
- *costume* (nicht „Jackenkleid",, sondern „Theaterkostüm"; „Jackenkleid = *suit*),
- *stream* (nicht „Strom", sondern „kleiner Bach"),
- *sensible* (nicht „sensibel", sondern „sinnvoll", „vernünftig"),
- *undertaker* (nicht „Unternehmer", sondern „Leichenbestatter"),
- *brave* (nicht „brav", sondern „tapfer"),
- *serious* (nicht „seriös", sondern „ernst"),
- *sympathy* (nicht „Sympathie", sondern eher „Mitgefühl", „Anteilnahme").

Das alles läuft auf einen ganz elementaren Aspekt hinaus: WORTSCHATZ! – Nach meinen Beobachtungen, die sich mit denen von Professoren im Bereich Englisch überschneiden, kommt ein durchschnittlicher Abiturient, der sich nicht durch eigene Aktivitäten weitergebildet hat, auf im Durchschnitt nicht mehr als 1 000 Vokabeln (die Variationen eines Kernwortes nicht gerechnet), eher weniger. Man kann also höchstens von einem „Grundwortschatz" sprechen. Man überlege sich, wie jämmerlich diese „Ernte" ist. – Ich habe erlebt, wie ein Bekannter aus der DDR, der kein Englisch gelernt hatte, in seiner Vorbereitung für einen Auslandsaufenthalt sich einen solchen Grundwortschatz innerhalb von wenigen Monaten (mithilfe von Sprachkassetten und CD-ROMs) angeeignet hat! Übrigens: Einer IEA-Studie zufolge erreichen die Niederländer und Belgier in nur drei Jahren das gleiche Leistungsniveau wie die deutschen Schüler in fünf Jahren.

> Fazit: Wieder einmal ist der Fall gegeben, dass die Schule den grandiosen Anspruch hat, ein idiomatisches Englisch und außerdem literatur- und länderkundliche Kenntnisse zu vermitteln. Aber: Es gelingt ihr nicht einmal, als BILDUNGS-MINIMUM einen ausreichend großen WORTSCHATZ zu vermitteln.

Erst in den letzten Jahren wird dieses so primitiv erscheinende Lehrplanziel langsam wieder rehabilitiert, aber nicht wirklich in die Praxis umgesetzt, denn mit keinem Oberstufenschüler werden Vokabeln „gepaukt". Wenn man bedenkt (jeder wird sich daran erinnern), wie viel Zeit man auf den Erwerb von grammatischen Feinheiten und (im Gymnasium) auf das Lesen von Shakespeare und ähnlichen Texten verwendet hat und wie wenig Kontrolle, Geduld, Energie und Sorgfalt während dieser Zeit auf die Grundlage von alldem, den schlichten Vokabelumfang, gelegt worden ist! Jeder normale Mensch würde, wenn er ins Ausland fährt, nicht ein Grammatik-Lehrbuch mitnehmen, sondern ein Wörterbuch! Aber die formalistisch und „methodistisch" ausgerichtete Schuldidaktik war bislang nicht fähig, diesen Common-sense-Gedanken konsequent umzusetzen. Man erkennt dies schon an folgendem Faktum:

> Während es ausführliche und fundierte Untersuchungen darüber gibt, über welche Quantität von Vokabular Muttersprachler verfügen, hat es die wissenschaftliche Didaktik bis-

> her anscheinend nicht für nötig befunden, einmal zu evaluieren, wie viele Vokabeln Schüler der unterschiedlichen Stufen durchschnittlich beherrschen und was das „Vokabel-Endergebnis" beispielsweise des Gymnasialunterrichts ist.

So findet sich noch im Jahre 2005 in einem Fachbuch die Aussage von Professor Zyadiß: „Mir sind keine fundierten Erhebungen zum tatsächlichen produktiven Wortschatz deutschsprachiger Lerner des Englischen im Vollzug des freien Sprechens bekannt." Der Autor schließt aus seinen eigenen Untersuchungen an Gymnasialschülern der 9. Jahrgangsstufe auf ungefähr 600 aktive Wortformen, und er meint, auch die letzten drei Jahre würden niemals einen ausreichenden Vokabelumfang erbringen; auch würden Erfahrungsberichte von Studienanfängern diese Annahme unterstreichen. Und er konstatiert lapidar: „Qualifizierte empirische Forschung ist dringend notwendig." Sätze von ähnlicher Lapidarität und ähnlichem Inhalt finden wir, wie wir schon gesehen haben, in fast jedem Fach. Auch eine neuere Arbeit (2005) zum Thema „Was wird aus den Englischkenntnissen nach der Schule?" hat das Resultat: Bislang ist trotz umfangreicher Forschungsaktivitäten wenig darüber bekannt, was Schüler und Schülerinnen nach bestimmten Lernzeiten in der Fremdsprache leisten. Ein Fazit zeichnet sich aber ab: Vor allem der eingeschränkte Wortschatz der Probanden und der typische negative Transfer aus dem Deutschen fallen auf. Bewusst provokativer Vergleich: Das wäre ungefähr so, wie wenn die Firma Volkswagen schreiben würde: „Uns sind qualifizierte Untersuchungen zur Motor- und Bremsleistung nicht bekannt, aber sie sind dringend notwendig ..."

Dabei weiß die Forschung viel über Wortschätze; zu diesem höchst interessanten Thema nachfolgend einige Informationen, aus denen auch erkennbar ist, welche Menge von Vokabeln vermittelt werden müsste:

Die Schätzungen, wie viele Wörter ein *Muttersprachler* beherrschen muss, divergieren, da man sich entweder auf den rezeptiven oder produktiven

Wortschatz beziehen kann. Die Zahlen reichen beim rezeptiven Wortschatz von 30 000 bis zu 80 000 Wörtern, wobei man annimmt, dass jemand bei Aufnahme eines Studiums etwa 40 000 Wörter auf der rezeptiven Ebene kennt; produktiver Wortschatz: 6 000 bis 10 000 Wörter, wenn man die Alltagskommunikation ins Auge fasst. Es gibt eine weitere Zählproblematik, weil die Definition dessen, was als „Wort" gelten soll, nicht identisch ist: die semantische Grundform (das Lemma oder Lexem, beispielsweise *go*), die Zahl unterschiedlicher Wortformen in einem Text (*types*) oder die absolute Zahl sich eventuell wiederholender Wörter (*tokens*); nicht selten wird in der Spracherwerbsforschung inzwischen mit *Wortfamilien* gearbeitet – ein Konzept, das einem *Basiswort* (*headword*) alle davon über Flexionsendungen und Affixe abgeleiteten Wortformen zuordnet, wodurch natürlich die Zahl der semantischen Einheiten beträchtlich verringert wird. Der Muttersprachler kommt im Alltagsleben vermutlich mit etwa 2 000 bis 3 000 Wortfamilien zurecht; ältere australische Untersuchungen zeigen, dass eine Zahl von 2 000 Wortfamilien ausreichend ist, um 99 % der mündlichen muttersprachlichen Rede rezeptiv wie produktiv bewältigen zu können. Neuere britische Studien gehen davon aus, dass für das Sprechen innerhalb der Muttersprache die Verfügbarkeit von etwa 3 000 Wortfamilien eine realistische Zahl darstellt. Für den gebildeten Muttersprachler, der anspruchsvolle Texte liest, rechnet man mit einem Mindestumfang von etwa 5 000 Wortfamilien (und selbst dann sind im Schnitt noch etwa 5 % des Vokabulars dem jeweiligen Leser nicht bekannt). Für muttersprachliche Hochschulabsolventen vermutet man einen aktiven Wortschatz von mindestens 10 000 Wortfamilien, dann aber inklusive der Fachsprache.

Unter dem Aspekt der Lernökonomie ist vor allem Folgendes wichtig: Ungefähr 1 500 bis 2 000 Wörter sind in allen Kommunikationskontexten relativ häufig (etwa 100- bis 500-mal); sie stellen ein *heavy-duty core vocabulary* dar, ohne das es in der Alltagskommunikation nicht geht. Bei diesem Grundvokabular bleibt allerdings immer noch ein Rest von 20 % unbekannter Wörter in englischen umgangssprachlichen Texten offen, den man auf etwa 10 % reduzieren kann, wenn der Leser zusätzlich die *headwords* der *Academic Wordlist* beherrscht, eine Zusammenstellung des Wortschatzes, der für den akademischen Bereich wesentlich ist – etwa 1 500 Wort

> formen (ein Vorgänger war die *University Wordlist*). Wäre es zu viel, standardmäßig als gesichertes BILDUNGSMINIMUM im Bereich Wortschatz zu verlangen, dass diese 2 000 + 1 500 Wörter gelernt beziehungsweise vermittelt werden?

Wie gesagt, damit kann man sehr viel abdecken, andererseits reißt aber ein Mangel innerhalb dieses Grundvokabulars schnell größere Verständnislücken. Wenn man allerdings die Texte eines Studiums im englischsprachigen Ausland vollständig beherrschen will, dann wächst die Anzahl der notwendigen Vokabeln stark an; man müsste dann etwa 11 000 Headwords beherrschen. Dabei ist auch zu bedenken, dass für das flüssige sinnentnehmende Lesen von Texten dem Leser etwa 95 % der Wörter auf der automatisierten Ebene der Worterkennung bekannt sein müssten.

> »Ein Engländer versteht kein Wort, wenn eine ungelernte schwarze Pfannkuchenbraterin aus Kansas City über die Mühsal ihres Lebens spricht. So amüsiert es mich, wenn ich Leute, von denen ich weiß, dass sie erheblich schlechter Englisch sprechen als ich, sagen höre, es sei grundsätzlich besser, Filme in der Originalfassung zu sehen. So bringen sie sich, dem Diktat des cineastischen Snobismus hörig, um den halben Spaß. Gerade weil der Film ein visuelles Medium ist, soll es einem vergönnt sein, den Dialogen so mühelos und nebenbei wie möglich zu folgen.« (Max Goldt)

Kommunikationskompetenz

Eine zweite kleine Katastrophe, die schon angeklungen ist, verdient eine Extraerwähnung. Es geht darum, dass in der Schule nicht nur die reine Vokabelbasis vernachlässigt wird, sondern generell die Fähigkeit der mündlichen Kommunikation.

Die Schüler lernen jahrelang Englisch, sollen alle möglichen grammatikalischen, literarischen und allgemein-intellektuellen

Finessen dabei erwerben, aber am Schluss können sie kein normales Alltagsgespräch führen.

Es hat lange gedauert, bis die Englischdidaktik dieses Defizit bemerkt hat, und es ist noch nicht überwunden. Bis heute existiert eine Monokultur der *Textaufgabe* als der für Klausur und Abitur dominanten Prüfungsform – was nur als Relikt der philologischen Tradition des gymnasialen Fremdunterrichts zu begreifen ist, die einseitig auf die von den Hochschuldisziplinen geforderten Fähigkeiten der Textanalyse und -interpretation hinführt. Unter dem Stichwort „Wissenschaftspropädeutik" hat die Oberstufenreform von 1972 das noch verstärkt. Und das seltsamerweise, wiewohl seitdem angeblich eine „Kommunikationsorientierung" gilt und wir tatsächlich finden, dass die Lehrpläne für den Englischunterricht der Sekundarstufe II kommunikative Fähigkeiten im mündlichen Sprachgebrauch als übergeordnete Zielvorstellungen herausarbeiten. De facto aber kann jemand die Abiturprüfung ablegen, ohne ein einziges englisches Wort in einem Prüfungskontext ausgesprochen zu haben! (Dies betrifft mit Einschränkungen sogar die Nachprüfung im mündlichen Abitur, die meist erst dann angesetzt wird, wenn die vorherigen Zensuren und die Note im Schriftlichen auseinanderklaffen; selbst dann besteht die Aufgabe im Wesentlichen wieder aus der Kommentierung einer Textvorlage. Es scheint seltsamerweise auch so zu sein, dass vor allem die Grundkurse noch weniger auf sprachpraktische Ziele ausgerichtet sind als die Leistungskurse, weil sie nur „abgespeckte" Fassungen der Leistungskurse darstellen und man bei dieser Ausdünnung ausgerechnet die Sprachpraxis vernachlässigt.) In den zehn Jahren seit Beginn meines Schreibens sind nun zwar mündliche Prüfungskomponenten etwas verstärkt worden sind, immer aber noch sekundär.

Auch zeigt sich in diesem Zusammenhang wieder das generelle Prinzip, dass von Lehrern der eigene Unterricht meist

> völlig verzerrt eingeschätzt wird: Fast alle Lehrkräfte präferieren theoretisch einen „kommunikativen Ansatz", in der Praxis aber sieht es so aus, wie von empirischen Untersuchungen demonstriert, dass für die Schüler relativ wenige Redebeiträge übrig bleiben, meist von geringer sprachlicher und inhaltlicher Komplexität, außerdem mit einer verschwindend kleinen Zahl von Fragen. Videostudien (beispielsweise im Rahmen der DESI-Studie) zeigen, dass die Schüler nur ganze 11 Minuten pro Schulstunde zu Wort kommen! Bei 20 Schülern in der Klasse ist das kaum eine halbe Minute für jeden! Die Hälfte der Zeit spricht der Lehrer, der Rest geht für Übergänge, Stillarbeit oder Wartezeit drauf.

»Die volle Kenntnis einer Fremdsprache ist wie ein Kapital, von dessen Zinsen man leben kann.« (Theodor Fontane)

Eine typische „Minimax-Perspektive"

Auch im Fach ENGLISCH nun ein paar Fragen, bei denen, so meine Erfahrungen, mit *minimalen* Ansprüchen sich *maximale* Defizite ergeben. Der Leser teste sich: Man nenne vier Wörter für das, was im Deutschen mit dem Adjektiv „groß" bezeichnet wird! Und man erläutere dann die feinen sprachlichen Unterschiede zwischen diesen!

Antwort: *great, big, tall* und *large*. Das angelsächsische *great* bezeichnet Größe im übertragenen Sinne, z. B. *a great poet*; das vermutlich aus dem Skandinavischen stammende *big* bedeutet physische Größe in allen Richtungen, z. B. *a big animal*, aber auch im übertragenen Sinne: *a big success, a big idea* (wobei, so meine ich, diese Verwendungsweise bisweilen etwas legerer ist als bei *great*); das westgermanische *tall*, das ursprünglich „hervorragend" im ethischen Sinne bedeutete, bezeichnet jetzt körperliche Größe in vertikaler Richtung, z. B. *a tall man, a tall tree*, während das französische *large* eher die horizontale Ausdehnung betont, z. B. *a large country*. Weitere Wörter für Größe sind *grand* („großartig"), *bulky* („sperrig"), *spacious* („geräumig"), *huge* („riesig") und *vast* („weit").

Nun noch eine Aufgabe, bei der ich die Lösung nicht mit angebe, weil der Leser beim Suchen merken soll, wie wenig benutzerfreundlich viele Wörterbücher und auch das Internet sind: Was sind die Unterschiede zwischen denjenigen englischen Wörtern, die für das deutsche „still" stehen können, nämlich *still, quiet, silent, tranquil* und *calm*? – Und anhand dieser Aufgabe kann der Leser auf ein grundlegendes Charakteristikum bei den Wortinventaren verschiedener Sprachen stoßen: Englisch besitzt einerseits einen ungeheuren Reichtum an Wörtern, und mehr davon sind gewissermaßen engmaschiger als ihre deutschen Pendants, sodass sie nicht so viele Deutungsmöglichkeiten aufweisen. Wenn man das deutsche Wortfeld aus der Übersetzung des englischen „still" daneben hält, wird das deutlich: *still, ruhig, bewegungslos, reglos, unbeweglich, ruhig, leise, gedämpft, schweigend, beruhigend.*

Und nun zur zentralen MINIMAX-PERSPEKTIVE dieses Kapitels:

> Wieso gehört es nicht als fester Bestandteil zum Englischunterricht, dass alle, zumindest die Abiturienten, eine Minimalliste derjenigen Unterschiede zwischen der englischen und deutschen Sprache, die zentral und prägend sind, im Kopf haben? Das wäre einerseits in theoretischer und in einer Bildungsperspektive wichtig ist, andererseits in ganz praktischer Hinsicht, weil sie dabei hilft, diejenigen Fehler zu vermeiden, die den Deutschen typischerweise als Deutschen „verraten", wenn er Englisch spricht?

Es ist erstaunlich: Ich dachte, bei der Einarbeitung in entsprechende Lehrwerke müsste einem eine solche Liste direkt ins Gesicht springen, aber ich musste lange suchen (auch angesprochene Englischlehrer hatten so etwas nicht parat) und mir aus mehreren Büchern etwas zusammenbasteln. Oft beziehe ich mich nachfolgend auf das Buch des emeritierten Professors für englische Literatur und Landeskunde, Hans-Dieter Gelfert: *Englisch mit Aha! Die etwas andere Einführung in die englische Sprache*, sowie auf einige Bücher über typische Fehler im Englischen. Ich schlage, einfach der heuristischen Orientierung wegen, 5 Stufen vor, die ich nicht a priori, sondern durch Beispiele charakterisieren will.

Zur Stufe 1 seien kurz diejenigen Unterschiede genannt, die gewissermaßen direkt ins Auge springen:

- Ein grundlegender Unterschied im Satzbau ist die feste Reihenfolge Subjekt-Prädikat-Objekt (S-P-O), während im Deutschen die Reihenfolge dieser drei Satzkomponenten variieren kann.
- Die Konjugation der Verben ist im Englischen wegen der gleichlautenden Formen vereinfacht.
- Kleinschreibung außer bei Satzbeginn und wenigen Ausnahmen ist ebenfalls charakteristisch.
- Die Kommasetzung ist im Englischen einfacher, später mehr dazu.

Kennzeichnend für Stufe 1 ist auch die Vermeidung typischer Fehler wie der folgenden:

- die Nichtverwendung der *s*-Endung bei der Konjugation der dritten Person (seit einiger Zeit, so ist mir aufgefallen, lassen Schüler das „s" der dritten Person öfter weg, wegen ihrer Prägung durch amerikanische Serien im Internet),
- das Weglassen der Umschreibung bei der Verneinung durch *to do*,
- das Weglassen der *ly*-Endung beim Adverb,
- auch Fehler bei der Steigerung und bei Sätzen mit Vergleichen, wobei im Englischen das Wort *more* verwendet wird, bspw. *more carefully* und nicht *carefuller*

Als zwischen Stufe 1 und Stufe 2 angesiedelt würde ich exemplarisch folgende Kriterien nennen:

- Die spezifische Verwendung von *must*, *need* oder all den englischen Formen, die eine Übersetzung für das deutsche Wort „lassen" darstellen. In aller Kürze: *must not* ist eine Verneinung und zu übersetzen mit „nicht dürfen", während „nicht müssen" eher mit *need not* übersetzt wird. „Lassen" im Sinne von „zulassen" wird eher mit *allow* oder *let* übersetzt, dagegen „jemanden veranlassen, etwas zu tun" eher mit *have somebody to do something*.
- Ebenfalls auf diese Zwischenstufe einordnen würde ich folgendes: Während die typische, nämlich nachgestellte Verwendung von *too* noch der ersten Stufe zuzurechnen ist, Bsp.: *I like this movie, too.*, ist *either* deutlich schwieriger Bsp.: *Fred never reads a book and Harry doesn't, either.*

Nun kommen wir zur Stufe 2, der für dieses Buch wichtigsten:
- Zunächst einige tiefere Gesetzmäßigkeiten im Zusammenhang mit der S-P-O-Struktur: Unmittelbar vor dem Prädikat darf nur ein einfaches Adverb stehen; zwischen Prädikat und Objekt ist nur ein indirektes Objekt („Dativ-Objekt") möglich. Alle sonstigen Satzelemente müssen entweder vor dem Subjekt oder hinter dem Objekt stehen, wenn sie trotzdem zwischen Subjekt und Prädikat oder zwischen Prädikat und Objekt stehen sollen, müssen sie durch Kommata als Einschub kenntlich gemacht werden. (Dagegen sind wir im Deutschen gewohnt, dass das Prädikat in Hauptsätzen zwischen Subjekt und Objekt beziehungsweise Objekt und Subjekt und in Nebensätzen am Ende steht.) Im englischen Satz darf das Objekt nur unter sehr eingeschränkten Bedingungen vom Prädikat getrennt werden, da ansonsten wegen der fehlenden Kasusendung die Objektfunktion nicht erkannt oder missverstanden werden kann. Das Vorherige klingt abstrakt und schwierig, betrifft aber fundamentale Aspekte des Englischen, die eigentlich recht einfach sind (der Leser findet ausführliche Erläuterungen dazu im Buch von Gelfert ab Seite 93.); nachfolgend einige wichtige Spezifikationen hierzu:

- Für das Adverb/Adverbial gibt es drei mögliche Positionen: die Mittelposition zwischen Subjekt und Prädikat, die Frontposition und die Endposition. (1) In der Mittelposition können v.a. Zeitadverbien wie *already* und, *soon* stehen, des weiteren Gradadverbien (*almost, hardly*), Häufigkeitsadverbien (*always, never*), ähnlich Wahrscheinlichkeits-, Fokus- und Emphase-Adverbien. Diese stehen alle (a) bei einfachen Verbformen unmittelbar vor dem Verb; *She soon recognized him;* (b) bei zusammengesetzten Formen nach dem ersten Hilfsverb: *She would hardly have recognized him;* (c) bei passiven Formen auch vor *been* + Partizipialform des Vollverbs: *You would nearly have been run over.* (2) Dagegen stehen bspw. folgende Adverbien wie *a bit, a great deal, a lot, hugely, terribly* meist am Satzende. Das Gleiche gilt für emphatische Verben, auch die große Masse der Mehrwort-Adverbiale stehen meist am Satzende; zum Beispiel *The storm raged fiercely over London all night.* (3) In der Frontposition stehen vor allem Zeitadverbien wie *today, yesterday, last night* und Adverbien, die einen Aspekt oder ein Urteil anzeigen: *Surprisingly, he won the match.* Es gelten dabei zwei wichtige Grundregeln: (a) Orts- vor Zeitadverbien (wird nicht mehr streng gehandhabt); (b) kein Adverb zwischen Prädikat und direktem Objekt.
- Ganz typisch für das Englische ist die spezifische Verwendung der *Verlaufsform*, die ausdrückt, dass etwas gerade am Geschehen ist und sich über eine etwas längere Zeit hinzieht, wobei die Verlaufsform typischerweise dann auftritt, wenn man formulieren will, dass während dieses kontinuierlichen Vorgangs ein kürzerer eintritt. Meine Beobachtung: Die meisten wissen ob dieser Besonderheit, vergessen sie aber in manchem Einzelfall.
- Das Passiv kommt im Englischen viel häufiger vor als im Deutschen; es ist bei der Übersetzung englischer Passivformen oft besser oder sogar notwendig, im Deutschen eine Aktivform zu benutzen.

- Wichtig sind die *Phrasal Verbs*, feste Verbindungen, die meist aus einem Verb plus einem Adverb oder einer Präposition bestehen. Beispiele: *to get out off, to look forward to, to do away with, believe in, deal with*. *Phrasal verbs* sind wichtige Konstituenten eines idiomatischen Sprachgebrauchs, weil sie sich häufig durch mehrere, kontextuell determinierte Bedeutungen auszeichnen; Bsp.: *turn out the light* (= ausschalten); *turn out 150 cars per day* (= ausstoßen, produzieren); *turn out to watch the marathon* (= sich einfinden); *turn out a lodger* (= hinauswerfen). Erste Forschungen zeigen etwas, das typisch für unseren Unterricht ist, dass nämlich solche *Partikelverben* (wie man *phrasal verbs* bisweilen übersetzt), nur selten von Schülern verwendet werden.
- Typische Fehler, die aufs Deutsche hinweisen, betreffen Singular und Plural: Die Sammelbegriffe *military, people*, und *police* stehen im Englischen im Plural (beispielsweise „*The people are*"). Man kann diese Nomen durch Verknüpfung mit *a piece of* oder *a bit of* zählbar machen: *New pieces of evidence show the men are innocent; The lawyer gave me two useful bits of advise.* Wörter wie *advice, damage, evidence, information, news, progress, research* sind im Englischen anders als im Deutschen nicht abzählbar; sie stehen nicht im Plural. Übrigens: auch *USA* wird im Englischen mit dem Singular kombiniert, also: *The USA is ….* Manchmal wird der Plural nur dann verwendet, wenn man eine Mehrzahl von Einzelindividuen und nicht die Gattung meint. So heißt es zwar *I shot ten rabbits*, aber *How many duck did you shoot?*. Auch gibt es Wörter, die im Plural eine etwas andere Bedeutung als im Singular haben; Beispiele: *colour* = „Farbe", *colours* = „Flagge".
- Sehr typisch für das Englische ist die *ing*-Form. Den wenigsten ist klar, dass drei Formen dahinterstecken: die *Verlaufsform*, das *Partizip* und das *Gerundium*. Vor allem Letzteres, die Substantivierung des Verbs, ist kennzeichnend fürs Englische, ebenso die damit oft einhergehende Verkürzung der Formulierung; Beispiel: *Do you mind me smoking a cigar?*

(etwas vornehmer, eher schriftlich: *Do you mind my smoking a cigar?*). Bei manchen Verben können der Infinitiv und das Gerundium stehen, aber mit unterschiedlicher Bedeutung; es ist ein typischer Fehler (wobei man sich streiten kann, ob er zwischen zweiter und dritter Stufe anzusetzen ist), dies nicht auseinanderzuhalten: *He stopped smoking* („Er hörte auf zu rauchen"), aber *He stopped to smoke a cigarette* („Er hielt an, um eine Zigarette zu rauchen").

- Hier sind wir schon auf ein weiteres wichtiges und typisches Element des Englischen gestoßen: die Verkürzung. Während es im Deutschen heißt: „Frank erwähnte, dass er Ben in der Stadt gesehen hat", heißt es im Englischen: *Frank mentioned seeing Ben in town*. Ähnlich: „Fast alle Eltern wollen, dass ihre Kinder glücklich sind" heißt im Englischen: *Almost all parents want their children to be happy*.
- Typisch fürs Englische sind auch Partizipien, die Relativsätze verkürzen. Im Deutschen: „Gäste, die spät ankommen, werden ihre Reservierung verlieren." Im Englischen: *Guests arriving late will lose their reservation*.
- Ein Kapitel für sich sind Präpositionen wie *in, for, of, to*, die im Deutschen je nach Kontext unterschiedlich übersetzt werden: „mit anderen Worten" = *in other words* ; „typisch für" = *typical of* (nicht *for*); „ein Beispiel für" = *an example of* (nicht *for*); „meiner Meinung nach" = *to my mind*, oder: *in my opinion*.
- Ein wichtiges Unterscheidungsmerkmal und eine wichtige Fehlerquelle sind der bestimmte und der unbestimmte Artikel: (a) falsches Weglassen des unbestimmten Artikels; nicht: *John is teacher and his wife is engineer*, sondern: *John is a teacher and is wife is an engineer*. (b) Bei generellen Aussagen über Gattungen oder Kategorien wird im Englischen der bestimmte Artikel nicht gebraucht: *Life can be hard, Bavarians are different*, oder *Most people are friendly*.
- Fast schon eher zwischen Stufe 2 und 3 würde ich die etwas vertrackte Verwendung des Perfekts im Englischen einordnen

– jeder Leser möge sich fragen, ob er sich noch an die Grundregel erinnert: Wann wird das *present perfect* und wann das *past tense* verwendet? Kurzantwort: Ersteres dann, wenn ein Vorgang der Vergangenheit bis in Gegenwart reicht, das zweite dann, wenn ein einzelner Vorgang in der Vergangenheit stattfindet und auch abgeschlossen wird. Weil die wenigsten aber ein Sprachgefühl dafür entwickeln und auch die Logik nicht richtig verstehen, werden (vor allem von Nachhilfelehrern) „Signalwörter" gepaukt: „*since* our last meeting" oder „*for* the last months", nach solchen Formulierungen steht praktisch immer das Perfekt, während ein Beispiel für das past tense wäre: „Last november I had an accident with my car." Der Leser möge nochmals in den Schulbüchern seiner Kinder nachsehen, wie viel er davon vergessen hat.

- Die *Stufe* 3 ist weder, wie die erste, elementar und leicht auswendig zu lernen noch, wie die zweite, anhand allgemeiner Regeln verstehbar und damit ableitbar (oder mit einigermaßen Fleiß ebenfalls auswendig zu lernen). Generell würde ich dazu die gesamten Probleme der indirekten Rede (*reported speech*) rechnen, speziell die Zeitenfolge: Während im Deutschen Konjunktiv I und Konjunktiv II in der indirekten Rede eben nicht von den zeitlichen Formen abhängen (siehe hierzu auch das entsprechende Kapitel in diesem Buch zum Fach DEUTSCH.), gilt im Englischen ein solcher Zusammenhang für den dort verwendeten Indikativ (zum Beispiel: *The teacher said she was satisfied with her class*). Eine Aufzählung der vielen sprachlichen Finessen und Besonderheiten für diese Stufe würde den Rahmen des Buches sprengen; es ist jedenfalls die Stufe, die frei von „Todsünden" und von „lässlichen Sünden" ist und schon durch die Verwendung einiger sehr idiomatischer Besonderheiten glänzt. Es ist das Niveau, über das auch ein Großteil der Lehrer nicht hinauskommt – was sie auch nicht müssen. Englische Freunde haben mir mitgeteilt, dass sie bei etlichen Englischlehrern permanent sprachliche Fehler wahrnehmen, und auch Lehrer sagten mir, dass sie nur in einer der Sprachen, die sie lehren, sich wirklich sicher fühlen, meist durch häufigere Reisen in das entsprechende Land. Auch Gelfert berichtet, dass Anglistikstudenten oft elaborierte Linguistikkenntnisse besitzen, aber selten wirklich gutes Englisch sprechen, und dass sie außerdem mit elementaren Aufgaben große Mühe haben, wie beispielsweise der, aus einem englischen Wort das etymologisch entsprechende deutsche Wort zu erschließen. Was die Stufen 4 und 5 ausmacht dazu in aller Kürze: Stufe 4 ist die des normalen englischen Akademikers, enthält zahlreiche Idioms und Wortspiele und verfügt über den oben dargelegten Wortschatzumfang. Stufe 5 wird nur von speziell literarisch und sprachlich Gebildeten erreicht, stellt sophistiziertes und hintergründiges Englisch dar, kombiniert mit historisch-linguistischen Anspielungen (selbst im standardisierten Wissenschaftsenglisch kann man manchmal noch diesen Unterschied verspüren). Sprachwissenschaftler, die Interesse gewonnen haben, können dieses 5-Stufen-Modell komplettieren oder auch reduzieren.

Nachfolgende Darlegungen enthalten weitere Informationen; ergänzt sei nämlich mein Vorschlag für eine kleine Liste kontrastiver Merkmale des Englischen durch einige Angaben zu Kommasetzung, Stil und Aussprache, alles eher in die *zweite* oder *zwischen zweiter und dritter Stufe* einzuordnen.

- Im Gegensatz zum Deutschen wird das Komma im Englischen nicht verwendet vor bestimmenden Nebensätzen, die mit *that, what, how, where, who, when* usw. anfangen: *Do you know when the bus leaves?* Außerdem wird das Komma nicht gebraucht vor *because, in order to, but* und bei notwendigen Relativsätzen. Dagegen wird im Englischen das Komma gebraucht, um nicht notwendige Relativsätze abzutrennen; in *if*-Sätzen, wenn der *if*-Teil an erster Stelle steht. Bei Auflistungen wird es im Englischen meist auch vor *and* und *or* gesetzt, des Weiteren in der Regel vor und nach Konjunktionen sowie adverbialen Bestimmungen, wenn diese als Hintergrund oder Einleitung für die Aussage im Hauptteil des Satzes fungieren: *Unfortunately, he didn't know the rules.* Im Englischen wird übrigens auch das *Ausrufezeichen* sparsamer eingesetzt als im Deutschen; es drückt Ausrufe und starke Emotionen aus, für gewöhnliche Anweisungen und in der Anrede wird es in der Regel nicht eingesetzt. Generell gilt also schlicht (und nur das muss man sich für die erste und zweite Stufe merken): *Im Englischen im Zweifelfall das Komma weglassen!*

- Zum STIL sind bezüglich der kontrastiven Merkmale der beiden Sprachen folgende Ausführungen zu machen: Ein generelles Prinzip des Englischen besteht darin, dass die Sätze meist eine simplere Struktur als im Deutschen haben. Das Deutsche ist eher *hypotaktisch* aus Haupt- und Nebensätzen gefügt, das Englische eher *parataktisch* aus Satzketten gebildet. Das Deutsche neigt also eher zu hierarchisch aufgebauten und verschachtelten Sätzen, das Englische zu gleichwertigen Teilsätzen, die aneinandergereiht werden. Das führt dazu, dass die Reihenfolge der Sätze nicht so stark wie im Deutschen die gedankliche Argumentationsfolge betont. Hier hat sich zwar (wahrscheinlich unter dem Einfluss des Französischen) in bestimmten Sprachzusammenhängen einiges geändert, und außerdem sieht man dem Englischen hypotaktische Strukturen nicht so leicht an, weil trotzdem immer noch die S-P-O-Regel gilt; dennoch ist dies ein Kennzeichen der englischen Schriftsprache. (Ich meine mich zu erinnern, dass es bei uns im Leistungskurs Englisch tatsächlich manchmal ein Problem war, dass wir in zu starkem Maße hypotaktische Sätze formuliert haben, Heutzutage dagegen – so habe ich den Eindruck – formulieren die Schüler ohnehin niemals, auch in ihrer Muttersprache nicht, hypotaktische Sätze …) Natürlich kann die Hypotaxe auch im Englischen nicht völlig fehlen, denn ohne temporale oder kausale Nebensätze und Relativsätze lässt sich nicht stringent argumentieren. Zusammen mit der fürs Englische typischen Verkürzung (s. u.) entsteht allerdings manchmal eine gewisse Uneindeutigkeit, sodass man manchmal bis zum Schluss des Satzes seine Bedeutung nicht ganz erkennen kann. (Das korrespondiert dem Vorwurf Mark Twains, dass die Deutschen das Prädikat oft so lange verschleppen.) Ein Beispiel für diese Uneindeutigkeit im englischen Satz: *He left home without his wife knowing that he would never come back.* Dieser Satz kann zwei Bedeutungen haben, je nachdem, ob *knowing* als Partizip zu *he* oder als Gerundium zu *wife* gehört: (a) „Er verließ das Haus ohne seine Frau, wohl wissend, dass er nie zurückkehren würde." (b) „Er verließ das Haus, ohne dass seine Frau wusste, dass er nie zurückkehren würde." Außerdem zu erwähnen ist die typische *englische Höflichkeit*, z. B. die Verwendung von *please*, auch dass man auf eine Frage nicht einfach mit *yes* oder *no* antwortet, sondern beispielsweise mit *Yes, I have.* Ein wichtiges Kennzeichen des englischen Stils, über das man in der Schule auch so gut wie nie etwas hört, ist, dass es in der englischen Sprache nur geringe regionale Ausdifferenzierungen gibt, dagegen große im Hinblick auf den Bildungsgrad und die „Vornehmheit" der Schichten. Es gibt Wörter, die entweder „U", das heißt *upperclass*, oder „non-U" sind. Beispiele: *cornflakes* = U, *cereal* = non-U („Müsli"); *bicycle* = U; *cycle* = non-U („Fahrrad"); ähnlich: *costly/ expensive* („teuer"); *pregnant/ expecting* („schwanger"); *drawing-room/ lounge* („Wohnzimmer"); *What?/ Pardon?* („Wie bitte?"); *rememeber/ recollect* („sich erinnern an"); *ill/ sick* („krank"); *lavatory/ toilet* („Toilette"); *rich/ wealthy* („reich"). (Das Vorherige, ebenso wie die meisten Gedanken dieses Absatzes, ist referiert nach *Englisch mit Aha!*, wobei die genannten Wörter natürlich auch leichte inhaltliche Unterschiede aufweisen.) Generell ist der englische Stil eher durch *Understatement* als durch *Overstatement* geprägt. Typisch für das Englische sind auch Wortspiele, vor allem mit Wörtern, die ähnlich oder identisch ausgesprochen werden, aber unterschiedliche Bedeutungen haben, zum Beispiel *boar* („Wildschwein"), *bore* („bohren", „langweilen"), *dear* („lieb"/teuer"), *deer* („Rotwild"). Ein paar Beispiele dafür sind schnell auswendig gelernt und können doch erheblich dazu beitragen, „geistige Türen" zu öffnen.

- Schließlich sei noch kurz eine Darlegung der *phonematischen Merkmale* des britisch-englischen Sprechens gegeben (ebenfalls nach Gelfert). Denn um Englisch so zu sprechen, dass es wie Englisch klingt, müssen nicht nur die einzelnen Laute korrekt gebildet werden, sondern auch Merkmale der Lautübergänge und der Satzmelodie hinzukommen: Es fehlt im Englischen nahezu ganz der Glottisschlag oder Knacklaut, der im Deutschen mit einem Verschluss der Stimmlippen vor einem Vokal einhergeht; das Englische fließt mehr, die Wörter gehen ineinander über; typisch ist für den Sprachfluss auch dass der unbestimmte Artikel *a* vor Wörtern, die mit einem Vokal beginnen, in *an* transformiert wird. Manchmal wird sogar ein angedeutetes *r* eingeschoben, um so den aufkommenden Knacklaut zu unterdrücken – Englisch klingt deshalb insgesamt weicher als das Deutsche. Und während im Deutschen die wichtigsten Teile eines Satzes durch eine erhöhte Lautstärke hervorgehoben werden, geht der englische Muttersprachler eher mit der Stimme nach oben oder unten. Und während im Deutschen aus einem relativ flach dahinfließenden Lautstrom die betonten Laute als Spitzen herausragen, bewegt sich im Englischen der ganze Lautstrom auf und ab, und für diese Bewegung gibt es Regeln, die uns Deutschen schwerer fallen als die

9 Englisch: Mir fehlen die Worte

Bildung der einzelnen Laute. Ein stark abfallender Ton am Ende einer sprachlichen Äußerung, wie wir ihn bei deutschen Sätzen gewohnt sind, wird im Englischen als schroff und abweisend empfunden; ein stark ansteigender als unsicher, fragend und den Gesprächspartner zu einer Reaktion zwingend. Beides widerspricht aber der britischen Höflichkeit.. Konsequenz: Briten neigen dazu, gegen Ende einer Äußerung den Ton erst ansteigen, dann fallen und zuletzt wieder leicht steigen zu lassen. Das Ansteigen soll den Eindruck eines schroffen Meinungsdiktats vermeiden, das Fallen das Ende der Äußerung signalisieren und das erneute leichte Steigen dem Gegenüber anzeigen, dass man bereit ist, das Gespräch fortzusetzen. Dieses charakteristische Muster gibt dem britischen Englischen den eigentümlichen Singsang, durch den es sich vom Deutschen „Sägezahnmuster" unterscheidet. Gelfert hebt eine weitere Faustregel hervor, von der er meint, dass sie Englischlehrern nahezu unbekannt ist: Für die genannten Modulationen durch Steigen und Fallen braucht man Raum nach unten – den hat man aber nur, wenn man hoch genug einsetzt. Konsequenz: Englische Sprecher beginnen deutlich höher, was oft bei weiblichen Sprechern besonders ausgeprägt ist und für deutsche Ohren bisweilen affektiert klingt. Allerdings weist Gelfert auch darauf hin, dass eine sehr gut imitierte Sprachmelodie bei schwacher Grammatik und geringem Vokabelumfang eher peinlich wirkt.

> Soweit meine Liste der kontrastiven Merkmale beider Sprachen, mit Konzentration auf Stufe 2. Der Leser sei gefragt: Hätte er diese Liste auch nur annähernd formulieren können (falls er nicht beruflich häufig die englische Sprache verwendet)? Ist diese typisierende Aufzählung aber nicht wirklich eine Essenz, die, kombiniert mit dem entsprechenden Wortschatz, sehr nützlich ist und wert, dauerhaft gespeichert zu werden?

Und der Leser sei auch gefragt: Hat er nicht langsam auch das Gefühl, dass nachfolgende These als Zusammenfassung der schulischen Leistung und eben auch des schulischen Defizits richtig ist?

> Herkömmlicherweise wird von der Schule das angestrebt, was man die dritte Stufe nennen kann, manchmal hat man den Eindruck, dass sogar noch mehr erreicht werden soll. Demgemäß wird intensiv Grammatik- und auch Literaturunterricht betrieben, doch erreicht wird nur, dass ein Großteil der Schüler die Stufe 2 nicht vollständig und nicht sicher erreicht – die meisten Schüler sprechen ein ziemlich deutsches Englisch. Statt sich also auf die wirklich wichtigen Kompetenzen zu konzentrieren, verliert man sich in „Spitzfindigkeiten". Ein Bewusstsein oder gar eine automatisch sichere Handhabung der beschriebenen Besonderheiten des Englischen existiert nur in geringem Ausmaß. Der Englischunterricht scheut also davor zurück, den Schülern gewissermaßen ein Fazit dessen zu liefern, worauf die ganzen Bemühungen eigentlich hinauslaufen. Und das ist vielleicht deswegen so, weil alle unbewusst spüren: Wir haben es nicht geschafft, unseren Schülern ein wirklich englisches Englisch beizubringen.

Dabei muss man sich immer bewusst sein: Englisch ist (wie beispielsweise auch Squash) eine Fertigkeit, die man am Anfang ziemlich leicht lernen, die man aber auch beliebig weit verbessern kann. Zitat aus Gelfert:"Englisch ist die Sprache, bei der man es am leichtesten lernen kann, sie schlecht zu sprechen, und am schwierigsten, sie gut zu sprechen." Zitiert wird dort auch ein Anglist der, gefragt, ob Englisch leicht zu lernen sei, geantwortet hat: „In den ersten 20 Jahren schon …"

»Wem etwas leicht fällt, der muss versuchen, es sich schwer zu machen.« (Chinesische Weisheit)

Gesamtfazit

Man kann es in diesem Fach ganz kurz machen:

Die Wahre Bildungskatastrophe manifestiert sich im Fach ENGLISCH zweifach: ein zu geringer Vokabelumfang und meist zu geringe mündliche Kommunikationskompetenz.

Auch die DESI-Studie (welche die Deutsch- und Englischfähigkeiten untersucht hat, man lese hierzu auch das Kapitel zum Fach DEUTSCH) zeigt: Ein Drittel der Schüler in Deutschland erreicht am Ende des 9. Jahrgangs das Niveau A2 des europäischen Referenzrahmens nicht, das die Kultusminister als Erwartungshorizont für den Hauptschulabschluss benannt haben. (Es gibt andererseits eine starke Leistungsspitze von 10–15 %, deren Kompetenzen weit über das Anforderungsniveau der Lehrpläne hinausragen.) Das eben Gesagte gilt für die gemessene *mündliche Sprechfähigkeit* im Englischen, ähnliche Befunde ergeben sich im *Hörverstehen*. Generell heißt das: Ein Drittel kann sich auch nicht in einfachen Wendungen und Sätzen im Alltag verständlich machen; dieses Drittel ist auch nicht in der Lage, konkrete Einzelinformationen aus Zusammenhängen alltäglicher Kommunikation zu verstehen und beim Hören zu verknüpfen, selbst wenn langsam und deutlich gesprochen wird. Beim schriftlichen Sprachgebrauch kann ein Drittel nicht die gebräuchlichsten Strukturen und Wörter der Alltagssprache gebrauchen.

Die geringe Aussagekraft der heutigen Abiturnoten ist mit Sicherheit ein Grund dafür, dass angesichts eines offenen internationalen Arbeitsmarktes und der im Ausland durchaus üblichen Spracheingangsprüfungen für die Studierendenanderer Muttersprachen *internationale Sprachtests* immer mehr Zuspruch bei deutschen Schülern finden. Demgegenüber hat

> ein (scheinobjektiver) Dezimalpunktwert auf einem deutschen Abiturzeugnis wenig Aussagekraft, was das funktionale Sprachkönnen oder die Studierfähigkeit an einer ausländischen Hochschule angeht. Da nun schon seit Jahren und Jahrzehnten keine substantiellen Reformen durchgeführt wurden, laufen die schulischen Zensuren seit einiger Zeit Gefahr, bei Eltern, Schülern und außerschulischen Abnehmern an Status und Akzeptanz zu verlieren – zu Recht! Die Schulen müssen mit den Qualitätskriterien der kommunikativ ausgerichteten internationalen Sprachtests kompatibel und konkurrenzfähig werden.

Einige Informationen hierzu: Aufbauend auf den mündlichen Sprachtests, die seit den fünfziger Jahren von amtlichen Stellen in den USA in Zusammenarbeit mit dem *Educational Testing Service* entwickelt wurden, legte Anfang der achtziger Jahre das *American Councel on the Teaching of Foreign Languages* (ACTFL) einen Test zur Erfassung der Sprechfähigkeit vor, der inzwischen für 13 Sprachen angeboten wird; für Englisch ist das der *Test of English as a Foreign Language* (TOEFL) oder der *Preliminary English Test* (PET) der Testagentur im englischen Cambridge (*University of Cambridge Local Examination Syndicate,* UCLES). Als Bewerter werden nur speziell ausgebildete und akkreditierte Prüfer oder deren Ausbilder eingesetzt. Speziell in den USA erwarten fast alle Universitäten, dass ausländische Bewerber sich einem Test unterziehen. Sehr prestigearme staatliche Universitäten in den USA verlangen Werte um 500, prestigereichere staatliche Universitäten Werte um 550 und die sehr prestigereichen privaten Universitäten Werte um 600. Auch an den deutschen Universitäten haben einige Fachbereiche für Anglistik oder Amerikanistik damit begonnen, Mindestleistungen zu verlangen. Übrigens ist der Bezug der TOEFL-Ergebnisse zum *Europäischen Referenzrahmen*, an dem sich etliche Bildungsstandards orientieren, nicht wirklich geklärt. Vermutet wird, dass Spitzenleistungen im TOEFL (Werte über 600) den Niveaus C1 und C2 des Referenzrahmens entsprechen, Leistungen um 550 dürften die Stufen B2 und C1 abdecken und Werte um 500 die Stufe B2. Dem würde entsprechen, dass TOEFL-Leistungen, die für das Studium an prestigearmen Universitäten qualifizieren, einem Niveau entsprechen, das oberhalb der von der Kultusministerkonferenz für den mittleren Abschluss definierten Marke liegt.

Es ist mir allerdings wichtig, für das Fach Englisch eine Differenzierung vorzunehmen: Generell liegt bei Sprachen – am stärksten in Latein – gleichsam eine „natürliche Output-Kontrolle" vor, die bei den anderen Fächern fehlt: Risse, Brüche und Lücken in der Basis sind nicht so leicht übersehbar. *Deshalb ist das Endergebnis bei Sprachen oft besser als in Wissensfächern.* Im Englischunterricht lernt man tatsächlich etwas, und das Kumulationsprinzip (vgl. zweites Kapitel), das in anderen Fächern kaum gilt, ist hier schon in gewissem Maße gewahrt. Des Weiteren: Bei *Fertigkeiten* tritt, im Unterschied zu *Wissen*, meist kein derartig starker Abfall nach den Prüfungen auf. Und selbst wenn der typische Abiturient sein Englisch nicht mehr übt, kann er noch viele Jahre später wieder seine Sprachkenntnis fast auf Ausgangsniveau reaktivieren und er wird immer noch eine solide Basis haben. (Für das Fach Latein gilt das im Übrigen meiner Erfahrung nach nicht, weil Latein niemals eine Fertigkeit wird, sondern eher dem *Wissen* zuzurechnen ist, da man im typischen Lateinunterricht Sätze und vor allem Übersetzungen anhand von Satzkonstruktionen lernt und kaum auf Latein miteinander kommuniziert.) Deshalb ist im Fach ENGLISCH (und in anderen Sprachen) die WAHRE BILDUNGSKATASTROPHE nicht in ähnlichem Ausmaß wie in den Sachfächern gegeben, was beispielsweise von nachfolgenden Arbeiten dokumentiert wird.

Bei Untersuchungen an Gymnasien in Baden-Württemberg innerhalb der TOSCA-Studie ergab sich: Mehr als zwei Drittel der Schüler überschreiten den Wert von 500, mehr als ein Drittel liegt über 550, würde also den geforderten Englischkenntnissen der prestigereichen amerikanischen Universitäten genügen. Absolute Spitzenleistungen werden von 7 % erreicht. An den beruflichen oder an wirtschaftswissenschaftlichen Gymnasien erreichen zwei Drittel den Wert über 500 nicht; nur etwa 7 % übertreffen noch das Kriterium von 550, der Anteil im Spitzenbereich ist verschwindend gering. An technischen Gymnasien sind die Befunde etwas günstiger, in den drei übrigen beruflichen Gymnasialformen etwas ungünstiger. Generell scheint, dass an allgemeinbildenden Gymnasien die Festlegung eines TOEFL-Wertes von 500 als Mindeststandard vermutlich haltbar ist: Weit über 80 % der

Leistungskursschüler und noch zwei Drittel der Grundkursschüler erreichen dieses Kriterium. Dagegen wird an den beruflichen Gymnasien diese Grenze in substantieller Zahl eigentlich nur im Leistungskurs erreicht.

Allerdings muss auch die eben dargelegte Relativierung gleich wieder relativiert werden:

- Wie von der eben zitierten aber auch von einer anderen Studie bestätigt, reicht der Grundkurs meist nicht aus, um die Sprachprüfung an einer prestigearmen amerikanischen Universität zu bestehen.
- Meine Beobachtung: Wenn jemand einen gewissen Grundwortschatz erreicht, dann kann er mit diesem begrenzten Vokabelumfang längere Zeit „hochstapeln", wenn er eine gewisse sprachliche Flexibilität besitzt. Tatsächlich beginnt der Vokabelumfang ab einem bestimmten Punkt auch bei den besseren Schülern zu stagnieren, ohne dass der normale Englischunterricht vom Schüler zwingend verlangt, den Wortschatz systematisch weiter aufzubauen. Denn dafür ist sich die bildungshochstaplerische Schule zu vornehm.
- Wichtig: Schüler, die längere Zeit im englischsprachigen Ausland verbracht haben, zeigten deutlich höhere Englischleistungen und zwar in erstaunlichem Maße: Ein Aufenthalt von mehr als drei Monaten im Ausland ist fast ertragreicher als der Besuch eines Leistungskurses in der gymnasialen Oberstufe! – Es stellt sich damit natürlich die Frage, ob ein Auslandsaufenthalt nicht obligatorisch werden sollte. Dies ist für mich ein generelles Prinzip: Was Schüler aus einem Hobby und einer Eigenaktivität heraus tun, beispielsweise auch „computern", erreicht immer ein höheres Niveau, als schulische Bemühungen.

In der Bundesrepublik wurde ja in den vergangenen Jahrzehnten der Englischunterricht systematisch gestärkt; ein erster Schritt war die Etablierung des Englischunterrichts in den Volks- und Hauptschulen (je nach Bundesland Beginn zwischen der 1. und 3. Jahrgangsstufe). Seit einigen Jahren liegen zudem die Entwürfe für nationale Bildungsstandards im Fach Englisch vor. Dennoch kann die gegenwärtige Situation nicht befriedigen. Eine Umfrage der Europäischen Union hat ergeben, dass mehr als die Häfte aller Deutschen Englisch gelernt hat, aber nur 35 % in der Lage sind, tatsächlich damit zu kommunizieren. Eine andere Untersuchung ergab: In Schweden, den Niederlanden und Dänemark sprechen knapp 80 % der Bevölkerung Englisch, hierzulande, wie gesagt, nur 50 %, wobei nur 21 % der Deutschen allgemein und speziell nur 6 % der Ostdeutschen ihre Englischkenntnisse als „sehr gut" einschätzen. Gemäß einer Forsa-Untersuchung halten 46 % der 14- bis 65-Jährigen ihre eigenen Englischkenntnisse für schlecht bis sehr schlecht.

Postskriptum: In den langen Jahren, in denen sich das Buch entwickelt hat, meine ich, konstatieren zu können, dass immer mehr Jugendliche ganz gut Englisch *sprechen*, meist aufgrund englischer Fernsehserien aus dem Internet; aber durch die Fokussierung der Schule auf das *Schriftliche* bekommen sie dennoch schlechte Noten, auch weil generell die schriftliche Kompetenz am Degenerieren ist; siehe Deutsch-Kapitel. Aber eigentlich werden ihre Fertigkeiten unterbewertet. Ein Lehrer hat mir offen gesagt: „Etliche Schüler verstehen amerikanisch gesprochenes Englisch besser als ich."

»Die Sprache ist die Quelle aller Missverständnisse.«
(Antoine de Saint-Exupéry)

Überhöhte und gleichzeitig unpräzise Ansprüche

Dem unbefriedigenden Output des Unterrichts korrespondieren, wie immer, zu hohe Ziele. In den neueren BILDUNGSSTANDARDS wird gefordert, dass Schüler „Wörter, Wendungen und Satzstrukturen der häufigsten alltagssprachlichen Situation aktiv einsetzen und weitere Wendungen verstehen und erschließen können", sowie: "Die Schülerinnen und Schüler verfügen über einen hinreichend großen Wortschatz, um sich mit Hilfe von einigen Umschreibungen über die häufigsten Vorgänge im Alltagsleben der eigenen und der fremdsprachlichen Gesellschaft und Kultur äußern zu können."

> Das ist einerseits typische Bildungshochstapelei und gleichzeitig viel zu vage im Hinblick auf ein klar definiertes BILDUNGSMINIMUM. Einerseits mischen sich also die Lehrpläne in alles ein, erschlagen den einzelnen Lehrer mit einer Überfülle von Ideen, laden dann das Ganze auch noch mit den hochgestochensten Bildungsvorstellungen auf, andererseits verweigern sie sich quantitativ und qualitativ exakten Angaben.

Hochstapelnd aber werden Forderungen aufgestellt wie zum Beispiel, der Englischunterricht solle „im Vermittlungsprozess von Sprach- und Kulturkompetenz den Abbau ethnozentrischer Sichtweisen einleiten und die Bereitschaft wecken, fremdkulturellen Facetten mit Offenheit zu begegnen. Diese Grundhaltung schließt Toleranz gegenüber fremdkulturellen Alltagsroutinen, Normen, Wertvorstellungen, Lebensvollzügen und Konventionen ein." – Solche Formulierungen (einem Buch über englische Fachdidaktik entnommen) finden sich immer wieder; sie klingen gut, sind aber nicht nur nutzlos, sondern sogar schädlich. In einem Buch zum Kerncurriculum der Oberstufe stellt der Autor K. Schröder in seiner Expertise zum Fach Englisch beispielsweise fest, dass den meisten Studienanfängern jegliches landeskundliche Überblickswissen, die einfachsten historischen und geographischen Kenntnisse fehlen, auch die über englische Alltagskultur. (Wenn Wissen aus diesem Bereich vorhanden ist, so meint auch er, stammen es von privaten Auslandsaufenthalten.) Er moniert ebenso, dass seiner Erfahrung nach seltsamerweise Nordirland ausführlich behandelt wird, allerdings mit einer Sammlung von Klischeevorstellungen. Gleichzeitig aber meint er – und das ist die typische Grundlogik der Bildungshochstapler – man müsse zur „Heilung" die Maßstäbe noch höher schrauben und ein landeskundlich-interkulturelles Kerncurriculum fordern, das tatsächlich beinhalten solle: *den Erwerb eines exakten historischen Überblickswissens bezogen auf Großbritannien und die USA, Grundkenntnisse über wichtige Institutionen in Geschichte und Gegenwart sowie Kenntnisse im Umgang mit Stereotypen bezüglich der einzelnen Länder!*

> Immer wieder dieselbe Fehllogik: *Wenn ein Ziel verfehlt wird, muss man es noch höher stecken ...* All das ist gescheitert und wird scheitern.

»In der Spannung zwischen dem Ziel und dem Leben entdecken wir den Sinn unseres Lebens.« (Hans-Günther Adler)

Was zu tun ist: eine Entlastungs- und Lösungsperspektive

Aufgrund der ausführlichen vorherigen Analysen kann nun das Gegenmodell sehr einfach und gleichzeitig präzise formuliert werden:

> Einerseits soll in einer ersten Phase das generelle Ziel tatsächlich reduziert werden, auf das, was ich als „Stufe 2" charakterisiert habe: nicht länger eine *native-like proficiency*, auch keine *near-native proficiency*, sondern zunächst einmal nur ein solches Englisch, das frei von groben Fehlern ist, die die Kommunikation im Alltag behindern. Zusätzlich wird ein *deutlich vergrößerter Vokabelumfang* angestrebt. Deshalb muss ein extra benotetes Fach „Vokabellernen" eingeführt werden, das bis in die Abschlussklasse auch des Gymnasiums durchgehalten wird. (Das klingt altmodisch, fast zu banal, ist aber schlichtweg realistisch und praktisch gedacht.) Jeder kann die oben genannten 3500 *headwords* lernen, auch wenn ihm

> ansonsten Sprachgefühl weitgehend abgeht. Das wäre das GARANTIERTE BILDUNGSMINIMUM im Fach Englisch. Jeder Schüler würde die Sprache soweit beherrschen, dass er sich mit einem Grundwortschatz und grundlegenden Grammatikregeln verständigen kann – und damit darauf vorbereitet ist, sich im späteren Leben oder während eines schulischen Auslandsaufenthalts *selbst weiterzubilden*. Der Versuch, ihn von der Schule her gleich mehr zu vermitteln, schlägt ins Gegenteil um. Jedoch gemäß dem dargelegten Modell weiß der Schüler, dass er „nach unten" nicht fallen kann, und „nach oben hin" lernt er ohne Angst. Die damit einhergehende „motivationale Entspannung" wird auch die Effizienz des Unterrichts erhöhen.

Um diese Ideen noch etwas ausführlicher zu erläutern: Während einerseits viel mehr Wert auf normales „Vokabelpauken" und „Vokabelzählen" gelegt werden müsste und zwar bis zum Ende der Schullaufbahn, sollte man sich andererseits von der „Fehlerzählerei" im Bereich der Grammatik, außer bei den allerwichtigsten Aspekten (wie nachfolgend dargelegt) als einem viel zu gewichtigen Kriterium der Beurteilung von Schülertexten und Schülersprache verabschieden. Auch in einem maßgeblichen Buch zum Kerncurriculum der Oberstufe finde ich diese Idee: Viel mehr Raum gegeben werden sollte eigenen Ideen, Variationen des sprachlichen Ausdrucks und der Würdigung sonstiger Textqualitäten, wie etwa dem Textaufbau und dem Adressatenbezug, der Gesamtwirkung und Kohärenz und einem geglückten Layout. Der vorherrschende *fehlerorientierte* Zugang dagegen verleidet nicht wenigen Schülern das Fremdsprachenlernen. Diese Kombination aus maximaler Kontrolle „nach unten", bei großer Freiheit „nach oben", kann den Fremdsprachenerwerb erheblich erleichtern. Vernachlässigt werden darf allerdings bei einem solchen Ansatz nicht das zweckgebundene Kommunizieren, das einen eingrenzbaren Kontext und einen Kommunikationszweck voraussetzt. Vereinfacht gesagt: Man muss lernen, innerhalb typischer Gesprächszusammenhänge typische Sätze hervorzubringen. Es gibt Sprachschulen, wo man sich in einem Crashkurs in 20 bis 40 Stunden so viel Sprachwissen erwerben kann, dass man zumindest als Tourist bequem durch alle relevanten Situationen kommt. „In Spanien komme ich nach meinem Crashkurs besser durch als in England, obwohl ich doch neun Jahre Englisch auf dem Gymnasium hatte", meinte ein Freund nach einem solchen Kurs. Auch Manager werden in solchen Crash-Kursen durch Sprachpraxis geschult, anhand konsequenter Fehlerkorrekturen in Kombination mit Vokabel- und Grammatiktraining.

Die Entwicklung flexibler mündlicher Kommunikationsprozesse erscheint mir sogar als schwieriger und wäre demgemäß eine vielleicht lohnendere Aufgabe als die Herausbildung einer wissenschaftstypischen Kommunikations- und Schreibkompetenz, worauf das Gymnasium eher abzielt. Denn die Erfahrung und auch die Logik zeigen: Wenn jemand die oben benannte elementare Vokabelbasis besitzt, dann kann man darauf ein spezifisches Wissenschaftsvokabular (sowohl allgemeiner als auch fachspezifischer Art) in kürzester Zeit aufbauen; man kann dazu die *Academic Wordlist* benutzen beispielsweise auch das hervorragende Buch *Sciencenglish*. Die einfachste Methode jedoch besteht darin, einige Fachartikel von Muttersprachlern herzunehmen und sich einige Standardformulierungen und -vokabeln herauszuschreiben. Ich selbst habe das mit einer Doktorandin, die fast ohne Englischkenntnisse begann (weil aus der DDR), exerziert und bereits nach einem Jahr konnte sie ein von einem normalen nichtenglischen Fachautor nicht zu unterscheidendes Fachenglisch schreiben; ähnliche Erfahrungen habe ich in der Arbeit mit einer Doktorandin im Fach Neurobiologie gemacht. So überraschend es auf den ersten Blick klingt: Es ist nicht schwerer, eher leichter, wissenschaftliches Englisch zu erwerben als alltagssprachliches. Nur in Leistungskursen sollte man beides üben, im Grundkurs wäre es wahrscheinlich sinnvoll, wenn Lehrer und Schüler gemeinsam sich einen Schwerpunkt wählten.

Die Überschätzung eines expliziten und deduktiven Grammatikunterrichts führt, so meine ich, zu enormen Zeitverlusten, deren Vermeidung große Ressourcen freilegen würde. Sprache lernt man, wie schon angesprochen, vor allem durch standardisierte Sätze in Standardsituationen (*pattern drill*); mehr noch: die meisten Menschen brauchen und beherrschen die Grammatik ihrer Sprache nicht. (Man lese hierzu das Kapitel zum Fach DEUTSCH.) Zöge man in der Praxis daraus die Konsequenzen, könnte man viel Zeit sparen. Doch der zu perfektionistische Sprachunterricht scheitert wie viele andere perfektionistische Systeme weit vor Ende des Weges.

Im Hinblick auf die anderen Fremdsprachen sei nur ein Hinweis gegeben: Zunächst einmal sollte man den Schülern verdeutlichen, dass es sinnvoller ist, SPANISCH statt des häufigeren FRANZÖSISCH zu lernen, dies einfach deshalb, weil Spanisch eine einfache Sprache mit hohem Abdeckungsgrad ist und deswegen sehr nützlich ist. Und man sollte vor allem folgendes zunächst verblüffend klingendes Prinzip realisieren: Die zweite Sprache (oder auch die dritte, die dann günstigenfalls eine aus einem anderen Sprachkreis stammt), darf auf einem wesentlich simpleren Niveau erworben werden; es gibt mittlerweile didaktische Ansätze dazu („Globalesisch"). Wenn der Schüler eine einzige Sprache auf relativ hohem Niveau beherrscht, dann ist es besser, er beherrscht zwei weitere auf einem effizienten Mini-Niveau so dass er keine Hemmungen hat, in die jeweiligen Länder zu reisen, als dass er sich mit einer zweiten Sprache langwierig herumquält. Die Schule sollte sich auch auf gar keinen Fall aus einem pseudoakademischen Ansatz heraus davor scheuen, von den Crashkursen kommerzieller Sprachlehr-Institute zu lernen.

> Ein kleiner Zusatzgedanke zur Anregung: Lehrer neigen meiner Meinung nach dazu, ihren Stoff als schwierig darzustellen, speziell auch in den Sprachen. Zwar versuchen sie danach immer wieder, das Ganze didaktisch und motivational nett aufzubereiten, merken jedoch nicht, dass es von ihrem ganzen Ansatz her – der ihnen im wissenschaftlichen Studium an der Uni aufgeprägt worden ist – schon lange nicht mehr möglich ist, Lernen so natürlich und leicht zu handhaben, wie es

> durchaus machbar wäre. Es hilft, besonders im Sprachunterricht, sich gedanklich auf ein früheres Entwicklungsstadium seines eigenen Wissens zu besinnen.

Mir ist durchaus bewusst, dass in der Englischdidaktik viele der von mir vorgeschlagenen Ideen schon längere Zeit diskutiert worden sind – generell befinden sich Didaktiken immer auf einem sehr hohen Reflexionsniveau. Was ihnen fehlt, ist das Wissen um das, was der renommierte Psychologe Gerd Gigerenzer (Direktor am Max-Planck-Institut für Bildungsforschung in Berlin) *simple heuristics that make us smart* nennt. Generell könnte man es auch wie folgt auf den Punkt bringen: Wir kommen weiter und werden klug, wenn wir es uns einfach machen! Einfach, aber ehrlich! Ehrlich heißt: mit permanenten und deutlichen Rückmeldungen.

> »Um eine fremde Sprache recht gut sprechen zu lernen und in wirklicher Gesellschaft zu sprechen mit dem eigentlichen Akzent des Volks, muss man nicht allein Gedächtnis und Ohr haben, sondern auch in gewissem Grad ein kleiner Geck sein.« (Georg Christoph Lichtenberg)

Dieselbe Grundlogik auch auf andere Fächer anwenden!

Anhand dieses Kapitels kann sehr gut *die grundsätzliche Entlastungsperspektive des ganzen Buches* (erst in einem eigenen vollständig darstellbar) verdeutlicht werden:

> Die statistische Linguistik zeigt: Es gibt einen GRUNDWORTSCHATZ, der, wie dargelegt, einen sehr hohen „Abdeckungsgrad" besitzt; das heißt also, dass man mit relativ wenigen Vokabeln sehr viel an Kommunikationskompetenz erwirbt. *Und diese Idee kann man auch auf andere Fächer übertragen!* Man kann mit ihr auch eines der wichtigsten Prinzipien ver-

> deutlichen, das zur WAHREN BILDUNGSKATASTROPHE führt: Statt dass man sich generell auf einen „Grundwortschatz" von Kenntnissen konzentriert, die ebenfalls einen großen „Abdeckungsgrad" besitzen, verliert man sich in einem „Spezialvokabular" von Wissen, das einem wenig nützt, während die Basis, eben der „Wissensgrundwortschatz", nicht gesichert ist.

Die Sprachwissenschaft und -didaktik ist also auf ein ganz wichtiges Prinzip gestoßen, allerdings selbst sie hat es bis jetzt noch nicht konsequent genug realisiert, also, wie mir scheint, noch nicht auf die Grammatik angewandt – es dauert einfach sehr lange, bis der gesunde Menschenverstand die Wissenschaft penetriert … In anderen Fächern hat man diesen „statistisch-repräsentativen" Ansatz noch überhaupt nicht verstanden; die Didaktiker und Lehrbuchverfasser glauben, dass sich ihre Qualität dadurch manifestiere, dass sie überbordendes und hochspezialisiertes Wissen („Überblicke", noch dazu fast vollständige) zu vermitteln versuchen. Jedoch:

> Die Qualität eines Schulbuches zeigt sich in dem, was weggelassen wird! Und für eine solche Selektion brauche ich *Wissen*, das möglichst viel *Bildung* vermittelt, um dies einmal auf eine begriffliche Pointe zu bringen.

Nochmals vergegenwärtige der Leser sich dieses faszinierende Prinzip am Beispiel des Fachs Englisch: Mit einem Wortschatz von 700–1 000 Wörtern kann man circa 80 % im Bereich Konversation und Fiktion und circa 75 % im Bereich Zeitschriften und akademischer Texte abdecken. Die nächsten 1 000–2 000 bringen nur circa 5 %. Die Academic Wordlist bringt nur im Bereich akademischer Texte 8,5 %, ansonsten wenig. Und eine solche Logik müsste auf jedes Fach angewandt werden!

»Wenn der Wind eine Spitze hätte, könnte er töten.«
(Chinesische Weisheit)

10
Physik: Das Elend eines scheinbaren Spezialfaches

In diesem Kapitel wird ein wichtiges Fach thematisiert, das, auch empirischen Untersuchungen zufolge, ein „Hassfach" ist und immer mehr wird: Physik. Ich lade, wie im Fach Mathematik, besonders die „Physikhasser" und die geisteswissenschaftlich Orientierten ein. Wiederum habe ich meine typischen Minimax-Fragen gestellt. Und dann bin ich bei meiner Suche nach vorliegender Forschung auf etwas ungeheuer Interessantes gestoßen: Schon recht früh hat es ein paar Physikdidaktiker (und einen Psychologen) gegeben, die die intellektuelle Redlichkeit hatten, zu erforschen und auszusprechen: Im Fach Physik existiert die Wahre Bildungskatastrophe.

Martin Wagenschein

Zuallererst stoßen wir wieder auf den Kronzeugen, den ich schon im Fach Mathematik erwähnt habe; sein Fazit aufgrund seiner langjährigen und intensiven Tätigkeit als Mathematik- und Physikdidaktiker:

»Diese Hinfälligkeit der physikalischen Schulkenntnisse
(bei genauem Zusehen genügt schon ein halbes Jahr
nach dem Ende der Schulzeit, sie verlöschen zu lassen)
ist beunruhigend, da sie von den Lehrern kaum
wahrgenommen und deshalb nicht geglaubt wird.«

Wagenschein vermeint im Übrigen, dieses Phänomen auch in allen anderen Schulfächern wahrnehmen zu können: „Mancher erfahrene Lehrer der alten Sprachen versicherte mir, dass entsprechender Unterricht in den alten Sprachen heute geeignet ist, den Zugang zur Antike eher zu verstellen als zu eröffnen." Es ist schwer, Wagenscheins Zugang in aller Kürze wiederzugeben; gerade bei ihm sollte man im Original nachlesen; facettenhaft will ich folgende seiner Gedanken festhalten:

- Er erzählt davon, wie er in einem Kreis von 25 jungen Volksschullehrern, die allesamt naturwissenschaftlich besonders interessiert waren, gefragt hat, was sie noch vom Fallgesetz wüssten. „Es kam nichts als s = 1/2 g, t^2 die Zahl 9,81, ein Schweigen und ein Stoßseufzer." Als Wagenschein darum bittet, diese Formel ins Deutsche zu übertragen, und zwar so, dass sie jedes zwölfjährige Kind verstehen könnte, kam nichts, gar nichts. Worum es Wagenschein ging, war eine Formulierung, etwa wie folgt: Die in jeweils einer zusätzlichen gleichen Zeiteinheit zurückgelegten Strecken verhalten sich wie: 1, 3, 5, 7, 9. Wenn man diese Strecken addiert, so wird in doppelter Zeit der vierfache Weg, in dreifacher Zeit der neunfache Weg zurückgelegt, und allgemein werden sich die aufsummierten Wege wie die Quadrate der Zeiten verhalten. (Nebenbei angemerkt: Bei meiner Beratungstätigkeit an einem Forschungszentrum habe ich angeregt, jede der mathematisch-ökonomischen Arbeiten in einen einfachen deutschen Satz zu fassen, verbunden mit der Zusatzanregung: Wenn das dem Verfasser nicht möglich ist und wenn sich dabei nicht etwas ergibt, was verblüffend oder witzig wirkt, dann hat die Arbeit keinen wesentlichen Gehalt und eben keinen „Witz" …)
- Bezüglich des *Archimedischen Prinzips* (der Auftrieb ist gleich dem Gewicht des verdrängten Wassers) konstatiert Wagenschein, dass es fast alle Abiturienten durchgenommen haben, aber nicht sagen können, woher der Auftrieb eigentlich kommt. Wagenschein geht es in seiner Frage nicht darum, das Gesetz in seiner Gänze zu begründen, sondern nur um das Prinzip des Auftriebs überhaupt: Er kommt daher, dass der Schweredruck des Wassers mit der Tiefe zunimmt, also den eingetauchten Körper von unten stärker als von oben bedrängt. Hat ein Körper eine geringere Dichte als Wasser, dann schwimmt er, ist seine Dichte größer, dann taucht er ab. In der Original-Wagenschein'schen Formulierung (aus *Die pädagogische Dimension der Physik*): „Jede stehende Flüssigkeit

10 Physik: Das Elend eines scheinbaren Spezialfaches

erzeugt, auf sich selber lastend, einen Schweredruck in ihrem Innern, zunehmend mit der Tiefe und im rechten Winkel auf jedes Flächenstück eines eingetauchten Körpers einwirkend. Deswegen bedrängt sie ihn in der Tiefe (von unten) stärker als von oben und erzeugt so eine Tragkraft, die alle eingetauchten Körper erleichtert." (Manchmal wird behauptet, dass dieses Gesetz erst im Laufe der Entwicklung der Hydromechanik zwischen dem 16. und 18. Jahrhundert ganz herausgearbeitet worden ist, Szabó aber weist in seinem Buch über die mechanischen Prinzipien anhand der Zitierung eines Originaltextes von ARCHIMEDES darauf hin, dass dieser das Prinzip schon völlig erfasst hat.)

- Wagenschein bezieht sich auch auf die Atommodelle: „Die Schüler kennen sie, aber sie halten die Atome für handgreifliche kleine Dinge, da die Zeit zur Besinnung darüber fehlt."
- Wagenschein weist auch daraufhin, dass seinen Erfahrungen und Untersuchungen zufolge von vielen Menschen, ebenso wie in Veröffentlichungen in der Populärpresse, davon ausgegangen wird, dass es einen „Bereich der Schwerkraft" gibt, der durch eine Rakete überwunden werden muss. Tatsächlich aber endet der Bereich der Schwerkraft natürlich nirgends, sondern er verdünnt sich gewissermaßen nur und wird schwächer.
- Ein weiteres Beispiel für eine typische Ignoranz gegenüber fundamentalen physikalischen Phänomenen besteht für Wagenschein in dem Umstand, dass Schüler und Erwachsene nicht wissen, wodurch die Theorie, Wärme sei ein Stoff, am treffendsten widerlegt worden ist, nämlich dadurch, dass sie durch Hämmern, Bohren, Reiben, Kneten, Rühren in *unerschöpflichen* Mengen aus den Dingen herausgetrieben werden kann. Sie wissen ein paar Schlagworte, vielleicht, dass Wärme die kinetische Energie der Moleküle ist, und ein, zwei Formeln, aber das hindert sie eher am Verstehen.
- Ein weiteres Beispiel aus dem Physikunterricht Wagenscheins mit jungen Volksschullehrern: Vorgegeben war die Frage, in welche Richtung die Erde davonfliegen würde, wenn die Geschwindigkeit extrem vergrößert würde. Die einen meinten „zentrifugal", also senkrecht nach oben, die anderen meinten „tangential", also der Trägheit folgend, waagerecht. Beide Gruppen kannten im Übrigen die Formeln, ihnen war aber nicht klar: Trägheits- und Zentrifugalkraft sind eigentlich dasselbe, nur unterschieden durch die Wahl des Bezugsystems. Meist wird die Zentrifugalkraft als Scheinkraft betrachtet, die nur für einen bewegten Beobachter in zentrifugaler Richtung zu wirken scheint. Die Zentrifugalkraft/Flieh-

kraft existiert nur für das mitrotierende Bezugssystem, für das ruhende nicht, da gibt es nur eine kräftefreie Trägheitsbewegung. Konkret: Wenn jemand bei einem Fahrzeug (ohne Türen), das mit großer Geschwindigkeit eine Kurve nimmt, herausfliegt, dann fliegt er, vom Begleiter aus gesehen, seitlich nach außen, „zentrifugal"; ein auf der Straße stehender Zeuge aber sieht, wie er in Fahrtrichtung nach vorne fliegt.

- Wagenschein berichtet von einem bekannten Astronomen, der ihm erzählte, dass 80 % seiner Besucher, „vom Minister bis zum Hilfsarbeiter", nicht zu sagen wussten, wie es kommt, dass die sichtbare Gestalt des Mondes wechselt. Und Wagenschein kann aus eigener Erfahrung hinzufügen, dass etwa jeder vierte Abiturient den Erdschatten dafür verantwortlich macht, statt die Position des Erdbeobachters relativ zur sonnenbeschienen Mondseite.
- Wagenschein berichtet von einem Gespräch mit einem Pfarrer, der ihm erzählt, dass ihm kürzlich, vor einem Gewässer stehend, zum ersten Mal bewusst geworden sei, dass das Wasser nicht in der Ausbreitungsrichtung der Welle strömt, sondern die Wasserteilchen auf- und abschwingen, das Wasser also stehen bleibt. Dies ist für Wagenschein nicht nur ein Ausdruck der Unwissenheit, sondern einer der typischen Ansätze, von dem aus er seine besondere Art von Unterricht beginnt.

Wagenscheins Fazit: Der herkömmliche Unterricht verhindert mit seinem scheinbar wissenschaftlichen Gebaren den Zugang in die „menschenbildende" Tiefe. Wagenschein bezeichnet diese Tendenz des herkömmlichen Physikunterrichts als „Verstiegenheit" und möchte dem die „Versenkung" gegenüberstellen. An anderer Stelle spricht er noch deutlicher aus, durch was der herkömmliche Physikunterricht gekennzeichnet ist: durch „Unredlichkeit". Er erzeuge „Fassade, Attrappe, Schaufensterpackungen und erniedrigt den Lehrer zum Dekorateur". Und schon lange bevor man von „Schlüsselfertigkeiten" und „Basiskompetenzen" gesprochen hat, ist folgender Gedanke von Wagenschein formuliert worden: „Das Wünschenswerte wäre, dass wir für die Oberstufe überhaupt nicht mehr stoffliche Pläne aufstellten, sondern *Funktionspläne*. Sie würden keine Stoffe nennen, sondern die geistigen Funktionen und die Arbeitsmethoden, die zu erreichen wären. Also nicht: Elektrizitätslehre, Optik usw., sondern bei-

10 Physik: Das Elend eines scheinbaren Spezialfaches

spielsweise: Erfahrungen in einem Gebiet, was ein physikalisches Modell ist." Im Buch von J. Willer zur Didaktik des Physikunterrichts finden sich weitere Informationen zu Wagenscheins Untersuchungen und Reaktionen darauf.

»Die Antworten auf die letzten Fragen der naturwissenschaftlichen Forschung werden wahrscheinlich sehr einfach sein; die Natur ist immer einfach in der Anlage.« (Werner Heisenberg)

Konrad Daumenlang

Dieser Psychologe hat eine Promotion verfasst, die vielleicht nicht den heutigen methodischen Standards genügt, jedoch wegweisend im Hinblick auf ihren grundsätzlichen Ansatz war. Dieser bestand darin zu untersuchen, wie sich das konzeptuelle Denken im Bereich der Physik durch den Unterricht verändert. In einer Untersuchung an 171 jungen Erwachsenen mit Volksschulabschluss sowie einer Kontrollgruppe von 99 Schülern der 7. Jahrgangsstufe stellte er Fragen, die dem Niveau des damaligen Naturlehreunterrichts in der bayerischen Volksschule entsprachen. Typische Fragen aus Daumenlangs Untersuchung (der Leser möge sie an sich selbst wiederum testen):

- Wie kommt es, dass ein Fahrraddynamo Strom erzeugt? – Diese Frage konnten nur 6,5 % der Erwachsenen und 4,2 % der Schüler beantworten.
- Wie kommt es, dass ein Magnet eiserne Dinge anzieht, zum Beispiel Nägel? – Nur 17,6 % der Erwachsenen und 19,1 % der Schüler konnten ein richtiges oder teilweise richtiges Konzept angeben.
- Wie entsteht ein Regenbogen? – Nur circa 11 % der Erwachsenen sind in der Lage, dafür eine Erklärung zu geben; circa 34 % verfügen über ein teilweise richtiges Konzept.
- Im Folgenden sind noch einige weitere Fragen aus Daumenlangs Untersuchung genannt; der Leser möge überlegen, inwieweit er sie beantworten kann: Astronauten umkreisen in ihren Kapseln tagelang die Erde: Wie kommt es, dass die Kapseln nicht auf die Erde fallen? – Wie kommt

es, dass sie nicht aus der Erde in den Weltraum fortfliegen? – Wie kommt es, dass die Astronauten wieder auf die Erde zurückkehren können? – Wie kommt es, dass der Wind weht? – Wenn man ein Stück Eisen ins Wasser wirft, so versinkt es. Wie kommt es aber, dass eiserne Schiffe nicht untergehen? – Wie kommt es, dass es bei uns im Dezember kalt ist? – Wie kommt es, dass man durch ein Vergrößerungsglas Gegenstände vergrößert sieht?

> Das Gesamtergebnis: Die Hälfte der Probanden wäre durchgefallen, wenn es sich um eine Klassenarbeit gehandelt hätte; im Mittel wurden die Fragen von weniger als einem Drittel ausreichend beantwortet. Übrigens zeigte sich in einer Befragung von Lehramtsstudenten, dass diese zwar zu einem wesentlich höheren Prozentsatz über richtige physikalische Konzepte verfügen, jedoch in ihren falschen Antworten dieselben Erklärungsprinzipien wie bei den Volksschülern zu finden waren. Vom schulischen Unterricht scheint also wirklich so gut wie nichts übrig geblieben zu sein. Das wird auch durch den Befund bestätigt, dass Antworten auf diejenigen Fragen, die laut Lehrplan noch nicht behandelt wurden, sich in ihrer Richtigkeit nicht von anderen unterschieden.

Eine weitere wichtige Einsicht: Die Antworten enthielten praktisch immer Modelle, die nicht der Wissenschaft, sondern einer Art intuitiver vorwissenschaftlicher Alltagsphysik entstammen: Blitz entstehe durch Reibung, Donner durch Zusammenstoß der Wolken, als Grund für die Schwimmfähigkeit eines Schiffkörpers wird die darin enthaltene Luft angegeben. Dass Raumkapseln nicht auf die Erde fallen, wird mit der nicht mehr wirkenden Erdanziehungskraft begründet, manchmal wird die Erdanziehung sogar an die Atmosphäre geknüpft; ganz typisch: Im Widerspruch hierzu wird die Gebundenheit der Satelliten an die Erdumlaufbahn mit der Anziehung der Erde begründet. Ein weiterer interessanter Aspekt: Insbesondere die Wetter- und Klimaphänomene werden offenbar nicht als sonderlich erklärungsbedürftig angesehen, da man ohnehin nichts daran ändern kann;

10 Physik: Das Elend eines scheinbaren Spezialfaches

Physik wird damit nicht verknüpft. Das weitergehende Fazit der Untersuchung kann wie folgt formuliert werden:

> Die physikalischen Konzepte Erwachsener entsprechen denen 13-jähriger Schüler, unabhängig davon, ob sie im Hinblick auf diese früher Schulunterricht gehabt hatten. Der Schulunterricht hat also keine messbare Wirkung! Daumenlang hat Recht, wenn er (im wissenschaftlichen, nicht polemischen Sinne) weiterhin feststellt: Das Naturbild der normalen Menschen unterscheidet sich nicht von kindlichen Weltbildern, was im Gegensatz zu der entwicklungspsychologischen Theorie, vor allem von Piaget, steht (weitere Informationen finden sich wiederum im Lehrbuch zur Didaktik des Physikunterrichts von J. Willer). Ähnliches hat schon Martin Wagenschein erkannt: Er meint, dass wir irren, wenn wir glauben, „die 6-, 9-, 12-, 15-, 18-Jährigen hätten ihre frühkindlichen Dingbezüge hinter sich gelassen und abgestreift, wie eine Schlange ihre Haut. Ganz im Gegenteil haben sie sie in sich hineingenommen, geborgen und verborgen und auch im Erwachsenen schlummern sie noch tief innen".

Diese Arbeit war eigentlich wegweisend hinsichtlich ihres Leitmotivs einer Integration von Psychologie und Didaktik: Lehrer müssen in stärkerem Maße an die *Schülervorstellungen* anknüpfen, auch wenn diese *Fehlvorstellungen* (engl.: *misconceptions*) sind. Dennoch blieb Daumenlangs Untersuchung weitgehend unbeachtet, jedenfalls konsequenzenlos. Zehn Jahre später kommentiert R. Brämer Daumenlangs Arbeit deswegen auch in einem Artikel mit dem Untertitel „Zum 10-jährigen Untergang der Untersuchung Konrad Daumenlangs"; er arbeitet kritische Aspekte heraus, würdigt Daumenlangs Ansatz aber in sehr treffender Weise:

> Diese Arbeit sei endlich ein empirischer Zugang zu dem, wo sonst nur „fachdidaktische Potenzphantasien in Form utopi-

> scher Lehrgangs-Entwürfe regierten". Brämer weist auch auf den Aspekt hin, der Grundlage des gesamten vorliegenden Buches ist: „Schulische Tests prüfen immer nur das kurzfristige Wissen der Schüler. Und auch wenn es schon dabei erhebliche Versagerquoten gibt, so reichen die in der Regel mehrheitlich zufriedenstellenden Leistungen doch aus, den Lehrern den Eindruck zu vermitteln, dass der Stoff (zumindest im Schnitt) einigermaßen sitzt, dass der Unterricht also sein Ziel in etwa erreicht hat."

Brämer präpariert auch einen wichtigen Aspekt und ein wichtiges Problem heraus: In dem Moment, in dem man von einer eher alltags- und schülerorientierten Phase in die wissenschaftliche Phase übertritt, gerät man in die Sphäre der Abstraktion; die Schüler können nicht länger „begreifen" im wörtlichen Sinne. Und hier tritt dann das in den letzten Jahren so thematisierte Problem des *Konzeptwechsels* auf (also des von vorwissenschaftlichen Konzepten hin zu wissenschaftlich orientierten), das vielleicht, so möchte ich meinen, gar keines wäre, wenn der Physikunterricht technisch-praktisch orientiert wäre.

> »Die Wissenschaft verjüngt die Seele und vermindert die Bitterkeit des Alters.« (Leonardo da Vinci)

Studieneingangstest für Physik 1978

Das war die nächste „Erleuchtung". Deshalb werden die Ergebnisse dieses interessanten Tests (Krause et al.) hier ausführlich referiert, weil sie meiner Meinung nach sowohl dem Theoretiker, dem Praktiker als auch dem Laien auf sehr präzise Weise vor Augen halten, was die WAHRE BILDUNGSKATASTROPHE bedeutet.

1) Ein Teil dieses Tests war fern jeglichen Fachunterrichts und bezog sich lediglich auf quantitativ-phänomenologische Grundkenntnisse, wies also gerade die *elementar-fundamentale* Dimension auf, die in diesem

10 Physik: Das Elend eines scheinbaren Spezialfaches

Buch immer wieder betont wird: Geschätzt werden sollte beispielsweise die Höhe von Gebäuden, der Durchmesser einer Buchseite, der Erdradius, die Ladung des Heliumkerns, die Dichte von Wasser, der Atomdurchmesser, der Kerndurchmesser, die Satellitengeschwindigkeit usw.. Dabei ergaben sich folgende Ergebnisse:

– Meistens waren mehr als die Hälfte der Antworten falsch. So hatten 64 % keine Vorstellung von der ungefähren Stärke des Stroms, der durch eine elektrische Kochplatte fließt.

– Zwei erstaunliche und wichtige Fehlertypen manifestierten sich, die beide bei schätzungsweise jeweils 5–10 % auftraten und die man zum einen als „Verwechslung" (etwa des Radius mit dem Umfang der Erde, des Atomkerns mit dem Gesamtatom) charakterisieren kann und zum anderen als etwas, das die Autoren explizit als „Unsinn" charakterisieren, etwa wenn der Erdradius mit sechs Metern oder mit 1753000 Metern angegeben wird, der Durchmesser des Atoms mit 10^{-64} Metern, der des Kerns gar mit 10^{-80} Metern. (Es gibt, so die Durchführer des Tests, keinerlei Hinweise darauf, dass die Antworten bewusst witzig gemeint waren.)

– Grundsätzlich: Sobald zu einem von der Schule her bekannten Begriff oder abstrakten Sachverhalt nach einem konkreten Beispiel gefragt wurde, ging der Prozentsatz richtiger Antworten stark zurück.

2) Ein anderer Fragenkomplex enthielt einfache Wissensfragen. Nachfolgend einige Beispiele, wobei die Klammerangaben die Prozentzahl von Versuchspersonen benennen, die die Frage nicht beantworten konnten: „Wieso schwimmt Eis auf Wasser?" (19 %), „Wie lautet die Formel für kinetische Energie?" (33 %), „Wie lautet die Maßeinheit der elektrischen Stromstärke?" (13 %), „Geben Sie zwei Beispiele für Säuren an (möglichst mit einem chemischen Symbol)" (35 %).

3) Im Folgenden drei Angaben, die das Spektrum der Schwierigkeit beziehungsweise der Beantwortbarkeit widerspiegeln:

– Bei circa einem Fünftel der Aufgaben wurden Prozentsätze richtiger Antworten um 50 % erreicht, wie bei den Fragen „Was sind Isotope?" oder „Welche Arten elektromagnetischer Wellen kennen wir außer dem sichtbaren Licht noch?".

– Bei der überwiegenden Zahl der Fragen (60 %) gaben nur 10–45 % der Studienanfänger im Fach Physik eine richtige Antwort.

– Die schlechtesten Resultate (um 10 %) wurden bei Aufgabentypen erzielt wie „Beschreiben Sie kurz das Prinzip des Induktionsvorgangs!" und „Erklären Sie die Interferenz vom Licht am Doppelspalt mithilfe des Huygens'schen Prinzips, machen Sie eine Skizze!" Oder bei der Frage nach dem Unterschied in den Voraussagen einmal des Bohr'schen Atommodells und einmal der Elektrodynamik hinsichtlich der möglichen Energiewerte des Elektrons im H-Atom (ja, ja, das alles ist Gymnasial-Physikstoff!).

4) Besonders nachfolgende Ergebnisse aus diesem Studieneingangstest weisen sehr deutlich in die Richtung dessen, was ich WAHRE BILDUNGSKATASTROPHE nenne:
   - Auch bei Aufgaben, die kaum über Grundschulniveau hinausgehen, sind die Ergebnisse äußerst dürftig: Nur 17 % der Physikanfänger beantworteten die Frage nach dem Entstehen der Mondphasen korrekt, weitere 18 % gaben unvollständige, aber einigermaßen richtige Antworten. Mindestens 15 % der Physikanfänger waren der Auffassung, dass die Mondphasen durch den Erdschatten verursacht werden, und das, obwohl direkt danach nach der Entstehung einer Mondfinsternis gefragt wurde (diese wird tatsächlich durch den Erdschatten verursacht): 64 % richtige Antworten; teilweise wurde diese zweite Frage dann mit „siehe oben" beantwortet. Bei der Frage nach der Entstehung der Wärmeenergie in einem Kernreaktor findet man nicht mehr als 42 % richtige Antworten, obwohl eine Antwort wie „durch Kernspaltung" genügte. Bei den falschen Antworten häufen sich Aussagen wie „durch radioaktiven Zerfall" oder durch „Beschuss mit Elektronen".
   - Ein typisches Beispiel dafür, wie elementar Physikaufgaben sein können und trotzdem nicht beantwortet werden (schon im Mathematikkapitel erwähnt): Nur mehr ein Drittel der Anfänger eines Physikstudiums konnten die Satellitengeschwindigkeit ausrechnen, wenn folgende Aufgabenstellung gegeben war: „Ein Satellit umfliegt die Erde in 90 Minuten in einer Höhe von 400 km, bestimmen Sie die Satellitengeschwindigkeit!"
   - Insgesamt erzielten fast 40 % der Studienanfänger im Fach Physik bezogen auf die Gesamtheit der Fragen höchstens ein Drittel der zu erreichenden Punkte.

5) Nachfolgende Ergebnisse sind dann schon ein fast mathematisch exakter Beleg für die WAHRE BILDUNGSKATASTROPHE:
   - Anspruchsvollere Fragen, die dem Niveau der schulischen Richtlinien nahekommen oder dem entsprechen, wurden von 90 % der Physikanfänger nicht korrekt beantwortet.

10 Physik: Das Elend eines scheinbaren Spezialfaches

- Viele Studienanfänger hatten (das Beispiel ist ebenfalls bereits im Mathematik-Kapitel zitiert) mit der elementaren Bruchrechnung Probleme, auch mit der Handhabung des Wurzelzeichens, und 53 % schafften nicht die Lösung eines linearen Gleichungssystems wie 4x + 7y = a und x + 3y = b. Ebensolche Schwierigkeiten ergaben sich bei der Anwendung des Distributivgesetzes oder der Multiplikation einer Gleichung mit einer Zahl.
- Wie gesagt, dies gilt für *Physikstudenten;* wandte man den Test bei *Medizinern* an, zeigte sich: Obwohl diese einen Notendurchschnitt von nur wenig über 1,0 hatten (damaliger Numerus clausus), gab es praktisch kaum noch messbare Kenntnisse.

> Mit anderen Worten: Wie ich postuliert habe und was wahrscheinlich von vielen Lesern bisher bezweifelt worden ist: Auch die besten Abiturienten besitzen keinerlei konsistentes NACHHALTIGES WISSENSRESIDUUM. Die Autoren konstatieren, dass viele der angehenden Studenten bereits größte Schwierigkeiten hatten, die Aufgaben und Texte überhaupt zu verstehen! Auch wird ein erheblicher Mangel an sprachlichem Ausdrucksvermögen festgestellt, wenn es darum geht, naturwissenschaftliche Inhalte sprachlich adäquat darzustellen. Im Extremfall wird nur nach einem auslösenden Stichwort für die Anwendung einer bekannten Formel gesucht und der Rest der Textinformation außer Acht gelassen.

Vergleichbare Ergebnisse ergaben sich übrigens auch schon in einer Untersuchung von 1975, durchgeführt von Lehmberg et al. Inzwischen liegt eine Fülle weiterer Untersuchungen an Studenten vor; ich referiere die Ergebnisse hier nach Willers Lehrbuch: Die Teilnehmer erreichten, über zwei Jahrzehnte gemittelt, bei 50 erreichbaren Punkten eine Leistung von rund 30 %, nach einem studienbegleitenden Stützkurs circa 60 %. Zusätzliche Umfragen ergaben wie üblich, dass bei den Studierenden deutliche Aversionen gegenüber dem Fach PHYSIK bestehen. Bezeichnend und hochinteressant: Ein Professor für Experimentalphysik legte den Teilnehmern einer Einführungsveranstaltung einen Testbogen in Anlehnung an den genannten *Studieneingangstest Physik 1978* vor, er brach die Auswertung und anschließend auch seine Vorlesung jedoch nach 80 (von 250) Textbogen ab, weil er die Ergebnisse psychisch nicht mehr ertragen konnte … Ein Beispiel aus seinen Ergebnissen: Von 80 Testteilnehmern hat kein einziger den Energiesatz der Mechanik in seiner einfachsten Form (kinetische Energie + potentielle Energie = constant) richtig anzugeben vermocht.

>»Die Wissenschaft, richtig verstanden, heilt den Menschen von seinem Stolz, denn sie zeigt ihm seine Grenzen.« (Albert Schweitzer)

Manfred Euler und andere

Manfred Euler, späterer Professor am Institut für Pädagogik der Naturwissenschaften in Kiel, hat 1982 eine hochinteressante Habilitationsschrift veröffentlicht mit dem Titel *Physikunterricht – Anspruch und Realität*. Untersucht wurden Schüler kurz vor oder nach dem Abitur, also vor allem Studienanfänger. Und gezeigt wurde, vereinfacht gesagt: Anspruch und Realität des Physikunterrichts gehen ganz furchtbar weit auseinander. Ich nenne aus der Fülle seiner Aufgaben nur drei, denn es handelt sich um typische Minimax-Aufgaben.

Auf der Ebene des schlichten Begriffwissens (A1) wird das Boyle-Mariotte'sche Gesetz von 80 % der Studienanfänger richtig genannt, die richtige Formel können noch 60 % herstellen (A2). Aber, nun wird es interessant: 66 % können dieser Formel nicht den richtigen Funktionsgraphen zuordnen (A3, 4)! Dies mögen sich insbesondere diejenigen Mathematiker vergegenwärtigen, die vielleicht bei meinem Vorschlag im Mathematik-Kapitel zusammengezuckt sind, dass erst einmal nur auf der Basis von Minimalmathematik oder intuitiven Vorstellungen typische Graphen gezeichnet werden sollen, damit die Schüler ein Gefühl für grundlegende Kurvenverläufe bekommen. 66 % kennen nicht die simple lineare (umgekehrt proportionale) Beziehung zwischen Druck und Volumen und die dazu gehörige Funktionskurve, eine nach unten verlaufende Gerade (4).

10 Physik: Das Elend eines scheinbaren Spezialfaches

Wie heißt die Beziehung zwischen Druck und Volumen beim idealen Gas?

1) Avogadrosches Gesetz
2) Gesetz von Gay-Lussac
3) Daltonsche Regel
4) Faradaysches Gesetz
5) Boyle-Mariottesches Gesetz

A1

Durch welche Formel wird dieser Zusammenhang repräsentiert?

1) $V = \text{const} \cdot 1/p$
2) $p = \text{const} \cdot V$
3) $p = p_o \cdot (1 + \alpha V)$
4) $p = 1/V$
5) $V = \text{const} \cdot p$

A2

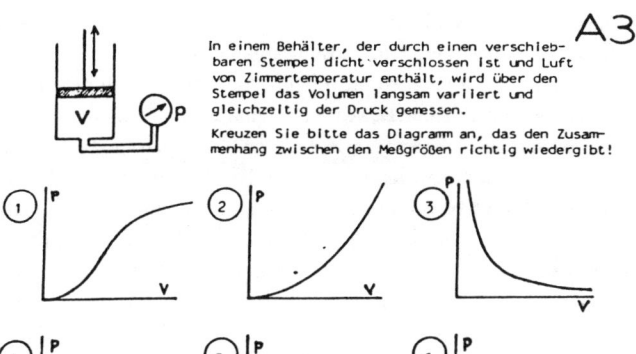

A3

In einem Behälter, der durch einen verschiebbaren Stempel dicht verschlossen ist und Luft von Zimmertemperatur enthält, wird über den Stempel das Volumen langsam variiert und gleichzeitig der Druck gemessen.

Kreuzen Sie bitte das Diagramm an, das den Zusammenhang zwischen den Meßgrößen richtig wiedergibt!

In der Bibel gibt es die Erzählung, dass die Gileaditer die feindlichen Ephraimiter an der Aussprache des Worts „Schibboleth" erkannten, woraus die übertragene Bedeutung als Losungswort, das den Zugang zu etwas gewährt, entstanden ist. Und ich würde die genannte Aufgabe als „Schibboleth-Aufgabe" bezeichnen, vergleichbar derjenigen in Mathematik, in der danach gefragt wird, wie die Beschleunigung eines sich geradlinig bewegenden Objekts bestimmt werden muss (als Steigung des Geschwindigkeits-Zeit-Graphen) und wie dabei faszinierend geringe Antwortquoten entstanden. Beides sind so ganz typische Aufgaben, die, jenseits der vielen Tausenden von Ergebnissen der modernen Bildungsstudien, das Elend der Schule auf den Punkt bringen. Ohne solche „Losungswörter" sollte niemand eine Schule durchlaufen dürfen …

Interessant sind auch die nächsten zwei Aufgaben:

Die Aufgabe A4 wird von 25 % gelöst, weil sie, wie der Autor selbst sagt, in „schulgewohnter Art" eine Parabel als die typische Abhängigkeit von Weg und Zeit bei der schiefen Ebene präsentiert. Verändert man die Aufgabenstellung aber nur ein wenig, dann schaffen es plötzlich 84 % nicht, die Aufgabe A5 zu bewältigen; es ist die Lösungsmöglichkeit 3. Warum? Nun, die Tatsache, dass ein Körper eben nicht beim Punkt 0, sondern beispielsweise erst bei 10 Metern mit der Bewegung beginnt, hat nichts damit zu tun, dass er gewissermaßen bereits „im Fahren ist", also sich in einer von Null verschiedenen Ausgangsgeschwindigkeit findet. Die Geschwindigkeit muss also beim Zeitpunkt Null null sein, und sie muss dann linear, als Gerade, anwachsen. Denn wenn der Weg eine Parabel ist, bedeutet das, dass sich der Körper beschleunigt bewegen muss, seine Geschwindigkeit also permanent/linear zunehmen muss. (Erstaunlich dabei: Hinsichtlich der Schulnote unterscheiden sich gute wie schlechte Problemlöser bei dieser Aufgabe praktisch gar nicht, ebenso wie übrigens auch bei Aufgabe A3.) Manfred Euler verweist auch darauf, dass andere Untersuchungen mit Medizinstudenten Ähnliches ergeben haben, dass nämlich grundlegender Mittelstufenstoff nicht beherrscht wird!

Im Rahmen dieses Buches können die weiteren Ergebnisse dieser hochinteressanten Studie nicht dargestellt werden; sie zeigen, dass es in Bezug auf mechanische und insbesondere auch elektrische Systeme, etwa im Hinblick auf die Interpretation von Schaltskizzen und den damit einhergehenden Wirkungszusammenhängen, so gut wie kein intuitives, also visuell basiertes Verständnis (ganz jenseits mathematischer Zusammenhänge) gibt. Vereinfacht gesagt: Selbst wenn man mathematische und physikalische Anforderungen ausblendet, haben Schüler keinerlei

10 Physik: Das Elend eines scheinbaren Spezialfaches

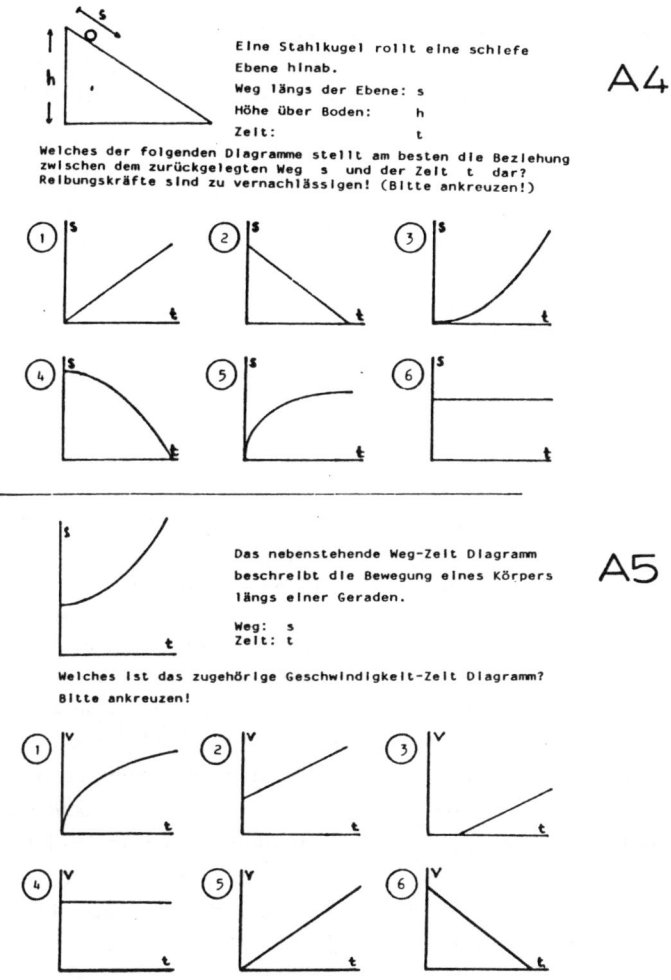

A4

Eine Stahlkugel rollt eine schiefe Ebene hinab.
Weg längs der Ebene: s
Höhe über Boden: h
Zeit: t

Welches der folgenden Diagramme stellt am besten die Beziehung zwischen dem zurückgelegten Weg s und der Zeit t dar? Reibungskräfte sind zu vernachlässigen! (Bitte ankreuzen!)

A5

Das nebenstehende Weg-Zeit Diagramm beschreibt die Bewegung eines Körpers längs einer Geraden.

Weg: s
Zeit: t

Welches ist das zugehörige Geschwindigkeit-Zeit Diagramm? Bitte ankreuzen!

„Ahnung" von typischen elektrischen Systemen. Dies wurde in späteren Studien detailliert herausgearbeitet.

Ergänzend will ich noch eine kleine Arbeit von F. Schrewe und J. Schmitz erwähnen: „Physikkenntnisse der Erwachsenen" (aus dem Jahre 1983). Befragt wurden bewusst Nichtfachleute der verschiedenen Alters- und Abschlussstufen (wobei es leider nicht möglich ist, dem Artikel die speziellen Ergebnisse der Abiturienten zu entnehmen). Nachfolgend die bezeichnendsten Ergebnisse:

- Bei der Frage, ob sich die Sonne um die Erde, die Erde um den Mond, die Erde um die Sonne, die Sonne um den Mond dreht, ergab sich, dass fast ein Viertel der Befragten darauf keine korrekte Antwort geben konnte.
- Bei der schon viel schwierigeren Frage, ob gleich große Holz- und Eisenkugeln gleich schnell fallen, war eine Versagensquote von fast 75 % gegeben.
- Ähnlich hohe Fehlerquoten ergaben sich bei der Frage, wodurch bei einem stark bremsenden Auto die Passagiere nach vorn geschleudert werden oder wodurch das Ausbrechen eines Autos in seiner Kurve verhindert wird.
- Um geringere Fehlerquoten (circa 5 % – circa 20 %) zu erreichen, waren Fragen nötig wie „Bei welchem Haushaltsgerät wird die Fliehkraft ausgenutzt?" (zum Ankreuzen vorgegeben waren: Wäscheschleuder, Kaffeemaschine, Eierkocher, Kühlschrank), „Wie verhalten sich bei zwei Stabmagneten gleiche Pole, stoßen diese sich ab oder ziehen sie sich an?", „Aus welchem Physikbereich entstammt das Ohmsche Gesetz?". Aber schon ein Drittel wusste beispielsweise nicht die Antwort auf die Frage, wie sich Körper bei Erwärmung verhalten (sie dehen sich aus).

Auch eine neue Untersuchung von Professor U. Stephenson von der HafenCity Universität Hamburg prangert die schlechten Mathematikkenntnisse der Studienanfänger an, noch schlimmer aber seien die Physikkenntnisse. Sie seien „mangelhaft", ja oft „gleich null". Die überwiegende Anzahl der Studenten können elementare Aufgaben aus Mechanik, Elektrizität und Wärmelehre kaum lösen. Nur 5 % der Studienanfänger erreicht mehr als die Hälfte der möglichen Punkte, also die Note 4. Als kurios wertet Stephenson übrigens die fast totale Unkenntnis vom Auftriebsgesetz ausgerechnet in der Hafenstadt Hamburg – nur 18 % der Studierenden kannten den Satz des Archimedes, wie er am Anfang dieses Kapitels kurz dargelegt worden ist.

»Natur heißt weiter nichts als die alltägliche Wiederkehr desselben Wunders; erst die unterbrochenen nennen die Leute Wunder.«
(Jean Paul)

Defizite im Bereich elementaren Sachwissens

Ich möchte, ergänzend zu den zitierten Studien, nun noch meine eigenen kleinen „Minimax-Aufgaben" präsentieren (ich bin da durchaus von meinen eigenen Defiziten ausgegangen); der Leser möge diese wieder an sich selbst testen.

- Schon die Kenntnis der wichtigsten Maßeinheiten geht meiner Erfahrung nach auch vielen Abiturienten und Akademikern ab: Was ein Meter, ein Kilogramm und eine Sekunde ist, wissen noch relativ viele, ganz wenige aber kennen folgende Grundeinheiten der Physik: 1. Newton, 2. Joule, 3. Watt, 4. Pascal, 5. Ampere, 6. Volt, 7. Ohm, 8. Farad, 9. Tesla, 10. Weber. (Erläuterung: Diese sind, der Reihe nach folgenden Einheiten zugeordnet: 1. Kraft, 2. Energie, Wärmemenge, Stromarbeit, 3. Leistung, Stromleistung, 4. Druck, 5. Stromstärke, 6. Spannung, 7. Widerstand, 8. Kapazität, 9. magnetische Flussdichte, 10. magnetischer Fluss.)
- Schon folgende einfache Frage überfordert viele: Was bedeutet Kilowatt oder Kilowattstunde? – Nach meinen Erfahrungen wissen viele Menschen nicht, was die Angaben auf ihrer Stromrechnung oder auf ihren Batterien bedeuten! Der Leser kann sich also trösten, wenn es ihm genauso geht, er ist ganz und gar nicht allein.
- In diesem Zusammenhang sei kurz das Ergebnis einer Untersuchung des *Stern* zitiert: Nur 17 % wussten, was ein *Lichtjahr* ist (die Strecke, die das Licht in einem Jahr zurücklegt, circa 9,5 Billionen Kilometer).
- Ähnlich gilt, dass so gut wie niemand die simpelsten Prinzipien der *Optik* und damit zum Beispiel die Grundlagen der

millionenfach verbreiteten Fotoapparate versteht. Nicht wenige Menschen können sogar die elementare Frage danach, was *konkave* beziehungsweise *konvexe* Linsen seien, nicht beantworten, oder die Frage danach, was der Unterschied zwischen einem Weitwinkel- und einem Teleobjektiv ist.

- Bei diesen elementaren Defiziten ist es kein Wunder, dass im Rahmen meiner kleinen Nachforschungen so gut wie niemand auch nur ein einziges physikalisches Gesetz komplett erinnerte. Dies gilt schon für die elementare Ebene des *Ohm'schen Gesetzes*. Es wäre ja schon viel, wenn man wüsste, dass dieses Gesetz den *Zusammenhang von Stromstärke, Spannung und Widerstand (Gleichstromwiderstand)* ausdrückt, selbst wenn man die Formel nicht mehr weiß: Widerstand = Spannung : Stromstärke (umformuliert: Spannung = Widerstand × Stromstärke oder Stromstärke = Spannung : Widerstand).

- Und wiederum will ich betonen: Man muss überhaupt nicht in „höhere" Gebiete gehen, bei gar nicht wenigen Menschen finden sich Defizite hinsichtlich ganz elementarer Vorgänge und „Gerätschaften": Was ist das Wirkungsprinzip eines Nagels oder eines Keils? Verallgemeinert gefragt: Was sind die einfachen mechanischen Maschinen und Geräte (eben teilweise benannt), die schon im Altertum bekannt waren; was ihre Wirkungsprinzipien? Die meisten Menschen können dieses Jahrtausende alte Wissen nicht reproduzieren.

Kurzerläuterung: Die Wirkungsweise eines Nagels lässt sich – das ist eigentlich ganz einfach, wird aber oft nicht erkannt – schlicht und einfach aus dem Gesetz ableiten, dass der Druck umgekehrt proportional zur Fläche ist, dass also die Kraft, mit der ich etwas drücke, umso größer ist, je kleiner die Fläche ist, und der Nagel hat ja nur eine ganz minimale, eine „spitze" Fläche. Immer wieder habe ich erlebt, wie Menschen einfach bei der Antwort stecken geblieben sind, dass die Funktion eines Nagels darauf beruhe, dass er eben „spitz" sei… Ein Keil beruht im Grunde ebenfalls auf diesem Prinzip; er ist gewissermaßen ein Nagel, der unten verbreitert ist, und hinzu kommt das Prinzip der schiefen Ebene. Weitere elementare *mecha-*

nische Maschinen, die schon im Altertum bekannt waren: das Seil und die Stange, die Rolle, der Hebel, die schiefe Ebene, das Rad. Daraus lassen sich Kombinationen zusammenstellen: der Flaschenzug = Seil und Rolle, das Wellrad = Hebel und Stange, die Kurbel = Hebel und Wellrad; hinzu kommen die Schraube und das Zahnrad, die man sich als Kombinationen von Stange oder Wellrad und schiefer Ebene grob veranschaulichen kann, die aber als Hub- und Getriebeelemente eigenen Gesetzen folgen. Diese Kombinationen bilden die Basis aller Werkzeuge. Werkzeuge wie Hebel und Keil sind wohl schon in der Steinzeit verwendet worden; in Ägypten wurden Umlenkrollen verwendet, um zum Beispiel Obelisken aufzustellen. Einfache Maschinen bilden auch die Basis der Maschinen im heutigen Sinne; auch seitdem man die Umwandlung von Wärme in Kraft (in Wärme-Kraft-Maschinen) beherrscht und die Kräfte der Elektrizität, des Magnetismus und des Atoms nutzen kann, sind trotzdem die immer noch kombinierten mechanischen Maschinen zur Übersetzung/Transmission notwendig.

»Lehrbücher sollen anlockend sein; das werden sie nur, wenn sie die heiterste, zugänglichste Seite des Wissens und der Wissenschaft anbieten.« (Johann Wolfgang von Goethe)

Zwischenfazit

Für denjenigen Leser, der meine Ausgangsthese für eine zwar interessante, aber letztlich doch überzogene Idee gehalten hat, hat das Fach Physik zweierlei demonstriert: (a) Es gibt gerade in der Physik starke und exakte Belege für die Existenz der WAHREN BILDUNGSKATASTROPHE. (b) Es ist möglich, dass diese Einsicht, die im Grunde jeder Physiklehrer, der jemals ernsthaft die langfristigen Folgen seines Unterrichts ins Auge gefasst hat, weiß oder ahnt, komplett und dauerhaft verdrängt wird, auf quasi dieselbe Weise, wie ein psychisches Trauma dissoziativ abgespalten wird. Manfred Euler schreibt in der Studie „Mathe mangelhaft":

> „Die Probleme des Unterrichts wurden in der damaligen Diskussion zum Teil als zwangsläufige Folge der inhärenten Schwierigkeit von Mathematik und Physik abgetan. Insgesamt fand ein ignorierender Befund statt, eine Verdrängung auf breiter Front. Auch die Befunde von Interessenstudien, die eine Abwendung von Naturwissenschaft umfassend belegen (…), sind außerhalb der fachdidaktischen Diskussion kaum wahrgenommen worden. (…) In Lehrplänen und ihren Präambeln werden Ziele zwar formuliert, sowohl generisch als auch im Detail. Ob sie erreicht werden, und sei es nur im Sinne gewisser Minimalanforderungen, ist dagegen nicht umfassend sichergestellt. (…) Die heftigen Reaktionen auf TIMSS einerseits und die effektive Verschleppung alter, seit langem bekannter Defizite sind als systemische und gesellschaftliche Symptome zu werten. Die Wertschätzung grundlegender mathematisch-naturwissenschaftlicher Bildung im Sinne eines von allen geteilten Kulturguts ist keinesfalls in der Vergangenheit ein allgemeiner Konsens in unserer Gesellschaft gewesen. Man kann nur hoffen, dass die derzeitige Diskussion (…) zu einem breiten Umdenken (…) führen wird. (…) Insgesamt verläuft der Wissenserwerb unverbunden und wenig kumulativ. Neue Themen werden additiv zu den alten Inhalten hinzugefügt; die Fachinhalte stehen häufig nebeneinander, ohne dass ihre Zusammenhänge erfahrbar wären."

Erst der gewaltige Impuls, der von TIMSS und mehr noch von PISA ausgegangen ist, sollte nun eigentlich die Offenheit geschaffen haben, diese älteren Studien zu rezipieren, die man methodisch im Einzelnen immer angreifen kann, die aber in ihrer Tendenz völlig eindeutig und oft anregender sind als die modernen Großstudien. Denn sie haben eigentlich deutlicher als TIMSS und PISA, die sich ja eher auf aktuelles Schulwissen gerichtet haben, den eigentlichen, nämlich *langfristigen* Ertrag beziehungsweise Nichtertrag des Unterrichts deutlich gemacht.

10 Physik: Das Elend eines scheinbaren Spezialfaches

Aus TIMSS sollte man vielleicht vor allem folgendes Ergebnis rezipieren und im Auge behalten: Die Streubreite der Leistungen in den naturwissenschaftlichen Fächern ist so stark wie in keinem anderen Land! Selbst innerhalb derselben Schulform gibt es Schwankungsbreiten, die einem Lernfortschritt von zwei bis zweieinhalb Jahren entsprechen. Des Weiteren zeigen sich die relativen Schwächen deutscher Schüler insbesondere bei Aufgaben, die den Transfer von Bekanntem auf neue Zusammenhänge erfordern, während sie bei solchen Anforderungen, die man eher als Routineaufgaben betrachten kann, deutlich besser sind. (Ich möchte allerdings etwas anmerken, das im Rahmen dieses Buches nicht weiter diskutiert werden kann: Die Frage, inwieweit ein eher transferorientierter, also eher heuristisch angelegter Unterricht generell als besser betrachtet werden muss als ein eher auf Routineaufgaben orientierter, ist für mich noch offen und erfordert meines Erachtens neue und differenzierte Gedankengänge.) Des Weiteren ergibt sich, dass die Leistungszuwächse zunehmend geringer werden; es wird in Deutschland relativ wenig über die international vergleichsweise lange Schulzeit gelernt. Außerdem, besonders bedrückend: Das Interesse an den naturwissenschaftlichen Fächern nimmt stark ab, besonders bei den Mädchen, und die Schere zwischen den Leistungen von Schülern und Schülerinnen vergrößert sich immer mehr (damit einhergehend das fachbezogene Selbstvertrauen).

»Miß alles, was sich messen lässt, mach alles meßbar, was sich nicht messen lässt.« (Galileo Galilei)

Ist es auch Wahnsinn, so hat es doch Methode

Unter demselben Titel wie im Fach Geschichte will ich nun in komprimiertester Form darlegen, was die herkömmliche Physikdidaktik glaubt, im Laufe des „Schullebens" vermitteln zu können, um wiederum den nun bereits bekannten „Stoffwahnsinn" zu verdeutlichen. Nachfolgend das Inhaltsverzeichnis des DUDEN-Buches *Abitur Physik* (ironischerweise mit dem Untertitel *Basiswissen Schule*).

Inhaltsverzeichnis des DUDEN-Buches Abitur-Wissen

1   Die Physik – eine Naturwissenschaft
1.1   Die Entwicklung der Physik als Wissenschaft
1.2   Denk- und Arbeitsweisen in der Physik
1.2.1   Begriffe und Größen in der Physik
1.2.2   Gesetze, Modelle und Theorien in der Physik
1.2.3   Erkenntniswege in der Physik
1.2.4   Tätigkeiten in der Physik
1.2.5   Lösen physikalisch-mathematischer Aufgaben
1.2.6   Vorbereiten, Durchführen und Auswerten physikalischer Experimente

2   Mechanik
2.1   Grundeigenschaften von Körpern und Stoffen
2.1.1   Volumen, Masse und Dichte
2.1.2   Teilchenanzahl, Stoffmenge und Aufbau der Stoffe
2.2   Kinematik
2.2.1   Beschreibung von Bewegungen
2.2.2   Gleichförmige gradlinige Bewegungen
2.2.3   Gleichförmige Kreisbewegungen
2.2.4   Gleichmäßig beschleunigte gradlinige Bewegung
2.2.5   Der freie Fall
2.2.6   Überlagerung von Bewegungen
2.3   Dynamik
2.3.1   Kräfte und ihre Wirkungen
2.3.2   Die newtonschen Gesetze
2.3.3   Arten von Kräften
2.4   Energie, mechanische Arbeit und Leistung
2.4.1   Energie und Energieerhaltung
2.4.2   Die mechanische Arbeit
2.4.3   Die mechanische Leistung
2.4.4   Der Wirkungsgrad
2.5   Mechanik starrer Körper
2.5.1   Statik starrer Körper
2.5.2   Kinematik rotierender starrer Körper
2.5.3   Dynamik rotierender starrer Körper

10 Physik: Das Elend eines scheinbaren Spezialfaches

2.6 Impuls und Drehimpuls
2.6.1 Kraftstoß, Impuls und Impulserhaltungssatz
2.6.2 Unelastische und elastische Stöße
2.6.3 Der Drehimpuls und seine Erhaltung
2.7 Gravitation
2.7.1 Das Gravitationsgesetz
2.7.2 Gravitationsfelder
2.8 Mechanische Schwingungen und Wellen
2.8.1 Entstehung und Beschreibung mechanischer Schwingungen
2.8.2 Überlagerung von Schwingungen
2.8.3 Entstehung und Beschreibung mechanischer Wellen
2.8.4 Ausbreitung und Eigenschaften mechanischer Wellen
2.8.5 Akustik
3 Thermodynamik
3.1 Betrachtungsweisen und Modelle in der Thermodynamik
3.1.1 Die phänomenologische Betrachtungsweise
3.1.2 Die kinetisch-statistische Betrachtungsweise
3.2 Thermisches Verhalten von Körpern und Stoffen
3.2.1 Temperatur, innere Energie und Wärme
3.2.2 Wärmeübertragung
3.2.3 Volumen- und Längenänderung von Körpern
3.2.4 Aggregatzustände und ihre Änderungen
3.2.5 Die Gasgesetze
3.3 Kinetische Theorie der Wärme
3.3.1 Der atomare Aufbau der Stoffe
3.3.2 Kinetische Gastheorie
3.4 Hauptsätze der Thermodynamik
3.4.1 Der 1. Hauptsatz der Thermodynamik
3.4.2 Kreisprozesse
3.4.3 Der 2. und 3. Hauptsatz der Thermodynamik
3.5 Temperaturstrahlung und Strahlungsgesetze
4 Elektrizitätslehre und Magnetismus
4.1 Das elektrische Feld
4.1.1 Elektrische Ladungen

4.1.2 Elektrische Felder
4.1.3 Geladene Teilchen in elektrischen Feldern
4.2 Das magnetische Feld
4.2.1 Magnetische Felder von Dauer- und Elektromagneten
4.2.2 Beschreibung magnetischer Felder durch Feldgrößen
4.2.3 Geladene Teilchen und Stoffe in magnetischen Feldern
4.3 Elektromagnetische Induktion
4.3.1 Grundlagen der elektromagnetischen Induktion
4.3.2 Das Induktionsgesetz
4.3.3 Lenzsches Gesetz und Selbstinduktion
4.3.4 Generatoren
4.3.5 Transformatoren
4.4 Der Gleichstromkreis
4.5 Elektrische Leitungsvorgänge
4.5.1 Elektrische Leitungsvorgänge in Metallen
4.5.2 Elektrische Leitungsvorgänge in Flüssigkeiten
4.5.3 Elektrische Leitungsvorgänge in Gasen
4.5.4 Elektrische Leitungsvorgänge im Vakuum
4.5.5 Elektrische Leitungsvorgänge in Halbleitern
4.5.6 Analoge und digitale Sachverarbeitung
4.6 Der Wechselstromkreis
4.6.1 Größen zur Beschreibung eines sinusförmigen Wechselstromes
4.6.2 Ohmsche, induktive und kapazitive Widerstände im Wechselstromkreis
4.6.3 Zusammenwirken von Widerständen im Wechselstromkreis
4.7 Elektromagnetische Schwingungen und Wellen
4.7.1 Elektromagnetische Felder
4.7.2 Elektromagnetische Schwingungen
4.7.3 Hertzsche Wellen
4.7.4 Das Spektrum der elektromagnetischen Wellen
5 Optik
5.1 Modelle für das Licht
5.1.1 Das Modell Lichtstrahl

10 Physik: Das Elend eines scheinbaren Spezialfaches 355

5.1.2	Das Modell Lichtwelle
5.2	**Ausbreitung des Lichtes in Stoffen und im Vakuum**
5.2.1	Die Lichtgeschwindigkeit
5.2.2	Reflexion und Brechung von Licht
5.2.3	Streuung und Absorption von Licht
5.3	**Bilder und optische Geräte**
5.3.1	Bildentstehung an Spiegeln und Linsen
5.3.2	Optische Geräte
5.4	**Beugung und Interferenz von Licht**
5.5	**Polarisierung von Licht**
5.6	**Licht und Farben**
5.6.1	Spektren und Spektralanalyse
5.6.2	Mischung von Farben
6	**Quantenphysik**
6.1	**Quanteneffekte bei elektromagnetischer Strahlung**
6.1.1	Der äußere lichtelektrische Effekt
6.1.2	Energie, Masse und Impuls von Photonen
6.1.3	Röntgenstrahlung
6.2	**Interferenz von Quantenobjekten**
6.3	**Komplementarität und Unbestimmtheit**
6.3.1	Komplementarität bei Doppelspalt-Experimenten
6.3.2	Unbestimmtheit von Ort und Impuls
7	**Atom- und Kernphysik**
7.1	**Physik der Atomhülle**
7.1.1	Grundexperimente der Atomphysik
7.1.2	Atommodelle
7.1.3	Die Energieniveaus der Atomhülle im physikalischen Experiment
7.1.4	Spontane und induzierte Emission
7.2	**Physik des Atomkerns**
7.2.1	Atomkerne, Radioaktivität und radioaktive Strahlung
7.2.2	Kernmodelle
7.2.3	Kernenergie
7.2.4	Elementarteilchen
8	**Spezielle Relativitätstheorie**
8.1	**Von der klassischen Physik zur Relativitätstheorie**

> 8.1.1 Die klassischen Vorstellungen von Raum und Zeit
> 8.1.2 Inertialsysteme und das galileische Relativitätsprinzip
> 8.1.3 Das MICHELSON-MORLEY-Experiment
> **8.2 Grundaussagen der speziellen Relativitätstheorie**
> **8.3 Relativistische Kinematik**
> **8.4 Relativistische Dynamik**
> **8.5 Hinweise zur allgemeinen Relativitätstheorie**
> **9 Ausblick auf weitere Teilgebiete der Physik**
> Aus: Hoche, D. et al. Duden: Basiswissen Schule. Physik-Abitur. Mannheim 2003

Der Leser möge es studieren und staunen! Ich glaube, Kommentare sind gar nicht erforderlich …

> Zwischenbemerkung und kleine „Gebrauchsanleitung" für den Leser: Das vorliegende Kapitel zum Fach PHYSIK zerfällt gewissermaßen in zwei Teile. Die bisherige erste Hälfte hat gezeigt, was alles schon an kritischen Untersuchungen vorliegt, die die WAHRE BILDUNGSKATASTROPHE verifizieren. Nachfolgend soll dem Leser nun wie in allen Kapiteln elementar-fundamentaler Stoff präsentiert werden, anhand dessen er sein verbliebenes Schulwissen und seine Defizite testen kann. Dabei wird's schwieriger, obgleich wir weiterhin nur Elementarwissen des schulischen Kanons behandeln! Der eilige Leser kann schon mal zum Gesamtfazit und den ihm nachfolgenden Lösungsvorschlägen springen; wenn er dann neugierig geworden ist (worauf ich baue), kann er ja wieder hierher zurückkehren.

»*Ein physikalischer Versuch, der knallt, ist allemal mehr wert als ein stiller.*«
(Georg Christoph Lichtenberg)

Defizite im Bereich Raster- und Ordnungswissen

Im Mathematik-Kapitel habe ich die Frage nach den diversen Teilgebieten dieses Faches gestellt – das will ich auch hier tun. Der Leser möge sich ehrlich vergegenwärtigen: Hätte er auch nur annähernd die im eben präsentierten Inhaltsverzeichnis dargelegten Gebiete korrekt „aufzusagen" vermocht?

Und eine ergänzende Frage hierzu, als kleiner „Kontrolltest": Was ist der Unterschied zwischen Atom-, Kern- und Teilchenphysik?

Kurzerläuterung:
(a) Die ATOMPHYSIK befasst sich mit Atomen, Ionen und auch Molekülen sowie mit allen von ihnen verursachten und mit dem Atomkonzept erklärbaren mikrophysikalischen Erscheinungen. Im engen Sinne versteht man darunter die Physik der Atom- und der Elektronenhülle und der in ihr ablaufenden Vorgänge. (b) Als KERNPHYSIK bezeichnet man die Physik der Atomkerne, die sich mit den niederenergetischen physikalischen Eigenschaften der Atomkerne und den zwischen den Kernbausteinen wirkenden Kernkräften beschäftigt. (c) Die ELEMENTARTEILCHEN- oder HOCHENERGIEPHYSIK untersucht die Erzeugung und Umwandlung von Elementarteilchen bei extrem hohen Energien und Geschwindigkeiten (oberhalb circa 150 Mio. Elektronenvolt) sowie ihre Struktur und Wechselwirkung. Derartige Energien kommen in der kosmischen Strahlung vor oder werden in großen technischen Teilchenbeschleunigern künstlich erzeugt, bei Geschwindigkeiten, die sich der Lichtgeschwindigkeit annähern. (Um Atome, Elementarteilchen und das Licht auch bei hohen Energien und Geschwindigkeiten exakt zu beschreiben, braucht man die moderne Quantentheorie und Relativitätstheorie.) Die Experimente der Hochenergiephysik haben zur Entdeckung vieler Elementarteilchen und zum sogenannten *Standardmodell* der Teilchenphysik geführt.

Der Leser sei gefragt: Könnte man sich nicht die inhaltliche Grundgliederung der Physik in gröbster Form einprägen? Und wäre damit nicht wirklich ein ORDNUNGSWISSEN gegeben, um manche ältere und manche neueren Erfahrungen einzuordnen?

Und außerdem: Sollte man nicht zumindest einige wichtige Physiker kennen?

Dass ALBERT EINSTEIN die Relativitätstheorie begründet hat, ist den meisten Menschen geläufig, weil Einstein ein „Popstar" der Wissenschaft gewesen ist; von welchen Personen aber die Thermodynamik und ihre Hauptsätze (s.u.) begründet worden sind, das weiß kaum jemand. Es waren: SADI CARNOT, JULIUS ROBERT MAYER, WILLIAM THOMSON (LORD KELVIN), HERMANN VON HELMHOLTZ, LUDWIG BOLTZMANN – überhaupt von Helmholtz, einer der wirklichen Titanen der Wissenschaftsgeschichte, der auf vier (!) verschiedenen Gebieten Fundamentales geleistet hat – kaum jemand weiß von ihm! Wer hat die Elektrizitätslehre gewissermaßen „zur Hälfte" begründet? – MICHAEL FARADAY. Wer hat eine vereinheitlichte mathematische Theorie der Elektrizität/Elektrodynamik und der Magnetik, also des Elektromagnetismus, aufgestellt? – JAMES MAXWELL. GALILEO GALILEI kennt man zwar vielleicht aus Brechts Drama und weil er (angeblich) gesagt hat, „und sie bewegt sich doch"; welche wissenschaftshistorische Bedeutung ihm aber zukommt, das ist den wenigsten „Gebildeten" bewusst – dass er zum Beispiel etliches von dem, was ISAAC NEWTON zugeschrieben wird, schon „angedacht" hat. Grundsätzlich kann man sagen, dass nur diejenigen Physiker den Menschen bekannt sind, die irgendwie über die Medien „herübergekommen" sind. STEPHEN HAWKING ist nun so ein bekannter Name, weil sein Buch *Eine kurze Geschichte der Zeit* ein Bestseller geworden ist (das allerdings selbst für die meisten Physiker weitgehend unverständlich sein dürfte). Typisch ist auch, dass viele Menschen Einstein für einen Mathematiker halten – obwohl er Physiker war, ein theoretisch-mathematischer zwar, aber über diesen fundamentalen Unterschied können sich auch die meisten Intellektuellen kaum klar artikulieren.

> »Es wird völlig zu unrecht gesagt, dass unsere Generation keine Philosophen aufzuweisen habe. In der Tat haben die heutigen Philosophen nur die Fakultät gewechselt und ihre Namen sind Planck und Einstein.« (Adolf von Harnacka)

Eine fundamentale Frage und Antwort

Eines der wichtigen Konzepte der naturwissenschaftlichen Allgemeinbildung (*science literacy*) besteht darin, dass Menschen die *big ideas* einer Wissenschaft kennen sollten. Ich habe im Fach Biologie schon erwähnt, dass meiner Meinung nach wesentliche Konzepte nur verstanden werden können, wenn man begreift, wie sie sich *wissenschaftsgeschichtlich* aus einem vorherigen Konzept heraus entwickelt haben. Nachfolgend will ich ein einziges physikalisches Beispiel dafür „durchdeklinieren":

> Frage: „Was ist die grundlegende geistes- beziehungsweise problemhistorische Bedeutung der ersten zwei Newton'schen Axiome der Mechanik, also des *Trägheitsgesetzes* (das schon von Galilei, auch Descartes, vor-formuliert worden ist) und des *Kraftgesetzes*?

Die meisten Abiturienten und auch Akademiker schauen einen bei dieser Frage verständnislos an (ich verweise auf das korrespondierende Beispiel in der Biologie, die Frage nach der ideengeschichtlichen Bedeutung der Mendel'schen Gesetze). Einmal ganz davon abgesehen, dass sie nicht mehr wissen, was das erste und zweite Newton'sche Axiom besagen, ist ihnen in der Schule niemals vermittelt worden, dass darin, ganz jenseits „technischer" Probleme, etwas ganz Grundsätzliches steht:

- Vor Newton hat man Ruhe und Bewegung als Gegensatz betrachtet, wobei Ruhe der natürliche Bewegungszustand der Körper ist und Bewegung einen inneren oder äußeren Antrieb (Beweger bzw. „Impetus") erfordert.
- Nach Galilei und auch Newton aber ist Bewegung ein Zustand, der gewissermaßen „ewig" beibehalten wird und zu seiner Aufrechterhaltung keiner Kräfte bedarf. Eine Masse in Bewegung wird sich, wenn keine Kräfte wirken, immerzu geradeaus bewegen. Mit dieser einfachen, aber grundsätzlichen Modelländerung wurde die Problemstellung der physikalischen Mechanik und damit ein ganzes Weltbild umgedreht: Nach Newton ist die Fragestellung der Physik nicht mehr, wie aus Ruhe Bewe-

gung oder aus Bewegung Ruhe wird, sondern die Fragestellung ist, wie und warum sich Bewegungen ändern, also langsamer oder schneller werden oder die Richtung variieren. Der Newton´sche Kräftesatz wurde öfteren als tautologisch kritisiert, lässt sich aber heuristisch wie folgt lesen: *In all den Fällen, bei denen man eine Änderung der (vektoriell gefassten) Bewegung (also auch der Richtung) feststellt, ist nach einer Kraft zu suchen, die man gemäß dem Kraftgesetz dann skalieren kann!* (Dieses Gesetz und die Problematik seiner korrekten Interpretation, insbesondere der Frage, was daran „inhaltlich" und nicht nur Definition ist, war Anstoß zur Entwicklung einer wichtigen neuen Wissenschaftstheorie, die später „Strukturalismus" genannt worden ist und von dem Physiker J. Sneed begründet und von W. Stegmüller, dem Nestor der deutschen Wissenschaftstheorie, elaboriert worden ist.)

- Wesentlich ist dabei noch folgendes: In der konsequenten Ausformung des Newton'schen Ansatzes gibt es keine „Trägheitskraft" mehr (wiewohl Newton hier noch uneinheitlich war). Die Tatsache, dass wir beim Abbremsen des Autos nach vorne geworfen werden, hat nichts mit irgendeiner „Kraft" zu tun, sondern ist lediglich Ausdruck der dargelegten grundlegenden Tendenz von Bewegungen, sich fortzusetzen. (Diese Anmerkung ist nötig, um die nachfolgend gestellte Physikaufgabe zu verstehen.)
- Wenn man nur die physikalischen Verhältnisse auf der Erde betrachtet, dann wäre diese Umwälzung wenig bedeutend, dort könnte man auch eine aristotelische Mechanik leicht modifiziert mit modernen Mitteln ausarbeiten, zentral an Newtons Theorie war, dass er stringent zeigen konnte: Irdische und himmlische Prozesse sind denselben universellen Gesetzen unterworfen, während man in der Antike Himmel und Erde als unterschiedliche Sphären betrachtete, für die nicht die gleiche Art von Physik gilt.
- In Bezug auf die Bewegungen der Planeten bedeutete dies: Es geht nicht länger darum zu untersuchen, warum diese in Bewegung bleiben (diese müssen irgendwann mal einen Anstoß gehabt haben, über den man damals nur spekulieren konnte; ergänzend sei gesagt: auch Satelliten, die permanent um die Erde kreisen, haben und brauchen keinen Antrieb!). Ihre Bewegung war gemäß dem eben dargelegten Newton'schen Ansatz nicht länger erklärenswert. Was war erklärenswert? Erklärenswert war die Form ihrer jeweiligen Bahn, wie sie schon von Kepler in drei mathematisch-deskriptiven Gesetzen herausgearbeitet worden ist.

10 Physik: Das Elend eines scheinbaren Spezialfaches

- Newton konnte diese Erklärung erbringen und damit eine mathematisch-explanative Analyse und damit die *Integration von irdischer und himmlischer Mechanik* und zwar dadurch, dass er die Idee einer (uns heute selbstverständlich erscheinenden) generellen Anziehungskraft zwischen allen Körpern konzipierte (wie sie schon von anderen Physikern vorbereitet worden ist). Und für diese *Gravitationskraft* stellte er das Gesetz auf, dass sie zwischen zwei Körpern nach dem $1/r^2$-Gesetz quadratisch mit dem Abstand r abnimmt und zum Produkt der Massen proportional ist. Um die darin enthaltene Umwälzung zu verdeutlichen: Gemäß den Vorstellungen der Antike fallen Körper zu Boden, weil sie eine natürliche Tendenz haben, zum Mittelpunkt der Erde zu streben; gemäß der Newton'schen Theorie gibt es eine solche ausgezeichnete Bewegungsrichtung nicht, nur eine generelle Anziehungskraft. Aus dem genannten einfachen mathematischen Gesetz konnte Newton (indem er zusätzlich eine neue Art von Mathematik entwickelte und verfeinerte, die Differentialrechung) dann die Keplerschen Gesetze und damit die Bahnenverläufe der Planeten ableiten.

Also: Es ist ganz selbstverständlich, dass man sich nicht an Rechnungen und Formeln erinnert, die einem nichts gesagt und die kaum interessiert haben. Was man aber nicht nur leichter, sondern auch dauerhaft lernen und verstehen hätte können, sind die eben dargelegten Grundkonzepte, die wiederum von „tiefer Einfachheit" (man erinnere sich auch an das Biologiekapitel) geprägt sind. Ich habe, in der Schlussredaktion des Buches mich befindend, noch einmal einem Abiturienten diese Gedankengänge erläutert, mit folgender Wirkung: Er war baff erstaunt, fasziniert und kommentierte: „Das ist ja genial!"

Es sei in diesem Zusammenhang eine Aufgabe aus TIMSS zitiert, die von den wenigsten Schülern beantwortet werden konnte – sie klingt, als sei sie eine sehr „technische", dabei wird sie gerade dann einfach, wenn man versteht, dass sie eben gar keine technische ist, sondern nur die im vorherigen Absatz ausgedrückten Einsichten umsetzt.

Die Frage zur nachfolgenden Abbildung ist: Welche Beschleunigung wirkt in welcher Richtung auf den dargelegten Ball an welchem der angezeigten Punkte? Und die Antwort verblüfft, wie gesagt, die meisten, obgleich sie nur Ausdruck des Newtonschen Paradigmawechsels ist: Auf

362 Die Bildungs-Hochstapler

G15. Die Abbildung zeigt die Bewegung eines Balls, der bei vernachlässigtem Luftwiderstand auf dem Boden springt.

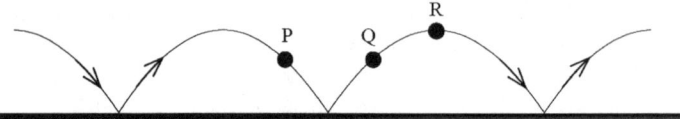

Zeichnen Sie Pfeile in die Abbildung ein, die die Richtung der Beschleunigung des Balls in den Punkten P, Q und R angeben.

© IEA, Amsterdam / IEA TIMSS-Germany, Berlin

den Ball wirkt *keinerlei* beschleunigende Kraft, die ihn antreibt; diese wirkt nur in dem Punkt, wo er den Boden berührt und zusammengepresst wird, woraus eine Elastizitätskraft entsteht, die ihn nach oben schnellt; aber in dem Moment, wo er den Boden verlässt, wirkt dann nur noch eine einzige Kraft auf ihn, nämlich die permanent existierende Erdanziehungskraft. Es müsste also jeweils nur ein Pfeil nach unten eingezeichnet werden. So einfach und so schwer... (Anmerkung: Allerdings ist Aufgabe durch die Verwendung des Worts „Beschleunigung" statt „beschleunigender Kraft" auch unnötig erschwert.)

> In grundsätzlicher Hinsicht sollte man vielleicht bezüglich Galilei und Newton noch wissen: Sie stehen am Beginn einer mathematisch und experimentell arbeitenden Physik im modernen Verständnis. Sie haben gewissermaßen die Tür für die moderne Physik geöffnet. Doch bis heute wird das physikalische Denken der meisten Menschen, auch wenn sie Abitur und mehr haben, durch intuitive Vorstellungen beherrscht, wie sie typisch für die Zeit vor Galilei gewesen sind.

Die Forschung hat, wie bereits erwähnt, viele solcher typischen SCHÜLERVORSTELLUNGEN, speziell solche, die FEHLVORSTELLUNGEN darstellen, herauspräpariert:
- Es gibt zum Beispiel Untersuchungen zur Flugbahn eines Balles, der zunächst an einem Band im Kreis rotiert und davon-

fliegt, wenn das Band reißt. Ein nicht geringer Teil der Befragten gab an, der Ball würde nach dem Reißen des Bandes eine gekrümmte Raumkurve beschreiben. Und genau das ist falsch: Der Ball fliegt tangential zum Kreis geradeaus. (Genauer gesagt: Er fällt natürlich dabei zu Boden und folgt einer gekrümmten Bahn – einer Wurfparabel, die allerdings in Bezug auf die Ebene des Kreises geradlinig verläuft.)
- Ein anderes Beispiel: Ein Golfball, der in der Hand gehalten wird, sollte im Laufschritt auf eine Zielmarke fallen gelassen werden, wobei ein Großteil der Studierenden an dieser Aufgabe scheiterte, weil sie den Ball direkt über der Zielmarke fallen ließ (statt die Eigengeschwindigkeit mit zu berücksichtigen).
- Auch die Frage nach der Flugbahn einer horizontal abgeschossenen Kanonenkugel wird von nicht wenigen Menschen falsch beantwortet; einige glauben, dass sie eine Zeitlang waagerecht fliegt, um dann senkrecht abzufallen (und teilen darin die Sicht der historischen Impetustheorie); andere glauben an ein Dreiphasenmodell, bei dem ein waagerechter Flug abgelöst wird von einer leichten Krümmung der Bahnkurve, an die sich am Schluss ein senkrechter Fall anschließt. (Die richtige Antwort wäre: eine parabelförmige Flugbahn.)

Wir brauchen für diese erstaunlichen Unwissens-Phänomene einen Begriff, er steht in der nächsten Überschrift.

»Die großen Wahrheiten, vor allem auf theoretischem, metaphysischem und psychologischem Gebiet, lassen sich eigentlich nur durch eine von Begeisterung beseelte Vernunft und nur von Menschen entdecken, die dieser Begeisterung fähig sind.« (Giacomo Leopardi)

Physikalische Anachronismen

Worauf läuft das Ganze hinaus? – Nun, auf etwas, das vor dem Lesen dieses Kapitels wahrscheinlich völlig unglaublich geklungen hätte:

> Die meisten Menschen hängen intuitiv physikalischen ANACHRONISMEN an, die dem historischen Wissensstand von vor Hunderten beziehungsweise über zweitausend Jahren entsprechen, letzteres erstaunlicherweise besonders bezüglich der MECHANIK, des vielleicht elementarsten Gebiets der Physik (auch wenn sich darin kompliziertesten Konstellationen und Fragestellungen ergeben können); zahlreiche Untersuchungen haben dies demonstriert.

Es gibt etliche solcher Anachronismen; Martin Wagenschein beispielsweise weist darauf hin, dass der durchschnittliche Abiturient und Akademiker die *kopernikanische Revolution*, also die Umorientierung des mittelalterlichen Weltbildes durch Kepler und Kopernikus, niemals auf eine derartige Weise nachvollziehen kann, dass er den historischen Gegenargumenten der päpstlichen Inquisition Paroli bieten hätte können. (Das entspricht, in historischer Dimension gesehen, wiederum meiner RADIKALEN-HYPOTHESE; selbst die von Berühmtheiten wie Euler und Halley diskutierte These, dass wir im Inneren einer riesigen „Hohlwelt" leben könnten, ist für einen „normalen" Menschen kaum zu widerlegen.) Ich erinnere auch an die erwähnten Umfragen, denen zufolge es in jedem Land eine größere Anzahl von Menschen (circa 15%–30%) gibt, die ohnehin glauben, dass die Sonne sich um die Erde dreht. Wagenschein beschreibt anschaulich, wie man seiner Meinung nach nur durch die reale Beobachtung der Gestirne, die sich über ein ganzes Jahr hinziehen muss, die Planetenbewegungen und darin implizierte Probleme wirklich verstehen kann.

10 Physik: Das Elend eines scheinbaren Spezialfaches

Ein weiterer physikalischer ANACHRONISMUS besteht – überraschenderweise – bezüglich des Gebiets, das so viele unserer Alltagsgeräte im wirklichen Sinne durchfließt, nämlich der Elektrizität. Diese These lässt sich wiederum durch zahlreiche Untersuchungen zu, *misconceptions* belegen. Sie bestätigen meine Beobachtung, dass komplett falsche Vorstellungen im Bereich der *Elektrodynamik* herrschen:

Die meisten Menschen betrachten die Pole einer elektrischen Batterie einzeln als Quellen jeweils positiver oder negativer Ladungen; sie meinen auch, dass Elektrizität sich innerhalb eines Stromkreises verbrauchen kann, obwohl die elektrische Gesamtladung tatsächlich konstant bleibt; schon die Unterscheidung der Begriffe *Strom* und *Spannung* gelingt meist nicht. Auch die Frage, ob eine Glühlampe brennt, die an den positiven Pol einer Batterie oder den negativen einer zweiten Batterie angeschlossen wird, ohne dass die Batterien an den beiden übrigen Polen verbunden werden, bejaht ein großer Teil der Befragten. Die Forschung hat mittlerweile sehr schön herausgearbeitet, aus welchen typischen Fehlermodellen heraus typische Schwierigkeiten der Schüler im Bereich der Elektrizitätslehre entstehen (wobei U. Maichle und C. von Rhöneck wichtige Arbeiten geleistet haben, erstere aus einer psychologischen, letzterer aus einer physikdidaktischen Perspektive heraus).

Generell ist das für das Verstehen des *elektromagnetischen* Problembereichs fundamentale Konzept des FELDES so gut wie allen normal gebildeten Menschen nicht wirklich präsent. Es dominiert, gemäß etlicher Untersuchungen, die Vorstellung, Magnetkräfte bräuchten die Luft als Träger. Auch die Vorstellung, Magnetkräfte könnten in einem Weltraumfahrzeug nicht wirken, weil die Gravitation fehle, ist immer noch zu finden.

Trösten wir uns mit dem abschließenden Zitat eines deutschen Physik-Nobelpreisträgers (wer kennt ihn?)

»Kreative Leistungen erfordern auch ein gewisses Maß an Dummheit.« (Gerd Binnig)

Weitere Elementar- und Fundamentaldefizite

Man kann die Gedanken, die ich unter dem Thema „Anachronismen" dargelegt habe, noch einmal anders und explizit auf den Punkt bringen:

> Es existiert in breitesten Bevölkerungskreisen, auch innerhalb der akademisch Gebildeten, keinerlei Kenntnis der grundlegenden KONZEPTE und THEORIEN der Physik? Die *big ideas* – ein Schlagwort, das sich in der Forschung herauskristallisiert hat, das ist genau das, was den meisten Menschen auf allen Gebieten abgeht. Denn: *Ideengeschichte*, das gerade kann man als Allerletztes an der Schule erwerben.

Schon ein so elementares Konzept wie der Unterschied zwischen MASSE und GEWICHT ist nicht allen bewusst, noch seltener der zwischen *schwerer* und *träger* Masse.

Kurzerläuterung:
Die Masse ist eine physikalische Grundgröße und wird in Kilogramm gemessen, man kann sie ganz naiv zunächst einmal als die „Menge von Materie" betrachten. Sie zeigt sich physikalisch in zweierlei Hinsicht: als „schwere Masse" und als „träge Masse". Träge Masse zeigt sich als Widerstand gegen Beschleunigung, schwere Masse als die Kraft, durch die ein Körper in einem Gravitationsfeld angezogen wird. Das Gewicht ist deshalb als Kraft zu verstehen, die in jedem Schwerefeld anders ist – deswegen ist das Gewicht eines Menschen auf der Erde anders als auf dem Mond. In diesem Zusammenhang eine kleine physikalische Aufgabe: *Was fällt (im Vakuum) schneller, eine Feder oder eine Bleikugel?* Antwort: Sie fallen gleich schnell. Weiß der Leser, dass aus der Tatsache, dass alle Körper mit gleicher Geschwindigkeit fallen (wenn man den Luftwiderstand ausschaltet, auf dem Mond konnte man das demonstrieren), die numerische Gleichheit von schwerer und träger Masse begründet ist? – Der Faktor, der zur Beschleunigung durch das Gravitationsfeld führt, also die *schwere Masse*, muss gleich dem Faktor sein, der dieser Beschleunigung Widerstand entgegensetzt, also *der trägen Masse*. Und weiß der Leser vielleicht sogar, wer

10 Physik: Das Elend eines scheinbaren Spezialfaches

dann später für diese – auf der Basis der klassischen Mechanik unerklärliche Gleichheit – eine tiefere Erklärung lieferte? Es war Einstein, der im Rahmen seiner Allgemeinen Relativitätstheorie die Äquivalenz von schwerer und träger Masse begründete.

Eines der grundlegenden Konzepte der Physik, nämlich der Begriff ENERGIE, wird, wie Untersuchungen zeigen, von den meisten missverstanden. Das Alltagskonzept von Energie besteht darin, dass sie ein „genereller Treibstoff" ist, der beim Verrichten einer Arbeit verbraucht wird (historisch vergleichbar dem „Wärmestoff"). In der Physik dagegen wird Energie vorwiegend als eine Erhaltungsgröße verstanden, die also konstant bleibt (sie „degeneriert" aber in immer weniger nutzbare Energien). Es würde helfen, wenn ein Schüler am Ende seiner Schule dies verstanden hätte.

Dies führt auf ein ganz fundamentales Konzept: INVARIANZ oder ERHALTUNG. Wer kann die wichtigsten ERHALTUNGSSÄTZE der Physik nennen? Speziell: Was besagen die ersten beiden HAUPTSÄTZE DER THERMODYNAMIK? Die meisten Menschen können zwar tautologisch formulieren, dass der Satz von der Erhaltung der Energie besagt, dass die Energie erhalten bleibt, aber was das genau bedeutet, wissen sie nicht, weil sie den Energie-Begriff nicht verstehen. Und der zweite Hauptsatz der Thermodynamik, der besagt, dass die Energie zwar erhalten bleibt, aber ihre „Verwertbarkeit" gewissermaßen abnimmt, dass also die ENTROPIE zunimmt, ist auch den wenigsten Akademikern geläufig, obwohl man seinerzeit die Thermodynamik auch innerhalb des interessierten Laienpublikums diskutiert hat. Die Schulen betrügen sich auch hier bei dem Versuch, so etwas wie mathematische Physik zu lehren; viel sinnvoller wäre es dagegen beispielsweise, unterschiedliche inhaltliche Formulierungen der ersten beiden thermodynamischen Hauptsätze zu besprechen und genau zu durchdenken.

Kurzerläuterung:
Der ERSTE HAUPTSATZ DER THERMODYNAMIK besagt in einfachster Form, dass Wärme und mechanische Arbeit sich ineinander überführen

lassen. Tauscht ein System mit seiner Umgebung Wärme aus, verrichtet es mechanische Arbeit; wird an ihm mechanische Arbeit verrichtet, ändert sich seine Energie. Die von außen hinzugefügte Energie ist zugleich die Obergrenze für die Energie, die die Maschine abgeben kann (ohne innere Energiereserven auszuschöpfen). Konkret gesagt: Die Wärme treibt in einer Dampfmaschine oder einem Automotor die Kolben und schließlich die Antriebswelle und wird so in mechanische Arbeit, also letztlich in Bewegung, umgesetzt. Und für diese Beziehung von Wärme und mechanischer Arbeit gilt: Es gibt keine Maschine, die mehr Energie abgibt, als ihr zugeführt wird. Es gibt auch keine Maschine, die Energie vernichten kann. Eine etwas technisch-korrektere Formulierung: Die Änderung der inneren Energie ist im einfachsten denkbaren Fall gleich der Summe aus mechanischer Arbeit und Wärme. Man kann das auch anhand der Idee eines *Perpetuum mobile* formulieren. Als ein „Perpetuum mobile erster Art" bezeichnet man ein solches, das dauernd Arbeit verrichtet, ohne dass Energie zugeführt wird. Den ersten Hauptsatz der Thermodynamik kann man deswegen wie folgt formulieren: *Ein Perpetuum mobile erster Art ist unmöglich.* (Wichtig: Ein Perpetuum mobile ist dadurch definiert, dass es periodische Arbeit leistet; es ist nicht mit einem System zu verwechseln, das im reibungsfreien Idealfall gewissermaßen ewig, gemäß dem Trägheitssatz, seine Bewegung beibehält – ein Ideal, dem beispielsweise die Planeten auf ihren Bahnen nahe kommen. Hier kann man aber nicht von einem Perpetuum mobile sprechen, schon gar nicht bei einem einfachen Ölofen, der permanent das vorgegebene Öl in Wärme verwandelt.) Dem ersten Hauptsatz der Thermodynamik korrespondiert übrigens ein vergleichbarer Energie-Erhaltungssatz im engeren Bereich der Mechanik, wie schon erwähnt: potentielle Energie + kinetische Energie = constant. So weit, so gut. Es ist mir aber wichtig hinzuzufügen: Für die meisten Menschen klingt dieser Erhaltungssatz heute banal, sie mögen aber einmal unter historischer Perspektive die – höchst spannenden und interessanten – kognitiven Prozesse nachvollziehen, die schließlich zu diesem Satz geführt haben (siehe hierzu beispielsweise in dem Buch *Geschichte der Physik* von W. Schreier das Kapitel über die Herausbildung und Anerkennung des Energiesatzes und der Thermodynamik beziehungsweise das Buch *Wärme und Bewegung* von P.W. Atkins). Es sei hierzu nur eine eigentümliche Tatsache erwähnt: Einer der Mitbegründer des thermodynamischen Erhaltungssatzes war der Arzt Julius Mayer, der in den Tropen die Beobachtung gemacht hatte, dass das Venenblut der Menschen heller war und der danach, in einer ungeheuren Verknüpfungsleistung, dies darauf zurückführte, dass weniger Wärmezufuhr und somit weniger Oxidation nötig sei. Und dies war sein Ausgangspunkt, um sich generell mit Energieumwandlung und -erhaltung auseinanderzusetzen. Übrigens: Fast ein halbes Dutzend Forscher, so der Wissenschaftshistoriker Thomas Kuhn, haben weitgehend unabhängig voneinander die Idee der Erhaltung der Energie entdeckt.

Nach dem ersten Hauptsatz könnte aber eine Maschine genauso viel Arbeit verrichten, wie innere Energie in ihr gespeichert wird; das aber verbietet der ZWEITE HAUPTSATZ DER THERMODYNAMIK. Denn, obgleich die verschiedenen Formen von Energie ineinander umwandelbar sind, gibt es eine wichtige Asymmetrie: Zwar kann man mechanische Arbeit völlig in Wärme verwandeln, aber eine vollständige Umwandlung von Wärme in Arbeit ist unmöglich. Auf dieses Ungleichgewicht ist man beim Bau von Wärmekraftmaschinen gestoßen. Man kann dies in unterschiedlichen Formulierungen verdeutlichen, die meines Wissens im Unterricht niemals behandelt werden, obgleich sie mir für das Verständnis wertvoller erscheinen als eine vorschnelle Mathematisierung. Die historisch älteste Formulierung geht auf Clausius zurück: (a) Wärme kann niemals von selbst aus einem Körper niederer Temperatur in einen Körper höherer Temperatur übergehen. Diese einfachste Formulierung des zweiten Hauptsatzes scheint fast trivial zu sein, doch alle anderen, scheinbar tieferen Aussagen lassen sich letztendlich darauf zurückführen. Eine andere Formulierung von Clausius: (b) Die Energie eines Körpers kann nicht allein an Wert gewinnen; es gibt die Tendenz zur Entwertung der Energie. (c) Wichtig ist auch die Formulierung von Kelvin: Es ist unmöglich, einem Wärmereservoir ohne Kompensation Wärme zu entziehen und diese Wärme vollständig in Arbeit umzusetzen. (d) Max Planck formulierte folgendermaßen: Es ist unmöglich, eine periodisch arbeitende Maschine zu bauen, die nichts weiter tut, als eine Last zu heben und einen Wärmespeicher abzukühlen. (e) Eine solche unrealisierbare Maschine nennt man auch „Perpetuum mobile zweiter Art"; es wäre, anders gesagt, eine Kraftmaschine, der man einen stetigen Wärmestrom zuführt, den diese vollständig als mechanische oder elektrische Leistung abgibt. *Ein Perpetuum mobile zweiter Art ist unmöglich* – das ist eine weitere mögliche Formulierung, korrespondierend einer ähnlichen des ersten Hauptsatzes. (f) Noch einmal sei vergegenwärtigt: Bereits 1824 hatte Carnot festgestellt, dass Wärme nicht vollständig in mechanische Arbeit wandelbar ist, dass also nicht nur eine Wärmequelle (Feuerraum), sondern auch eine Wärmesenke (Kühler zu Dampfkondensation) benötigt wird, in der ein Teil der Wärme für die Umwandlung in Arbeit verloren geht. Das Maß für die Umwandelbarkeit von Wärme in technische Arbeit, die in einer Wärmekraftmaschine gelingt, wurde später „Entropie" genannt (aus dem Altgriechischen, übersetzt etwa: „Wandlungspotential"). Man kann den zweiten Hauptsatz deshalb mit diesem Begriff ganz simpel zunächst einmal wie folgt formulieren: Bei der Umwandlung von Wärme in Arbeit entsteht immer Entropie. (g) Helmholtz hat 1882 das Entropiegesetz wie folgt definiert: Die maximal verwendbare freie Energie in einem isolierten System ist stets kleiner als die tatsächlich vorhandene innere Energie. Obwohl die innere Energie des Systems bei der Umwandlung in Nutzarbeit erhalten bleibt (erster Hauptsatz), wird sie entwertet (Degradation), ein Teil davon wird in der Systemumgebung zerstreut (dissipiert). (h) Somit lässt sich der zweite Hauptsatz auch wie folgt formulieren: Eine Energiewandlung läuft niemals von alleine von einem Zustand niedriger Güte zu einem Zustand hoher Güte; die Entropie nimmt stets zu. In Wärme-Kraft-Prozessen muss durch Wärmezufuhr von außen (Feuerung) das Prozessmedium Wasser energetisch „veredelt" werden (durch hohen Druck und Temperatur), bevor es im Zylinder der Dampfmaschine beziehungsweise Turbine Arbeit zur Stromerzeugung leisten kann. Die Energie des abgearbeiteten Dampfes ist wertlos und muss über den Kühler in die Umgebung abgegeben werden. Selbst unter idealen Bedingungen wäre die Produktion von dissipierter Energie, wie der Abwärme, unvermeidbar. Generell kann man zeigen, dass der Wirkungsgrad von Wärmekraftmaschinen meist unter 40 % liegt. (i) Als man später (s. u.) all diese Prozesse auf ein hypothetisches atomares Modell zurückführen konnte, in dem Wärme durch eine schnellere Bewegung, also eine höhere kinetische Energie der Atome beschrieben worden ist, konnte man die vorherige Einsicht wie folgt formulieren: Die Atome (in einem Gas) haben immer eine Tendenz zur Gleichverteilung. Unwahrscheinlich ist der Zustand mit hoher Energie, bei dem sie sich gewissermaßen kreuz und quer und auch sehr ungleich verteilt bewegen; wahrscheinlich ist, dass sie sich gleichmäßig über den zur Verfügung stehenden Raum ausbreiten. Insofern konnte Ludwig von Boltzmann, der diesen Ansatz ausarbeitete (und sich später, frustriert durch seine Nichtanerkennung, umbrachte) auch wie folgt formulieren: Die Natur strebt vom unwahrscheinlicheren dem wahrscheinlicheren Zustand zu. – Übrigens gibt es auch den DRITTEN HAUPTSATZ DER THERMODYNAMIK („Nernst'sches Wärmetheorem"): Es ist unmöglich, durch irgendeinen Vorgang den absoluten Nullpunkt zu erreichen.

10 Physik: Das Elend eines scheinbaren Spezialfaches

Nebenbei gesagt: Wie ich festgestellt habe, interessiert dieses Thema der Energieerhaltung meist auch die „Physikhasser", wenn man dabei auf die Idee und Geschichte des Perpetuum mobile eingeht, denn die Maschine, die ewig läuft und Energie liefert, ist einfach spannend und außerdem immer noch Ziel von Erfindern, deren Anträge die Patentämter automatisch abweisen. Aber auch hier ist keine falsche Hochnäsigkeit am Platz, typische Versuche zum Bau eines Perpetuum mobiles zu analysieren, wären ein äußerst interessantes und lehrreiches Unterfangen; die physikalische Intelligenz der Perpetuum-mobile-Konstruierer übersteigt die „normaler" Menschen meist um ein Vielfaches. Wiederum muss ich an meine grundlegende RADIKALEN-THESE erinnern, denn die kritische Analyse, worin die jeweiligen Fehler in den verschiedenen Modellen eines Perpetuum mobile liegen, ist oft sehr schwierig und übersteigt in einigen Fällen wahrscheinlich auch die Fähigkeiten der meisten Physiklehrer.

Eine letzte Frage, die nicht Schulstoff im engeren Sinne betrifft und deswegen nur an Akademiker gerichtet ist, die aber etwas ganz Wichtiges betrifft, was eigentlich ganz sicher unter *Bildung* fallen sollte: Was sind die GRUNDKRÄFTE der Natur? – In der Regel lauteten die Antworten etwa wie folgt: „Fliehkraft", „Trägheitskraft", „Federkraft" etc. Und als ich erläuterte: „Nein, ich meine die ganz fundamentalen Kräfte der Natur", wurden bisweilen der Magnetismus und die Elektrizität genannt, manchmal auch die Kernkraft. Aber ein Wissen darum, wie wichtig die Frage nach den wirklich fundamentalen Kräften der Natur und ihrer Vereinheitlichung ist und dass diese Frage gewissermaßen im Zentrum der modernen Physik steht, ist auch unter Gebildeten selten gegeben.

Kurzerläuterung:
Ursprünglich waren es folgende 5 Arten von Kraft: die *elektrische*, die *magnetische* – die beide innerhalb der Theorie des Elektromagnetismus (s. o.) vereint werden konnten –, die *Schwerkraft* sowie die *schwache* und die *starke Kernkraft*. Etwas ausführlicher kann man das Ganze wie folgt darstellen:
- Die *elektromagnetische Wechselwirkung* ist verantwortlich für die meisten alltäglichen Phänomene wie Licht, Elektrizität, Magnetismus, auch chemische Prozesse und Festkörpereigenschaften. Die elektromagnetische Wirkung kann anziehend oder abstoßend wirken, je nach Vorzeichen

der beteiligten Ladungen, ihre Reichweite ist unendlich, allerdings kompensieren sich üblicherweise positive und negative Ladungen. Sie hält außer dem Atomkern die Atomhülle zusammen, bewirkt aber auch, abstoßend, das Trennen von Molekülen und somit alle Reaktionen der Chemie.

- Die *Gravitation*, also die Schwer- beziehungsweise Anziehungskraft, ist uns ebenfalls aus dem Alltag geläufig. Sie hat eine unendliche Reichweite und ist nicht abschirmbar, gleichzeitig ist sie die schwächste aller Wechselwirkungen. Die Gravitation ist als einzige Kraft stets anziehend.
- Die *schwache Wechselwirkung* (beziehungsweise *schwache Kernkraft*) ist verantwortlich für bestimmte radioaktive Zerfallsprozesse, aber auch wichtig für Kernfusionsprozesse und insbesondere solche in der Sonne. Die Reichweite dieser schwachen Kernkraft ist extrem gering, kürzer als der Durchmesser des Atomkerns. Im Gegensatz zu den anderen drei Grundkräften gibt es keine bekannten Systeme, die durch die schwache Wechselwirkung zusammengehalten werden. Die schwache Wechselwirkung ist dafür verantwortlich, dass sich Teilchen in andere Teilchen umwandeln können, was unter anderem die Radioaktivität bestimmter Elemente nach sich zieht, insbesondere die sogenannte Betastrahlung. (Die Betastrahlung besteht aus Elektronen oder deren Antiteilchen; sie wird unterschieden von der sogenannten Alphastrahlung, deren Entstehung jedoch nicht auf der schwachen Kernkraft beruht, und von der Gammastrahlung, die aus energiereichen Photonen besteht.)
- Die *starke Wechselwirkung* (auch: *starke Kernkraft*) ist (indirekt) verantwortlich für den Zusammenhalt der Atomkerne, denn eigentlich müssten sich die Protonen im Atomkern ja abstoßen, da sie alle eine positive Ladung tragen; die starke Wechselwirkung aber sorgt dafür, dass sich Protonen und Neutronen anziehen und so der Atomkern zusammengehalten wird. Die starke Kernkraft ist die stärkste aller Kräfte, ihre Reichweite ist aber sehr kurz, und sie hat die seltsame Eigenschaft, mit wachsendem Abstand immer stärker zu werden, wobei diese Stärke einem festen Wert zustrebt.
- In der modernen Physik werden übrigens die Grundkräfte nicht auf Wellen oder Felder zurückgeführt, wie man erwarten würde, sondern, verwirrenderweise, auf den Austausch von Teilchen. Das Austauschteilchen der elektromagnetischen Wechselwirkung zum Beispiel ist das Pho-

10 Physik: Das Elend eines scheinbaren Spezialfaches

ton, das Lichtquant. Für alle Grundkräfte hat man die Austauschteilchen experimentell nachgewiesen – mit Ausnahme der bisher nur theoretisch postulierten Gravitonen.
- Die Physik versucht seit Jahrzehnten, die Grundkräfte weiter zu reduzieren, sie also zu einer fundamentalen Grundkraft zu vereinigen. Schon das Konzept der elektromagnetischen Kraft war ja, wie bereits erwähnt, Ausdruck der Tatsache, dass sich Magnetismus und Elektrizität als Wirken derselben Entität (elektromagnetischer Wellen) verstehen lässt. In den siebziger Jahren des 20. Jahrhunderts hat man eine Theorie gefunden, die die schwache Wechselwirkung und die elektromagnetische wiederum als Ausdruck derselben Grundkraft erklärt, sodass es nur noch drei Grundkräfte gibt: Die QUANTENCHROMODYNAMIK (QCD, auch: Quantenflavourdynamik) ist die dafür „zuständige" Theorie. Die QUANTENELEKTRODYNAMIK (QED) ist diejenige Theorie, die die elektromagnetische Wechselwirkung auf der Ebene der kleinsten Teilchen zu erklären versucht; sie vereinigt die ELEKTRODYNAMIK mit der QUANTENMECHANIK; sie ist die am genauesten überprüfte Theorie der Physik. Der nächste Schritt wäre, die starke Kernkraft noch mit in dieses Modell einzubeziehen, also eine Kombination aus QCD und QED herzustellen. Das wäre die „Grand Unified Theory" (GUT), die die schwache, die starke und die elektromagnetische Wechselwirkung unter einen Hut bringt. Als „Theory of Everything" (TOE) bzw. auch als Theorie der QUANTENGRAVITATION bezeichnet man diejenige mögliche Theorie, die die eben genannten Wechselwirkungen mit der Gravitation vereinigt, also mit der dafür zuständigen Theorie, der Allgemeinen Relativitätstheorie. Erst dann wäre der Bereich des mikroskopisch Kleinen und der Makrokosmos theoretisch wirklich integriert.

Wenn einzelne Stoffgebiete, wie die vorher dargelegten (nochmals sei betont: nicht alle, nur eines), als Zeitrahmen die gesamte Oberstufe, also etwa drei Schuljahre hätten, dann würden Stoff und Zeit zueinander passen. Aber wegen der Überfülle und dem viel zu hoch angesetzten Niveau der schulischen Lehrpläne manifestiert sich auch im Bereich der Physik das DUALE VERSAGENSPRINZIP: Die formalen Techniken werden nicht ausreichend geübt, um zu „überleben", während gleichzeitig eine inhaltlich-qualitative Einsicht in die physikalischen Konzepte, die *big ideas*, so gut wie nie entsteht oder gar überdauert. Diese

Gesellschaft und ihre Bildung sind zum großenteils völlig „unphysikalisch" …

Eine Schlussbemerkung: Für viele mögen viele der dargelegten Gedanken zu „verkopft" klingen. Und ich bin der Erste, der dem zustimmen und für einen wesentlich elementareren und praktischer orientierten Unterricht plädieren würde! Aber gemäß meinem *immanenten* Ansatz habe ich einfach den Stoff thematisiert, der in den Lehrplänen enthalten ist.

»Die Wissenschaft sucht nach einem Perpetuum mobile. Sie hat es gefunden: Sie ist es selbst.« (Victor Hugo)

Gesamtfazit

Man kann als Essenz aller Analysen einen einzigen Satz formulieren:

> In Bezug auf die Physik folgt der normale Mensch in einem tiefen Sinne anachronistischen Intuitionen, die teilweise bis ins Altertum reichen, und auch die damaligen richtigen Einsichten sind selbst bei vielen akademisch Gebildeten nicht angekommen.

Und zur Physik des 20. Jahrhunderts schwirrt den meisten Menschen nur unsystematisches Wissen durch den Kopf, meist nicht in der Schule erworben, sondern aus zahlreichen Fernsehsendungen oder entsprechenden Büchern. Doch auch wenn dieses Wissen unsystematisch und unstrukturiert ist, hat es, so will ich betonen, dennoch eine bestimmte Art von „Leben", weil meist aus echtem Interesse heraus erworben, auch gekennzeichnet durch die Lebendigkeit, die das Medium Fernsehen (das ich nicht müde werde zu loben) und die Eigenerarbeitung oft erzeugen. Dass all dieses Wissen so unsystematisch ist, weil die Basis fehlt, liegt an dem Irrtum der Schule, physikalisches Wissen

10 Physik: Das Elend eines scheinbaren Spezialfaches

immer mit mathematischen Instrumentarien ausgestattet liefern zu wollen, statt lediglich eine Basis für die Weiterbildung zu schaffen. In diesem Zusammenhang ein Hinweis darauf, warum es Lehrern schwerfällt, die eben dargelegte Sachlage zu erkennen:

> Tatsächlich gelingt es dem Unterricht, etlichen Schülern die formal richtige Lösung von Physikaufgaben beizubringen. Aber wenn der Zusammenhang zu schulischen Aufgaben nicht offensichtlich ist, vertreten sie, auf eine quasi „schizophrene" Weise, eine intuitive Physik, die in einem diametralen Gegensatz zu den physikalischen Prinzipien steht, die hinter den gelernten Rechenoperationen stehen. (Man lese in diesem Zusammenhang das Kapitel über BIOLOGIE, wo ähnliche Strukturen vorliegen.) Aber gerade in diesem „Schisma" und dieser „Schizophrenie" liegt das Versagen des Physikunterrichts, das allerdings nicht erkennbar ist, wenn man nicht das richtige Untersuchungsdesign verwendet; dann kann man leicht auf den herkömmlichen Unterricht „hereinfallen", weil nämlich Schüler ein paar Aufgaben lösen können – ohne aber irgendetwas wirklich *verstanden* zu haben.

Es ist im Übrigen eine bis jetzt offene Frage innerhalb der Psychologie des Unterrichts, ob man vorwissenschaftliche Präkonzepte kontinuierlich in wissenschaftliche transformieren müsse oder ob man beide in eine radikale *Konfrontation* miteinander bringen muss, sodass es zu einem *kognitiven Konflikt* kommt. Ich glaube eher an die letztere Strategie, dazu ist es aber nötig, die beiden konfligierenden Konzepte überhaupt erst einmal in aller Ruhe miteinander vergleichen zu können. Das heißt aber nichts anderes als das, wofür ich schon im Fach BIOLOGIE plädiert habe:

> Man müsste die WISSENSCHAFTSGESCHICHTE in jedem Fach zumindest an einer einzigen Stelle einmal im Hinblick auf die geistige Entwicklung der heutigen Konzepte befragen. Sinnvoller als ein generelles Fach GESCHICHTE, für dessen Ablösung als Pflichtfach ich ja an anderer Stelle plädiert habe, schiene es mir, nochmals will ich dafür plädieren, den fachspezifischen Unterricht wieder partiell zu *historisieren*. Eine zweite Möglichkeit, die diesen Gegensatz aufhebt, wäre eine *praktische* Orientierung zur Einführung in die Physik. Aber nichts ist in der Schule seltener als diese beiden Zugänge und wegen der Stoffüberladung schwierig bis unrealisierbar.

Im Fach Physik ist die Lage ja eigenartig, fast paradox: (a) Physik ist, wie dargelegt, das Fach, in dem man am deutlichsten und sichersten seit fast drei Jahrzehnten über die absolute Wirkungslosigkeit und das nachlassende Interesse der Schüler empirisch Bescheid weiß. (b) Gleichzeitig ist es das Fach, das diese Erkenntnis permanent verdrängt. (c) Es gibt aber auch kein Fach, in dem man so gründlich die *konzeptuellen Schülervorstellungen*, speziell die *misconceptions* der Schüler untersucht und sich darüber Gedanken gemacht hat, wie man diese in wissenschaftlich akzeptable überführen kann.

Es gibt im Übrigen auch tiefschürfende Gedanken über das Verhältnis der älteren Fachdidaktik zur neueren, eher empirisch-orientierten Lehr-Lern-Forschung. Ein wichtiges Modell, das in diesem Zusammenhang entwickelt worden ist, ist das der „didaktischen Rekonstruktion", das ausdrücklich Forschung, Entwicklung, sowie didaktische Theorie und Praxis verbinden soll. Besonders der Ansatz des „design research" hat nachdrücklich vertreten, dass Forschung und die Verbesserung von Praxis symbiotisch verbunden werden müssen. Im Schwerpunktprogramm „Bildungsqualität von Schule" der Deutschen Forschungsgemeinschaft (DFG) hat sich gezeigt, dass eine solche enge Zusammenarbeit für beide Seiten wichtige Impulse bringt. Insbesondere Videostudien haben Interessantes über den Unterricht zutage gefördert, speziell auch, dass Lehrkräfte ihren eigenen Unterricht oft verzerrt wahrnehmen (was keine spezifische Schwäche von ihnen ist, sondern fast allen Berufspraktikern so geht – diese Anmerkung ist mir wichtig). Die empirische Forschung zeigt allerdings auch, dass noch viel zu wenige Lehrkräfte über Ergebnisse der neueren Unterrichtsforschung informiert sind. Ansätze zur Professionalisierung von Lehrkräften bemühen sich darum, Lehrkräfte mit dem Stand heutigen Wissens vertraut zu machen; „fachspezifisch-pädagogisches Coaching" und „content-specific pedagogical knowledge" sind zwei Ansätze in diesem Zusammenhang. Im vom Bundesministerium für Bildung und Forschung geförderten Projekt zur Verbesserung der Qualität des Physikunterrichts, „Physik im Kontext" (www.physik-im-kontext.de), findet sich eine Fortführung solcher Ansätze. Es gibt auch das Programm „Steigerung der Effizienz des mathematisch-naturwissenschaftlichen Unterrichts" (SINUS) oder das BMBF-Programm „Physik im Kontext" (PIKO).

Allerdings zeigt die Forschung auch wieder, dass sich die Entwicklung der fachlichen Leistungen in aller Regel nicht auf einzelne Faktoren des Unterrichtsverhaltens zurückführen lässt, die Qualität des Unterrichts ist vielmehr durch ein komplexes Zusammenspiel vieler Faktoren bestimmt – und da stellt sich, wie üblich die Frage danach, *wie man aus der Komplexität einfache didaktische Regeln ableiten kann.* Denn auch die modernen und verbesserten Ansätze, vielleicht gerade sie schlagen, wenn der Unterrichtsstoff nicht reduziert und konzentriert wird, ins Gegenteil um. Was der Lehrer mehr als alles andere braucht, sind „simple Heurismen, die uns smart machen", wie das von Gerd Gigerenzer entwickelte (von mir öfters zitierte) Konzept lautet. – Ich will mit einem längeren Zitat aus dem hervorragenden Buch *Didaktik des Physikunterrichts* von J. Willer schließen:

> „Nach einem verbreiteten Bonmot ist der einzige Erfolg des Physikunterrichts seine Erfolglosigkeit. Physikunterricht zählt nicht nur zu den unbeliebtesten Fächern; auch seine Langzeitwirkung scheint ausgesprochen schwach zu sein. (…) Allerdings ist zu beachten, dass sich die Erforschung der Langzeitwirkung von Unterricht wenigstens auf zwei Komponenten richten muss: Zum Ersten muss sie unterschiedliche Zeiträume zwischen Unterricht und Erhebungszeitpunkt

> berücksichtigen; zum Zweiten muss sie neben den Kenntnissen noch weitere Bildungsbereiche – etwa Interessen, Einstellungen oder Handlungsbereitschaft – erfassen. Selbst wenn Lehrer die Langzeitwirkung ihres Unterrichts wenigstens über ein Schuljahr oder gar über mehrere überprüfen würden, dürfte dies der didaktischen Forschung nicht genügen, vielmehr muss sie planmäßig in Erfahrung bringen, wie sich die Langzeitwirkung *im Anschluss an die Schulzeit* gestaltet."

Ja, dieser Mann hat verstanden, worum es in dem vorliegenden Buch geht!

> »Man hat den Eindruck, dass die moderne Physik auf Annahmen beruht, die irgendwie dem Lächeln einer Katze gleichen, die gar nicht da ist.« (Albert Einstein)

Nochmals: überzüchtete Lehrplanziele

Ich habe ja schon das Inhaltsverzeichnis des Duden-Buches *Abitur Physik – Basiswissen Schule* wiedergegeben, an dieser Stelle soll aber ergänzend und vertiefend erwähnt werden: In den Vereinigten Staaten üben vor allem die vom National Research Council herausgegebenen „National Science Educations Standards" und die „Benchmarks for Scientific Literacy" der American Association for the Advancement of Science (AAAS) auf der Basis der Überlegungen in *Science for all Americans* (Rutherford und Ahlgren) einen großen Einfluss aus. Ein ähnlicher Ansatz findet sich in dem von H.-J. Tenorth herausgegebenen Buch über KERNCURRICULA (also solche, die angeblich auf einen Kern reduziert sind) für die Oberstufe; dort wird folgende Lernzielliste vorgeschlagen (von H. Schecker):
- Kinematik, Newton'sche Dynamik
- Gravitation, astronomische Weltbilder
- Relativitätstheorie

10 Physik: Das Elend eines scheinbaren Spezialfaches

- statische und zeitlich veränderliche elektromagnetische Felder
- Wellen
- Thermodynamik, statistische Physik, Entropie
- Quantenphysik
- Kernphysik und Elementarteilchen
- Astrophysik und Kosmologie
- nichtlineare Physik.
- Und gewissermaßen quer zu diesen Inhaltsbereichen sollen die Schüler die folgenden übergreifenden Prinzipien kennen: Universalität der Naturgesetze, Objektivierung und Mathematisierung, Determinismus, Indeterminismus, Erhaltung, Symmetrie, Kausalität, System-Teilsysteme, Wechselwirkungen.

> All das klingt „super", aber nur für jemanden, der Lust hätte, einen zehnjährigen Leistungskurs zu besuchen. Die genannte Liste von Lernzielen ist schon für die Universität übertrieben. Die wenigsten Physiker haben einen Überblick über ihr Fach oder ein wissenschaftstheoretisch fundiertes Hintergrundverständnis, brauchen es im Beruf auch nicht, aber im Schulunterricht soll dieser Wahnsinn Methode bleiben! Wir benötigen stattdessen *exemplarische Konzentration* und *tiefe Einfachheit*!

Man kann die Absurdität all dieser Ansätze auch erkennen, indem man sich ansieht, was die Autoren – „großzügigerweise" – für verzichtbar halten: die Kinetik könne man weglassen, des Weiteren sei eine Verringerung des Stellenwerts des Bohr'schen Modells zugunsten der Grundideen der Quantenphysik möglich; bei der Thermodynamik sollte von einer „extensiven Behandlung" der Gasgesetze abgesehen werden; die kinetische Gastheorie sollte nur insofern so behandelt werden, wie sie für das Verständnis von Energieumwandlungen und Kreisprozessen unabdingbar ist. Ebenfalls unter Kürzungsaspekt wird die Wechselstromlehre gesehen, die technisch wichtig sei, aber nicht viel im Hinblick auf die fundamentalen Ideen der Physik liefere; Ähnliches gelte für elektrische Schwingkreise, von ihrer technischen Bedeutung her seien dagegen auch Festkörperphysik und Elektronik als Inhalte zu erwägen. Allen Ernstes aber sollen den Schülern die Grundvorstellungen der modernen Physik zu Zeit, Raum, Teilchen, Feld, Wahrscheinlichkeit und Messprozessen vermittelt werden – dazu die Kenntnis mathematischer Formalismen, die aber ebenfalls auf das Maß beschränkt sein sollen, das nach Meinung der Autoren, „unabdingbar" sei.

Tja, das vorliegende Buch zeigt, dass man diese „Unabdingbarkeit" ganz neu auffassen, konzipieren, definieren und quantifizieren muss.

In diesem Zusammenhang eine Information zur Stundenzahl: Physikunterricht gibt es gegenwärtig an allen weiterführenden Schulformen im Umfang von durchschnittlich 1 bis 3 Wochenstunden. Er beginnt je nach Bundesland und Schulform entweder in Klasse 7 oder bereits in der Klassenstufe 5/6. Die Bundesbildungsministerin hat ja – vollkommen zu Recht – eine Ausweitung des naturwissenschaftlichen Unterrichts gefordert; in Sachsen, das beim letzten PISA-Test in den Naturwissenschaften gut abgeschnitten hat, werden mindestens 4 Stunden pro Woche Naturwissenschaften unterrichtet, in manchen alten Bundesländern sind es nur 2 oder sogar weniger. Außerdem sind Biologie, Chemie und Physik in Sachsen auch in der Oberstufe obligatorisch, die Fächer können also nicht abgewählt werden, wie es in manchen anderen Bundesländern möglich ist.

Ich habe mehrfach von „tiefer Einfachheit" gesprochen und, immer wieder bin ich überrascht, auch diesen Gedanken finde ich bei Wagenschein, der sagt: „Wir scheuen das Einfache, weil es so nahe ans echt Schwere und Tiefgründige grenzt." Wagenschein zitiert auch den berühmten Physiker und Wissenschaftstheoretiker Ernst Mach, der schon 1880 die Stoffüberfülle unerträglich fand: „Ich kenne nichts Schrecklicheres als die armen Menschen, die zu viel gelernt haben (…) was sie besitzen, ist ein Spinnengewebe von Gedanken, zu schwach, um sich darauf zu stützen, aber kompliziert genug, um zu verwirren." Und: „Am besten werden die bescheidenen Anfänge der Wissenschaft uns deren einfaches, sich stets gleichbleibendes Wesen enthüllen."

> »Hundert Prozent ist das Optimum. Was darübergeht, ist schon wieder weniger.« (Michael Schumacher, siebenfacher Weltmeister in angewandter Physik)

10 Physik: Das Elend eines scheinbaren Spezialfaches

Sportlich gemeinte Provokation

Ich verwende an dieser Stelle dieselbe Argumentationsfigur wie im Fach Mathematik: Die Nutzlosigkeit des Physikunterrichts zeigt sich an den Physikern und Physikdidaktikern selbst! Sie besitzen nicht die elementarsten Basiskompetenzen einer naturwissenschaftlichen Allgemeinbildung. Diese sind, gemäß allgemeiner Überzeugung: die Fähigkeit, Sachverhalte objektiv wahrzunehmen, zu registrieren, einzuordnen, zu systematisieren, sie nicht zu verfälschen, nicht Mythen unterzuordnen, quantitativ richtig einzuschätzen und zu verrechnen und – was ganz wichtig ist – sie zu optimieren!

> Ich frage die Physiklehrer: Warum seid Ihr nicht in der Lage, Euren Unterricht beziehungsweise seine Effekte so – also „physikalisch" – wahrzunehmen? Hättet Ihr jemals den Unterricht in einem echten Sinne naturwissenschaftlich betrachtet, würde Euch die geradezu absurde Nutzlosigkeit ins Gesicht springen. Mehr noch: Es wäre deutlich geworden, dass Ihr Menschen von der Physik entfremdet.

Und hätten die Physiker und Physikdidaktiker jemals in Optimierungsprinzipen gedacht (wo doch Optimierung in der Physik so häufig eine Rolle spielt), dann hätten sie schon längst erkannt, dass der angestrebte Stoff in der zur Verfügung stehenden Zeit nicht zu vermitteln ist. Mein Appell an sie: etwas mehr physikalisches Experimentieren zur Prüfung des eigenen Unterrichts! Man kann in diesem Zusammenhang bei einem wunderbaren Aphorismus Trost suchen, der von einem Philosophen stammt, von dem man ihn sicher nicht erwartet hätte:

> »Wir müssen Physiker sein, um (…) Schöpfer sein zu können – während bisher alle Wertschätzungen und Ideale auf Unkenntnis der Physik oder im Widerspruch mit ihr aufgebaut waren. Und darum: Hoch die Physik! Und höher noch das, was uns zu ihr zwingt – unsere Redlichkeit!« (Friederich Nietzsche)

Was zu tun ist: eine Entlastungs- und Lösungsperspektive

Ich präsentiere an dieser Stelle in aller Kürze ein Gegenmodell mit 4 Komponenten – der Physikdidaktiker möge es, wie gesagt, unter einem Optimierungsaspekt lesen:

1) Physik sollte auch am Gymnasium genauso gehandhabt werden wie an „niederen" Schulen, nämlich als eine lebendige, nur minimal-formale Betrachtung und Untersuchung typischer naturwissenschaftlicher Phänomene des Alltags, durchaus auf „Wagenschein'sche" Weise. Man sollte dieses Fach auch nicht von den anderen Naturwissenschaften abtrennen, sondern integriert lehren beziehungsweise es dem Lehrer ermöglichen, seine individuellen Schwerpunkte zu bilden. Das wäre durchaus vergleichbar der früher an Volksschulen üblichen „Naturlehre", wie sie in ähnlicher Weise in zahlreichen Ländern gepflegt wird, die bei den internationalen Vergleichsstudien gute Werte im Bereich der Naturwissenschaften erzielen. Unter methodischem Aspekt sollte man sich auf Folgendes konzentrieren: Phänomene beobachten, systematisieren und nur in Teilaspekten verstehen, zunächst ganz langsam, mit einigen graphischen Darstellungen und einfachen, nichtformalen beziehungsweise halbformalen Begriffen. Zur Beobachtung hinzutreten sollten elementare Messprozesse und mindestens einmal die gründliche Durchführung eines Experiments. Eine solche integrative Unterrichtsform bildet sich gegenwärtig in einzelnen Bundesländern für einzelne Schulformen und einzelne Klassenstufen bereits heraus.

2) Vorziehen als ein Pflichtfach, zumindest alternativ zu PHYSIK, würde ich ein Fach TECHNIK. Denn der praktische Zugang ist, wenn er nicht zu „technokratisch" gehandhabt wird, derjenige, der eine größere Anzahl von Schülern interessiert. Dabei müssen Didaktiker allerdings wegkommen von der Vorstellung, dass man technische Geräte (Phänomene überhaupt!) nur dann richtig „verstehen" kann, wenn das Ganze

sozusagen von der Grundlagenseite ausreichend deduktiv abgeleitet worden ist. Die meisten Dinge der Welt verstehen wir nur unvollständig, demgemäß würde es durchaus genügen, wenn man die Grundideen technischer Geräte versteht und ein wenig an ihnen „herumbasteln" kann. Übrigens: In Amerika existiert ein Schulfach „Design & Technology" schon seit Jahrzehnten.

3) In MATHEMATIK habe ich ja dafür plädiert, dass ein intensiv zu übender und anspruchsvoller Formalismus immer mit einem anderen, gewissermaßen inhaltlichen Fach verbunden werden soll, nicht notwendigerweise mit Physik, wie dargelegt auch durchaus mit Biologie, aber auch allen möglichen anderen, ja sogar geisteswissenschaftlichen Fächern. In diesem mathematischen Anwendungs- und Vertiefungsfach wird dann eine mathematische Methode gewissermaßen „durchdekliniert", durchaus über längere Zeit als bisher – Physik war und ist das klassische Musterbeispiel dafür; es soll aber es nicht länger alleine sein. Und nur in diesem Fach „angewandte Mathematik" kann Physik betrieben werden, wie die herkömmlichen Didaktiken es generell vorsehen.

4) Hinzukommen sollte: „Neuestes und Interessantes" aus den Naturwissenschaften, vom Niveau her gewissermaßen eine Mischung aus *PM* und ab und zu dem von *Bild der Wissenschaft*, beziehungsweise *Spektrum der Wissenschaft*. Und wiederum: mit viel Fernsehen kombinieren!

»Der Praktiker argumentiert so: Ich begnüge mich mit Halbheiten und komme zu etwas; der Idealist strebt nach dem Vollkommenen und bleibt in Lumpereien stecken. Also!« (Jakob Bosshart)

Nachgedanken

Ich möchte betonen, dass der im vorherigen Kapitel zum Ausdruck gekommene *skeptische Realismus* nicht zu einer Degradierung, sondern eigentlich zu einer Aufwertung des Faches führt. Das ganze Kapitel ist aus einem großen Respekt vor dem Fach Physik geschrieben. Doch noch zu viele Geisteswissenschaftler tragen bis heute demonstrativ eine Verächtlichkeit gegenüber den Naturwissenschaften vor sich her, wie sie sich beispielsweise auch in dem bekannten Buch *Alles, was man wissen muss* von Dietrich Schwanitz manifestiert. Um den Bildungsaspekt von Physik in aller Deutlichkeit zu artikulieren: Physik ist die Nachfolgerin der philosophischen *Ontologie* und natürlich der *Naturphilosophie*. Fast würde ich ihr gegenwärtig zusprechen, mit größerem Recht als die Geisteswissenschaften beanspruchen zu dürfen, ein mögliches Paradigma für echte Bildung darzustellen. Aber es wird noch lange schwierig bleiben, auf beiden Gebieten gebildet zu werden (und zu bleiben), und es wird noch lange dauern, bis man im Unterricht wirklich eine Brücke zwischen den „zwei Kulturen" bauen kann. Das führt auf ein Problem, bezüglich dessen ich mir noch nicht im Klaren bin: Wie viel Mathematik braucht man, um Physik zu verstehen? Interessanterweise hat ja Michael Faraday, der mathematisch kaum mehr als die Grundrechenarten beherrschte und dennoch der Begründer der modernen Elektrizitätslehre war, einmal seinem jüngeren, aber mathematisch brillanten Kollegen Maxwell, dem Begründer der vereinheitlichten Theorie des Elektromagnetismus, in einem Brief dieselbe Frage gestellt! Und das führt direkt auf die nächste Frage: Wie viel Mathematik kann man einem „normalen" Menschen beibringen? Ist der in diesem Buch vertretene Minimax-Ansatz aufgrund seiner raffinierten Optimierung in der Lage, vielleicht mehr Menschen so weit in die Mathematik einzuführen, dass sie auch anspruchsvollere Physik begreifen können? Ich bin mir einerseits sicher, dass man an manchen Stellen deutlich weniger Mathematik braucht, als Physiker das bisweilen als künstliches Hindernis aufbauen, gemäß einem Ausspruch des Physikers Brian Greene (in einem Interview): „Für die meisten Menschen besteht das größte Hindernis, das Weltbild der modernen Physik zu verstehen, darin, dass

10 Physik: Das Elend eines scheinbaren Spezialfaches

diese Erkenntnisse üblicherweise in der Sprache der Mathematik niedergelegt werden. Wenn man sie aber in der Alltagssprache wiedergibt, sind sie gar nicht so schwer zu verstehen. Die meisten Menschen machen dann die Erfahrung, dass sie viel mehr verstehen, als sie erwartet haben." Auf der anderen Seite gibt es zweifelsohne einige physikalische Bereiche, die sich nur durch die Mathematik erschließen. Abschließend ein ganz konkreter Vorschlag:

> Man sollte künftige Lehrer dazu motivieren und entsprechende Ausbildungsmöglichkeiten dafür anbieten, dass nicht länger MATHEMATIK und PHYSIK als Standardkombination gewählt werden, sondern beispielsweise DEUTSCH und MATHEMATIK oder PHYSIK und KUNST oder MATHEMATIK und SOZIALKUNDE. Ich fände es außerdem unbedingt notwendig und anregend, dass schon gegenwärtig Lehrer der geisteswissenschaftlichen Fächer und Mathematiker/Physiker zusammen Unterrichtsmodelle entwickeln.

Und wiederum stoße ich bei Wagenschein auf etwas Faszinierendes: auf seine Idee eines „mathematischen Aufsatzes", den er bei dem Versuch entwickelte, Geisteswissenschaften und Mathematik zu integrieren, dabei mit seinen Schülern beispielsweise über die enge Verbindung von Dichtung und Mathematik bei Novalis oder Paul Valéry reflektierend. Im Gespräch entstanden dabei so tiefgründige Fragen wie: Kann ein Mathematiker ein Dichter sein? Oder, in einem Kursus von 40 ehemaligen Kriegsteilnehmern, „die selbstvergessene Frage eines tief Nachdenklichen: *Kann man wohl gleichzeitig Physiker sein und lieben?*"

Und nochmals schließe ich mit einem Gedanken, den man wohl wiederum von diesem Autor nicht erwartet hätte:

»Der wissenschaftliche Mensch ist die Weiterentwicklung des künstlerischen.« (Friedrich Nietzsche)

11
Musik, Sport und Kunst: Wo bleibt das Können?

In diesem letzten Kapitel zur Analyse des Ertrags verschiedener Schulfächer erfolgt meine kritische Analyse unter besonderer Konzentration auf einen bestimmten Aspekt: echtes KÖNNEN. Und ich zitiere als Motto ein japanisches Sprichwort: „Zu wissen und nicht zu handeln, heißt, überhaupt nichts zu wissen."

Musikunterricht

Man könnte jetzt, analog zu den anderen Fächern, darauf hinweisen, dass bei all denjenigen, die den schulischen Musikunterricht durchlaufen haben und nicht durch private Interessen sich weitergebildet haben, das NACHHALTIGE WISSENSRESIDUUM ziemlich exakt gleich null ist. Beispielsweise wird ein „normaler" Mensch die folgenden Elementarfragen zur Musik kaum beantworten können:
- Was ist der Unterschied zwischen Dur und Moll?
- Was ist eine Dominante?
- Was sind grundlegende Regeln der Harmonielehre?
- Worin unterscheidet sich ein 3/4-Takt von einem 4/4-Takt?

Der Leser möge diese Fragen an sich selbst testen. Ich will hier jedoch nicht, wie in anderen Fächern, diese Minimax-Fragen beantworten, ich will auf etwas anderes hinaus, das wichtiger ist:

> Ich bestreite entschieden, dass ein Fach Musik, das nicht das klar definierte Ziel hat, einem Schüler das Musikhören und Musikmachen, also letztlich das Spielen eines Instruments oder ein schon sehr fortgeschrittenes Singen oder auch das Beherrschen eines Computerprogramms zum Komponieren beizubringen, irgendeinen Sinn ergibt. Dazu müsste man allerdings den Stundenumfang auf mindestens vier oder fünf Stunden erhöhen. Oder: Interessierte und begabte Schüler sind gleich in Musikschulen zu schicken, man siehe auch das später vorgeschlagene Modell für den Sportunterricht. Was nicht länger geht: akzeptieren, dass zu vage Ziele bei viel zu vielen Schülern nach 12–13 Jahren Schule ein Könnens-Residuum hinterlassen, das gleich Null ist.

Dabei wird von den Lehrplänen wie üblich hochgestapelt: Bisweilen soll ab der 4. Klasse schon „improvisierendes Musizieren" beherrscht werden – und das alles bei 30 Minuten pro Woche in den ersten beiden und 60 Minuten in den Klassenstufen 3 und 4, ohne dass für die entsprechende instrumentelle Ausstattung gesorgt wäre.

Übrigens: In Deutschland fällt kein Unterrichtsfach so oft aus wie Musik. Wie ein Artikel in der *Frankfurter Allgemeinen Sonntagszeitung* 2009 konstatiert: „Die musikalische Erziehung ist in der Kulturnation Deutschland seit Jahrzehnten zur Privatsache geworden. In den Schulen werden sehr spät Noten gelernt. Wer Klavier, Geige oder Flöte spielen will, muss Musikschulen besuchen oder Privatstunden nehmen." Und die Zukunft wird noch schwärzer gesehen: „Durch die Ganztagsschulen ist nun selbst diese Ausweichmöglichkeit gefährdet." Nur eine entsprechend erhöhte Personal- und Sachausstattung könnte dem entgegenwirken. In diesem Artikel wird auch darauf hingewiesen, wie beispielsweise in Venezuela der Staat Musikschulen auch in allen Slums etabliert hat, und die Musik zur Grundlage der Volksbildung gemacht hat. Zitiert wird ein venezulanischer Dirigent:

„Wir setzen auf eine deutsche Tradition, die heute ausgerechnet in Deutschland in Frage steht."

Hierzu das Ergebnis einer Allensbach-Umfrage: 41 % sprachen sich dafür aus, dass sie gerne ein Instrument erlernen würden; 44 % sind der Meinung, dass sie eine vorhandene Begabung nicht entfalten hätten können. Ich selbst bin einer derjenigen, die seinerzeit eine „innere Kündigung" in Bezug auf das Fach Musik vorgenommen haben, aber ich bedauere sehr, dass man mich nicht gezwungen hat, ein Instrument zu lernen. Mein eigener Musikunterricht ist an mir jedenfalls spurlos vorbei gegangen. Heute bin ich stockunmusikalisch, werde aber von Musik so sehr bewegt, wie von kaum etwas anderem im Leben (außer Sehen und Lieben...) und bin durchaus der Meinung des nachfolgend zitierten Philosophen ...

»Ohne Musik wäre das Leben ein Irrtum.« (Friedrich Nietzsche)

Kunstunterricht

Im Fach Kunst ist derselbe Ansatz zu vertreten und dieselbe Frage zu stellen:

> Warum ist es nicht selbstverständlich, dass ein Schüler über die vielen Jahre hinweg einige grundlegende kunsthandwerkliche Techniken (ein bis zwei würden genügen) erlernt und so weit vervollkommnet, dass man wirklich von gekonntem semiprofessionellen Handwerk sprechen kann? Er soll sich natürlich, wenn er will, mit allen möglichen Techniken auseinandersetzen, irgendwann aber muss die fokussierte Ausbildung in mindestens einer Haupttechnik beginnen, rechtzeitig, ernsthaft, solide und gleichzeitig unhochstaplerisch.

Eine kunsthandwerkliche Technik – Schnitzen, Sprayen, Aquarellieren oder auch komplexe Graphikprogramme – beherrschen, das kann wirklich jeder lernen und üben. Und das sollte auch jeder. Ein Freund, Rudolf Sanladerer, promovierter Kunsterzieher (und vieles andere…), sowohl an einer Realschule wie an der Universität tätig, erreicht in ein bis zwei Jahren mit seinen Schülern oft äußerst erstaunliche Leistungen, weil er einfach auf positive Weise echtes Können fordert (der interessierte Leser möge sich die Beispiele in dessen zweibändigem Riesenwerk über Comics im Unterricht ansehen).

In diesem Fach will ich allerdings, im Unterschied zur Musik, noch kurz die kognitive Dimension und das NACHHALTIGE WISSENSRESIDUUM bei elementaren und fundamentalen Inhalten anmahnen, also die „EF-Defizite". Vor allem unter dem Aspekt RASTER- UND ORDNUNGSWISSEN ist festzustellen: Kein einziger Mensch erhält durch das Gymnasium ein solides Überblickswissen über die grundlegenden Epochen der bildenden Kunst (man vergleiche das Fach Deutsch/Literaturkunde). Besonders negativ: Auch und gerade die moderne Kunst des 20. Jahrhunderts, die dieses Jahrhundert so wesentlich geprägt hat – kein Gymnasiast hat zu diesem Thema ein klares Ordnungswissen über die Epochen und Stilmittel, geschweige denn so etwas wie eine Art *Verständnis*. Wenn Menschen hier Kenntnisse haben, dann oft aus den Medien oder privater Fortbildung. Was aber die Schule dabei leisten müsste, nämlich den in einer solchen privaten Weiterbildung beziehungsweise irgendwo aufgeschnappten Wissenspartikeln System und Ausrichtung zu geben, darin versagt sie. Dies ist wirklich ein kognitiver Skandal: Über das Wissensgebiet, welches von nicht wenigen Menschen als die „Spitze der Kultur" betrachtet wird, herrscht wiederum analphabetenartiges Unwissen. Aus einer *Stern*-Untersuchung: Fast kein Hauptschüler wusste, wer Marilyn Monroes Porträt für seine bekannt gewordene künstlerische Bilderserie verwendet hat, was natürlich Andy Warhol war, das wussten aber auch zwei Drittel der Gymnasiasten nicht! Bei einer anderen Untersuchung ergab sich beispielsweise, dass auch unter Gymnasiasten ein großer Teil Picasso für den Begründer der abstrakten Kunst hielt (was er nicht war, das waren Leute wie Kandinsky und auch die nachfolgend genannten Vertreter der „Konkreten Kunst").

Ganz besonders schwach ist die Schule bei der Vermittlung von Wissen über die drei Kunstformen, die so ganz und gar typisch für das 20. Jahrhundert sind: ARCHITEKTUR, FOTOGRAFIE und FILM. Dabei sind das alles Themen und Gebiete, die gleichzeitig die „höhere Bildung" wie auch die unmittelbare Orientierung in der Welt betreffen.

Ich nenne in diesem Kapitel nur eine kleine, aber wie ich festgestellt habe, sehr „treffsichere" Testfrage, die so gut wie von keinem Akademiker einigermaßen vollständig und adäquat beantwortet werden kann, der nicht innerhalb des Kunstbetriebs tätig ist: Was ist „Konkrete Kunst"?

Kurzerläuterung: Die Bezeichnung „Konkrete Kunst" (künftig abgekürzt „KK") ist, man sollte dies vorneweg sagen, missverständlich, aber tief gedacht. KK ist nicht als Gegensatz zur *abstrakten* Malerei zu verstehen, KK ist vielmehr eine der beiden großen Richtungen der abstrakten Kunst des 20. Jahrhunderts: die geometrische, für die typisch monochrome, exakt abgegrenzte Farbflächen, meist Rechtecke sind. „Konkret" meint: Die Farbflächen bedeuten nichts als sich selbst, sie sind gewissermaßen das Allerkonkreteste, nicht über sich hinaus verweisend, weil *nicht aus dem Abstrahieren des Gegenständlichen hervorgegangen,* wie die abstrakte Richtung im engen Wortsinne (letztere begründet vor allem durch Kandinsky und später oft unter dem Begriff „Informel" laufend). Begründet wurde die KK von der holländischen Gruppe „De Stijl"; zu nennen sind insbesondere die Namen Piet Mondrian und Theo van Doesburg. (Es hat interessanterweise einen Streit zwischen van Doesburg und Mondrian darüber gegeben, ob auch die Diagonale im System der KK erlaubt ist …) Statt von KK wird oft auch von „konstruktiver Kunst" oder „Konstruktivismus" gesprochen; dahinter steht folgende Logik: Nicht eine sinnliche und gewissermaßen planlos-kreative Art von Kunst wird angestrebt, sondern eine kühle, eher Konstruktionsprinzipien entstammende, die einen schon fast mathematischen Charakter hat. Einer der wesentlichen Vertreter des frühen Konstruktivismus war der russische Maler Malewitsch (der seine Malerei selbst eher als „Suprematismus" bezeichnet hat); bekannt wurde vor allem sein *Schwarzes Quadrat auf weißem Grund.* Die KK scheute von Anfang an nicht die Anwendung in den

Bereichen Architektur und Design; ihr Ansatz wurde vor allem durch das deutsche „Bauhaus" weitergeführt. Unter der Bezeichnung „Minimalismus" wurde vor allem in Amerika Jahrzehnte später die KK in noch reduzierterer, meist aber gleichzeitig dreidimensionaler Form revitalisiert und ist in Form diverser „Neo-Geos" bis heute ein kleiner, aber virulenter Strang der modernen Kunst.

Eine persönliche Anmerkung: Ich konnte schon als Elfjähriger zeichnen wie ein normalbegabter Erwachsener, aber irgendwann, so mit dreizehn, hörte ich weitgehend damit auf, weil wir lauter modische Kunsterzieher bekamen, die einfach nicht verstanden, dass ich nicht mit Farben herumspielen, sondern realistisch zeichnen wollte. So habe ich damals meine künstlerischen Ambitionen beendet (auch deswegen, weil Sport für mich immer wichtiger geworden ist), und erst wieder im Abiturjahrgang habe ich zur letzten Schulaufgabe wieder einmal (mit Note eins) ein Porträt mit Kohle gezeichnet, weil dieser Lehrer damals ein Gespür für das hatte, was in den Schülern angelegt ist, und er uns individuelle Aufgaben stellte, bezeichnenderweise gab er mir ein Foto von Karl Popper als Vorlage; ich erinnere mich gerne an ihn. Erst mit Anfang dreißig hat mich dann wieder eine praktische künstlerische Ambition gepackt (emotional und theoretisch ist mein Interesse niemals abgeklungen): die Fotografie. Und seit einigen Jahren baue ich eine kleine Künstlergruppe auf, die einen ihrer Schwerpunkte auf dem Gebiet der genannten Konkreten Kunst hat. Ich schreibe also dieses Kapitel mit seiner so „trockenen" Botschaft durchaus als Leidenschaftlicher…

»Alle Kunst ist zugleich Oberfläche und Symbol.« (Oscar Wilde)

Sportunterricht

Der Sportunterricht ist immer wieder einmal eingeführt oder verboten worden, und zwar im Hinblick auf dasselbe Leitmotiv,

11 Musik, Sport und Kunst: Wo bleibt das Können? 393

nämlich den Militärdienst: 1820 wird in Deutschland ein Turnverbot erlassen, aus Sorge, die militärisch geprägten Leibesübungen könnten einen revolutionären Geist befördern; 1842 wird er wieder eingeführt in Preußen, diesmal im Hinblick auf die Vorbereitung fürs Militär, erkennbar beispielsweise am Turngerät „Pferd". Und auch bei diesem Schulfach ist dieselbe Frage aus demselben Geist wie bei den vorherigen Fächern zu stellen: Was ist eigentlich sein Sinn? Was bleibt davon?

Hierzu einige Informationen: Heute sind 77 % der Bevölkerung Schwimmer, vor 15 Jahren waren es noch 90 %. Für die Schüler gilt: Nur noch zwei Drittel der Schüler können schwimmen. (Interessanter und empörender Grund: Immer mehr Kommunen schließen aus Geldmangel ihre Bäder.) Das Ergebnis einer Studie der AOK, des Deutschen Sportbundes und des Wissenschaftlichen Instituts der Ärzte Deutschland ergab: Die Fitness deutscher Schüler lässt alarmierend nach, allein bei den zehn- bis 14-jährigen ist innerhalb von zwei Jahren ein Rückgang um mehr als 20 % zu verzeichnen. Die Defizite betreffen vor allem den koordinativen und den Ausdauerbereich. Nur knapp 80 % der Jungen und 60 % der Mädchen treiben regelmäßig Sport, wobei Schüler mit drei oder mehr Stunden Schulsport deutlich besser abgeschnitten haben als der Rest; 63 % haben jedoch nur maximal zwei Stunden Sport die Woche. Als Ursache für die motorischen Defizite und zunehmende Haltungsschäden bei Kindern und Jugendlichen sieht die Studie neben dem Bewegungsmangel durch gesteigerten Medienkonsum, eine zunehmende Verstädterung und ein wachsendes Verkehrsaufkommen; gesundheitlich bedenkliche Freizeit- und Ernährungsgewohnheiten fallen häufig zusammen. Auch andere Untersuchungen bestätigen diesen Trend: Mehr Kinder als früher sind übergewichtig. Dabei liefern doch gerade die modernen Neurowissenschaften zunehmend Hinweise dafür, dass Bewegen und Lernen nicht als Gegensatz betrachtet werden sollen: Sport macht intelligenter! Eine hessische Grundschule hat deshalb schon in den neunziger Jahren die tägliche Sportstunde für alle Schüler zur Pflicht gemacht, unter anfänglichem Protest vieler Lehrer, aber mit dem überraschenden Effekt: mehr Sport, mehr Gymnasiasten! Außerdem gehen Raufereien, Aggressionen und Unfälle zurück. Eines der großen Probleme künftiger Ganztagsschulen wird sichtbar: Das Sich-Austoben in der „freien Wildbahn" würde potentiell vernachlässigt und die Schüler noch bewegungsärmer, falls in der Schule tägliche Bewegung nicht systematisch angeregt, ja gefordert würde.

Insgesamt gibt sich folgende klare Perspektive:
- Die Schüler müssen einerseits an der Schule täglich Gelegenheit haben, Sport zu treiben, natürlich unbenotet.
- Andererseits soll Sportunterricht im herkömmlichen Sinne nicht mehr durchgeführt werden. Jeder Schüler soll, statt kurzfirstig alle möglichen „Hampeleien" zu betreiben, mindestens einer Sportart langfristig nachgehen, vergleichbar dem Ansatz, der für den Kunstunterricht vorgeschlagen wurde. Selbst genetisch sehr unsportlich veranlagte Schüler könnten zumindest das Fach Dauerlauf wählen. Das kann, wenn kontrolliert, auch an Vereine delegiert werden, sollte wahrscheinlich sogar. In der Schule müsste ansonsten eine erhebliche sportliche Aufrüstung erfolgen. Wenn ein Schüler an Meisterschaften teilnimmt oder sie sogar gewinnt, dann muss das ins Zeugnis einfließen.

Auch hier eine persönliche Anmerkung: Sport war eine der großen Passionen meines Lebens, doch immer habe ich den schulischen Sportunterricht nur als ein sinnloses Ritual angesehen (außer wir durften einfach Fußball spielen). Und jeder, der, wie ich, Sport außerhalb der Schule ernsthaft betrieben hat, hat dies genauso gesehen. Aber auch auf rein kognitiver Ebene ist Sport für mich eines der herausforderndsten Gebiete (meine Aufzeichnungen hierzu sind ähnlich umfangreich wie die über Schule und Bildung; der einzige Philosophieprofessor, der einmal Weltmeister und Olympiasieger war, hat mir seinerzeit angeboten, darüber bei ihm zu promovieren und zu habilitieren). Deswegen plädiere ich zusätzlich dafür, dass unbedingt ein Extra-Modul SPORTWISSENSCHAFT als Wahlfach auch außerhalb des Leistungskurses angeboten werden sollte. Ich sehe im Übrigen die Trainingsmethodik in vielen Sportarten als höchst problematisch an, aber das geht über den Rahmen des Buchs hinaus.

»Vor allem wegen der Seele ist es nötig, den Körper zu üben, und gerade das ist es, was unsere Klugschwätzer nicht einsehen wollen.« (Jean-Jacques Rousseau)

Gesamtfazit

Drei fundamentale Dimensionen des menschlichen Lebens – Musik, Kunst und Sport – sind in der Schule weitgehend zu Albernheiten degeneriert, wobei ein NACHHALTIGES WISSENS- und KÖNNENSRESIDUUM so gut wie nicht existent ist.

> Von Clausewitz hat es leitmotivisch auf den Punkt gebracht: „Das Wissen muss ein Können werden." Doch ganz selten schafft es die Schule, auf irgendeinem Gebiet, auch außerhalb der in diesem Kapitel behandelten Fächer, ein echtes KÖNNEN aufzubauen, in dem Sinne, dass man es jederzeit, gewissermaßen im Schlaf und auch unter Stressbedingungen, reproduzieren kann.

Etlichen Lehrern, mit denen ich diskutierte, ging das Prinzip erst auf, als ich das Beispiel Schwimmunterricht heranzog: Da ist allerhand an Nebensächlichem durchaus sinnvoll, auch das schlichte Herumspritzen und die bewusste Wahrnehmung des Mediums Wasser, aber keiner käme auf die Idee, dies wären ausreichende Unterrichtsergebnisse, falls jemand *at the end of the day* sich nicht längere Zeit fortbewegend über Wasser halten, sprich *schwimmen* kann... Jedoch Musik-, Kunst- und Sportunterricht, sie alle vergessen das klare Endziel.

Die Schule hat in *allen* Fächern Angst, ihre diffusen kognitiven Lernziele durch solche Ziele zu ersetzen, die klare FERTIGKEITEN beschreiben, weil sie unbewusst verspürt: *Wir können das alles gar nicht leisten.* Denn auf dem Fertigkeits-Gebiet gibt es die von mir schon öfters beschworene „natürliche Output-Kontrolle", da kann man nicht mogeln ... Täte die Schule aber diesen Schritt, dann würde sie nicht nur die WAHRE BILDUNGSKATASTROPHE leichter erkennen, dann hätte sie vielleicht auch schon längst einige Reduktions- und Konzentrationsschritte unternommen.

So aber erzeugt die Schule lieber weiterhin Schüler, die zwar Imponierwissens-Fetzen mit sich herumtragen, mit denen sie in dieser Gesellschaft der Bildungshochstapler ziemlich weit kommen können, aber keine Schüler, bei denen die schlichte Frage nach dem KÖNNEN erlaubt ist. Denn die Antwort auf diese Frage wäre dann die, die dieses Buch generell gibt: Die meisten unserer Schüler, vor allem unsere Gymnasiasten, sie *können* nichts.

»Abstrakte Ziele sind schwer zu erreichen, weil man nie weiß, ob man fertig ist oder nicht.« (David Niven)

Was zu tun ist: eine Entlastungs- und Lösungsperspektive

Ich habe ja schon konkrete Empfehlungen ausgesprochen und will an dieser Stelle nur noch einmal anhand des Faches KUNSTERZIEHUNG die *Logik des Gelingens* herauspräparieren: Wir brauchen nicht länger einen Kunstunterricht, der „spielerisch" und „künstlerisch" die zu oft beschworene KREATIVITÄT, eines der unklarsten und sinnlosesten Lernziele, fördern soll. Wir brauchen keinen Unterricht, der an das unsinnige Beuys-Wort „Alle Menschen sind Künstler" glaubt. Das leider durch zu häufige Zitation durch die Falschen etwas abgedroschene, aber nur scheinbar banale „Kunst kommt von Können" ist immer noch ein besseres Leitmotiv. Dabei bin ich keineswegs der Meinung, dass Können schon Kunst ist, dass aber Kunst aus dem Können erwächst, aus dem Können und dem Vergessen des Könnens, an den richtigen Stellen.

Außerdem: Ein wirklicher Könner unter den Lehrern kann Schüler auch deshalb in sehr kurzer Zeit auf ein hohes Niveau

11 Musik, Sport und Kunst: Wo bleibt das Können?

bringen, weil er sie von dem überflüssigen Ballast befreit, der im Handwerklichen ebenfalls oft noch vorliegt. Ich habe beispielsweise mit einer Lehrerin zusammen eine neue Didaktik des Fotounterrichts entwickelt, der die Kids nicht ewig mit technischen Feinheiten (Blende, Belichtungszeit etc., damals noch analog) behelligt, sondern sie sofort zum Fotografieren bringt. Der bezeichnende Titel eines Fachartikels, den wir demnächst veröffentlichen wollen: „Der direkte Weg zum fotografischen Sehen". Und ich nenne den Namen „Bob Ross", für alle Kunsterzieher eine Provokation, weil er eine Methode entwickelt hat, mit der jedermann innerhalb von wenigen Wochen handwerklich gesehen semiprofessionelle Landschaftsbilder malen kann (seit vielen Jahren läuft seine Sendung „The Joy of Painting" auf BayernAlpha). Ross ist natürlich ein Kitschier, aber mit seiner Technik kann man auch unkitschige Bilder malen, und vor allem zeigt er allen Didaktikern das Leitmotiv des vorliegenden Buchs, *wie man nämlich durch Konzentration auf das Elementare und seine Perfektionierung* in kürzester Zeit beeindruckende Ergebnisse erzielen kann.

> Verallgemeinert: Eine im tiefen Sinne in allen Fächern *handwerklich* orientierte Schule wäre der entscheidende Schritt aus der WAHREN BILDUNGSKATASTROPHE.

»Die Kunst hat das Handwerk nötiger als das Handwerk die Kunst.«
(Franz Kafka)

12

Und wie steht's mit den Schlüsselfertigkeiten?

Dies ist ein Thema, auf das ich eigentlich nicht eingehen wollte. Denn eigentlich ist meine Sichtweise und die der meisten Forscher: Solche formalen Fertigkeiten, solche Metafertigkeiten, gibt es eigentlich nicht …

Von der Metaebene zur Elementarebene

Außerdem wurden ja die *inhaltlichen Schlüsselfertigkeiten* in jedem Fach analysiert. Mein Anliegen war ja gerade die Analyse des Elementaren und Fundamentalen, also der *Kernideen* eines jeweiligen Faches. Und das Fazit war: Diese inhaltlichen Schlüsselfertigkeiten werden nicht beherrscht. Wie und wo also sollte sich etwas Fachübergreifendes ergeben? Dennoch war da ein Argument, dem ich immer wieder begegnet bin und auf das ich eingehen will:

> „Ja, ja, Du hast vollkommen schlüssig belegt, dass wir so gut wie alles an Lehrplaninhalten vergessen haben. Aber: Irgendwie habe ich das Gefühl, es sei uns durch die Schule, auch durch das Studium, dennoch eine Art Überlegenheit vermittelt worden. Welche? Nun, in erster Annäherung: diejenigen typischen Aufgaben zu bewältigen, denen man vor allem zu Berufsbeginn begegnet, beispielsweise einen Bericht schreiben, einen Prospekt oder eine Graphik entwerfen, also eine

> Sache einfach anzugehen, ohne wirklich inhaltliche Ahnung zu haben und das Ganze dann doch irgendwie durchzuziehen oder zumindest so zu tun, als ob man es könne. Immer wieder ist mir aufgefallen, dass Menschen ohne Abitur und Studium dabei große Probleme haben. Könnte man das nicht zumindest als Erfolg der Schule akzeptieren?"

Ich bin da sehr skeptisch.

Ich halte diesem Argument folgende Frage entgegen:

> Hat uns die Schule wirklich jemals systematisch dabei geholfen, allgemeine oder fachübergreifende Fertigkeiten bei der Bewältigung der schulischen Aufgaben aufzubauen? Hat sie uns nicht einfach von einer inhaltlichen Aufgabe zur nächsten gehetzt, und mussten wir nicht die dazu notwendigen formalen Fertigkeiten jeweils selbst entwickeln? Anders und zugespitzt formuliert: Hätten wir nicht gleich in den Beruf gehen, die dortigen Aufgaben annehmen und die dazu notwendigen generellen Fertigkeiten entwickeln können? (Ohnehin musste man ja im Beruf permanent Praxisfertigkeiten entwickeln, von denen man an der Uni nie etwas erfahren hat.) Zugespitzt: Die Schlüsselfertigkeiten sind eher die Ursachen als die Effekte schulischen Erfolgs, sodass es dann am Schluss nicht verwundert, wenn diejenigen Schüler mit solchen Handlungskompetenzen übrig bleiben.

Über das, worum es in diesem Kapitel geht, sind viele Bücher geschrieben und viele Diskussionen geführt worden. Der Begriff der Schlüsselqualifikation ist in den siebziger Jahren von einem im Wirtschaftsbereich operierenden Wissenschaftler, Dieter Mertens, geprägt worden; aber als man das Konzept fachlich gesehen schon als eher unbefriedigend zurückgestellt hatte, gelangte es in den neunziger Jahren in die Öffentlichkeit und fasziniert diese bis heute – und dies, obwohl renommierte Forscher, beispielsweise Franz Weinert, Leiter des ersten Max-

Planck-Instituts für Pädagogische Psychologie, und seine Schülerin, die ebenfalls sehr profilierte Professorin Elsbeth Stern, immer wieder in treffender Weise die Problematik des Konzepts herausgearbeitet haben: Abstrakt-formale Fertigkeiten ohne Inhalt gebe es nicht, ein solcher Ansatz führe in einen *Methodismus*, der das Sachwissen vernachlässige. Auch seien die vorgeschlagenen Konzepte viel zu vage, typischerweise die Fähigkeit zum *Lernen des Lernens*.

Doch will ich auch an der Kritik Kritik üben. Zwar haben wie üblich die *Bildungshochstapler* aus einer eigentlich einmal sehr praxisnahen Idee etwas Groteskes gemacht, indem sie nämlich immer längere und anspruchsvollere Schlüsselfertigkeits- beziehungsweise Handlungskompetenz-Inventare aufgestellt haben, bei denen man sich schon an die Tugendkataloge älterer Philosophen und Theologen erinnert fühlte, in die dann jeder ein wenig seine Traumvorstellungen vom idealen Menschen projizieren konnte. Ich glaube aber, dass es dem ursprünglichen Ansatz von Dieter Mertens ganz und gar nicht um etwas Hochstaplerisches gegangen ist, sondern im Gegenteil um ein *back to the roots*. Er hatte eigentlich, jedenfalls kann man das so rekonstruieren, dasselbe im Sinn wie dieses Buch: In einer Überfülle des Stoffes geht die Konzentration auf das Wesentliche verloren. Und dieses Wesentliche wollte er anmahnen, durch den prägnanten Begriff Schlüsselqualifikationen, der dann ja auch wirklich Karriere gemacht hat. Es geht also darum, auch bei diesem Zurück-zu-den-Wurzeln-Ansatz wieder zurück zu den Wurzeln zu gehen ... Das will ich nachfolgend tun und zeigen, dass es einen Bereich von Fertigkeiten gibt, der eben nicht in den abgehobenen Metabereich abdriftet, sondern bei dem es um ELEMENTARKOMPETENZEN geht, verbunden mit der These:

> Auch hier versagt die Schule, ein GARANTIERTES BILDUNGSMINIMUM zu vermitteln. Nicht nur das NACHHALTIGE WISSENS-RESIDUUM der Schüler ist minimal, auch das NACHHALTIGE SCHLÜSSELFERTIGKEITS-RESIDUUM.

Zum Beleg meiner These werde ich diejenigen ELEMENTAR-KOMPETENZEN aufführen, die bezeichnend für das schulische Versagen auf diesem Gebiet sind. Der Leser wird wahrscheinlich (und hoffentlich) von meiner Auswahl ein wenig überrascht werden.

> »Wenn die Tür offen ist, dann wirf den Schlüssel weg.«
> (Lehrspruch der Sufi-Tradition)

Anfangen

Das klingt etwas seltsam, und doch ist es das Konkreteste überhaupt und dasjenige, an dem die meisten Schüler und Studenten scheitern (und nicht nur diese!). Es gibt gewisse Techniken, den Beginn von Handlungen zu gestalten, die speziell bei schwierigen Motivationslagen und bei einer unklaren Gesamtsituation einsetzen müssen. Solche Techniken können an dieser Stelle nicht aufgeführt werden (es gibt eine Fülle von Literatur dazu), nur ganz kurz seien einige Module genannt: einen Plan machen, dabei eine komplexe Tätigkeit in kleine Schritte zerlegen, Zeitpunkte festlegen; es geht um so etwas scheinbar Banales wie die Notwendigkeit, seinen Schreibtisch am Abend vorher aufzuräumen und nicht erst am Morgen; es geht darum, präventiv Zeit- und andere Konflikte zu vermeiden, es geht um Commitments und kleine Verträge mit anderen, um sich selbst an die Kandare zu nehmen; es geht auch darum, ein Optimum von Pausen und generell von Ausgleich zu finden. In welcher Schule steht so etwas auf dem Stundenplan?

> »Wer schon begonnen hat, hat bereits die Hälfte getan. Drum sei weise: beginne!« (Horaz)

Einen Plan machen

Eine eben schon angesprochene Komponente, die gleichzeitig einen Ober- und einen Unterbegriff darstellt, will ich extra hervorheben. Auf der Basis zahlreicher Erfahrungen mit zahlreichen Schülern und Studenten will ich folgende radikale Hypothese aufstellen:

> Einem Großteil der Lernenden ist die Idee einer PLANHANDLUNG durchaus fremd, ihr Handeln ist erratisch, fast kindlich zu nennen.

Es gibt zwar eine kleine Subgruppe von Zwanghaften, die ihre Arbeit, ihr Leben generell kleinteilig und strikt organisieren, aber den „Normalen" wird von der Schule die Idee eines souveränen und flexiblen Planes, der nichts mit Zwanghaftigkeit zu tun hat, nicht vermittelt. Ihnen wird nicht deutlich, dass Planung ein Instrument ist, mit dem man sich selbst auf gekonnte Weise zur Freiheit zwingen kann. Schüler sind zu einem großen Teil, um dies leger zu formulieren, Chaoten. Zwar wird da gelegentlich so etwas wie eine Ordnung der eigenen Handlung versucht, aber das alles ist amateurhaft und bricht bei jeder Belastungsstelle zusammen.

»Pläne sind nichts. Planung ist alles.« (Dwight D. Eisenhower)

Die Strukturierung unklarer Gedanken durch Materialisierung

Dass die Handlungsstruktur bei vielen Schülern an einer bestimmten Stelle zusammenbricht, liegt oft auch daran, dass ihnen folgendes scheinbar kleines, in Wirklichkeit höchst fundamentales Handlungsinstrument fehlt, das während der ganzen Schullaufbahn nicht gefördert wird. Worauf will ich hinaus? –

Ich will es so sagen: Ich ärgere mich immer, wenn in der Schule von „Schmierblättern" die Rede ist, die Schüler gelegentlich benutzen sollen. Es wird nicht deutlich, dass es hier nicht um „Schmieren" geht und keineswegs um ein kleines und beiläufiges Instrument, das man vielleicht im Fach Mathematik gelegentlich für Hilfszeichnungen benutzt. Nein! Die Transformation innerer Prozesse zum Zwecke der Bewusstwerdung, Reflexion und Objektivierung in eine äußere Form (was ich in der Überschrift „Materialisierung „genannt habe) ist etwas, das mit dem Erwachsenwerden, ja mit dem Menschwerden – so grundlegend und pathetisch würde ich das formulieren – ganz eng verknüpft ist. Ein Schüler, ja der Mensch insgesamt muss lernen: *Wenn ich in einer Situation bin, wo alles unübersichtlich und unklar ist, wo einzelne Gedanken mir durch den Kopf schießen und wieder vergehen, dann ist es ganz wichtig, dass ich diese durch eine der wunderbarsten Erfindungen der Menschheitsgeschichte, nämlich die äußere Symbolisierung festhalte und ordne.* Dabei geht es um diverse Formen der Graphik, um kleine Notizen, bisweilen auch dreidimensionale Modelle. Dafür muss ein eigenes Heft oder ein eigener Ordner angelegt werden, das darf nicht auf der Rückseite beschriebener Blätter geschehen! Und das muss ganz langsam und systematisch aufgebaut werden. Dazu sollte im Übrigen gehören, dass gerade diese Unterlagen, auf denen Schüler zum ersten Mal beginnen, ihren Geist graphisch und schriftlich zu ordnen, aufgehoben werden, weil sie etwas von fundamentalen inneren Reifungsprozessen widerspiegeln. Je eher Schüler so etwas beherrschen, desto eher werden sie kognitive Profis. Anders gesagt: Wer diese Technik nicht beherrscht – und diese beherrscht nur ein geringer Teil der Studenten, ja Erwachsenen –, der ist kein kognitiver Profi, sondern ein Dilettant.

»Es gibt dich erst dann ganz, wenn du ein Bild von dir malst.«
(Chinesische Weisheit)

Lese-, Sprech- und Schreibkompetenz

Das führt natürlich auf eine verallgemeinerte Handlungskompetenz, auf eine, die ich schon im Fach Deutsch analysiert habe, aber dennoch an dieser Stelle noch einmal ganz kurz festhalten will; darunter fällt:
- einen zu schreibenden Text sinnvoll zu gliedern und ihn mit entsprechenden Überschriften beziehungsweise Nummerierungen zu versehen,
- den Inhalt eines Textes prägnant zusammenzufassen,
- einen zu lesenden Text auf effiziente Weise zu markern,
- zielgerichtete und präzise Fragen zu stellen,
- in ganzen Sätzen zu antworten, speziell wenn es um Begründungsstrukturen geht.

Ich will in diesem Zusammenhang noch eine basale, aber doch schon leicht höhere Kompetenz erwähnen, die ich im Deutschkapitel noch nicht angesprochen habe: die Fähigkeit, einen Begriff zu definieren beziehungsweise zu explizieren. Es ist mir während meiner kleinen explorativen Studien immer wieder aufgefallen, wie Menschen ins Stammeln geraten, wenn man sie nach der Erläuterung bestimmter Konzepte fragt. Und das war nicht einfach Ausdruck der Unwissenheit, sondern Ausdruck der Tatsache, dass sie keinen fundamentalen Schematismus für das Erklären von Begriffen besitzen. (Dies gilt sogar für die meisten Lexika – ein kritischer Aufsatz von mir hat im Zentralorgan der wissenschaftlichen Psychologie, der „Psychologischen Rundschau", zu einem großen Diskussionsforum geführt.)

Fazit: Die Schüler sollen sich im Fach Deutsch gehaltvoll über Goethe auslassen und beherrschen nicht einmal diese ELEMENTARKOMPETENZEN.

> »Wenn uns der Gehalt über den Stil geht, sind wir Wilde. Wenn uns der Stil über den Gehalt geht, sind wir Schreiber. Erst wenn Stil und Gehalt sich am Wunsch vermengen, sind wir Edelleute.«
> (Chinesische Weisheit)

Die unbekannteste kognitive Fundamentaltechnik

Bewusst kryptisch habe ich diese Überschrift gehalten, denn es geht dabei um etwas, was nicht nur in studentischen Kreisen, sondern auch in den Kreisen von Intellektuellen und beruflichen Schreibern vielen nicht bekannt ist. Bei dieser Technik überschneiden sich die schon genannte erste und dritte Elementarkompetenz; sie besteht darin, *dass man schon dann mit dem Schreiben (beziehungsweise Diktieren, s. u.) beginnen soll und muss, wenn man noch gar nicht genau weiß, was man eigentlich sagen will.* Gemäß dem Prinzip, das schon von Kleist in dem Aufsatz mit dem bezeichnenden Titel „Über die allmähliche Verfertigung der Gedanken beim Reden" auf den Punkt gebracht worden ist. Beim Sprechen bauen wir nach und nach die halbfertigen Gedanken auf, und Ähnliches gilt für das Schreiben. Jedoch: Ein Großteil von Diplomarbeitsschreibern gerät in zeitliche Kalamitäten, weil die Studenten Stoff und Gedanken sammeln noch und noch, aber nicht verstehen: Denken und Schreiben besteht darin, dass ich gewissermaßen auf dem Fluss ein Boot zimmere und dabei ins Fließen komme und so in Gegenden gelange, wo ich neues und besseres Holz zum weiteren Bootsbau verwenden kann; ich lerne überhaupt erst während des Bauens, worauf es ankommt. Wahrscheinlich könnte man jetzt viele Metaphern noch formulieren, aber ich denke, der Leser versteht, worum es geht: Man muss wegkommen von der Vorstellung, dass Schreiben und Sprechen nur etwas schon Vorhandenes reproduzieren, und verstehen, dass sie etwas erschaffen, zumindest miterschaffen. Und das heißt ganz konkret, dass hier eine besondere Technik des Anfangens (s. o.) obwaltet, nämlich: schon viel früher mit dem Schreiben anzufangen, als dies derjenige Schüler und Student tut, der dem altväterlichen Diktum folgt, dass man erst dann zu reden und zu schreiben beginnen soll, wenn man weiß, was man zu sagen hat. Es ist besser, einen Text frühzeitig zu beginnen und ihn dann zehnmal zu überarbeiten, als ihn viel zu spät zu beginnen und ihn dann nur noch einmal, mehr schlecht als recht, zu überarbeiten.

»Wir sprechen nicht nur, um anderen mitzuteilen, was wir denken, sondern auch, um uns selbst mitzuteilen, was wir denken.«
(John Hughlings-Jackson, einer der Begründer der Neurologie)

Laut denken und diktieren

Ich will diese Schlüsselfertigkeit mit einem heuristischen Anliegen an dieser Stelle platzieren, obgleich sie eigentlich, zumindest in unserer gegenwärtigen Gesellschaft, keine Elementarkompetenz, sondern die einer ganz hohen Ebene darstellt. Auch Fredmund Malik weist in seinem Buch *Führen, Leisten, Leben* darauf hin, dass diese Fertigkeit unabdingbar ist für eine Führungskraft, jedoch, so seine und meine Erfahrung: Die wenigsten sind dazu in der Lage, weil dies nicht frühzeitig systematisch geübt worden ist. Dabei könnte man eine Führungskraft gerade dadurch definieren, dass sie keine Zeit dafür hat und haben darf, um selbst zu schreiben Schon Goethe hat Schiller ermahnt: „Ich muss Anstalt machen, meine Schlafstelle zu verändern, damit ich morgens vor Tage einige Stunden im Bett diktieren kann. Möchten Sie doch auch eine Art und Weise finden, die Zeit, die nur eigentlich höher organisierten Naturen kostbar ist, besser zu nutzen." Im Übrigen ist man ab einer gewissen Denkgeschwindigkeit nur durchs Diktieren in der Lage, seinen eigenen Gedanken nachzueilen ... (Ich habe bei Jean Paul folgenden Gedanken gefunden: „Es ist beinahe noch schwerer gut zu schreiben, als ebenso gut zu reden: denn zu jenem habe ich nicht mehr Zeit als bei diesem, weil gute Gedanken doch schnell entstehen." Es gibt übrigens einen hierzu gegensätzlichen Gedanken von Martin Walser: „Durch Schreiben kann man das Denken verlangsamen. Wenn ich mein Denken heute nicht durch Schreiben bremsen würde, könnte es mich irgendwohin reißen, wohin ich nicht will.") Warum ich diese Fertigkeit an dieser Stelle anführe, kann ich durch eine Verknüpfung zum Vorherigen sagen: Hat man das Diktiersprechen erst einmal geübt, dann ist die Schwelle vom Gedanken zu seiner *Materialisierung* (s. o.) geringer als beim Schreiben, kann es jedenfalls sein, wenn man frühzeitig diese Form von lautem Denken geübt hat. Aber die meisten haben diese Fähigkeit in der Schule nicht erworben und genieren sich vor sich selbst, in dieses Diktiergerät etwas hineinzustammeln; dann ist es ihnen schon lieber, sich schriftlich Wort für Wort vorwärtszutasten. Aber, so meine Erfahrung: Das geht oft so langsam voran, dass es langweilig wird, und so mancher versandet dabei. Ich habe manchem durch folgende weiterentwickelte Technik therapeutisch helfen können (durchaus auch bei Themen, von denen ich selbst inhaltlich nichts verstand), indem ich ihn nämlich mit einem Diktiergerät interviewt habe. Derjenige war so gut wie immer völlig verblüfft über das, was eigentlich schon in ihm steckt, was er aber allein nicht herausgebracht hätte. Diese Interviewtechnik ist nicht nur anregend, sondern durchaus unterhaltsam, aber für unsere gegenwärtige Unterrichtskultur praktisch undenkbar. Dabei können sich, wenn zwei Freunde in der Schule oder im Studium sich gegenseitig durch solche Interviews Gedanken entlocken, enorme Gedanken- und Zeitgewinne ergeben.

> Also: Während die Fähigkeit, komplexe Texte zu diktieren, sicherlich keine ELEMENTARKOMPETENZ ist, sollte die Fähigkeit zum lauten Denken, mithilfe des Diktiergeräts, eine solche werden.

»Die solide Beherrschung des Diktiergeräts ist das Minimum dessen, was man sich aneignen muss. Das Diktiergerät vervielfacht die Produktivität, und es macht unabhängig von der physischen Anwesenheit im Büro.« (Fredmund Malik)

Informationen sammeln und in eine erste Ordnung bringen

Hier hat ja ein großer Umbruch stattgefunden. Noch vor wenigen Jahren ging es dabei vor allem darum, sich Bücher, Zeitschriften und Ähnliches zu besorgen und darin zu recherchieren. Meiner Meinung nach sind Bücher immer noch ein wesentlich effizienteres Mittel als das Internet, um sich in ganze Themengebiete einzuarbeiten. Einzelinformationen und begrenzte Informationskomplexe kann man sich aber natürlich seit einiger Zeit bequem aus dem Internet fischen. Und an dieser Stelle wird es interessant, hier wird mein Ansatz nochmals deutlich und gleichzeitig das Versagen der Bildungshochstapler, denn gegenwärtig baut sich ja eine hochnäsige Kritik dieser darüber auf, dass Schüler es sich zu leicht machen und sämtliche Informationen und komplette Texte aus dem Internet zusammenklau(b)en. Man will nun ganz entschieden dagegen vorgehen, es gibt ja mittlerweile Programme, die herausfinden, ob die Sätze aus Internettexten geklaut sind. Doch auch hier müssen die Maßstäbe zurechtgerückt werden:

> Was denn anderes sollen Schüler zunächst einmal erlernen als die Fähigkeit, sich schlicht und einfach eine Sammlung von Informationen, Gedanken und durchaus fertigen Textpassagen zusammenzustellen?

Das ist eine ganz, ganz wichtige Fertigkeit. Warum wird das nicht systematisch geübt? Gegenwärtig wird von etlichen Lehrern und Didaktikern das Internet, wie immer noch der Fernseher, speziell die schlichte Nutzung von *Wikipedia* zum Buhmann hochstilisiert. Zugespitzt formuliert: *Man sollte in der Schule sogar üben, aus dem Internet zusammengesuchte Texte so abzuändern, dass niemand merkt, dass man sie eigentlich geklaut hat.* Hinter der scheinbar kritischen Sicht dieses Vorgangs steht in Wirklichkeit eine naive Sicht, die typisch ist für die theoretischen

Didaktiker – da sie die anderen Wissenschaften zu wenig kennen, überschätzen sie diese meist –, denn auch normale Wissenschaftler machen zum großen Teil nichts anderes, als sich aus Datenbanken Textbausteine zu erstellen und daraus Reviews zu basteln, die ja auch am Anfang jeder empirischen Arbeit stehen müssen. Ja, man kann sagen: Viele Wissenschaftler schreiben ab einem gewissen Punkt ihrer Entwicklung, an dem diese nämlich keine Entwicklung mehr ist, nur noch von sich selbst ab und arrangieren ihre eigenen Textbausteine um. Warum also soll man die Schüler deswegen kritisieren und sie daran hindern, etwas zu entwickeln, das unabdingbar zum Handwerk eines jeden Wissenschaftlers gehört?

Diese Informations-Patchwork-Methode ist im Übrigen auch wunderbar geeignet, um sich in die Wissenschaftssprache, speziell das Wissenschaftsenglisch, einzuarbeiten, weil man dann bei der Tarnung seiner Sätze die grammatischen Kernstrukturen beibehält oder zu einem Inhalt die passenden Satzstrukturen sucht. Aus Bildungshochstapelei verschenkt die Schule eine fantastische Trainingsmöglichkeit.

Eine persönliche Anmerkung: Das vorliegende Buch speist sich (neben den Erfahrungen des Autors; siehe Vorwort) noch vorwiegend aus Büchern oder Zeitschriftenartikeln, ist es doch in einer Zeit begonnen worden (Ende der neunziger Jahre), als das Internet eben noch nicht die *via regia* gewesen ist. Und auch heute noch glaube ich nicht an diesen angeblichen Königsweg, vielleicht auch ganz subjektiv deswegen, weil ich mich einfach sehr gerne in Bibliotheken aufhalte und herumsuche – wenn ich ein einziges Buch ausleihen will, dann komme ich meistens mit 15 zurück ... Für immer mehr Schüler und Studenten aber sind Bibliotheken etwas geradezu Unfassliches, man hat das Gefühl, sie suchen beständig nach der Maus, mit der sie die Bücher bedienen können.

»Ich brauche Informationen. Eine Meinung bilde ich mir selbst.«
(Charles Dickens)

Hausaufgaben machen

Nun noch zu einer weiteren ganz wichtigen ELEMENTARKOMPETENZ, bei der mancher Leser überrascht sein wird, weil sie in der Schule als quasi selbstverständlich vorausgesetzt wird. Doch man muss die nur scheinbar naive Frage stellen:

> Warum wird in der Schule niemals systematisch geübt, Hausaufgaben zu machen? Es wird vorausgesetzt, dass Schüler dies von Natur aus können oder dass ihre Eltern ihnen dabei helfen. Dabei wären die Hausaufgaben eine einzigartige Chance, um *Selbstmanagement* zu lernen, um einen modischen, aber treffenden Begriff zu gebrauchen. Im normalen Schulalltag ist vergessen worden, welch großes Lern-, aber auch welch großes Schwierigkeitspotential in den Hausaufgaben steckt.

In meiner Arbeit in Kinderheimen habe ich größten Wert darauf gelegt, zusammen mit den Erziehern ein elaboriertes und verpflichtend vereinbartes System der Hausarbeit zu entwickeln (denn gute Noten sind für ein Kind, das in problematischen Verhältnissen aufgewachsen und/oder verhaltensgestört ist, der wichtigste Schlüssel, um jemals in ein normales bürgerliches und erfolgreiches Leben gelangen zu können). Ich hätte gerne einmal einige Lehrer dabei zuschauen lassen, welch Arbeit und welch systematische Anstrengung das bedeutet! Weil die Schule sich an weltfremden Bildungszielen berauscht, hat sie davon anscheinend keine Vorstellung (obgleich die meisten Lehrer doch auch Kinder haben). Eine Fülle von Elementarkompetenzen ist im Hausaufgabenmachen enthalten: Das geht von der Ordnung der Büchertasche, der Art und Weise, wie man die Sachen auf seinen Schreibtisch legt, von der Handhabung der Schmierzettel (s. o.) über die Zeiteinteilung bis hin zu den Kriterien, wie oft man einen der betreuenden Erzieher fragen kann und wie lange man alleine probieren muss, bis zu Entscheidungen, ob man die schwierigen oder weniger schwierigen Aufgaben zuerst macht. Es ist nur ein wenig übertrieben: *Wer es gelernt hat, seine Hausaufgaben zu organisieren, kann auch sein Leben organisieren.* Doch man muss in diesem Zusammenhang etwas provokativ sagen: Lehrer selbst sind meist keine Vorbilder auf diesem Gebiet; die größten Schwierigkeiten haben Lehrer selbst bei der Organisation ihres eigenen – durch zu große Freiräume geprägten – Lebens. Neuere Studien zeigen, dass es nicht nur die Spezifik des Berufs ist, die Lehrer stresst, sondern dass etliche Lehrer bereits vorher Probleme mit dem Selbstmanagement hatten, schon als Schüler und Studenten.

> Es würde den meisten Lehrern sehr gut tun, Hausaufgabenmachen zu unterrichten, denn dabei würden sie ihren eigenen Unterricht besser verstehen und Etliches für sich selbst lernen!

Abschließend kein Zitat aus der Weltliteratur, sondern ein kleiner Freud'scher Versprecher eines der von mir betreuten Kinder:

> »Warum müssen wir denn noch Hausaufgaben machen, wenn wir das alles schon in der Schule nicht gelernt haben?«

Berufskundliches Wissen

Bewusst stelle ich an den Schluss der Liste meiner ELEMENTARKOMPTENZEN eine inhaltliche, aber eine solche, die ganz und gar fachübergreifend ist und ganz sicher eine SCHLÜSSELFERTIGKEIT für den weiteren Lebenslauf darstellt: das Wissen über mögliche Berufe und Ausbildungswege dazu. Abiturienten wissen viel zu wenig darüber, was auf der Universität auf sie zukommt, noch weniger von den Berufen, von deren Schwerpunkten und Besonderheiten, von den möglichen Schwierigkeiten und von den möglichen Faszinationen, sowie nichts von den organisatorischen Strukturen und von den Beratungsangeboten, die existieren. Es gibt zwar mittlerweile eine Fülle von Einzelinitiativen und Informationsangeboten, aber das schlägt fast schon wieder in eine Überfülle um, und strukturell verweigert sich das Gymnasium immer noch seiner Informationspflicht, während es zum Beispiel in englischen Schulen speziell ausgebildete *carreer coaches* oder in amerikanischen Schulen sogenannte *college advisers* gibt. Untersuchungen bestätigen meine These: Selbst die besten Abiturienten antworten meist auf die Frage, was sie in Zukunft planten, mit „keine Ahnung", „weiß noch nicht so genau" oder „mal sehen", so referiert Martin Spiewak in einem Artikel, den er treffend mit *Ansturm der Ahnungslosen* betitelt hat. Eine Studie des Hochschul-Informations-Systems (HIS) ergab: Nur knapp die Hälfte der befragten Studienanfänger im Wintersemester 2003/2004 gaben an, über ihr Studium gut informiert gewesen zu sein; jeder Fünfte verfügte über schlechte oder gar keine Kenntnisse, und besonders enttäuscht zeigen sich die neuen Studenten von der Orientierung durch die Schule: Zwar gaben zwei Drittel an, sie hätten ihre Lehrer gefragt, doch nur jeder Fünfte von ihnen fand die Auskünfte dienlich.

»Wähle einen Beruf, den du liebst, und du brauchst niemals in deinem Leben zu arbeiten.« (Konfuzius)

Gesamtfazit

Das Fazit scheint unausweichlich: Auch das letzte Verteidigungsargument. nämlich dass die Schule, wenn sie schon kein substantielles Wissen hinterlässt, doch zumindest ein paar generelle Schlüsselfertigkeiten vermittelt – ist nicht haltbar. Im Gegenteil, gerade hier zeigt sich die Schule besonders schwach. Man muss in diesem Zusammenhang PISA, TIMSS und auch Studien wie DESI oder LAU heranziehen. Sie haben gezeigt: Deutschen Schüler gelingt gerade das nicht, was Schülern in einigen Ländern gut gelingt, nämlich Aufgaben zu bewältigen, die nicht mit den Unterrichtsaufgaben identisch sind, die also

Transfer und damit logischerweise kognitive *Schlüsselfertigkeiten* verlangen; bei Aufgaben, die näher am Lehrstoff waren, erzielten sie deutlich bessere Ergebnisse. Außerdem hatten diese Studien ja gewissermaßen den Mut, Dinge abzufragen, die man sich, wenn man im Banne des herkömmlichen gymnasialen Bildungsmythos steht, gar nicht getrauen würde zu fragen, beispielsweise ob ein Gymnasiast der Oberstufe aus Tabellen, Busfahrplänen, Diagrammen oder einfachen Kurzgeschichten einfache Informationen entnehmen kann.

> Nach der Lektüre des Buches ist ja auch vollkommen verständlich, warum die Schule gerade bei den SCHLÜSSELFERTIGKEITEN und den METHODEN versagen muss: weil sie eine Überfülle an inhaltlichem Wissen, überladen gleichermaßen mit Details und absolut hochgestochenen Ambitionen, vermitteln will.

Vor allem im Rahmen der TOSCA-Studie kam es zu sehr konkreten empirischen Analysen das Thema dieses Kapitels betreffend: Es ergab sich beispielsweise, dass das Erstellen von Abbildungen oder Graphiken am Computer, das Anfertigen von Protokollen einer Diskussion sowie die Planung von Experimenten den Gymnasiasten eher wenig geläufig ist. Etwa die Hälfte aller Befragten gab an, noch nie ein wissenschaftliches Experiment geplant zu haben! Generell fällt eine große Varianz der Antworten auf: Ungefähr ein Drittel der Abiturienten hat mehr als fünfmal eine Bibliothek zur Literaturbeschaffung besucht, während wiederum ein Fünftel das noch nie getan hat.

Ganz wichtig ist es mir noch, an dieser Stelle einen Scheinwiderspruch als solchen zu brandmarken. Eines der apologetischen Lieblingsargumente der Bildungshochstapler besteht darin, einen künstlichen Gegensatz zwischen Bildung und dem, was die Wirtschaft angeblich erwartet, zu konstruieren. Letztere würde nämlich Fertigkeiten, Fähigkeiten und Charaktereigenschaften präferieren, die gewissermaßen in Richtung „stromlinienförmig" und „allseits verwendbar" gingen, während die Schule den *kritisch-bewussten* Schüler fördern solle. Ach was! Ich kenne keinen Unternehmer, der in Bezug auf letzteres Kriterium Widerspruch einlegen würde. Mehr noch: Das Konzept der Schlüsselfertigkeiten kam ja ursprünglich aus dem Arbeitsbereich; ich habe oben schon versucht, es im Hinblick auf seinen eigentlichen Gehalt zu rekonstruieren, und will dies an dieser Stelle noch einmal in etwas anderer Weise tun. Dann besagt das Konzept der Schlüsselfertigkeiten nämlich: Bevor die Schule ihre vielbeschworenen höheren Erziehungsziele anstrebt, bevor sie die ungeheuren Wissensgebäude bauen will, die in den Lehrplänen suggeriert werden, sollte sie darauf achten, dass Schüler schlicht und einfach die Basis von all dem vermittelt bekommen, nämlich die Fähigkeit einer ausreichenden Selbstorganisation beim Erwerb von Wissen und Können. Ein Mensch, der diese Selbstorganisations-Basis nicht besitzt, kann auch nicht wirklich entscheiden – weder kritisch noch angepasst. Ohne diese Kompetenz verkümmert Kritik zu irrationalem Verweigern oder Chaos. Es wäre eine eigene Studie wert zu zeigen, wie vor allem das Gymnasium und hier insbesondere die Oberstufe systematisch Fehlentwicklungen Vorschub leistet: Die Unfähigkeit, sich an Termine zu halten, wird als Legerheit ausgegeben, eigene Lustlosigkeit und Unfähigkeit, sich zu motivieren, mit angeblicher Uninteressantheit des Stoffes begründet und der Zweifel am eigenen Potential und daraus entstehende (Auto-)Aggression mit „kritischem Bewusstsein" bemäntelt. Ohnehin bin ich der Meinung, dass all die hehren Erziehungsziele, vor allem die immer wieder beschworene Kritikfähigkeit, sich kaum in unseren Bildungsanstalten, sondern erst in der beruflichen Tätigkeit fundiert herausbilden können; niemand nimmt an einem Arbeitsplatz jemanden ernst, der gleich mit Kritik kommt, bevor er Erfahrung und Kompetenz bewiesen hat. Die typischen Ansprüche, die die heutigen Unternehmen und Unternehmer stellen (von ein paar Irregeleiteten abgesehen), sind in vieler Hinsicht eher emanzipatorisch, was fachliche und persönliche

Kompetenz betrifft, weil die Wirtschaft einfach zunehmend mehr *Wissensarbeiter* braucht. Und das Konzept der SCHLÜSSELFERTIGKEITEN hatte ganz sicher dieses emanzipatorische Potential, forderte es doch, das Gehirn des Schülers nicht in einer Unmasse von Fakten zu ertränken, sondern ihm den Freiraum zu geben und ihn dabei zu fördern, eine eigene *Persönlichkeit* aufzubauen, um dies einmal altmodisch zu formulieren. Wobei der positive Aspekt des Konzepts der Schlüsselfertigkeiten der war, dass es zu Recht nicht auf den hochtrabenden Persönlichkeitsbegriff gesetzt hat, sondern auf die Grundlage davon, nämlich ELEMENTARKOMPETENZEN, wie sie in diesem Kapitel dargelegt worden sind.

> Pointiert gesagt: *Wer keinen Plan machen kann und nichts zu Ende bringt, kann auch keine Persönlichkeit entwickeln …*

Auch der renommierte Psychologe Paul Baltes (früherer Direktor am Max-Planck-Institut für Bildungsforschung) hat in seiner Entwicklungstheorie für die gesamte Lebensperspektive die Bedeutung der generellen Planungsfertigkeit und Selbstorganisation betont. Und in gewissem Sinne ist diese Sichtweise ja sowohl trivial als auch fundamental; es ist jedoch typisch für Systeme wie die Schule, dass man ihr permanent solche fundamental-trivialen Thesen vorhalten muss …

Bewusst nicht behandelt habe ich in diesem Kapitel höhere Schlüsselfertigkeiten wie die Computernutzung, auch deswegen, weil die Sachlage mir eigentümlich unklar zu sein scheint; die Fertigkeiten der Schüler streuen sehr. Da gibt es solche, die sich enormes Können und Wissen angeeignet haben, und andere, die keinen blassen Dunst haben, um das leger zu sagen. Typischerweise zeigt sich bei einigen Studien (zum Beispiel bei PISA), dass diejenigen Schüler über bessere Computerkenntnisse verfügten, die sie sich selbst erarbeitet hatten, im Gegensatz zu denen, die sie aus der Schule geliefert bekommen hatten. Jedenfalls gibt es auch hier kein garantiertes Bildungsminimum. Immer wieder habe ich bei der Betreuung von Schülern bei Facharbeiten oder Referaten festgestellt, dass sie ein Schreibprogramm wie WORD auch im Elementarbereich nicht sicher beherrschen. (Eine persönliche Anmerkung: Ich habe einige Bücher und ein voluminöses Lexikon nur mit Elementarkompetenzen auf dem alten DOS-WORD-Programm geschrieben beziehungsweise diktiert und korrigiert ...) Gemäß einer Umfrage des Instituts „TNS Infratest" hat fast die Hälfte der Lehrlinge keine ausreichenden Kenntnisse im Umgang mit Computer und Internet: 50 % hatten Mängel auf dem Gebiet Tabellenkalkulation, 78 % auf dem Gebiet Büroanwendungen, und auch bei Textverarbeitung und Internetkompetenz wiesen 40 % Mängel auf. Erstaunlich ist dabei vor allem das letztgenannte Ergebnis, wo ja angeblich alle jungen Leute im Netz surfen, zu viele jedoch, wie meine Erfahrungen und auch erste Untersuchungen zeigen, oft nur, um Spiele zu betreiben oder zu suchen oder Musik oder Filme herunterzuladen. (Bei den Erwachsenen ist es meiner Erfahrung nach nicht anders.)

»Es ist besser, ein kleines Licht zu entzünden, als über große Dunkelheit zu klagen.« (Konfuzius)

Was zu tun ist: eine Entlastungs- und Lösungsperspektive

Wenn mir auch ein übertriebener Methodismus, der das Inhaltliche vernachlässigt, gar nicht behagt, und ich deswegen in diesem Buch auch vorwiegend auf inhaltliches Kernwissen und gewissermaßen auf WISSENS-METHODEN und WISSENS-SCHLÜSSELFERTIGKEITEN Wert gelegt habe, so wäre doch Folgendes wichtig und sinnvoll:

> Die Schule sollte darauf achten, einen klar und eng definierten KERNKANON VON METHODEN anzustreben. Und er müsste sich auf die eben genannten ELEMENTARKOMPETENZEN konzentrieren und diese über die verschiedenen Klassenstufen hinweg systematisch aufbauen.

Auch sollte die Schule penibel darauf achten, dass Inhalt und die korrespondierenden Formalfertigkeiten immer gleichberechtigt und parallel laufen. Ganz am Anfang, in der Grundschule, stimmt dieser „Tanz von Inhalt und Methode" noch, aber ab einem gewissen Punkt wird er unmöglich, weil man nicht gleichzeitig mit so vielen Inhalten methodisch tanzen kann, wie sie dem Schüler aufgezwungen werden. Außerdem glaubt die Schule, dass ab einem bestimmten Punkt die Entwicklung der methodischen Fertigkeiten von alleine voranschreitet, aber das ist ein Irrtum, der sehr verwandt ist mit einem Irrtum, wie ich ihn im Fach Deutsch herausgearbeitet habe: So wie bis zum Schluss des Gymnasiums Lesen und Schreiben geübt werden müssen, so müssen bis dorthin die vielen kleinen und alltäglichen Tätigkeiten und Fertigkeiten, mit denen wir unser Wissen managen, als zentrales und genau kontrolliertes Lernziel von der Schule betrieben werden. Und das läuft für mich auf eine ganz konkrete Perspektive hinaus: mehr Referate halten!

Noch konkreter: Jeder Schüler des Gymnasiums sollte in den acht Jahren mindestens 80 bis 100 Referate halten! Warum nicht eigentlich in jedem Fach in jedem Halbjahr eines?

Kinder und Jugendliche haben am Anfang große Hemmungen beim Referieren, auf der anderen Seite aber freuen sie sich, wenn es gelingt. Vor allem wenn es um Stoff geht, der sie interessiert, blühen sie richtiggehend auf, sobald sie die Hemmschwelle überwunden haben. Aber nochmals: Referate halten heißt, dass man zunächst einmal diese komplexe Fertigkeit in elementare Fertigkeitsmodule zerlegt, die man nach und nach aufbaut. Ein Referat kann am Anfang schlicht und einfach aus einer ersten Stoffsammlung bestehen, zunächst einfach auch nur darin, eine These überhaupt zu formulieren, auch wenn es nur eine Minute dauert, oder darin, ein oder zwei Veranschaulichungsgraphiken zu präsentieren.

Es ist wiederum kennzeichnend für die ganz und gar positive neuere Bildungsforschung, dass sie sich um solche Kleinigkeiten kümmert: In der BIJU-Studie (Baumert, Köller) wurde beispielsweise eine sehr treffende kleine Aufgabe dazu gestellt: Aus zwei Texten, die keine speziellen Vorkenntnisse erforderten, sollte ein kleines Referat erarbeitet werden, maximal fünf Minuten, wobei die Schüler sich vorstellen sollten, dass ihre Zuhörer keine Experten für den Stoff sind. (Ein solcher Typus von Aufgaben wird auch relativ oft von Unternehmen in Assessment-Center-Sitzungen zur Auswahl benutzt.) Neben dem Referatstext sollte eine Overhead-Folie mit einer Gliederung entworfen werden sowie eine Zusammenfassung in drei Einheiten im Hinblick auf eine im Anschluss an das Referat stattfindende Diskussion. Die vorgegebene Zeit betrug 43 Minuten. Die Auswertung ergab (wir sprechen hier von Gymnasiasten der Oberstufe!): Lediglich 40 % gelang es, den Referatstext vorzulegen, 30 % hielten wenigstens Stichworte für ihr Referat fest, die übrigen 30 % waren nicht in der Lage, überhaupt etwas Schriftliches abzugeben.

Vor dem Hintergrund dieses Ergebnisses spitze ich noch einmal zu: Wenn, wie vorgeschlagen, jeder Schüler in jedem Fach und in jedem Halbjahr ein Referat hielte und ansonsten alles andere von dem Stoff dieses Halbjahres vergäße, dann hätte er mehr gelernt als heute!

> Und ich möchte am Schluss noch eine wiederum scheinbar naive Frage stellen: Warum ist es nicht eine schiere Selbstverständlichkeit, dass ein Großteil des Unterrichts an der Lektüre einer Tageszeitung oder eines Wochenmagazins oder eben an Fernsehsendungen aufgehängt wird? Gehört das Verstehen von Medieninformation nicht zu den wichtigsten SCHLÜSSELFERTIGKEITEN? Wieso werden in der Schule nicht regelmäßig Zeitungen oder Zeitschriften gelesen oder (vor allem in der Ganztagsschule, nachmittags) bestimmte Fernsehsendungen verfolgt? Für die Schulen ist das Fernsehen

> fast eine Art Feind, statt dass sie es als Verbündeten betrachten. Und wenn die Lehrer gemeinsam mit den Schülern öfter fernsehen würden und den Unterricht an solchen Sendungen ausrichteten, dann hätten sie schon früher das verstanden, worum es in diesem ganzen Buch geht: das, was über den Bildschirm läuft, oder was sie in einer normalen Zeitung, auch in Illustrierten mit durchaus nur mittlerem Anspruchsniveau, beispielsweise im *Stern*, wird von einem Großteil der Schüler kaum verstanden.

»Jeder Zweifel ist die Forderung nach einer Methode.«
(Ortega y Gasset)

13
Fazit: Die Schule versagt vor ihrer Kernaufgabe, weil sie Unmögliches versucht

Was ich in diesem Buch gemacht habe, lässt sich verdeutlichen durch Andersens Märchen vom Kind und dem nackten Kaiser. Denn ich habe etwas gezeigt, was jeder sehen kann und sehen hätte können, der nur ehrlich hinschaut und sich nicht vom Nimbus des „Kaisers Schule" blenden lässt.

> Ausgangspunkt war die im ersten Kapitel erarbeitete Problematik: Wenn alle bisher angebotenen – angeblich innovativen und progressiven – Lösungsmodelle auf missionarische Weise weit überschätzt werden, dann brauchen wir für sinnvolle Bildungsreformen erst einmal eine Antwort auf die ganz schlichte und quasi altmodische Frage, was die Schule denn eigentlich gegenwärtig tatsächlich leistet. Und das direkt gemessen an ihren expliziten Lehrplanzielen und bewusst bezogen auf den Elementar- und Fundamentalbereich!

PISA und TIMSS sind nur eingeschränkt nützlich, weil sie den Nachhaltigkeitsaspekt vernachlässigen. Das vorliegende Buch hat genau darauf den ersten Schwerpunkt gelegt, den zweiten auf die Dimension des Elementaren und Fundamentalen: „EF-Defizite".

Es wird Zeit, realistisch zu werden

Eine lange Reise durch die Schulfächer haben wir zurückgelegt, und ich würde mich freuen, wenn der Leser sie nicht nur analytisch wahrnehmen, sondern fast ein wenig „nostalgisch" genießen konnte. Die WAHRE BILDUNGSKATASTROPHE ist – hoffentlich auch ein wenig unterhaltsam – belegt worden:

> Das NACHHALTIGE WISSENSRESIDUUM, das der Unterricht hinterlässt, ist geradezu mikroskopisch klein. Die Schule versagt vor der Herstellung eines GARANTIERTEN BILDUNGSMINIMUMS. Die „EF-Defizite", also die im Bereich des ELEMENTAREN und FUNDAMENTALEN, sind gewaltig und durchgängig auch bei Schülern mit guten Noten zu finden, schon kurze, spätestens längere Zeit nach der letzten Prüfung. Das DUALE VERSAGENSPRINZIP tut zuverlässig sein Werk: Weder werden Methoden, Techniken oder schlichte Fakten ausreichend „gepaukt", noch verbleibt davon so etwas wie eine Verständnis-Essenz oder eine der vielbeschworenen Arten von „Bewusstsein". Man mag sich darüber streiten, ob meine 1%-HYPOTHESE zutrifft, wer Wissensfetzen, einzelne Schlagwörter und weitgehend leere Phrasen (meist höchst holperig formuliert), als „Wissen" bezeichnen will, mag auch von 5% verbleibenden Stoffs ausgehen, aber dann würde ich darauf insistieren: Es verbleibt kein einzige wissenschaftliche Idee und kein kognitiv-heuristisches Prinzip, bei denen man, auch bei Anlegung nicht zu strenger Maßstäbe, von einer echten EINSICHT – einem wirklichen „Heureka!" – sprechen kann. Und niemals resultiert aus rein schulischem Unterricht (wenn nicht in starkem Maße durch außerschulische Anstrengungen und Interessen ergänzt) am Schluss so etwas wie eine gekonnte, semiprofessionelle FERTIGKEIT. Was verbleibt, ist Pseudowissen, Pseudoverständnis und Dilettantismus, im Gymnasium fast immer „höherer" Natur, mit dem sich die Bildungshochstapler gegenseitig bluffen können, niemals

> aber tauglich, um ein solides geistiges Arbeiten fundieren zu können oder um eine Basis für eine eigenständige Weiterbildung zu bieten. Bei Fragen gemäß dem MINIMAX–PRINZIP wird das sofort erkennbar. Und weil das so ist, sind so gut wie alle Reform-Ziele und Reform-Methoden weitgehend irreal. Eine Schule, die nicht in der Lage ist, elementare Rechtschreibung und ebenso elementares Rechnen „garantiert" beizubringen, sollte aufhören, von „vernetztem Denken", „Werte-Erziehung" oder „Kreativität" zu schwadronieren.

Dies gilt im Übrigen im besonderen Maße für das Gymnasium; Hauptschule und Realschule sind grundsätzlich ein wenig realistischer angelegt. Aber im Gymnasium verlangsamt sich der Lernfortschritt immer mehr, worauf auch einige neuere Bildungsstudien hinweisen. Und ich bin mir sehr sicher: Vor allem der Stoff der gymnasialen Oberstufe zerdrückt das darunter liegende Wissen geradezu. Die absurde Idee, aus normalen Kindern und Jugendlichen wahrhaftige geistige Giganten zu machen, die, wenn sie alle gymnasialen Lernziele erreichten, eine Allgemeinbildung besäßen, um die sie ein Leibniz oder Humboldt beneidet hätte, schlägt ins Gegenteil um. Und weil man am Beispiel der Mathematik das gut verdeutlichen kann, was sich in anderen Fächern leichter verschleiern lässt, nachfolgend noch einmal – zur ganz konkreten Verdeutlichung – Ergebnisse aus einer wunderbaren kleinen Studie aus Österreich:

Untersucht wurden circa 3 000 Probanden, die im Durchschnitt eine mittlere Bildungsstufe hatten, beispielsweise Hauptschule mit einer qualifizierten beruflichen Ausbildung; es waren nur wenige Akademiker dabei, deren Ergebnisse allerdings nur ungefähr ein Viertel höher lagen.
- Von circa 50–60 % der Probanden nicht gelöst wurden Aufgaben wie: $15 + 324 : 9 - 25 \times 3 = ?$ oder: $-8 : (4 - 6) = ?$. Oder: $0{,}135 : 0{,}003 = ?$
- Ebenfalls circa 60 % versagen bei typischen Bruchrechnungen wie $5/3 : 17/2 = ?$ Auch fast die Hälfte der Probanden bewältigte nicht folgende einfache Aufgabe: $4\,1/4 + 2\,2/3 - 3\,5/6 = ?$

- Circa 50% können Brüche nicht in Dezimalzahlen verwandeln und umgekehrt. Circa 60% können Kubikzentimeter nicht in Kubikdezimeter verwandeln, über die Hälfte können nicht 39 274 Sekunden in Stunden, Minuten und Sekunden umrechnen.
- Dreisatzaufgaben können nur in simpelster Form von knapp der Hälfte gelöst werden; fast 70% können einen komplizierteren Dreisatz nicht lösen, wie: „In einem Ferienlager kommen 24 Kinder mit 70 kg Brot 14 Tage aus. Wie lange werden voraussichtlich 36 Kinder mit 86 kg auskommen?"
- Fast 80% können folgende Aufgabe nicht lösen: „Eine Pumpe mit 730 kW fördert in 21 h 8 400 Kubikmeter Wasser. Berechnen Sie, wie viel kW erforderlich sind, um in 16 Stunden 7 200 Kubikmeter Wasser zu fördern! (Die gleiche Förderhöhe wird vorausgesetzt.)"
- 80% und weniger der Probanden können Aufgaben nicht bewältigen, in denen Variablen vorkommen: $-2ST - (2ST + T) \times (S - 2T) = ?$ Ähnliche Versagensquoten gelten für das Rechnen in Potenzen.
- Fazit der Untersuchung: Circa 90% der Erwachsenen mit durchwegs mittlerer Ausbildung können zwar gerade noch mit überschaubaren natürlichen Zahlen sicher rechnen, die Rechensicherheit nimmt aber stark ab, wenn zusätzliche Strukturelemente, wie eine Hierarchie der Rechenoperationen oder Klammern zu beachten sind (also Stoff der ersten Gymnasialklasse). Dezimalzahlen können noch einigermaßen addiert und subtrahiert werden, während dies für die Multiplikation und Division von Dezimalzahlen sowie für Brüche nicht mehr gilt. Die Vertrautheit mit den Flächenmaßen ist schon weniger gegeben, beim Übergang mit den Raummaßen ist noch einmal ein Abfall festzustellen. Und obwohl Dreisatzaufgaben in vielen Situationen des Berufsalltags Verwendung finden, könnten nur die einfachsten von zumindest 70% bewältigt werden, bei den schwierigeren fällt die Fähigkeit stark ab. Das Auftreten von Variablen lässt die Rechensicherheit nochmals drastisch sinken. (In der Untersuchung wird darauf hingewiesen, dass das eigentliche Ziel des Variableneinsatzes, nämlich die Formulierung von Zusammenhängen ja in diesen einfachen Aufgaben noch gar nicht erfasst wird; geschieht das, dann reduzieren sich die Lösungsquoten noch einmal, wie andere Untersuchungen zeigen.)

Und das, was hier nochmals plastisch am Beispiel MATHEMATIK demonstriert worden ist, gilt auch für „undeutlichere"

Fächer, man lese das Kapitel zu DEUTSCH, man führe sich auch noch einmal die in Physik dargelegten ANACHRONISMEN vor Augen!

Kurz erwähnt sei auch ein höchst interessantes, auch ein wenig seltsames Buch, das schon aus dem Jahre 1933 stammt, von W. Poppelreuter verfasst: *Psychokritische Pädagogik*; darin geht es dem Autoren um das, was er „Überwindung von Scheinwissen, Scheindenken usw." nennt. Er zeigt, wie häufig Menschen Fehler und Scheinwissen produzieren und sich dabei gleichzeitig völlig überschätzen, wie beispielsweise auch Akademiker permanent Fremdwörter verwenden, ohne sie wirklich zu verstehen. Typischerweise jedoch verhalten sich Versuchspersonen bei Aufdeckung ihrer Fehlleistungen ärgerlich und empört sind und versuchen, sie abzumildern oder Umständen die Schuld dafür zuzuschreiben.

Und wenn ich auch Klagen aus der Wirtschaft (und auch seitens der Universitäten) immer mit ein wenig Skepsis betrachte, so sollte man sie doch in diesem Zusammenhang rezipieren: Nur 12 % der Personalchefs sind zufrieden mit der Ausbildungsvorbereitung der Schule (gemäß einer Bildungsstudie von *Focus* und *Microsoft*). Der Hauptschule trauen nur 42 % der Lehrer, 27 % der Eltern und 8 % der Personalchefs zu, die Schüler fit für den Beruf zu machen. Auch Real- und Gesamtschulen bereiten ihrer Meinung nach nicht optimal auf Ausbildung und Beruf vor, nur die Hälfte der Eltern, Lehrer und Personalchefs beurteilt die Leistung der Schule in dieser Hinsicht positiv.

An dieser Stelle eine wichtige Anmerkung: Seitens akademischer Theoretiker werden des Öfteren vor- und halbwissenschaftliche Untersuchungen, wie sie auch in diesem Buch öfter zitiert werden, abgewertet. Und freilich kann man bei jeder dieser Untersuchungen irgendwelche methodischen Mängel feststellen. Aber das kann man auch bei PISA und TIMSS. Das Entscheidende ist: Zu jedem Schulfach gibt es verdrängte kleinere Untersuchungen, deren Ergebnis auf die WAHRE BILDUNGSKATASTROPHE hinweist. Eigentlich gibt es in jedem Fach einige

"Martin Wagenscheine", denen das Elend völlig bewusst ist. Dies gilt auch für die meisten der Autoren in den zwei immer wieder zitierten Gutachten-Bänden zu den Kerncurricula für die Oberstufe. So bringt K. Schröder es bezüglich des Englischunterrichts auf den Punkt:

> „Würden die kommerziellen Sprachenschulen mit ihrer Kundschaft so verfahren, wie es die Schule mit der ihren tut, sie wären allesamt längst bankrott." Und an anderer Stelle, dann aber schon wieder beschönigend: „Wer sich mit der Geschichte des Gymnasiums befasst hat, der weiß, dass die gymnasiale Bildungsrealität den gymnasialen Messlatten (Bildungsintensität, Umfang der Kenntnisse usw.) stets nur unvollkommen genügen konnte. Das ist heute nicht anders als vor 50 oder 150 Jahren."

Doch all diese Gutachter lügen sich später weiter in die Tasche, um das einmal etwas leger zu formulieren, denn trotz ihrer Kenntnisse der Malaise produzieren sie nach ihren kritischen Analysen dann neue Berge von neuen Ideen und neuen Bildungsinhalten, die angeblich alles verbessern sollen, dies jedoch gemäß dem in der Praxis immer wieder scheiternden Motto: „Wenn etwas nicht klappt, dann mehr von demselben."

Es gibt den Aphorismus von Karl Kraus: „Das Leben ist eine Anstrengung, die einer besseren Sache würdig wäre." Und wenn ich dies ganz sicher nicht im Hinblick auf das Leben glaube, so ist der Gedanke im Hinblick auf die Schule ganz und gar wahr. Ungefähr 11 000 bis 13 000 Stunden Unterricht haben Abiturienten absolviert. Und zusammen mit den Hausaufgaben und anderen Tätigkeiten kommen insgesamt wahrscheinlich schon bis zu 20 000 Stunden Arbeit zusammen. Und als Eltern muss man dann noch einmal eine nicht unerhebliche Menge an Energie in die schulische Betreuung der Kinder investieren. Und aus all dem geht nicht mehr hervor, als das, was in diesem Buch belegt worden ist!

> Mir ist wichtig, noch folgenden Gedanken festzuhalten: Meine These klingt zunächst radikal oder plakativ, ist es aber nicht. Die Lehrpläne, Bildungstheorien und vor allem die pathetischen Ideale unserer Schulen sind es. Ein Buch, das das zum Ausdruck bringt, klingt radikal oder plakativ, ist aber nur realistisch. Und es soll auch kein negativ-pessimistischer, bedrückender Realismus sein, wie man hoffentlich schon gespürt hat und wie man vor allem im nächsten Kapitel explizit lesen wird. Es ist ein befreiender Realismus.

»Das Furchtbarste so sagen, dass es nicht mehr furchtbar ist und Hoffnung gibt, weil es gesagt ist.« (Elias Canetti)

Implikationen und Verdeutlichungen

Als ich in der zweiten Hälfte der neunziger Jahre zum ersten Mal einen Essay schrieb, in dem ich die Kernaussage des vorliegenden Buches artikulierte, war ich von dem Gedanken motiviert, dass ich da doch etwas ausspräche, was ohnehin viele wüssten oder zumindest ahnten. Doch ich musste feststellen, welch enorme Verdrängungsanstrengungen hier vorliegen. Dann ist mir gewissermaßen die Geschichte entgegengekommen – mit TIMSS und PISA. Beide Studien lassen sich als Spezialfälle der WAHREN BILDUNGSKATASTROPHE verstehen, als Spitze des Eisbergs:

> Die in diesem Buch vertretene Hauptthese impliziert gewissermaßen einen allgemeinen PISA- und TIMSS-Effekt: Betrachtet unter Nachhaltigkeitsaspekt verbleibt auch bei den besseren Schülern kein substantielles Wissen.

Man hat ja PISA und TIMSS bisweilen deswegen kritisiert, weil sie angeblich an den Inhalten des deutschen Unterrichts vorbeigingen; das vorliegende Buch zeigt nun aber, was sich auch in anderen Bildungsstudien schon angedeutet hat: Das Ganze wird umso schlimmer, je mehr wir die Lehrpläne und die in anderen Veröffentlichungen, wie etwa didaktischen Lehrbüchern, dargelegten Ziele der Schule gewissermaßen beim Wort nehmen. In diesem Zusammenhang ein Zitat des Bildungsforschers Eckhard Klieme, zu der von ihm durchgeführten DESI-Studie: „Dass die Ergebnisse so dramatisch wirken, liegt daran, dass wir die anspruchsvollen Lehrpläne zum Maßstab genommen haben."

Einem Missverständnis sei vorgebeugt: Der hier vertretene Ansatz impliziert nicht, dass die Fähigkeiten der Schüler so gering sind, dass man ihnen nicht mehr oder nichts auf höherem Niveau beibringen kann. Das würde im krassen Widerspruch zu der Beobachtung stehen, dass einzelne Lehrer bei einzelnen Schülern immer wieder ganz hohe Leistungen erzielen, bisweilen sogar relativ dauerhaft. Entgegen dem Mythos der Reifungsstufen kann man, wenn man systematisch und ausdauernd genug übt, bereichsspezifisch den meisten Schülern Leistungen beibringen, welche die von weniger geübten Erwachsenen weit übertreffen. Anders gesagt: Auf einem bis maximal zwei Teilgebieten (schon ein ganzes Fach wäre also zu groß angesetzt!) könnte man die schulischen Leistungsideale sogar dauerhaft und sogar bei einem Großteil der Schüler vermitteln; aber man kann dies nicht auf all den Gebieten, auf denen die Schule das versucht, nicht mit diesem Zeitbudget. Jedem, der sich einmal zu einer vorurteilsfreien Sichtweise durchgerungen hat, wird dies in die Augen springen, immer wenn er sich ein wenig mit dem beschäftigt, was von seinen Kindern in der Schule und was von ihm selbst in der Schule verlangt worden ist. Weil die Schule etwas Unmögliches versucht, entsteht daraus eine permanente Quälerei, sowohl der Schüler wie der Lehrer.

> Unsere Schulen sind auf einer Gleichung aufgebaut, die rein quantitativ nicht aufgehen kann. Das Missverhältnis zwi-

> schen Ressourcen und Lernzielen ist grotesk. Viel höhere Leistungen wären jedoch erzielbar, bei gleichzeitiger Verringerung des Leistungsdrucks, wenn ein adäquates Verhältnis von Anspruch und realem Leistungspotential gewahrt würde.

Eine dritte Verdeutlichung wirkt, so meine Erfahrung, auf die meisten zunächst völlig verblüffend, wird aber kurz danach von den meisten als mit der eigenen Erfahrung übereinstimmend bejaht:

- Eigentlich gibt es in jeder Klasse nur 5 bis maximal 10 % Schüler (also meist nur 1–3), bei denen man als Lehrer, wenn man denn ehrlich genug ist, den Eindruck hat: Sie sind „auf der Höhe des Stoffs", sie haben so etwas wie Verständnis aufgebaut (und der Stoff interessiert sie auch).
- Dann gibt es weitere 65–70 %, von denen der Lehrer ganz genau weiß: Ihr Prüfungswissen und -können resultiert mehr oder weniger aus einem beharrlichen Üben; die Verständniskomponente ist gering ausgeprägt, sie schaffen es aber, durch Fleiß so etwas wie eine „Imitation von Verständnis" zu liefern.
- Und die restlichen 15–25 % „leben geistig wirklich in anderen Welten", haben meist nicht das geringste Interesse am Stoff, stören im besten Fall nicht, im schlechtesten Fall machen sie normalen Unterricht unmöglich; Hausaufgaben werden entweder gar nicht gemacht oder auf eine Weise, die dem „gar nicht" sehr nahe kommt. Dennoch lässt man die wenigsten davon durch die Prüfungen fallen, vor allem nicht durch die abschließenden, weil man als Lehrer weiß, dass gegenwärtig höhere Quoten erwünscht sind.

> Anders gesagt: Die heutige Schule ist – allerdings in einer grotesken Form – auf „Eliteförderung" ausgerichtet: Sie strebt eine Stoffmenge und ein Stoffniveau an, die beide nur im Hinblick auf die genannten 10 % Spitzenschüler einiger maßen adäquat ist (und dabei auch nicht dauerhaft). Das ist aber natürlich eine ganz und gar negative Eliteförderung, weil

> die restlichen 90 % dabei stören und nicht adäquat angesprochen werden können.

Ironisch gefragt: Wäre es da nicht gleich besser, die Schule würde von vornherein nur den Besten Unterricht geben, und diese würden dann gleich den Schwächeren Nachhilfe geben? Noch sinnvoller wäre natürlich das folgende einfache Modell: Der Unterricht orientiert sich endlich wieder an der Mehrheit, aber in jedem Fach können die Besten der Gymnasien einer Stadt gemeinsam in einen abgetrennten echten Elite-Unterricht gehen; in allen Fächern, wo sie nicht zu dieser Elite gehören, verbleiben sie im normalen Unterricht; es würde also keine generelle Separierung erfolgen.

> »Allein die Realität, selbst wenn sie gut verborgen ist, besitzt die Kraft zu erregen.« (Jean Cocteau)

Sechs Minimax-Forschungsprojekte

Empirische Bildungsforscher werden beim Lesen des Buches wahrscheinlich einerseits verspüren, dass hier jemand ist, der aus demselben Grundansatz wie sie heraus operiert, nämlich einer kritischen und vorurteilsfreien Analyse dessen, was „hinten herauskommt", andererseits wird ihnen das Ganze zu qualitativ statt quantitativ sein. Sie werden darauf insistieren, dass ich meine These im besten Falle hochplausibel gemacht habe, aber noch nicht „bewiesen" habe, gemäß den Standards empirischer Untersuchungen. Das würde mir auch durchaus genügen. Ich verstehe meine 1 %-HYPOTHESE gewissermaßen als „quantitative Metapher". Doch sie ist nötig, weil ansonsten unmöglich das Ausmaß der WAHREN BILDUNGSKATASTROPHE zu verdeutlichen ist, auch nicht das Ausmaß der notwendigen Veränderungen. Und ich hake noch etwas nach und problematisiere meinerseits die empirische Forschung:

> So erfreulich es ist, dass endlich eine tatsächliche empirische Wende in den Erziehungswissenschaften stattgefunden hat, so besteht nun die Gefahr, dass man in immer gigantischeren Projekten weitgehend hypothesenlos „Schrotschüsse in die Nacht hinein" abgibt.

Zitat: „So viele Daten hatten wir noch nie, als empirischer Bildungsforscher bin ich natürlich ganz begeistert." (Klaus-Jürgen Tillmann, Mitglied im deutschen PISA-Konsortium, in einem *Spiegel*-Artikel). Das ist schön, aber ich gebe zu bedenken: Zwar war die bestimmte Art von Gigantomanie, die PISA und TIMSS auszeichnet, absolut nötig, da nur so die Öffentlichkeit und Politik wachgerüttelt werden konnten, gleichzeitig aber ist mir der praktische Erkenntnisgewinn beider Projekte zu gering. Und wir werden ihn nicht durch Erhöhung quantitativer Parameter der Forschung vergrößern. Wir werden nur, wie immer bei guter Forschung, dadurch einen Fortschritt gewinnen, dass wir eine klare Ausgangstheorie entwickeln, die im Popper'schen Sinne „kühn" zu nennen ist, die sich also einem maximalen Risiko des Scheiterns bei maximaler Informationsausbeute aussetzt. Das Zentralkonzept dieses Buches – die WAHRE BILDUNGSKATASTROPHE – ist sicherlich von dieser Art. Nachfolgend schlage ich sechs Spezifikationen meiner Ausgangsthese vor:

1. Zu allererst bietet sich ein ganz simples Forschungsprojekt an, bei dem jeder fragen wird: Warum hat man das nicht längst gemacht?

> Man möge einfach einmal an den Schulen im Abstand von drei Jahren die Abiturienten noch einmal zur Prüfung einladen, am besten zu einer mündlichen Prüfung, wobei Forscher anwesend sind und das Ganze unmittelbar explorieren können. Dann wird man ganz sicher die „Nachhaltigkeits-Katastrophe" belegen können.

Irgendetwas aber hindert anscheinend Forscher im sozial- und erziehungswissenschaftlichen Bereich daran, eine Fragestellung so einfach und so direkt anzugehen, wie das jeder normale Mensch täte. Sie lieben Forschungsdesigns, die durch alle mögliche Insignien der Methodik, Mathematik und (pseudo)theoretischen Hintergründigkeit gekennzeichnet sind und alle möglichen Korrelationen erforschen, jedoch auf eigentümliche Weise nicht dazu taugen, eine nahe liegende Frage zu beantworten. Es musste eine wirtschaftliche Organisation wie die OECD kommen, um endlich einmal einigermaßen direkte Forschungsdesigns zu fördern.

2. Gerade ist ja ein – sehr anregender – Einbürgerungstest entwickelt worden; man benutze ihn einfach, und unterziehe deutsche Schüler und Erwachsene diesem Test, ohne dass diese sich extra darauf vorbereiten können! Ich behaupte: Die meisten würden nicht eingebürgert werden. (In den Niederlanden hat man einen ähnlichen Test Prominenten vorgelegt, und nicht einer von ihnen konnte, wie benötigt, 80 % der Fragen richtig beantworten.)

3. Um zur nächsten Forschungshypothese zu gelangen, muss ich erst ein wenig ausholen. Es gibt ein amerikanisches Sprichwort: „Wie wenig wir wissen, erkennen wir, wenn unsere Kinder anfangen zu fragen." Der Leser möge ausprobieren, ob er folgende Grundschul-Frage beantworten kann: Wodurch entstehen die vier Jahreszeiten? – Meine Erfahrung: Höchstens die Hälfte der Menschen kann dies erklären, noch weniger können alle anderen mit der Bahn der Erde und ihrer Geneigtheit einhergehenden Phänomene erklären und verstehen. Oder: Worin besteht die Besonderheit von Wasser und was hat das für fundamentale Implikationen für die Natur? (Wasser ist nicht bei null, sondern bei vier Grad am schwersten und besitzt dann die höchste Dichte, so dass deswegen die Seen nicht von unten zufrieren, wie das bei anderen Stoffen der Fall wäre, sondern sich die Eisdicke von oben bildet und deswegen auch die Temperatur an der Übergangszone von Eis

und Wasser immer null Grad beträgt und nicht weniger, womit sich ein Schutz vor einem weiteren Temperaturabfall ergibt und so Fischen und anderen Lebewesen das Überleben ermöglicht.) Auch im schon zitierten Studieneingangstest Physik traten bei Wissensfragen, die *kaum über Grundschulniveau hinausgehen*, bereits gewaltige Versagensquoten auf. Aus diesem Ansatz heraus habe ich in der mittleren Phase meines Buches die Idee eines neuartigen Fernsehquizes entwickelt: Erwachsene sollten gegen Kinder antreten und zwar im Hinblick auf Fragen, die dem Grundschulwissen entstammen. Sicherlich aus ganz anderen Motiven heraus sind Fernsehplaner ebenfalls auf diese Idee gekommen, und es sind bereits Fernsehserien mit diesem Ansatz gelaufen, auch in Amerika, alle erfolgreich. Ich rege die Bildungsforscher an, sich diese Sendungen einmal systematisch anzusehen und sie auszuwerten. Und all das führt auf die dritte These und das damit verknüpfte Forschungsprojekt:

> Die meisten Akademiker beherrschen einen Großteil des Hauptschulwissens, ja sogar des Grundschullehrstoffs nicht, wobei es mir, wie immer, nicht um Details, sondern nur um Elementares und Fundamentales geht.

4. Der Leser wird merken, wie sich gewissermaßen die Schlinge um den Hals unserer aufgeblähten Bildungsvorstellungen immer enger zuzieht, noch mehr mit der nachfolgenden Hypothese, derer ich mir nicht ganz so sicher bin, die ich aber als unbedingt erforschenswert ansehe:

> Bei Haupt- und Realschülern findet man genauso oft, teilweise sogar in besserer Form, eine bestimmte Minimalbasis an Elementar-Kenntnissen und -Fertigkeiten wie bei Gymnasiasten und Akademikern. Denn im Gymnasium wird durch die Aufpfropfung immer anspruchsvolleren Wissens diese elementare Basis nachträglich weitgehend zerstört. (Dabei muss

> man natürlich im Forschungsdesign den Faktor neutralisieren, dass im Gymnasium normalerweise begabtere Schüler sind.)

Jeder Abiturient und Akademiker unter den Lesern möge sich einmal Lehrpläne der Grund- und Hauptschule ansehen – er wird erschrecken, wie viel Stoff er darin findet, durchaus nicht nur Details betreffend, den er nicht oder nur sehr rudimentär beherrscht.

5. Speziell würde ich ein Meinungsforschungsinstitut wie beispielsweise Allensbach dazu einladen, folgendes pointiertes Forschungsprojekt in Bezug auf die gesamte Gesellschaft durchzuführen; eher wissenschaftlich orientierte Forschungsinstitute sollten diesen Ansatz in differenzierterer Form ausarbeiten:

> Es muss ein Pool von Fragen und Testaufgaben erarbeitet werden (etwa 50–100), die jeweils typisch sind für bestimmte Beantwortungsquoten. Dann hätte man, wie bei einem technischen Gerät, *Kennlinien* der Bildung dieser angeblichen Wissensgesellschaft.

Besonders aussagekräftig wären natürlich Items, die bei Akademikern zu einer Misserfolgsquote von 90 % führen, und solche, die zu einer Erfolgsquote von 90 % führen. Dabei würde sich, so postuliere ich, ein ungeheures Erstaunen, ja ein Schock ergeben. Das Selbstbild dieser Gesellschaft und ihr Wissensideal würden sich als völlig hochstaplerisch erweisen. Ich stelle folgende Thesen auf:
– Wenn man Antwortquoten von mindestens 90 % erreichen will, dann darf die Aufgabenschwierigkeit nicht über Grundschulniveau hinausgehen.
– Um Versagensquoten bis 90 % zu erreichen, genügt elementarer Hauptschulstoff.
– Das Vorherige bezog sich auf Stichproben aus der Gesamtbevölkerung; bezogen auf die Population der Akademiker

würde ich postulieren: Auch hier können Versagensquoten bis 90 % durch Benutzung von anspruchsvollem Hauptschulstoff und Gymnasialstoff der ersten beiden Jahrgänge, also der 5. und 6. Klasse, erzielt werden.
- Für den gesamten Gymnasialstoff von der 7. bis zur 12./13. Klasse gilt: Stellt man die Aufgaben auf die in diesem Buch vorgegebene Weise, nämlich konkret, präzise und so, dass ein wenig Verständnis notwendig und nicht nur einfach vorgegebene Antworten angekreuzt werden müssen, dann werden sich im Regelfall Versagensquoten von 95 % bis zu 100 % ergeben (außer bei denjenigen, bei denen der jeweilige Stoff später in ein Studium oder einen Beruf einmündete).
6. Im Übrigen rege ich an, die im vorherigen Teilkapitel formulierte These, dass durch die Lehrpläne und das in ihnen implementierte Anspruchsniveau eigentlich nur 5 % bis maximal 10 % der Schüler einer Klasse angesprochen werden (können), einer empirischen Erforschung zu unterziehen. Ja, ich würde noch weitergehen und (aus Gründen, die hier nicht dargelegt werden können) folgende Hypothese wagen:

> Die „unteren" 90 % aller drei Schularten unterscheiden sich kaum durch ihre kognitive Befähigung, sondern mehr durch den Ehrgeiz ihrer Eltern. Anders gesagt: Eine Einheitsschule wäre für diese 90 % sinnvoll, gegenwärtig versucht man in einem Bereich zu differenzieren, in dem die geringsten Differenzen vorherrschen; die wahren Differenzen beginnen bei den oberen 10 %. Und diese sollten, wie schon oben dargelegt, jeweils in den Fächern, in denen sie derart überragend sind, in Spezialklassen mit besonderer Förderung gehen.

Etliche eben erschienene Forschungsergebnisse weisen in die Richtung meiner These, so eine Studie des Berliner Wissenschaftszentrums für Sozialforschung und des deutschen Instituts für Wirtschaftsforschung, die das Ergebnis hat: 17 % besuchen einen Schultyp unterhalb ihres Leistungsniveaus, 13 % einen oberhalb ihres Potentials. Insgesamt ein Drittel der Schüler geht also auf die falsche Schule. Der renommierte deutsche Bildungsforscher Wilfried Bos (Leiter der IGLU-Studie) geht gar von 50 % aus, das kommt meiner These von circa 70 % schon sehr nahe. Und in *Prüfungen kritisch überprüft* kommt Andrea Lederer zu interessanten Ergebnissen, die in Richtung meiner These weisen. Untersucht wurde über einen längeren Zeitraum hinweg die Notengebung in den Fächern MATHEMATIK sowie WIRTSCHAFT und RECHT (an Realschulen). Zunächst einmal erzielten im Fach MATHEMATIK durchschnittlich 72 % aller Schüler Noten von 1–4. In herkömmlicher Weise würde man sie als „Zielerreicher" betrachten. Analysiert man jedoch mit empirisch-statistischen Methoden die Messfehler der Notengebung, so ergibt sich Erstaunliches und Bedrückendes:

- Der Anteil wirklich sicherer Zielerreicher (dadurch definiert, dass sie methodisch abgesichert nicht die Noten 5 oder 6 bekommen, also bei mindestens der Note 4 liegen) lag in Schulaufgaben in MATHEMATIK nur bei 50 %, bei Stegreifaufgaben gar nur bei 37 %; als sichere Zielverfehler müssen 10 % klassifiziert werden; im Fach WIRTSCHAFT UND RECHT 37 %. (Ohnehin verkörpern 3 und 4 keine echte Zielerreichung.)
- In circa 67 % der Stegreifaufgaben und 73 % der Schulaufgaben in MATHEMATIK bzw. 90 % in WIRTSCHAFT UND RECHT musste davon ausgegangen werden, dass die Mindestkompetenzen zweier aufeinander folgender Prüfungen nicht angemessen waren. Denn in MATHEMATIK gab es ein Drittel der Schüler, die erkennbar nicht das Niveau erreichten, um der nächsten Prüfung gewachsen zu sein!
- Besitzen schulische Aufgaben eine ausreichende Trennschärfe, um zwischen den unterschiedlichen Noten/Fähigkeitsniveaus wirklich trennen zu können? Antwort: Nur 51 % der ausgewerteten Prüfungsaufgaben in MATHEMATIK und lediglich 27 % in WIRTSCHAFT UND RECHT wiesen solche (auf dem 5 %-Niveau signifikante) Trennschärfen auf.
- Generell: Bei genauer empirisch-statistischer Analyse sind kaum mehr als ein Drittel der Prüfungen in MATHEMATIK und nur 14 % derjenigen in WIRTSCHAFT UND RECHT auf dem angemessenen Schwierigkeitsniveau! Und zwar können Prüfungen dann als geeignet angesehen werden, wenn sie neben einer ausreichenden Trennschärfe einen Lösungsanteil von über 20 % aufweisen. Aber nur die Hälfte der Mathematikaufgaben und etwa ein Viertel der Aufgaben in WIRTSCHAFT UND RECHT erfüllten beide Kriterien gleichzeitig.

Das Fazit der Autorin weist auf eine Ursache der WAHREN BILDUNGSKATASTROPHE hin: Lehrkräfte besitzen viel zu geringe Kenntnisse und Fertigkeiten auf diagnostischem und testtheoretischem Gebiet. Folgerung: Wir brauchen einen Aufgabenpool bereits erprobter Prüfungsaufgaben! Aber das haben wir nicht in ausreichendem Maße, weil Lehrkräfte in dieser Hinsicht „einsam vor sich hinwurschteln", um es ein wenig leger zu sagen.

> All diese sechs Forschungsprojekte haben typischen „Minimax-Charakter", sind bewusste Gegenprojekte zu den laufenden Großprojekten. Man kann sie demgemäß mit minimalem Aufwand durchführen und dennoch würden sie einen maximalen Erkenntnisgewinn ergeben, der, so prognostiziere ich, auf folgende Essenz hinausliefe: An der Idee der BILDUNG muss in mehrerer Hinsicht etwas nicht stimmen! Erstens ist diese Gesellschaft viel dümmer, als sie glaubt, zweitens aber funktioniert sie dennoch ziemlich gut, viel besser, als sie eigentlich funktionieren dürfte, gemäß dem Bildungsmythos.

»Allein die Realität führt zu dem bedeutenden Kunstwerk.«
(Jean Cocteau)

Nochmals: Martin Wagenschein

Wagenschein gilt als einer der großen und bedeutenden Didaktiker und Pädagogen; bis heute werden seine Gedanken gewürdigt und weitergeführt, vor allem sein Prinzip des *genetischen Lernens*. Ich selbst bin allerdings erst beim Fach Physik auf ihn gestoßen, aber erst in der Schlussphase des Buches habe ich mir noch einmal genauer seine Bücher und Schriften durchgesehen und mit Überraschung konstatiert: In viel stärkerem Maße, als mir bewusst war und als in der Sekundärliteratur herauskommt, hat Martin Wagenschein das gesehen und geahnt, was die Zentralthese dieses Buches ist: die WAHRE BILDUNGSKATASTROPHE:

> »Ich gestehe am besten gleich, dass ich über den Unterrichtserfolg sehr besorgt bin, ohne allerdings zu verkennen, wie viel gewissenhafte und ernste Arbeit in diesen Schulen meist getan wird, von Lehrern und Schülern. Das Bild wird dadurch nur tragischer.«

Wagenschein beschreibt Gedanken, Beobachtungen und Untersuchungen, die meinen verblüffend ähneln, und er hatte auch einen ähnlichen methodischen Ansatz, nämlich keine groß angelegten statistischen Untersuchungen zu betreiben, sondern er hat seine akademischen Kollegen gewissermaßen quizartig getestet und auch sich selbst von diesen testen lassen, wie er sagt: „ … ein primitives, aber aufschlussreiches Verfahren, das ein Vertrauensverhältnis voraussetzt". Wagenschein hat beispielsweise einen Historiker in Physik geprüft, während dieser Historiker ihn, Wagenschein, in Geschichte geprüft hat. Und das Ergebnis dieser Prüfungen ist, laut Wagenschein: „einheitlich und „„erschreckend". Er konstatiert als Ergebnis dieses gegenseitigen Wissenstests etwas, das ich wörtlich für meine Analysen übernehmen kann:

> »Es ist nichts da, weder an Stoff, noch ein Blick für das Wesenhafte, außer in der Fächergruppe, die der Gefragte später studiert hat. Sie steht wie ein Horst in einem tief abgesunkenen Schollenland ohne Übergang.«

So wie Wagenschein riesige Teile der Geschichte vergessen hat, so ist der Altphilologe (und die Altphilologie definiert sich nicht nur als Sprachwissenschaft, sondern als generelle Kulturwissenschaft des Altertums) betroffen, dass er nicht weiß, dass der griechische Geist schon das Konzept der irrationalen Größe in der Mathematik entwickelt hat und was darunter zu verstehen ist. Ich kann gar nicht so viel Wagenschein zitieren, wie ich Übereinstimmungen finde!

> »Viel lernen und nachher viel wissen, das ist keine Kunst; ich habe nichts gelernt und weiß doch eine Menge, da kann man von Kunst reden.« (Johann Nepomuk Nestroy)

Die Wahre Bildungskatastrophe existiert überall

Dieses Buch würde falsch verstanden werden, wenn man der Meinung wäre, es sei eine spezifische Anklage gegen das deutsche Bildungssystem – von dem ich ja schon im ersten Kapitel gesagt habe, dass es zwar nicht so gut ist, wie man einmal geglaubt hat, aber immer noch zu den besten der Welt gehört, leicht unterschätzt durch den spezifischen Ansatz von PISA und TIMSS. Ich vertrete vielmehr folgende These:

> Das Phänomen der WAHREN BILDUNGSKATASTROPHE existiert keineswegs nur in Deutschland, sondern weltweit, in allen Bildungssystemen, mehr oder weniger ausgeprägt.

An dieser Stelle nur ein Ergebnis, das klar darauf hinweist: Ein internationaler Vergleich der Grundqualifikationen von Erwachsenen (International Adult Literacy Survey, IALS) ergibt eine wesentlich günstigere Position der Deutschen als bei PISA. Deutschland lag dabei an zweiter Stelle der Länder (darunter 9 TIMSS-Teilnehmer). Im Gegensatz zu den TIMSS-Erhebungen stützte sich IALS auf eine Haushaltsbefragung, die Untersuchung war auch methodisch sehr gut kontrolliert, wobei die Anforderungen nicht über den Bereich elementarer Operationen (einschließlich der Prozentrechnung und der einfachen Zinsrechnung) hinaus gingen. Dabei ergab sich das – sowohl die „PISA-Jünger" wie die PISA-Kritiker sicherlich irritierende – Ergebnis: Gerade die 6% Leistungsschwächsten heben sich in Deutschland positiv von den entsprechenden Gruppen in den übrigen Ländern ab, während der Leistungsvorteil der deutschen Stichproben umso mehr verschwindet, je stärker die Leistungsspitze und damit anspruchsvoller die Aufgaben werden. Und obwohl bei 7% gemäß dieser Untersuchung Rechenschwächen auftreten, die unterhalb der kritischen Schwelle für eine reguläre Berufsausbildung liegen, ist diese Quote in den meisten anderen Ländern höher. Wahrscheinlich liegt dieses gute Ergebnis der unteren Gruppe in Deutschland darin begründet, dass die praxisnahe Einübung von Routineverfahren in der beruflichen Erstausbildung und Weiterbildung ihre Wirkung tut (die von PISA nicht berücksichtigt wird).

Bekannt sind ja auch die großen Schwächen des amerikanischen Bildungssystems, das, wie auch das Gesundheitssystem der USA, punktuelle Spitzenleistungen bringt, sich aber ganz enorme Schwächen „in der Breite" leistet. In der PISA-Studie landet die USA hinter Deutschland; die mathematischen und naturwissenschaftlichen Fähigkeiten der amerikanischen Jugendlichen liegen unter dem OECD-Durchschnitt; fast ein Drittel verlässt die High-School ohne Abschluss; Schwarze und Hispanics scheitern in großer Zahl; nicht einmal jeder zweite Teenager kann den US-Bürgerkrieg zeitlich einordnen, ein Viertel hält Adolf Hitler für einen deutschen Kaiser, einen österreichischen Regierungschef oder einen Waffenfabrikanten. Und auf dem College sind viele Studenten mit dem Abfassen kürzester Essays völlig überfordert, mehr als ein Drittel bricht das Studium ab. Sehr bezeichnend: Etwa 30 % der jungen Lehrer bleiben nicht länger als fünf Jahre im Schuldienst. In dem hochinteressanten Buch „What Americans know about politics and why it matters" (von Delli-Carpini und Keeter) findet sich eine Zusammenstellung unzähliger seriöser Umfragen und Tests zum Allgemeinwissen in Amerika, speziell zum Wissen über politische Fakten und Zusammenhänge, die das niedrige Niveau belegen. Auch in Amerika ist deswegen die Reform des Bildungssystems ein wichtiges politisches Thema.

Generell ist es undenkbar, dass ausgerechnet im Land des dauerhaften *Exportweltmeisters* – Deutschland – die Bildung der Bevölkerung in besonderem Maße der anderer Länder unterlegen ist. Die WAHRE BILDUNGSKATASTROPHE ist mit größter Wahrscheinlichkeit ein länderübergreifendes Phänomen. Auch bei einer neueren Untersuchung der OECD zur Bildung Erwachsener liegt Deutschland relativ günstig, auf dem 6. Platz, wobei Deutschland wiederum zu den Ländern gehört, die geringe Schwankungen der Bildung ihrer Bevölkerung aufweisen. Man muss in diesem Zusammenhang auch berücksichtigen, dass das deutsche Bildungssystem eher allgemeinbildungsorientiert ist, wodurch es im Rahmen der PISA-Methodik etwas benachteiligt ist.

»Der Gedanke, dass jedes Missgeschick außerordentlich häufig vorkommt, nimmt ihm die Bedenklichkeit.« (Stendhal)

War früher alles besser?

Das ist eine Frage, die immer wieder gestellt wird, und viele bejahen sie. Aber konkrete Beweise fehlen. Ich bin mir sicher, dass das solide Wissen degeneriert, während die reine Intelligenz im Sinne geistiger Schnelligkeit und Flexibilität (die einem allerdings nicht so viel nützt, wie die Intelligenzmythologen glauben) mir tatsächlich zuzunehmen scheint. Die besten Abiturienten sind meiner Erfahrung nach besser geworden, aber der schlechtere und der mittlere Bereich der Schüler ist abgesackt. Das erstaunliche Phänomen, dass die Intelligenz in der Allgemeinbevölkerung zunehmend wächst, ist bewiesen, zumindest in hohem Maße plausibel gemacht: „Flynn-Effekt". Aber auch für die These, dass das Wissen eines immer größeren Teils der Bevölkerung nachlässt, gibt es Hinweise:

- Ich erinnere an die im Fach DEUTSCH erwähnte Untersuchung zu den Rechtschreibfähigkeiten, die, wie zitiert, ergab, dass fast drei Viertel der Untersuchten vor drei Jahrzehnten als „Legastheniker" eingestuft worden wären. Auch gemäß anderer Normierungsstudien mit Rechtschreibtests kann davon ausgegangen werden, dass die Rechtschreibkompetenzen deutscher Schüler von der Zeit nach dem Zweiten Weltkrieg bis Mitte der achtziger Jahre zugenommen, danach aber bis zum heutigen Tage wieder etwas abgenommen haben.
- Auch in der seit Jahrzehnten durchgeführten Bildungsstudie FISS sind die Leistungen der deutschen Schüler langsam aber kontinuierlich schwächer geworden.
- Nach der schon zitierten Bildungsstudie des *focus* moniert die Wirtschaft bei den Ausbildungsbewerbern kontinuierlich schwächer werdende Leistungen: Lösten im Jahre 1975 noch drei Viertel der Hauptschüler die gestellten Rechenaufgaben korrekt, war es 29 Jahre später nur noch die Hälfte, den Rechtschreibtest bestand noch ein Drittel der Hauptschüler. (Erwartet werden dabei neben den Grundrechenarten der Dreisatz, der

Umgang mit Dezimalzahlen und die Berechnung von Flächen.) Defizite finden sich auch im Bereich der sozialen Kompetenz: So scheitern viele bereits daran, Sprache „situationsgerecht" anzuwenden, das heißt, sich im Betrieb anders auszudrücken als etwa in der Schule oder auf der Straße.

- Auch gemäß Untersuchungen durch das Meinungsforschungsinstitut Allensbach schneidet bei einigen Wissensfragen, die immer wieder gestellt werden, die westdeutsche Bevölkerung heute schlechter ab als in früheren Jahrzehnten. Allensbach stellt folgende These zur Diskussion: Das reale Wissen ist zurückgegangen, wiewohl deutlich mehr Befragte einen höheren Schulabschluss besitzen! Allensbach meint auch, eine „Wissensillusion" konstatieren zu können: Seit Einführung des Fernsehens halten sich mehr Menschen politisch für informierter, sind es jedoch, wenn man konkrete Fragen stellt, nicht.
- In diesem Zusammenhang ein weiteres wichtiges Ergebnis der schon zitierten IALS-Studie: Trotz gestiegener Bildungsbeteiligung ist in Deutschland in den jüngeren Altersgruppen der Vorsprung im internationalen Vergleich geringer geworden. (Ein Sonderfall ist die Gruppe der Jahrgänge zwischen 1930 und 1939, deren Schwächen aber wahrscheinlich mit den Defiziten der Kriegszeit zu erklären sind.) In der Gesamtpopulation der Umfrage fallen die absoluten Testergebnisse mit zunehmendem Alter, während es sich in Deutschland anders verhält: Der im Durchschnitt erreichte Testwert ist über die vier jüngeren Altersgruppen praktisch konstant; das spricht dafür, dass ein in früheren Schülerpopulationen vorhandener Leistungsvorsprung in den letzten Jahrzehnten kontinuierlich geschwunden ist.

Mit der Anführung dieser Aspekte und Argumente lasse ich es bewenden, es geht mir um die Zukunft. Festhalten will ich aber: Die WAHRE BILDUNGSKATASTROPHE hat schon immer existiert, weil Schulen sich, also ihre Lehrer und Schüler, schon immer auf die beschriebene Weise überfordert haben.

> »Der Vergleich mit früheren Zeiten müsste uns eigentlich das Glück erkennen lassen, heute zu leben. Trotzdem neigen wir dazu, die Vergangenheit zu loben, und die Gegenwart zu tadeln.« (Voltaire)

Studierfähigkeit?

Die in der Überschrift genannte Kompetenz ist ja ein Drittel der „gymnasialen Trias", also der Grundziele des Gymnasiums: (a) eine vertiefte Allgemeinbildung, (b) eine wissenschaftspropädeutische Vorbereitung und eben (c) die Sicherstellung der Studierfähigkeit. Letzteres wirft das Problem der „Passung" auf, also ob und wie gut die „schulische Welt" tatsächlich auf die „universitäre Welt" vorbereitet – ein Thema, das vor allem in den achtziger und neunziger Jahren diskutiert worden, aber eigentlich schon viel älter ist. Im Rahmen dieses Buches kann das nur in aller Kürze abgehandelt werden, aber die WAHRE BILDUNGSKATASTROPHE hat in dieser Hinsicht eine klare Implikation:

> Wenn man das Selbstbild der Hochschulen wörtlich nehmen würde, dann können nicht mehr als 5–10 % der Studenten als wirklich studierfähig betrachtet werden, also als wirklich „auf der Höhe des Stoffs" sich befindend angesehen werden (oben habe ich ja ein ähnliches Prinzip im Hinblick auf die Schule formuliert).

Ich erinnere mich, dass ich schon gegen Ende meines Studiums einige Gespräche mit Professoren zu diesem Thema führte, die unverhohlen diese These vertraten. In den Jahren danach wurden auch einige Bücher veröffentlicht, die (insbesondere im Hinblick auf eine Kritik der damals reformierten Oberstufe des Gymnasiums) dieser These Ausdruck gegeben haben. Mittlerweile hat man sich an den Universitäten – wie an den Gymnasien – damit abgefunden, dass beides Masseninstitutionen geworden sind, ohne dass aber bisher dafür ein schlüssiges Modell entworfen worden wäre, mit dem man sich dieser Situation konsistent und konsequent stellen könnte. Ebenso wie die Schule die Schüler, ebenso überfordert das Studium viele Studenten, und dennoch werden sie „mitgeschleift", nur in manchen Fächern ist man konsequent und „prüft sie hinaus", so vor allem in Mathematik und Physik, wo die Abbrecherquoten mehr als die Hälfte betragen, was man aber natürlich auch nicht als „Lösung" betrachten kann. Auch die Studenten selbst beurteilen sich beziehungsweise die Studienvorbereitung durch ihre Schule sehr kritisch: In einer Studie aus den 80er Jahren wünschten sich 40 % der befragten Studierenden eine bessere Vorbereitung auf das wissenschaftliche Arbeiten, wobei besondere Defizite immer wieder darin gesehen werden, in Seminaren und Übungen freie Vorträge zu halten, ebenso bei der Gliederung einer größeren Arbeit, bei der Durchführung von Experimenten, sowie bei der Aufgabe, Informationen für eine wissenschaftliche Arbeit zu finden. Überall dort hat eine große Anzahl der Studierenden nach eigenem Bekunden zumindest „mittlere Schwierigkeiten".

In einer Studie aus dem Jahre 2001 von C. Konegen-Grenier ergaben sich besonders prägnante Ergebnisse. Insgesamt wird die Studierfähigkeit von den befragten universitären Lehrkräften eher kritisch beurteilt: Eine gute Studierfähigkeit wird nur jedem vierten Studienanfänger attestiert, mittlere Fähigkeiten bringen nach Ansicht der Hochschullehrer circa 40 % mit, knapp jeder Dritte wird als nicht studierfähig angesehen. Immerhin ein Viertel der Hochschullehrer betrachtet die Englischkenntnisse ihrer Studienanfänger als „wenig ausgeprägt" oder noch schlechter; noch schlimmer ist es im Fach Mathematik, wo über 40 % den Studienanfängern geringe oder nicht vorhandene Mathematikkenntnisse attestiert. Noch höher liegt der Prozentsatz der Unzufriedenen im viertwichtigsten Schulfach, der zweiten Fremdsprache: Fast die Hälfte der Professoren nimmt dort wenig bis gar nicht ausgeprägte Sprachkenntnisse wahr. In fast allen Fächern gibt es nur einen geringen Anteil von Hochschullehrern (unter 15 %), die bei ihren Studienanfängern einen hohen oder sogar sehr hohen Wissensstand bezüglich des Schulwissens anzutreffen meinen. Differenziert nach Fachrichtungen zeigt sich für jede Gruppe innerhalb der drei jeweils wichtigsten Schulfächer ein unterschiedliches typisches Problemfach: Für die Techniker und Naturwissenschaftler ist es PHYSIK, für die Geisteswissenschaftler GESCHICHTE und für die Rechts-, Wirtschafts- und Sozialwissenschaftler das Fach WIRTSCHAFT. Zu registrieren sind außerdem außerordentlich schwache Bewertungen für zentrale kognitive Fähigkeiten wie Abstraktion, Differenzierung und Analyse. Seit den achtziger Jahren als zu schwach diagnostiziert wird auch generell das sprachliche Ausdrucksvermögen. Fazit:

> Wichtige intellektuelle Fähigkeiten werden in der Schule nicht in zufriedenstellendem Maße eingeübt, auch die Vermittlung der notwendigen Wissensbasis gelingt in der Mehrzahl der Schulfächer nur unzureichend; defizitär sind besonders die Kenntnisse in Mathematik. Der Anteil von durchschnittlich 25 % der Studierenden, die von den Hochschullehrern als „uneingeschränkt studierfähig" betrachtet werden, ist, wie in der Studie formuliert „besorgniserregend klein". Übrigens: Leider fällt auch die Leistungsbilanz für die geistes- und sozialwissenschaftlichen Fächer schlecht aus: „Im Land der Dichter und Denker ist das Fach Philosophie diejenige Disziplin, in der die Hochschullehrer über alle Fachrichtungen hinweg die größten Defizite sehen." (Mein Eindruck ist allerdings: Dies gilt umgekehrt auch für die Hochschullehrer.)

Vergleichbare Ergebnisse finden sich bis in die Gegenwart hinein. Durchgängig lassen sich Defizite im Zeitmanagement und der Arbeitsorganisation konstatieren, so auch das Ergebnis einer neueren HIS-Studie. Die Idee des „„Bachelor", lässt sich ja in weiten Teilen als nichts anderes als den problematischen Versuch verstehen, für den Großteil der Studenten ein adäquates, gewissermaßen „schulisches" Studium zu schaffen. Nochmals: Wenn die WAHRE BILDUNGSKATASTROPHE existiert, dann ist die überwiegende Mehrheit der Schüler nicht für ein Studium geeignet.

> Die Universitäten gehen allerdings ebenfalls von einem auf absurde Weise überzogenem Leitbild aus: Sie schreiben sich „Forschung" auf die Fahnen und verkennen, dass mindestens 90 % der Studenten nur für einen ganz normalen Beruf ausgebildet werden sollen, der als solcher bisweilen fast das Gegenteil von Forschung darstellt. Dieses Grundmissverständnis der Universitäten kann im gegenwärtigen Bildungssystem nicht konsistent aufgelöst werden und deshalb betrügen sich Universitäten genauso wie die Schulen, wenn auch auf etwas andere Weise. But that is another story ...

»Die Weisen schelten die Unwissenden nicht ob ihrer Unwissenheit.« (Konfuzius)

Gesamtfazit

Man kann das Resümee des Kapitels und des Buches ganz kurz formulieren, nämlich mit einem Aphorismus von Gabriel Laub: „Der Mensch lernt ein Leben lang, mit Ausnahme der Schuljahre." Auch möchte ich noch einmal das im zweiten Kapitel bereits angeführte Zitat von Oskar Kokoschka anführen: „Aus der Schulzeit sind mir nur die Bildungslücken in Erinnerung geblieben."

Und das Erschreckende dabei ist: Es ist auch nicht so, dass die Schule mangelndes Wissen durch eine entsprechende Motivierung kompensiert. Im Gegenteil! Je länger Menschen in die Schule gehen, umso weniger sind sie wissensmotiviert; dies zeigt meine Erfahrung, und dies zeigen mittlerweile immer mehr empirische Untersuchungen. Am Schluss der Schule ächzen auch die Gutwilligsten unter der Last von immer absurder werdenden Wissensansprüchen und es ist eine erhebliche Menge an Lernmotivation verloren gegangen.

Ein wunderbares Zitat von Rainer Maria Rilke drückt all das auf faszinierende, aber auch bedrückende Weise aus; sein vor langer Zeit geschriebener Satz gilt bis heute:

> „Von dem unermesslichen Wortschwall der Schule werden die jugendlichen Seelen wie von einem Aschenregen überfallen und verschüttet. Der Wille in den jungen Leuten wird verwirrt, und wenn sie endlich mit der Schule fertig sind, so wissen sie nicht mehr, was sie gewollt haben. Ratlos stehen dann die meisten vor dem Leben, auf das man sie nicht vorbereitet hat; entfremdet aller Wirklichkeit ergreifen sie einen jener zufälligen Berufe, die nicht Persönlichkeiten, sondern Maschinen verlangen, um erfüllt zu werden. Sie hatten für das Examen gelernt, und wenn dieses vorüber ist, hat die ‚Bildung' ihren Zweck erfüllt, sie dürfen anfangen – zu vergessen, und diese Tätigkeit füllt nun ihr weiteres Leben aus."

Man kann die WAHRE BILDUNGSKATASTROPHE auch dahingehend formulieren, dass das schulische Wissen für die spätere Weiterbildung des Menschen von nur geringer Bedeutung ist. Dies ist also eine Art *Entkopplungsthese*, wie sie von einigen Soziologen vertreten wird, denen es anscheinend leichter fällt, ohne falsches Pathos und mit schonungsloser Objektivität an unser Bildungssystem heranzugehen und die These zu vertreten, der Bildungswert der Schule sei gering, ihre Funktion erschöpfe sich in einem mehr oder weniger sinnlosen Wettbewerb um Bildungspatente. Bisher gibt es nur wenige empirische Untersuchungen zu diesem Aspekt; sie zeigen schon einen gewissen Effekt des schulischen Wissens auf, allerdings einen geringen. Zu nennen ist die schon erwähnte International Adult Literacy Survey (IALS): Auf der Basis einer repräsentativen Stichprobe von Erwachsenen (16 Jahre und älter aus 16 Ländern) wurde sowohl Lesekompetenz als auch der Umgang mit quantitativen Größen erhoben, und es zeigte sich, dass vor allem mit steigender Lesekompetenz die Wahrscheinlichkeit sozialen Aufstiegs stark ansteigt. Auch deutsche Untersuchungen ergeben: Bei gleichem formalen Abschluss ist die sichere Beherrschung der Basiskompetenzen entscheidend für den Übergang von der Schule in die berufliche Erstausbildung und hinein in zukunftsfähige höhere Berufe. Auch ich glaube, dass von der Schule im Wesentlichen eine leicht verbesserte Sprach- und Denkfähigkeit übrig bleibt. Dies ist aber ein wirklich zu geringer Gewinn im Verhältnis zum Aufwand, ein zu geringes BILDUNGSMINIMUM.

Ich erinnere an das Ausgangszitat des ersten Kapitels: „Man soll Probleme nicht mästen wie Gänse, sondern abmagern lassen, bis man ihr Skelett sieht." Ich glaube, dieses umfangreiche Buch hat in seiner kurz und bündig formulierbaren Essenz dieses Leitmotiv umgesetzt. Und ich glaube, das zitieren zu dürfen, was ein Leser auf eine für mich sehr motivierende Weise formuliert hat: „Mit diesem Buch wird die Bildungsdiskussion vom Kopf auf die Füße gestellt."

»Man muss schon etwas wissen, um verbergen zu können, dass man nichts weiß.« (Marie von Ebner-Eschenbach)

Nachgedanken: Wie konnte es so weit kommen?

Die Antwort darauf wäre eine eigene psychologisch-historische Studie wert. So kurz wie möglich versuche ich die komplexen Prozesse zu rekonstruieren, die da am Werke gewesen sind. Zunächst: Hat es wirklich TIMSS und PISA bedurft, um zu erkennen, dass ein Fünftel bis ein Viertel unserer Schüler nicht die Minimalkriterien für Lesen, Schreiben und Rechnen erfüllen? Nein, es hätte nur selbstkritischer Ehrlichkeit bedurft. Aber es ist schwer, der antizipierten narzisstischen Kränkung ins Auge zu sehen, ein so einfacher wie gleichzeitig fundamentaler psychologischer Faktor hat da sein Werk getan!

> Außerdem ist die Schule, mehr als jede andere Institution unserer Gesellschaft, zu lange ein selbstreferenzielles System gewesen. Es war unfähig, eine „kopernikanische Wende" zu vollziehen und sich selbst nicht mehr in den Mittelpunkt des Alls zu stellen, sondern die einfache Frage zuzulassen: Erfüllen wir wirklich unsere Dienstleistung, nämlich ein Wissen herzustellen, das auch nach und außerhalb der Schule Bestand hat?

Mittlerweile ist den meisten klar, auf welch seltsame und schwer akzeptierbare Weise sich das deutsche Bildungssystem über Jahrzehnte hinweg der Teilnahme an großen empirischen Bildungsstudien verweigert hat. Und das mit dem schlichten Verweis auf die große Tradition und die postulierte hohe Qualifikation der Lehrerausbildung. Organisationstheoretisch gesprochen: Die „Input-Kontrolle" erledige die „Output-Kontrolle". Doch eine Einsicht zeichnet sich mittlerweile als unabdingbar ab: Irgendwann ist eine Kontrolle des Outputs, also der erzielten Leistungen, unumgänglich (auch wenn sie, zugegebenermaßen, voller Probleme steckt, die bisher ungelöst sind). Woher sonst will man denn wissen, wie gut der „Input", also die Lehrerqualität, ist? Mit der Finanzkrise ist mir die Geschichte nochmals ein wenig entgegenkommen, denn das Versagen unseres Finanzsystems ähnelt verblüffend der Logik unseres – ebenfalls hochrenommierten und angeblich wissenschaftlich fundierten – Bildungssystems: Man hat ein Kartenhaus auf das andere gebaut, man hat Kredite auf Kredite auf Kredite gegeben, auch in unseren Schulen hat eine Hoffnung die andere „finanziert". Auch die Schecks der Lehrpläne sind ungedeckt oder ihre Hypotheken sind nicht zurückzahlbar, je nachdem, welche Metapher man bevorzugt.

Schließlich hilft auch das älteste und fundamentalste Gesetz über die Entwicklung von Organisationen dabei, die weitere Logik des Misslingens zu verstehen – „Parkinsons Gesetz" besagt: *Niemals kann es eine Verkleinerung oder Reduktion einer*

Organisation aus sich heraus geben, eine solche neigt vielmehr aus ihrer inneren Logik immer zur Aufblähung.

Stefan Kopmann erforscht Lehrpläne, ihre Entstehungsgeschichten und typische Mechanismen empirisch, und er hat dabei in aller Deutlichkeit den eben geschilderten Mechanismus herauspräpariert: Lehrpläne werden eigentlich immer nur, wie er sagt, „additiv" verändert, also durch Hinzufügung von Neuem. Auch er verwendet hierfür explizit das Attribut „hochstaplerisch", ebenso pointiert spricht er von einem „Überschuss gut gemeinter Absichten". Kopmann verweist darauf, dass schon auf den gut zwei Dutzend Seiten umfassenden ersten Preußischen „Normalplan" von 1816 etwa 20 Jahre später das sogenannte „Blaue Buch" folgte, ein recht dickleibiger und detailfreudiger Lehrplan. Interessant: Schon damals entstand eine intensive Debatte über die Stoffüberlastung der Schüler! Kopmann verweist außerdem darauf, wie beständig neue Fächer und Kompetenzen aufgenommen werden sollen, beispielsweise die „informationstechnische Grundbildung", die ähnlichen Einführungen beim Aufkommen anderer Technologien folgt, von der Obstbaumzucht um 1800 über die Schreibmaschine bis hin zu den sogenannten Neuen Medien. (Dem ist allerdings hinzufügen: All das geschah, ohne dass sich, mit Ausnahme der Einführung von Pflichtfremdsprachen „unterhalb" des Gymnasiums, eine einzige dieser Veränderungen auf Dauer als eigenständiges Fach hätte etablieren können, obgleich einige von diesen „neuen" Themen, wie Arbeitsunterricht, seit der Aufklärungszeit und die Umwelterziehung seit Mitte des vorigen Jahrhunderts wiederholt eingeführt worden sind.)

Es ist äußerst schwer, einer solchen organisationellen Selbstaufschaukelung zu widerstehen, keinem Einzelnen der Beteiligten kann da ein Vorwurf gemacht werden. Dennoch: Warum hat es niemals kraftvolle Stimmen aus dem Praktikerbereich gegeben, die für eine Rückkehr zum Realismus plädiert hätten? Die Antwort darauf liefert ein Zitat von Friedrich Nietzsche, dem großen Psychologen unter den Philosophen: „Man trifft die idealistischen Theorien am sichersten bei den unbedenklichen Praktikern; denn sie brauchen deren Lichtglanz für ihren Ruf." Und wenn diese Praktiker irgendwann soweit sind, in einer Lehrplankommission zu sitzen oder ein Lehrbuch für das eigene Fach zu schreiben, dann kann man sicher sein: Immer werden sie versuchen, den Tonfall und die Argumentationsfiguren der akademischen Theoretiker zu imitieren. Wenn ich mir beispielsweise die Lehrpläne, auch die Klausuren und die Abituraufgaben im Fach PSYCHOLOGIE an Fachoberschulen (sozialpädagogischer Zweig) betrachte: gleichzeitig erschreckend und lächerlich! Dort soll ein verkopftes theoretisches Wissen vermittelt und Aufgaben gelöst werden, die denen der Diplomprüfung in Psychologie gleichen. (Man erkennt außerdem, dass die Lehrbücher und die Prüfungsaufgaben von Psychologen gestellt werden, die gleichermaßen keinen Kontakt zur Praxis wie zur Wissenschaft haben; ersteres ist schlimmer, letzteres führt nur dazu, dass weitgehend überholte theoretische Modelle vermittelt werden.) Warum Jugendliche, von denen etliche noch Kinder sind, Feinheiten der Theorien von Freud, Rogers, Skinner und der diversen meist gleichermaßen komplizierten wie überholten Lerntheorien wissen sollen, um später einmal Sozialarbeiter/Sozialpädagogen zu werden, warum sie abstrakteste Darlegungen über Grundbegriffe der Psychologie, wie *Wahrnehmung, Emotion, Motivation* etc. auswendig lernen müssen, die sie unmöglich verstehen können, das entzieht sich meiner Einfühlung und Vorstellung. Es handelt sich dabei um einen Stoff, der auch die Lehrer überfordert. Auch K. Schröder, Autor eines im Englisch-Kapitel zitierten Gutachtens zum Kerncurriculum für die Oberstufe, konstatiert, dass die im schulischen Abitur vorgelegten Englisch-Texte bisweilen so komplex sind, dass selbst für Staatsexamenskandidaten und Hochschullehrer eine wirklich adäquate Lösung oft nicht möglich ist. Genau! Nur mit Scheinlösungen und BILDUNGSHOCHSTAPELEI kommt man da weiter.

Warum hat niemand den Mut, sich denen entgegenzustellen, die für ein Immer-höher-Schrauben der Lehrpläne plädieren? Antwort: Zu leicht sieht man sich dann als schlichter Praktiker abgewertet. Solange die Theorie-Praxis-Verhältnisse so sind, wie sie sind, und solange auch die Reputationen von Theoretikern und Praktikern so unterschiedlich gewichtet werden, solange kann sich niemand einen Namen damit machen, dass er für entschiedene Vereinfachungen plädiert. (Auch das vorliegende Buch hätte nie von einem hauptberuflichen Bildungsforscher geschrieben werden können.) Allen echten Praktikern sei Mut gemacht, sich zu ihrem Praktikertum zu bekennen und ihre realen Praxiserfahrungen auszuschöpfen, ohne sich akademisch zu verbiegen oder hochzustilisieren.

Ein letztes wichtiges *Prinzip des Scheiterns* wurde bereits im Kapitel zum Fach BIOLOGIE erwähnt; es ist ein typisches Versagens-Prinzip von Intellektuellen in und an der Praxis:

> *Sie versuchen, auf komplexe Probleme komplex zu reagieren.* Präziser gesagt: *Sie erzeugen mittelkomplexe Lösungen, aber diese werden nur sehr mittelmäßig perfektioniert.* Die Logik des Gelingens dagegen besteht in dem Leitmotiv, das in diesem Buch dominant ist: In der Praxis braucht es einfache Lösungen, die aber maximal perfektioniert sind. Dieses „Städtler'sche Gesetz" ist neben „Parkinsons Gesetz" fundamental, um das Scheitern und das mögliche Gelingen nicht nur der Schule, sondern vieler Institutionen und Projekte zu verstehen.

Ganz im Hintergrund all dieser gut gemeinten, aber letztlich unguten Tendenzen steht natürlich *der* Großmythos der Schule: ALLGEMEINBILDUNG. Eine kritische Analyse dieses Konzepts würde ein eigenes Buch erfordern, das vorliegende hat sozusagen die Form des indirekten Beweises gewählt: Ein Konzept, das derart desaströse Ergebnisse hervorbringt, kann nicht sinnvoll sein. Bewusst provokativ sage ich: Wer wirklich Bildung besitzt, glaubt nicht an das Ideal der Allgemeinbildung … Statt Allgemeinbildung muss das künftige Leitmotiv der Schulen sein: STARTBASIS-WISSEN!

»Das Dogma ist weniger wert als ein Kuhfladen.« (Mao Zedong)

Postskriptum: die Zukunft einer Illusion

Man sollte es vielleicht – obgleich es ja eigentlich evident und gelegentlich schon angeklungen ist – doch einmal explizit sagen: Wir haben in diesem Buch nicht über rein „innerschulische" Angelegenheiten gesprochen. Und unter dem einer Schrift von Sigmund Freud entliehenen Titel will ich in aller Kürze, in vier Thesen, die gesellschaftlichen Implikationen der WAHREN BILDUNGSKATASTROPHE bewusst machen.

1) Falls diese Katastrophe existiert, dann ist das Selbstbild dieser Gesellschaft grundlegend verzerrt: WISSENSCHAFTSGESELLSCHAFT und MÜNDIGER BÜRGER sind dann Illusionen. Den meisten Menschen geht so gut wie alles an Wissen ab, das nötig ist, um ihre politischen Meinungen und Entscheidungen ernsthaft fundieren zu können. Das ist ja gerade in den letzten Jahren speziell auf dem Gebiet der Wirtschaftspolitik – die leider zunehmend dominant für das Gebiet des Politischen überhaupt geworden – deutlich geworden. Nochmals sage ich: Eine Gesellschaft, die gleichzeitig derart ökonomisiert wie ahnungslos von Ökonomie ist, das ist etwas Faszinierendes und Groteskes.

2) Doch gerade anhand dieses Gebietes ist ja nun – durch die Finanz- und Weltwirtschaftskrise – klar geworden: Das liegt nicht daran, dass Menschen dumm, faul und desinteressiert sind, das liegt daran, dass die klassische Idee von „Mündigkeit" etwas Menschenunmögliches ist. Denn gleichermaßen deutlich geworden ist: *Auch die Politiker, die Intellektuellen* und die *Wissenschaftler, sie haben alle nicht annähernd soviel Wissen und Verständnis, wie sie selbstgewiss vorgeben.* Sie alle sind ebenfalls BILDUNGSHOCHSTAPLER. Mindestens ebenso sehr wie Ideologie hat uns Bildungshochstapelei in die Finanz- und Weltwirtschaftskrise geführt. Eine wesentliche Ursache dafür: weil unsere Schulen es nicht schaffen, das von ihnen projektierte Ziel der „Scientific Literacy" zu erreichen, kann es kaum eine wirkliche Kommunikation zwischen einem

Politiker und Wissenschaftlern geben! Tatsächlich ist ja nun das Zeitalter der *Intellektuellen* zumindest teilweise abgelaufen, und das Zeitalter der wissenschaftlichen *Experten* hat begonnen, von manchen bedauert, von mir grundsätzlich begrüßt. Allerdings: Den gegenwärtigen Experten fehlt es in vielen Fällen nicht nur an Praxisorientiertheit, sondern an dem, was Intellektuelle zumindest anstreben, nämlich eine Art Generalistentum, ein breites Wissen – das aber leider nicht selten an wichtigen Stellen ein Pseudo-Wissen ist. Was ist nun schlimmer: übergeneralisiertes Spezialwissen oder unterspezialisiertes Generalwissen? Kann es da eine Versöhnung geben? Unser gegenwärtiges Bildungssystem jedenfalls kann und wird nichts zu dieser Versöhnung beitragen.

3) Das herkömmliche Mündigkeitskonzept ist jedoch nicht nur gescheitert, sondern auch unsinnig, weil auf einem unsinnigen Basis-Konzept beruhend: dem WISSENSDEDUKTIVEN MODELL. So nenne ich die Vorstellung, der Bürger erhalte seine Mündigkeit dadurch, dass er seine Beurteilungen und Entscheidungen aus seinem Wissen deduziere. Völlig unmöglich ist es jedoch, dass ein Mensch in Bezug auf politisch-ökonomisch-technische und auch alle möglichen sonstigen Entscheidungen derart umfangreiche und fundierte Kenntnisse besitzt, die solche Ableitungsprozesse ermöglichen. Ab einem gewissen Maß der Komplexität kann dies aber auch kein Experte mehr, dann nützt auch die beste „Scientific Literacy" nichts mehr, denn dann ist Komplexität nicht mehr analytisch durchdringbar. Man braucht nicht die überstrapazierte *Chaostheorie*, um das einzusehen, nur ein wenig gesunden Menschenverstand und Bescheidenheit, die aber beide gerade den Experten abgehen (wie auch von etlichen Untersuchungen empirisch bewiesen). Nur wenn die Schule und unsere Bildungstheoretiker und Bildungsplaner wegkommen von der mit dem WISSENSDEDUKTIVEN MODELL gekoppelten „Wissens-Planwirtschaft", dann werden sie aufhören, die Schüler durch weiteres Vollstopfen mit Stoff „mündig"

machen zu wollen. Wenn Bildungsplaner gebildeter wären, dann wüssten sie von den Grenzen des Wissens im Hinblick auf reale Problemlösungen und Entscheidungen.

4) Was aber kann an die Stelle des Wissens treten, um komplexe Probleme zu durchdringen? Antwort: HEURISTIKEN, vor allem die in diesem Buch immer wieder beschworenen simplen Heuristiken, die aber smart machen. „Heuristik bezeichnet die Kunst, mit begrenztem Wissen und wenig Zeit zu guten Lösungen zu kommen", so Gerd Gigerenzer. Doch einen solchen „kritisch-heuristischen Werkzeugkasten" gibt es nur in minimalen Ansätzen; auch die Arbeitsgruppe um Gigerenzer umkreist seit circa 15 Jahren immer nur dieses Konzept, hat aber bisher kaum konkrete solcher Heuristiken erarbeitet hat. Solche zu entwickeln, das ist auch sehr schwierig, dazu braucht man nämlich – wie die die künstliche Intelligenz gezeigt hat – allerhand an bereichsspezifischen Wissen, beispielsweise bezüglich Wirtschaft, Bildung, Recht, Institutionen usw., vor allem auch zur Psychologie (weil komplexe Handlungen oft den Umgang mit Menschen oder die Wirkungen auf Menschen implizieren). Es braucht gleichzeitig aber auch die Fähigkeit zur optimierenden und zur generalisierenden Verknüpfung mehrerer Bereiche. Und all das sind Kompetenzen, für die es in unseren gegenwärtigen Bildungsinstitutionen keinerlei „Quellen" gibt. Von wem sollte der Schüler das lernen, wer sollte das lehren? Bisher gibt es hierzu nur ganz verstreute und heterogene Einzelansätze. Wir brauchen gewissermaßen viele Georg Polyas, und dies auch außerhalb der Mathematik. (Solche simplen Heuristiken müssten übrigens, nebenbei gesagt, auch im Zentrum der Lehrerausbildung stehen, statt eines Studiums und einer sogenannten Praxisausbildung, welche beide die künftigen Lehrer von jedem normalen Praxishandeln in nicht-künstlichen Umgebungen entfremden.) Da also die Idee einer HEURISTISCHEN BILDUNG erst ganz in den Anfängen liegt, versuchen die Bildungsplaner weiterhin durch Wissen (und unbrauchbare,

weil unkonkrete „Schlüsselfertigkeiten/Handlungskompetenzen") das vielbeschworene „kritische Bewusstsein zu erzeugen. Und heraus kommt immer wieder das, was in einem populären Buch „Generation Doof" genannt worden ist...

»Die Wissenschaft fängt eigentlich erst da an interessant zu werden, wo sie aufhört.«

»Steht das Leben mit der Wissenschaft im Widerspruch so hat stets das Leben recht.«

(beide Zitate: Justus von Liebig)

14
Eine Lösungsperspektive: Das garantierte Bildungsminimum

Die Logik meines alternativen Vorgehens hat sich ja in jedem Kapitel schon angedeutet: ENTLASTUNG. In diesem Kapitel sei nun in aller Kürze der „Fluchtpunkt" dieses Leitmotivs formuliert. Doch zuvor:

Ein Dilemma

Aus den Analysen dieses Buches geht eine Implikation ganz klar hervor, leider auch noch eine zweite, und dadurch wird es problematisch …

- Auf dem Weg zu einer Lösungsperspektive macht das Buch eines ganz deutlich, nämlich: Unumgänglich ist eine permanente KONTROLLE und EVALUATION der Leistungen der Schüler. Besser gesagt: der Leistungen der Schulen! Denn eine Institution, die seit Jahrzehnten vor ihrer Kernaufgabe derartig versagt, kann nur „gesunden", wenn sie sich von nun an permanent der Wahrheit stellt – um es ein wenig pathetisch zu sagen. Alle Lehrer, die Begriff und Idee der Evaluation geradezu hassen (und das sind die meisten), bitte ich weiter zu lesen. Dieses Buch zeigt nämlich ebenso eindeutig:
- Gegenwärtig sind sinnvolle Evaluationen so gut wie unmöglich! Denn man kann die Botschaft dieses Buches auch so lesen: Weder die Praxis noch die Forschung hat realistische Vorstellungen von dem, was Schulen als dauerhaften Lern-

effekt vermitteln und vermitteln können, was also wirklich im NACHHALTIGEN WISSENSRESIDUUM verbleibt. Also vermögen sie auch nicht zu bestimmen, was sinnvolle BILDUNGSSTANDARDS sind.

> Und damit haben wir das Dilemma:
> Kontroll-/Evaluations-Notwendigkeit versus
> Kontroll-/Evaluations-Unmöglichkeit.

Tatsächlich werden die Begriffe BILDUNGSSTANDARDS und EVALUATION unter Fachleuten wie selbstverständlich gehandhabt, während sie sogar vielen Lehrern kaum etwas sagen. (Überhaupt ist es den empirischen Bildungsforschern bisher nicht gelungen, den Praktikern zu vermitteln, dass sie ja nicht „Feinde" der Lehrer, sondern ihr „Freund und Helfer" sein wollen.) Dabei hat die Politik hier zum ersten Mal extrem schnell agiert, als ob völlig klar sei, was zu tun sei. Bereits im Dezember 2001 haben die 16 Kultusminister auf die PISA-Ergebnisse „geantwortet" und einen Katalog von sieben Handlungsfeldern vorgelegt; im Handlungsfeld 5 sehen sie vor, „eine Qualitätssicherung durch verbindliche Standards und deren Evaluation" zu betreiben. In keinem anderen Handlungsfeld – nicht bei der Frühförderung, auch nicht bei dem Ausbau der Ganztagsschule – sind die Kultusminister so entschlossen vorgegangen: Inzwischen liegen die Bildungsstandards für Deutsch, Englisch, Mathematik und Naturwissenschaften vor; ebenso für den mittleren Abschluss (Klasse 10), für den Hauptschulabschluss (Klasse 9) und für die Anforderungen am Ende von Klasse 4. Diese Bildungsstandards werden einerseits in Kernlehrpläne umgesetzt, andererseits werden auf dieser Basis Leistungstests erstellt. So gibt es in Nordrhein-Westfalen inzwischen flächendeckende Lernstandarderhebungen in den 4. und 9. Jahrgangsstufen – hinzu kommt die teilzentrale Abschlussprüfung nach der 10. Klasse. Es gibt außerdem ein bundesweit agierendes Institut zur Qualitätsentwicklung im Bildungswesen (an der Humboldt-Universität Berlin, Leitung: Professor Olaf Köller); auch einzelne Länder haben vergleichbare Landesinstitute geschaffen. Trotz aller dieser selbstgewissen Hektik bleibt die naive Frage unbeantwortet, die mir bisher jeder Laie gestellt hat:

14 Eine Lösungsperspektive

> *Was sollen eigentlich die Bildungsstandards neben den Lehrplänen noch zusätzlich bewirken?* – Die Antwort darauf: Sie können nur eine einzige Funktion haben, nämlich die (wofür sich auch Eckhard Klieme, der Herausgeber eines vom Bundesministerium bestellten Gutachtens, ausgesprochen hat), als MINDESTSTANDARDS dienen, das heißt als solche, die den Bereich festlegen, den ich in diesem Buch permanent evaluiert habe, nämlich den Bereich des ELEMENTAREN und FUNDAMENTALEN. Sie müssen das BILDUNGSMINIMUM definieren und auch für seine Einhaltung sorgen.

Es ist aber ganz und gar typisch dafür, wie Politiker wissenschaftliche Vorschläge verzerrt haben, indem sie nämlich versucht haben, die Bildungsstandards als REGELSTANDARDS einzuführen, sodass sie für das mittlere Erwartungsniveau stehen. Und das hat dazu geführt, dass man schlicht und einfach große Lehrplanteile zu Bildungsstandards erklärt hat. Damit wird nichts gewonnen, es entsteht nur Verwirrung. Auf diese Weise wird eine „zweite Wirklichkeit" geschaffen. Denn worauf sollen denn zukünftig die Schule und der Lehrer Wert legen: auf die Lehrpläne oder auf die Bildungsstandards? (Dieses Problem der „zweiten Wirklichkeit" wurde auch bei Leistungsmessungen in Wirtschaft und Management nicht wirklich bewältigt.) Es wird im Übrigen auch ein enormer Aufwand sein, eine solche flächendeckende Evaluationsinstitution aufzubauen. Zu befürchten ist außerdem das, was man immer bei dauerhaften Evaluationen findet: *learning to the test*, die spezielle und standardisierte Vorbereitung auf die standardisierten Tests. Und wenn nur die wichtigsten Fächer evaluiert werden, wie in manchen Ländern, dann verschwinden die anderen gewissermaßen heimlich, weil niemand mehr Wert darauf legt. Außerdem kann es so zu einer erheblichen zusätzlichen Bürokratisierung mit all ihren Nachteilen führen. Und natürlich kosten solche Evaluationsprozesse Geld, welches dann in der Lehrerbildung und in der Besoldung zusätzlicher Fachkräfte fehlt. Auch hat die bisherige *Evaluation der Evaluation* keineswegs schon deutlich gezeigt, dass in Ländern mit ausgeprägter Evaluationskultur letztendlich besonders gute PISA- oder andere Testergebnisse generiert werden. Insgesamt lässt sich sagen: Die Skepsis vieler gegenüber EVALUATION und BILDUNGSSTANDARDS ist durchaus berechtigt.

Es stellt sich also die Frage: Wie sollen wir das erledigen, was, gemäß diesem Buch, noch viel notwendiger ist als bisher angenommen, nämlich die Leistung der Schulen zu kontrollieren und gleichzeitig all die genannten Problematiken zu vermeiden?

Nun, gerade das realistische Erkennen der Ausmaße des Versagens der Schule führt zu einer Lösungsperspektive. Und während man vor dem Hintergrund der bisherigen Bildungsstudien und „Bildungskatastrophen" davon ausgehen müsste, dass eine wirkliche Verbesserung der Leistungsfähigkeit unseres Bildungssystems viele Jahre braucht (bis zu 15, wie von etlichen Bildungsforschern artikuliert), wird vor dem Hintergrund dieses Buches etwas ganz anderes klar:

> Ein solcher Verbesserungsprozess kann in kürzester Zeit, ja kann sofort einsetzen und sofort wirken. Denn wir brauchen dazu nur eine einzige Änderung an diesem System. Diese ist in der nächsten Überschrift benannt.

»Suche das Einfache und misstraue ihm!« (Alfred N. Whitehead)

Realistische Lernziele

Auch viele von denen, die meiner kritischen Analyse zugestimmt haben, werden verblüfft sein ob der nachfolgenden These; doch sie ist die unabweisbare Konsequenz aller vorherigen Kapitel:

> Wir brauchen keine zehnprozentige, keine zwanzigprozentige, keine dreißigprozentige Stoffreduktion, sondern eine

> um 90 %. Mindestens! Dann existiert endlich das optimale Verhältnis von ZIEL und AUFWAND/RESSOURCEN. Dann können wir ein Vielfaches mehr an Stoff vermitteln als gegenwärtig, wo überhöhte Ziele ins Gegenteil umschlagen. Die Erkenntnis der WAHREN BILDUNGSKATASTROPHE führt also, wenn man nur konsequent genug denkt und handelt, auch gleich zu deren Bewältigung.

Dann können endlich alle Beteiligten wieder auf eine so gründliche, verständnisvolle, vertiefende und, ja, so liebevolle Weise lehren und lernen, wie sie es schon immer wollten, aber nicht konnten und nicht durften. Nicht länger müssen Lehrer dann einen im wirklichen Sinne unmöglichen Job tun, der sie verschleißt und psychosomatisch erkranken lässt. Nicht länger werden Schüler auf eine Weise vollgepfropft mit Stoffen, die sie nach und nach vollkommen der Schule und der Idee und der Faszination des Wissens entfremdet.

Ist das möglich und sinnvoll? Selbstverständlich.

> Diese 90 %-REDUKTION ist lediglich ein spiegelbildlicher Ausdruck der 1 %-HYPOTHESE (dass maximal 1 % des Stoffes überlebt).

Genauer aufgesplittet folgt das Ganze folgender Logik:
- Bisher ist es so: Von 100 % Lehrplaninhalt bleiben maximal 1 % übrig.
- Von nun an lassen wir 90 % des Lehrstoffs weg. Aber: Von diesen verbleibenden 10 % können wir nun wirklich einen Großteil ins NACHHALTIGE WISSENSRESIDUUM transferieren. Wir können so das Fünf- bis Neunfache des Bisherigen erreichen.

> »Konzentration ist der Schlüssel zu wirtschaftlichen Resultaten. Gegen kein anderes Prinzip der Effektivität wird heute so regelmäßig verstoßen. Unser Motto scheint zu sein: lasst uns von allem ein bisschen tun.« (Peter F. Drucker)

Die Logik des Gelingens

Es stellt sich die Frage, wie dieser neue „Minimax-Kanon", der nur noch 10% des bisherigen umfasst, bestimmt werden soll. Keinesfalls darf dies wieder zu endlosen wissenschaftlichen Gutachten und theoretischen Auseinandersetzungen führen! Nachfolgend, wieder „atomar" formuliert, die Eckpunkte der Umsetzung der vorherigen Basislösung:

- Die Hälfte dieses Minimax-Kanons (also ca. 5% des bisherigen Stoffumfangs) wird zentral, vom Bundesministerium für Wissenschaft und Bildung ausgewählt. Mehr noch: Dieser „harte Kern" wird auch in jedem Fach in einem „Zentralabitur" länderübergreifend geprüft, und zwar in jedem Schuljahr, nicht nur zum Abschluss. Auf diese Weise wird eine maximale Entlastung mit maximaler Kontrolle kombiniert. In jedem Kapitel, wo ich den Stoff der einzelnen Fächer behandelt habe und meine „Minimax-Fragen" gestellt habe, ist ja schon in Umrissen deutlich geworden, an welchen Stoff welchen Niveaus und welcher Art ich denke. Und bei diesem fünfprozentigen Basiswissen können sich die Kultusminister vielleicht doch einigen, während eine solche Einigung bisher keinesfalls denkbar war, wo ja doch die einzelnen Länder und Experten in den jeweiligen Ministerien mit Klauen und Zähnen ihren Lieblingslehrstoff verteidigt haben.
- Die zweite Hälfte des „Minimax-Kanons" kann von den Schulen und den Lehrern eigenständig ausgewählt werden. Die Lehrpläne werden also nicht schlicht verworfen. Sie sind mit großer Sorgfalt, Systematik und Liebe gemacht worden, deswegen eignen sie sich wunderbar als Ideenpool. Weil aber auch etwas zu viel Passion darin steckt, müssen sie wieder einem realistischen Auswahlprozess unterworfen werden: Schulen und Lehrer dürfen daraus die zweiten 5% auswählen, diejenigen, die sie für realistisch und sinnvoll halten. Die Lösung des Auswahl-Problems wird also an dieser Stelle *dezentralisiert* und *individualisiert*, auch wenn alle Verfechter

der unsinnigen „Allgemeinbildung" dies wahrscheinlich für unmöglich halten. Doch an dieser Stelle ist endlich einmal das zu realisieren, wofür, im Rahmen der Dominanz des Neoliberalismus, in den letzten Jahren viel zu oft plädiert worden ist: ein Wegkommen von der „Bildungs-Planwirtschaft" hin zu einem „marktähnlichen" Vorgehen. Anhand dieser zweiten Hälfte des Minimax-Kanons können die Schulen nun demonstrieren und testen, wie maximal gewissermaßen das BILDUNGSMINIMUM sein kann. Dabei werden sie von der empirischen Bildungsforschung unterstützt. Auch werden Ergebnisse ins Internet gestellt, so dass die Schulen gegenseitig voneinander lernen können. So kann und muss ein positiver Wettbewerb entstehen. Es soll dabei keineswegs ein simpler quantitativer Wettbewerb stattfinden, vielmehr soll es darum gehen, welch interessantes Wissen man auf welch interessante Weise präsentieren und vermitteln kann, auf eine Weise, die nicht nur neugierig darauf macht, sich weiterzubilden, sondern auch die Instrumente dafür zur Verfügung stellt. Durch dieses duale Modell wird optimale Freiheit mit optimaler Kontrolle verknüpft. Wird klare Strukturierung mit einem enormen Individualitäts-Potential verknüpft.

»Man muss die Dinge so tief sehen, dass sie einfach werden.«
(Konrad Adenauer)

Das garantierte Bildungsminimum

Dieses Grundmodell ergänze ich durch eine weitere Klausel, die sehr typisch für das hier vorgeschlagene Lösungsmodell und das generelle Denken ist, das sich in diesem Buch manifestiert:

Niemand darf künftig mehr eine Schule, schon gar nicht die Hauptschule, ohne qualifizierten Standardabschluss verlassen. Dies muss gesetzlich so geregelt werden, am besten grundgesetzlich. Dies ist das *kognitive Pendant zum Existenzminimum* (und wird auch dafür sorgen, dass künftig viel mehr Menschen deutlich mehr als dieses Existenzminimum verdienen, weil sie ein höheres Berufsniveau erreichen). Mit George Bernard Shaw: „Das Recht auf Wissen ist dem Recht auf Leben gleichzusetzen." Man kann das auch vor dem Hintergrund eines Worts von Karl Poppers überdenken: „Es scheint besser, das Leid der Menschen zu minimieren, als das Glück zu maximieren."

> Das GARANTIERTE BILDUNGSMINIMUM muss Verfassungsrang erhalten, muss der Hoheit der Länder entzogen werden! Denn die Nicht-Existenz einer in der Verfassung verankerten BILDUNGSMINIMUMS-GARANTIE ist ganz und gar typischer Ausdruck dieses unseres Bildungssystems!

In den Niederlanden und Italien gibt es bereits dieses Prinzip: Jugendliche unter 18 Jahren müssen die Schule so lange besuchen, bis sie das Abschlusszeugnis zumindest einer Primärschule (vergleichbar der Hauptschule) erworben haben. Und der ehemalige Sozialminister (Olaf Scholz) gesteht in einem *Spiegel*-Interview (2009): „Jedes Jahr verschwinden Tausende von Jugendlichen nach der Schule von unserem Radarschirm. Manche brechen ihre Ausbildung ab und leben von irgendwelchen Gelegenheitsjobs. Andere absolvieren eine Bildungsmaßnahme, tauchen aber in keiner Statistik auf, und wir wissen nichts über sie." 1,5 Millionen Menschen zwischen 20 und 29 sind ohne Berufsausbildung, 15 % dieser Alltagsgruppe bleiben ohne Berufsabschluss. Mehr als 60 000 junger Leute verlassen die Schule jedes Jahr ohne Schulabschluss. Der frühere Sozialminister sagt zu Recht: „Wir können uns selbst ja weiterhin schöne Geschichten von der guten Bundesrepublik erzählen. Aber das ist ein Drama."

Und ich würde den vorletzten Satz vollständig übernehmen und das Wort „Bundesrepublik" durch das Wort „Schule" ersetzen. Von „kritischem Bewusstsein", „Schlüsselfertigkeiten" und Goethe schwadronieren, aber akzeptieren, dass Hunderttausende angeblich nicht soweit bildbar sind, dass sie für Ausbildungsberufe ausreichend qualifiziert sind! Viel engmaschigere Kontrolle und Förderung muss an dieser Stelle einsetzen. Ohne einen qualifizierten Abschluss darf niemand mehr die Schule verlassen, dies gilt auch im Hinblick auf Realschule und Gymnasium.

»Das Falsche hat den Vorteil, dass man immer darüber schwätzen kann; das Wahre muss gleich genutzt werden, sonst ist es nicht da.« (Johann Wolfgang von Goethe)

Die Logik des Gelingens im Hinblick auf die einzelnen Schulfächer

Ich habe ja bei der Analyse der einzelnen Schulfächer jeweils schon kleine Tipps gegeben; kurz zusammengefasst laufen diese auf folgende – duale – Logik hinaus:

1a. Das erste Prinzip betrifft die Kernfächer, die drei „Sprachen": DEUTSCH, ENGLISCH, MATHEMATIK. Sie müssen – nach der genannten Stoffreduktion – viel gründlicher gehandhabt werden. Eine unabdingbare Voraussetzung dafür ist eine *Modularisierung*: Diese Fächer, vor allem DEUTSCH, müssen wieder in deutlich erkennbare und einzeln benotete TEILFÄCHER aufgesplittet werden, der Leser möge sich hierzu noch einmal die entsprechenden Ausführungen in den jeweiligen Kapiteln ansehen. Solche Module sind bei DEUTSCH vor allem die Rechtschreibung und die Grammatik, im Fach ENGLISCH vor allem die Sicherung eines ausreichend großen Grundwortschatzes und elementarer schriftlicher und mündlicher Ausdrucksformen. In der MATHEMATIK ist es das eigentliche RECHNEN, also die Elementarmathematik (über die der Mathematiklehrer an der Uni kaum etwas erfährt), die, nach erfolgter Fokussierung auf den zehnprozentigen Kern, „im Schlaf beherrscht werden muss". Dies impliziert: Die Zeitressourcen für die drei Kernfächer müssen erweitert werden.

1b. Dennoch ist die zeitliche Umfangserweiterung nicht groß, erstens natürlich wegen der neunzigprozentigen Stoffreduktion, zweitens weil künftig ein wichtiger Lehrstoffanteil dieser Fächer *in Kooperation und Überschneidung mit anderen Fächern beziehungsweise deren Lehrern* vermittelt werden muss, also gewissermaßen am Inhalt anderer Fächer konkretisiert wird, er darf nicht länger „abstrakt in der Luft hängen". Notwendig ist dies auch deswegen, weil es in all diesen Kernfächern *an ganz wenigen Stellen eine Spezialisierung geben muss, die über das bisherige Maß hinausgeht.* Die Schule will heutzutage *generell* ein Wissen vermitteln, das eigentlich nur *Spezialistenwissen* ist; das erreicht sie natürlich nie, gleichzeitig wird dadurch allerdings verhindert, dass die Schüler überhaupt an einer Stelle jemals anhand einer sinnvollen und das heißt auch ausreichend tiefen, aber langsam-gründlichen Spezialisierung erfahren, was wirkliches KÖNNEN bedeutet. Doch diese punktuellen Vertiefungen, die im neuen Modell gut möglich sind, die aber auch dauerhaftes Üben erfordern, werden nur dann bei den Schülern „ankommen", wenn sie gewissermaßen inhaltlich unterfüttert sind, durch Stoff, der den Schüler interessiert und anhand dessen er zugleich den Sinn und Nutzen eines formalen Modells beziehungsweise einer Methode erfährt. Übrigens: Auch in der Kombination von zweien der „Sprachen" in einem Unterrichtsfach liegt eine große Chance, also beispielsweise in der Kombination von MATHEMATIK und DEUTSCH oder auch von DEUTSCH und ENGLISCH. Meine Erfahrung: Man versteht die Besonderheit des Deutschen viel besser durch Kontrastierung mit einer Fremdsprache. Und Mathematik und klares Denken und Formulieren gehören ohnehin eng zu einander.

2a. Die Absicherung des Wissens in den drei Kernfächern (wohlgemerkt: zu Mathematik gehören als Module immer zwei Anwendungsfächer im Laufe der Schulzeit) konstituiert schon den „Hardcore" des BILDUNGSMINIMUS. Danach kommt ebenso Überraschendes wie eigentlich Logisches: Jeder Schüler soll beliebig aus den anderen Fächer wählen. Mehr noch: Die Gesamtzahl seiner Unterrichtsstunden soll zwischen 20 und 35 Stunden variieren können. Dies ist ein ganz nahe liegender Weg zur *Individualisierung,* wie er im Rahmen unseres bisherigen bildungsbürokratischen Denkens als unmöglich erscheint. Doch nur so ist es möglich, dass Schüler individuell variabel die zwei Komponenten *Begabung* und *Fleiß* dosieren können. Der Begabte kann fleißig sein, indem er demonstriert, dass er mit Leichtigkeit eine viel größere Anzahl von Fächern bewältigen kann. Der weniger Begabte aber hat die Möglichkeit, durch längeres „Pauken" in weniger Fächern das Verständnisniveau des Intelligenteren zu erreichen. Und es sind zahlreiche weitere Variationen zum Thema denkbar.

2b. Wenn ich nochmals meine eigenen Fächer-Präferenzen nennen sollte (für die ich allerdings immer nur Werbung machen und sie nicht fest in eine Schulform implementieren würde): das Weglassen von GESCHICHTE, POLITIK, ÖKONOMIE und LITERATURKUNDE (sowohl im Deutsch- wie im Fremdsprachen-Unterricht) als Pflichtfächer. ÖKONOMIE nur in Form praktischer Projekte! Aufwerten würde ich dagegen folgende Fächer: RECHTSKUNDE, BERUFSKUNDE, eventuell ein eigenes Fach INSTITUTIONENKUNDE; auch würde ich die generelle Einführung des Fachs TECHNIK für sehr sinnvoll halten; es soll gleichberechtigt neben den Naturwissenschaften stehen. Gleiches gilt für das Pflicht-Erlernen mindestens einer (KUNST-) HANDWERKLICHEN TECHNIK, sowie eines MUSIKINSTRUMENTS und einer SPORTART (vielleicht sollte man aus den dreien zwei wählen können), was allerdings nur bei Aufstockung des Zeitbudgets geschehen kann, hier sollte vielleicht eine geregelte Kooperation mit Musikschulen, Sportvereinen oder auch handwerklichen Betrieben stattfinden.

2c. Die NATURWISSENSCHAFTEN würde ich dagegen eher wieder zu einem Fach vereinigen, aus dem heraus sich Schulen, Lehrer und Schüler unterschiedlichste Stoffanteile herauspicken können und sie auf sehr individuelle Weise behandeln können, gemäß dem Prinzip des EXEMPLARISCHEN. Ich plädiere also auf diesem Gebiet eher für das Gegenteil der eben genannten Modularisierung. Naturwissenschaftliches Wissen ist ja zusätzlich dadurch gewährleistet, dass es ja immer ein Pflichtfach

„Angewandte Mathematik" gibt, und hier würde ich vorschlagen, dass ein Anwendungsfach aus dem naturwissenschaftlichen Bereich stammen müsste (also beispielsweise MATHEMATISCHE BIOLOGIE). Interessanterweise zeigt sich ja in der PISA-Studie, dass Länder, die eine solche Fachintegration vorgenommen haben, in den Naturwissenschaften besser abschneiden.

Eine neue EU-Studie hat ein in diesem Zusammenhang interessantes Ergebnis: 60 % der Fünfzehnjährigen in Deutschland verbringen nicht einmal 2 Stunden pro Woche mit Hausaufgaben für Mathematik, Sprachen oder Naturwissenschaften; maximal 15 % verwenden darauf mehr als 4 Stunden. Dagegen sind es in Dänemark knapp 90 % der Schüler, die bis zu 2 Stunden für Naturwissenschaften verbringen und 65 % für Mathematik; bei den Italienern ist es circa ein Drittel, das wöchentlich 4 Stunden und mehr damit verbringt, eine Sprache zu lernen. Spitzenwerte gab es in allen 3 Fächern für finnische Jugendliche. Dem entsprechen auch die deutschen Lehrpläne: Ob Sprachen, Mathematik, Natur- oder Sozialwissenschaften, Sport, Kunst, Religion oder Technik – überall bekommen unsere Schülerinnen und Schüler weniger Unterricht als europäische gleichaltrige. Der Rückstand beträgt gegenüber einigen Nachbarländern 50 % und mehr. So sind beispielsweise bei uns keine 5 % der Unterrichtszeit an deutschen Schulen für Fremdsprachenunterricht reserviert, in Luxemburg sind es fast 40 %. In den ersten 9 Schuljahren hat ein Schüler in Deutschland durchschnittlich 6 484 Unterrichtsstunden, in Norwegen dagegen beispielsweise 7 492.

> Ich formuliere abschließend die herausfordernde These: Mit dem hier kurz dargelegten Modell wird es möglich werden, dass so gut wie alle Schüler mindestens ein Wissens- und Könnensniveau erreichen, das einer echten „Mittleren Reife" entspricht, mit einem Nachhaltigen Wissensresiduum, das deutlich über dem der Schüler liegt, die bisher diesen Grad erhalten. Und damit können wir die angestrebte Studierendenquote spielend erreichen, aber ohne uns bezüglich der Leistungen der Abiturienten (teilweise auch der Studierenden) in die Taschen zu lügen.

»Ganze Sachen sind immer einfach, wie die Wahrheit selbst. Nur die halben Sachen sind kompliziert.« (Heimito von Doderer)

Anmerkung zur Unterrichtsmethodik

Nach Umsetzung der 90 %-Reduktion haben Lehrer wie Schüler viel mehr Zeit für einen *verständnisorientierten, genetischen*, aber auch immer wieder *praktisch*, bisweilen aber auch *wissenschaftshistorisch* orientierten Unterricht. Leitmotiv: Es genügt, wenn man in jedem Fach in jedem Jahr nur eine einzige Grundidee des jeweiligen Fachs wirklich verstanden hat. Betont sei aber auch: Unterricht kann nicht nur auf Verständnis beruhen, ein nicht kleiner Teil des Stoffs muss aus dem ausdauernden ÜBEN von halb oder gar nicht verstandenem Stoff bestehen, durchaus auch im viel kritisierten Frontalunterricht vermittelt, so realistisch muss man das sehen und sagen. Auch dürfen manche Ideen der Wissenschaft einfach und direkt „verraten" werden, ohne genetisch neu entdeckt zu werden; bei all meiner Sympathie für die an erster Stelle genannten Methoden ist mir dieses Kurzplädoyer für Methodenvielfalt, auch und gerade für oft abgewertete Methoden wichtig.

> Der Physiker und Philosoph Carl-Friedrich von Weizsäcker hat einmal gesagt, die Physik sei das „Kind einer Ehe aus Handwerk und Philosophie". Wunderbar formuliert! Und darauf sollte die Schule künftig ihr Augenmerk legen, in jedem Fach: auf die Vermittlung einer Idee und eines Handwerks. Bisher stümpert sie in einem Zwischenbereich umher, der weder das eine noch das andere wirklich konsequent erzeugt.

All dies praxistauglich auszuarbeiten, erfordert ein weiteres Buch, die Grundideen sind jedoch einfach – Schule kann überhaupt leicht und einfach sein, wenn man sich von den beiden großen Mythen ALLGEMEINBILDUNG und KANON einmal gelöst hat, denn dann kann man das *Naheliegende* tun, das man vorher, verblendet, übersehen hat, ebenso übersehen wie die WAHRE BILDUNGSKATASTROPHE (wahrscheinlich weil auch diese eigentlich vor aller Augen offen da lag).

»Manche Menschen benützen ihre Intelligenz zum Vereinfachen, manche zum Komplizieren.« (Erich Kästner)

Worauf warten wir noch?

Ich habe im vorherigen Kapitel Bezug genommen auf das Märchen von des Kaisers neuen Kleidern, und nun nehme ich Bezug auf ein anderes, das Wettrennen von Hase und Igel: Wenn man die bereits seit Jahrzehnten vorliegenden Untersuchungen zusammenfügt, sie ein wenig ergänzt und systematisiert, und wenn man dann noch das eigene Schulwissen kritisch betrachtet, und wenn man sich dann noch ein wenig getraut, gesunden Menschenverstand zu benutzen, dann kann man als „Igel" lange vor dem „Hasen" der nächsten PISA- und anderer Bildungsstudien über die Ziellinie gehen und schon jetzt mal anfangen, Bildung und Bildungsreformen neu zu konzipieren.

> Wir brauchen zunächst einmal keine komplizierten Untersuchungen und Modelle mehr. Es genügt eine radikale ENTLASTUNG und VEREINFACHUNG, nicht um es sich leichter, sondern *um es sich auf die richtige Weise schwer zu machen.*

Dann können wir auch alles an innovativen Methoden Nötige *aus der Praxis* heraus entwickeln, ohne es bei den empirischen und theoretischen Forschern „abzuholen". Diese sollen vielmehr gewissermaßen auf Augenhöhe mit engagierten Praktikern zusammenarbeiten. Denn es ist zwar das Verdienst der sich in den letzten Jahren immer stärker entwickelnden Bildungsforschung, dass endlich die Frage nach dem realen Output des schulischen Unterrichts gestellt worden ist, gleichzeitig bieten sich empirische Wissenschaften wie die Pädagogische Psychologie oder sogar eine „Neurodidaktik" an, um den Schulen bei Reformen zu helfen, jedoch: Diese Trends enthalten auch ein gefährliches Potential! Warum? Weil Reformen komplizierter und schwieriger erscheinen, als sie sind. Denn wenn man ganz natürliche Prozesse wissenschaftlich zu betrachten beginnt, dann werden diese ganz natürlichen Prozesse immer rätselhafter, und irgendwann kann man sich überhaupt nicht mehr vorstellen, wie das jemals „von alleine" abgelaufen ist, wo doch die Wissenschaft mit jedem neuen Schritt immer größere Rätsel aufzeigt. Das gilt auch für LEHREN und LERNEN. Wenn man Lehrbücher über Pädagogik und Didaktik und neueste empirische Bildungsforschungen studiert, dann erstarrt man vor Ehrfurcht. Und der Lehramtskandidat ist dann fast wie gelähmt, jedenfalls gehemmt. Doch man muss sich immer wieder einmal ins Bewusstsein rufen:

Lehren und Lernen ist das Natürlichste der Welt!

Menschen haben in den vergangenen Jahrhunderten anderen Menschen ganz enorme Fertigkeiten beigebracht; gewaltige und komplexe Bauwerke wurden realisiert, Gemälde wurden gemalt, Skulpturen gemeißelt und Holzschnitzereien bewerkstelligt, die von überragender Meisterschaft zeugen, nicht nur im Bereich der Kunst im engen Sinne, sondern auch im Kunsthandwerk. Ebenso wurden seit Jahrhunderten Menschen zu großartigen Fertigkeiten im Bereich des Spielens von Musikinstrumenten gebracht, zu nennen ist auch der Sport generell, speziell die Artistik oder der Ballett-Tanz. Also: Wir müssen nicht abwarten, bis die neueste Forschung uns zeigt, wie wir das noch besser machen können, was wir seit uralten Zeiten schon auf höchstem Niveau beherrschen. Pointiert gesagt:

> Lehren und Lernen ist immer dann ziemlich leicht und ziemlich effektiv, wenn man es wirklich ganz ernst meint und wenn man nicht, wie unsere Schulen, in einem von der Wirklichkeit abgeschotteten selbstreferenziellen System agiert.

Daraus ergibt sich der einfachste heuristische Ratschlag, den man Schulen geben kann: Sie sollten sich an solchen Lehrinstitutionen umschauen, die klar definiert und zweckorientiert sind: an Musikschulen, an handwerklichen/kunsthandwerklichen Ausbildungsstätten, auch am Training von Leistungssportlern. Dort lernen sie mehr als bei wissenschaftlichen Didaktikern und Pädagogen. Denn dort gibt es das, was ich schon einmal angesprochen und benannt habe: NATÜRLICHE OUTPUT-KONTROLLE – da eines auf dem andern aufbaut, kann im Handwerklichen nicht geschummelt werden! Den Musikschulen beispielsweise gelingt es im Regelfall, allen Schülern, die ein wenig interessiert sind (oder von ihren Eltern ein wenig positiv unter Druck gesetzt werden), das Spielen eines Instruments so weit zu vermitteln, dass man hier von einem klar definierten „Können" in dem Sinne sprechen kann, wie es im 11. Kapitel als Defizit unserer Schulen herausgearbeitet worden ist.

> Noch einmal beziehe ich mich auf Fredmund Malik, der – auf eine angenehm-bescheidene Weise – über das von ihm vertretene Fach des Managements schreibt, dass es einfach sei, aber nicht leicht: „Es ist einfach insofern, als es keine besonderen intellektuellen Anforderungen stellt, es zu begreifen. Es ist aber nicht leicht in der Anwendung. Es benötigt Disziplin, Gewissenhaftigkeit, Sorgfalt und Gründlichkeit, und vor allem braucht man Training." Wenn man einmal verstanden hat, dass sowohl Lernen als auch Lehren ebenfalls dieser Maxime unterworfen sind, dann ist man auf dem besten Wege, ein guter Schüler, Lehrer oder auch Schulleiter oder Lehrerausbilder zu werden.

»Der wahre Weg ist der einfache. Gehe ihn und vergiss dabei, dass er einfach ist!« (Chinesische Weisheit)

Wir brauchen eine gesellschaftliche Diskussion der schulischen Lehrpläne!

Es ist doch eigentlich unglaublich: In dieser Gesellschaft wird über alles und jedes diskutiert, von der Schamhaarrasur bis zum Folterverhör, nur über dieses umfassendste Thema dieser Gesellschaft, nämlich die Lehrpläne, hat es bis jetzt noch keinerlei öffentliche Diskussionen gegeben. Dabei verbringen alle Menschen 10 000 bis 20 000 Stunden in Auseinandersetzung damit.

> Die Lehrpläne sind das letzte Orwell'sche Phantom unserer Gesellschaft! Wie ein „Großer Bruder", so präsentieren uns anonyme, weder demokratisch noch empirisch legitimierte Institutionen dasjenige Wissen, von dem sie behaupten, dass es die Grundlage unserer Wissensgesellschaft sein sollte. Wieso hat es hier noch keinen Aufschrei gegeben?

Ich rege die Leser, vor allem die Schüler-Eltern, zu einem solchen Aufschrei an.

Und ich zitiere den profilierten Bildungsforscher Stefan Hopmann (aus dem Aufsatz *Der Lehrplan als Maßstab öffentlicher Bildung*): „Die Lehrplanung ist zu einer öffentlichen Angelegenheit geworden, die unter weitgehendem Ausschluss der Öffentlichkeit erledigt wird."

Und nochmals ist mir die Geschichte ein wenig entgegengekommen, nämlich mit der generellen Verkürzung des Gymnasialunterrichts auf 8 Jahrgangsstufen: „G8". Dadurch wurde das Problem des Stoffumfangs auch in den Blickpunkt der allgemeinen Öffentlichkeit gerückt, dessen quantitative Bestimmung vorher gewissermaßen als „technische Privatentscheidung" der Bildungsbürokraten akzeptiert worden ist.

> Aufgrund des durch „G8" erzeugten Problemdrucks wird ja nun tatsächlich etwas versucht, was vorher undenkbar gewesen ist, eine Stoffreduktion. In allen Kultusministerien gibt es

> Arbeitsgruppen, die diesen Versuch machen. Allerdings: Diese Versuche sind jedoch viel zu verzagt, gewissermaßen mit der Pinzette durchgeführt. Es ist auch völlig undenkbar, dass gerade die Spezialisten sich von demjenigen Stoff lösen, auf dem sie gewissermaßen ihr geistiges Leben aufgebaut haben. Dazu ist ein starker Impuls von außen nötig. Dieses Buch versucht, einen solchen Impuls zu geben und die Leser anzuregen, ihn weiterzutragen.

Einem Artikel in der *Süddeutschen* entnehme ich folgende interessante Information: Es gibt eine Schule im Schleswig-Holsteinischen Neumünster, wo folgendes geschah: G8 wurde dort schon im Jahre 2000 eingeführt und zwar freiwillig und den Lehrstoff mussten die Lehrer selbst zusammenstreichen. Zitat eines Beteiligten: „Jeder Lehrer muss loslassen, was ihm über die Jahre lieb geworden ist, das ist ein Kampf gegen die eigene Trägheit und gegen das Einzelkämpfertum." Heute steht im Lehrerzimmer in „Neumünster die „weiße Tafel": Die Lehrer notieren dort, welches Thema sie in ihrem Unterricht aufgreifen wollen, woraus sich mit der Zeit ein koordiniertes Gesamtkonzept entwickelt. Die Zeit der Weimarer Republik wird so nicht nur in Geschichte lebendig, sondern auch in Physik, Englisch oder Französisch. Von nun an stehen Synergie-Effekte und Teamarbeit im Mittelpunkt, die der Schulleiter für entscheidende Faktoren des Fortschritts hält. Der Leiter der Schule lädt immer wieder Experten zu Anregungen ein – „kritische Freunde, die Tipps geben", wie er sagt.

Tja, das ganze vorliegende Buch wurde von so einem „kritischen Freund" geschrieben und ist sicherlich mehr als ein Tipp …

Heutzutage ist wohl das Fernsehen der natürliche Ansprechpartner aller derjenigen, die schnell und effektiv Veränderungen in dieser Gesellschaft bewirken wollen, und an dieses wende ich mich mit einem letzten Gedanken:

> Greift doch endlich die Lehrpläne und generell den Bildungskanon unserer Schulen auf, macht sie zum Stoff von Wissenssendungen und macht auf Alternativen aufmerksam! Macht beispielsweise Sendungen, die auf typischen Wissenslücken aufbauen! All das existiert ja in Ansätzen schon, es gehört massiv verstärkt; dieses Buch ist voller Anregungen dafür.

Nochmals: Die gegenwärtigen Lehrpläne sind, wiewohl äußerst durchdacht, systematisch, anregend und auch liebevoll gestaltet, dennoch weder demokratisch noch von der Forschung her legitimiert. Wie lange noch wird es als eine technokratische Aufgabe für Bildungsbürokraten angesehen, darüber zu bestimmen, was das notwendige/wichtige/sinnvolle Wissen dieser Gesellschaft ist?

»Politik ist die Kunst, die Leute daran zu hindern, sich um das zu kümmern, was sie angeht.« (Paul Valéry)

Nachwort

Ich habe im Vorwort davon gesprochen, dass dieses Buch die Umsetzung nur eines Teils meines circa zehnjährigen Bildungsprojekts ist. Ich will die potentiellen Nachfolgeprojekte kurz benennen, um das Anliegen des vorliegenden Buches in eine Gesamtlogik einzuordnen, gerade für den Leser, der sich immer wieder mal gedacht hat: „Da müsste man eigentlich mehr dazu sagen", gerade für professionelle Bildungstheoretiker, -forscher und -praktiker. Ich habe mir ja gewissermaßen mit dem vorliegenden Buch auch eine Art „Bringschuld" aufgebürdet …

1) Diese Bringschuld meine ich zwar mit den in den jeweiligen Schulfächern enthaltenen „Entlastungs- und Lösungsperspektiven", sowie mit Kapitel 14 schon teilweise abgearbeitet zu haben, dennoch würde ich die darin enthaltenen Anregungen gerne zu einer kohärenten Bildungstheorie ausarbeiten. Dem Konzept der „Allgemeinbildung" müsste ein kohärentes Alternativkonzept entgegen gestellt werden; das Schlagwort STARTBASIS-WISSEN ist schon gefallen. *Und vor allem müsste gezeigt werden, wie und wozu man die durch die Stoffreduktion entstandenen 90 % Ressourcengewinn am sinnvollsten verwenden kann.* Dies kann aber nur geschehen, wenn man 5 GRUNDMYTHEN der Bildung überwindet, und aus dieser Überwindung ergeben sich 5 REFORMPRINZIPIEN, und insgesamt läuft alles auf eine Art FORMEL hinaus, bestehend aus nur 5 Zeilen, 5 „smarten Heurismen", gewissermaßen die kürzeste Bildungstheorie aller Zeiten. Doch nur solch

klare und einfache „Geschäftsmodelle" funktionieren in der Praxis.
2) Danach müsste für die Umsetzung dieser Bildungsformel ein *organisatorisches Modell* entwickelt werden; Leitmotiv: *von der starren zur evolutionären, von der belehrenden zur lernenden Schule.* Zu lange hat es nämlich eine „organisatorische Lücke" innerhalb der Erziehungswissenschaften gegeben. Diese hatten ihre schönen Ideen und Forschungen und den „Rest" hat man der Kultusbürokratie übergeben. Doch dieser „Rest" ist entscheidend! Erst aus dem Versuch der Adaptation von Modellen des sogenannten *New Public Management* haben sich echte organisationstheoretische Ansätze ergeben. Dieses weitere Buchprojekt würde sich damit auseinandersetzen, kritisch, und ein Gegenmodell entwerfen. Dieses ist im Unterschied zu etlichen gegenwärtig diskutierten Vorschlägen ganz bewusst *evolutionär* angelegt: Die institutionelle Struktur einer *Neuen Schule* muss unmittelbar und sanft an den gegebenen Strukturen ansetzen und sie im Hinblick auf Veränderungen nicht überfordern. Leitmotiv: *Maximale Reformeffekte bei möglichst konservativen Strukturänderungen.* Des weiteren muss dieses Schulmodell so angelegt werden, dass es ganz bewusst nicht ein „Endmodell" darstellen soll, sondern eine Institution, die aus sich selbst heraus evolviert, gemäß dem Modell der „lernenden Organisation". (Die Politik scheitert seit langem an Reformen, weil sie diese Grundlogik nicht versteht und immer alles „richtig" machen will, statt alles so anzulegen, dass es sich selbst mit der Zeit „richtig" macht; außerdem sind die meisten bisherigen Reformen unnötig „verletzend", bei minimalen oder nicht vorhandenen Verbesserungen. Das Scheitern so gut wie aller Bildungsreformen ist paradigmatisch für das Scheitern so gut wie aller politischen Reformen der letzten 30 Jahre.)
3) Allerdings gibt es – das kann man aber erst auf der Basis des vorherigen evolutionären Modells deutlich sehen – gewisse notwendige Veränderungen, die *revolutionärer* Art sind, die

nur sehr langfristig realisierbar, dennoch schon gegenwärtig diskutierbar sind. Leitmotiv: *von der Bildungsreform zur Bildungsrevolution*. Vorgeschlagen werden in diesem dritten Projekt solche Revolutionen, die nicht, wie bisher die meisten, Revolutionen eines naiven Idealismus sind, sondern Revolutionen des gesunden, wissenschaftlich und organisationstheoretisch fundierten Menschenverstandes sind. *Es geht um nichts weniger als um die Abschaffung der Gymnasien, der Berufsschulen, der Universitäten sowie ihre Ersetzung durch geeignete Nachfolgeorganisationen.* In aller Kürze: Künftig gehen alle Schüler auf eine „elitäre Einheitsschule", die gerade deswegen maximale – „elitäre" – Förderung bieten wird, weil sie die Schüler eben nicht einheitlich behandelt, sondern maximal individuell. Diese Schule endet im Regelfall mit dem 17. Lebensjahr, danach erfolgt der Übergang auf eine BERUFSAKADEMIE, danach, mit Ende 19, der Eintritt in einen Beruf (als Arzt, Psychologe, Lehrer etc.), wo weitere 5 Jahre eine begleitende Ausbildung erfolgt, die dem Referendariat der Lehrer ähnelt, nur einerseits praxisorientierter, andererseits die Möglichkeit beinhaltend, direkt aus der Praxis heraus wissenschaftliche Vertiefungsarbeiten zu schreiben, was auch in eine (vielleicht auch nur partielle, also theoretisch-praktisch gemischte) akademische Laufbahn einmünden kann. An die Universitäten werden nur noch die gehen, die den Beruf „Forscher" wählen, nur das entspricht dem eigentlichem Sinn dieser Institutionen und der Befähigung der dort Lehrenden. Hinzu kämen etliche andere „revolutionäre" Ideen, wie die Abschaffung des vielgelobten DUALEN SYSTEMS durch ein unitäres, in dem von vorneherein Ausbildung und Bildung integriert sind und keine Berufsschulen zur Kaschierung des Versagens unserer Schulen notwendig sind.

4) Als vorletztes Projekt wäre ein Praxisbuch für den Lehreralltag angesagt; Arbeitstitel „Lehrer sein, gut und gerne – zehn einfache Regeln, die es Lehrern ermöglichen, ihren Beruf wieder zu lieben". Dieses Buch hat die Botschaft: Die Lehrer brau-

chen vor allem das, wogegen sich eine akademische Ausbildung explizit wendet und was auch vom Referendariat nicht erbracht wird: effiziente Faustregeln.

5) Daraus ergibt, logischerweise: „Schlechter als nutzlos – über das Elend und die Zukunft der Lehrerausbildung". Es muss deutlich gemacht werden, dass der bisherige Weg, den Lehrerberuf zu *professionalisieren,* indem man ihn *akademisiert* hat, in die Irre geführt hat und noch weiter in die Irre führen wird (wie bei vielen anderen Berufen auch). Mein Motto: *Professionalisierung durch Entakademisierung,* durch eine spezifische Form eines Ausbildungsberufs, unmittelbar nach dem Abitur beginnend (etwas, das ich den meisten bisher universitär fundierten Berufen vorschlagen würde, man vergleiche hierzu das oben genannte Modell). Lehrer sind keine „angewandten Wissenschaftler"!

Und an irgendeiner Stelle müsste man in einem eigenen Buch auch das konsequent ausarbeiten, was ich im ersten Kapitel des vorliegenden Buches immer wieder kurz anklingen habe lassen: eine *Entmythologisierung* der Bildungsdiskussion. Mit jeder Reform wird unser Bildungssystem nämlich schlechter als vorher; das absurde Bachelor-Modell ist aktuellste Konkretisation dieser These (wohlgemerkt: ich identifiziere mich mit keiner der gegenwärtig kursierenden Kritiken daran). In diesem Buch müsste beispielsweise der im ersten Kapitel kurz angesprochene Methoden- oder der Systemmythos und viele andere Fehlvorstellungen über den Lehrerberuf „dekonstruiert" werden, speziell auch der Mythos des vielbeschworenen pädagogischen Auftrags. Im Widerspruch zum Lieblingsspruch der „Progressiven": Der Lehrer ist kein Erzieher, sondern ein Wissensvermittler! Seine erzieherischen Effekte erzielt er implizit dadurch, dass er Wissen vermittelt. Beim Versuch, *explizite* Pädagogik zu betreiben oder gar Therapie, wird er immer scheitern. Die absurde Überladung der *Didaktik* mit *Pädagogik* führt dazu, dass dem Lehrer als *individuelle* Aufgabe das angelastet wird, was *Aufgabe der Schule als Struk-*

tur ist. Weil die Schule keine klare Verfassung hat, die in einem Vertrag, sanktionsbewehrt, zwischen der jeweiligen Bildungsinstitution und den Eltern und Schülern implementiert wird, ist der Lehrer einen großen Teil seiner Zeit damit beschäftigt, statt Unterricht zu geben die Voraussetzungen für den Unterricht herzustellen. Generell muss das Bild vom Lehrer einer Revision unterzogen werden. Ein Lehrer ist kein Übermensch! Und genau das müsste er gemäß der herkömmlichen Vorstellung für den Lehrerberuf sein. Ein Lehrer ist während 90 % seiner Zeit weder „kreativ", noch geht er einer therapeutischen oder künstlerischen Tätigkeit nach, er ist kein Artist, der täglich bestaunenswerte Darbietungen liefert, sondern jemand, der weitgehend Routineprogramme abarbeitet. Und er ist ganz genau dann gut, falls er dies tut und kann. Und genau das beherrscht er gegenwärtig oft nicht, Lehrer sind in höherem Maße als andere Berufsvertreter unprofessionell, weil sie aufgrund ihrer Ausbildung es nicht anders sein können. Auch die Pseudowissenschaftlichkeit der meisten sich wissenschaftlich gerierenden Paradigmen, beispielsweise der modischen „Neurodidaktik", müsste in einem solchen Buch deutlich gemacht werden, damit Lehrer endlich den „Mumm" bekommen, von den Wissenschaftlern das zu fordern, was sie wirklich für ihren Beruf brauchen und keine pseudo-nomothetischen Erkenntnisse, die spätestens mit Etablierung des nächsten Paradigmas zu Staub zerfallen.

All die genannten Projekte und geistigen Modelle sind grundsätzlich unabhängig voneinander, ergäben aber ein logisch-harmonisches Gesamt-Reformprojekt, dessen Basis das vorliegende Buch mit seinem gleichzeitig schlichten wie anspruchsvollen Zugang darstellt: *Was leistet die Schule wirklich?* Bevor man nicht versteht, wie man ein BILDUNGSMINIMUM realisiert, ist ein Großteil reformatorischer Ideen reine Bildungshochstapelei.

Tja, ob ich die Kraft haben werde, all das umzusetzen, das wird man sehen, wird natürlich auch von der Resonanz auf dieses Buch abhängen; ein solches Projekt erscheint mir allerdings als unbedingt nötig. Denn ich glaube, dass die gegenwärtige Bildungsreform-Euphorie letztlich in zu komplizierte und zu wenig fokussierte Projekte führt, die jedoch *at the end of the day* kaum konkrete Anstöße für den Alltag der Lehrer und für die konkrete Umstrukturierung aller involvierten Institutionen bringen werden. Warum? Weil dahinter – wie es schon öfters angeklungen ist – falsche Modelle des Verhältnisses von Theorie und Praxis stehen, um das einmal ganz kurz zu sagen.

Hinter dem vorliegenden Buch und dem dargelegten Gesamtprojekt – das ich, falls ich es nicht alleine schaffe, anderen als eine Vorlage liefere – steht auch die schon im ersten Kapitel artikulierte Einsicht: Wir müssen endlich aufhören, auf naive Weise von einzelnen Methoden, Projekten (fast immer verbunden mit der Hochstilisierung uralter Ideen als „innovative"), auch von individuell erfolgreichen Schulen uns „Heil" zu versprechen. Wir brauchen (fast) keine neuen Einzelideen mehr, sondern ein Gesamtsystem, das es jedem darin Involvierten ermöglicht, die lange schon vorhandenen guten Ideen zu selektieren und zu nützen, auf seine individuelle, aber systemisch kontrollierte und damit evolvierende Weise. – Wenn ich ein grundlegendes Leitmotiv meines Denkens und meiner Modelle nennen sollte, dann wäre es dieses: *Vom praxisfremden Pseudoidealismus zum idealistischen Pragmatismus.*

Schule, Unterricht und Lehrerberuf müssen endlich aus der Sphäre nebulöser Hochstilisierungen wieder „zurück in die Welt und das Leben" gerückt werden. Theorien und Theoretiker in der Pädagogik/Didaktik sind, leicht zugespitzt formuliert, lange Zeit umso renommierter gewesen, je hochstilisierter, abgehobener und unrealistischer sie gewesen sind. Bildungstheorien, Lehrpläne und Schulen sind jedoch nicht umso besser, je höhere Ziele sie sich stecken, sondern je höhere Ziele sie tatsächlich zu erreichen helfen (auf eine entspannte und humane Weise). Und auch die empirische Bildungsforschung muss begreifen, dass nach dem Schritt zur *Empirie* auch noch der Schritt zur *Pragmatik*, zur heuristischen Pragmatik, geschehen muss.

Zum Schluss noch eine persönliche Anmerkung: Dies alles ist von keinem „Schul-" oder „Lehrer-Hasser" geschrieben, im Gegenteil. Keinerlei Verwandtschaft besteht zwischen dem vorliegenden Buch, so kritisch es auch angelegt ist, und dem *Lehrerhasser-Buch* (wiewohl darin auch durchaus Bedenkenswertes steht) oder gar dem schulverächtlichen Buch *Große Pause* von Frau Bayerwaltes. Ich bin von Anfang bis Ende gerne in die Schule gegangen und war sowohl von den Noten her wie auch in der Anerkennung durch Lehrer und Schüler immer eine Art Star, auch weil Sport, soziale „coolness" und fundierte Lehrerkritik bei mir dazu gehörten. Dennoch würde ich einen Großteil meiner Schulzeit als verlorene Zeit betrachten, verlorene Zeit, die aber viel Spaß gemacht hat. Bedauern würde ich vor allem Folgendes: dass ich kein Musikinstrument gelernt habe und dass ich zu wenig zum Üben in Mathematik und auch in Englisch gezwungen worden bin, weil ich aufgrund meiner Begabung dazu geneigt habe, alles schnell, aber oberflächlich aufzunehmen, um flugs anderen geistigen Interessen nachgehen zu können. Seitdem ich Wagenscheins Schriften gelesen habe, bedauere ich es auch sehr, dass ich nicht auf die von ihm demonstrierte Art und Weise in elementare Physik eingeführt worden bin. Und im Übrigen waren seit meinem zehnten Schuljahr meine geistigen Interessen vor allem außerhalb des Lehrplans angesiedelt, immer öfter bin ich von Lehrern ermahnt worden, weil ich während des Unterrichts philosophische oder psychologische oder auch Bücher zur Logik, Wissenschaftstheorie und zu den Naturwissenschaften gelesen habe. (Die Notwendigkeit wirklichen – dauerhaften, durchdachten und variablen – Übens ist mir eigentlich erst spät, nach meinem Studium, innerhalb des Squash klar geworden.) Im Rückblick weiß ich meine Schulzeit insbesondere deswegen zu schätzen, weil sie in einer historischen

Übergangsphase lag, in der man teilweise noch so herrlich schrullige Lehrer gehabt hat, die wirklich an die Typen aus der „Feuerzangenbowle" erinnert haben!

Anhang

Überblick über die wichtigsten – meist neu geprägten – Konzepte

Die Forschung zum Lehren und Lernen hat gezeigt, wie wichtig BEGRIFFE für den Unterricht und das Verständnis sind – das öfter zitierte Lehrbuch der Biologiedidaktik von Berck geht ausführlich an konkreten Beispielen darauf ein. Es ist Zeitverschwendung, Fakten zu lehren, die nicht an einem bedeutungsvollen Begriff gebunden sind! Das überschneidet sich mit Ergebnissen zur Werbepsychologie, zum Marketing und zur Massenkommunikation. Pointiert gesagt: *Die beste Methode, ein Ding beim Namen zu nennen, ist, ihm einen Namen zu geben ...* In diesem Buch wurde nun ein solches Begriffsinstrumentarium entwickelt, das beansprucht, nützlich zu sein und eine konsistente Logik zu besitzen, egal ob man sich letztlich den Thesen des Autors anschließt. Nachfolgend sind diese im Buch entwickelten Begriffe noch einmal aufgeführt, gemäß der Reihenfolge, nach der sie aufgetreten sind, gewissermaßen chronologisch. Die Zentralbegriffe wurden, zur Hervorhebung in Großbuchstaben gesetzt. Der Leser kann anhand dieser Liste auch das Buch gewissermaßen nochmals „repetieren".

»Sehr viele und vielleicht die meisten Menschen müssen, um etwas zu finden, wissen, dass es da ist.« (Georg Christoph Lichtenberg)

PISA-Mythos
System-Mythos
Methoden-Mythos
Reform-Mythos
Modernitäts-Mythos
Migranten-Bildungs-Katastrophe
Anti-Effizienz-Mythos
Soziale Bildungskatastrophe
BILDUNGSMINIMUM

WAHRE BILDUNGS-
KATASTROPHE
DIE FÜNF VERGEBLICHEN
HOFFNUNGEN DER SCHULE
Nachhaltigkeits-Hypothese
Kumulations-Hypothese
Ganzheitlichkeits-Hypothese
Kognitive Transfer-Hypothese
Lebenspraktische Transfer-
Hypothese
NACHHALTIGES WISSENS-
RESIDUUM
1%-HYPOTHESE
DIE DREI LEISTUNGSPARA-
DOXIEN DER SCHULE
EF-DEFIZITE
MINIMAX-PRINZIP
Unbekannteste PISA-
Katastrophe
Bulimie-Lernen
(GARANTIERTES) BIL-
DUNGSMINIMUM VS.
(ERHOFFTES) BILDUNGS-
MAXIMUM
Bildungs- und Wissensdia-
gnose unserer Gesellschaft
DUALES VERSAGENSPRINZIP
Stochastischer und statistische
Analphabetismus
Optimierungs-Analphabe-
tismus
Heuristischer Analphabetismus
Unendlichkeits-Bildungs-
defizit
RASTER- UND ORDNUNGS-
WISSEN
Geschichts-Pragmatismus
RADIKALEN-THESE
Ideengeschichtliche
Rehistorisierung
TIEFE EINFACHHEIT
Politischer Analphabetismus
Ökonomisch-finanzieller
Analphabetismus
PHYSIKALISCHE ANACHRO-
NISMEN
NATÜRLICHE OUTPUT-
KONTROLLE
Elementarkompetenzen
90%-REDUKTIONS-THESE
MINIMAX-KANON
BILDUNGSMINIMUMS-
GARANTIE
STARTBASIS-WISSEN
Schulabschluß-Pflicht und
-Garantie
Ästhetisierung des Unterrichts
GESELLSCHAFTLICHE LEHR-
PLAN-DISKUSSION
Illusion vom mündigen
Bürger
WISSENSDEDUKTIVES
MODELL
Heuristische Bildung

Fachliteraturverzeichnis

Ackeren, I. v. Von FIMS und FISS bis TIMSS und PISA. Schulleistungen in Deutschland im historischen internationalen Vergleich. *Die Deutsche Schule* 94, 2, 2002, S. 97–175

Ackeren, I. v. & Klemm, K. TIMMS, PISA, LAU, MARKUS usw. *Pädagogik* 52, 12, 2000, S. 10–15

Ackeren, I. v. & Klemm, K. TIMMS, PISA, LAU, MARKUS usw. ein aktueller Überblick über Typen und Varianten von Schulleistungsstudien. *Pädagogik* 12, 2000, S. 10–15

Ahlemeyer, H. W. & Königswieser, R. (Hg.). *Komplexität managen.* Wiesbaden 1997

Alisch, M.-L. et al. *Professionswissen und Professionalisierung.* Braunschweig 1990

Appel, S. & Ruth, G. *Handbuch Ganztagsschule.* Schwalbach/Taunus 1998

Arbeitsgruppe „Internationale Vergleichsstudie". *Vertiefender Vergleich der Schulsysteme ausgewählter PISA-Teilnehmerstaaten.* Bonn (BMBF) 2003

Arnold, K.-H. et al. (Hg.). *Handbuch Unterricht.* Bad Heilbrunn 2006

Aschersleben, K. *Frontalunterricht, klassisch und modern.* Neuwied 1999

Aurin, K. (Hg.). *Gute Schulen – worauf beruht ihre Wirksamkeit?* Bad Heilbrunn 1990

Autorengruppe Bildungsberichterstattung. *Bildung in Deutschland 2008.* Bielefeld 2008

Avenarius, H. & Heckel, H. *Schulrechtskunde. Ein Handbuch für die Praxis.* Neuwied 2000

Bachmaier, H. & Fischer, E. P. (Hg.). *Glanz und Elend der zwei Kulturen. Über die Verträglichkeit der Natur- und Geisteswissenschaften.* Konstanz 1991

Baer, M. et al. (Hg.). *Didaktik auf psychologischer Grundlage.* Bern 2006

Baitsch, C. *Was bewegt Organisationen? Selbstorganisation aus psychologischer Perspektive.* Frankfurt/M. 1993

Bauer, L. & Matis, H. *Evolution – Organisation – Management. Zur Entwicklung und Selbststeuerung komplexer Systeme.* Berlin 1989

Baumert, J. et al. *Bildungsverläufe und psychosoziale Entwicklung im Jugendalter* (BIJU). Berlin 1997

Baumert, J. et al. *TIMSS – mathematisch-naturwissenschaftlicher Unterricht im internationalen Vergleich. Deskriptive Befunde.* Opladen 1997

Baumert, J. et al. (Hg.). *TIMSS III. Dritte internationale Mathematik- und Naturwissenschaftsstudie. Mathematische und naturwissenschaftliche Bildung am Ende der Schulbahn,* 2 Bde. Opladen 2000

Baumert, J. et al. (Hg.). *PISA 2000. Basiskompetenzen von Schülerinnen und Schülern im internationalen Vergleich.* Opladen 2001

Baumert, J. et al. (Hg.). *PISA 2000. Die Länder der Bundesrepublik Deutschland im Vergleich.* Opladen 2002

Baumert. J. et al. (Hg.). *PISA und die Konsequenzen für erziehungswissenschaftliche Forschung. Zeitschrift für Erziehungswissenschaft.* Beiheft 33. Opladen 2004

Baumert, J. & Köller, O. Sozialer Hintergrund, Bildungsbeteiligung und Bildungsverläufe im differenzierten Sekundarschulsystem. In: Klieme, E. et al. (2005), S. 9–21

Baumgart, F. & Lange, U. (Hg.). *Theorien der Schule.* Bad Heilbrunn 1999

Bayerwaltes, M. *Große Pause!* München 2005

Beck, J. *Der Bildungswahn.* Reinbek 1994

Beck, K. Zur Lage der Lehr-Lern-Forschung. *Unterrichtswissenschaft* 28, 1, 2000, S. 23–29

Beck, S. *Schlüsselqualifikationen im Spannungsfeld von Bildung und Qualifikation – Leerformel oder Integrationskonzept?* Stuttgart 2001

Benner, D. Die Struktur der Allgemeinbildung im Kerncurriculum moderner Bildungssysteme. *Zeitschrift für Pädagogik* 48, 2002, S. 68–88

Benner, B. Schule im Spannungsfeld von Input- und Output-Steuerung. In: Blömecke, S. et al. (2009), S. 51–64

Bensaude-Vincent, B. A genealogy of the increasing gap between science and the public. *Public Understanding of Science* 19, 2001, S. 99–113

Bergmann, W. *Computer machen Kinder schlau.* München 2000

Bertelsmann-Stiftung (Hg.). *Berufliche Bildung der Zukunft.* Gütersloh 1999

Biehl, J. et al. Wie werden Lehrpläne? Modelle, Strategien, Widersprüche. *Pädagogik* 48, 5, 1996, S. 33–37

Biehl, J. et al. *Sekundäre Lehrplanbindungen: Vergleichende Untersuchungen zur Entstehung und Verwendung von Lehrplanentscheidungen.* Kiel 1999

Bierner-Utschick, S. *Die epochal bedeutsamen Lehrpläne Bayerns des 20. Jahrhunderts.* Frankfurt/M. 2002

Bildungskommission NRW. *Zukunft der Bildung – Schule der Zukunft.* Neuwied 1995

Block, R. & Klemm, K. *Lohnt sich die Schule? Aufwand und Nutzen: Eine Bilanz.* Reinbek 1997

Blömecke, S. et al. (Hg.). *Handbuch Schule.* Bad Heilbrunn 2009

Boenicke, R. PISA und die Suche nach einem internationalen Kerncurriculum. Neue Maßstäbe für die Grundbildung? *Die Deutsche Schule* 92, 4, 2000, S. 394–406

Böhme, G. & Tenorth, H.-E. *Einführung in die historische Pädagogik.* Darmstadt 1990

Böhme, J. *Schulmythen und ihre imaginäre Verbürgung durch oppositionelle Schüler. Ein Beitrag zur Etablierung erziehungswissenschaftler Mythosforschung.* Bad Heilbrunn 2000

Bollmann, R. *Reform. Ein deutscher Mythos.* Berlin 2008

Bonner, S. & Weiss, A. *Generation Doof.* Bergisch Gladbach 2008

Bonss, W. & Hartmann, H. (Hg.). *Entzauberte Wissenschaft.* Göttingen 1985

Bos, W. et al. (Hg.). *Erste Ergebnisse aus IGLU. Schülerleistungen am Ende der vierten Jahrgangsstufe im internationalen Vergleich.* Münster 2003

Bos, W. et al. Welche Fragen können aus einer gemeinsamen Interpretation der Befunde aus PISA und IGLU fundiert beantwortet werden? *Zeitschrift für Pädagogik* 49, 2, 2003, S. 198–212

Bos, W. et al. (Hg.). *IGLU. Einige Länder der Bundesrepublik Deutschland im nationalen und internationalen Vergleich.* Münster 2004

Böttcher, W. *Kann eine ökonomische Schule auch eine pädagogische sein?* Weinheim 2002

Böttcher, W. et al. (Hg.). *Wege zu einer neuen Bildungsökonomie. Pädagogik und Ökonomie auf der Suche nach Ressourcen und Finanzierungskonzepten.* Weinheim 1997

Böttcher, W. et al. (Hg.). *Evaluation im Bildungswesen.* Weinheim 2006

Bromme, R. *Der Lehrer als Experte. Zur Psychologie des professionellen Wissens.* Bern 1992

Brüsemeister, T. & Eubel, K. D. (Hg.). *Zur Modernisierung der Schule. Leitideen – Konzepte – Akteure.* Bielefeld 2003

Buer, J. v. *Pädagogische Freiheit des Lehrers im unterrichtlichen Alltag. Realität oder Illusion?* Frankfurt/Main 1990

Charpa, U. *Philosophische Wissenschaftshistorie. Grundfragen, Verlaufsmodelle.* Wiesbaden 1995

Combe, A. & Helsper, W. (Hg.). *Pädagogische Professionalität.* Frankfurt 1999

Conein, S. et al. (Hg.). *Erwachsenenbildung und die Popularisierung von Wissenschaft.* Bielefeld 2004

Cortina, K. S. et al. (Hg.). *Das Bildungswesen der Bundesrepublik Deutschland: Strukturen und Entwicklungen im Überblick.* Reinbek 2005

Criblez, L. et al. (Hg.). *Lehrpläne und Bildungsstandards.* Bern 2006

Dalin, P. *Schule auf dem Weg in das 21. Jahrhundert.* Neuwied 1997

Daschner, P. Lehrerfort- und Weiterbildung. Professionalisierung und Kontext der Lehrerbildung. In: Blömecke, S. et al. (2009), S. 490–493

Deidesheimer Kreis. *Hochschulzulassung und Studieneignungstests.* Göttingen 1997

Derry, G. N. *Wie Wissenschaft entsteht.* Darmstadt 2001

DESI-Konsortium (Hg.). *Unterricht und Kompetenzerwerb in Deutsch und Englisch. Ergebnisse der DESI-Studie.* Weinheim 2008

Dick, A. *Vom unterrichtlichen Wissen zur Praxisreflexion.* Bad Heilbrunn 1996

Diederich, J. & Tenorth, H.-I. *Theorie der Schule. Ein Studienbuch zur Geschichte, Funktion und Gestaltung.* Berlin 1997

Döbert, A. et al. (Hg.). *Die Schulsysteme Europas.* Baltmannsweiler 2002

Doll, J. & Prenzel, M. (Hg.). *Bildungsqualität von Schule.* Münster 2004

Drischner, E. Bildungsstandards und Kompetenzauslegung. Zum Problem ihrer praktischen Umsetzung. *Pädagogische Rundschau* 62, 5, 2008

Dühlmeier, B. Schul- und Bildungsreformen im deutschsprachigen Raum seit 1945. In: Blömecke, S. et al. (2009), S. 162–170

Duit, R. Zur Rolle der konstruktivistischen Sichtweise in einer naturwissenschaftlichen Lehr- und Lernforschung. *Zeitschrift für Pädagogik* 41, 6, 1995, S. 915–923

Einsiedler, W. et al. (Hg.). *Handbuch Grundschulpädagogik und Grundschuldidaktik.* Bad Heilbrunn 2005

Endris, W. (Hg.). *Lernen lernen – Wie stricken ohne Wolle? 13 Experten streiten über Konzepte und Modelle zur Unterrichtsmethodik.* Weinheim 2007

Ewers, N. (Hg.). *Wissenschaftstheorie und Naturwissenschaftsdidaktik.* Bad Salzdetfurth 1979
Expertenkommission Finanzierung lebenslangen Lernens (Hg.). *Auf dem Weg zur Finanzierung lebenslangen Lernens. Zwischenbericht.* Bielefeld 2002
Fatke, R. & Merkens, H. (Hg.). *Bildung über die Lebenszeit.* Wiesbaden 2006
Fauser, P. *Pädagogische Freiheit in Schule und Recht.* Weinheim 1986
Fauser, P. (Hg.). *Wozu die Schule da ist.* Seelze 1996
Faust, G. PISA und die Grundschule. *Die Deutsche Schule* 94, 2002, S. 300–317
Felt, U. et al. *Wissenschaftsforschung. Eine Einführung.* Frankfurt/M. 1995
Felten, M. (Hg.). *Neue Mythen in der Pädagogik.* Donauwörth 1999
Fend, H. *Qualität im Bildungswesen.* Weinheim 1998
Fend, H. *Geschichte moderner Bildungssysteme.* Wiesbaden 2005
Fend, H. *Schule gestalten.* Wiesbaden 2008
Follan, M. *Die Schule als lernendes Unternehmen.* Stuttgart 1999
Fölling-Albers, M. et al. (Hg.). *Handbuch Didaktik des Sachunterrichts.* Bad Heilbrunn 2007
Forster, J. & Krieg, U. (Hg.). *Das „praktische Lernen" und das Problem der Wissenskumulation.* Bad Heilbrunn 2001
Friebertshäuser, B. & Prengel, A. (Hg.). *Handbuch qualitativer Forschungsmethoden in der Erziehungswissenschaft.* Weinheim 2003
Fried, L. *Pädagogisches Professionswissen und Schulentwicklung.* Weinheim 2002
Fried, L. & Büttner, G. (Hg.). *Weltwissen von Kindern.* Weinheim, München 2004
Fuchs, H.-W. & Reuter, L. R. *Bildungspolitik in Deutschland: Entwicklung, Probleme, Reformbedarf.* Opladen 2000
Fuld, W. *Die Bildungslüge.* Berlin 2004
Gerstenmaier, J. & Mandl, H. Wissenserwerb unter konstruktivistischer Perspektive. *Zeitschrift für Pädagogik* 41, 6, 1995, S. 867–888
Gigerenzer, G. *Bauchentscheidungen.* München 2007
Gigerenzer, G. & Todd, P. M. *Simple heuristics that make us smart.* Oxford 1999
Giesecke, H. *Das Ende der Erziehung. Neue Chancen für Familie und Schule.* Stuttgart 1985
Giesecke, H. *Was Lehrer leisten.* Weinheim 2001

Giesecke, H. *Pädagogik als Beruf.* Weinheim 2003
Giesecke, H. PISA und der pädagogische Zeitpunkt. In: Hansel, T. (Hg.). *PISA – und die Folgen?* Herbolzheim 2003, S. 106–127
Goodson, I. F. et al. (Hg.). *Das Schulfach als Handlungsrahmen. Vergleichende Untersuchung zur Geschichte und Funktion der Schulfächer.* Köln 1999
Gold, H. & Kloft, C. Der Studienabbruch: Eine Analyse von Bedingungen und Begründungen. *Zeitschrift für Entwicklungspsychologie und Pädagogische Psychologie* 23, 4, 1991, S. 265–279
Goswami, U. *So denken Kinder. Einführung in die Psychologie der kognitiven Entwicklung.* Bern, Huber
Gräber, W. et al. (Hg.). *Scientific Literacy. Der Beitrag der Naturwissenschaften zur Allgemeinen Bildung.* Opladen 2002
Gräsl, C. *Problemorientiertes Lernen.* Göttingen 1997
Graube, G. & Theuerkauf, W. E. *Technische Bildung.* Berlin 2002
Grell, J. Direktes Unterrichten. Ein umstrittenes Unterrichtsmodell. In: Wiechmann, J. (2000), S. 35–49
Grimm, M. A. *Kognitive Landschaften von Lehrern. Berufszufriedenheit und Ursachenbeschreibungen angenehmer und belastender Unterrichtssituationen.* Frankfurt/Main 1996
Gronemeyer, M. *Lernen mit beschränkter Haftung – über das Scheitern der Schule.* Berlin 1996
Groschka, A. *Didaktik – das Kreuz mit der Vermittlung. 11 Einsprüche gegen den didaktischen Betrieb.* Wetzlar 2002
Gudjons, H. & Linkel, R. (Hg.). *Didaktische Theorien.* Hamburg 1997
Haarmann, D. (Hg.). *Wörterbuch Neue Schule. Die wichtigsten Begriffe zur Reformdiskussion.* Weinheim 1998
Hachmeister, C.-D. Optimierung der Studienentscheidung durch verbesserte Studieninformation. In: Schuler, H. & Hell, B. (2008), S. 57–66
Hager, W. et al. *Evaluation psychologischer Interventionsmaßnahmen.* Bern 2000
Handke, U. *Der Mutmacher. Ratgeber für den pädagogischen Berufseinstieg.* Berlin 1997
Hansel, T. (Hg.). *Schulprofil und Schulqualität.* Herbolzheim 2001
Hayek, F.A. v. *Die Theorie komplexer Phänomene.* Tübingen 1972
Heid, H. Über die praktische Belanglosigkeit pädagogisch bedeutsamer Forschungsergebnisse. In: König, E. & Zedler, P. (1989), S. 111–124
Heine, C. *HIS-Ergebnisspiegel 2002.* Hannover 2002

Fachliteraturverzeichnis 493

Heldmann, W. *Studierfähigkeit: Ergebnisse einer Umfrage.* Göttingen 1984
Helmke, A. *Unterrichtsqualität erfassen, bewerten, verbessern.* Seelze 2007
Helmke, A. *Unterrichtsqualität und Lehrerprofessionalität. Diagnose, Evaluation, Verbesserung des Unterrichts.* Seelze 2009 (Neubearbeitung des Bandes „Unterrichtsqualität")
Helmke, A. & Schrader F.-W. Entwicklung im Grundschulalter. Die Münchner Studie „SCHOLASTIK". *Pädagogik* 6, 1998, S. 25–30
Helmke, A. & Jäger, R. S. *Das Projekt MARKUS.* Landau 2002
Helsper, W. & Böhme, J. (Hg.). *Handbuch der Schulforschung.* Wiesbaden 2004
Hendrich, F. *Simplexity. 7 einfache Formeln für komplexes Management.* München 2006
Henry-Huthmacher, C. *Eltern unter Druck.* Konrad-Adenauer-Stiftung 2008
Hentig, H. v. *Die Krise des Abiturs und eine Alternative.* Stuttgart 1980
Hentig, H. v *Die Schule neu denken.* München 1993
Hentig, H. v. *Bildung.* München 1996
Hettwer, H. *Lehr- und Bildungspläne 1921–1974.* Bad Heilbrunn 1976
Hilligos, A.-H. & Rinkens, H.-D. (Hg.). *Zentren für Lehrerbildung – neue Wege im Bereich der Praxisphasen.* Münster 2005
Hintz, G. et al. (Hg.). *Neues schulpädagogisches Wörterbuch.* 2001
Hitzler, R. et al. (Hg.). *Expertenwissen.* Opladen 1994
Hoffmann, D. & Maack-Rheinländer, K. (Hg.). *Ökonomisierung der Bildung. Die Pädagogik unter den Zwängen des „Marktes".* Weinheim 2001
Homberger, D. (Hg.). *Lexikon Schulpraxis.* Baltmannsweiler 2005
Hopmann, S. Über Hochstapler und andere Pädagogen. *Neue Sammlung* 33, 3, 1993, S. 421–436
Hopmann, S. Der Lehrplan als Maßstab öffentlicher Bildung. In: Oelkers, J. et al. (1998), S. 165–190
Hopmann, S. Lehrplan des Abendlandes – Abschied von seiner Geschichte? In: Keck, R. W. & Ritzi, C. (2000), S. 377–402
Horn, K. P. & Tenorth, H.-E. Die unzugängliche Disziplin. Bemerkungen zu Programm und Qualität empirischer Analysen der Erziehungswissenschaften. In: Paschen, H. & Wigger, L. (Hg.). *Pädagogisches Argumentieren.* Weinheim 1992, S. 297–220
Horn, K. P. & Wigger, L. (Hg.). *Systematiken und Klassifikationen in der Erziehungswissenschaft.* Weinheim 1994

Hoymann, T. *Umdenken nach dem PISA-Schock. Das gesamtdeutsche Zentralabitur als Motor für den Wettbewerb im Bildungsföderalismus.* Marburg 2005

Huber, G. Fähigkeit zum Studieren – Bildung durch Wissenschaft. In: Liebau, E. et al. (1997), S. 333–351

Huber, L. Allgemeine Studierfähigkeit, basale Fähigkeiten, Grundbildung. In: Messner, R. et al. (Hg.). *Die Zukunft der gymnasialen Oberstufe.* Weinheim 1998, S. 150–181

Ingenkamp, K. *Die Fragwürdigkeit der Zensurengebung.* Weinheim 1995

Ingenkamp, K. Die veröffentlichte Reaktion auf PISA. *Empirische Pädagogik* 16, 2002, S. 409–418

Irvin, A. & Wynne, B. (Hg.). *Misunderstanding science?* Cambridge 1996

Issing, L. J. & Klimsa, P. (Hg.). *Information und Lernen mit Multimedia und Internet.* Weinheim 2002

Jahnke, P. & Mayerhöfer, W. (Hg.). *PISA & Co. Kritik eines Programms.* Berlin 2006

Jank, W. & Meyer, H. *Didaktische Modelle.* Berlin 2002

Johnson, S. *Everything bad is good for you.* London 2005

Kämper-Van den Boogaart, M. Schulinterner Lehrplan. Lehrerübergreifende Vereinbarungen zu Ressourcennutzung, Stoffverteilung und Leistungsüberprüfung. In: Blömecke, S. et al. (2009), S. 317–322

Kahl, R. Zugehörigkeit, Vertrauen, Differenz. *Universitas* 58, 683, 2003, S. 466–473

Kazemzadeh, F. et al. *Studierfähigkeit – eine Untersuchung des Übergangs vom Gymnasium zur Universität.* Hannover 1987

Keck, R. W. et al. (Hg.). *Fachdidaktik zwischen Allgemeiner Didaktik und Fachwissenschaft.* Bad Heilbrunn 1990

Keck, R. W. & Ritzi, C. (Hg.). *Geschichte und Gegenwart des Lehrplans.* Baltmannsweiler 2000

Keiner, D. *Erziehungswissenschaft und Bildungspolitik.* Frankfurt/M. 1997

Kemper, H. *Schulpädagogik. Eine problemgeschichtliche Einführung.* Weinheim 2001

Kiel, E. & Rost, F. *Einführung in die Wissensorganisation.* Würzburg 2002

Kienbaum Unternehmensberatung (Hg.). *Kienbaum-Gutachten zur Reorganisation der staatlichen Schulaufsicht des Landes Nordrhein-Westfalen.* Düsseldorf 1994

Klein, H.-W. Was kostet die Schule? – Was leistet die Schule? *Beiträge zur Gesellschafts- und Bildungspolitik* 237, Köln 1999

Klieme, E. & Baumert, J. (Hg.). *TIMSS: Impulse für Schule und Unterricht.* Bonn (BMBF) 2001

Klieme, E. et al. Problemlösen als fächerübergreifende Kompetenz. *Zeitschrift für Pädagogik* 2, 2001, S. 179–198

Klieme, E. et al. (Hg.). *Zur Entwicklung nationaler Bildungsstandards. Eine Expertise.* Bonn (BMBF) 2003

Klieme, E. et al. (Hg.). *Problemlösekompetenz von Schülerinnen und Schülern. Diagnostische Ansätze, theoretische Grundlagen, empirische Befunde der deutschen PISA-2000-Studie.* Wiesbaden 2005.

Klös, H.-P. & Weiß, R. (Hg.). *Bildungs-Benchmarking Deutschland. Was macht ein effizientes Bildungssystem aus?* Köln 2003

Kluge, J. *Schluß mit der Bildungsmisere.* Frankfurt/M. 2003

Knorr-Cetina, K. *Die Fabrikation von Erkenntnis.* Frankfurt/Main 1984

Knorr-Cetina *Wissenskulturen. Ein Vergleich naturwissenschaftlicher Wissensformen.* Frankfurt/Main 2002

Kohler, B. *Rezeption internationaler Schulleistungsstudien.* Münster 2005

Köller, O. *Zielorientierungen und schulisches Lernen.* München 1998

Köller, O. *Konsequenzen von Leistungsgruppierungen.* Münster 2004

Köller, O. Schulische Leistungen am Ende der gymnasialen Oberstufe. Wichtige Ressourcen für den Übergang ins Studium und ein erfolgreiche Berufskarriere? *Zeitschrift für Erziehungswissenschaft*, Beiheft 3, 2004, S. 185–200

Köller, O. Bezugsnormorientierung von Lehrkräften: Konzeptuelle Grundlagen, emprische Befunde und Ratschläge für praktisch Handelnde. In: Vollmeyer, R. & Brunstein, J. C. (Hg.). *Motivationspsychologie und ihre Anwendungen.* Stuttgart 2005, S. 189–202

Köller, O. Bildungsstandards in einem Gesamtsystem der Qualitätssicherung im allgemein bildenden Schulsystem Deutschlands. *Beiheft der Zeitschrift für Pädagogik* 53, 2008, S. 59–75

Köller, O. Bildungsstandards – Verfahren und Kriterien bei der Entwicklung von Messinstrumenten. *Zeitschrift für Pädagogik* 54, 2008, S. 163–173

Köller, O. et al. Epistemologische Überzeugungen und Fachverständnis im Mathematik- und Physikunterricht. In: Baumert, J. (2000), 2. Bd., S. 229–270

Köller, O. & Baumert, J. Das Abitur – immer noch ein gültiger Indikator für die Studierfähigkeit? *Aus Politik und Zeitgeschichte*, Bd. 26, 2002, S. 12–19

Konegen-Grenier, C. *Studierfähigkeit und Hochschulzugang.* Köln 2001

König, E. & Zedler, P. (Hg.) *Rezeption und Verwendung erziehungswissenschaftlichen Wissens in pädagogischen Handlungs- und Entscheidungsfeldern.* Weinheim 1989

Kraus, J. *Der PISA-Schwindel.* Wien 2005

Kröner, S. et al. Wer geht ins Theater? Künstlerisches Interesse und Offenheit für Erfahrung als Prädiktoren für Veränderungen kultureller Partizipation in der Emergin Adulthood. *Zeitschrift für Entwicklungspsychologie und Pädagogische Psychologie* 40, 2008, S. 100–110

Kron, F. W. *Grundwissen Didaktik.* München 1994

Kucharz, D. *Wieviel Staat braucht die Bildung?* Frankfurt/Main 2000

Kühn, L. *Das Lehrerhasser-Buch.* München 2000

Kühn, L. *Elternsprechtag. Wie schlimm ist Schule wirklich?* München 2006

Künzli, R. *Topik des Lehrplandenkens I. Architektonik des Lehrplans: Ordnung und Wandel.* Kiel 1986

Künzli, R. & Hopmann, S. (Hg.). *Lehrplanarbeit in der Schweiz und der Bundesrepublik Deutschland.* Aarau 1998

Künzli, R. & Hopmann, S. (Hg.). *Lehrpläne. Wie sie entwickelt werden und was von ihnen erwartet wird.* Chur 1998

Künzli, R. et al. *Lehrplanarbeit.* Chur 1999

Kuper, H. & Schneewind, J. (Hg.). *Rückmeldung und Rezeption von Forschungsergebnissen. Zur Verwendung wissenschaftlichen Wissens im Bildungssystem.* Münster 2006

Kurbjuweit, D. *Unser effizientes Leben. Die Diktatur der Ökonomie und ihre Folgen.* Reinbek 2004

Kutschmann, W. *Naturwissenschaft und Bildung. Der Streit der „Zwei Kulturen".* Stuttgart 1999

Labudde, P. (Hg.). *Bildungsstandards am Gymnasium. Korsett oder Katalysator?* Bern 2007

Ladenthin, V. & Rekus, J. (Hg.). *Die Ganztagsschule.* Weinheim 2004

Lange, H. Bildungspolitik, Bildungsökonomie und Bildungsplanung. In: Blömecke, S. et al. (2009), S. 547–552

Lankes, E. M. (Hg.). *Pädagogische Professionalität als Gegenstand empirischer Forschung.* Münster 2008

Largo, R. H. & Beglinger, M. *Schülerjahre: Wie Kinder besser lernen.* München 2009

Lauck, G. *Burnout oder innere Kündigung? Am Beispiel des Lehrerberufs.* München 2003

Lederer, A. *Prüfungen kritisch überprüft.* Bad Heilbrunn 2008

Lehmann, K. & Schetze, M. (Hg.). *Die Google-Gesellschaft. Vom digitalen Wandel des Wissens.* Bielefeld 2005

Lehmann, R. H. et al. *LAU 11. Aspekte der Lernausgangslage und der Lernentwicklung – Klassenstufe 11.* Hamburg 2004

Lehmann, R. H. et al. *Untersuchungen der Leistungen, Motivation und Einstellungen zu Beginn der beruflichen Ausbildung.* Hamburg 2005

Lehmann, R. H. et al. (Hg.). *LAU 13. Aspekte der Lernausgangslage und Lernentwicklung – Klassenstufe 13.* Hamburg 2006

Lenz, J. *Die effective school-Forschung der USA – ihre Bedeutung für die Führung und Lenkung von Schulen.* Frankfurt/Main 1991

Lenzen, D. (Hg.). *Pädagogische Grundbegriffe*, 2 Bde. Reinbek 1989

Lenzen, D. Diagnose Lehrer: Plädoyer für die Professionalisierung eines Berufsstandes. *Universitas* 683, 2003, S. 475–487

Lepenies, W. Bildungspathos und Erziehungswirklickeit. In: Killius, N. et al. (Hg.). *Die Bildung der Zukunft.* Frankfurt 2003, S. 13–31

Leschinsky, A. et al. (Hg.). *Die Schule als moralische Anstalt.* Weinheim 1999

Levine, L. W. *The opening of the American mind: Canons, culture, and history.* Boston 1996

Liebau, E. et al. (Hg.). *Das Gymnasium.* Weinheim 1997

Liessmann, K. P. *Theorie der Unbildung.* Wien 2006

Ludwig, C. & Mannes, A. (Hg.). *Mit der Spaßgesellschaft in den Bildungsnotstand.* St. Goar 2003

Malik, F. *Strategie des Managements komplexer Systeme.* Bern 1994

Merkens, H. (HG.). *Erziehungswissenschaft und Bildungsforschung.* Heidelberg 2006

Mero, L. *Optimal entschieden?* Birkhäuser Verlag Zürich 1998

Messmer, R. *Orte und Nicht-Orte der Lehrerbildung. Eine historisch-empirische Untersuchung zur Handlungs- und Wissensorientierung und der damit verbundenen Mythen der Lehrerbildung.* Bern 1999

Meyer, H. *Leitfaden zur Unterrichtsvorbereitung.* Königsstein 1980

Meyer, M. A. & Plöger, W. (Hg.). *Allgemeine Didaktik. Fachdidaktik und Fachunterricht.* Weinheim 1992

Meyerhöfer, W. *Tests im Test. Über das Beispiel PISA.* Opladen 2005

Miller, J. D. The measurement of civic scientific literacy. *Public Understanding of Science* 7, 1998, S. 203–223

Miller, S. Public understanding of science at the crossroads. *Public Understanding of Science* 10, 1, 2001, S. 115–120

Moschner, B. et al. (Hg.) *PISA 2000 als Herausforderung.* Baltmannsweiler 2003

Müller-Kohlenberg, H. et al. *Laien als Experten.* Frankfurt/M. 1994

Münch, J. & Eswein, M. *Bildung, Qualifikation und Arbeit in Japan, Mythos und Wirklichkeit.* Berlin 1992

National Science Report. *Science and Engineering Indicators.* Arlington 1998

Neubauer, A. & Stern, E. *Lernen macht intelligent.* München 2008

Noelle-Neumann, E. & Köcher, R. (Hg.). *Allensbacher Jahrbuch der Demoskopie,* Bd. 9: 1984-1992. München 1993

Noelle-Neumann, E. & Köcher, R. (Hg.). *Allensbacher Jahrbuch der Demoskopie,* Bd. 10: 1993-1997. München 1997

Nolda, S. *Erwachsenenbildung in der Wissensgesellschaft.* Bad Heilbrunn 1996

Nützenadel, A. *Die Stunde der Ökonomen. Wissenschaft, Politik und Expertenkultur in der Bundesrepublik 1949–1974.* Göttingen 2005

OECD Statistics Canada (Hg.). *Literacy, Ecconomy and Society. Results of the first International Adult Literacy Survey.* Paris 1995

OECD (Hg.). *Literacy in the information age.* Paris 2000

OECD (Hg.). *Education policy analysis.* Paris 2001

OECD (Hg.). *Reading for change. Performance and engagement across countries.* Paris 2002

Oelkers, J. *Pädagogische Ratgeber. Erziehungswissen in populären Medien.* Frankfurt 1995

Oelkers, J. Wie lernt ein Bildungssystem? *Die deutsche Schule* 87, 1, 1995, S. 4–20

Oelkers, J. *Fächerkanon Fachunterricht.* In: Blömecke, S. et al. (2009), S. 305–312

Oelkers, J. & Tenorth, H.-E. (Hg.). *Pädagogisches Wissen.* Weinheim 1991

Oelkers J. et al. (Hg.). *Bildung, Öffentlichkeit und Demokratie.* Weinheim 1998

Oeser, E. *Wissenschaftstheorie als Rekonstruktion der Wissenschaftsgeschichte,* 2 Bde. München 1979

Oesle, O. G. (Hg.) *Naturwissenschaft, Geisteswissenschaft, Kulturwissenschaft.* Göttingen 1998

Ofenbach, B. Neue Lernkultur vs. traditionelle Leistungsbeurteilung. *Pädagogische Rundschau* 58, 2004, S. 231–242

Oser, F. & Oelkers, J. (Hg.). *Die Wirksamkeit der Lehrerbildungssysteme.* Zürich 2001

Peterßen, W. H. Lernen braucht Vielfalt! – Didaktisches Plädoyer für ein differenziertes Methodendenken. In: Stadtfeld, B. & Dieckmann, B. (Hg.). *Allgemeine Didaktik im Wandel.* Bad Heilbrunn 2005, S. 153–172
Petillon, H. (Hg.). Jahrbuch Grundschulforschung, Bd.5. Opladen 2002, S. 22–28
Piattelli-Palmarini, M. *Die Illusion zu wissen.* Reinbek 1997
Popp, U. & Reh, S. (Hg.). *Schule forschend entwickeln.* Weinheim 2004
Poppelreuter, W. *Psychokritische Pädagogik.* München 1933
Prenzel, M. Motivationsprobleme im Unterricht. *Lehrerjournal* 52, 1984, S. 1–4
Prenzel, M. Mit Interesse in das dritte Jahrtausend! In: Seibert, N. & Serve, H. J. (1994), S. 1314–1339
Prenzel, M. Zur Situation der empirischen Bildungsforschung. In: Mandl, H. & Kopp, B. (Hg.). *Impulse für die Bildungsforschung.* Berlin 2005, S. l7–21
Prenzel, M. Die Zukunft der Bildung und der Beitrag der Evaluation. *Zeitschrift für Evaluation* 7, 2, 2008, S. 333–346
Prenzel, M. & Trechsel, B. Schulleistungsforschung und Lehrerbildung. *Die Deutsche Schule* 95, 7. Beiheft, 2003, S. 32–53
Prenzel, M. et al. (Hg.). *PISA 2003. Der Bildungsstand der Jugendlichen in Deutschland – Ergebnisse des zweiten internationalen Vergleichs.* Münster 2004
Prenzel, M. et al. (Hg.). *PISA 2003. Der zweite Vergleich der Länder in Deutschland.* Münster 2004
Prenzel, M. et al. (Hg.). *PISA 2006. Die Ergebnisse der dritten internationalen Vergleichsstudie.* Münster 2007
Prenzel, M. et al. PISA misst Kompetenzen. Eine Replik auf Rindermann (2006). Was messen internationale Schulleistungsstudien? *Psychologische Rundschau* 58, 2, 2007, S. 128–136
Prenzel, M. & Baumert, J. (Hg.). Unbekanntes PISA. Über den Nutzen der internationalen Vergleichsstudie für die Hochschulen. *Forschung & Lehre* 15, 3, 2008, S. 168–169
Ramseger, J. *Was heißt „durch Unterricht erziehen"?* Weinheim 1991
Raschert, J. Was ist mit der Gesamtschule in Deutschland schief gegangen? In: Petry, C. & Pistor, H.-H. (Hg.). *Der lange Weg der Bildungsreform.* Weinheim 2004, S. 73–79
Rauner, Felix (Hg.). *Handbuch Berufsbildungsforschung.* Bielefeld 2005
Reichenbach, R. & Oser, F. (Hg.). *Die Psychologisierung der Pädagogik.* Weinheim 2002

Rekus, J. et al. (Hg.). *Die Realschule*. Weinheim 1999
Renkl, A. (Hg.). *Lehrbuch Pädagogische Psychologie*. Bern 2008
Renkl, A. & Prenzel, M. (Hg.). Themenheft „Die Bildungsqualität von Schule". *Unterrichtswissenschaften* 30, 1, 2002
Riegel, E. *Schule kann gelingen!* Frankfurt/M. 2004
Rösler, H. F. & Schmidkunz, H. Die didaktische Reduktion – eine Bestandsaufnahme. *Naturwissenschaften im Unterricht – Chemie* 7, 34, 1996, S. 4–14
Rolff, H. G. (Hg.). *Zukunftsfelder von Schulforschung*. Weinheim 1995
Rosenbladt, B. v. (Hg.). *Bildung in der Wissensgesellschaft*. Münster 1999
Rost, D. H. (Hg.). *Handwörterbuch Pädagogische Psychologie*. Weinheim 2006
Roth, H. Stimmen die deutschen Lehrpläne noch? *Die deutsche Schule* 2, 1968
Roth, L. (Hg.). *Pädagogik. Handbuch für Studium und Praxis*. München 2001
Rudolph, M. *Nachhilfe – gekaufte Bildung? Empirische Untersuchung zur Kritik der außerschulischen Lernbegleitung*. Bad Heilbrunn 2002
Rutherford, F. J. & Ahlgren, A. *Science for all Americans*. New York 1990
Rutter, M. et al. *Fünfzehntausend Stunden. Schulen und Ihre Wirkungen auf die Kinder*. Weinheim 1980
Sacher, W. Deutsche Leistungsdefizite bei PISA. In: Klieme, E. et al. (2005), S. 22–45
Sauer, J. & Gamsjäger, E. *Ist Schulerfolg vorhersagbar? Die Determinanten der Grundschulleistungen und ihr prognostischer Wert für den Sekundarschulerfolg*. Göttingen 1996
Schaarschmidt, O. et al. *Potsdamer Studie zur Lehrerbelastung*. Potsdam 2000
Scheunpflug, A. *Evolutionäre Didaktik*. Weinheim 2001
Schiepek, G. (Hg.). *Systeme erkennen Systeme*. Weinheim 1987
Schieser, H. A. Ganztagsschule – notwendiges Übel, aber doch übel. In: Ludwig, C. & Mannes, A. (2003), S. 197–218
Schlömerkemper, J. (Hg.). Bildung und Standards: Zur Kritik der „Instandardsetzung" des deutschen Bildungswesens (Themenschwerpunkt). *Die Deutsche Schule*, Beiheft, 2004
Schmoll, H. *Lob der Elite*. München 2008
Schneider, W. & Stefanik, J. Entwicklungsveränderungen allgemeiner kognitiver Fähigkeiten und schulbezogener Fertigkeiten im Kindes- und Jugendalter. Evidenz für einen Schereneffekt? *Zeitschrift für Entwicklungspsychologie und Pädagogische Psychologie* 36, 3, 2004, S. 147–159

Schnotz, W. et al. (Hg.). *New perspectives on conceptual change*. Amsterdam 1999

Schönfeldt, E. *Dem Lernen widmet sich der Edle Mensch. Bildung und Ausbildung in Korea*. Kassel 2000

Schuler, H. & Hell, B. (Hg.). *Studierendenauswahl und Studienentscheidung*. Göttingen 2008

Schweitzer, J. PISA und die Systemfrage. Für eine tabu- und ideologiefreie Analyse der PISA-Studie. *Die Deutsche Schule* 94, 2, 2002, S. 148–156

Seibert, N. & Serve, H. J. (Hg.). *Bildung und Erziehung an der Schwelle zum dritten Jahrtausend*. München 1994

Seidel, T. et al. Grundbedingungen eines lernwirksamen Unterrichts erkennen. In: Lütgert, W. et al. (Hg.): *Die Zukunft der Lehrerbildung*. Weinheim (2008), S. 198–213

Shamos, M. *The myth of scientific literacy*. New Brunswick 1995

Siebert, A. *Pädagogischer Konstruktivismus: Eine Bilanz der Konstruktivismus-Diskussion für die Bildungspraxis*. Neuwied 1999

Smolka, D. (Hg.). *Motivation und Mitarbeiterführung in der Schule. Empfehlungen für die Schulpraxis*. Neuwied 2000

Sodian, B. *Das Kind als Wissenschaftler. Von der Bildung intuitiver Theorien zum Erwerb wissenschaftlichen Wissens*. Bern 2002

Solomon, J., Scott, L. & Düvenn, J. Large-scale exploration of pupils' understanding of the nature of science. *Science Education*, 80, 5, 1996, S. 493–508

Sorowiecki, J. *Die Weisheit der Vielen*. München 2005

Sparfeldt, J. R. *Berufsinteressen hochbegabter Jugendlicher*. Münster 2006

Spinner, H. S. *Die Architektur der Informationsgesellschaft*. Bodenheim 1998

Spitzer, M. *Lernen: Gehirnforschung und die Schule des Lebens*. Heidelberg 2006

Sprenger, U. Zurückhaltung am falschen Platz? In: Hansel, T. (Hg.): *PISA – und die Folgen?* Herbolzheim 2003, S. 53–105

Städtler, T. *Lexikon der Psychologie*. Stuttgart 1998

Stadtfeld, B. & Dieckmann, B. (Hg.). *Allgemeine Didaktik im Wandel*. Bad Heilbrunn 2005

Stern, C. (Hg.). *Ziele und Wege innovativer Schulen in Deutschland*. Gütersloh 2000

Stern, E. Die Bewältigung neuer Anforderungen – eine allgemeine oder inhaltsspezifische Intelligenzleistung? In: Bartussek, D. & Amelang, M.

(Hg.). *Fortschritte der differentiellen Psychologie und psychologischen Diagnostik.* Göttingen 1994, S. 333–344

Stern, E. Lernen – der wichtigste Hebel der geistigen Entwicklung (1). *Universitas* 58, 5, 2003, S. 454–464

Stern, E. Lernen – der wichtigste Hebel der geistigen Entwicklung (2). *Universitas* 58, 6, 2003, S. 567–582

Stern, E. et al. Die Nutzung graphisch-visueller Repräsentationsformen im Sachunterricht. In: Spreckelsen, A. et al. (Hg.). *Ansätze und Methoden empirischer Forschung zum Sachunterricht.* Bad Heilbrunn 2002, S.119–131

Stern, E. & Schumacher, K. Intelligentes Wissen als Lernziel. In: Hansel, T. (Hg.). *Frühe Bildungsprozesse und schulische Anschlussfähigkeit.* Herbolzheim 2004, S. 104–111

Stern, E. et al. *Lehr-Lern-Forschung und Neurowissenschaften: Erwartungen, Befunde, und Forschungsperspektiven.* Reihe Bildungsreform, Bd.13. Bonn (BMBF) 2005

Stevenson, H. W. & Stiegler, J. W. *The learning gap.* New York 1992

Stiegler, J. W. & Hiebert, J. *The teaching gap.* New York 1999

Straubhaar, T. *Die staatliche Bildungskatastrophe.* Bonn 1996

Strohschneider, S. & von der Weth, R. (Hg.). *Ja, mach nur einen Plan.* Bern 1993

Tashiro, T. Erziehungsprobleme und die Kritik der modernen Pädagogik. *Pädagogische Rundschau* 58, 2004, S. 51–62

Tenorth, H.-E. (Hg.). *Allgemeine Bildung.* Weinheim 1986

Tenorth; H.-E. *Geschichte der Erziehung.* Weinheim 1992

Tenorth, H.-E. *„Alle alles zu lehren". Möglichkeiten und Perspektiven allgemeiner Bildung.* Darmstadt 1994

Tenorth, H.-E. Unterrichtsfächer – Möglichkeit, Rahmen und Grenze. In: Goodsen, I. F. et al. (Hg.). *Das Schulfach als Handlungsrahmen. Vergleichende Untersuchungen.* Köln 1999

Tenorth, H.-E. (Hg.). *Kerncurriculum Oberstufe. Mathematik, Deutsch, Englisch.* Weinheim 2001

Tenorth, H.-E. (Hg.). *Kerncurriculum Oberstufe II. Biologie, Chemie, Physik, Geschichte, Politik.* Weinheim 2004

Tenorth, H.-E. & Tippelt, R. (Hg.). *Lexikon Pädagogik.* Weinheim 2007

Terhart, E. *Nach PISA.* Hamburg 2002

Terhart, E. Fremde Schwestern – zum Verhältnis von Allgemeiner Didaktik u. empirischer Lehr-Lernforschung. In: Stadtfeld, B. & Dieckmann, B. (2005), S. 96–114

Terhart, E. *Lehr-Lern-Methoden.* Weinheim 2005
Tillmann, K.-J. (Hg.). *Was ist eine gute Schule?* Hamburg 1989
Tillmann, K.-J. (Hg.). *Lehrpläne und curriculare Kooperation im Schulalltag: Ergebnisse empirischer Untersuchungen an hessischen Schulen.* Bielefeld 1996
Tillmann, K.-J. Brauchen Lehrer Lehrpläne? *Neue Sammlung* 37, 1997, S. 585–601
Tillmann, K.-J. & Vollstädt, W. (Hg.). *Politikberatung und Bildungsforschung. Das Beispiel Schulentwicklung in Hamburg.* Opladen 2001
Timmerhaus, W. *Fachdidaktik als konstitutives Instrument universitärer Lehrerbildung.* Marburg 2001
Timmermann, D. Bildungsökonomie. In: Tippelt, R. (2002), S. 81–122
Tippelt, R. (Hg.). *Handbuch Bildungsforschung.* Opladen 2002
Tippelt, R. & v. Hippel, A. (Hg.). *Handbuch Erwachsenenbildung/ Weiterbildung.* Wiesbaden 2009
Takala, S. et al. *Civic knowledge and engagement. IEA study of upper secundary students in 16 countries.* Amsterdam 2002
Torney-Purta, J. et al. *Citizenship and education in 28 countries.* Amsterdam 2001
Trautwein, U. & Lüdtke, V. Aspekte von Wissenschaftspropädeutik und Studierfähigkeit. In: Köller, O. et al. (2004), S. 327–366
Trautwein, U. et al. (Hg.). *Schulleistungen von Abiturienten.* Münster 2007
Trier, O. P. (Hg.). *Bildungswirksamkeit zwischen Forschung und Politik.* Zürich 2000
Trost, G. et al. *Repräsentativerhebung an deutschen Abiturienten.* Bonn 1976
Ulrich, W. & Buck, P. (Hg.). *Video in Forschung und Lehre.* Weinheim 1993
Uthmann, J. v. *Bildung für alle Lebenslagen. Alles, was man wissen muss, um ein Mann oder eine Frau von Welt zu werden.* Berlin 2004
Valtin, R. (Hg.). *Was ist ein gutes Zeugnis? Noten und verbale Beurteilung auf dem Prüfstand.* Weinheim 2002
Vanselow, K. & Dummer-Smoch, O. L. *Die Vernachlässigung individueller Begabungsstrukturen im deutschen Bildungssystem.* Bochum 2002
Vester, F. *Leitmotiv vernetztes Denken – für einen besseren Umgang mit der Welt.* München 1988
Vogel, P. Scheinprobleme der Erziehungswissenschaft. Das Verhältnis von „Erziehung" und „Sozialisation". *Zeitschrift für Pädagogik* 42, 1996, S. 481–490
Vollstädt, W. et al. *Lehrpläne im Schulalltag.* Opladen 1999

Wagenschein, M. *Die pädagogischen Dimension der Physik.* Braunschweig, 1976

Wagenschein, M. *Ursprüngliches Verstehen und exaktes Denken.* Pädagogische Schriften, 2 Bde. Stuttgart 1981

Wagenschein, M. *Erinnerungen für morgen. Eine pädagogische Autobiographie.* Weinheim 1983

Wahl, D. et al. *Psychologie für die Schulpraxis. Ein handlungsorientiertes Lehrbuch für Lehrer.* München 1997

Walter, J. *Bildung der Zukunft.* Frankfurt 1999

Weber, M. *Das Wachstum von Verwaltungsorganisationen.* Opladen 1994

Weinert, F. E. Lerntheorien und Instruktionsmodelle. In: Weinert, F. E. (1996), S. 1–48

Weinert F. E. (Hg.). Psychologie des Lernens und der Instruktion. In: *Enzyklopädie der Psychologie, Pädagogische Psychologie.* Bd. 2. Göttingen 1996

Weinert, F. E. (Hg.). *Leistungsmessungen an Schulen.* Weinheim 2001

Weinert, F. E. Lernen des Lernens. In: *Expertenberichte des Forum Bildung.* Bd. III. Bonn 2002, S. 37–42

Weinert, F. E. & Helmke, A. Der gute Lehrer. Person, Funktion oder Fiktion. In: Lischinsky, A. (Hg.). *Institutionalisierung des Lehrens und Lernens.* Weinheim 1996

Weinert, F. E. & Helmke, A. (Hg.). Entwicklung im Grundschulalter. Weinheim 1997

Weiß, M. & Weishaupt, H. (Hg.). Bildungsökonomie und neue Steuerung. Frankfurt/Main 2000

Welzer, H. & Markowitsch, H. J. *Warum Menschen sich erinnern können. Fortschritte der interdisziplinären Gedächtnisforschung.* Stuttgart 2006

Westphalen, K. Lerngesellschaft ohne Grenzen? In: Seibert, N. & Serve, H. J. (1994), S.1340–1363

WHO. *The World Health Report 2000.* Genf 2000

Wiechmann, J. (Hg.). *12 Unterrichtsmethoden. Vielfalt für die Praxis.* Weinheim 2000

Wiesner, G. & Wolter, A. (Hg.). *Die lernende Gesellschaft.* Weinheim 2004

Wilhelm, T. Die Allgemeinbildung ist tot – es lebe die Allgemeinbildung. *Neue Sammlung* 25, 1985, S. 120–150

Williams, J. & Clark, J. D. The information explosion: fact or myth? In: *IEEE Transactions on Engineering Management* 39, 1, 1992, S. 79–83

Wössmann, L. *Letzte Chance für gute Schulen. Die 12 großen Irrtümer und was wir wirklich ändern müssen.* München 2007

Wottawa, H. & Thierau, H. *Lehrbuch der Evaluation.* Bern 2003
Zimmer, K. et al. Die PISA-Spitzengruppe in Deutschland: eine Charakterisierung hochkompetenter Jugendlicher. In: Heller, K. A. & Ziegler, A. (Hg.) *Begabt sein in Deutschland.* Berlin 2007, S. 193–208

Literatur zu den einzelnen Schulfächern

Nachfolgend sind, zur besseren Orientierung des Lesers, die speziellen Literaturangaben zu den einzelnen Schulfächern extra aufgeführt. Ergänzt werden sie jeweils durch eine kleine Liste von Literaturempfehlungen; diese sind bewusst mit subjektiver und ein wenig „anderer" Schwerpunktbildung ausgewählt, selten Lehrbücher, weil diese in nicht wenigen Bereichen völlig verzerrte Darstellungen der realen Problematiken eines Faches darstellen.

Fachliteratur Mathematik

Biehler, R. & Jahnke, H. N. (Hg.): *Mathematische Allgemeinbildung in der Kontroverse.* Bielefeld 1997 • Bromme, H. & Hömberg, E.: Die andere Hälfte des Arbeitstages. Interviews mit Mathematiklehrern über alltägliche Unterrichtsvorbereitung. Institut für Didaktik der Mathematik der Universität Bielefeld. Bielefeld 1981. *Materialien und Studien,* Band 25 • Bussmann, H.: *Mathematik lernen – lehrbar?* Frankfurt/M. 1997 • Crettaz von Rothen, F.: Do we need a public understanding of statistics? *Public Understanding of Science* 15, 2006, S. 243–249 • Dörner, D.: *Die Logik des Mißlingens.* Reinbek 2003 • Dunham, W.: *Mathematik von A–Z.* Basel 1996 • Ehmke, T. & Siegle, T.: *Mathematical Literacy von Erwachsenen. Über welche Kompetenz verfügen Eltern von PISA-Schülerinnen und -Schülern?* In: Prenzel & Allolio-Näcke (2006), S. 83–98 • Gigerenzer, G.: *Das Einmaleins der Skepsis: Über den richtigen Umgang mit Zahlen und Risiken.* Berlin 2004 • Gigerenzer, G. *Bauchentscheidungen.* München 2008 • Göttle, G.: *Experten.* Frankfurt/M. 2004 • Hasselhorn, M. et al. (Hg.): *Diagnostik von Mathema-*

tikleistungen. Göttingen 2005 • Heymann, H. W.: *Allgemeinbildung und Mathematik.* Weinheim 1996 • Heymann, H. W.: *Mathematikunterricht in der gymnasialen Oberstufe. Zeitschrift für Pädagogik* 42, 1996, S. 541–556 • Klieme, E. et al.: *Qualitätsdimensionen und Wirksamkeit von Mathematikunterricht.* In: Prenzel & Allolio-Näcke (2006), S. 127–146 • Koerber, S.: *Visualisierung als Werkzeug im Mathematik-Unterricht. Der Einfluß externer Repräsentationsformen auf proportionales Denken im Grundschulalter.* Hamburg 2003 • Köller, O. et al. (Hg.): *Wege zur Hochschulreife in Baden-Württemberg. TOSCA – eine Untersuchung an allgemeinbildenden und beruflichen Gymnasien.* Opladen 2004 • Le Poidevin, R.: *Wie die Schildkröte Achilles besiegt oder die Rätsel von Raum und Zeit.* Leipzig 2004 • Lehmann, R. H. et al.: *LAU 11. Aspekte der Lernausgangslage und der Lernentwicklung – Klassenstufe 11.* Hamburg 2004 • Lehmann, R. H. et al. (Hg.): *LAU 13. Aspekte der Lernausgangslage und Lernentwicklung – Klassenstufe 13.* Hamburg 2006 • List, J.: *Mathematik, Naturwissenschaft und Technik. Basisqualifikationen für die Wissensgesellschaft.* Köln 1999 • Maaß, J. & Schlöglmann, W.: Erwachsene und Mathematik. *Mathematica didactica* 23, 2, 2000, S. 95–106 • Mevarech, Z. & Kramarsky, B.: From verbal description to graphic representations: stability and change in students' alternative conceptions. *Educational Studies in Mathematics,* H. 32, 1997, S. 229–263 • Pólya, G.: *Mathematik und plausibles Schließen,* 2 Bde. Basel 1969 • Prenzel, M. & Allolio-Näcke, L. A. (Hg.): *Untersuchungen zur Bildungsqualität von Schule.* Münster 2006 • Reiss, K. et al.: *Mathematik lernen mit heuristischen Lösungsbeispielen.* In: Prenzel & Allolio-Näcke (2006), S. 194–210 • Schöglmann, W.: Was bleibt vom schulischen Mathematikunterricht? *Mathematica didicatica* 21, 1, 1998, S. 87–107 • Schrepp, M. & Korossy, K.: Fehlkonzepte und Fehlkonzeptanwendungen bei elementaren Aufgaben zum Vereinfachen von Bruchtermen. *Zeitschrift für Psychologie* 206, 1998, S. 47–73 • Schümer, G.: Mathematikunterricht in Japan. *Unterrichtswissenschaft. Zeitschrift für Lernforschung* 26, 3, 1998, S. 195–226 • Trautwein, U. et al. (Hg.): *Schulleistungen von Abiturienten.* Münster 2007 • Stern, E.: *Die spontane Strategieentdeckung in der Arithmetik.* In: Mandl, H. & Friedrich, H. F.: *Denk- und Lernstrategien.* Göttingen 1992, S. 186–206 / Stern, E. *Erwerb mathematischer Kompetenzen.* In: Weinert, F. E. & Helmke, A. (Hg.): *Entwicklung im Grundschulalter.* Weinheim 1997, S. 167–170 • Stern, E.: *Mathematik.* In: Weinert, F. (Hg.): *Enzyklopädie der Psychologie: Psychologie in Schule und Unterricht* (Bd.3). Göttingen 1997, 397–426 • Stern-Redaktion (Verfasser nicht ermittelbar): Der Bildungstest. *Stern* 4,

1999, S. 52–68 • van der Meer, E.: Mathematisch-naturwissenschaftliche Hochbegabung. *Zeitschrift für Psychologie* 193, 1985, S. 229–258 • vom Hofe, R. et al.: *Zur Entwicklung mathematischer Grundbildung der Sekundarstufe I – theoretische, empirische und diagnostische Aspekte.* In: Hasselhorn (2005), S. 263–292 • Wagenschein, M.: Ursprüngliches Verstehen und exaktes Denken. *Pädagogische Schriften*, 2 Bde. Stuttgart 1981 • Watermann, R. et al.: *Mathematikleistungen in allgemein bildenden und beruflichen Gymnasien.* In: Köller et al. (2004), S. 205–284 • Wiegand, B.: TIMSS als Spiegel für Defizite im Deutsch- und Mathematik-Unterricht der Sekundarstufe II – Analysen von Aufgaben. *Beiträge zum Mathematikunterricht 1999*, S. 594–597 • Winter, H.: *Mathematik als Schule der Anschauung oder: Allgemeinbildung im Mathematikunterricht des Gymnasiums.* In: Biehler & Jahnke (1997), S. 27–68 • Winter, H.: Mathematikunterricht und Allgemeinbildung. *Mitteilungen der Gesellschaft für Didaktik der Mathematik* Nr. 61, 1995, S. 37–46 • Zech, F.: *Mathematik erklären und verstehen. Eine Methodik des Mathematikunterrichts mit besonderer Berücksichtigung von lernschwachen Schülern und Alltagsnähe.* Berlin 1995

Literaturempfehlungen Mathematik

Barrow, J.D.: *Der Himmel voller Zahlen. Auf den Spuren mathematischer Wahrheit.* Heidelberg 1994 • Baruk, S.: *Wie alt ist der Kapitän? Über den Irrtum in der Mathematik.* Basel 1989 • Beck-Bornholdt, H.-P. & Dubben, H.-H.: *Der Schein der Weisen. Irrtümer und Fehlurteile im täglichen Denken.* Reinbek 2003 • Beutelspacher, A.: „*Das ist oBDA trivial!" Eine Gebrauchsanleitung zur Formulierung mathematischer Gedanken mit vielen praktischen Tips für Studierende der Mathematik und Informatik.* Wiesbaden 2002 • Brüning, J. & Knobloch, E. (Hg.): *Die mathematischen Wurzeln der Kultur.* München 2005 • Cole, K. C.: *Das Universum in der Teetasse. Von der alltäglichen Magie der Mathematik.* Köln 2009 • Cresswell, C.: *Wie viel Sex passt in ein Einmachglas? Was die Mathematik über unser Liebesleben verrät.* Frankfurt/M. 2005 • Dawson, J. W.: *Kurt Gödel: Leben und Werk.* Wien 1999 • Dehaene, S.: *Der Zahlensinn.* Basel 1999 • Diewdney, A.: *200 Prozent von nichts. Die geheimen Tricks der Statistik und andere Schwindeleien mit Zahlen.* Basel 1994 • Drösser, C.: *Der Mathematikverführer.* Reinbek 2008 • Gigerenzer, G. et al.: *Das Reich des Zufalls.* Heidelberg 1999 •

Glaeser, G.: *Bilder der Mathematik*. Heidelberg 2009 • Glaser, G.: *Geometrie und ihre Anwendung in Kunst, Natur und Technik*. Heidelberg 2007 • Heintz, B.: *Die Herrschaft der Regel. Zur Grundlagengeschichte des Computers*. Frankfurt/M. 1993 • Heintz, B.: *Die Innenwelt der Mathematik. Zur Kultur und Praxis einer beweisenden Disziplin*. 2000 Wien • Heyne, A. K. & Heyne, A. K.: *Leonard Euler*. Basel 2007 • Israel, G. & Millán Gasca A.: *The world as a game. John von Neumann and twentieth century science*. Basel 2009 • Kanigel, R.: *Der das Unendliche kannte: Das Leben des genialen Mathematikers Srinivasa Ramanujan*. Wiesbaden 1995 • Krämer, W. *Denkste! Trugschlüsse aus der Welt der Zahlen und des Zufalls*. München 2008 • Krämer, W.: *So lügt man mit Statistik*. München 2000 • Krämer, W.: *Statistik verstehen ohne Gebrauchsanweisung*. München 2008 • Maur, K. v.: *Magie der Zahl in der Kunst des 20. Jahrhunderts*. Stuttgart 1997 • Paulos, J.A.: *Zahlenblind*. München 1990 • Schechter, B.: *Mein Geist ist offen. Die mathematischen Reisen des Paul Erdös*. Basel 1999 • Singh, S.: *Fermats letzter Satz*. München 1998 • Stern, E.: *Die Entwicklung des mathematischen Verständnisses im Kindesalter*. Lengerich 1998 • Stewart, I. & Post, B.: *Die Zahlen der Natur. Mathematik als Fenster zur Welt*. Heidelberg 2001 • Toti Rigatellei, L.: *Evariste Galois*. Basel 1996 • Wallace, D.F.: *Die Entdeckung des Unendlichen*. Piper 2009 • Werner, G.: *Mathematik im Surrealismus*. Marburg 2002

Fachliteratur Geschichte

Borries, B. von: *Geschichtslernen und Geschichtsbewusstsein*. Stuttgart 1988 • Borries, B. von et al.: *Das Geschichtsbewusstsein deutscher Jugendlicher*. Weinheim 1995 • Borries, B. von: Geschichtsunterricht in der Gymnasialen Oberstufe. *Zeitschrift für Pädagogik* 42, 4, 1996, S. 519–539 • Borries, B. von: *Jugend und Geschichte. Ein europäischer Kulturvergleich aus deutscher Sicht*. Opladen 1999 • Erlebach, R. et al.: Nationalsozialismus – Kenntnisse und Meinungen von Abiturienten 1961 und 1979. *Die Deutsche Schule* 73, 1981, S. 539–544 • Filser, K.: *Geschichte: Mangelhaft. Die Krise eines Unterrichtsfaches in der Volksschule*. München 1973 • Fischer, P.: *Erfindungen, die die Welt veränderten*. Berlin 2001 • Klage, J.: *Wetter macht Geschichte*. Frankfurt/M. 2002 • Mielitz, R. (Hg.): *Das Lehren der Geschichte*. Göttingen 1969 • Mielitz, R.: *Das Faktenwissen der Studienanfänger*. In: Mielitz (1969), S. 90–102 • Oehler, H.: *Geschichtswissen und Geschichtsbild der*

Abiturienten. In: Mielitz (1969), S. 46–55 • *Spektrum der Wissenschaft – Highlights: Forschung und Technik im Mittelalter.* 2009 • Stern-Redaktion (Verfasser nicht ermittelbar): Der Bildungstest. *Stern* 4, 1999, S. 52–68

Literaturempfehlungen Geschichte

Altrichter, H. (Hg.): *Mythen in der Geschichte.* Freiburg i. Br. 2004 • Dahn, D.: *Vertreibung ins Paradies.* Reinbek 2002 • Deutz-Schroeder, M. & Schroeder K.: *Soziales Paradies oder Stasi-Staat?* Berlin 2008 • Duncan, D. E.: *Der Kalender.* München 1999 • Durschmied, E.: *Der Hinge-Faktor. Wie Zufall und Dummheit Weltgeschichte schreiben.* Wien 1998 • Emich, B.: *Geschichte der Frühen Neuzeit studieren.* Konstanz 2006 • *Forschungsverband SED-Staat: Operation Fernsehen.* Berlin 2008 • Frey, E.: *Das Hitler-Syndrom. Über den Umgang mit dem Bösen in der Weltpolitik.* Frankfurt/M. 2005 • Gamm, H.-J.: *Der Flüsterwitz im Dritten Reich.* München 1990 • Hertlet, W. L. & Hofmann, W.: *Der Treppenwitz der Weltgeschichte: geschichtliche Irrtümer, Entstellungen und Erfindungen.* Wiesbaden 2008 • Küppers, W.: *Zur Psychologie des Geschichtsunterrichts.* Bern 1966 • Landes, D.: *Wohlstand und Armut der Nationen.* München 1999 • Lind, J.: *Die Aktualität des Mittelalters. Gegen die Überheblichkeit unserer Wissensgesellschaft.* Stuttgart 2002 • Lind, J.: *Das Mittelalter. Geschichte und Kultur.* München 2008 • Meidenbauer, J.: *Lexikon der Geschichtsirrtümer.* Frankfurt/M. 2004 • Paul, G.: *Bilder des Krieges – Krieg der Bilder. Die Visualisierung des modernen Krieges.* Paderborn 2004 • Schneider, W.: *Die Sieger. Wodurch Genies, Phantasten und Verbrecher berühmt geworden sind.* Hamburg 1993 • Schneider, W.: *Große Verlierer. Von Goliath bis Gorbatschow.* Reinbek 2006 • Tallack, P. et al.: *Meilensteine der Wissenschaft: Eine Zeitreise.* Heidelberg 2005 • Trumple, A.: *Eine kleine Geschichte des Lächelns.* Heidelberg 2006 • Tuchman, B.: *Die Torheit der Regierungen. Von Troja bis Vietnam.* Frankfurt/M. 2006

Fachliteratur Biologie

Barrow, J. D.: *Der kosmische Schnitt. Die Naturgesetze des Ästhetischen.* Heidelberg 1997 • Arzt, W. & Birmelin, I.: *Haben Tiere ein Bewusstsein?* Münster 1993 • Berck, H.: *Begriffe im Biologieunterricht.* Köln 1986 • Berck,

K.-H.: *Biologiedidaktik. Grundlagen und Methoden.* Wiebelsheim 1999 • Borkenau, P.: *Anlage und Umwelt. Eine Einführung in die Verhaltensgenetik.* Göttingen 1993 • Carroll, S. B.: *EVO DEVO: Das neue Bild der Evolution.* Berlin 208 • de Waal, F. & Rennert, W.: *Der Affe und der Sushi-Meister.* München 2005 • de Waal, F.: *Primaten und Philosophen: Wie die Evolution die Moral hervorbrachte.* München 2008 • Duden-Verlag: *Schüler-Duden: Biologie.* Mannheim 2000 • Eschenhagen, D. & Schilke, K.: Untersuchungen zum biologischen Wissen von Studienanfängern. *Praxis der Naturwissenschaften – Biologie.* 22, 10, 1973 • Ewers, M. (Hg.): *Wissenschaftsgeschichte und naturwissenschaftlicher Unterricht.* Bad Salzdetfurth 1978 • Griffin, D.R.: *Wenn Tiere denken. Ein Vorstoß ins Bewusstsein der Tiere.* München 1986 • Harms, U. et al.: *Kerncurriculum und Standards für den Biologieunterricht in der gymnasialen Oberstufe.* In: Tenorth (2004), S. 22–84 • Hediger, H.: *Tiere verstehen.* München 1984 • Hediger, H.: *Zur Frage des Selbstbewusstseins beim Tier.* In: Stamm, R.A. (Hg.): *Tierpsychologie.* Weinheim 1984 • Hüttecke, D.: *Die Natur der Naturwissenschaften historisch verstehen.* Berlin 2001 • Jahn, I. (Hg.): *Geschichte der Biologie.* Hamburg 2004 • Isik, S. et al.: *Einstellung und Wissen von Lehramtsstudierenden zur Evolution – ein Vergleich zwischen Deutschland und der Türkei.* 2009 (Internetfassung) • Johannsen, M. & Krüger, D.: Schülervorstellungen zur Evolution – eine qualitative Studie. IDB Münster, *Berichte des Instituts für Didaktik der Biologie* 14, 2005, S. 23–48 (Internetfassung) • Kuhn, W.: *Allgemeinbildung und Biologieunterricht.* In: Plöger, W. (Hg.): *Naturwissenschaftlich-technischer Unterricht unter dem Anspruch der Allgemeinbildung.* Frankfurt/M. 1989, S. 21–48 • Kutschera, U.: *Evolutionsbiologie.* Stuttgart 2006 • Margulis, L.: *Die andere Evolution.* Heidelberg 1999? • Park, H.-J.: Recreation evolution debated. *Public Understanding of Science* 10, 2001, S. 173–186 • Probest, W. & Schuchardt, P. (Hg.): *Duden: Abiturwissen Biologie.* Mannheim 2004 Redaktion Schule und Lernen (Leitung: F. Liebisch, in Zusammenarbeit mit A. Dörrnbächer): Schülerduden Biologie. Mannheim 2000 • Scheunpflug, A.: *Biologische Grundlagen des Lernens.* Berlin 2000 • Schmidt, W.: *Die faszinierende Geschichte des Lebens. Warum wir so sind wie wir sind.* Hamburg 1997 • Schrooten, G.: „Anpassung" („Adaptation") – ein Beispiel für die Schwierigkeit, biologische Sachverhalte eindeutig auszudrücken. *Biologieunterricht* 17, 3, 1981, S. 56–60 • Schurig, V.: Individualisierung, personale Identität und Ich-Bewusstsein in subhumanen Primatengesellschaften. In: Ahrens, H.J. & Amelang, M. (Hg.): *Biologische Funktion individueller Differenzierung.* Göttingen 1989 • Stern-Redaktion (Verfasser nicht ermittelbar): Der Bildungstest. *Stern* 4, 1999, S. 52–68 • Tenorth, H. E. (Hg.): *Kerncurriculum Oberstufe II. Biologie, Chemie, Physik, Geschichte, Politik.* Weinheim 2004 • Tomasello, M.: *Die kulturelle Entwicklung des menschlichen Denkens.* Frankfurt/M. 2003 • Thoms, S.: *Ursprung des Lebens.* Frankfurt/M 2005 • Wandersee, J.R. et al.: Forschung zum Unterricht über Evolution. Eine Bestandsaufnahme. *Zeitschrift für Didaktik der Naturwissenschaften* 1, 1995, S. 43–54 • Uhlenbrock, K. & Walory, M.: *Abitur-Box Biologie. Prüfungs- und Basiswissen der Oberstufe.* Königswinter o.J. • Weber, T. P.: *Darwinismus.* Frankfurt/M. 2000 • Wiese, B. & Milde, H.: *Abiturwissen Genetik.* Stuttgart 1991 • Winter, H.: *Mathematik als Schule der Anschauung oder: Allgemeinbildung im Mathematikunterricht des Gymnasiums.* In: Biehler, R. & Jahnke, H.N. (Hg.): *Mathematische Allgemeinbildung in der Kontroverse.* Bielefeld 1997, S. 27–68

Literaturempfehlungen Biologie

Buskes, C.: *Evolutionär denken. Darwins Einfluß auf unser Weltbild.* Darmstadt 2008 • Irrgang, B.: *Lehrbuch der Evolutionären Erkenntnistheorie.* München 1993 • Johanson, D. C. et al.: *Lucy und ihre Kinder.* Heidelberg 2006 • Junker, R. & Scherer, S.: *Evolution – ein kritisches Lehrbuch.* München • Kirschner, M.W. & Gerhart, J.C.: *Die Lösung von Darwins Dilemma.* Reinbek 2007 • Köhler, T.: *Biopsychologie.* Köln 2001 • Mayr, E.: *Das ist Evolution.* München 2005 • Mayr, E.: *... und Darwin hat doch Recht.* München 1994 • Mayr, E.: *Das ist Biologie. Die Wissenschaft des Lebens.* Heidelberg 2000 • Neffe, J.: *Darwin. Das Abenteuer des Lebens.* München 2008 • Rheinberger, H.-J. & Hagner, M. (Hg.): *Die Experimentalisierung des Lebens. Experimentalsysteme in den biologischen Wissenschaften 1850/1950.* Berlin 1993 • Sitte, P. (Hg.): *Jahrhundertwissenschaft Biologie.* München 1999 • Spektrum der Wissenschaft-Spezial: *Die Evolution der Evolution – wie Darwins Theorie die Welt veränderte.* Januar 2009 • Spitzer, M.: *Nervenkitzel.* Frankfurt/M. 2006 • Spitzer, M.: *Nervensachen.* Berlin 2009 • Stripf, R.: *Evolution – Geschichte einer Idee. Von der Antike bis Haeckel.* Stuttgart 1989 • Walter, C.: *Hand und Fuß. Wie die Evolution uns zum Menschen machte.* Frankfurt/M. 2008 • Wieser, W. (Hg.): *Die Evolution der Evolutionstheorie.* Heidelberg 1994 • Wieser, W.: *Die Erfindung der Individualität oder die zwei Gesichter der Evolution.* Heidelberg 1998 • Wilson, D. S. & Wilson, E. O.: Evolution – Gruppe oder Individuum. *Spektrum der Wissen-*

schaft 1, 2009, S. 32–41 • Zimmer, D.: *Jenseits der Gene. Proteine – Schlüssel zum Verständnis des Lebens.* Stuttgart 2005

Fachliteratur Sozialkunde/Politik

Bressler, R.: *Rechtskenntnis der Bevölkerung am Beispiel des Strafrechts.* Zürich 1978 • Delli Carpini, M. & Keeter, S.: *What Americans know about politics and why it matters.* New Haven 1997 • Fölling-Albers, M. et al. (Hg.): *Handbuch Didaktik des Sachunterrichts.* Bad Heilbrunn 2007 • Gagel, W.: *Einführung in die Didaktik des politischen Unterrichts.* Opladen 2000 • Händle, C. et al.: *Aufgaben politischer Bildung in der Sekundarstufe I.* Opladen 1999 • Oser, F. & Biedermann, H. (Hg.): *Jugend ohne Politik. Ergebnisse der IEA-Studie zu politischem Wissen, Demokratieverständnis und gesellschaftlichem Engagement von Jugendlichen in der Schweiz im Vergleich mit 27 anderen Ländern.* Zürich 2003 • Patzelt, W. J.: *Ist der Souverän unaufgeklärt? Die Ansichten der Deutschen über Parlament und Abgeordnete.* Dresden 1996 • Patzelt, W. J. (Hg.): *Parlamente und ihre Funktionen.* Wiesbaden 2003 • Redaktionsteam Stark-Verlag: *Abitur 2005, Prüfungsaufgaben mit Lösungen. Sozialkunde.* Freising 1980 • Roericht, U. & Patzelt, W. J.: *Wissen und Vertrauen. Zur öffentlichen Wahrnehmung von Parlamenten.* In: Patzelt (2003), S. 433–474 • Stern-Redaktion (Verfasser nicht ermittelbar): Der Bildungstest. *Stern* 4, 1999, S. 52–68 • Torney-Purta, J. et al.: *Citizenship and education in 28 countries.* Amsterdam 2001

Literaturempfehlungen Sozialkunde/Politik

Berg, T. (Hg.): *Moderner Wahlkampf.* Opladen 2002 • Blome, N.: *Faul, korrupt und machtbesessen? Warum Politiker besser sind als ihr Ruf.* 2008 • Chafe, W. (Hg.) *The achievement of American liberalism.* New York 2003 • Dubiel, H.: *Was ist Neokonservativismus?* Frankfurt/M. 1985 • Höcker, R.: *Lexikon der Rechtsirrtümer.* 2004 • Leinemann, J.: *Höhenrausch. Die wirklichkeitsleere Welt der Politiker.* München 2004 • Machnig, M. (Hg.): *Politik – Medien – Wähler. Wahlkampf im Medienzeitalter.* Opladen 2002 • Müller, A.: *Machtwahn. Wie eine mittelmäßige Führungselite uns zugrunde richtet.* München 2007 • Müller, A.: *Meinungsmache. Wie Wirtschaft, Politik und*

Medien uns das Denken abgewöhnen wollen. München 2009 • Raschke, J.: *Die Zukunft der Grünen. So kann man nicht regieren.* Frankfurt/M. 2001 • Raschke, J. & Tils, R.: *Politische Strategie. Eine Grundlegung.* Wiesbaden 2007 • Scheer, H.: *Politiker.* 2003 • Schmidt, M. G. & Zohlenhöfer, R. (Hg.): *Regieren in der Bundesrepublik Deutschland. Innen- und Außenpolitik seit 1949.* Wiesbaden 2006 • Sombart, W.: *Warum gibt es in den Vereinigten Staaten keinen Sozialismus?* Tübingen 1906 • Städtler, T.: *Von den Schwierigkeiten, ein Konservativer zu werden. Über den idealen und den real-existierenden Konservativismus.* Hamburg 1996 • Surowiecki, J.: *Die Weisheit der Vielen.* München 2005 • Walter, F.: *Baustelle Deutschland. Politik ohne Lagerbindung.* Frankfurt/M. 2009 • Walter, F.: *Träume von Jamaica. Wie Politik funktioniert und was die Gesellschaft verändert.* 2006 • Wieczorek, T.: *Die verblödete Republik: Wie uns Medien, Wirtschaft und Politik für dumm verkaufen.* München 2009

Fachliteratur Wirtschaftskunde

Brombierstäudel, U.: *Abiturwissen. Wirtschaft-Recht. Betriebswirtschaft.* Freising 2002 • Brost, M. & Rohwetter, M.: *Das große Unvermögen. Warum wir beim Reichwerden immer wieder scheitern.* Weinheim 2003 • Fölling-Albers, M. et al. (Hg.): *Handbuch Didaktik des Sachunterrichts.* Bad Heilbrunn 2007 • Leinert, J.: *Finanzieller Analphabetismus in Deutschland. Bertelsmann Stiftung Vorsorgestudien* 25, 2004 • Lüdecke, S. & Sczesny, C.: *Arbeitspapiere Wirtschaftspädagogik,* Heft 10, 1998 • May, H. (Hg.): *Lexikon der ökonomischen Bildung.* München 1996 • Nuding, H. et al.: *Wirtschaftskunde.* Stuttgart 1989 • Stern-Redaktion (Verfasser nicht ermittelbar): Der Bildungstest. *Stern* 4, 1999, S. 52–68 • Würth, R. & Klein, H. J.: *Wirtschaftswissen Jugendlicher in Baden-Württemberg. Eine empirische Untersuchung.* Künzelsau 2001

Literaturempfehlungen Wirtschaftskunde

Abelshauser, W.: *Kulturkampf 2003* • Akerlof, G. A. & Shiller, J.: *Animal Spirits: Wie Wirtschaft wirklich funktioniert.* Frankfurt/M. 2009 • Bofinger, P.: *Ist der Markt noch zu retten? Warum wir jetzt einen starken Staat brauchen.*

Düsseldorf 2009 • Bofinger, P.: *Wir sind besser als wir glauben. Wohlstand für alle.* Reinbek 2006 • Bontrup, H.-J: Arbeit, *Kapital und Staat.* Köln 2005 • Creutz, H.: *Die 29 Irrtümer rund ums Geld.* München 2004 • Drucker, P.F. et al.: *Daily Drucker. Wirtschaftswissen zum täglichen Gebrauch.* Heidelberg 2007 • Flassbeck, H.: *50 einfache Dinge, die Sie über unsere Wirtschaft wissen sollten.* München 2008 • Galbraith, J.K.: Lehren des New Deal. Was wir von Roosevelt lernen können. *Blätter für Deutsche und Internationale Politik*, 54, 7, 2009, S. 48–56 • Corneo, G.: *New Deal für Deutschland.* Frankfurt/M. 2006 • Hagelüken, A. & Freiberg, H.: *Die großen Spekulanten.* München 2009 • Heinsohn, G. & Steiger, O.: *Eigentum, Zins und Geld.* Reinbek 1996 • Kennedy, M.: *Geld ohne Zinsen und Inflation.* München 1990 • Köhler, W.: *Wall Street Panik.* Murnau 2008 • Kostolany, A.: *Weisheit eines Spekulanten.* Düsseldorf 1996. • Malik, F.: *Führen, Leisten, Leben. Wirksames Management für eine neue Zeit.* Frankfurt/M. 2006 • Malik, F.: *Gefährliche Managementwörter und warum man sie vermeiden sollte.* Frankfurt/M. 2007 • Misik, R.: *Marx für Eilige.* 2003 • Müller, A.: *Die Reformlüge. 40 Denkfehler, Mythen und Legenden, mit denen Politik und Wirtschaft Deutschland ruinieren.* München 2004 • Münchau, W.: *Vorbeben. Das Buch zum Crash.* München 2008 • Nützenadel, A.: *Die Stunde der Ökonomen. Wissenschaft, Politik und Expertenkultur in der Bundesrepublik 1949–1974.* Göttingen 2005 • Ptak, R.: *Vom Ordoliberalismus zur sozialen Marktwirtschaft. Stationen des Neoliberalismus in Deutschland.* Opladen 2004 • Simon, H.: *Die heimlichen Gewinner.* Frankfurt/M. 1996 • Simon, H.: *Hidden Champions des 21. Jahrunderts. Die Erfolgsstrategien bekannter Weltmarktführer.* Frankfurt/M. 2007 • Sinn, H.-W.: *Ist Deutschland noch zu retten?* Düsseldorf 2004 • Sinn, H.-W.: *Casino-Kapitalismus. Wie es zur Finanzkrise kam, und was jetzt zu tun ist.* Düsseldorf 2009 • Wagenknecht, S.: *Wahnsinn mit Methode.* Berlin 2008 • Wen, W.: *Die 5 Paradimgen der Volkswirtschaftslehre 1997.* • Werth, L.: *Psychologie für die Wirtschaft.* Heidelberg 2004 • Zeise, L.: *Ende der Party. Die Explosion im Finanzsektor und die Krise der Weltwirtschaft.* Köln 2008

Fachliteratur Deutsch

Abraham, U. et al. (Hg.): *Deutschdidaktik, Deutschunterricht nach PISA.* Freiburg im Breisgau 2003 • Augst, G. & Dehn, M.: *Rechtschreibung und Rechtschreibunterricht.* Stuttgart 2007 • Bonsadelli, H. & Fritz, A.: Lesen im

Alltag der Jugendlichen. In: *Lesesozialisation*, Bd. 2., Gütersloh 1993, S. 7–213 • Bos, W. et al.: *Erste Ergebnisse aus IGLU*. Münster 2003 • Botte, A.: Studien zur Lesefähigkeit und zum funktionalen Analphabetismus der Bundesrepublik. In: Stiftung Lesen (Hg.): *Lesen im internationalen Vergleich*. Mainz 1990, S. 71–76 • Bremerich-Vos, A. et al. (Hg.): *Lernstandsbestimmung im Fach Deutsch*. Weinheim 2008 • DESI-Konsortium (Hg.): *Unterricht und Kompetenzerwerb in Deutsch und Englisch. Ergebnisse der DESI-Studie*. Weinheim 2008 • Dihl, E. et al.: *Grammatikunterricht: Alles für die Katz? Untersuchungen zum Zweitsprachenerwerb Deutsch*. Tübingen 2000 • Fischer-Stadler, H. (Hg.): *Fischer-Kolleg Abiturwissen DEUTSCH*. Frankfurt/M. 2004 • Franzmann, B. et al. (Hg.): *Handbuch LESEN*. München 1999 • Gauger, H.-M.: *Was wir sagen, wenn wir reden*. München 2007 • Geist, A. & Schäfer, D.: *Deutsch. Die wichtigsten Themen bis zur 10. Klasse*. (Mentor-Reihe „Auf einen Blick!"). München 2007 • Genzmer, H.: *Schnellkurs Rhetorik. Die Kunst der Rede*. Köln 2003 • Gnutzmann, C.: Grammatik lehren und lernen. In: Düwell, H. et al. (Hg.): *Dimensionen der Didaktischen Grammatik*. Bochum 2000, S. 67–82 • Groeben, N. & Hurrelmann, B. (Hg.): *Lesekompetenz*. Weinheim 2002 • Hartmann, W. & Lehmann, R.: Schüleraufsätze international untersucht. *Uni-hh-Forschung* 23, S. 10–14, 1989 • Helmke, A. & Hosenfeld, I.: *Vergleichsarbeiten (VERA) Teil 1 & 2*. 2003 (Internetfassung) • Kammler, C. & Switalla, B.: *Qualität des Deutschunterrichts auf der gymnasialen Oberstufe – Kernkompetenzen*. In: Tenorth (2001), S. 103–123 • Köller, O. et al. (Hg.): *Wege zur Hochschulreife in Baden-Württemberg. TOSCA – eine Untersuchung an allgemeinbildenden und beruflichen Gymnasien*. Opladen 2004 • Kopfermann, T.: *Deutsch an der gymnasialen Oberstufe: Kompetenzen, Teilkompetenzen, Lehr- und Lernformen*. In: Tenorth (2001), S. 124–141 • Kopfermann, T.: Rhetorik – ein Spiel? Praktische Rhetorik in der Lehrerausbildung und -fortbildung. *Rhetorik-Jahrbuch* 17, 1998, S. 54–71 • Kühn, R.: Vortwerende Verränkung. Wie gut beherrschen unsere Schüler die deutsche Schriftsprache? In: Treumann, K.-B. et al. (Hg.): *Methoden und Anwendung empirischer Forschung*. Münster 1996, S. 104–112 • Lehmann, R. H. et al.: *Leseverständnis und Lesegewohnheiten deutscher Schülerinnen und Schüler*. Weinheim 1995 • Lehmann, R. H. et al.: *LAU 11. Aspekte der Lernausgangslage und der Lernentwicklung – Klassenstufe 11*. Hamburg 2004 • Lehmann, R. H. et al. (Hg.): *LAU 13. Aspekte der Lernausgangslage und Lernentwicklung – Klassenstufe 13*. Hamburg 2006 • Mackowiak, K.: *Die 101 häufigsten Fehler im Deutschen*. München 2004 • Richter, K. & Plath, M.: *Entwicklung von Lese-*

motivation im Grundschulalter. 2004 • Schön, E. E.: *Zur aktuellen Situation des Lesens.* Oldenburg 1996 • Sieber, P.: *Parlando in Texten.* Tübingen 1998 • Spinner, K.H.: *Deutsch in der gymnasialen Oberstufe: Probleme und Perspektiven.* In: Tenorth (2001), S. 142–154 • Stiftung Lesen (Hg.): *Lesen in Deutschland 2008.* Berlin 2008 • Stern-Redaktion (Verfasser nicht ermittelbar): Der Bildungstest. *Stern* 4, 1999, S. 52–68 • Tenorth, H. E.: *Kerncurriculum Oberstufe: Mathematik – Deutsch – Englisch.* Weinheim 2001 • Trautwein, U. et al. (Hg.): *Schulleistungen von Abiturienten.* Münster 2007 • Willenberg, H.: *Versuch, einen Einblick in den Deutschunterricht der Sekundarstufe II zu gewinnen.* In: Tenorth (2001), S. 80–102

Literaturempfehlungen Deutsch

Ascheron, C.: *Die Kunst des wissenschaftlichen Präsentierens und Publizierens: Ein Praxisleitfaden für junge Wissenschaftler.* Heidelberg 2006 • Dobel, R.: *Lexikon der Goethe-Zitate.* München 1995 • Eischer, W. et al.: *Kleine Enzyklopädie deutsche Sprache.* Frankfurt/M. 2001 • Gernhardt, R.: *Über alles. Ein Lese- und Bilderbuch.* Zürich 2004 (Hg.: Heinrich-Jost, I.) • Härtling, P. & Traxler, H.: *Goethe für Kinder.* Frankfurt/M. 2007 • Henscheid, E.: *Dummdeutsch. Ein Wörterbuch.* Ditzingen 1993 • Hörmann, H.: *Meinen und Verstehen.* Frankfurt/M. 1976 • Jacobs, C.: *Der Lyrik-TÜV.* Frankfurt/M. 2007 • Krolow, K.: *Ein Gedicht entsteht.* Frankfurt/M. 1973 • Macheiner, J.: *Das Grammatische Variete. Oder die Kunst und das Vergnügen, deutsche Sätze zu bilden.* Frankfurt/M. 1008 • Meinunger, A.: *Sick of Sick?* Berlin 2008 • Müller, H. M. & Rickheid, G. (Hg.): *Neurokognition der Sprache.* Tübingen 2004 • Neuhaus, S.: *Revision des literarischen Kanons.* Göttingen 2002 • Nitzberg, A.: *Lyrik Baukasten: Wie man ein Gedicht macht.* Köln 2006 • Pinker, S.: *Wörter und Regeln.* Heidelberg 2000 • Prossliner, J. (Hg.): *Das Beste möcht' ich euch vertrauen. Lebensweisheiten von Johann Wolfgang von Goethe.* München 2006 • Schneider, W.: *Deutsch fürs Leben: Was die Schule zu lehren vergaß.* Reinbek 1994 • Schrodt, R.: *Warum geht die deutsche Sprache immer wieder unter?* Wien 1998 • Sick, B.: *Der Dativ ist dem Genitiv sein Tod,* Bd.1, 2, 3 (Sonderausgabe) Köln 2008 • Stephan, J.: *Lyrische Visite oder das nächste Gedicht, bitte!* Zürich 2000 • Zimmer, D.E.: *Deutsch und anders.* Reinbek 1998 • Zimmer, D. E.: *So kommt der Mensch zur Sprache: Über Spracherwerb, Sprachentstehung, Sprache und Denken.* München 2008

Fachliteratur Englisch

Bach, G. & Timm, J.-P. (Hg.): *Englischunterricht. Grundlagen und Methoden einer handlungsorientierten Unterrichtspraxis.* Tübingen 1996 • Bausch, K.-R. et al. (Hg.): *Der Gemeinsame europäische Referenzrahmen für Sprachen in der Diskussion.* Tübingen 2003 • Bausch, K.R. et al. (Hg.): *Handbuch Fremdsprachenunterricht.* Tübingen 2003 • Börner, W. & Vogel, K. (Hg.): *Normen im Fremdsprachenunterricht.* Tübingen 2000 • Bos, W. et al.: *Erste Ergebnisse aus IGLU.* Münster 2003 • Clarke, D.: *Besser in Englisch. Weniger Fehler in Klausuren (Oberstufe).* Berlin 1996 • Clarke, D.: *Englisch. Pocket teacher.* Berlin 2000 • Clarke, D.: *Wörterbuch der Stolpersteine. Englisch.* Berlin 2002 • Councel of Europe: *European language portfolio.* Straßburg 1997 • Councel of Europe: *The Common European Framework of Reference for Languages.* Cambridge 2001 • Coxhed, A.: *An Academic Word List.* Wellington: Victoria University, NZ 1998 • Coxhed, A.: A new Academic Word List. TESOL *Quarterly* 34, 2, 2000, S. 213–238 • DESI-Konsortium (Hg.): *Unterricht und Kompetenzerwerb in Deutsch und Englisch. Ergebnisse der DESI-Studie.* Weinheim 2008 • Dickopf, K. (Hg.): *Fischer-Kolleg Abiturwissen* ENGLISCH. Frankfurt/M. 2004 • Europarat (Hg.): *Europäisches Sprachportfolio (ESP).* Strasbourg o.J. • Frederking, V.: *Deutschdidaktik und Deutschunterricht nach PISA.* In: Klieme et al. (2005) S. 112–125 • Freese, H.: *Vorsicht Fehler! 200 typische Englischfehler erkennen und vermeiden.* München 2001 • Gehring, W.: *Englische Fachdidaktik.* Berlin 1999 • Gelfert, H.-D.: *Englisch mit Aha!* München 2003 • Gnutzmann, C. & Knöpcke, K. M.: Integrativer Grammatikunterricht: Wider die Trennung von Mutter- und Fremdsprachenunterricht. *Neusprachliche Mitteilungen aus Wissenschaft und Praxis* 41, 1988, S. 75–84 • Grabowski, E.: *Ein Mindestwortschatz für den Englischunterricht.* Aachen 1998 • Haag, L. & Stern, E.: Latein oder Französisch? Eine Untersuchung zum Einfluss der zweiten Fremdsprache auf das Erlernen von Spanisch. *Französisch heute* 33, 2002, S.522–525 • Hüllen, W.: *Didaktik des Englischunterrichts.* Darmstadt 1979 • Klieme, E. et al. (Hg.): *Problemlösekompetenz von Schülerinnen und Schülern. Diagnostische Ansätze, theoretische Grundlagen, empirische Befunde der deutschen PISA-2000-Studie.* Wiesbaden 2005. • Köller, O. & Trautwein, U.: *Englischleistungen von Schülerinnen und Schülern an allgemeinbildenden und beruflichen Gymnasien.* In: Köller et al. (2004), S. 285–326 • Köller, O. et al. (Hg.): *Wege zur Hochschulreife in Baden-Württemberg. TOSCA – eine Untersuchung an allgemeinbildenden und beruflichen Gymnasien.* Opladen

2004 • Meyer, M. A. et al.: *Mündliche Kommunikation, Textaufgaben und außerschulische Leistungstests.* In: Tenorth (2001), S. 160–170 • Meyer, M.A.: *Englischunterricht aus allgemeindidaktischer Sicht.* In: Tenorth (2001), S. 230–251 • Multhaup, U.: *Psycholinguistik und fremdsprachliches Lernen. Von Lehrplänen zu Lernprozessen.* Ismaning 1995 • Nation, P.: *Teaching and learning vocabulary.* New York 1990 • Reich, H. H. & Roth, H.-J.: *Spracherwerb zweisprachlich aufwachsender Kinder und Jugendlicher. Ein Überblick über den Stand der nationalen und internationalen Forschung.* Hamburg, Behörde für Bildung und Sport 2002 • Schröder, K.: *Thesen zur überfälligen Reform des Englischunterrichts der gymnasialen Oberstufe und seinem fachspezifischen Kerncurriculum.* In: Tenorth (2001), S. 162–194 • Stevens, J.: *Handbuch des englischen Sprachgebrauchs. Ein Ratgeber für Zweifelsfälle.* Stuttgart 1998 • Tenorth, H. E.: *Kerncurriculum Oberstufe: Mathematik – Deutsch – Englisch.* Weinheim 2001 • Timm, J.-P. (Hg.): *Englisch lernen und lehren.* Berlin 1998 • Trautwein, U. et al. (Hg.): *Schulleistungen von Abiturienten.* Münster 2007 • UCLES: *Preliminary English Test: Handbook.* Cambridge 2003 • Voss, B.: *Nicht-triviale Inhalte im Englischunterricht der gymnasialen Oberstufe?* In: Tenorth (2001), S. 252–259 • Wode, H.: *Kerncurriculum Englisch. Früher Beginn – Mehrsprachigkeit, neue Inhalte.* In: Tenorth (2001), S. 271–285 • Zydatiß, W.: *Gesellschaftliche Herausforderungen für den Englischunterricht und Empfehlungen für seine Reformen.* In: Tenorth (2001) S. 212–229 • Zydatiß, W.: *Leistungsentwicklung und Sprachstandserhebung im Englischunterricht.* Frankfurt/M. 2002 • Zydatiß, W.: *Bildungsstandards und Kompetenzniveaus im Englischunterricht.* Frankfurt/M. 2005

Literaturempfehlungen Englisch

Austin, P.K. et al.: *1000 Sprachen lebendig – gefährdet – vergangen.* Heidelberg 2009 • Gelfert, H.-D.: *Max und Monty. Geschichte des deutschen und englischen Humors.* München 1998 • Gelfert, H.-D.: *Typisch Amerikanisch. Wie die Amerikaner wurden was sie sind.* München 2002 • Gelfert, H.-D.: *Typisch Englisch. Wie die Briten wurden was sie sind.* München 2000 • Herrmann, T.: *Allgemeine Sprachpsychologie.* Weinheim 1985 • Janson, T.: *Eine kurze Geschichte der Sprachen.* Heidelberg 2006 • Kornadt, H.-J. et al.: *Sprache und Kognition.* Heidelberg 1999 • Kreisel, U. & Tabbert, P.A.: *Smarte Sprüche USA. Slang und Witz für alle Lebenslagen.* Reinbek 2002 • Macheiner, J.: *Englische Grüße oder: Über die Leichtigkeit, mit der man eine fremde*

Sprache erlernen kann. Frankfurt/M. 2001 • Rump, P.: *Kauderwelsch, American Slang, das andere Englisch.* Bielefeld 2007 • Sellner, A. et al.: *Amerikanisch im Alltag.* Wiesbaden 2009 • Steinik, W.: *Als die Wörter tanzen lernten. Ursprung und Gegenwart von Sprache.* Heidelberg 2006 • Watzlawick, P.: *Gebrauchsanweisung für Amerika.* München 2008

Fachliteratur Physik

Atkins, P.W.: *Wärme und Bewegung.* Heidelberg 1986 • Baumert, J. et al. (Hg.): *TIMsS III. Dritte internationale Mathematik- und Naturwissenschafts-studie. Mathematische und naturwissenschaftliche Bildung am Ende der Schulbahn,* 2 Bde. Opladen 2000 • Brämer, R.: Über die Wirksamkeit des Physikunterrichts. Konrad Daumenlang und die Grundfesten der Physikdidaktik. *Naturwissenschaften im Unterricht – Physik/Chemie* 1, 1980, S. 10–17 • Braun, J.-P.: *Physikunterricht neu denken.* Frankfurt/M. 1998 (Diss.) • Buchwald, E.: *Bildung durch Physik.* Göttingen 1956 • Bundesvereinigung der Deutschen Arbeitgeberverbände (Hg.): *In Mathe mangelhaft. Die TIMSS-Studie deutscher, niederländischer und Schweizer Schüler im Vergleich.* o.J. (wahrscheinlich 2000) • Dijksterhuis, E. J.: *Die Mechanisierung des Weltbildes.* Berlin 1956 • Doll, J. & Prenzel, M. (Hg.): *Bildungsqualität von Schule.* Münster 2004 • Duit, R.: *Der Energiebegriff im Physikunterricht.* Kiel 1986 • Duit, R.: Energievorstellungen. *Naturwissenschaft im Unterricht – Physik/Chemie* 13, 1986, S. 7–9 • Duit, R.: Wärmevorstellungen. *Naturwissenschaft im Unterricht – Physik/Chemie* 13, 1986, S. 30–33 • Duit, R.: Sollte man Energie als quasi-materielles Etwas veranschaulichen? *Praxis der Naturwissenschaft – Physik* 3, 1987, S. 27–29 • Duit, R.: An Schülervorstellungen anknüpfend Physik lehren und lernen. *Naturwissenschaften im Unterricht – Physik/Chemie* 5, 1995 • Engelbrecht, A.: *Kritik der Pädagogik Martin Wagenscheins.* Berlin 2003 • Euler, M.: Naturwissenschaftlicher Unterricht in Deutschland. In: *Bundesvereinigung der deutschen Arbeitgeberverbände,* o.J., S. 35–54 • Euler, M.: *Physikunterricht – Anspruch und Realität.* Frankfurt/M. 1982 • Ewers, M. (Hg.): *Wissenschaftsgeschichte und naturwissenschaftlicher Unterricht.* Bad Salzdetfurth 1978 • Gräber, W. et al. (Hg.): *Scientific Literacy. Der Beitrag der Naturwissenschaften zur Allgemeinen Bildung.* Opladen 2002 • Graube, G. & Theuerkauf, W. E. (Hg.): *Technische Bildung. Ansätze und Perspektiven.* Frankfurt/M. 2002 • Häußler, P. et al. (Hg.): *Zum Stand physikalischer Bildung Erwachsener.* Kiel 1986 •

Hoche, D. et al.: *Duden: Basiswissen Schule. Physik-Abitur.* Mannheim 2003 • Heidelberger, M. & Thiessen, S.: *Natur und Erfahrung. Von der mittelalterlichen zur neuzeitlichen Wissenschaft.* Reinbek 1981 • Heller, B.: *Grundbegriffe der Physik im Wandel der Zeit.* Wiesbaden 1970 • Herrmann, A.: *Lexikon Geschichte der Physik.* Köln 1987 • Hößle, C. et al. (Hg.): *Lehren und Lernen. Über die Natur der Naturwissenschaften.* Baltmannsweiler 2004 • Hund, F.: *Geschichte der physikalischen Begriffe.* Heidelberg 1996 • Hüttecke, D.: *Die Natur der Naturwissenschaften historisch verstehen.* Berlin 2001 • Ivowi, U. M. O.: Students misconceptions about conservation principles and fields. *Research in Science and technology education* 4/2, S. 127–137 • Krause, F. et al.: *Kenntnisse und Fähigkeiten naturwissenschaftlich orientierter Studienanfänger in Physik, Mathematik.* Bonn 1981 • Krüger, O.-H. & Schecker, H.: Das Bild von der Wissenschaft Physik – Ergebnisse empirischer Untersuchungen. *Der Physikunterricht* 2, 1982, S. 78–82 • Kuhn, T.: Energy conservation as an example of simultaneous discovery. In: Kuhn, T.: *The essential tension.* Chicago 1977 • Kuhn, T. S.: *Die Entstehung des Neuen.* Frankfurt/M. 1992 • Lind, G.: *Physik im Lehrbuch 1700–1850.* Berlin 1992 • Lind, G.: Physikunterricht und formale Bildung. *Zeitschrift für Didaktik der Naturwissenschaften* 2/1, 1996, S. 53–68 • Lind, G.: Physikunterricht und materiale Bildung. *Zeitschrift für Didaktik der Naturwissenschaften* 3/1, S. 3–20, 1997 • Locqueneux, R.: *Kurze Geschichte der Physik.* Göttingen 1989 • Maichle, U.: *Wissen, Verstehen und Problemlösen im Bereich der Physik.* Frankfurt/M. 1985 • Misgeld, W. et al. (Hg.): *Historisch-genetisches Lernen in den Naturwissenschaften.* Weinheim 1994 • Muckenfuß, H.: *Lernen im sinnstiftenden Kontext. Entwurf einer zeitgemäßen Didaktik des Physikunterrichts.* Berlin 1995 • Nachtigall, D.: Vorstellungen im Bereich Mechanik. *Naturwissenschaften im Unterricht – Physik/Chemie* 13, 1986, S. 16–20 • *Newtons Universum: Materialien zur Geschichte des Kraftbegriffs.* Heidelberg 1990 (ohne Angabe von Verfasser und Herausgeber, Einführung von W. Neuser) • Pukies, J.: *Die Unattraktivität und Wirkungslosigkeit des Physikunterrichts – Realität ohne Ausweg?* In: Ewers (1978), S. 165–183 • Raufuß, D.: *Die physikalisch-naturwissenschaftliche Denkweise.* Köln 1989 • Reyer, T. et al.: *Was kommt beim Schüler an? Lehrerintentionen und Schülerlernen im Physikunterricht.* In: Doll & Prenzel (2004), S. 195–211 • Rihaak, H.: Schwierigkeiten mit der Beschleunigung. *Pädextra* 20, 6, 1992, S. 7–18 • Rutherford, F. J. & Ahlgren, A.: *Science for all Americans.* New York 1990 • Schecker, H. et al.: *Physikunterricht in der gymnasialen Oberstufe.* In: Tenorth (2004), S. 148–235 • Schreier, W.: *Geschichte der*

Physik. Berlin 1991 • Schrewe, F. & Schmitz, J.: Physikenntnisse der Erwachsenen. *Physica Didaktica* 10, 1983, S. 89–96 • Shamos, M.: *The myth of scientific literacy.* New Brunswick 1995 • Szabó, I.: *Geschichte der mechanischen Prinzipien.* Basel 1987 • Tenorth, H.-E.: *Kerncurriculum Oberstufe II. Biologie, Chemie, Physik, Geschichte, Politik.* Weinheim 2004 • Toulmin, S.: Die evolutionäre Entwicklung der Naturwissenschaft. In: Diederich, W. (Hg.): *Theorien der Wissenschaftsgeschichte.* Frankfurt/M. 1974 • v. Rhöneck, C.: Vorstellungen vom elektrischen Stromkreis. *Naturwissenschaft im Unterricht – Physik/Chemie* 34/13, 1986, S. 10–14 • v. Rhöneck, C.: Vorstellungen vom elektrischen Stromkreis. *Naturwissenschaft im Unterricht – Physik/Chemie* 34/13, 1986, S. 108–112 • v. Rhöneck, C. & Duit, R. (Hg.): *Lernen in den Naturwissenschaften.* Kiel 1996 • v. Rhöneck, C. & Niedderer, H.: Schülervorstellungen und ihre Bedeutung beim Physiklernen. In: Mikelskis, H. (Hg.): *Physikdidaktik.* Berlin 2006, S. 52–73 • Stern-Redaktion (Verfasser nicht ermittelbar): Der Bildungstest. *Stern* 4, 1999, S. 52–68 • Wagenschein, M.: *Verstehen Lehren. Genetisch-sokratisch-exemplarisch.* Weinheim 1975 • Wagenschein, M.: *Die pädagogischen Dimension der Physik.* Braunschweig, 1976 • Wagenschein, M.: *Kinder auf dem Weg zur Physik.* Weinheim 1990 • Wagenschein, M.: *Naturphänomene sehen und verstehen. Genetische Lehrgänge.* (Hg.: Hans-Christoph Berg) Stuttgart 1995 • Wagenschein, M.: Ursprüngliches Verstehen und exaktes Denken. *Pädagogische Schriften,* 2 Bde. Stuttgart 1981 • Willer, J.: *Didaktik des Physikunterrichts.* Frankfurt/M. 2003 • Wodzinski, R.: *Untersuchungen von Lernprozessen beim Lernen Newtonscher Dynamik im Anfangsunterricht.* Münster 1996

Literaturempfehlungen Physik

Davies, P. & Ribbin, J.: *Auf dem Weg zur Weltformel.* München 1995 • Dürr, H.-P.: *Das Netz des Physikers.* München 1988 • Baker, J. & Gerl, P.: *50 Schlüsselideen Physik.* Heidelberg 2009 • Barrow, J. D.: *Theorien für Alles. Die Suche nach der Weltformel.* Reinbek 1994 • Barrow, J.D.: *Das 1 x 1 des Universums. Neue Erkenntnisse über die Naturkonstanten.* Frankfurt/M. 2004 • Breuer, R.: *Das anthropische Prinzip.* München 1996 • Breuer, R.: *Die Pfeile der Zeit.* Berlin 1997 • Di Trocchio, F.: *Newtons Koffer.* Frankfurt/M. 1998 • Genz, H.: *Die Entdeckung des Nichts. Lehre und Fülle im Universum.* Reinbek 1999 • Gloy, K. (Hg.): *Im Spannungsfeld zweier*

Kulturen. Geistes- und Naturwissenschaft, Kunst und Technik. Würzburg 2002 • Graßmann, H.: *Alles Quark? Ein Physikbuch.* Berlin 2001 • Heisenberg, W.: *Der Teil und das Ganze. Gespräche im Umkreis der Atomphysik.* München 2002 • Holton, G.: *Thematische Analyse der Wissenschaft.* Frankfurt/M 1981 • Holton, G.: *Themata. Zur Ideengeschichte der Physik.* Wiesbaden 1984 • Holton, G.: *Wissenschaft und Anti-Wissenschaft.* Wien 2000 • Klein, S.: *Alles Zufall.* Reinbek 2005 • Krüger, L. (Hg.): *Universalgenie Helmholtz.* Berlin 1994 • Labudde, P.: *Erlebniswelt Physik.* Bonn 1993 • Laughlin, R. B.: *Abschied von der Weltformel. Die Neuerfindung der Physik.* München 2007 • Matthews, R.: *Und Gott hat doch gewürfelt. Die letzten Rätsel der Naturwissenschaften.* München 1984 • Meya, J. & Sihum, H. O.: *Das Fünfte Element. Wirkung und Deutung der Elektrizität.* Hamburg 1987 • Neffe, J.: *Einstein. Eine Biographie.* Reinbek 2006 • Singh, S.: *Big Bang. Der Ursprung des Kosmos und die Erfindung der modernen Wissenschaft.* München 2007 • Simonyes, K.: *Kulturgeschichte der Physik.* Frankfurt/M. 1995 • Smolin, L.: *Warum gibt es die Welt?* München 1999 • Willer, J.: *Physik und menschliche Bildung. Eine Geschichte der Physik und ihres Unterrichts.* Darmstadt 1990 • Wolff, M.: *Geschichte der Impetus-Theorie.* Frankfurt/M. 1978

Fachliteratur Musik, Sport, Kunst

Bernstein, L.: *Konzert für junge Leute. Die Welt der Musik in 15 Kapiteln.* München 2001 • Eid, K. et al.: *Grundlagen des Kunstunterrichts. Eine Einführung in die kunstdidaktische Theorie und Praxis.* Stuttgart 2002 • Felgentreu, S. et al.: *Duden: Basiswissen Schule. Kunst. 7. Klasse bis Abitur.* Mannheim 2005 • Gaul, M.: *Musikunterricht aus Schülersicht. Eine empirische Studie an Grundschulen.* Mainz 2009 • Haag, H. & Strauss, B.: *Themenfelder der Sportwissenschaft.* Schorndorf 2006 • Horn, A.: *Bewegung und Sport: eine Didaktik.* Bad Heilbrunn 2009 • Kwiatkowski, G.: *Schülerduden Kunst.* Mannheim 2007 • Laging, R.: *Inhalte und Themen des Bewegungs- und Sportunterrichts: von Übungskatalogen zum Unterrichten in Bewegungsfeldern.* Hohengehren 2009 • Stern-Redaktion (Verfasser nicht ermittelbar): Der Bildungstest. Stern 4, 1999, S. 52–68

Literaturempfehlungen Musik

Harrison, J.: *Wenn Töne Farben haben: Synästhesie in Wissenschaft und Kunst.* Heidelberg 2007 • Henscheid, E.: *Verdi ist der Mozart Wagners: Ein Opernführer für Versierte und Versehrte.* Ditzingen 1996 • Jourdaen, R.: *Das wohltemperierte Gehirn: Wie Musik im Kopf entsteht und wirkt.* Heidelberg 2001 • Levitin, D. J.: *Der Musik-Instinkt: Die Wissenschaft einer menschlichen Leidenschaft.* Heidelberg 2009 • Pierce, J. R.: *Klang: Musik mit den Ohren der Physik.* Heidelberg 1999 • Sacks, O.: *Der einarmige Pianist. Über Musik und das Gehirn.* Reinbek 2008

Literaturempfehlungen Sport

Biermann, C. & Fuchs, O.: *Der Ball ist rund, damit das Spiel die Richtung ändern kann: Wie moderner Fußball funktioniert.* Köln 2002 • Binhack, A.: *Über das Kämpfen: Zum Phänomen des Kampfes in Sport und Gesellschaft.* Frankfurt/M. 1998 • Bürger, H. & Weidt, K.: *Kraftproben – Starke Männer einst und jetzt.* Berlin 1985 • Haag, H.: *Sportphilosophie: Ein Handbuch.* Schorndorf 1996 • Herrigel, E.: *Zen in der Kunst des Bogenschießens.* Bern 1956 • Kernspecht, K.: *Vom Zweikampf.* Kiel 1987 • Kogler, A.: *Die Kunst der Höchstleistung: Sportpsychologie, Coaching, Selbstmanagement.* Wien 2006 • Loy, R.: *Das Lexikon der Fußballirrtümer: Über die Flügel zum Erfolg.* München 2008 • Roeder, S. & Holzweg, M.: *Die Vielfalt der Sportwissenschaft.* Schorndorf 2007 • Schwarzenegger, A. & Dobbins, B.: *Das große Bodybuilding Buch.* München 1997 • Wesson, J. et al.: *Fußball – Wissenschaft mit Kick.* Heidelberg 2005 • Yamamoto, T.: *Hagakure. Der Weg des Samurai.* München 2003

Literaturempfehlungen Kunst

Dempsey, A.: *Stile, Schule, Bewegungen. Ein Handbuch zur Kunst der Moderne.* Leipzig 2002 • Feyerabend, P.: *Wissenschaft als Kunst.* Frankfurt/M. 1984 • Gernhardt, R.: *Der letzte Zeichner. Aufsätze zur Kunst und Karikatur.* Frankfurt/M. 2006 • Jaeger, A.-C.: *Image makers, image takers. The essential guide to photography by those in the know*. London 2007 • Karasek, H.: *Mein Kino. Die 100 schönsten Filme*. München 1995 • Kiefer, T. & v. Mengden, L.: *Strictly geometrical: abstract art now 2*. Bielefeld 2006 • Lefèvre, W. et al.: *The power of images in early modern sciences*. Zürich 2003 • Liesbrock, H. & Költzsch, G.-W.: *Edward Hopper und die Fotografie. Die Wahrheit des Sichtbaren*. Ostfildern 1997 • Lindemann, A.: *Collecting contemporary*. Köln 2006 • Meßelbeck, R.: *Lexikon der Fotografen: Von den Anfängen 1839 bis zur Gegenwart*. München 2005 • Nizon, P.: *Van Gogh in seinen Briefen*. Frankfurt/M. 1977 • Okuefruna, D.: *Dawn of the colour photography. Albert Kahn's Archives of the Planet*. 2008 • Okuefruna, D.: *The wonderful world of Albert Kahn: Colour photographs from a lost age*. 2008 • Paul, G.: *Welt der Bilder*, 2 Bde. Göttingen 2008/09 • Rauterberg, H.: *Und das ist Kunst?!* Frankfurt/M. 2008 • Rotzler, W.: *Konstruktive Konzepte. Eine Geschichte der konstruktiven Kunst von Kubismus bis heute*. Zürich 1977 • Sanladerer, R.: *Bild und Wort: Elemente des Comic und deren Gestaltungsmöglichkeiten im Kunstunterricht*, 2 Bde. 2006 (Books on Demand) • Schröder, N.: *50 Klassiker Film*. Hildesheim 2007 • Shulman, J.: *Architektur und Fotografie*. Köln 1998 • Stepan, P.: *50 Fotografen, die man kennen sollte*. München 2008 • Walther, E. F. et al.: *Kunst des 20. Jahrhunderts*, 2 Bde. Köln • Welsch, N. & Liebmann, C. C.: *Farben. Natur, Technik, Kunst*. Heidelberg 2007 • Wilhelm-Hack-Museum (Hg.): *Abstract art now. floating forms*. Bielefeld 2006

Printing: Ten Brink, Meppel, The Netherlands
Binding: Stürtz, Würzburg, Germany